JN101677

2024年度版
全7年度分収録

一級建築士試験

出題
キーワード別

問題集

全日本建築士会 監修
建築資格試験研究会 編

学芸出版社

はじめに

　「一級建築士試験」は、建築士法第4条の規定に基づき、建築物の設計、工事監理を行う技術者の業務の適正を図るとともに、技術水準の確保などを目的として、国土交通大臣が実施する国家試験で、2008年11月末に改正建築士法が施行され、2009年度より、新制度の下、建築士試験が実施されるようになりました。

　「一級建築士」は、すべての建築物の設計・工事監理の業務を認められた非常に権威ある資格であるとともに、構造設計一級建築士、設備設計一級建築士の資格取得のためにも必要な資格です。この一級建築士となるための第1関門である「一級建築士学科試験」は、毎年7月下旬に行われています。

　本書は、一級建築士として必要な基礎的知識を有するか否かを判定するべく出題された「学科試験」の過去の問題と正解・解説を掲載した受験参考書です。

　最大の特徴は、過去7年分の問題を並べ替え、学科ごとに出題キーワード別に集めたことです。これにより、試験の出題傾向と頻度が一目でわかり、大変な労力を要する受験準備も、能率的に進めることができる画期的な問題集となっています。受験者のみなさんには、実際に試験に出た類似問題を集中して解くことで、確実に実力を身につけられるだけではなく、自分のウィークポイントを知ってそれらを克服する上でも、役立てていただけることでしょう。

　学科試験は学科Ⅰ（計画）、学科Ⅱ（環境・設備）、学科Ⅲ（法規）、学科Ⅳ（構造）、学科Ⅴ（施工）の5学科で実施されています。すべての問題には、正解を導くためのポイントも簡潔にまとめました。ともすれば自分の答えの正誤のみが気になりがちです。一つ一つの解答の根拠を理解することが、合格につながる本当の実力を高めることになります。

　また本書は、出題キーワード別に整理してありますが、懇切な出題年度・問題番号の表記により、単年度の通しチェックも簡単にできるよう工夫してあります。問題を解く上でベースとなる、関係法令や各種構造規準等の出典もなるべく明記するようにしましたので、試験会場に持ち込み可能な建築関係法令集などを併用して学習されることをおすすめします。

　受験のチャンスは、毎年一度きりです。一級建築士を目指すみなさんが、試験当日に日頃の実力を発揮できるように、本書を活用いただければ幸いです。

建築資格試験研究会

目 次

はじめに……………………………3
本書の特徴と使い方………………………14

●学科 I

	頁		出題キーワード
1	p.16	計画各論	建築設計の手法
2	p.20	〃	住宅
3	p.25	〃	集合住宅
4	p.30	〃	事務所
5	p.34	〃	商業建築(融合・その他)
6	p.37	〃	学校
7	p.40	〃	病院・高齢者施設
8	p.44	〃	公共建築(融合・その他)
9	p.52	〃	面積・寸法
10	p.57	〃	各部・開口部・窓
11	p.62	〃	安全性・バリアフリー
12	p.70	〃	環境・配置・形態
13	p.73	〃	計画各論総合・その他
14	p.80	都市計画	都市計画論
15	p.86	〃	まちづくり
16	p.92	建築史	建築史
17	p.99	〃	建築物の保存・再生
18	p.101	建築士の業務	建築士の業務、設計・工事監理の契約
19	p.110	建築積算	建築積算
20	p.114	マネジメント	マネジメント
			合計問題数

＊各年度の下欄の数字は同年度に実施された一級建築士試験の問題番号を示します。問題は出題キーワードごとに新しい年度のものから順番に掲載しています。

R5	R4	R3	R2	R1	H30	H29
2023	2022	2021	2020	2019	2018	2017
3		6		1	8	
12	12,13	12		13	3	12
13			12,13	12	13	13
14			7,14		5	14
17		14		14	17	
15	15			8	16	
	16	16	16	16		16
7,16	4,17	4,15	15,17	17	15	15,17
8	8	8	8	7	7	6,7
4,5		5	5	4	6,14	
9	9	9	4,9	9	9,12	8,9
	6	7		6		5
6	5,7,14	1,13	6	5,15	4	
10	2	2	10	11	11	4,10
11	10,11	11	11	10	10	11
2	3	3	2,3	2,3	2	3
		17				2
1,18	1,18	18	1,18	18	1,18	1,18
19	19	19	19	19	20	19
20	20	10,20	20	20	19	20
20	20	20	20	20	20	20

● 学科 II

	頁		出題キーワード
1	p.122	環境工学	環境工学の用語と単位
2	p.127	〃	室内気候
3	p.130	〃	換気
4	p.134	〃	伝熱・結露
5	p.141	〃	日照・日射・採光
6	p.147	〃	照明
7	p.151	〃	音響
8	p.160	〃	色彩
9	p.164	〃	防火・防災
10	p.169	建築設備	空調・冷暖房・換気設備
11	p.182	〃	給排水設備
12	p.191	〃	電気設備
13	p.198	〃	照明設備
14	p.200	〃	防災設備
15	p.205	〃	搬送設備
16	p.206	〃	建築設備総合

合計問題数

| R05 | R04 | R03 | R02 | R01 | H30 | H29 |
2023	2022	2021	2020	2019	2018	2017
1	1	1	1	1	1	1
2		2	3			2
3	3	3		2,3	3	3
4	2,4	4	2,4	4	2,4	4
6	6	6	6	6	6,7	6
7	7	7	7	7		7
9,10	9,10	9,10	9,10	9,10	9,10	9,10
8	8	8	8	8	8	8
5	5	5	5	5	5	5
11,12,13	11,12,13	11,12,13	11,12,13	11,12,13	11,12,13	11,12,13
14,15	14,15	14,15	14,15	14,15	14,15	14,15
16,17	16,17	16	16,17	16	16,17	16
		17		17		17
18	18	18	18	18	18	18
						19
19,20	19,20	19,20	19,20	19,20	19,20	20
20	20	20	20	20	20	20

目　次

●学科Ⅲ

	頁	分野	出題キーワード
1	p.216	建築基準法	用語の定義
2	p.221	〃	面積・高さ・階数
3	p.227	〃	建築手続
4	p.240	〃	一般構造
5	p.246	〃	耐火・防火
6	p.253	〃	避難規定
7	p.264	〃	内装制限
8	p.269	〃	建築設備
9	p.275	〃	構造強度
10	p.283	〃	構造計算
11	p.292	〃	道路・壁面線
12	p.297	〃	用途制限
13	p.302	〃	建蔽率・容積率
14	p.309	〃	高さ制限
15	p.316	〃	防火・準防火地域
16	p.321	〃	建築協定・地区計画
17	p.324	〃	建築基準法総合問題
18	p.336	建築士法	建築士法
19	p.355	都市計画法	都市計画法・景観法
20	p.361	消防法	消防法
21	p.367	バリアフリー法	バリアフリー法
22	p.373	その他の関連法規	品確法・耐震改修促進法 他
23	p.385	関連法規総合	関連法規総合・その他

合計問題数

R5	R4	R3	R2	R1	H30	H29
2023	2022	2021	2020	2019	2018	2017
1	2	1	1	1	1	1
2	1	2	2	2	2	2
3,4	3,4	3,4	3,4,27	3,4	3,4	3,4
5	5	5	5	5	5	5
6	6	6,9	6	6	6	6
7	7,9	8	7,8,9	8,9	8,9	8,9
9		7		7	7	7
10	10	10	10	10	10	10
12,13	12,13	11,13	12	12	12	13
11	11	12	11,13	11,13	11,13	11,12
14	14	15	14	14	14	14
15	15	16	15	15	15	15
16	17	17	16	16	16	16
17	18	18	17	17	17	17
18	16	19	18		18	18
				18	20	19
8,19,20	8,19,20	14,20,21	19,20	19,20	19	20
21,22,23	21,22,23	22,23,24	21,22,23	21,22,23,28	21,22,23,29	21,22,23,28
24	24	25	24	24	24	24
25	25	26	25	25	25	25
26	26	27	26	26	26	26
27,30	27,30	28,30	29,30	27,30	27,30	27,29
28,29	28,29	29	28	29	28	30
30	30	30	30	30	30	30

目　次

●学科IV

	頁	分野	出題キーワード
1	p.396	構造力学	断面の性質・応力度
2	p.398	〃	静定構造物
3	p.403	〃	静定トラス
4	p.407	〃	部材の変形
5	p.414	〃	不静定構造物
6	p.418	〃	座屈
7	p.421	〃	振動・固有周期
8	p.423	〃	全塑性モーメント
9	p.427	〃	崩壊荷重・崩壊メカニズム
10	p.432	〃	転倒
11	p.433	〃	荷重・外力
12	p.439	〃	地震力
13	p.443	各種構造	木構造
14	p.453	〃	鉄筋コンクリート構造
15	p.475	〃	鉄骨構造
16	p.494		プレストレストコンクリート
17	p.497	〃	各種構造総合
18	p.504	〃	地盤・土質
19	p.511	〃	基礎
20	p.517	〃	擁壁・地下外壁
21	p.520	〃	免震構造・制振構造
22	p.525	〃	耐震設計・耐震計画
23	p.530	〃	構造計画・構造設計
24	p.535	建築材料	木材・木質系材料
25	p.539	〃	コンクリート
26	p.543	〃	金属材料
27	p.547	総合・融合	融合問題
			合計問題数

R5	R4	R3	R2	R1	H30	H29
2023	2022	2021	2020	2019	2018	2017
		1				1
6	3			6	3	3
	5		5	5	5	5
1,2	2	2,5	2	2,4	2	2
4	6		3	3	4	
		6	6			6
	7		3			
	1		1	1	1	
3,5	4	4	4			4
					6	
8	8	8	8	7,8	8	8
7		7	7		7	7
9,10	9,10	9,10	9,10	9,10	9,10	9,10
11,12,13,14	11,12,13,14	11,12,13,14	11,12,13,14	11,12,13,14	11,12,13,14	11,12,13,14
15,16,17,18	15,16,17,18	15,16,17,18	15,16,17,18	15,16,17,18	15,16,17,18	15,16,17,18
22	22	22		22		
23	23	23	22,23	23	22,23	22,23
19	19,20	19,20	19	19	19,20	21
20	21		20,21	20,21		19,20
21		21			21	
24	24	24	25	24,25		26
25	25	25	24	26	25	24
26	26	26	26		24,26	25
27	27	27	27	27	27	27
28	28	28	28	28	28	28
29	29	29	29	29	29	29
30	30	30	30	30	30	30
30	30	30	30	30	30	30

目　次

●学科V

	頁	分野	出題キーワード
1	p.554	監理業務	監理業務委託契約
2	p.555	施工計画	施工計画・施工管理
3	p.560	工事管理	現場管理
4	p.564	〃	材料管理・品質管理
5	p.569	〃	各種届出
6	p.573	各部工事	敷地・地盤調査
7	p.574	〃	仮設工事
8	p.577	〃	土工事・山留め工事
9	p.582	〃	地業・基礎工事
10	p.587	〃	鉄筋工事
11	p.593	〃	型枠工事
12	p.597	〃	コンクリート工事
13	p.606	〃	壁式プレキャスト鉄筋コンクリート工事
14	p.611	〃	鉄骨工事
15	p.619	〃	高力ボルト接合
16	p.620	〃	木工事
17	p.624	〃	防水・屋根工事
18	p.628	〃	左官工事・タイル工事
19	p.632	〃	金属工事・ガラス工事
20	p.636	〃	内外装工事
21	p.641	〃	設備工事
22	p.645	〃	改修工事
23	p.655	〃	各種工事用語・総合
24	p.660	施工機器・施工法	施工機器・施工法
25	p.662	工事契約	工事契約・請負契約

合計問題数

出題キーワード索引・・・・・・・・・・・・・・・・・・・・・・・・・・・・・667

R5	R4	R3	R2	R1	H30	H29
2023	2022	2021	2020	2019	2018	2017
1						
	1	1	1	1	1	1,3
2	2	2	2	2	2	
3	3	3	3	3	3	2
4	4	4	4	4	4	4
	5			5		
5		5	5		5	5
6	6	6	6	6	6	6
7	7	7	7	7	7	7
8	8	8	8	8	8	8
9	9	9	9	9	9	9
10,11	10,11	10,11	10,11	10,11	10,11	10,11
12	12	12	12	12	12	12
13,14	13,14	13,14	13,14	13,14	13,14	14
						13
15	15	15	15	15	15	15
16	16	16	16	16	16	16
17	17	17	17	17	17	17
18	18	18	18	18	18	18
19,21	19	19	19	19	19	19
20	20	20	20,21	20	20	20
22,23	22,23	22,23	22,23	22,23	22,23	22,23
24	21,24	21	24	21	21	21,24
		24		24	24	
25	25	25	25	25	25	25
25	25	25	25	25	25	25

〈本書の特徴と使い方〉

■ 出題キーワード別の編集

　一級建築士試験「学科試験」の出題傾向を徹底分析し、過去7年分の問題を並べ替えて、出題キーワード別に収録しました。

　これにより、類似問題が集約されますので、試験の出題頻度と問題の傾向がわかりやすく、受験対策が効率よく進められます。

　キーワード別の集中学習、弱点チェックで実力アップができるとともに、試験当日に備えた問題研究にも役立ちます。

　同じキーワードの問題の中では、新しいものから順に掲載しています。また、巻末には「出題キーワード索引」もつけています。

■ 出題頻度が一目でわかるレイアウト

　各問題の前には、出題年度（元号）が一目でわかるバーを入れました。過去の出題状況が把握でき、今後の出題予想にも役立ちます。問題番号には、学科及び出題番号を付し、各年度通しての問題チェックも容易にできるようにしてあります。

■ 解法のポイントを的確に解説

　解説 のあとに問題のポイントを明解に解説し、解法を的確にアドバイスしています。解答の根拠となる関係法令などの出典も、できるだけ明示しました。

＊問題番号は、以下のようにご覧ください（学科番号は当該出題年度のものです）。

（凡例）　問題01 Ⅳ 4　→　キーワードごとの通し番号・学科Ⅳの問題4

・本書では、よく用いられる法令名等に以下のような省略表記を採用しています。

建築基準法	→ 建基法（学科Ⅲにおいては「法」）	
都市計画法	→ 都計法	労働安全衛生法　→ 労安法
建築士法	→ 士法	建設業法　→ 業法
宅地造成等規制法	→ 宅造法	宅地建物取引業法　→ 宅建業法

　高齢者・障害者等の移動等の円滑化の促進に関する法律　→　バリアフリー法
　都市の低炭素化の促進に関する法律　　　　　　　　　→　エコまち法
　建築物のエネルギー消費性能の向上に関する法律　　　→　建築物省エネ法
　国土交通省大臣官房庁営繕部監修「建築工事監理指針」　→　工事監理指針
　日本建築学会「建築工事標準仕様書」　→　JASS
　給排水衛生設備規準・同解説　　　　　→　SHASE-S 206

＊各法の施行令、施行規則は、上記省略表記の「法」が各々「令」「則」に変わります。

（凡例）　建築基準法第2条第二号　→　建基法2条二号（法2条二号）

　　　　　都市計画法施行令第25条　→　都計令25条

・過去の試験問題で現行の法規等や使用単位にそぐわない箇所は、編者の判断により、法規名、単位、内容等に適宜修正を加え学習者の便をはかりました。一級建築士試験オリジナル問題に修正を加えた問題は問題番号の右肩に＊を付し、次のように示しています。

（凡例）　問題08 Ⅱ 6 ＊

一級建築士試験
平成 29 年度～令和 5 年度

学科 I

建築設計の手法

R05	R04	R03	R02	R01	H30	H29

問題 01 Ⅰ3 　建築や都市に関する著作物とその説明との組合せとして、**最も不適当なもの**は、次のうちどれか。

	著作物（著作者、発行年）	説　明
1.	『広場の造形 （芸術的原理に基づく都市計画）』 （カミロ・ジッテ、1889 年）	ヨーロッパ各地の歴史的な広場を分析することで、中世の街並みに起源をもつ自然発生的な都市空間の構成を再評価し、そのスケール感や空間感覚を学ぶことの重要性を主張した。
2.	『装飾と犯罪（装飾と罪悪）』 （アドルフ・ロース、1908 年）	建築の快適性や有用性といった実用的側面を重視し、文化としての生活との有機的関連性を欠き、実用に資することのない表面的な装飾が不要であることを主張した。
3.	『空間・時間・建築』 （ジークフリート・ギーディオン、1941 年）	「空間」という概念を前面に押し出し、近代建築を西欧の建築の歴史的な流れの中にあらためて位置づけることを試み、近代建築のもつ特徴や理論の正当性を主張した。
4.	『都市の建築』 （アルド・ロッシ、1966 年）	歴史上の建築を例に、曖昧さや複雑さのある建築の魅力を伝え、不整合性をもつ多様な建築表現の有効性を示し、単純化・抽象化されすぎた近代建築が建築の唯一の解でないことを主張した。

解説 1.　カミロ・ジッテは『広場の造形』において、古代、中世、ルネサンスなどのヨーロッパの都市における広場を分析し、都市計画の芸術的側面を重視して、そ

のスケール感や空間感覚を学ぶことの重要性を主張した。

2. アドルフ・ロースは、モダニズムの先駆者であり、「装飾は罪悪である」として、建築の実用的側面を重視し、表面的な装飾を無用なものとした。

3. ギーディオンは、CIAM（近代建築国際会議）の書記長を務めた人物で、『空間・時間・建築』において近代建築のもつ特徴や理論の正当性を主張した。

4. アルド・ロッシは、合理主義建築を標榜するテンデンツァ運動につながる建築家であり、わが国においてはホテル・イル・パラッツォや門司港ホテルなどを設計している。『都市の建築』では歴史的な西洋建築を総覧しながら、都市研究の方法論を示そうとしている。設問の説明は、ポスト・モダニズムの提唱者の1人であるロバート・ヴェンチューリの著書『建築の多様性と対立性』（1966年）についてのものである。 正解 4

R05	R04	R03	R02	R01	H30	H29

問題02 **Ⅰ6** 人間のまわりの空間や距離等に関する次の記述のうち、**最も不適当な**ものはどれか。

1. エドワード・ホールは、人間同士の距離のとり方等の空間の使い方は、それ自体がコミュニケーションとしての機能をもつと考え、距離をコミュニケーションと対応させて四つの距離帯に分類した。

2. ロバート・ソマーは、テリトリー（なわばり）は個人についてまわり、持ち運びができ、その空間のかたちは必ずしも球形ではなく、前方に比べ横のほうは未知の人が近づいても寛容になれることを示した。

3. H. メルテンスは、「建築物の高さ」と「視点から建築物までの水平距離」の比によって建築物の見え方の変化を尺度化した。

4. オスカー・ニューマンは、物理的・象徴的障壁と見通しのよさをもち、住民たちがそこを「自分たちの場所」と感じているような環境をディフェンシブルスペース（まもりやすい空間）と定義した。

解説 1. エドワード・ホールは、四つの距離帯として密接距離（0〜45cm）、個体距離（45〜120cm）、社会距離（120〜360cm）、公衆距離（360cm以上）に分類した。

2. テリトリーは固定的であり、持ち運びができない。設問の内容はパーソナルスペースのことである。

3. H. メルテンスは、視点から建築物までの水平距離 D と建築物の高さ H の比（D/H）による建築物の見え方の変化を示し、「$D/H = 0.25$ のとき建築物の存在が強調され、$D/H = 1$ のとき建築物の詳細が見え、$D/H = 2$ のとき建築物全体が瞬時に認識できる。$D/H = 3$ のとき建築物と背景が等価となり、$D/H = 4$ のとき建築物が景観の一部となる」とした。 正解 2

問題03 Ⅰ1　建築及び都市の計画に関する次の記述のうち、**最も不適当なも**のはどれか。

1. ソシオペタルは、複数の人間が集まったときに、異なる方向に身体を向けて他人同士でいようとするような位置関係をいう。

2. ユニバーサルデザインは、全ての人を対象としたものであり、障がいの有無、年齢や体型の違い、身体機能の差等に関係なく、可能な限り誰もが利用できるデザインをいう。

3. パッシブデザインは、建築物自体の配置・形状、窓の大きさ等を工夫することにより、建築物内外に生じる熱や空気や光等の流れを制御し、暖房・冷房・照明効果等を積極的に得る手法をいう。

4. スマートシティは、広義では、都市が抱える諸課題に対して、情報通信技術等を活用しつつ、マネジメント（計画、整備、管理・運営等）が行われ、全体の最適化が図られる持続可能な都市又は地区をいう。

> 解説　1.　ソシオペタルは、コミュニケーションがとりやすい求心的な集合形態をいう。プライバシー保護のために離反的関係となるよう、異なる方向に身体を向ける位置関係はソシオフーガルという。
>
> 3.　パッシブデザインには、庇を設けて夏季の日射を遮蔽することや、低高度の冬季の日射を開口部から取り入れて床などに蓄熱し暖房に利用する「ダイレクトゲインの利用」などがある。
>
> 4.　スマートシティは、情報通信技術（IoT や AI 等）を活用してエネルギーや交通など様々な分野の最適化を図り、環境に配慮しつつ生活の質を高める持続可能な都市や地区をいう。
>
> 正解 1

問題04 Ⅰ8　造形に対する人間の知覚に関する次の記述のうち、**最も不適当なもの**はどれか。

1. 黄金比は、その比率がもつ安定感から造形美を得るために古くから採用され、人体各部の寸法の比率がこれに近似するといわれている。

2. ゲシュタルト心理学の基礎概念においては、形や存在が認められる部分を「地」、その背景となる部分を「図」という。

3. 線遠近法がつくりだす立体感の効果を建築物に応用することにより、奥行感を強めたり弱めたりすることができる。

4. 建築物の立面が大きなスケールになると、軒線等の水平線がその中央部で

垂れたように見えたり、柱等の垂直線が傾いて見えたりする現象が生じる。

[解説]　1.　ル・コルビュジエのモデュロールは、挙げた手の指先、頭、みぞおち、つま先の間の寸法が黄金比になっていることを基に体系化されている。

2.　ゲシュタルト心理学においては、形の部分を「図」、その背景を「地」としている。

4.　パルテノン神殿の正面は、軒にむくりをつけ、柱間を上方ほど縮めることで、視覚的な水平・鉛直を実現している。一般的な広間においても、中央をやや吊り上げることで垂れ下がって見えることを防いでいる。　　　　　　　　正解 2

R05	R04	R03	R02	R01	H30	H29

問題01 **Ⅰ 12** 住宅の作品名（設計者、建設地）とその特徴に関する次の記述のうち、**最も不適当な**ものはどれか。

1. バラガン自邸（ルイス・バラガン、メキシコ）は、庭と分かち難く結びついた内部空間をもち、居間の奥には庭に面して大きな窓を設け、積極的に外部を内部に取り込んだ住宅である。

2. 夏の家（E. G. アスプルンド、スウェーデン）は、切妻屋根の2棟が組み合わさった形状であり、主棟に対し、居間棟をずらして配置することで、主棟にあるホール（食堂）からも海を見渡せるようにした住宅である。

3. ガラスの家（フィリップ・ジョンソン、アメリカ）は、南北全面を半透明のガラスブロック壁とし、間仕切り壁にガラスやパンチングメタルを使うことで、内部まで明るい一塊の空間とした住宅である。

4. バワ自邸［Number 11］（ジェフリー・バワ、スリランカ）は、4軒長屋を改造・改築することにより、路地を長い回廊に置き換え、アプローチから建築物の深部に至るまでに坪庭が随所に設けられた住宅である。

解説 1. ルイス・バラガンの自邸兼仕事場は、1948年に竣工し2004年に世界遺産に登録されている。庭に面する居間の大開口には十字のサッシがはめ込まれている。

  2. アスプルンドの「夏の家」は1937年に竣工したストックホルム郊外の別荘で、切妻屋根の大小2棟がわずかに角度を振って組み合わさっており、2棟をずらして配置することで、湖に近い居間棟の背後になる主棟の食堂からも湖が見渡せる。

  3. 1949年に竣工したフィリップ・ジョンソンの「ガラスの家」は、鉄骨の柱・梁で形成された直方体の周囲全体に透明ガラスがはめ込まれている。居間と台所と寝室は家具で区画され、浴室を含むコアをレンガの壁で囲んでいる。設問の住宅は1931年に竣工したピエール・シャローが設計した「ガラスの家（ダルザス邸）」であり、パリのアパートを医院兼住宅にリノベーションしたものである。

  4. ジェフリー・バワの自邸「Number 11」は、バワが1959年以降4軒の長屋を順次入手し、約30年の歳月をかけて増改築し、晩年まで過ごした住宅兼仕事場である。

正解 3

R05	R04	R03	R02	R01	H30	H29

問題 02 Ⅰ 12　住宅の計画に関する次の記述のうち、**最も不適当な**ものはどれか。

1.　新築の一戸建て住宅において、「住宅の品質確保の促進等に関する法律」に基づく「日本住宅性能表示基準」に規定される「高齢者等配慮対策等級」は、等級 5 ～ 1 で評価している。

2.　新築の一戸建て住宅において、「住宅の品質確保の促進等に関する法律」に基づく「日本住宅性能表示基準」に規定される「高齢者等配慮対策等級」における「特定寝室」とは、高齢者の利用を想定する主たる寝室のことである。

3.　住宅セーフティネット制度とは、民間の空き家・空き室を活用した、住宅確保要配慮者（高齢者、障害者、子育て世帯等）の入居を拒まない賃貸住宅の登録制度のことである。

4.　住宅セーフティネット制度において、規模や構造等について一定の登録基準を満たしていても、シェアハウス(共同居住型賃貸住宅) では登録できない。

　解説　2.　住宅品質確保法に基づく「日本住宅性能表示基準(H13 国交告 1346 号)」に従って表示すべき住宅の性能に関する「評価方法基準 (H13 国交告 1347 号)」において、高齢者の利用を想定する「日常生活空間」のうちの寝室を「特定寝室」と定義している。

　　3.　2017 年に始まった住宅セーフティネット制度は、民間の空き家・空き室を活用した、住宅確保要配慮者（高齢者、障がい者、子育て世帯、低額所得者、被災者など）の入居を拒まない賃貸住宅の登録、登録住宅の改修の補助、入居者への経済的支援などを内容とする制度である。

　　4.　住宅セーフティネット制度において、住宅については各戸の床面積が原則 25 m² 以上、耐震性を有するなど規模や構造等について一定の基準を満たしている必要がある。シェアハウス（共同居住型賃貸住宅）については、専用居室の面積、住宅全体の面積、共用部分の設備などの登録基準があり、これを満たせば登録できる。

正解 4

R05	R04	R03	R02	R01	H30	H29

問題 03 Ⅰ 13　住宅の作品名（設計者、建設年）とその特徴に関する次の記述のうち、**最も不適当な**ものはどれか。

1.　増沢邸 ［自邸］（増沢洵、1952 年）は、3 間× 3 間の 9 坪の平面プランをもつ 2 階建ての計画であり、3 坪の吹抜けに面して設けた南面大開口部の障子を通して、柔らかな光を室内に取り込んだ住宅である。

2.　斎藤助教授の家（清家清、1952 年）は、テラス、廊下、居間が連続する開放的な平面に、移動畳等を配置し、場面に応じて空間を設ける「舗設」の概念を具現化した住宅である。

3. ヴィラ・クゥクゥ（吉阪隆正、1957 年）は、コンクリートの特性を生か した形態と彫りの深い開口をもち、外部に対して閉じることにより「閉鎖性」 をつくり出したワンルーム形式の住宅である。
4. 正面のない家—H（坂倉準三建築研究所、1962 年）は、襖を開くことでワ ンルームとなる正方形平面に方形屋根を架け、傘の骨のように組まれた木材 を内部に現した住宅である。

[解説] 3. ヴィラ・クゥクゥは、閉鎖性の強いコンクリートの打ち放しの住宅で、 曲面の屋根がかかる。屋内は 2 階部分も含めてひとつながりの空間をなし、彫りの 深い小さな開口の一部には色ガラスがはめ込まれている。

4. 西沢文隆（坂倉建築研究所）の設計によって 1962 年に竣工した「正面のない家 —H」は、前面道路と敷地境界線に沿って外壁を設けたコートハウスであり、パブ リックスペース（居間、和室）とプライベートスペース（寝室、子供室、食事室） のそれぞれが庭に面して配置されている。篠原一男の設計によって 1961 年に竣工 した「から傘の家」は、7.2 m 角の正方形平面を住機能別に三分割し、仕切りを開け 放つとワンルームになる平面構成で、設問のような屋根・天井をもつ住宅である。

正解 4

R05	R04	R03	R02	R01	H30	H29

問題 04 [Ⅰ 12] 日本の伝統的な住宅・集落等の計画に関する次の記述のうち、 最も不適当なものはどれか。
1. 卯建とは、一般に、妻壁を屋根面より高く突き出し、小屋根を付けた部分 のことで、建築物の装飾としてだけではなく、防火性能を兼ね備えている。
2. 築地塀とは、一般に、方形の平瓦を並べ四隅を釘留めし、目地に漆喰を盛 り上げた外壁仕上げである。
3. 岩手県下に多く見られた曲り屋造りとは、L 字型の平面形状を有し、突出 部は厩で母屋の土間とつながる民家形式の一つである。
4. 輪中とは、河川の氾濫する低湿地帯で、周囲に堤防を築き、集落と耕地を 守る水防のための集落形態のことである。

[解説] 築地塀とは、一般に粘土質の土で造られた塀のことをいい、瓦葺きや板葺きなど の屋根をもつものが多い。貫を通した柱の骨組みを板で挟み、土を何層にもわたって 突き固める版築工法によるものや、土と瓦を交互に積み重ねたもの、表面を漆喰で塗 り固めたものなどがある。設問は、土蔵の腰壁などに用いられる海鼠壁である。正解 2

R05	R04	R03	R02	R01	H30	H29

問題 05 [Ⅰ 13] 日本における住宅の計画に関する次の記述のうち、最も不適当

なものはどれか。
1. 四間取は、土間を除く床上部分を田の字型に 4 室構成とする、伝統的な農家の平面形式の一つである。
2. 公営住宅標準設計 51C 型は、住生活の多様化に対応するため、食事室と台所とを分離した計画である。
3. テラスハウスは、区画された専用庭をもつ住戸を、境界壁を介して連続させた接地型の低層集合住宅である。
4. コーポラティブハウスは、自ら居住する住宅を建設しようとする者が組合を結成し、共同して事業計画を定め、建築物の設計、工事発注等を行って住宅を取得し、管理していく方式である。

[解説] 公営住宅標準設計 51C 型は、吉武泰水らによる 1951 年の公営住宅の標準プランで、食寝分離と親子の就寝分離を図るため、2 寝室とダイニングキッチンからなり、2DK の原型となったものである。　　　　　　　　　　　　　　　　[正解 2]

R05	R04	R03	R02	R01	H30	H29

問題06 [Ⅰ 3] 住宅に関する次の記述のうち、**最も不適当な**ものはどれか。

1. マルセイユのユニテ・ダビタシオンは、ル・コルビュジエによって設計されたピロティのある高層の集合住宅であり、建築物内には住戸に加えて、店舗、ホテル、屋上庭園等の機能がある。
2. ヴァイセンホーフ・ジードルングは、ミース・ファン・デル・ローエが全体計画を行った実験住宅展で建築された住宅団地であり、「インターナショナル・スタイル」の成立に影響を与えたものである。
3. ムードンの住宅は、ジャン・プルーヴェによって設計されたものであり、アルミニウム等の材料が用いられている。
4. フランクリン街のアパートは、ルイス・サリヴァンによって設計された集合住宅であり、構造を鉄筋コンクリート造とした初期の集合住宅とされている。

[解説] 1. ル・コルビュジエによって設計され 1952 年に竣工したマルセイユのユニテ・ダビタシオンは、住戸断面が L 型の 2 層吹き抜けの居間をもつメゾネットで、この住戸が上下にかみ合ってできる 3 層ごとの中廊下からアプローチする。住棟内には店舗、ホテル、郵便局などがあり、屋上には体育館や保育所などがある。
2. ヴァイセンホーフ・ジードルングは、1927 年にミース・ファン・デル・ローエが全体計画を行ったドイツ工作連盟の実験住宅展で 17 名の建築家によって 21 の住棟が建設され分譲された住宅団地である。ミースの住棟の他、ル・コルビュジエ、J. J. P アウト、P. ベーレンス、H. シャロウンなどの住棟が現存している。
3. パリ郊外にあるムードンの住宅は、ジャン・プルーヴェによって設計され 1950

〜1952 年に竣工した。鉄、アルミニウム、木材などによるプレファブ住宅で、住宅難対策として大量生産を企図して 14 棟が実験的に建てられたが、採用には至らなかった。

4. フランクリン街のアパートは、オーギュスト・ペレの設計により 1903 年に竣工した鉄筋コンクリート造の集合住宅である。ルイス・サリヴァンは、鋼構造による高層オフィスビルを多く手掛けた 19 世紀末から 20 世紀初頭の建築家で、「形態は機能に従う」の言葉で知られている。　　　　　　　　　正解 4

R05	R04	R03	R02	R01	H30	H29

問題 07 〔Ⅰ 12〕　住宅の作品（設計者）に関する次の記述のうち、**最も不適当な**ものはどれか。

1. ファンズワース邸（ミース・ファン・デル・ローエ）は、広大な敷地に建つ週末住宅であり、H 形鋼の柱に溶接された梁を介して屋根スラブ及び床スラブを取り付けた構造に特徴がある。

2. シュレーダー邸（ヘリット・トーマス・リートフェルト）は、建具や家具による住空間づくりに特徴があり、2 階は一つの広い空間として使用することも、また可動の間仕切りにより、小さく区分けすることもできる。

3. 前川自邸（前川 國男）は、都市部の約 20 m² の狭小な敷地に、住空間を機能別に積層し構成した住宅である。

4. 原自邸（原 広司）は、玄関から吹抜けを通過してバルコニーまで降りてゆく廊下の両側に居室を配置し、トップライトから自然光を取り入れた住宅である。

[解説]　1.　ファンズワース邸は、南側に川の流れる広く平坦な敷地に建つ週末住宅であり、1950 年に竣工した。H 形鋼の柱、屋根と床のスラブが白く塗られ、全面がガラスに覆われている。水回りのコア以外に間仕切りがなく、フレキシブルな空間となっている。

2.　シュレーダー邸は、1924 年にオランダ中部のユトレヒトに建てられた住宅で、世界文化遺産に登録されている。デ・スティル派の特徴である直線と矩形の抽象形態と原色と白黒灰色の色彩を有する。内部空間の特徴は設問の通りである。

3.　前川自邸は、1941 年に竣工した住宅で、木立のある前庭の横に長いアプローチがあり、吹き抜けの居間とその両側の寝室に切妻の大屋根が掛かる。1966 年に竣工した東孝光が設計した塔の家は、敷地面積約 21 m²、建築面積約 12 m²、延べ面積約 65 m² で、住空間が機能別に積層している。

4.　原自邸は、1974 年に竣工した住宅であり、玄関から階下のテラスまでトップライトのある吹き抜けの廊下と階段が続き、その両側に和室、子供室、食堂、寝室などを配置している。　　　　　　　　　正解 3

3 集合住宅

R05	R04	R03	R02	R01	H30	H29

問題01 Ⅰ13　高層の分譲集合住宅の新築計画に関する次の記述のうち、**最も不適当な**ものはどれか。

1. 一度期に多くの住民が住み始めるので、人口構成のバランスに配慮した多様な住戸平面とし、低層部に保育所と高齢者の通所施設を設置する計画とした。
2. 自治体によるハザードマップの浸水想定が1.5mの区域内にある敷地であったので、建築物の外周等における水防ラインを設定し、高圧受変電設備と非常用発電機を屋上等の浸水リスクの低い場所への設置を計画した。
3. 「長期修繕計画作成ガイドライン（国土交通省）」に基づいて長期修繕計画を作成するに当たり、建物・設備、調査・診断、修繕計画内容、修繕積立金等について、計画期間を30年間と設定し、その間に大規模修繕工事が1回含まれる内容とした。
4. 「長期優良住宅の普及の促進に関する法律」における長期優良住宅の認定を受けるため、住戸の躯体天井高さは認定基準を満たし、居住者のライフスタイルの変化等に応じて間取りの変更が可能な措置を講じた。

解説 1.　高層の分譲集合住宅を均一の住戸平面で供給すると、同一年齢層が同時期に入居して、人口構成のアンバランスが生じるので、設問のような計画を行う。
　3.　「長期修繕計画作成ガイドライン」では、長期修繕計画の計画期間は30年以上、かつ大規模修繕工事が2回含まれる期間以上としている。
　4.　（長期優良住宅法6条1項、同規則1条、H21国交告209号）長期優良住宅の認定基準のうち、可変性の基準として住戸の躯体天井高さを2,650mm以上としている。これは居室の天井高さを2,400mm以上確保し、その上下に配管等のスペースを確保できる高さであり、配管等の自由度を増すことで間取りの変更を容易にする措置である。　　　　正解 3

R05	R04	R03	R02	R01	H30	H29

問題02 Ⅰ12　集合住宅・住宅団地の計画に関する次の記述のうち、**最も不適**

当なものはどれか。

1. 同潤会江戸川アパート（東京都、1934年）は、社交室、共同浴場、食堂、洗濯場等の付帯施設を有する集合住宅として計画された。

2. コモンシティ星田A2（大阪府、1992年）は、敷地内の緩斜面を活かした緑道の配置や、塀・門を極力設けない外構計画等により、連続した開放的な外部空間を創り出した戸建ての住宅団地として計画された。

3. 幕張ベイタウンパティオス4番街（千葉県、1995年）は、高層板状住棟による高密度な賃貸集合住宅であり、住戸には、仕事場等として使用できる開放的なf−ルーム（ホワイエルーム）が設けられ、中廊下やコモンテラスと連続して計画された。

4. 釜石・平田地区仮設住宅団地（岩手県、2011年）は、東日本大震災の復興支援の一環として建設されたコミュニティケア型仮設住宅団地であり、診療所付きのサポートセンターや仮設店舗が計画された。

[解説] 1. 同潤会江戸川アパートは、関東大震災後の住宅難に対処するために設立された同潤会による鉄筋コンクリート造の都市型アパートで、6階建てコの字型の住棟と4階建て板状の住棟が中庭を囲む配置で、1〜4階は階段室型一般向け住戸、5・6階は中廊下型単身者向け住戸となっており、社交室、食堂、共同浴場、洗濯場などが付帯している。

2. コモンシティ星田A2は、敷地が勾配約10分の1の北斜面にある戸建て集合住宅で、この緩斜面の中央を斜めに走る広幅員の緑道から枝分かれした緑道と外周区画道路から引込まれた敷地内道路により各住戸にアプローチできる。敷地の境界には植栽やベンチを配置して塀・門を極力設けず、緑道と連続した開放的な外部空間となっている。

3. 幕張ベイタウンパティオス4番街は、北面と東面の共用廊下が街路に面し、1階にあるプロムナードコートが街路に開かれており、外部とのつながりを強く意識した計画となっている。設問は、東雲キャナルコート1街区の説明である。

4. 釜石・平田地区仮設住宅団地は、高齢者、子育て世帯など震災後のケアが必要な被災者のための仮設住宅であり、向かい合わせの住戸配置でコミュニティの形成を図り、住戸エリアと診療所付きサポートセンターや仮設店舗をデッキでつないでバリアフリー化している。

正解 3

R05	R04	R03	R02	R01	H30	H29

問題03 I 13　集合住宅・住宅団地の改修の計画に関する次の記述のうち、**最も不適当な**ものはどれか。

1. 北側に階段室をもつ階段室型の5階建て集合住宅において、バリアフリー改修のため、北側に廊下棟を増築し、ここに着床するエレベーターを設置す

るとともに増築した廊下に面して各住戸の新しい玄関を設置した。
2. 既存の集合住宅をサービス付き高齢者向け住宅とするため、バリアフリー改修を施し、各住戸専用部分の床面積が 25 m² 以上となるようにした。
3. 分譲集合住宅の共用部分において、形状の著しい変更を伴わない大規模修繕工事について、区分所有者数及び議決権の各過半数の決議を経て行うこととした。
4. 住宅団地内の道路の改修において、歩車共存を目的として、車の通行部分を蛇行させスピードを落とさせるラドバーン方式を採用した。

[解説] 1. 階段室型集合住宅のバリアフリー改修には、エレベーターを有する廊下棟を増築する手法が用いられる。
2. サービス付き高齢者向け住宅について都道府県知事の登録を受ける場合の規模の基準は、国交省・厚労省高齢者の居住の安定確保に関する法律施行規則 8 条により、各住戸専用部分の床面積が 25 m² 以上（居間・食堂・台所などの共同利用部分の床面積が十分にある場合は 18 m² 以上）必要である。
3. 区分所有法 39 条により、一般的な議事は区分所有者数及び議決権の各過半数で決する。同法 17 条により、共用部分の大規模修繕工事は区分所有者数及び議決権の4分の3以上の賛成を必要とするが、形状の著しい変更を伴わないのであれば過半数でよい。
4. ラドバーン方式は、米国のニュータウンであるラドバーンで採用された歩車分離の手法である。歩車共存のために車の通行部分を蛇行させスピードを落とさせるコミュニティ道路はボンエルフと呼ばれる。　　　　　　　　　　[正解 4]

R05	R04	R03	R02	R01	H30	H29

[問題 04 I 12] ニュータウン及び集合住宅に関する次の記述のうち、**最も不適当な**ものはどれか。
1. ネクサスワールドのレム棟・コールハース棟（福岡県）は、各住戸に採光と通風を確保するためのプライベートな中庭が設けられた計画である。
2. 基町高層アパート（広島県）は、偶数階に通路をもつ住棟を「く」の字型に連結させた計画である。
3. 千里ニュータウン（大阪府）は、近隣住区の単位にはとらわれず、将来のワンセンター方式への移行等が意図された計画である。
4. 港北ニュータウン（神奈川県）は、公園、保存緑地と緑道、歩行者専用道路とを結ぶネットワークをもつ計画である。

[解説] 1. ネクサスワールドは、レム・コールハース、石山修武、スティーブン・ホールなど 6 人の建築家による集合住宅群である。レム棟・コールハース棟は、2 棟が道を隔てて並ぶ接地型の集合住宅（テラスハウス）であり、1992 年に建築学会賞を受賞した作品である。

2. 広島市の基町団地は、高層高密度の共同住宅で、設問の特徴のほか、住宅棟が公園、学校、集会場などを囲むように配置されている。

3. 千里ニュータウンは、近隣住区理論に基づく我が国で最初のニュータウンである。高蔵寺ニュータウンは、都市機能を集中したワンセンター方式で計画されたニュータウンである。

4. 港北ニュータウンは、公園、保存緑地などの公共的なオープンスペースを緑道や歩行者専用道路で結び付けたグリーンマトリクスを骨格としている。　　正解 3

R05	R04	R03	R02	R01	H30	H29

問題 05 ⅠＩ 13　集合住宅に関する次の記述のうち、**最も不適当な**ものはどれか。

1. 熊本県営 竜 蛇平団地（熊本市）は、中庭や共用部に面して住戸ごとの土間やテラス等を設け、居住者同士が互いの生活を感じながら居住することができるように計画されている。

2. 真野ふれあい住宅（神戸市）は、阪神・淡路大震災の被災者を対象に建築されたコレクティブハウジングであり、共同の食堂、台所等を設けて、居住者が生活の一部を共同で行うことが可能となっている。

3. 世田谷区深沢環境共生住宅（世田谷区）は、木造平家建ての住宅団地の建替え事業により建築された公営の住宅であり、高齢者在宅サービスセンターを併設した、シルバーハウジング・プロジェクトを含むものである。

4. 茨城県営六番池アパート（水戸市）は、三つの住棟、集会室及び中央広場で構成され、中央広場については、住戸又は集会室を介してアクセスする居住者専用のものである。

> [解説]　1.　熊本県営竜蛇平団地は、三角形の敷地に3階建ての低層棟と5階建ての中層棟が建ち、敷地の中央に中庭がある。低層棟は1階部分をピロティーとして前面道路と中庭をつなげ、中層棟は雁行型の配置で住戸を段状に重ねてルーフバルコニーを設けている。コミュニティー形成を意図してすべての住戸は中庭からアプローチする。
>
> 2.　真野ふれあい住宅は、21戸の高齢者用を含む27戸の単身者用住戸と8戸の一般世帯用住戸からなる。住民の交流を意図して、住戸前のバルコニーが通り抜けできるようになっている、リビングアクセス形式のコレクティブハウジングである。
>
> 4.　茨城県営六番池アパートは、七つの住棟に囲まれた二つの中庭をもち、屋根には地元産の瓦を使用するなど、周辺地域との融和に配慮した地上3階建ての低層集合住宅である。設問は、熊本県営保田窪第一団地の説明である。　　正解 4

R05	R04	R03	R02	R01	H30	H29

問題 06 ⅠＩ 13　住宅に関する次の記述のうち、**最も不適当な**ものはどれか。

1. かんかん森（東京都）は、各住戸の独立性を保ちつつ、居住者が共同で使

用することができる居間や台所等を設置して、コモンミールや掃除等、生活の一部を共同化している、コレクティブハウスである。

2. 　SHARE yaraicho（東京都）は、道路に面する部分は巨大な半透明のテント膜で覆われ、内部は吹抜け空間を介して個室 7 室とコモンスペースが計画された、シェアハウスである。

3. 　泉北ニュータウン（大阪府）は、空き住戸を活用したサポート付き共同住宅や戸建て住宅を活用した多世代型シェアハウス等の試みが行われている、大規模なニュータウンである。

4. 　求道學舎（東京都）は、居住者が共同生活をすることに重点を置き、居間や浴室等のコモンスペースの充実を図った、テラスハウスである。

解説 　1. 　かんかん森は、ワンルーム、シェアルーム、2DK などバリエーションのある 28 戸の住戸のほか、居住者が共同で使用できる居間・台所・キッズルーム・ゲストルーム等を設置したコレクティブハウスである。かんかん森は 14 階建ての日暮里コミュニティハウスの 2・3 階にあり、その中上層部には自立型及び介護型の高齢者共同住宅がある。

2. 　SHARE yaraicho は、鉄骨造 3 階建てで、内部は吹抜けとコモンスペースを介して変形矩形の個室 7 室が配置されたシェアハウスである。正面は巨大な半透明のテント膜で覆われている。

3. 　泉北ニュータウンは、1967 年、高度成長期の住宅需要の高まりの中で開発された大規模ニュータウンである。少子高齢化の中で顕著になっている諸問題に対して、設問のような様々な試みが行われている。

4. 　求道學舎は、武田五一が設計し 1926 年に竣工した学生寮を、定期借地権付きコーポラティブハウスに再生したもので、元の個室を複数個連結して小住戸を形成し、各住戸に浴室等を備えている。

正解 4

R05	R04	R03	R02	R01	H30	H29

問題01 Ⅰ14　事務所ビルの計画に関する次の記述のうち、**最も不適当なもの**はどれか。

1. 高層事務所ビルにおいて、基準階の平面寸法を45m×80mとしたので、フレキシビリティや面積効率を高めるため、センターコアタイプとした。

2. 事務所内だけでなく事務所外も含めて、業務内容や気分に合わせて自由に働く場所を選択できる働き方「ABW（Activity Based Working）」を導入し、事務所内には多様な場所を計画した。

3. 直通階段が1か所のみの賃貸事務所ビルの改修において、直通階段と離れた位置に外部から救出可能な開口部がある退避区画を設けた。

4. パソコンを使った作業の多い執務空間の照明計画において、ディスプレイ面の文字や図の見やすさを考慮し、鉛直面照度を水平面照度より高くした。

〔解説〕　1.　コアの周囲に事務室が配置されるセンターコアは、基準階床面積が1,500m²を超える大規模な事務所ビルに適しており、レンタブル比を高めることができる。

2.　ABWは、働く場所と時間を選択できる働き方であり、事務所内には個人が集中できるブースやコミュニケーションスペースなど多様な場所を計画する。

3.　退避区画は、消防隊が到着するまでの間、一時的に退避して人命の安全を保つための、直通階段から離れた位置にある居室等で防火的に区画された部分のことをいう。退避区画の基準は、国土交通省の火災安全改修ガイドライン（R4国住指349号）に示されている。

4.　事務室やVDT専用室・CAD室の水平面の推奨照度は750lxであるのに対し、鉛直面の推奨照度は事務室で150lx以上、VDT専用室・CAD室で100～500lxであり、鉛直面照度は水平面照度より低くする。　**正解4**

R05	R04	R03	R02	R01	H30	H29

問題02 Ⅰ7　30階建ての事務所ビルの計画に関する次の記述のうち、**最も不適当なもの**はどれか。

1. 基準階の平面計画において、南北面にコアを配置して窓を減らすことで、

熱負荷の影響を軽減した。

2. 防災計画上の避難経路は、日常動線に配慮し、第1次安全区画である廊下から第2次安全区画である特別避難階段の付室を通じて、特別避難階段に避難できるように計画した。

3. エレベーターの運行方式は、建築物を10層ごとに三つのゾーンに分割して各ゾーンにエレベーター群を割り当てるコンベンショナルゾーニング方式とした。

4. 非常用エレベーターは荷物用エレベーターと兼用することとし、その乗降ロビーは特別避難階段の付室と兼用する計画とした。

[解説] 1. 日射による夏季の熱負荷は、水平面が最も大きく、東西面、東南・西南面、南面、北面の順となる。熱負荷の影響を軽減するためには、東西面にコアを配置して窓を減らすことが有効である。

2. 人は非常時においても日常的に使用している経路を使用するという行動特性があるので、防災計画上の避難経路は日常動線を考慮する。

3. 30階建ての事務所ビルの場合、1～10階に停止する低層用、1階と10～20階に停止する中層用、1階と20～30階に停止する高層用に分割するコンベンショナルゾーニング方式が適用できる。

4. 荷物用エレベーターは、専ら荷物を輸送することを目的とするもので、荷扱い者又は運転者以外の利用ができない。したがって、非常用エレベーターと兼用できない。乗用又は人荷用エレベーターは兼用が可能で、乗降ロビーは特別避難階段の付室と兼用できる。 正解1、4

R05	R04	R03	R02	R01	H30	H29

[問題03] [Ⅰ 14] 事務所ビルに関する次の記述のうち、**最も不適当な**ものはどれか。

1. ジョンソン・ワックス・ビル（アメリカ、1936年）の2層吹抜けの執務スペースでは、天井付近が広がった樹木状の柱や柱頭まわりの天窓、ハイサイドライトによって、内部に自然を再現している。

2. フォード財団本部ビル（アメリカ、1967年）は、ビル内部に豊かな植栽が施されたアトリウムをもち、各フロアの執務スペースはアトリウムをL字型に囲むように配置されている。

3. 丸の内ビルディング（東京都、2002年）の高層階のオフィスゾーンは、中央にアトリウムを設け、事務室沿いの廊下をアトリウムに面して配置しており、その廊下から建築物のどこの位置に自分がいるのかを把握することができる。

4. ROKI Global Innovation Center（静岡県、2013 年）は、執務スペースが階段状に積層する立体的なワンルーム空間に、ガラスをはめこんだ木と鉄のハイブリッドトラスの屋根をかけ、自然光を通すフィルターを使用した天幕を設けている。

解説 1. F・L・ライトのジョンソン・ワックス・ビルの 6 m グリッドに並ぶ柱は、柱脚の直径 23 cm で、柱頭に向かって径を増しながら天井付近で直径 5.6 m の円板に接続する。柱頭まわりの天窓から自然光が降り注ぎ、光景は水中から見上げる蓮の葉にたとえられる。

2. ケヴィン・ローチらの設計によるフォード財団本部ビルは、植栽が施されたアトリウムをもつ事務所建築の先駆けである。

3. 丸の内ビルディングの高層階のオフィスゾーンの中央はコアになっており、高層階部分にはアトリウムはない。1982 年に竣工した新宿 NS ビルは、地上 30 階まで吹き抜ける大アトリウムを有し、事務室沿いの廊下をアトリウムに面して配置している。

4. 小堀哲夫の設計による ROKI Global Innovation Center は、設問の通りのデザインのほか、ダブルスキン屋根、クールチューブ、自然採光・通風、BEEMS（Building Environment and Energy Management System）を採用した省エネと環境共生の建築である。

正解 3

R05	R04	R03	R02	R01	H30	H29

問題 04 I 5 事務所ビルにおけるコアの型とその一般的な特徴について、次の組合せのうち、**最も不適当な**ものはどれか。なお。コアの型に示す図は平面略図であり、■はコアを示す。

	コアの型		一般的な特徴
1.	センターコア	■	面積効率がよく、大きな床面積の場合に適しているが、二方向避難の計画が難しい。
2.	両端コア	■ ■	二方向避難の計画はしやすいが、フロアを分割する場合には廊下が必要となるため面積効率が低下する。
3.	片コア（偏心コア）	■	共用部の管理がしやすく、高層建築物に適しているが、二方向避難の計画が難しい。
4.	外コア（分離コア）	■	整形な執務空間を確保することができるが、執務空間とコアとの接続部でエキスパンションジョイントを設ける等の検討が必要である。

解説 1.　センターコアは、基準階床面積が 1,500 〜 3,000 m² 程度の大規模なものに適している。

2.　両端コアは、基準階床面積が 800 〜 1,500 m² 程度の中規模なものに適しており、熱負荷に対しても有利である。

3.　片コア（偏心コア）は、基準階床面積が 500 〜 1,000 m² 程度の小規模で中低層の建築物に適している。

4.　分離コアは、基準階床面積が 500 〜 1,000 m² 程度の小規模で中低層の建築物に適しており、執務空間とコアとでは構造的性状が大きく異なるので、エキスパンションジョイントを設けることが多い。　正解 3

R05	R04	R03	R02	R01	H30	H29

問題 05 **Ⅰ 14**　大規模で高層の事務所ビルの防災計画に関する次の記述のうち、**最も不適当な**ものはどれか。

1.　非常用エレベーターの乗降ロビーは、消防隊が消火活動拠点として利用するため、その面積は、非常用エレベーター 1 台につき 15 m² 以上と定められている。

2.　エレベーター、階段等を含むコアの配置のうち片寄せタイプについては、一般に、避難上不利な点が多く、その採用に当たっては、シミュレーションや実験等により安全性を確認することが望ましい。

3.　火災の拡大を防止するためには、出火の可能性が高いエリア（部分）に、防火上有効な区画を設けるとともに、初期消火設備の設置や不燃性のある建築材料を使用することが求められる。

4.　屋上に緊急離着陸場を設けた場合、そのスペースは、在館者の救助に使用されるとともに消防隊の突入時にも利用される。

解説 1.　非常用エレベーターの乗降ロビーの面積は、建基法施行令 129 条の 13 の 3 第 3 項七号により、非常用エレベーター 1 台につき 10 m² 以上と定められている。

2.　避難経路を含むコアの片寄せタイプは、二方向避難がとりづらいので安全性を検証することが望ましい。

4.　消防庁の緊急離着陸場等設置指導基準において、「緊急離着陸場等」とは、緊急離着陸場（建築物の屋上で航空消防活動を行うヘリコプターが離着陸する場所）又は緊急救助用スペースのことをいう。　正解 1

5 商業建築（融合・その他）

R05	R04	R03	R02	R01	H30	H29

問題01 ［I 17］ 劇場・舞台に関する用語の説明として、**最も不適当なもの**は、次のうちどれか。

1. コンサートホールにおけるワインヤード型とは、舞台を取り囲むように段差をつけて客席が配置されたホール形式のことである。
2. プロセニアムステージ形式の劇場におけるフライズ（フライロフト）とは、幕や舞台照明等の吊物が収納された、舞台上部に設けられた空間のことである。
3. 能舞台における橋掛りとは、本舞台の後座から鏡の間に続く廊下のことであり、出演者の入退場だけでなく、演技・演出上の重要な場所である。
4. 歌舞伎劇場における本花道とは、観客席を上手側で縦に貫く通路舞台のことであり、客席の中を通って舞台に出入りできる歌舞伎独特の演技空間である。

> **解説** 1. ワインヤード型は、舞台の周囲に段々畑のように客席が配置されたホール形式で、ベルリン・フィルハーモニー、ゲヴァントハウス、サントリーホールなど1,800席以上の大ホールに多く採用されている。
> 2. プロセニアムステージ形式は、舞台と客席が額縁状のプロセニアム・アーチで区切られた劇場の形式で、舞台上部に幕や舞台照明等の吊物が収納されたフライズがあり、フライズの高さはプロセニアム・アーチの高さの2.5〜3倍もある。
> 3. 能舞台は、本舞台、その後方の後座、橋掛り（鏡の間に続く廊下）、地謡座などからなり、橋掛りでも演技が行われる。
> 4. 歌舞伎劇場における本花道とは、観客席を下手側で縦に貫く通路舞台のことである。演目によっては、上手に仮花道が設置されることがある。　　　**正解 4**

R05	R04	R03	R02	R01	H30	H29

問題02 ［I 14］ 建築物と周辺環境に関する次の記述のうち、**最も不適当なもの**はどれか。

1. TIME'S I, II（京都府）は、屋根全体を大階段の展望広場とし、その大階段を二分するスリット状のアプローチが人々をエントランスに導くように計画された。

2.　アオーレ長岡（新潟県）は、駅前に建てられた市民協働・市民交流の拠点であり、大通りに開かれた屋根付き広場を中心に、アリーナ、市民交流スペース、市役所、議会等を配置した複合施設として計画された。

3.　太田市美術館・図書館（群馬県）は、建築物の屋内外を巡るスロープや階段、テラス、緑化された屋上を備え、駅前からは施設の賑わいが見え、また、施設からは街が眺められるように計画された。

4.　代官山ヒルサイドテラス（東京都）は、建築群が内包する広場や路地等を主要素として外部空間を形成し、周囲の純和式建築物や庭園とゲートによってつながるように計画された。

[解説]　1.　TIME'S I（1984年）、II（1991年）は、高瀬川沿いに連続して建つ安藤忠雄設計の商業建築で、テラスは高瀬川の川底から数十cmのレベルにある親水空間となっている。設問の建築物は、同氏が設計した近つ飛鳥博物館である。

　4.　代官山ヒルサイドテラスは、槇文彦の設計により1969年に第1期、1992年に第6期が完成した。上層に住戸、下層に商業施設やオフィス等を複合させた都市型集合住宅である。背後には、1919年竣工の旧朝倉家住宅が庭園とともに残されている。

　　　　　正解 1

R05	R04	R03	R02	R01	H30	H29

問題03 [I 14]　劇場に関する次の記述のうち、**最も不適当な**ものはどれか。

1.　能楽堂は、一般に、「本舞台」、「後座」、「地謡座」及び「橋掛り」から成り立つ舞台と、その舞台を3方向から眺める客席をもつ空間である。

2.　1997年に復元されたロンドンのシェークスピア劇場（グローブ座）は、観客と舞台との一体感を得られやすいプロセニアム形式の劇場である。

3.　搬出入のためのサービスヤードにおいて、ウィング式の大型トラックが停車するスペースの、床から天井までの高さは5m以上とすることが望ましい。

4.　車椅子使用者用の客席は、車椅子使用者が選択できるように、2箇所以上の異なる位置に分散して設けることが望ましい。

[解説]　1.　正式な能楽堂の舞台は、本舞台、その後方の後座、後座から演者の出入口につながる橋掛り、本舞台右の地謡座からなり、客席は、正面、本舞台側面の脇正面、斜め方向の中正面からなる。

　2.　シェークスピア劇場（グローブ座）は、舞台上部に2本の柱で支えられた屋根が掛かるが、舞台の形式は、一体感を得られやすいオープンステージである。

　3.　ウィング式の大型トラックがウィングを跳ね上げたときの高さは4.6〜5mであり、搬入口の停車スペースの床から天井までの有効高さはこの高さ以上必要である。

　　　　　正解 2

問題04 Ⅰ 17 次の建築物に関する記述のうち、**最も不適当な**ものはどれか。

1. 東京国際展示場（通称：東京ビッグサイト）は、4本の巨大な柱によるスーパーストラクチャーによって支えられた「コングレスタワー」と呼ばれる会議棟が施設のシンボルとなっている。

2. 福島県産業交流館（通称：ビッグパレットふくしま）は、楕円に近い形状をもつ「マザールーフ」と呼ばれる大屋根に特徴があり、「ビッグパレット」の由来となっている。

3. 横浜国際平和会議場（通称：パシフィコ横浜）は、パーゴラのある中央広場を囲むように、劇場棟、展示棟及び会議棟が配置されており、屋根の形状については大空に羽ばたく鳳（おおとり）がイメージされている。

4. 千葉県日本コンベンションセンター国際展示場（通称：幕張メッセ）は、シルエットが山並みをイメージさせる第Ⅰ期計画の建築物と、屋根形状が凹面から凸面に波のように変化する第Ⅱ期計画の建築物があり、これらがつくりだすスカイラインに特徴がある。

解説 2. ビッグパレットふくしまは、多目的展示ホール、コンベンションホール、多目的室、屋外展示場などからなり、これらの諸室を楕円形状の大屋根が覆っている。

3. パシフィコ横浜は、二枚貝や波、船の帆などをイメージした外観の建物群からなり、エントランスに平山郁夫の原画によるステンドグラスが設置された国立大ホール、会議場、展示ホール、ホテルなどからなる。設問の施設は、宜野湾市にある沖縄コンベンションセンターである。 正解 3

[学科 I]

6 学校

| R05 | R04 | R03 | R02 | R01 | H30 | H29 |

問題 01 **I 15** 公立小学校・中学校等の計画に関する次の記述のうち、**最も不適当な**ものはどれか。

1. 施設一体型の義務教育学校の計画において、小・中学校段階の教職員が連携し、教育内容の充実や学校運営の円滑化を図るため、共同の職員室とした。

2. 特別支援学校の計画において、聴覚障害児童・生徒に対応するため、普通教室に発音・発語の練習に利用する鏡や、練習後の手洗いやうがいのための流し台を設けた。

3. 小学校の図書室と公立図書館とを一体整備した小学校の計画において、建築物移動等円滑化誘導基準に合わせ、両側居室の廊下幅を 1.8 m とした。

4. 小学校の内装の木質化計画において、板材単体での吸音性能は低いので、普通教室の天井や壁に木板を表面材とした孔あき板等を用いることで、残響過多とならないように配慮した。

   [解説] 3. 建築物移動等円滑化誘導基準では特別特定建築物の廊下等の幅は原則 1.8 m 以上となっているが、建築基準法施行令 119 条により、小学校の両側に居室がある場合の廊下幅は 2.3 m 以上としなければならない。

   4. 板材単体は主として低音域の音を吸収し吸音率が 0.3 ～ 0.4 程度であるのに対し、孔あき板は中音域の音を吸収し吸音率が 0.5 ～ 0.7 程度である。　**正解 3**

| R05 | R04 | R03 | R02 | R01 | H30 | H29 |

問題 02 **I 15** 公立小学校・中学校の計画に関する次の記述のうち、**最も不適当な**ものはどれか。

1. 小学校の計画において、職員室とは別に設けた教師コーナーは児童の見守りやすさを重視し、教師コーナーを取り囲むように普通教室を配置した。

2. 小学校の計画において、特別支援学級では、聴覚に過敏性をもつ児童に対応するため、遮音性の高い小規模な空間を設けた。

3. 中学校の計画において、片廊下幅を広くして教室との仕切りをなくしたオープンプラン教室配置とすることから、隣接する教室相互の間に準備室を設

け、音の伝搬を抑制した。

4. 中学校の計画において、教室の稼働率を高めるために、普通教科はクラスルームで行い、実験や実習の授業は特別教室で行う教科教室型を採用した。

〔解説〕 1. オープンプランの小学校などで、学年ユニットの中心に職員室とは別に教師コーナーを設け、複数の教師が各クラスの児童を見守れるようにする例がある。

4. 特別教室型は、普通教科をクラスルームで行い、実験や実習の授業を特別教室で行う運営方式で、稼働率は最も低い。教科教室型は、すべての教科を各々の専用の教室で行い、ホームルームはいずれかの教室が割り当てられるもので、教室の稼働率は高い。

正解4

R05	R04	R03	R02	R01	H30	H29

問題03 Ⅰ8 公立小学校・中学校の計画に関する次の記述のうち、**最も不適当な**ものはどれか。

1. 既存の中学校の校舎を小中一貫教育を行う義務教育学校に変更する計画に当たり、階段に、手摺、滑止め等の安全上の措置を講じることにより、蹴上げの高さを変更しなかった。

2. 中学校の計画に当たり、各教科で専用の教室をもち、生徒が時間割に従って教室を移動して授業を受ける総合教室型とした。

3. 普通教室（40人）の広さは、多様な学習形態に対応する机、家具等の配置が可能な面積、形状を考慮し、9m×8mとした。

4. 特別の支援を必要とする児童が通常の学級に在籍する場合を想定し、その児童が落着きを取り戻すことのできる小規模な空間を、普通教室に隣接して設けた。

〔解説〕 1. 一般に、中学校の生徒用の階段は蹴上げが18cm以下であり、小学校の児童用のものは16cm以下にしなければならない。しかし、中学校を義務教育学校に変更する場合などを考慮して、H26国交告709号により、階段の両側に手摺を設け、踏面の表面を滑りにくい材料で仕上げた場合は、蹴上げを18cm以下とすることができることとなった。

2. 各教科で専用の教室をもち、生徒が教室を移動して各教科の授業を受ける運営方式は、教科教室型という。総合教室型は、すべての教科を普通教室で行うもので、小学校の低学年向きである。

3. 一般的な普通教室の広さは、生徒1人当たり1.5m²程度であり、多様な学習形態に対応するためには10〜15m²程度の余裕が必要である。

4. 支援を必要とする児童の特性または状況に対応できるように、普通教室に適応できない場合に利用する小規模空間が普通教室に近接していることが望ましい。

R05	R04	R03	R02	R01	H30	H29

問題 04 Ⅰ 16 　幼保連携型認定こども園の計画に関する次の記述のうち、**最も不適当な**ものはどれか。

1. 園舎は、地上 2 階建てとし、園庭は園舎と同一の敷地内に設けた。

2. 園児のための諸室として、ほふく室、保育室、遊戯室及び便所を設け、ほふく室と遊戯室を兼用する計画とした。

3. 飲料水用設備を、手洗い用設備や足洗い用設備とは別に設けた。

4. 食事の提供をすべき園児数を 25 人とする計画であったので、独立した調理室を設けた。

解説　1.　幼保連携型認定こども園の学級の編成、職員、設備及び運営に関する基準により、園舎は地上 2 階建て以下を原則とし、園庭は園舎と同一の敷地内又は隣接する位置に設けることを原則とする。

2.　同基準により、園舎には、職員室、乳児室又はほふく室、保育室、遊戯室、保健室、調理室、便所、飲料水・手洗・足洗用設備を設置しなければならないが、特別の事情があるときは、保育室と遊戯室、職員室と保健室は兼用できる。しかし、ほふく室と遊戯室を兼用することはできない。

4.　食事の提供をすべき園児数が 20 人未満の場合は、独立した調理室を設けなくてもよい。

正解 2

7　病院・高齢者施設

R05	R04	R03	R02	R01	H30	H29

問題01 Ⅰ16　高齢者福祉施設、病院及び保育所の火災対策に関する次の記述のうち、**最も不適当な**ものはどれか。

1.　平家建ての特別養護老人ホームにおいて、共同生活室の天井を高くして蓄煙空間とするとともに、採光のためのトップライトを開くようにして、排煙口の役割を果たすように計画した。

2.　介護老人保健施設において、煙の拡散を遅らせるために、防煙垂れ壁を増やし、防煙区画を小さくする計画とした。

3.　病院の病棟階（1層2看護単位）において、防火扉を多く設けると避難の妨げとなるので、階段やエレベーターシャフト等の竪穴区画以外には防火区画を設けない計画とした。

4.　3階に保育室のある保育所において、幼児数人ごとに保育士等が引率して避難することを想定し、屋内避難階段に隣接した位置に付室を設け、待避スペースとした。

　〔解説〕　3.　1層2看護単位の病棟階であれば、床面積から考えて避難経路の途中に防火扉を設ける必要はないが、病室で発生する火災の延焼を止め、避難弱者の避難に支障をきたさないためには、個々の病室が防火区画となるように、病室の出入り口に防火扉を設ける方がよい。

　　4.　児童福祉施設の設備及び運営に関する基準において、2階又は3階に保育室のある保育所の屋内の避難用の階段は、避難階段又は特別避難階段とし、避難階段とする場合でも、屋内と階段室はバルコニー又は付室を通じて連絡することとされている。付室は、避難経路上の安全区画又は待避区画となる。　　　　正解3

R05	R04	R03	R02	R01	H30	H29

問題02 Ⅰ16　高齢者施設に関する次の記述のうち、**最も不適当な**ものはどれか。

1.　認知症高齢者グループホームにおいて、家庭にできるだけ近い環境で生活できるように、1ユニットの定員を8人とした。

2. 小規模多機能型居宅介護施設において、要介護者が短期間宿泊するための宿泊室は個室とし、その床面積を、1室当たり 10 m² とした。

3. 二つのユニットを有する個室ユニットケア型特別養護老人ホームにおいて、隣接するユニットの共同生活室は共用として、二つのユニットが一体的に使えるようにした。

4. 個室ユニットケア型特別養護老人ホームにおいて、入居者の個室内にトイレを設けない場合、排泄リズムの重なる場合が多いことを配慮し、個室からトイレに至る動線を短くし、トイレを個室3部屋に対し一つ以上設けた。

[解説] 1. 認知症高齢者グループホームの場合、1ユニットの定員を5〜9名とし、1施設2ユニット以下を原則とする。

2. 小規模多機能型居宅介護施設は、在宅生活の支援、訪問介護、通所、宿泊、機能訓練などを行う施設で、宿泊室は設備基準により 7.43 m² 以上とする。

3. 特別養護老人ホームのユニットケア型は、1ユニットを概ね10名以下とし、原則個室とする。居間・食事室などの共同生活室は各ユニットの専用とし、入居定員1名当たり 2 m² 以上としなければならない。 [正解 3]

R05	R04	R03	R02	R01	H30	H29

【問題03】 I 16 医療施設等に関する次の記述のうち、最も不適当なものはどれか。

1. 病棟の患者用トイレの計画においては、トイレを分散して配置するなど、病室とトイレの距離を短くする工夫が必要である。

2. LDR とは、陣痛・分娩・回復と出産の過程に応じてそれぞれに必要な設備が整った専用の部屋を設ける方式である。

3. 4床病室の計画において、隣り合うベッドとベッドとの間に幅 1 m 以上のスペースを確保するためには、病室面積は 32 m² 以上が目安となる。

4. 回復期リハビリテーションは、疾患に応じ90日から180日をかけて身体の機能や日常生活動作（ADL）の改善を図ることを目的としている。

[解説] 2. LDR は、陣痛、分娩、回復を一室で行えるようにした室で、暖かい家庭的な雰囲気となるように配慮する。

3. 病院の病室の面積は、医療法施行規則により1床あたり 6.4 m² 以上である。また、ベッドの大きさは幅 1 m ×長さ 2.1 m 程度であり、1床あたり 8 m²（4床で 32 m²）あれば隣り合うベッドとの間に幅 1 m 以上のスペースを確保できる。 [正解 2]

R05	R04	R03	R02	R01	H30	H29

【問題04】 I 16 病院に関する次の記述のうち、最も不適当なものはどれか。

41

1.　病院は、医業又は歯科医業を行う場所であり、20 人以上の患者を入院させるための施設を有するものである。

2.　療養病床における 1 病室当たりの病床数は、4 床以下とする。

3.　1 看護単位当たりの病床数は、80 床を標準とする。

4.　療養病床における患者の利用する廊下の幅は、医療法に基づき、片側に病室がある場合、内法による測定で 1.8 m 以上とする。

解説　1.（医療法 1 条の 5）正しい。

2.（医療法施行規則 16 条 1 項二号のニ）正しい。

3.　看護師長と 10 数名の看護師が看る病床のまとまりを看護単位といい、1 看護単位当たりの病床数は、内科・外科は 40 〜 50 床、産科・小児科は 30 床程度を標準とする。

4.（医療法施行規則 16 条 1 項十一号イ）療養病床のある病室に接続する片廊下の幅は内法で 1.8 m 以上、中廊下は 2.7 m 以上とする。　正解 3

R05	R04	R03	R02	R01	H30	H29

問題 05　I 16　医療・福祉等の用語に関する次の記述のうち、**最も不適当なも**のはどれか。

1.　「介護老人保健施設」は、医療ケアを必要とする要介護者に対し、看護や医学的管理下における介護及び機能訓練等並びに日常生活上の世話を行うことにより、入所者が自立した日常生活を営むことや居宅における生活への復帰を目指す施設である。

2.　「急性期リハビリテーション」は、疾患に応じ 90 日から 180 日をかけて身体の機能や日常生活動作（ADL）の改善を目指すことであり、専門リハビリテーション医療機能をもつ医療施設で行われている。

3.　「放課後等デイサービス事業所」は、就学中の障がい児に対して、放課後や夏休み等の長期休暇中において、生活能力の向上のための訓練や支援等を継続的に提供するもので、指導訓練室や支援に必要な設備・備品等を備えることが求められている。

4.　「日本版 CCRC（Continuing Care Retirement Community）」は、大都市に在住する高齢者が健康な段階から地方へ移住し、地域活動に積極的に参加することをとおして、地域社会に溶け込み、多世代と交流・共働する居住が基本となっている。

解説　1.　「介護老人保健施設」は、要介護の高齢者に対し、看護や医学的管理下における介護及び医療、機能訓練、日常生活上の世話を行い、在宅を目指す施設である。

2.　「急性期リハビリテーション」は、骨折や脳卒中などの急なケガや疾病の発生から

数日後から始めるもので、廃用症候群（長期安静による弊害）を防ぎ、後遺症の軽減や寝たきり防止が期待できる。設問は、「回復期リハビリテーション」の説明である。

3. 「放課後等デイサービス事業」は、児童福祉法6条の2の2により、就学中の障がい児に対して、授業の終了後又は休業日に児童発達支援センターその他の厚生労働省令で定める施設に通わせ、生活能力の向上のために必要な訓練、社会との交流の促進その他の便宜を供与することとされており、自立支援と日常生活の充実のための活動、創作活動、地域交流の機会の提供などが行われている。

4. 「日本版CCRC」は、健康時から介護時まで継続的ケアを提供するコミュニティであり、多世代と交流・共働するなかで高齢者ができるだけ介護を必要としない生活が可能となるようなコミュニティを目指すものである。　　　　　　　　　正解 2

R05	R04	R03	R02	R01	H30	H29

問題01 Ⅰ 7 各種建築物のゾーニング計画に関する次の記述のうち、**最も不適当な**ものはどれか。

1.　市庁舎の計画に当たり、市民が通常利用するメインエントランス、職員・サービスのエントランス、議会エントランスを、それぞれ別に設けた。

2.　施設一体型の義務教育学校の計画に当たり、低学年児童が安心して運動や遊ぶことができるように、専用の運動広場を設けた。

3.　調査・研究部門をもつ博物館の計画に当たり、研究対象である収蔵品を不必要に移動させることがないよう、研究部門を収蔵部門に近接して配置した。

4.　総合病院の計画に当たり、ICU（集中治療室）を、人や機器の出入りが多い手術部と離し、療養できる病棟部門に配置した。

［解説］ 2.　施設一体型の義務教育学校とは、施設を分離せずに小中一貫教育を一つの施設で行うものである。低学年児童の心身の発達の程度は高学年児童や中学生徒とは著しく異なるので、低学年児童専用の運動広場を設けるようにする。

　4.　ICU（集中治療室）は生命の危険がある患者を24時間体制の管理下で治療する室であり、医師室・看護師室・器材室・検査室などとともに集中治療部を構成する。集中治療部は手術部・中央材料部・リハビリテーション部などとともに中央診療部門に位置づけられ、病棟部門とは分離する。　　　　　　　　　　　正解4

R05	R04	R03	R02	R01	H30	H29

問題02 Ⅰ 16 病院及び保育所の計画に関する次の記述のうち、**最も不適当な**ものはどれか。

1.　急性期病院において、病棟部門に比べ、医療機器の更新や機能拡充が必要な診療部門には、隣接したところに増築が可能な空地を確保した。

2.　病院の感染症病室において、廊下に対して室内を陽圧に保ち、外部の汚染空気を室内には流入させずに無菌に近い状態が確保できるようにした。

3.　保育所において、それぞれの子どもの生活リズムを尊重するため、食事のための空間は保育室と分けて計画した。

8 公共建築（融合・その他）

学科 I

学科 II

学科 III

学科 IV

学科 V

4. 保育所において、子どもがトイレに行くのが間に合わずに失敗することを減らすために、保育室間ごとにトイレを設置した。

> [解説] 2. 感染症病室は、室内にウイルス等が浮遊している恐れがあるので、廊下に対して室内を陰圧（負圧）に保ち、室内の汚染空気を外部に流出させないようにする。
>
> 3. 保育所の子どもの個々の生活リズムを尊重するためには、遊び・食事・午睡の時間に個人差を許容する必要があり、保育室には遊食寝が共存できる十分な広さが必要である。また、遊びや寝具からほこりが舞うこともあり、衛生的観点からは食事の空間を保育室と分けることが望ましい。 　正解 2

R05	R04	R03	R02	R01	H30	H29

問題 03 I 4 　特定の用途に供する建築物に関する次の記述のうち、**最も不適**当なものはどれか。

1. 博物館の計画に当たり、一般収蔵庫のほかに、収蔵品の適正な保護のために低湿収蔵庫と高湿収蔵庫を設け、それぞれに前室としてならし室を設けた。
2. 図書館の計画に当たり、来館者が静かに本を閲覧・検索するためのブラウジングコーナーやレファレンスコーナーを閉架式書庫内に設けた。
3. 小学校の計画に当たり、細菌の繁殖や水はねによる汚染を防止するために、給食室の床を乾燥した状態に保つドライシステムを導入した。
4. 危険物貯蔵庫の計画に当たり、貯蔵物が爆発した際の周囲に対する安全性に考慮し、天井は設けずに軽量な不燃材料で屋根を葺いた。

> [解説] 2. 図書館のブラウジングコーナーは、新刊書籍、新聞・雑誌などが自由閲覧できるコーナーであり、レファレンスコーナーは、利用者が研究調査のための図書・資料について図書館員に相談するコーナーである。閉架式は、目録や検索端末によって図書を探し、館員に申し出て図書を受け取る出納方式であり、利用者は書庫内に立ち入ることはできない。
>
> 3. 小学校の給食室などに用いられるドライシステムは、床仕上げに撥水性の高い樹脂塗料やシートを用い、床に水がこぼれにくい構造の厨房設備を設置する。 　正解 2

R05	R04	R03	R02	R01	H30	H29

問題 04 I 17 　図書館（所在地、建設年）に関する次の記述のうち、**最も不適**当なものはどれか。

1. 国際子ども図書館（東京都、2002 年）は、敷地の余剰容積を他の敷地に移転できる制度を活用して、大正時代に竣工した鉄骨レンガ造の歴史的建造物を再生・利活用している。

2. まちとしょテラソ［小布施町立図書館］（長野県、2009年）は、間仕切り
   を必要最小限に抑えることで大空間を実現させ、三角形平面プランの中央に
   開架書庫を配置し、3つの辺に沿って緩やかに分けられたスペースがつくら
   れている。

3. フランス国立図書館（パリ、1995年）は、緑豊かな中庭をもつロの字型の
   基壇部と、その四隅に配置されたL字型の高層棟により構成されている。

4. デンマーク王立図書館（コペンハーゲン、1999年）は、既存の王立図書館
   （旧館）に対し、道路を挟んだ運河側に黒色のガラス張りの新館が増築され、
   メインエントランスは新館に設けられている。

> [解説] 1.　国際子ども図書館は、1906（明治39）年に帝国図書館として竣工したルネ
> サンス様式の鉄骨レンガ造（1929年にRC造で増築）の建築物で、安藤忠雄の設計
> により、2002年に再生・増築された。設問にある余剰容積の活用はしていない。北
> 区立中央図書館は、1919（大正8）年に竣工した鉄骨レンガ造の倉庫を2008年に再
> 生・利活用している。なお、東京駅は、特例容積率適用地区の制度を利用し、余剰
> 容積18万m²を周辺のビルに移転し、保存復元工事の資金に充てている。
>
> 　4.　デンマーク王立図書館は、建築家集団シュミット・ハマー・ラッセンの設計によ
> り、1999年に新館が増築されており、黒色のガラス張りの外観から「ブラック・ダ
> イアモンド」の異名をもつ。　　　　　　　　　　　　　　　　　　　正解 1

R05	R04	R03	R02	R01	H30	H29

問題 05 Ⅰ4　建築計画に関する次の記述のうち、**最も不適当な**ものはどれか。

1. 小学校の計画に当たり、インクルーシブ教育システム構築のため、障害の
   ある児童と障害のない児童とが、交流及び共同学習できる施設とした。

2. 病院の計画に当たり、医療行為を中断することなく設備更新が行えるよう
   に、手術室のある階の上階に設備階（インタースティシャル・スペース）を設けた。

3. ホテルの一般客室を、車椅子使用者用客室へ改修するに当たり、二つの客
   室の間仕切り壁を撤去して一室化し、客室内にスロープを設置し、客室全体
   の床の高さを、トイレ・浴室等の床の高さと合わせた。

4. 図書館の計画に当たり、地上階に開架書庫や地域住民が利用する施設等を
   配置したので、半地下階に貴重書保存用書庫を設け、年間を通じて自然換気
   を行うこととした。

> [解説] 1.　インクルーシブ教育システムとは、人間の多様性の尊重、障害者の能力の
> 発達及び効果的な社会参加を目的として、障害のある者とない者が共に学ぶ仕組み
> をいう。

8 公共建築（融合・その他）

学科Ⅰ

学科Ⅱ

学科Ⅲ

学科Ⅳ

学科Ⅴ

2. インタースティシャル・スペース・システム（ISS）とは、設備機器の保守や更新が行いやすいように、設備を集約した階を設けるシステムのことをいい、病院や研究施設などに用いられる。

4. 図書館の書庫は、直接的な外気流入を抑制し、空調機によって温湿度の管理が行われている。特に貴重書保存用書庫は、一般書庫内の一部を仕切り、出入り口に気密扉を設け、塵埃の侵入を防ぐため内部を正圧に保っている。内装及び書架は木材とし、資料も木製の箱に収納されている。 　　　正解 4

R05	R04	R03	R02	R01	H30	H29

問題06 Ⅰ15　公共建築物等の計画に関する次の記述のうち、**最も不適当なも**のはどれか。

1. 福岡市立博多小学校（福岡県）は、オープンプラン型を採用し、旧来型の職員室の代わりに壁のない教員コーナーやワーキングスペースを設けることで、複数の教員で児童を見守ることのできる空間整備が行われた。

2. 立命館大学大阪いばらきキャンパス（大阪府）は、工場跡地において、官民が連携し、防災公園と一体化して計画された。

3. 石巻市庁舎（宮城県）は、百貨店を転用したもので、既存エスカレーターをそのまま活用し、売り場は執務スペースへ、映画館は議場へと改修された。

4. 大田区役所本庁舎（東京都）は、1960年代に建てられた民間の事務所ビルを転用したもので、外部及び内部デザインを継承しながら、3階エントランスは各種イベントに対応できるように、設備改修が施された。

解説　1998年に竣工した大田区役所本庁舎は、1992年竣工の民間の商業・業務ビルを転用したもので、回廊状のショッピングモールを総合窓口と区民ロビーに、フィットネスクラブを区議会議場に転用している。2003年に竣工した目黒区役所総合庁舎は、村野藤吾が設計し1966年に竣工した旧千代田生命本社ビルを転用したものであり、見事な外部及び内部デザインを継承している。 　　　正解 4

R05	R04	R03	R02	R01	H30	H29

問題07 Ⅰ15　図書館等に関する次の記述のうち、**最も不適当なものはどれか。**

1. 金沢市立玉川図書館（石川県、1979年）は、東側の開架部門と、中庭を挟んで西側にある学習・管理部門を分けることによって、開架部門を気軽に立ち寄り利用できる空間とした図書館である。

2. 朝霞市立図書館本館（埼玉県、1987年）は、成人開架と児童開架をL字型平面に振り分け、自習室を設けず、閲覧席を少数にするなど、貸出を重視した図書館である。

3. 苅田町立図書館本館（福岡県、1990年）は、多様な閲覧席と豊富な資料を備え、開架書架群に沿ってベンチ、和室、屋外読書スペースなどを設けることで、来館者が長い時間を過ごせるように計画した図書館である。

4. ぎふメディアコスモス（岐阜県、2015年）は、木造格子屋根をもつ市立中央図書館や、市民活動交流センター、多文化交流プラザ及び展示ギャラリー等からなる複合施設である。

[解説] 1. 金沢市立玉川図書館は、谷口吉郎・吉生親子の設計によるもので、図書館本館の新築部分と煉瓦造の旧専売公社金沢工場を近世資料館として補強改修した部分からなる。設問は本館部分の説明である。

2. 朝霞市立図書館本館は、成人、ティーンズ、児童の閲覧席のほか、くつろぎコーナー、AVコーナー、視聴覚室、展示兼集会室などを設けている。1973年に開館した鬼頭梓の設計による日野市立中央図書館は、設問のような特徴をもつ貸出サービス主体の図書館の先駆けである。 正解 2

R05	R04	R03	R02	R01	H30	H29

問題 08 Ⅰ 17 子どもに関わる施設に関する次の記述のうち、**最も不適当なもの**はどれか。

1. 幼稚園と保育所の施設を共用化した認定こども園において、遊戯室、調理室、管理諸室、屋外環境等は幼稚園と保育所の共用の空間として計画した。

2. 総合病院における小児患者のための病床は、疾病ごとの特徴に対し的確に対応できるように、診療科ごとにそれぞれ設けた。

3. 放課後等デイサービス事業所において、屋外遊びを豊かにするために、学校と連携して校庭等を有効に活用した。

4. 義務教育学校（小中一貫校）の特別支援学級関係室においては、9年間の系統性・連続性のある教育活動や一貫した支援を効果的に行えるように、小学校と中学校の配置や室構成を計画した。

[解説] 1. 幼保連携型認定こども園の学級の編制、職員、設備及び運営に関する基準7条により、園舎には、職員室、乳児室又はほふく室（満2歳未満の保育を必要とする子どもを入園させる場合に限る。）、保育室、遊戯室、保健室、調理室（原則）、便所、飲料水用設備、手洗用設備及び足洗用設備を設ける。ただし、保育室と遊戯室及び職員室と保健室とは、それぞれ兼用することができる。設問の計画は問題ない。

2. 総合病院における小児患者のための病床は、内科・外科などの診療科ごとに別々に設けるのではなく、診療科の一つである小児科として設ける。

3. 厚生労働省の放課後等デイサービスのガイドラインにおいて、「屋外遊びを豊か

にするために、屋外遊技場の設置や、学校と連携して校庭等を利用したり、近隣の児童遊園・公園等を有効に活用することが望ましい」としている。 　正解2

R05	R04	R03	R02	R01	H30	H29

問題09 Ⅰ17　美術館（設計者）に関する次の記述のうち、**最も不適当なもの**はどれか。

1.　ニューヨーク近代美術館（谷口吉生）は、敷地の北側と南側に通抜けが可能なエントランスホールがあり、中庭と連続する空間となっている。

2.　ロサンゼルス現代美術館（磯崎新）は、赤砂岩の外壁をもつ基壇部があり、その基壇部の上にピラミッド型のトップライト等が配置されている。

3.　フォートワース現代美術館（安藤忠雄）は、平行に並べられた長方形の室によって展示室が構成され、その展示室には日差しへの配慮から深い庇が掛けられている。

4.　アスペン美術館（坂茂）は、建築物の中央部にアトリウムがあり、アトリウムに面した螺旋状のスロープによって、最上階から地上階まで連続した空間となるように計画されている。

　解説　1.　ニューヨーク近代美術館（MoMA）は1935年に建築され、1964年のフィリップ・ジョンソンによるイーストウイングの増築、1984年のシーザー・ペリによるガーデンウイングの増築を経て、国際コンペによって選ばれた谷口吉生の案によって2004年にリノベーションされた。

　2.　1986年に竣工したロサンゼルス現代美術館は、設問の特徴のほか、展示スペースは地下に埋設され、地上部分の中央には通り抜けができる通路と広場からなるオープンスペースがある。

　3.　2002年に竣工したフォートワース現代美術館は、水盤に浮かぶガラスで覆われた直方体が平行配置され、それぞれの上にY字柱で支持された深い軒の出をつくる陸屋根が掛かる。

　4.　アスペン美術館は、2014年、アメリカコロラド州のスキーリゾート地アスペンに建てられた。外部階段などで屋上に上がって景色を眺め、下階に順次下ってギャラリーを回るというスキー体験的動線を特徴としている。屋根は木造のスペースフレーム、道路に面する北面と東面は、木質系の薄板を編んだスクリーンで覆われている。グッゲンハイム美術館は、設問のような特徴をもつ。 　正解4

R05	R04	R03	R02	R01	H30	H29

問題10 Ⅰ15　小学校を指定避難所として使用する場合の対応の方法に関する次の記述のうち、**最も不適当な**ものはどれか。

1.　避難した人が利用するマンホールトイレは、居住エリアから離れた人目に

付きにくい場所に設置できるように計画することが望ましい。

2. 屋外プールの水は、可搬式のポンプを用いて、トイレの洗浄水等に利用することができるように計画することが望ましい。

3. 小学校の教育活動を早期に再開するために、避難所機能と教育機能の区画や動線が分けられるように計画することが望ましい。

4. 備蓄倉庫は、行政の防災担当部局等と協議して、想定される災害に対して安全な場所に計画することが望ましい。

> [解説] 避難者が利用するマンホールトイレは、プライバシーに配慮するとともに、利便性と防犯性の観点から居住エリアに近い場所に設置することが望ましい。　[正解 1]

R05	R04	R03	R02	R01	H30	H29

問題 11 I 15 災害に関連した建築物等の整備に関する次の記述のうち、**最も不適当な**ものはどれか。

1. 「指定緊急避難場所」としての施設は、災害が発生した場合、又は発生するおそれがある場合にその危険から逃れるための避難場所であり、洪水等に係るものについては、想定される洪水等の水位以上の高さに避難スペースを配置する必要がある。

2. 「基幹災害拠点病院」には、病院機能を維持するために必要な全ての施設が地震等に対して安全な構造を有すること、敷地内にヘリポートを有すること等が求められている。

3. 「応急仮設住宅」のうち「借上型仮設住宅」は、地方自治体が民間賃貸住宅を借り上げて供与することをいい、東日本大震災以降は「みなし仮設住宅」とも呼ばれているものである。

4. 「応急仮設住宅」のうち「建設型仮設住宅」は、災害発生後に速やかに建設され、恒久的に供与されるものである。

> [解説] 1. 「指定緊急避難場所」は、居住者等が災害から身を守るために緊急的に非難するための場所であり、高台の公園のほか民間保有施設などが指定される。なお、「指定避難所」は、避難者が災害の危険がなくなるまで一定期間滞在する、又は自宅に戻れない居住者が一時的に滞在する施設である。
>
> 2. 「基幹災害拠点病院」には、設問の要件のほか、災害時に多数の傷病者に対応可能なスペースを有する、通常時の6割程度の発電容量を有する自家発電設備がある、災害時の診療に必要な水が確保されていることなどが求められている。
>
> 4. 「応急仮設住宅」には、設問3の「借上型」と「建設型」がある。「建設型仮設住宅」は、災害発生後に速やかに建設されるが、建基法85条3項、4項により、工事

を完了した日から原則として 2 年以内の期限とされている。恒久的に供与されるものではない。

正解 4

R05	R04	R03	R02	R01	H30	H29

問題12 I 17　図書館（設計者等）に関する次の記述のうち、**最も不適当なも**のはどれか。

1. ベルリン自由大学図書館（フォスター・アンド・パートナーズ）は、傾斜した巨大な円盤状の屋根構造をもち、外壁には世界各地・各時代の文字が彫り込まれている。

2. フランス国立図書館（ドミニク・ペロー）は、緑豊かな中庭をもつロの字型の基壇部と、その四隅に配置された L 字型の高層タワーから構成されている。

3. シアトル中央図書館（OMA）は、外観全体が格子状の鉄骨とガラスで構成され、室内空間に外光を導いている。

4. ストックホルム市立図書館（エーリック・グンナール・アスプルンド）は、円筒と直方体が組み合わされた外観をもち、巨大な円筒の内部には、壁に沿って書架があり、中央にサービスデスクが設けられている。

解説　1.　2005 年に竣工したノーマン・フォスターの設計したベルリン自由大学図書館は、アルミとガラスからなるドーム形状の外観から「ベルリンの脳」と呼ばれており、内部の閲覧室は 4 層の吹き抜けとなっている。設問は、エジプトにある「新アレクサンドリア図書館」の説明である。

2.　フランス国立図書館は、半地下の緑豊かな中庭の周囲に閲覧室が配置され、四隅には上部が書庫、下部が事務室からなる L 字型の高層タワーが配置されている。書庫と事務室は相互に用途可変となっている。

3.　シアトル中央図書館は、OMA（メトロポリタン建築事務所）を主宰するレム・コールハースらによる設計で 2004 年に竣工した。書籍を無造作に積み重ねたような格子状の鉄骨とガラスで構成された外観が特徴的である。

4.　1928 年に竣工したアスプルンドのストックホルム市立図書館は、巨大な円筒の内部に壁に沿って設けられた 3 層吹き抜けの書架が装飾的で美しい。

正解 1

R05	R04	R03	R02	R01	H30	H29

問題01 ［Ⅰ8］ 建築物に関する各部の寸法等の記述のうち、**最も不適当なもの**は、次のうちどれか。

1. 地下駐車場の自動車の車路において、傾斜部の本勾配を $\frac{1}{8}$ とし、傾斜部の始まりと終わりのそれぞれに設けた長さ4mの緩和勾配を $\frac{1}{16}$ とした。
2. 高等学校の配置計画において、400mトラックを設けるための運動場の寸法を、120m × 190m とした。
3. ユニット型の介護老人福祉施設（特別養護老人ホーム）において、トイレを除いた定員1人の居室の内法寸法を、2.7m × 3.6m とした。
4. サービス付き高齢者向け住宅において、2階以上の階に設けるバルコニーには、床仕上げ面からコンクリート躯体の立上りを80mm設けた上に、高さ1,200mmの金属製手すりを設置し、手すり子間の内法寸法を100mmとした。

［解説］ 1. 駐車場の車路の傾斜部は、本勾配を17％（約 $\frac{1}{6}$ ）以下とし、前後に本勾配の $\frac{1}{2}$ 程度、長さ3.5〜6m程度の緩和勾配をつける。
　2. 400mの標準トラックは、直走路の長さが84.39m、曲走路の半径が36.5m、レーンの幅が1.22mとされており、トラック部分約93m × 177mを内包する寸法として120m × 190mは適当である。
　3. ユニット型特別養護老人ホームの施設基準では、1ユニットは原則として定員概ね10人以下、原則個室、居室面積（洗面設備の面積を含み、便所の面積は除く）は10.65㎡以上とする。2.7m × 3.6m ＝ 9.72㎡であり、居室面積が不足している。
　4. 設問のバルコニーは、各部寸法が落下事故防止上有効である。　　**正解3**

R05	R04	R03	R02	R01	H30	H29

問題02 ［Ⅰ8］ 建築物の各部の計画に関する次の記述のうち、**最も不適当なもの**はどれか。

1. 総合病院の改修計画において、一般病床の床面積が内法15㎡の2床室を、小児専用の4床室とした。
2. 市民ホールに設ける300席の小ホールの計画において、車椅子使用者用を

含めて客席配置の自由度を高めるため、平土間形式とした。

3. 小学校の計画において、低学年の普通教室（35 人）の平面形状は、情報端末や教科書等の教材の使用に配慮した机等のサイズ拡大を考慮し、流し台を含めて 9 m × 9 m とした。

4. ホテルの計画において、車椅子使用者用客室の出入口には、有効幅員が 80 cm の引戸を採用し、取っ手側に幅 45 cm の接近できるスペースを設けた。

> [解説] 1. 医療法施行規則により、病院の一般病室の床面積は 1 床あたり内法で 6.4 m²以上、小児用の病室は個室で 6.3 m² 以上、2 床以上の場合は一般の $\frac{2}{3}$ 以上とする。小児専用の 4 床室とする場合、$6.4 \times \frac{2}{3} \times 4 ≒ 17.07$ m² 以上必要である。
>
> 2. 平土間形式は、客席を可動とし、その収納時にオープンスペースとして利用できるもので、比較的小規模なホールに適用できる。
>
> 3. 小学校の普通教室の床面積は、一般に一人当たり 1.5 m² 以上とするが、設問のように机等のサイズ拡大を考慮する場合は一人あたり 2 ～ 2.5 m² 程度とする。35 人で 9 m × 9 m は適当である。　　　　　　　　　　　　　　　　　　[正解 1]

R05	R04	R03	R02	R01	H30	H29

問題 03 [Ⅰ8] 建築物の各部の高さに関する次の記述のうち、**最も不適当なも**のはどれか。

1. 百貨店のトイレ・洗面所の計画において、乳幼児用おむつ交換台の高さを、50 cm とした。

2. 庁舎の車椅子使用者用トイレの計画において、ドアを開閉するための押しボタンスイッチの高さを、110 cm とした。

3. ホテルのフロントカウンターの計画において、一般用の高さを 100 cm とし、車椅子使用者用の高さを 70 cm とした。

4. 事務所ビルの事務室の計画において、椅子に座ったときの視界を遮るためのパーティションの高さを、120 cm とした。

> [解説] 1. 乳幼児用おむつ交換台は、幅 60 cm、長さ 90 cm 程度で縦型が望ましく、高さは 80 cm 程度とする。
>
> 2. 車椅子使用者のための押しボタンスイッチの高さは 100 ～ 110 cm 程度とする。
>
> 3. ホテルのフロントカウンターの高さは、一般用を 100 ～ 110 cm 程度とし、車椅子使用者用を 70 ～ 75 cm 程度として床面から 60 ～ 65 cm のクリアランスを設ける。
>
> 4. 着座時の床からの目の高さは 110 cm 程度である。　　　　　　　　　[正解 1]

R05	R04	R03	R02	R01	H30	H29

問題 04 [Ⅰ8] 建築物等の各部の寸法等に関する次の記述のうち、**最も不適当**

なものはどれか。

1. 公共体育館の計画において、成人用バスケットボールコートを二面配置するため、床面の内法寸法を、40 m × 50 m とした。
2. 屋内の公式試合用の硬式テニスコートについて、ネット上部の天井高を、13 m とした。
3. 競技場の観客席の固定座席の計画において、座席の幅（1 人分の間口）を 45 cm とし、前後間隔（椅子の背の間隔）を 85 cm とした。
4. 屋内駐車場の計画において、一方通行の小型自動車の車路のうち、車路に接して駐車料金の徴収施設が設けられている場所で、歩行者の通行の用に供しない部分の幅員を、2.5 m とした。

> 解説 1. 成人用バスケットボールコートの大きさは 15 m × 28 m であり、周囲の空きを 3 m 以上、コート間の距離を 4.5 m 以上とすると、二面配置するための床面の内法寸法は 34 m × 40.5 m 以上あればよい。
> 2. 屋内の公式試合用の硬式テニスコートのネット直上部の天井高は 12.19 m 以上である。
> 3. 座位の人体寸法からみて、座席の幅 45 cm、前後間隔 85 cm は妥当な寸法といえる。
> 4. 駐車場法施行令 8 条二号イにより、屋内駐車場の一方通行の小型自動車の車路のうち、車路に接して駐車料金の徴収施設が設けられている場所で、歩行者の通行の用に供しない部分の幅員は 2.75 m 以上である。　　　　　　　　正解 4

R05	R04	R03	R02	R01	H30	H29

問題05 Ⅰ7 建築物の各部の寸法等に関する次の記述のうち、**最も不適当な**ものはどれか。

1. 地下階に駐車場を設ける大規模店舗において、売場のレイアウトと駐車場の駐車台数の効率を考慮して、柱割りを 8.5 m × 8.5 m とした。
2. 高層事務所ビルのエレベーターの計画において、低層用 5 台と高層用 5 台とを幅 4 m の通路を挟んで対面配置とした。
3. 図書館の開架閲覧室における複式(両面使用型)書架の中央支柱の心々距離については、車椅子使用者同士がすれ違うことができるように、250 cm とした。
4. 普通乗用車を駐車させる屋内駐車場の計画において、1 台当たりの所要面積をなるべく少なくするため、直角駐車とした。

> 解説 1. 駐車場部分の柱を 70 cm 角とすると、柱の内々に駐車幅 2.6 m × 3 台のスペースができる。車路の幅を 6 m とすると、駐車長さ 5.5 m × 2 台のスペースができる。したがって、1 グリッドに幅 2.6 m × 長さ 5.5 m の駐車スペースが 3 × 2 = 6 台分確保できる。

9 面積・寸法

学科 I

学科 II

学科 III

学科 IV

学科 V

2. エレベーターの計画において、低層用または高層用のそれぞれを対面配置する場合、対面距離は 4 m 程度でよいが、低層用と高層用とを対面配置とする場合は、別バンクであることを明確にするために対面距離は 6 m 程度とし、中間に植栽などを設ける。

3. 書架の幅を 70 cm とすると、通路部分の幅が 180 cm となるので、車椅子使用者同士がすれ違うことができる。

4. 自走式駐車場の 1,000 m² 当たりの駐車台数は、直角駐車 40 台、60°駐車 35 台、45°駐車 30 台、平行（縦列）駐車 25 台程度である。1 台当たりの所要面積は、直角駐車が最も少なくできる。 正解 2

R05	R04	R03	R02	R01	H30	H29

問題 06 I 7 建築物等の各部の寸法に関する次の記述のうち、**最も不適当な**ものはどれか。

1. 排気量 250 cc クラスのオートバイの駐車場の計画において、平行駐車の 1 台当たりの駐車区画の寸法を、幅 60 cm、長さ 230 cm とした。

2. 庁舎の車椅子使用者用受付カウンターの計画において、天板の高さを床面から 70 cm とし、下部に車椅子のフットレストが入るスペースを設けた。

3. 多人数の成人が利用する男性用便所の計画において、隣り合うストール型小便器の中心間距離を、90 cm とした。

4. 事務所ビルの計画において、10 席程度の会議室の内法寸法を、3.6 m × 7.2 m とした。

解説 1. オートバイの駐車区画の寸法は、幅 90 cm、長さ 230 cm 程度とする。なお、自転車の駐輪区画の寸法は、幅 60 cm、長さ 190 cm 程度とする。

2. 一般的な受付カウンターの高さは 1 m 程度とするが、車椅子使用者用受付カウンターの高さは 70 cm 程度とし、下部に下肢とフットレストが入る高さ 60 cm、奥行き 45 cm 以上のスペースを設ける。

3. 一般に、男性用便所のストール型小便器の中心間距離は 75 ～ 90 cm とする。

4. 設問の会議室は 1 席あたり約 2.5 m² あり、形態的にも適切である。 正解 1

R05	R04	R03	R02	R01	H30	H29

問題 07 I 6 建築物の各部の寸法等に関する次の記述のうち、**最も不適当な**ものはどれか。

1. 事務所ビルの事務室において、椅子に座った状態で室内の見通しをよくするためにパーティションの高さを床面から 110 cm とした。

2. 幼稚園において、子ども用足洗い場については床に 5 % 程度の勾配をとり、子ども用手洗い場についてはその高さを床面から 65 cm とした。

3. 小学校において、居心地のよさや落着き感に考慮しつつ、教室の天井高さ

を 2.7 m とした。

4. 病院の 4 床室の病室において、隣り合うベッドとベッドの間に幅 1 m 以上のスペースを確保するため、その床面積を患者一人につき 8 m² とした。

> [解説] 1. 椅子に座った状態の目の高さは床面から 110 〜 125 cm であり、パーティションの高さを床面から 110 cm とすると、事務室内をほぼ見通すことができる。
>
> 2. 幼稚園の子ども用足洗い場の床に 5% 程度の勾配をとると滑りやすくなるので、一般に同勾配は 1 〜 2% とする。子ども用手洗い場の床面からの高さは、3 歳児で 45 cm、4・5 歳児で 55 cm 程度とする。
>
> 3. 教室の天井高さは法規上 2.1 m 以上であり、計画的な配慮がなされていれば 2.7 m は妥当である。
>
> 4. 病院の病室の面積は、医療法施行規則により 1 床あたり 6.4 m² 以上である。また、ベッドの大きさは幅 1 m ×長さ 2.1 m 程度であり、8 m² あれば隣り合うベッド間に幅 1 m 以上のスペースを十分確保できる。　　　　　　　　　　　正解 2

R05	R04	R03	R02	R01	H30	H29

問題 08 Ⅰ 7 建築物の各部の寸法等に関する次の記述のうち、**最も不適当な**ものはどれか。

1. 乗用エレベーター（定員 24 人）は、かごの内法寸法が間口 2,150 mm ×奥行 1,600 mm のものを採用した。

2. 建築物の主要な出入口の有効幅員を 1,500 mm とし、その他の出入口の有効幅員を 1,000 mm とした。

3. 自走式の立体駐車場における自動車の車路において、傾斜部の本勾配を 1/5 とし、傾斜部の始まりと終わりのそれぞれの長さ 6m の部分の緩和勾配を 1/10 とした。

4. 多人数の成人が使用する洗面所において、隣り合う洗面器の中心間距離を 850 mm とした。

> [解説] 1. JIS の一般乗用エレベーターのかごの内法寸法は、定員 24 人の場合、間口 2,150 mm ×奥行 1,600 mm 又は間口 2,000 mm ×奥行 1,750 mm となっている。
>
> 2. バリアフリー法の建築物移動等円滑化誘導基準においては、直接地上に通ずる出入口の 1 以上を有効幅員 1,200 mm 以上とし、その他の出入口の有効幅員を 900 mm 以上とすることとしている。
>
> 3. 500 m² 以上の自走式の立体駐車場においては、駐車場法施行令 8 条により車路の傾斜部の本勾配を 17% 以下（約 1/6 以下）としなければならない。傾斜部の始まりと終わりの長さ 3.5 〜 6 m 程度の部分は、本勾配の半分（1/12 程度）以下の緩和勾配とするのが望ましい。
>
> 4. 隣り合う洗面器の中心間距離を 850 mm とした場合、洗面器の幅を 600 mm とすると洗面器間の空きが 250 mm となるので支障はない。　　　　　　　　正解 3

R05	R04	R03	R02	R01	H30	H29

問題01 Ⅰ4　建築物の開口部等に用いるガラスに関する次の記述のうち、**最も不適当な**ものはどれか。

1.　Low-E 複層ガラスは、中空層側のガラス面に特殊金属膜をコーティングしたものであり、日射取得型と日射遮蔽型を使い分けることにより、建築物の省エネルギー化に貢献できる。

2.　網入板ガラスは、破損してもガラスが脱落しにくくしたものであり、同程度の厚さのフロート板ガラスよりも強度が高いので、耐風圧性能を高めることができる。

3.　倍強度ガラスは、同程度の厚さの強化ガラスよりも強度は低いが、破損時に細かい粒状の破片にならないので、高所で使う際には破損しても脱落しにくいなどの効果が期待できる。

4.　合わせガラスは、2枚以上の板ガラスで中間膜を挟み全面接着したものであり、破損時の飛散防止や開口部の防犯性能を高めることができる。

> **解説**　1.　Low-E ガラスは低放射ガラスともいい、ガラス面に特殊金属膜をコーティングしたものであり、Low-E 複層ガラスは複層ガラスの片面に Low-E ガラスを用いたものである。Low-E ガラスを室内側に用いる日射取得型（断熱型）と室外側に用いる日射遮蔽型（遮熱型）がある。
>
> 2.　網入板ガラスは、破損時にガラスが脱落しにくいが、一般に同面積・同厚のフロート板ガラスよりも許容風圧力が低い。
>
> 3.　倍強度ガラスは、フロート板ガラスを熱処理して耐風圧強度を約2倍にしたもので、破損時に細かい粒状の破片にならない。同厚の強化ガラスは耐風圧強度がフロート板ガラスの3〜5倍あり、破損時には細かい粒状の破片になる。　　**正解 2**

R05	R04	R03	R02	R01	H30	H29

問題02 Ⅰ5　建築物の屋根や庇に関する次の記述のうち、**最も不適当な**ものはどれか。

1.　陸屋根は、信頼性及び耐久性のある防水工事を施すほか、水下にルーフド

レンを複数設置する又はオーバーフロー管を設けることが、建築物内への漏水防止に有効である。

2. 積雪地で採用されるスノーダクト方式の無落雪屋根は、都市部などで、隣地との間に雪を堆積する空間がない場合に有効である。

3. 霧除け庇は、窓等の外部に面する開口部の上部に設ける小庇のことであり、雨仕舞いにおいて有効である。

4. 建築物の開口部に設ける水平の庇は、北緯35度の地点において、一般に、南面の開口部に設けるよりも西面の開口部に設けたほうが、夏期における日射遮蔽効果が期待できる。

[解説] 1. 陸屋根の水下に設けるルーフドレンは、屋上スラブを貫通する排水管に屋上の雨水などを排水するもので、屋根面積に応じて複数設置する。オーバーフロー管は、パラペットを貫通する排水器具であり、排水系統の不具合が生じたときなどに外壁の外側に排水する。

2. スノーダクト方式の無落雪屋根は、パラペットを立ち上げて建築物周囲への落雪を防ぎ、屋根中央の横樋と立て樋で融雪水を排水する。積雪荷重に対する構造的配慮が必要である。

3. 霧除け庇は、単に「霧除け」とも言い、窓や出入口の外部の上部に雨仕舞のために設ける簡便な庇のことである。

4. 北緯35度の地点において西面の開口部に水平の庇を設けても、夏期の15時頃から日没までの日射をほとんど遮蔽しない。水平の庇は、南面に設けると日射遮蔽効果が期待できる。

正解 4

R05	R04	R03	R02	R01	H30	H29

問題03 I 5 建築物の各部に関する次の記述のうち、**最も不適当な**ものはどれか。

1. 外壁や屋上から離れている居室に設ける光ダクトの設計において、ダクト内の光の反射回数を減らすために、ダクトの曲がりを少なく、断面積を大きくした。

2. 建築物の通風計画において、効果的に室内に外の風を取り込むために、風上開口を風下開口よりも大きくした。

3. 木材の構造材を現し仕上げとするに当たり、燃焼時に木材の表面が炭化し、中心に向けて燃える速度が遅くなるので、木材の部材断面を大きくすることで、耐火性を高めた。

4. 木材を構造材として使用するに当たり、腐朽しにくく、乾燥に伴う収縮や反りが少ない心材を採用した。

[解説] 2.　風上開口と風下開口の合計面積が等しいとき、両者の面積が同じ場合の通風量が最大となる。風上開口の面積だけを大きくしても、通風量が効果的に増大するとは限らない。

　3.　木材を現し仕上げとして耐火性を高めることを燃えしろ設計という。

　4.　心材は、年輪幅が狭く、硬く、重く、樹脂を多く含む部分であり、腐朽しにくく耐久性があり、乾燥収縮や反りが少ない。　　　　　　　　　　　正解 2

R05	R04	R03	R02	R01	H30	H29

[問題04 Ⅰ 5]　建築物の外壁に関する次の記述のうち、**最も不適当な**ものはどれか。

1.　外壁に設置する排気口や給気口の防水が難しいので、ダクトを外壁に向かって下がり勾配とし、浸入した雨水を排出できるようにした。

2.　カーテンウォール等の外壁について、部材間の接合部から雨水が浸入することを防ぐため、内外の空気圧を等圧にすることにより重力で排水するフィルドジョイントとした。

3.　地震時の躯体の層間変位を考慮して、上部又は下部のファスナーをスライドさせて追従させるパネル方式のメタルカーテンウォールを採用した。

4.　外装にカーテンウォールを使用するに当たり、シーリング材の耐久年数は、外壁の耐久年数よりも短いことが多いので、雨水が浸入した場合の排水機構を設けた。

[解説] 1.　外壁を貫通するダクトは、外に向かって下がり勾配とする。

　2.　カーテンウォールのジョイントにおいて目地の屋外側に気密性と水密性を兼ね備えたバリアを設けたものをフィルドジョイント（クローズドジョイント）という。屋外側から空気が導入できるように目地を開放し、ジョイント内外の空気圧を等圧にすることにより雨水を重力で排水するものはオープンジョイントという。なお、オープンジョイントは中間部に水密バリアを設けて雨滴を防ぐ。

　3.　地震時の建築物の揺れによる層間変位にパネルを追従させる方法には、設問のように上部又は下部のファスナーをスライドさせて追従させるスウェイ方式のほか、パネルの回転を可能にするロッキング方式がある。

　4.　フィルドジョイントの場合、外気側の一次シール材と室内側の二次シール材の間に排水機構を設ける。オープンジョイントは、上記 2. 参照。　　　　　正解 2

R05	R04	R03	R02	R01	H30	H29

[問題05 Ⅰ 4]　建築物の各部に関する次の記述のうち、**最も不適当な**ものはどれか。

1.　特定天井に関する設計ルートのうち、仕様ルートの一つとして、天井面と

周囲の壁等との間にクリアランスを設けない「隙間なし天井」がある。

2. Low-E複層ガラスは、中空層側のガラス面に特殊金属膜をコーティングしたものであり、室内の冷暖房効率を高めることができる。

3. 連窓を層間変位の大きな建築物に設ける場合、地震時の安全性を向上させるために、ガラスがサッシ枠内で回転・移動しても力が加わらないように、枠とガラスとの間にクリアランスを設ける必要がある。

4. カーテンウォールのオープンジョイント方式の水密性能について、雨水の浸入を防止するためには、等圧空間の容量を、空気取入口に比べて大きくする必要がある。

[解説] 1. 建基令39条3項の特定天井の構造方法として定められたH25国交告771号の仕様ルートには、「V字の吊り材で支持し隙間（6cm）を設けるもの」と「鉛直方向の吊り材で支持し壁際の隙間を設けないもの」がある。

2. Low-E複層ガラスには、屋外側の透明板ガラスと中空層側のガラス面に特殊金属膜をコーティングした低放射ガラス（Low-Eガラス）を室内側にして組み合せた高断熱複層ガラスと、屋内外のガラスを反転させた遮熱高断熱複層ガラスがある。

4. カーテンウォールのジョイントのうち、屋外側から空気が導入できるように目地を開放し、ジョイント内を等圧にして中間部に水密バリアを設けることによって雨滴の浸入を防ぎ、室内側の目地に気密性バリアを設けたものをオープンジョイントという。オープンジョイントにおいて等圧空間の容量を大きくすると、ヒートブリッジとなる。

正解 4

R05	R04	R03	R02	R01	H30	H29

問題06 **Ⅰ6** 公共施設における床の材料又は仕上げに関する次の記述のうち、**最も不適当な**ものはどれか。

1. 床の滑りの指標のうち、JISにおける高分子系張り床材試験方法に定める滑り性試験により測定される滑り抵抗係数（C. S. R）は、埃や水等の介在物によって変化する。

2. 階段の計画に当たり、階段の滑りには踏面だけでなく段鼻の滑りも大きく影響することから、滑りにくい段鼻材を採用することが望ましい。

3. 床材は、同一の床において滑り抵抗係数を変化させると高齢者のつまずきの防止が期待できることから、滑り抵抗係数に大きな差がある材料を複合使用することが望ましい。

4. 建築物の出入口に設ける視覚障害者誘導用ブロック等は、金属製のものを使用する場合、雨滴によりスリップしやすいため、ノンスリップの加工があるものを採用する等の配慮をすることが望ましい。

[解説] 1.　JISの滑り抵抗係数（C. S. R）は、試験片の上に一定の硬さ・厚さのゴムシートなどの滑り片を置き、載荷して斜め上18度方向に引張力を作用させて測定する。このとき試験片表面の状態は清掃・乾燥、ダスト散布、水＋ダスト散布、油散布などから選択する。ダストや水があると、C. S. Rは低下する。

3.　同一の床において床材の滑り抵抗係数を変化させると高齢者がつまずきやすく非常に危険である。

4.　視覚障害者誘導用ブロックには、金属製の点鋲や線鋲の中央に樹脂をはめ込んだノンスリップの加工のものがある。　　　　　　　　　　　　　　**正解 3**

R05	R04	R03	R02	R01	H30	H29

[問題07] [I 14]　建築物に設けるサインの計画に関する次の記述のうち、**最も不適当な**ものはどれか。

1.　サインの種別には、場所の名称を示す「位置サイン」、特定の場所への方角を矢印表示等で示す「誘導サイン」、利用者が行動を選択するために必要な情報を提供する「案内サイン」等がある。

2.　サインの色彩は、高齢者、弱視者、色覚障がい者等に配慮して、「黄と白」、「赤と緑」等の色の組合せを用いないことが望ましい。

3.　視距離1mから視認するサインの計画において、一般に、立位の利用者と車椅子を使用する利用者の双方に配慮して、床面からサイン表示面の中心までの高さを150cmとすることが望ましい。

4.　視距離10mから視認するサインの計画において、サインの設置位置は仰角（水平からの見上げ角度）が10度を超えないようにすることが望ましい。

[解説] 1.　サインの種別には、位置・誘導・案内のほか、説明・注意・規制などがある。

2.　「黄と白」など対比が小さい色の組合せは内容の判別がむずかしく、「赤と緑」などの補色に近い色の組合せは直接重ねて用いると見やすさを損なう。

3.　立位の利用者の視線の高さは150〜155cm程度、車椅子使用者の視線の高さは110〜115cm程度であり、双方に配慮する場合は中心までの高さを125cm程度にするのが望ましい。

4.　視距離10mの場合、サインは仰角10度以下かつ他の立位者の頭で妨げられないよう高い位置に設置するのが望ましい。　　　　　　　　　　　　　**正解 3**

R05	R04	R03	R02	R01	H30	H29

問題01 Ⅰ9　高齢者、障害者等の利用に配慮した建築物の計画に関する次の記述のうち、「高齢者、障害者等の円滑な移動等に配慮した建築設計標準（国土交通省）」に照らして、**最も不適当な**ものはどれか。

1.　美術館の車椅子使用者用トイレにおいて、内部の自動式引戸の開閉スイッチは、引戸の戸先からできるだけ近い位置に設置した。

2.　大規模な物販店舗において、授乳及びおむつ替え室は、男女ともにアクセスしやすい場所とし、中から施錠できる授乳のための個室を設けた。

3.　シティホテルにおいて、車椅子使用者用客室は、客室内のレイアウトが変更しやすいように、ベッドやベッドサイドキャビネットを可動式とした。

4.　病院の階段において、段鼻と踏面との色の明度差が大きいものを選定し、昇り始めから終わりの段まで、それぞれの色を統一した。

　[解説]　1.　車椅子使用者用トイレの内部の自動式引戸の開閉スイッチは、引戸の戸先に袖壁を設け、それと直行する壁の袖壁から70cm以上の位置に設ける。

　3.　車椅子使用者用客室は、室内の車椅子の転回スペースやベッドへの移乗スペース（有効幅員80cm以上）を確保するためのレイアウト変更が可能となるよう、ベッドやベッドサイドキャビネットを床に固定することは避ける。

　4.　階段は、段鼻と踏面との色の明度・色相・彩度の差を大きくして段を容易に識別できるようにし、昇り始めから終わりの段までそれぞれの色を統一して、一体の階段であることを明確にする。　　　正解1

R05	R04	R03	R02	R01	H30	H29

問題02 Ⅰ9　高齢者、障害者等の利用に配慮した建築物の計画に関する次の記述のうち、「高齢者、障害者等の円滑な移動等に配慮した建築設計標準（国土交通省）」に照らして、**最も不適当な**ものはどれか。

1.　市庁舎の総合案内所において、ハイカウンターとローカウンターを併設し、視覚障害者誘導用ブロックをローカウンターに向かって敷設した。

2.　病院のサインの計画において、サインプレートを部門ごとに色分けし、色

11 安全性・バリアフリー

学科Ⅰ

学科Ⅱ

学科Ⅲ

学科Ⅳ

学科Ⅴ

の違いだけに頼った情報伝達となっていないか、サイン案をそれぞれ白黒コ
ピーして判別性を確認した。

3. コンビニエンスストアにおいて、両側に商品棚のある通路の有効幅を 120
cm とし、レジ前には 150 cm × 150 cm の車椅子の転回スペースを設けた。

4. 大規模量販店において、車椅子使用者用便房（大型ベッド付き）を男女が
共用できる位置に設け、それとは別に、男女それぞれの便所内にオストメイ
ト用設備を有する便房と乳幼児用設備を有する便房を分散配置した。

[解説] 1. 建築設計標準では、視覚障害者等が施設を実際に利用する動線を十分に検
討した上で、円滑な利用が可能な経路に視覚障害者誘導用ブロック等を敷設するこ
とが望ましいとされており、市庁舎の総合案内所において視覚障害者誘導用ブロッ
クをカウンターに向かって敷設するのは望ましいが、ローカウンターは車いす利用
者用なので、ハイカウンターに向かって敷設するのがよい。

2. 建築設計標準では、案内表示は、文字・図記号、図、背景の色の明度、色相又は
彩度の差を確保したものとすることが望ましく、弱視者（ロービジョン）、色覚多
様性に配慮したものとすることが望ましいとしており、サイン案を白黒コピーして
判別性を確認するのは適切である。

3. 建築設計標準では、商店の両側に商品棚のある通路の有効幅は 120 cm 以上とし、
片側商品棚の場合は 90 cm 以上とする。また、レジ前の通路の幅は 140 cm 以上、経
路上の 25 m 以内ごとに 140 cm × 140 cm 以上の車椅子の転回スペースを設けること
としている。

4. 建築設計標準では、便所・便房の整備においては施設用途や利用者のニーズを踏
まえ、車椅子使用者用便房（大型ベッド付き）を男女が共用できる位置に 1 以上設
けることに加え、オストメイト用設備を有する便房、乳幼児用設備を有する便房等
の個別のニーズに対応した便房を男女それぞれの便所又は男女が共用できる位置に
分散配置する工夫等が求められているとしている。 正解 1

R05	R04	R03	R02	R01	H30	H29

問題03 Ⅰ 9 図は、公共施設が建つ敷地内の主要な経路上の傾斜路を計画し
た模式図である。「高齢者、障害者等の円滑な移動等に配慮した建築設計標準
（国土交通省）」に照らして、**最も不適当な**ものは、次のうちどれか。

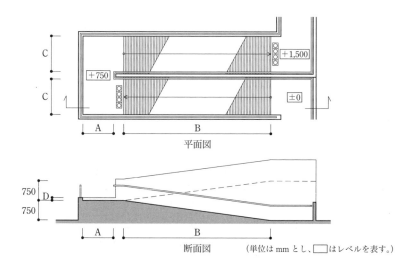

平面図

断面図　（単位は mm とし、□はレベルを表す。）

1. 転倒防止や休憩、減速ができるように、傾斜路の途中に設置した踊り場の
踏幅 A を、1,600 mm とした。

2. 車椅子使用者が自力で上り下りできるように、傾斜路の水平距離 B を、
8,000 mm とした。

3. 人と車椅子使用者がすれ違えるように、傾斜路の有効幅 C を、1,500 mm とした。

4. 白杖等による危険の認知、車椅子のキャスター等の脱輪防止のため、側壁
がない傾斜路及び踊り場側端の立ち上がり D を、50 mm とした。

解説　1. 傾斜路の上下端、曲がりの部分および高さ 750 mm 以内ごとに、踏幅 1,500
mm 以上の踊り場を設けることが望ましい。

2. 敷地内に設ける傾斜路の勾配は 1/12 以下とする。屋外においては雨天時等を考
慮して 1/15 以下が望ましい。したがって高低差 750 mm を自力で登坂するには水平
距離 B は 9,000 mm（屋外では 11,250 mm）以上必要である。

3. 傾斜路の有効幅は原則として 1,200 mm 以上とする。車椅子使用者等の利便性（車
椅子どうしのすれ違い）を考慮すると 1,800 mm 以上が望ましいとされている。一般
に、人と車椅子のすれ違いには 1,350 mm 以上あればよい。

4. 傾斜路側端には 50 mm 以上の立ち上がりを設けることが望ましい。　正解 2

R05	R04	R03	R02	R01	H30	H29

問題04 Ⅰ4　高齢者、障害者等に配慮した屋内競技場の計画に関する次の記
述のうち、**最も不適当な**ものはどれか。

1. 幅 150 cm の屋内廊下に面して設けた障害者等が利用する居室の出入口は、

有効幅員を 90 cm とした。

2. オストメイト用設備を有する便房において、汚物流しの近くに着替え台を設けた。

3. 車椅子使用者用の観覧席は、複数の車椅子使用者が利用できる専用スペースとして、異なる場所に分散して 2 箇所設けた。

4. 屋内階段において、高齢者が段差の存在を知覚できるように、路面と段鼻との輝度比を 1.0 とした。

解説 1. 設問の居室の出入口は、移動等円滑化経路にあるものは有効幅員を 80 cm 以上とする。また、建築物移動等円滑化誘導基準に適合させる場合は 90 cm 以上とする。

2. オストメイト（ストーマ保持者）用便房内では、ストーマ（人工肛門、人工膀胱）装具を交換する際に腹部を洗浄することがある。水栓はハンドシャワー型で湯温調整付き混合水栓とし、全身用鏡、手荷物置き台、着替え台などを設置する。

3. 屋内競技場の車いす使用者用の席は、一般に客席総数が 500 席までは 2 席以上、500 席を超える場合は 200 席ごとに 1 席を加えた数とし、分散して配置する。

4. 輝度比とは、明暗の対比のことであり、大きいほど視認しやすく、3.0 以上が望ましい。輝度比を 1.0 とすると、段差の存在が知覚しにくく危険である。 正解 4

R05	R04	R03	R02	R01	H30	H29

問題05 Ⅰ9 図は、高齢者、障害者等の利用に配慮した階段の計画案の模式図である。「高齢者、障害者等の円滑な移動等に配慮した建築設計標準（国土交通省）」に照らして、**最も不適当な**ものは、次のうちどれか。

1. 手すりは、階段の上端で水平に延長する部分 A を 30 cm として、踊場にも連続させて設置した。

2. 手すりを上下に 2 本設置するに当たり、下段の手すりの高さ B を段鼻から 60 cm とした。

3. 点状ブロック C を、階段手前 30 cm の位置に敷設した。

4. 階段の有効幅員 D は、手すりの幅 10 cm はないものとみなし、140 cm とした。

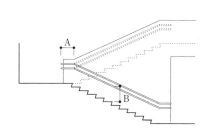
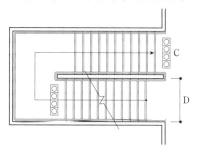

R05	R04	R03	R02	R01	H30	H29

問題 06 I 9　高齢者、障害者等の利用に配慮した建築物の計画に関する次の記述のうち、「高齢者、障害者等の円滑な移動等に配慮した建築設計標準（国土交通省）」に照らして、**最も不適当な**ものはどれか。

1.　公民館の便所において、車椅子使用者用便房における便器洗浄ボタンは、ペーパーホルダーの直上に設置した。

2.　博物館の便所の計画において、乳幼児用おむつ交換台等の乳幼児連れ利用者に配慮した設備は、利用者の分散を図る観点から多機能便房に設けることは避け、男性用及び女性用の便所内にそれぞれ設けた。

3.　ホテルのエレベーターにおいて、エレベーターの籠内の階数ボタン等の点字表示は、ボタンが縦配列であったので、それぞれのボタンの右側に設けた。

4.　庁舎の避難設備・施設の計画において、利用者が安全に救助を待つための一時待避スペースを階段室内に設け、待避した際に助けを求めたり状況を伝えたりするためのインターホンを設置した。

R05	R04	R03	R02	R01	H30	H29

問題 07 I 9　宿泊施設における車椅子使用者用客室に関する次の記述のうち、「高齢者、障害者等の円滑な移動等に配慮した建築設計標準（国土交通省）」に照らして、**最も不適当な**ものはどれか。

1. 客室の総数を 250 室と計画したので、車椅子使用者用客室を 3 室設けた。
2. 客室の出入口の前後に、140 cm 角の水平な床のスペースを設けた。
3. 客室内の浴室の出入口の有効幅員を、85 cm とした。
4. ベッドの高さはマットレス上面で車椅子の座面と同程度とし、ベッドサイドキャビネットの高さはマットレス上面から 10 cm 程度高くした。

解説 1. 車椅子使用者用客室は、客室数 50 以上の場合に設置義務があり、200 室以下の場合は室数×1/50 以上、200 室を超える場合は室数×1/100 ＋ 2 以上設けることが望ましいとしている。250 室の場合は、車椅子使用者用客室を 5 室以上設けるようにする。
2. 客室の出入口有効幅は 80 cm 以上とし、その前後に 140 cm 角以上の水平なスペースを設ける。また、室内に 360 度回転可能な 150 cm 以上の円が内接できるスペースを設ける。
3. 浴室又はシャワー室の出入口の有効幅員は 80 cm 以上とする。
4. ベッドの高さはマットレス上面で 40 〜 45 cm 程度（車椅子の座面と同程度）とする。
正解 1

R05	R04	R03	R02	R01	H30	H29

問題08 I 12 車椅子使用者に配慮した集合住宅の計画に関する次の記述のうち、**最も不適当な**ものはどれか。

1. 駐車場からエントランスホールにアプローチする傾斜路の計画に当たり、車椅子使用者が自力で登ることができるように、勾配を 1/16 とした。
2. 居間と寝室の計画に当たり、コンセントの中心高さを床面から 20 cm とした。
3. 台所の計画に当たり、流し台・調理台の奥行きを 60 cm とし、作業効率に配慮して L 字型に配置した。
4. 浴室の計画に当たり、浴槽の深さを 50 cm、エプロンの高さを 40 cm とした。

解説 1. 屋外傾斜路の勾配は 1/15 以下とする。
2. コンセントの中心高さは床面から 40 cm 以上とする。
3. 台所の流し台・調理台の高さは、一般に 80 〜 90 cm とするが、車椅子使用者用の場合は 75 cm 程度とする。また、L 字型は車椅子使用者にとって最も作業効率がよい。
4. エプロンの高さは車椅子の座面と同じ 40 cm 程度、浴槽の深さは 45 〜 50 cm 程度とする。
正解 2

R05	R04	R03	R02	R01	H30	H29

問題09 I 8 屋内階段に関する次の記述のうち、「高齢者、障害者等の円滑な移動等に配慮した建築設計標準（国土交通省）」に照らして、**最も不適当な**もの

はどれか。

1. 階段の両側の壁に手すりを設けるに当たり、その手すりの端部は、階段の上端では水平に 45 cm 延長させ、下端では斜め部分も含めて段鼻から 45 cm 延長させた。
2. 階段に上下 2 本の手すりを設けるに当たり、その上段の手すりの高さを 80 cm とし、下段の手すりの高さを 60 cm とした。
3. 階段の蹴上げを 15 cm、踏面を 32 cm、蹴込みを 1 cm とした。
4. 階段上端部と連続する床については、視覚障がい者が段を認識できるように、段の手前 5 cm の位置に線状ブロックを敷設した。

[解説] 1. 設計標準では、手すりは両側に踊場も含めて連続して設けることが望ましく、手すりの端部は、階段の上端では 45 cm 以上水平に延長させ、下端では斜め部分も含めて段鼻から 45 cm 以上延長させることが望ましいとしている。
2. 階段に上下 2 本の手すりを設ける場合、上段の手すりの高さは 75 ～ 85 cm 程度とし、下段の手すりの高は 60 ～ 65 cm とする。
3. 階段の蹴上げは 16 cm 以下、踏面は 30 cm 以上、蹴込みは 2 cm 以下が望ましい。
4. 階段上端部には、視覚障がい者に段の存在を予告するため、段の手前 30 cm 程度の位置に点状ブロックを敷設する。なお、点状ブロックは警告又は注意喚起用であり、線状ブロックは進行方向の誘導用である。 　正解 4

R05	R04	R03	R02	R01	H30	H29

問題10 [Ⅰ 9] 便所・洗面所に関する次の記述のうち、「高齢者、障害者等の円滑な移動等に配慮した建築設計標準（国土交通省）」に照らして、**最も不適当な**ものはどれか。

1. オストメイト用設備を有する便房の汚物流しに設ける水栓は、湯温調整付きレバーハンドル型混合水栓とした。
2. オストメイト用設備を有する便房には、ストーマ装具や関連の小物等を置くことができる手荷物置き台（カウンター）を設置した。
3. 車いす使用者用便房に設置する洗面器の鏡は、幅 35 cm ×高さ 45 cm の大きさとし、車いす使用者の利用に配慮し傾斜させて設置した。
4. 車いす使用者用便房に設置する手すりは、便器の側壁側に L 型手すりを設けるとともに、他方には可動手すりを設け、それらの水平部はいずれも便座の座面から 25 cm の高さとした。

[解説] 1. オストメイト（ストーマ保持者）用便房の汚物流しに設ける水栓は、ストーマ（人工肛門、人工膀胱）装具を交換する際に腹部を洗浄することがあるので、

ハンドシャワー型で湯温調整付き混合水栓とするのが望ましい。

2.　オストメイト用便房には、設問の手荷物置き台の他、全身用鏡、着替え台、複数のフックを設置する。

3.　車いす使用者用便房に設置する洗面器の鏡は、傾斜させず、洗面器上端（床から75 cm 程度）から上方 1 m 程度の高さまで設けることで、立位の人にも不便がないようにする。

4.　車いす使用者用便房には、便器の側壁側に L 型手すり、他方にはね上げ式の可動手すりを堅固に設け、それらの水平部は便座の座面から 20 ～ 25 cm の高さとし、L 型手すりの縦手すりの位置は便器の先端から 25 cm 程度とする。　　　　正解 3

R05	R04	R03	R02	R01	H30	H29

問題01 Ⅰ6　建築物の環境振動及び光環境に関する次の記述のうち、**最も不適当な**ものはどれか。

1.　高層建築物に限らず、軽量化された建築物やアスペクト比（幅に対する高さの比）の大きい塔状の建築物では、振動の問題が起こりやすい。

2.　建築物内の躯体を伝わる固体伝搬音の対策として、スラブの短辺方向のスパンを小さくし、スラブを厚くすることが有効である。

3.　照明計画において、視対象面の明るさにむらがあると視覚疲労につながるので、作業領域の均斉度が低くならないようにする。

4.　タクス・アンビエント照明において、タスク照明の照度は、一般に、アンビエント照度より低く設定することで、全般照明よりも省エネルギー化が図れる。

　解説　2.　設問のような対策を行うと、床の剛性が高まるので、子供の飛び跳ねなどの重量床衝撃源による固体伝搬音の低減に効果がある。

　3.　均斉度は、一般に最高照度に対する最低照度（JISの照度均斉度は平均照度に対する最低照度）をいい、人工照明による室内の均斉度は $\frac{1}{3}$ 以上、同一の作業領域の均斉度は $\frac{1}{1.5}$ 以上とする。

　4.　タクスは作業、アンビエントは周囲・環境のことであり、タクス・アンビエント照明は、アンビエント照明の照度を低く設定したうえで、タスク照明で作業領域の必要な照度を確保するもので、全般照明だけで必要照度を得る場合よりも省エネルギー化が図れる。　　　**正解 4**

R05	R04	R03	R02	R01	H30	H29

問題02 Ⅰ7　建築物内で発生する音に関する次の記述のうち、**最も不適当な**ものはどれか。

1.　室内の反射音を防ぐために、壁と天井の仕上げに孔あき板を採用し、低音域の吸音率を向上させるために、その仕上げとコンクリート躯体との間に空気層を十分に確保した。

2. 音圧が極端に弱くなることにより、音が聞こえにくくなる場所（デッドスポット）の発生を防ぐために、天井面や壁面を大きな凹曲面で構成した。

3. オープンプラン型の小学校において、隣接する教室からの音の伝播を防止するため、廊下の天井の仕上げに表面をガラスクロスで覆ったグラスウールを使用した。

4. 隣り合う部屋の間仕切りにおいて、せっこうボードを両面張りとした壁の遮音性能を向上させるため、共通間柱構造から、壁のボードを各面ごとに別々の間柱に取り付ける独立間柱構造に変更した。

[解説] 1. 孔あき板は中音域の吸音率が相対的に高く、背後の空気層に多孔質材料を挿入すると全音域の吸音率が増加する。また、孔あき板とコンクリート躯体との間の空気層厚を増すと、吸音のピークが低音側にずれる。

2. 天井面や壁面を大きな凹曲面で構成すると、反射音が集中する「音の焦点」が生じやすく、また音圧が極端に弱くなるデッドスポットも発生しやすい。

3. 多孔質材料であるガラスクロスで覆ったグラスウールは、高音域を中心に高い吸音率を示し、材厚を増せば中低音域に吸音範囲が広がる。

4. 一般的な間柱間隔の共通間柱構造では、一重壁と同程度の遮音性能となり、独立間柱構造とすれば中高音域の遮音性が向上する。　　　　　正解 2

R05	R04	R03	R02	R01	H30	H29

問題 03 Ⅰ6　環境に配慮した建築物の計画に関する次の記述のうち、**最も不適当な**ものはどれか。

1. 越屋根は、切妻屋根等の棟の一部に設けられた小屋根又はその下の開口部を含めた部分をいい、当該開口部から自然換気や採光が期待できる。

2. コンクリート躯体を蓄熱体として利用するためには、「外断熱とすること」、「開口部からの日射を直接コンクリート躯体に当てること」、「コンクリート躯体を直接室内に露出させること」等が有効である。

3. クールスポットは、外気温度が建築物内の温度以下となる夜間を中心に、外気を室内に導入することによって躯体を冷却する方法であり、冷房開始時の負荷を低減し、省エネルギー化を図ることができる。

4. アースチューブは、地中に埋設したチューブに空気を送り込み、夏期には冷熱源、冬期には温熱源として利用する方式であり、一般に、外気温度の年較差又は日較差が大きい地域ほど熱交換効果が大きい。

[解説] 2. コンクリート躯体を蓄熱体として利用する方法には、開口部からの日射を床や壁のコンクリート躯体に当てて蓄熱し、放射熱を暖房に利用するものや、夜間

の冷気で室内のコンクリート躯体の温度を低下させ冷房負荷を低減するものなどがあり、いずれも躯体を直接室内に露出させ、外断熱とすることが有効である。

3.　クールスポットは、ヒートアイランド現象によって高温化した都市部において相対的に温度の低い公園などの緑地部分や、ミスト発生器を用いて気温を低下させた空間部分などを指すもので、夜間の外気を室内に導入して躯体を冷却し、冷房開始時の負荷を低減する方法はナイトパージという。

4.　地中は熱容量が極めて大きく、地下 10 m 付近の地中温度は年間平均気温に近い値となる。アースチューブを通った空気はこの温度まで加熱又は冷却されるので、一般に、外気温度の年較差又は日較差が大きい地域ほどアースチューブの効果が大きいといえる。　　　正解 3

R05	R04	R03	R02	R01	H30	H29

問題 04　I 5　わが国における建築物と周辺環境に関する次の記述のうち、**最も不適当な**ものはどれか。

1.　建築物に囲まれた広場や街路等の幅員を D、建築物のファサードの高さを H とした場合、D/H はその外部空間の開放感や閉塞感を表す指標となる。

2.　建築物が冬至の日において 4 時間以上の日影を周囲に及ぼす範囲は、一般に、建築物の東西方向の幅よりも建築物の高さに大きく影響される。

3.　都市部にある建築物の屋根及び屋上に高日射反射率塗料を塗ることにより、ヒートアイランド現象を抑制する効果が期待できる。

4.　多雪地域の市街地の建築物において、落雪の搬出の不便さと落雪による危険を避けるため、無落雪屋根を採用する場合がある。

解説　1.　街路等の幅員 D と沿道建築物のファサードの高さ H の比を一定に保つと、空間にまとまりが生まれる。D/H が 1 以下のとき圧迫感を生じるが、商店街などの賑わいを演出することもできる。D/H が 3 を超えると開放感が強まり、一体感が失われるおそれがある。

2.　高層建築物が冬至の日に 4 時間以上の日影を周囲に及ぼす範囲は、一般に、建築物の高さが一定を超えると変化しないが、建築物の東西方向の幅が 2 倍になると日影の範囲が約 4 倍になることがあるなど、東西幅は日影の範囲に大きく影響する。

3.　一般塗料の赤外線領域の反射率が 30% 程度であるのに対し、高日射反射率塗料の同領域の反射率は 90% 程度であり、建築物の屋根又は屋上に高日射反射率塗料を塗ると、日中の建築物への蓄熱を低減する効果が期待できる。

4.　無落雪屋根は、パラペットを立ち上げて落雪を防ぎ、屋根中央の横樋と立て樋で融雪水を排水する。積雪荷重に対する構造的配慮が必要である。　　　正解 2

13 計画各論総合・その他

R05	R04	R03	R02	R01	H30	H29

問題01 Ⅰ6 木質系材料及び工法に関する次の記述のうち、**最も不適当なも**のはどれか。

1. CLTとは、ひき板を繊維方向がほぼ直交となるように積層接着した木質系材料であり、構造躯体として建築物を支えるとともに、高い断熱性能も期待できる。

2. LVLとは、ひき板を繊維方向にほぼ平行となるように積層接着した木質系材料であり、引張強度の高さと品質の均一性から、主に、耐力壁等の面材として使用される。

3. 被覆型（メンブレン型）木質系耐火部材とは、柱や梁等の木材の周りに、無機質系建材等を耐火被覆として用いたものである。

4. 燃え止まり型木質系耐火部材とは、柱や梁等の木材の周りに、燃え止まり層と呼ばれる耐火被覆材を設け、その外側に燃え代層を張り付けたものである。

解説 1. CLTとは、Cross Laminated Timber（直交集成板）のことで、ひき板（ラミナ）を繊維方向が直交するように積層接着した木質系材料である。戸建て住宅や中層共同住宅などの構造躯体としても用いられている。

2. LVLとは、Laminated Veneer Lumber（単板積層材）のことで、ひき板ではなくスライスした薄い単板を繊維方向が平行となるように積層接着した木質系材料であり、主に、柱・梁・厚板耐力壁（壁柱）などの構造材や造作材、家具など広範囲に使用されている。

3. 被覆型木質系耐火部材は、柱や梁等の木材の芯材の周りに、石こうボードなどの無機質系建材等を耐火被覆として用いたもので、3時間耐火の製品もある。

4. 燃え止まり型木質系耐火部材は、柱や梁等の木材の芯材の周りに、薬剤を注入した集成材・合板やジャラ材などの燃え止まり層を設け、その外側に燃え代層として60mm程度の木材を張り付けたものである。 **正解 2**

問題02 Ⅰ5　木材等に関する次の記述のうち、**最も不適当な**ものはどれか。

1.　屋外に階段やバルコニーを木造で設置する場合、雨がかりが極力生じないような計画とすることや接合部に水分が常時滞留しないように配慮する。

2.　木材は炭素を貯蔵する特性があり、また、製材は鋼材に比べて製造時に使用するエネルギーが少ない材料である。

3.　木材の乾燥収縮率の大小関係は、年輪の半径方向＞年輪の接線方向＞繊維方向である。

4.　木材の種類による気乾密度の大小関係は、一般に、チーク＞ヒノキ＞キリである。

〔解説〕　2.　木材は空気中の CO_2 と土中の水分から光合成によってセルローズなどを合成し、細胞壁とすることで炭素を固定する。また、製材は、人工乾燥したものでも、製造時に使用するエネルギーが鋼材の $\frac{1}{50}$ 以下である。

　3.　木材の乾燥収縮率の大小は、年輪の接線方向（約10%）＞年輪の半径方向（約5%）＞繊維方向（約 $0.5 \sim 1\%$）である。

　4.　気乾密度（g/cm^3）は、チーク0.6程度、ヒノキ0.4程度、キリ $0.2 \sim 0.3$ 程度である。

正解 3

問題03 Ⅰ7　防犯計画等に関する次の記述のうち、**最も不適当な**ものはどれか。

1.　割れ窓理論とは、建築物の窓が割られたまま放置されると、建築物を管理する人がいないと判断され、最終的にはその建築物の全ての窓が割られてしまうという比喩によって、犯罪発生のメカニズムを説明したものである。

2.　ジェイン・ジェイコブズは、著書「アメリカ大都市の死と生」において、頻繁に使われている街路は安全となる傾向にあり、街路には常に住民、通行人、店員などの多数の目を置く必要があるとしている。

3.　CPTED（防犯環境設計）とは、「周囲からの見通しを確保すること」、「コミュニティ形成を促進すること」、「犯罪企図者の接近を妨げること」、「部材や設備等を破壊されにくいものとすること」という手法による犯罪予防策である。

4.　ブルーイット・アイゴー（アメリカ）は、1950年代に建設された低所得者向けの集合住宅群であり、開放的な低層住宅とすることにより、犯罪発生率の大幅な低下を実現した事例である。

⑬ 計画各論総合・その他

学科Ⅰ

学科Ⅱ

学科Ⅲ

学科Ⅳ

学科Ⅴ

[解説] 1. 割れ窓理論は、小さな不正や犯罪を放置すると大きな不正や犯罪を誘発することになるという、ジョージ・ケリングらが提唱した環境犯罪学の考え方である。

3. CPTED（防犯環境設計：Crime Prevention Through Environmental Design）の考え方の基本は、「自然監視性の確保」「領域性の強化」「接近の制御」「被害対象の強化」による犯罪予防であり、設問はこれを平たく表現している。

4. ブルーイット・アイゴーは、1956年に竣工した低所得者向けの集合住宅群であり、23万m²の敷地に11階建ての高層集合住宅33棟（2,870戸）が建てられた。ミノル・ヤマサキの設計によるが、計画時にあったコミュニティースペースが予算の都合により削られるなど、防犯環境設計的配慮がなく、建設後数年で荒廃が始まり1972年に解体された。 [正解 4]

R05	R04	R03	R02	R01	H30	H29

問題04 Ⅰ14 用語とその説明との組合せとして、**最も不適当な**ものは、次のうちどれか。

	用語	説明
1.	BEMS (Building and Energy Management System)	二重のガラス間にブラインド等の遮光装置を設置し、空調空気を通すことで、ペリメーターゾーンの熱負荷を軽減するシステムのことである。
2.	POE (Post Occupancy Evaluation)	建築物が建設され、その施設の使用者が入居してある程度の時間が経過した後、その施設を評価する、入居後評価のことである。
3.	OPAC (Online Public Access Catalog)	電子情報化された蔵書目録であり、利用者が目的の書籍の収蔵場所等をパソコン上で検索できるシステムのことである。
4.	BDS (Book Detection System)	図書館の出入口等に設置し、書籍等の館外への不正な持ち出し等を防ぐための資料管理システムのことである。

[解説] 1. BEMSは、建築設備全体の連携制御を図ることにより、居住区域などの快適性、省エネ性、保守性などの向上を図る、設備機器の最適化のためのシステムである。エアフローウィンドウは、二重のガラス間にブラインド等の遮光装置を設置し、そこに空調された室内空気を通すことで、ペリメーターゾーンの熱負荷を軽減するペリメーターレス空調の一つである。

2. POEは、オフィスなどで用いられる入居後評価のことであり、室内の気候・空気・光・音などの物理的環境、各部面積・高さなどの利便性や空間的余裕、安定感・女

心感などの心理的側面について調査を行い、改善につなげる。 正解 1

R05	R04	**R03**	R02	R01	H30	H29

問題 05 I 1　次の用語に関する次の記述のうち、**最も不適当なもの**はどれか。

1. SDGs は、誰一人取り残さない、持続可能でよりよい社会の実現を目指す世界共通の 17 の開発目標からなり、その目標の一つに「持続可能な都市」がある。

2. QOL は、近年、生活の質的向上を目指そうとする気運の高まりとともに、建築計画においても、医療福祉等の分野で重要性が増している。

3. ZEB は、資源の有効な利用を確保する観点から、「建設工事に係る資材の再資源化等に関する法律」（建設リサイクル法）によって定められた分別解体及び再資源化等の実施義務の対象となる建築物のことである。

4. 重要伝統的建造物群保存地区における「修景事業」は、伝統的建造物以外の建造物や新築される建造物が歴史的風致と調和するよう、外観を整備するために行う事業のことである。

　解説　1.　SDGs（持続可能な開発目標）は、2015 年の国連サミットで採択された 2030 年までの国際目標で、17 のゴール（169 のターゲット）からなる。目標 11 の「持続可能な都市」では、包摂的で安全かつ強靱（レジリエント）で持続可能な都市及び人間居住の実現を掲げている。

　　2.　QOL は、Quality of Life（生活の質）の略である。

　　3.　ZEB（Net Zero Energy Building）は、快適な室内環境を保持しつつ、省エネルギーと太陽光発電などによる創エネルギーを組み合わせ、エネルギー消費量の収支をゼロにする建築物のことをいう。また、同様の住宅については、特にZEHと呼ぶ。

　　4.　重伝建地区における「修景事業」は、設問の通り正しい。同地区における「修理事業」は、伝統的建造物を保存または復元的手法により健全化する事業である。

正解 3

R05	R04	**R03**	R02	R01	H30	H29

問題 06 I 13　自然災害からの復興支援のための住宅、住宅地等の計画に関する次の記述のうち、**最も不適当なもの**はどれか。

1. 防災集団移転促進事業とは、災害が発生した地域又は建築基準法に基づく災害危険区域のうち、住民の居住に適当でないと認められる区域内にある住居の集団的移転を促進することを目的としたものである。

2. 応急借上げ住宅とは、地方自治体が民間賃貸住宅を借り上げて仮設住宅として供与するものであり、東日本大震災以降は「みなし仮設住宅」とも呼ば

れているものである。

3. 陸前高田のみんなの家（岩手県）は、東日本大震災の津波で立ち枯れたスギの丸太を用い、被災した人々の集いの場としてつくられた集会場である。

4. グループハウス尼崎（兵庫県）は、阪神・淡路大震災後に被災者を対象に建設された、高齢者向け住戸と一般向け住戸で構成され、サポート拠点（サポートセンター）を併設した災害公営住宅である。

[解説] 2. 応急借上げ住宅は、災害救助法において「借上型仮設住宅」と呼ばれるもので、内容は設問の通りである。応急仮設住宅には、ほかに地方自治体が建設して供与する「建設型仮設住宅」がある。また、介護など日常生活上特別な配慮を要する複数の高齢者・障がい者などに供与される建設型仮設住宅を「福祉仮設住宅」という。

3. 陸前高田のみんなの家は、伊東豊雄を中心とした設計グループが現地の住民との話し合いの中でつくり上げた集会場である。

4. グループハウス尼崎は、阪神・淡路大震災後に被災者を対象に建設された24時間ケア付き仮設住宅をもとに、1998年につくられた全室個室（16室）の高齢者のための住宅であり、要介護1、2程度の高齢者が自立的に生活できるように、常駐スタッフが生活支援、緊急時の対応、健康管理支援などを行う。　正解 4

R05	R04	R03	R02	R01	H30	H29

問題07 Ⅰ6　建築物の防災計画に関する次の記述のうち、**最も不適当なもの**はどれか。

1. 災害時に防災拠点となる庁舎において、仮設修復足場としての利用やガラス落下防止等のために、建築物外周にバルコニーを設ける計画とした。

2. 浸水深さを5mと想定した沿岸型の災害拠点建築物において、1・2階の外壁の大部分をガラスカーテンウォールとして津波被災時には破壊・脱落させ、4階以上の重要な拠点部分の機能を守る計画とした。

3. 高層の集合住宅に設ける備蓄倉庫は、避難階のほかに、100住戸ごとに、かつ、いずれの階からも4層以内の位置に計画した。

4. 災害時の避難場所の仮設トイレは、全てマンホールトイレとし、避難者200人当たり1基を目安とする計画とした。

[解説] 2. 津波荷重による建築物の転倒・滑動を防ぎ、拠点部分の機能を守るために、津波による浸水が想定される外壁部分をガラスカーテンウォールとして津波被災時に破壊・脱落させることは有効である。

3. 高層集合住宅では、災害時にエレベーターが停止する可能性があり、住民の3日分以上の食料や簡易トイレが収納できる備蓄倉庫を各階から2〜4層以内に設ける。

4. 内閣府のガイドラインでは、仮設トイレの数は、避難施設のトイレと併せて、災害発生当初は避難者約 50 人当たり 1 基、避難が長期化する場合には約 20 人当たり 1 基としている。避難者 200 人当たり 1 基では少ない。 正解 4

R05	R04	R03	R02	R01	H30	H29

問題 08 I 5 防犯計画等に関する次の記述のうち、**最も不適当な**ものはどれか。

1. 事務所の計画において、公道から敷地内や建築物内、事務室等への動線は、セキュリティレベルの低いほうから高いほうへ連続させることが望ましい。

2. 小学校の計画において、不審者の侵入防止等に配慮して、職員室は運動場や出入口を見渡すことのできる位置に配置することが望ましい。

3. 住宅地の計画において、ラドバーン方式は、心理的効果を考慮した設計によって、犯罪防止効果を高める手法である。

4. ゲーテッド・コミュニティは、住宅地をフェンスや壁等で囲い、出入口にゲートを設けて、住民以外の人や車両の出入りを制限した居住地区である。

解説 住宅地の計画におけるラドバーン方式とは、1928 年にクラレンス・スタインとヘンリー・ライトによってアメリカのニュータウン、ラドバーンにおいて採用された歩車分離の方式である。住宅地内の車道を住民と無関係な車が通り抜けできないように袋路（クルドサック）とし、各住戸へのアプローチのために歩行者用通路が設けられた。心理的効果を考慮した設計によって、犯罪防止効果を高める手法には、防犯環境設計（CPTED：Crime Prevention Through Environmental Design）がある。 正解 3

R05	R04	R03	R02	R01	H30	H29

問題 09 I 15 木材を活用した建築物に関する次の記述のうち、**最も不適当な**ものはどれか。

1. 住田町役場（岩手県）は、凸レンズ状に組まれたトラス梁が並んだ屋根架構をもつ建築物である。

2. 群馬県農業技術センター（群馬）は、小断面の製材を格子状に組み合わせた屋根架構をもつ建築物である。

3. 海の博物館展示棟（三重県）は、主要構造部の柱や梁には、鋼材を内蔵した集成材を使用し、外壁にはガラスカーテンウォールと木製ルーバーを使用した建築物である。

4. 出雲ドーム（島根県）は、集成材とケーブル等で構成された立体張弦アーチと、膜屋根を組み合わせた架構をもつ建築物である。

解説 1. 林業による地域振興を行っている住田町の役場庁舎は、桁行方向に 49 体

の凸レンズ状の木造トラス梁が並んだ長辺80mの屋根をもち、集成材の架構とラチス耐力壁からなる木造建築物である。

2. 群馬県農業技術センターは、大屋根の架構を小断面の製材を格子状に組み合わせた「格子膜構造」で形成した建築物であり、長大スパンを小断面の製材で形成していることに特徴がある。

3. 1993年に建築学会賞を受賞した内藤廣の海の博物館は、6棟の切妻屋根の建築物が分散配置され、自然の景観に溶け込むように計画されている。収蔵庫はPCコンクリート造、展示棟はRC造及び構造用集成材を用いたトラス構造となっている。柱や梁に鋼材内蔵集成材を使用し、外壁にガラスカーテンウォールと木製ルーバーを使用した建築物には、国見町庁舎などがある。　　　　　　　　　　正解 3

R05	R04	R03	R02	R01	H30	H29

問題10 I 4 　日本におけるスポーツ施設の計画に関する次の記述のうち、**最も不適当な**ものはどれか。

1. 屋外の野球場は、一般に、太陽光線の直射の影響を最小限とするため、本塁から投手板を経て二塁に向かう線を、東北東の方位に計画することが望ましい。

2. 屋外のサッカー競技場は、一般に、冬期の風向きによる競技への影響を最小限とするため、競技のフィールドの長軸を、東西の方向に計画することが望ましい。

3. 陸上競技場の観客席の勾配は、サイトライン（可視線）に配慮しつつ、観客が「競技者との一体感」や「競技の臨場感」を得られるように計画することが望ましい。

4. 屋内の競技施設（アリーナ）は、施設の規模、想定される競技や大会のレベル等に応じて、自然採光・自然通風に配慮しつつ、空調設備・照明設備を設けることが望ましい。

解説 1. 屋外の野球場に関して、野球規則では、「本塁から投手板を経て二塁に向かう線は、東北東に向かっていることを理想とする。」としている。

2. 屋外のサッカー競技場は、選手・観客が太陽光線を直視しないように、フィールド長軸を南北にし、メインスタンドを西側に取るほか、大屋根の影や日常の風向きにも配慮する。　　　　　　　　　　正解 2

R05	R04	R03	R02	R01	H30	H29

問題 01 Ⅰ 10 交通の面からみた都市計画に関する用語の説明として、**最も不適当な**ものは、次のうちどれか。

1. MaaS（Mobility as a Service）とは、自動車利用者の交通行動の変更を促すことにより、都市や地域レベルの道路交通の混雑を緩和するための手法のことである。

2. TOD（Transit Oriented Development）とは、公共交通機関の利用を前提として、過度に自動車へ依存しない持続可能な都市を実現する手法のことである。

3. ITS（Intelligent Transport Systems）とは、最先端の情報通信技術を用いて、交通事故、渋滞などの道路交通の問題解決を目的に構築する交通システムのことである。

4. LRT（Light Rail Transit）とは、低床式車両の活用や軌道・電停の改良による乗降の容易性、定時性、速達性、快適性などの面で優れた特徴を有する軌道系交通システムのことである。

〔解説〕 1. MaaS（Mobility as a Service）とは、地域住民や旅行者の移動ニーズに対応して、目的地までの自家用車以外の複数の移動サービスを最適に組み合わせ、検索・予約・決済等を一括で行うサービスのことをいう。設問は交通需要マネジメント（TDM：Transportation Demand Management）の説明であり、TDM は、パークアンドライド、相乗り、時差通勤、職住近接など、自動車利用者の交通行動の変更を促すことにより、都市や地域レベルの道路交通の混雑を緩和する手法のことである。

2. TOD（公共交通指向型開発）は、公共交通機関を軸にした都市機能の集積など、自家用車に依存しない生活を可能とする都市開発の手法である。

3. ITS（高度道路交通システム）は、最先端の情報通信技術を用いて人・道路・車両をネットワークすることにより、道路交通の問題解決を行う。　　　　　正解 1

R05	R04	R03	R02	R01	H30	H29

問題 02 Ⅰ 2 都市計画に関する次の記述のうち、**最も不適当な**ものはどれか。

1.　平安京では、長方形の平面に対し、南北を通る朱雀大路を中心に右京と左京に分かれ、条（東西道路）と坊（南北道路）による格子の街路網をもつ条坊制が敷かれた。

2.　江戸では、16世紀末から17世紀にかけて江戸城を中核とする堀の開削や海岸線の埋め立てが行われ、山の手の尾根筋の土地に大名屋敷を配し、谷筋に町人地を設定するなど、起伏に富んだ地形に対応した開発が行われた。

3.　ドイツのエンデ・ベックマン建築事務所による「帝都復興計画」では、築地・日比谷・霞が関一帯を含む広大な敷地に中央停車場を置き、三角形に構成された大街路や広場を含んだ計画が提案された。

4.　丹下健三研究室による「東京計画1960」では、これまでの求心・放射型の都市構造の閉鎖性に対して、東京湾に造成した人工地盤に向かって都市の中枢機能の拡大を可能とする都市構造が提案された。

> 解説　1.　平安京は、東西約4.5km、南北約5.2kmの長方形の平面であり、大内裏と羅城門を結ぶ朱雀大路を中心に右京と左京に分かれる。東西および南北に走る大路によって区画された土地のうち、東西列を「条」南北列を「坊」という。また、大路で囲まれた区画を「坊」と呼び、坊を16分割した一画を「町」と呼ぶ。条を東西道路、坊を南北道路とすることもあり、3.が明らかな誤りなので、この設問は正しいとする。
>
> 　3.　エンデ・ベックマン建築事務所による設問の内容の計画は、1886（明治19）年の東京計画（官庁集中計画）である。帝都復興計画は、関東大震災後、内務大臣後藤新平が帝都復興院総裁を兼務して立案した東京の都市計画である。
>
> 　4.　丹下健三の「東京計画1960」においては、東京と木更津を結ぶ東京湾上のスーパーハイウェイを主軸とし、これに直行する軸上に海上都市を展開する「線形平行射状システム」を、閉鎖的な「求心放射状システム」に代わるものとして提案した。

正解 3

R05	R04	R03	R02	R01	H30	H29

問題03 Ⅰ 2　海外の都市に関する次の記述のうち、**最も不適当なもの**はどれか。

1.　ミレトス（トルコ、紀元前5世紀頃）は、ヒッポダモスの計画による、城壁内全体に格子状に直交道路網を敷設し、都市の中央部に行政・宗教・商業施設を、その南北に住宅地を配した都市である。

2.　ローマのカンピドリオ広場（イタリア、16世紀）は、ミケランジェロの計画による、台形状の広場とアプローチとしての大階段、三つのパラッツォを対称的に配置することで、軸線を強調した、バロック的な広場計画の初期の

事例である。

3. レッチワース（イギリス、20世紀初頭）は、パトリック・ゲデスの「保存的外科手術」という概念のもと、都市の歴史性を保存しながら再開発が行われた都市である。

4. チャンディガール（インド、20世紀後半）は、ル・コルビュジエの都市計画理念に基づく、格子状に分割した区域（ユニット）と7段階に機能分けした道路網からなる都市である。

[解説] 3. レッチワースは、ロンドンの北方約55kmにある町で、E. ハワードの田園都市理論に基づいて1903年に建設された。また、1919年には2番目の田園都市ウェルウィン（ウェリン）が建設された。設問のパトリック・ゲデスの都市計画は、英領期のインドのバローダで実践された。

4. チャンディガールは、1950年以降ル・コルビュジエが都市計画を引き継ぎ、実践したパンジャブ州の州都で、800m×1,200mの格子状に分割した当初46のセクターと、高速道路から住居へのアプローチ道路まで7段階に機能分けした道路網からなる。東北部分のセクター1には、州議事堂、高等裁判所、合同庁舎などのキャピタル・コンプレックスと呼ばれる建築群が集中している。 | 正解 3 |

R05	R04	R03	R02	R01	H30	H29

問題 04 Ⅰ 10　交通手段を考慮した都市計画に関する次の記述のうち、**最も不適当な**ものはどれか。

1. セミモールは、都市部や商業地などで歩行者空間を充実させたモールにおいて、一般車両の乗り入れを禁止し、路面電車やバスを通行させるものである。

2. キスアンドライドは、出発地から公共交通機関の乗降所（駅やバス停等）まで家族等が自動車で送迎する交通形態のことである。

3. BRTは、バス専用道路などを活用して高い定時性を確保し、連節車両を用いることや停車時間短縮の工夫を取り入れること等により、高い輸送能力を確保するバス交通システムである。

4. フリンジパーキングは、都市中心部の周辺に駐車場を整備し、そこから公共交通機関等により都市中心部までアクセスするシステムであり、都市中心部への車の流入の抑制等を目的とするものである。

[解説] 1. セミモールは、商業地などで歩道幅員の拡大やバリアフリー化によって歩行者空間を充実させた歩車共存のモールである。設問のモールはトランジットモールと呼ばれる。

3.　BRT（Bus Rapid Transit）は、バス高速輸送システムと呼ばれ、内容は設問の通りである。　　　　　　　　　　　　　　　　　　　　　　　　　　　正解 1

R05	R04	R03	R02	R01	H30	H29

問題 05 I 11　都市の再生に関する次の記述のうち、**最も不適当な**ものはどれか。

1.　ハイライン（ニューヨーク）は、廃線になった貨物専用の高架線跡を再利用し、緑豊かな展望公園へと再生させたものである。

2.　ドックランズ再開発計画（ロンドン）は、大規模な区画の整理によって街区を撤去し、中央部を遊歩道とする広場をつくり出したプロジェクトである。

3.　ポツダム広場再開発計画（ベルリン）は、第二次世界大戦とその後の東西分断により長年更地であった敷地に、複合機能をもたせたプロジェクトである。

4.　門司港レトロ地区（北九州市）は、門司港周辺の歴史的建造物群と関門海峡や門司港の景観を活かした街並みが形成されている地区である。

解説　1.　ハイラインは、1980 年に廃線となった高架の貨物専用鉄道で、2009 年に公園として再生された。ハイラインをまたぐようにホテルや商業施設が建設されている。

　　2.　ロンドンのドックランズは、テムズ川沿いにあり、19〜20 世紀半ばまでは荷役用ドックの拠点であったが、陸運への転換、船舶の大型化などの中で衰退していった。ドックランズ再開発計画は、22 km² の広大な敷地に商業と業務の複合機能をもった超高層ビルなどが並ぶ。バルセロナ旧市街の再開発では、ラバル地区の 5 街区を撤去し、中央部に遊歩道のある広場を創出し、文化センターや美術館などの文化拠点を整備した。

　　3.　ベルリンのポツダム広場は長年更地であったが、再開発によって、フォーラムと呼ばれる 4,000 m² の大空間を中心に事務所、店舗、住宅、映画館、博物館などを配置したヘルムート・ヤーンのソニーセンターや、レンゾ・ピアノらによるダイムラーシティなどが建設された。　　　　　　　　　　　　　　　　　　　正解 2

R05	R04	R03	R02	R01	H30	H29

問題 06 I 11　都市計画に関連する用語に関する次の記述のうち、**最も不適当**なものはどれか。

1.　CBD（Central Business District）は、一般に、人口密度が 4,000 人 /km² 以上の国勢調査基本単位区等が互いに隣接し、それらの隣接した地域の人口が 5,000 人以上となる地域である。

2. TOD（Transit Oriented Development）は、公共交通機関の利用を前提として、過度に自動車へ依存しない持続可能な都市を実現する方法の一つである。

3. GIS（Geographic Information System）は、位置に関する情報をもつデータ（空間データ）を総合的に管理・加工したうえで、視覚的に表示し、分析や判断を可能にする技術である。

4. BID（Business Improvement District）は、一般に、地区内の不動産所有者や事業者等から徴収される負担金により、その地区のオープンスペース等の維持管理、治安の改善、マーケティング等を行うものである。

> **解説** 1. 中心業務地区（CBD）は、都市中心部において官庁、企業本社、大規模店舗などが集積した地区のことをいう。設問は、国勢調査の統計上の地域単位である「人口集中地区」の説明である。
> 2. TOD（Transit Oriented Development）は、公共交通指向型開発と訳される。
> 3. GIS（Geographic Information System）は、地理情報システムと訳される。
> 4. BIDは、地域の価値を維持・向上させるために地域住民が主体的に行うエリアマネジメントにおいて用いられる手法である。 正解 1

R05	R04	R03	R02	R01	H30	H29

問題07 I 4 都市空間についての著書に関する次の記述のうち、**最も不適当**なものはどれか。

1. レム・コールハースは、「錯乱のニューヨーク（Delirious New York）」において、主としてマンハッタンの超高層建築物がつくりだした「過密の文化」に着目し、「マンハッタニズム」と定義した。

2. クリストファー・アレグザンダーは、「パタン・ランゲージ（A Pattern Language）」において、過去の事例から導きだされた都市や建築を形づくるための基本的な原則を示した。

3. ジェイン・ジェイコブズは、「アメリカ大都市の死と生（The Death and Life of Great American Cities）」において、都市の街路や地区に多様性を生みだす四つの条件を示した。

4. ケヴィン・リンチは、「都市のイメージ（The Image of the City）」において、ラスベガスの都市景観の多様な空間要素を記号論的な視点から分析した。

> **解説** 1. レム・コールハースは、1978年の「錯乱のニューヨーク」において、マンハッタンについて、グリッドに規定されたブロックの中に過密で多様な超高層建築物がつくりだされたことを肯定的に分析した。
> 2. クリストファー・アレグザンダーは、1977年の「パタン・ランゲージ」において、街、建築、インテリアなどに関して心地よいと感じる253のパターンを示した。

3. ジェイン・ジェイコブズは、1961 年の「アメリカ大都市の死と生」において、都市における多様性の必要性を説き、多様性を生みだす四つの条件として「用途混在」「小規模街区」「古い建物」「人口集中」をあげた。

4. ケヴィン・リンチは、1960 年の「都市のイメージ」において、ロサンジェルスやボストンなどを分析し、都市空間の視覚的形態要素として「移動路」「境界」「地区」「結節点」「目印」を提示した。ロバート・ベンチューリは、1972 年の「ラスベガス」などでポストモダンを提唱した。　　　　　　　　　　　　　　　正解 4

R05	R04	R03	R02	R01	H30	H29

問題 08 **Ⅰ 10**　都市計画・都市デザインに関する次の記述のうち、**最も不適当**なものはどれか。

1. 後藤新平らが主導した関東大震災からの「帝都復興事業」においては、鉄筋コンクリート造により不燃化・耐震化した復興小学校を建設し、隣接して小公園を整備した。

2. ル・コルビュジエの「パリのヴォワザン計画」においては、一部の歴史的建造物を保存しつつ、古い街区や建築物を大規模に取り壊し、幹線道路等を整備したうえで、超高層ビルに建て替える提案をした。

3. 丹下健三の「東京計画 1960」においては、人口の過剰集中による諸問題に対し、東京湾を全面的に埋め立て、放射状の都市構造をつくりだす提案をした。

4. フランソワ・ミッテランらが主導したパリの都市計画である「グラン・プロジェ」においては、フランス革命 200 年を記念して、ルーブル美術館の大改修やオルセー駅舎の美術館への転用等、拠点整備による都市の再生を進めた。

解説　1. 「帝都復興事業」においては、区画整理、幹線道路・水道管・ガス管・電線・公園などの都市施設の整備の他、不燃化・耐震化した復興小学校を小公園に隣接させて建設した。小公園は校地の狭さを補うものであり、また小学校とともに災害時の避難場所として位置づけられた。

2. ル・コルビュジエの「ヴォワザン計画」は 1925 年に国際装飾芸術展で発表されたもので、1922 年に発表した「300 万人の現代都市」の原理をパリに適用したものである。

3. 丹下健三の「東京計画 1960」においては、東京と木更津を結ぶ東京湾上のスーパーハイウェイを主軸とし、これに直行する軸上に海上都市を展開する「線形平行射状システム」を閉鎖的な「求心放射状システム」に代わるものとして提案した。

4. フランス革命 200 年を記念した「グラン・プロジェ」は 1985 年から約 10 年にわたって展開され、グランドアルシュ（新凱旋門）、アラブ世界研究所、新国立図書館の建設のほか、Ｉ・Ｍ・ペイのガラスのピラミッドを中央入り口に設置したルーブル美術館の大改修などが進められた。　　　　　　　　　　　正解 3

15 まちづくり

R05	R04	R03	R02	R01	H30	H29

問題01 Ⅰ 11　都市計画法に規定される地域地区の名称とその説明との組合せとして、**最も不適当なもの**は次のうちどれか。

	地域地区	説　明
1.	高度利用地区	市街地の合理的かつ健全な高度利用を図るため、都市計画に建築物の高さの最高限度又は最低限度を定めることができる地区
2.	市街化調整区	域無秩序な市街化防止と計画的な市街化を図るために定められる、市街化を抑制すべき区域
3.	生産緑地地区	市街化区域内にある農地等において、公害又は災害防止、農林漁業と調和した都市環境の保全等の良好な生活環境の確保に効用があり、かつ、公共施設等の敷地の用に供する土地として適していると指定された地区
4.	景観地区	市街地の良好な景観の形成を図るため、建築物の形態意匠の制限、建築物の高さの最高限度又は最低限度、壁面の位置の制限、敷地面積の最低限度について、都市計画に定めることができる地区

解説　1.　都計法9条19項により、高度利用地区は、用途地域内の市街地における土地の合理的かつ健全な高度利用と都市機能の更新とを図るため、建築物の容積率の最高限度及び最低限度、建築物の建蔽率の最高限度、建築物の建築面積の最低限度並びに壁面の位置の制限を定める地区とされている。なお、高度地区は、都計法9条18項により、用途地域内において市街地の環境を維持し、土地利用の増進を図るため、建築物の高さの最高限度又は最低限度を定める地区とされている。

2.　（都計法7条）正しい。

3.　（都計法8条1項十四号、生産緑地法3条1項）正しい。

4.　（都計法8条1項六号、景観法61条）正しい。　　　　　　　　正解 1

R05	R04	R03	R02	R01	H30	H29

問題02 `Ⅰ 10` 都市公園に関する次の記述のうち、**最も不適当なもの**はどれか。

1. 防災公園は、地震災害時に復旧・復興拠点や生活物資等の中継基地等となる防災拠点、避難者を収容し保護する避難地等の機能を有するもので、地域防災計画等に位置づけられている。

2. 広域公園は、都市住民全般の休息、観賞、散歩、遊戯、運動等総合的な利用に供することを目的とし、都市規模に応じ1か所当たり面積10〜40haを標準としている。

3. 地区公園は、主として徒歩圏内に居住する者の利用に供することを目的とし、誘致距離1kmの範囲内で1か所当たり面積4haを標準としている。

4. 街区公園は、もっぱら街区に居住する者の利用に供することを目的とし、誘致距離250mの範囲内で1か所当たり面積0.25haを標準としている。

[解説] 1. 災害対策基本40条、42条により定められる、都道府県と市町村の地域防災計画に基づいて、都市の防災機能を高めるため、設問のような機能を有する防災公園の整備がすすめられている。

2. 広域公園は、都市公園のうち大規模公園に位置づけられ、主として一の市町村の区域を超える広域のレクリエーション需要を充足することを目的とする公園で、1か所当たり面積50ha以上を標準としている。設問の内容を目的とする公園は、都市基幹公園のうちの総合公園であり、1か所当たり面積10〜50haを標準としている。

3.4. 地区公園と街区公園は、近隣公園とともに住区基幹公園に位置づけられ、内容は設問の通り。 正解 2

R05	R04	R03	R02	R01	H30	H29

問題03 `Ⅰ 11` まちづくりや都市の再生に関する次の記述のうち、**最も不適当**なものはどれか。

1. 松山市道後温泉本館周辺地区（愛媛県）は、シンボル性・公共性が高い歴史的建築物の周辺を、道路の付け替えを行うことで歩行者のための空間とし、軌道で使われていた手加工の敷石を舗装に再利用することで歴史的建築物と調和した景観づくりが行われた。

2. 最上郡金山町金山地区（山形県）は、町の基幹産業である木材を活用した住宅の表彰制度や、建築物の屋根や外壁に関する景観条例の制定、教育施設等の公共施設の建て替え、歴史的建築物の改修による景観づくりが行われた。

3. クリチバ（Curitiba、ブラジル）は、バスを優先する幹線道路と、その両側に平行する支線道路等、道路の構造を都市計画的に再編し、連結されたバス

車両や、プラットホームのある停留所による交通システムが構築された。

4. ハイライン（New York、アメリカ）は、建築物の高密化と老朽化に伴いスラム化した市街地において、建築物を減築し、病院を図書館へ改築するなどの文化施設の整備により都市再生が行われた。

> 解説 3. クリチバでは、1964年の都市計画コンペで最優秀賞となったジャイメ・レルネルらの案を都市計画のマスタープランとして、都市再生が行われた。都市機能の分散、自然公園の整備などのほか、設問にあるような多様なバスの運用による公共交通利用の促進が行われた。
>
> 4. ハイラインは、1980年に廃線となった高架の貨物専用鉄道で、2009年に緑豊かな眺望公園として再生された。ハイラインをまたぐようにホテルや商業施設が建設されている。　　　　　　　　　　　　　　　　　　　　　　　　　正解 4

R05	R04	R03	R02	R01	H30	H29

問題04 I 11 都市開発やまちづくりに関する次の記述のうち、**最も不適当な**ものはどれか。

1. 北海道札幌市では、都市再生特別地区の指定により、建築物の形態意匠の制限の他、建築物の高さの最高限度や敷地面積の最低限度を定めることで市街地の良好な景観形成に取り組んでいる。

2. 富山県富山市では、レジリエンス戦略を策定し、自然災害による大きな被害や少子高齢化等の社会構造の変化に直面しても、速やかに復興し、さらに成長する能力や強靭さを有する都市づくりに取り組んでいる。

3. 香川県高松市では、タウンマネジメント・プログラムにより、第三セクターを設立し、地域住民や事業者、地権者を主体としたまちづくりが実践されている。

4. 福岡県北九州市では、民間自立型による家守事業者の設立や定期的なリノベーションスクールの開催により、遊休不動産を活用した「リノベーションまちづくり」が実践されている。

> 解説 1. 都市再生特別地区は、都市再生特別措置法により定める地区で、建築物等の誘導すべき用途、容積率の最高・最低限度、建蔽率の最高限度、建築面積の最低限度、建築物の高さの最高限度、壁面の位置の制限を定める。形態意匠の制限、敷地面積の最低限度の規定はない。
>
> 4. 北九州市では、小倉魚町地区を中心にリノベーションまちづくりを進めており、空き家等をスモールオフィスに転用し、起業家などの個人事業者を集めて地域の振興を図る者を家守事業者と呼んでいる。　　　　　　　　　　　　　　正解 1

R05	R04	R03	R02	R01	H30	H29

問題05 Ⅰ 11 歴史的資産を活かしたまちづくりに関する次の記述のうち、**最も不適当な**ものはどれか。

1. 青森県黒石市では、中町の「こみせ」と呼ばれる降雪や日差しを避けて通れるようにした木造の軒下の歩廊が続く町並みを、伝統的建造物群保存地区に指定し、保存に取り組んでいる。

2. 静岡県掛川市では、「生涯学習都市宣言」を行い、その一環として官民が協力し、地区計画を定めて掛川城の城下町としての歴史を活かした城下町風まちづくりを推進している。

3. 岡山県倉敷市では、本瓦葺塗屋造りの町屋、土蔵造りの蔵、白漆喰になまこ塀が建ち並ぶ倉敷川畔を「美観地区」とし、景観の保全を図っている。

4. 鹿児島県南九州市の知覧では、「パタン・ランゲージ」に範をとったまちづくり規範により、明治時代の大火からの復興によって形成された、蔵造りの歴史的町並み景観の保全が実践されている。

〔解説〕 4. 南九州市知覧町には、「麓」と呼ばれる武家屋敷群が残り、重要伝統的建造物群保存地区に指定されており、清流溝、土色の舗装、電柱の移設などの整備が行われている。設問は、埼玉県川越市の一番街商店街に関する記述である。 正解 4

R05	R04	R03	R02	R01	H30	H29

問題06 Ⅰ 10 都市の再生、まちづくり等に関する次の記述のうち、**最も不適当な**ものはどれか。

1. インナーシティ問題は、都市の中心とその周辺の市街地における人口の減少と産業の衰退、地域の荒廃等のことである。

2. ブラウンフィールドは、土壌汚染の存在、あるいはその懸念から、本来、その土地が有する潜在的な価値よりも著しく低い利用あるいは未利用となった土地をいう。

3. 二地域居住は、都市住民が農山漁村等の地域にも同時に生活拠点をもつこと等をいう。

4. パークアンドライドシステムは、中心市街地をバリアフリー化して車椅子や電動スクーター等を貸し出し、歩行困難者の外出の機会の拡大だけでなく、市街地の活性化を促す仕組みの一つである。

〔解説〕 1. インナーシティ問題とは、都市の中の一定地域における、人口減少、環境悪化、コミュニティの崩壊、荒廃等の現象をいう。

2. ブラウンフィールドは、工場跡地などで、土壌汚染などを原因として再開発が妨

げられているような土地の区域をいう。

3. 二地域居住は、定住人口が減少する農山漁村等の活性化と、都市住民のゆとりある生活を実現することなどを目的としている。

4. パークアンドライドシステムは、中心市街地への流入交通の抑制、渋滞緩和や環境保全のために、郊外の鉄道駅などに駐車場を設け、中心市街地まで公共交通機関を利用することをいう。設問の取り組みは、タウンモビリティと呼ばれる。 正解 4

R05	R04	R03	R02	R01	H30	H29

問題 07 I 10 都市再生の事例に関する次の記述のうち、**最も不適当なもの**はどれか。

1. 小布施町（長野県）においては、明治時代に建築された黒漆喰仕上げの建築物を保存・改装し、この建築物を核とした街並み「黒壁スクエア」を中心にして観光振興によるまちづくりを行っている。

2. 富山市（富山県）においては、持続可能なコンパクトシティの実現を目指し、LRT（Light Rail Transit）を導入することで、公共交通の活性化、公共交通沿線地区への居住促進、中心市街地の活性化等を図っている。

3. 横浜市（神奈川県）においては、「クリエイティブシティ・ヨコハマ」の実現を目指し、歴史的建造物や鉄道高架下等を活用した文化芸術活動を支援するための拠点づくりを行っている。

4. 環状第二号線新橋・虎ノ門地区（東京都）においては、道路の上空及び路面下において建築物等の整備を一体的に行うことができる「立体道路制度」を活用し、この地域における居住機能や文化・交流機能の導入、業務機能の質の高度化等を図っている。

解説 1. 葛飾北斎ゆかりの小布施町は、1976年の北斎館の開館を機に、修景された町並みと美術館を中心とした観光地となっている。「黒壁スクエア」を中心にしたまちづくりを行っているのは、滋賀県の長浜市である。

2. コンパクトシティは、都市機能の郊外への拡大を抑制し中心市街地を活性化させることで、高い利便性と高効率、持続可能性を実現する都市をいう。

4. 立体道路制度は、地区計画の区域内における自動車専用道路や高架道路、特定都市再生緊急整備地域内の道路において、道路の上空又は路面下の空間を有効利用する制度である。 正解 1

R05	R04	R03	R02	R01	H30	H29

問題08 I 11 都市計画等に関する次の記述のうち、**最も不適当な**ものはどれか。

1. 建築基準法に基づく、いわゆる「連担建築物設計制度」は、都市機能の更新や、優れた都市空間の形成・保全を図ることを目的に、都市計画法と建築基準法による制限の一部を適用せず、街区単位に都市計画を定め、建築物等を個々に認定する制度である。

2. 都市計画法に基づく「地区計画」は、地区の課題や特徴を踏まえ、住民と市町村とが連携しながら、地区の目指すべき将来像を設定し、その実現に向けて「まちづくり」を進めていく手法である。

3. 文化財保護法に基づく「登録有形文化財登録基準」の建造物の部では、原則として、建設後50年を経過し、かつ、一定の基準に該当する建築物、土木構造物及びその他の工作物が、文化財登録原簿への登録の対象となる。

4. 都市緑地法に基づく「緑化地域」は、緑地が不足している市街地等において、一定規模以上の建築物の新築や増築を行う場合に、敷地面積の一定割合以上の緑化が義務付けられる地域である。

解説 1. 「連担建築物設計制度」は、複数敷地により構成される一団の土地の区域内にある複数の建築物において、既存建築物の存在を前提とした合理的な設計により、容積率や日影規制等の規定を同一敷地内にあるとみなして適用する制度である。設問は「特定街区」の説明である。

2. 「地区計画」は、都市計画によって定められるもので、住民の意思を反映させることもできる。地区整備計画には、道路・公園などの配置・規模、建築物の用途、容積率・建蔽率、高さ、壁面の位置、形態・意匠、緑化率などのうち必要なものを定める。

3. 「登録有形文化財登録基準」の建造物の部では、原則として建設後50年を経過していることのほか、国土の歴史的景観に寄与、造形の規範となっている、再現が容易でない、のいずれかに該当する建築物、土木構造物などが、文化財登録原簿への登録の対象となる。

4. 「緑化地域」は、緑地が不足している市街地等において、原則として敷地面積が1,000 m² 以上の敷地で建築物の新築や増築を行う場合に、敷地面積の25%又は（1－建蔽率－10%）のうち小さいもの以上の緑化が義務付けられる地域である。なお、都市緑地法34条の緑化地域は都市計画法の地域地区として定められる。 **正解 1**

R05	R04	R03	R02	R01	H30	H29

問題01 Ⅰ2 　日本の歴史的な建築物に関する次の記述のうち、**最も不適当な**ものはどれか。

1.　宇佐神宮本殿（大分県）は、独立した前殿と後殿を切妻造り・平入りとし、両殿を相の間でつないだ、八幡造りの建築物である。
2.　円覚寺舎利殿（神奈川県）は、内部を化粧屋根裏とし、柱上に組物を置かず、挿肘木で軒荷重を支える、大仏様の建築物である。
3.　箱木家住宅（兵庫県）は、屋根を棟束で支え、柱間が長く、内法高の低い、現存最古級の一つと推定されている民家である。
4.　妙喜庵待庵（京都府）は、二畳隅炉に次の間をもつ、16世紀末頃に建てられたと推定されている草庵風茶室である。

　[解説]　1.　宇佐神宮本殿は、三つの社殿が東西に並び、それぞれの社殿が設問の通りの特徴をもつ典型的な八幡造りの建築物である。
　2.　円覚寺舎利殿は、柱上部に加え柱間にも組物を置く詰組、柱上下部の粽（つめぎ）、扇垂木、火頭窓などの特徴をもつ禅宗様の建築物である。
　3.　箱木家住宅は、「箱木千年家」とも呼ばれる現存最古級の民家であり、棟木を長材の束で支え、柱間が長く、梁間方向・桁行方向とも柱を足固貫（あしがためぬき）と飛貫（とびぬき）（内法より上部の貫）で固め、内法高が低いなどの特徴がある。　[正解 2]

R05	R04	R03	R02	R01	H30	H29

問題02 Ⅰ3 　建築物とその形態・構造的特徴との組合せとして、**最も不適当**なものは、次のうちどれか。

	建築物（所在地、設計者、建設年）	形態・構造的特徴
1.	パンテオン （ローマ、不詳、2世紀）	直径約43mのドームは、コンクリートやレンガを用い、上方へいくほどドームの厚さが薄くなっている。
2.	サンタ・マリア・デル・フィオーレ ［フィレンツェ大聖堂］ （フィレンツェ、F.ブルネレスキ、15世紀）	直径約31mの中央の大ドームは、その東西にある2つの半ドームと南北にある4つの巨大なバットレスで支えられている。

3.	ジョン F. ケネディ国際空港 TWA ターミナルビル （ニューヨーク、E. サーリネン、1962 年）	長さ約105 m の屋根は、4本のY字柱脚に支えられた 4 枚の鉄筋コンクリート造によるシェルで構成されている。
4.	ミレニアムドーム 2000 （ロンドン、R. ロジャース、1999 年）	直径約 365 m・最高高さ約 50 m の膜構造ドームは、12 本のマストの頂部からケーブルで吊られている。

解説 2. サンタ・マリア・デル・フィオーレ（フィレンツェ大聖堂）は、東西 153 m、南北 90 m の十字形平面で、身廊の東端に内径 43 m の正八角形の石積みのドームを有する。設問の形態・構造的特徴は、イスタンブールにあるハギア・ソフィアについてのものである。 正解 2

R05	R04	**R03**	R02	R01	H30	H29

問題 03 Ⅰ 3 図に示す日本の歴史的な建築物に関する次の記述のうち、**最も不適当な**ものはどれか。

（出典：「薬師寺東塔及び南門修理工事報告書」（奈良県教育委員会文化財保存課、昭和 31 年 3 月発行）第 3 図東塔正面 第 4 図東塔断面）

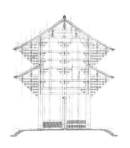

（出典：「東大寺南大門史及昭和修理要録」（奈良県庁内 東大寺南大門修理工事事務所、昭和 5 年 4 月発行）実測図版 第八 竣成 （横断面））

1. 三重塔の各層に裳階を付け、六つの屋根が交互に出入りする独特の構造を有する建築物である。

2. 貫で軸部を水平方向に固め、挿肘木を重ねて軒の荷重を支える大仏様の建築物である。

(出典：「法隆寺国宝保存工事報告書第14冊附図
国宝法隆寺金堂修理工事報告書」）

(出典：「国宝清水寺本堂修理工事報告書」（京都府
教育庁文化財保護課））

3. 主体部の柱と裳階の柱を海老虹
梁（りょう）でつなぎ、組物を柱の上のみな
らず柱と柱の間にも組んで詰組（つめぐみ）と
する禅宗様の建築物である。

4. 長い束柱（つかばしら）を貫（ぬき）で固めた足代（あししろ）によっ
て、急な崖の上に張り出した床を支
える懸造（かけづくり）の建築物である。

解説 1. 図は薬師寺東塔であり、記述は正しい。

2. 図は東大寺南大門であり、記述は正しい。

3. 図は8世紀初めに建立された法隆寺金堂であり、上部に皿斗と大斗を載せた胴張
りの柱、高欄の卍崩しと人形束（ひとがたづか）、雲肘木（くもひじき）など、飛鳥様式の特徴をもつ。

4. 図は清水寺本堂であり、記述は正しい。　正解 3

R05	R04	R03	R02	R01	H30	H29

問題04 Ⅰ2 日本の歴史的な建築物に関する次の記述のうち、**最も不適当な**
ものはどれか。

1. 東三条殿（平安時代）などの寝殿造りは、柱は丸柱とし、寝殿の周囲には
蔀（しとみ）戸を吊り、床は板敷きであったといわれている。

2. 鹿苑寺金閣（室町時代）は、最上層を禅宗様仏堂風、中間層を和様仏堂風、
初層を住宅風とした三層の建築物である。

3. 光浄院客殿（安土桃山時代）は、欄間や長押をはじめ、建具や金具、釘隠
や引手などに技巧を凝らし、様々な意匠が施された数寄屋風の建築物である。

4. 旧開智学校校舎（明治時代）は、アーチや隅石等の洋風の意匠と唐破風等
の和風の意匠が混在した擬洋風の建築物である。

解説 1. 藤原氏の住宅であった東三条殿は、中央の寝殿と東対屋（たいのや）・北対屋などから
なる寝殿造りで、1棟1室を原則とし、多数の棟を渡殿（わたどの）（渡廊（わたろう））でつなぐ。室内は、
丸柱、蔀戸、板敷きを特徴とするほか、置き畳、御簾、几帳などで空間をしつらえ

た。

2. 鹿苑寺金閣は、室町幕府 3 代将軍足利義満によって建てられた舎利殿であり、その特徴は設問の通り。

3. 光浄院客殿は、1601 年に山岡道阿弥によって建立された三井寺の子院で、客殿の上座の間の正面には押板、違い棚を配し、右側に帳台構、左側に付書院が設けられた書院造の典型である。数寄屋風は誤り。

4. 長野県松本市の旧開智学校校舎は、大工棟梁立石清重が設計し明治 9 年（1876 年）に竣工した擬洋風の建築物であり、2019 年に国宝に指定されている。 **正解 3**

R05	R04	R03	R02	R01	H30	H29

問題 05 [I 3] 西洋の歴史的な建築物とその背景との組合せとして、**最も不適当なもの**は、次のうちどれか。

	建築物（所在地、建設年）	背景
1.	大英博物館（イギリス、1824-47 年）	考古学の成果に基づく古代ギリシアや古代ローマ建築の研究及び正確な理解を通じ、その造形原理の復興を試みた新古典主義を背景としている。
2.	タッセル邸（ベルギー、1893 年）	植物の茎や葉、長い髪などの自然物をモチーフとした非対称な曲線や曲面を造形に用いたアール・ヌーヴォーを背景としている。
3.	ウィーン郵便貯金局（オーストリア、1906 年）	機械生産による低品質な製品を否定し、工業化社会における芸術性を中世的な手工芸に求めたアーツ・アンド・クラフツ運動を背景としている。
4.	シュレーダー邸（オランダ、1924 年）	対象を幾何学によって客観的かつ普遍的に表現するために、要素を水平・垂直の線や面で構成し、三原色と無彩色を使用するデ・ステイルを背景としている。

解説 1. ロンドンの大英博物館は、三角形のペディメントをイオニア式オーダーの柱で支える新古典主義の建築物である。2000 年にはノーマン・フォスターによってグランド・コートの改修が行われている。

2. タッセル邸は、ヴィクトル・オルタがいち早く建築にアール・ヌーヴォーを取り入れた作品で、1893 年、ベルギーのブリュッセルに竣工した。タッセル邸は、ソルヴェー邸、ヴァン・エドヴェルド邸、オルタ邸とともに「ヴィクトル・オルタの主な都市邸宅群」として、ユネスコ世界文化遺産に指定されている。

3. ウィーン郵便貯金局はオットー・ヴァグナーの設計によるもので、オットー・ヴァグナーは、分離派会館を設計したオルブリッヒらとともにゼツェッシオンを主導した。ゼツェッシオンは、アーツ・アンド・クラフツ運動やアール・ヌーヴォーか

ら影響を受け、19世紀末から20世紀初めに展開された芸術運動で、過去の様式からの分離、自由な芸術表現を目指した。

4. シュレーダー邸は、H.T. リートフェルトの設計により、1924年にオランダ中部のユトレヒトに建てられた住宅で、世界文化遺産に登録されている。デ・スティル派の特徴（直線と矩形の抽象形態及び原色と白黒灰色の色彩）を有する。内部は建具や家具による住空間づくりに特徴があり、2階は一つの広い空間として使用することも、また可動の間仕切りにより、小さく区分けすることもできる。　　　正解 3

R05	R04	R03	R02	R01	H30	H29

問題 06 Ⅰ2　神社建築に関する次の記述のうち、**最も不適当な**ものはどれか。

1. 伊勢神宮内宮正殿（三重県）は、柱は全て掘立て柱で、2本の棟持柱をもつ、神明造りの例である。

2. 出雲大社本殿（島根県）は、桁行2間、梁間2間の平面をもち、正面の片方の柱間を入口とした左右非対称の形式をもつ、大社造りの例である。

3. 賀茂別 雷 神社本殿・権殿（京都府）は、切妻造り、平入りの形式をもち、前面の屋根を延長して向拝を設けた、流造りの例である。

4. 春日大社本殿（奈良県）は、本殿と拝殿との間を石の間でつないだ、権現造りの例である。

解説　1. 伊勢神宮内宮正殿は、設問の特徴のほかに、棟の上部に堅魚木、棟の両端に斜めに突出した千木をもつ、切妻・平入りの神明造りの例である。

2. 出雲大社本殿は、設問の通りの特徴をもつ、切妻・妻入りの大社造りの例である。

3. 賀茂別雷神社（上賀茂神社）の本殿と権殿は、同形式で東西に並ぶ切妻・平入りの流造りの例である。権殿は、本殿の式年遷宮のとき、仮の本殿となる。

4. 春日大社本殿は、切妻・妻入り、丹塗りを特徴とする春日造りの本殿が4棟並んでいる。日光東照宮は、本殿と拝殿との間を石の間でつないだ権現造りの例である。
　　　正解 4

R05	R04	R03	R02	R01	H30	H29

問題 07 Ⅰ3　歴史的な建築物に関する次の記述のうち、**最も不適当な**ものはどれか。

1. サン・ピエトロ大聖堂（ヴァチカン）は、身廊部と袖廊部がともに三廊式であり、内陣には周歩廊と放射状に並ぶ複数の祭室とをもつゴシック建築である。

2. アーヘンの宮廷礼拝堂（ドイツ）は、平面が八角形の身廊とそれを囲む十六角形の周歩廊があり、身廊の上部にはドーム状のヴォールトをもつ集中式

の建築物である。

3. サン・カルロ・アッレ・クアットロ・フォンターネ聖堂（イタリア）は、楕円形のドームと、凹凸の湾曲面や曲線が使用されたファサードをもつバロック建築である。

4. コルドバの大モスク（スペイン）は、紅白縞文様の2段のアーチを伴って林立する柱による内部空間をもち、現在はキリスト教文化とイスラム教文化とが混在している建築物である。

解説 1. ヴァチカンのサン・ピエトロ大聖堂は、ルネサンス期から建設が始まり17世紀に完成した。内部の中央にミケランジェロ案に基づく直径42mのドームがあり、主祭壇の天蓋は、バロックの特徴をもつ捻り柱が支えている。広場の中央にオベリスク、その周囲にベルニーニが設計した列柱の回廊がある。

2. アーヘンの宮廷礼拝堂は、カール大帝が8世紀末から建設を始めたプレロマネスク建築で、設問のような特徴をもつ。

3. サン・カルロ・アッレ・クアットロ・フォンターネ聖堂は、フランチェスコ・ボッロミーニが設計し、1682年に竣工した。正面が2層からなり、それぞれ湾曲するエンタブラチュアをコリント式の4本の柱が支え、上部にメダイヨンを頂く。楕円形のドームの内側は、八角形、六角形、十字を組み合わせた美しい格天井となっている。

4. コルドバの大モスクは、8世紀にイスラム教のモスク（メスキータ）として建設され、10世紀末までの増築で514本の大理石の柱が林立する大モスクとなった。13世紀のレコンキスタ以降はキリスト教徒によってそのまま使用され、16世紀には中央部分に教会堂が付加された。

正解 1

R05	R04	R03	R02	R01	H30	H29

問題08 Ⅰ2 日本における伝統的な木造建築物の屋根に関する次の記述のうち、**最も不適当な**ものはどれか。

1. 組物は斗と肘木との組合せをいい、肘木が壁から外に二段に出ている組物は舟肘木と呼ばれている。

2. 瓦葺きは、仏教の伝来とともに伝わり、各地で様々な試行が行われ、江戸時代において桟瓦葺きが考案されている。

3. 垂木は、一般に、唐様（禅宗様）では放射状に配置され、和様では平行に配置されている。

4. 桔木は、梃子の原理を利用して、長く突き出ている軒先を支えるために、軒裏から小屋組内に取り付けられる材をいう。

解説 1. 組物は斗栱ともいう。肘木が壁から外に一段出たものを出組といい、二

段、三段と出ている組物を二手先、三手先と呼ぶ。舟肘木は、柱頭に肘木を載せ軒桁を受けるものをいう。なお、柱頭に斗を置き、その上に肘木を載せたものを大斗肘木、大斗肘木の上に斗を三つ載せたものを三斗組という。

2. 瓦葺きは伝来当初、平瓦と丸瓦による本瓦葺きであったが、江戸時代に桟瓦葺きが考案された。

3. 垂木は、唐様では放射状の扇垂木、和様では平行垂木、大仏様では一般部分を平行にし四隅を放射状にした隅扇垂木となっている。

4. 桔木は、軒先から小屋裏にかけて配置され、桔木枕を支点にし、小屋裏の先端を小屋束に固定して、軒の荷重を支える。　　　　　　　　　　　　　　正解 1

R05	R04	R03	R02	R01	H30	H29

問題09 Ⅰ3　A～Dの建築物について、その建造された年代を古いものから新しいものへ並べた順序として、**正しいもの**は、次のうちどれか。

A. ローマのテンピエット（イタリア）

B. ル・トロネ修道院（フランス）

C. ローマのパンテオン（イタリア）

D. ロンドンのセント・ポール大聖堂（イギリス）

1.　B → C → D → A

2.　B → C → A → D

3.　C → A → B → D

4.　C → B → A → D

〔解説〕　A.　ローマのサン・ピエトロ・イン・モントリオ教会の中庭に建つテンピエットは、ブラマンテの設計によって 1502 年に建てられたルネサンス建築である。

B.　ル・トロネ修道院は、1190 年頃に建てられたロマネスク建築である。

C.　ローマのパンテオンは、紀元前 25 年頃アグリッパが建築した万神殿で、火災で焼失した後、128 年にハドリアヌス帝が再建したローマ建築である。

D.　ロンドンのセント・ポール大聖堂は、クリストファー・レンの設計により 1710 年に竣工したバロック建築である。

したがって、4. の C → B → A → D が正しい。　　　　　　　　　　正解 4

◖学科 I◗ 17 建築物の保存・再生

R05	R04	R03	R02	R01	H30	H29

問題01 Ⅰ17 　歴史的建築物の改修や保存に関する次の記述のうち、**最も不適当な**ものはどれか。

1. 　倉敷アイビースクエア（岡山県）は、明治初期に建設された工場を商業施設に改修し、中央に設けたガラス屋根のアトリウムを市民に開放することで、公共性の高い空間を実現したものである。

2. 　金沢市民芸術村（石川県）は、大正から昭和初期に建設された紡績工場の倉庫を改修し、工房、レストラン、オープンスペース等から構成される芸術文化施設へ再生させたものである。

3. 　千葉市美術館（千葉県）は、昭和初期に銀行として建設された既存建築物全体を新築の建築物で覆う「鞘堂」という日本古来の方式により整備したものである。

4. 　ロームシアター京都（旧京都会館）（京都府）は、昭和30年代に建設された既存建築物を保存し、意匠的な要素を再現しながら、増築と一部建て替えを行うことで、機能拡充が図られたものである。

> **解説** 　倉敷アイビースクエアは、1889年竣工の倉敷紡績所を1974年に浦辺鎮太郎の設計により商業・宿泊施設などに改修したもので、敷地の中央は、ツタの絡まる赤レンガに囲まれた1,400 m²の広い中庭になっている。1993年に竣工したサッポロファクトリーは、明治期のビール工場を商業施設に改修したもので、中央に、ヴォールトのガラス屋根で覆われ屋内庭園を内包する、幅34 m、長さ84 m、高さ39 mの巨大アトリウムがある。　　　　　　　　　　　　　　　　　　**正解 1**

R05	R04	R03	R02	R01	H30	H29

問題02 Ⅰ2 　建築物の保存・再生の事例に関する次の記述のうち、**最も不適当な**ものはどれか。

1. 　犬島精錬所美術館（岡山県）は、20世紀初頭に閉鎖された精錬所の遺構を活用し、自然エネルギーを積極的に利用した美術館として保存・再生させたものである。

2. 　3331 Arts Chiyoda（東京都）は、廃校になった中学校を、アートギャラリ

ーを含む文化施設等として保存・再生させたものである。

3. カステルヴェッキオ美術館（イタリア ヴェローナ）は、14 世紀に建設された歴史的建造物である城を、美術館等として保存・再生させたものである。

4. リンゴット工場再開発計画（イタリア トリノ）は、20 世紀初頭に建設された巨大な自動車工場を、現代美術館として保存・再生させたものである。

解説 1. 岡山県直島の犬島精錬所は、1909 年から 10 年間操業していた銅の製錬所であった。美術館は、精錬所の遺構を三分一博志の設計によって保存・再生させたもので、太陽光や地熱などの自然エネルギーを積極的に利用している。同美術館は、2011 年に建築学会賞を受賞している。

2. 3331 Arts Chiyoda は、旧錬成中学校を文化施設等として保存・再生させたもので、無料のフリースペースは区民の憩いの場となっている。

3. カステルヴェッキオ（古城）美術館は、14 世紀に建設された古城を、1964 年にカルロ・スカルパの設計により美術館等として保存・再生させたものである。

4. リンゴット工場は、1923 年に操業を開始したフィアットの自動車工場で、レンゾ・ピアノの設計によりショッピングモール・映画館・美術館・ホテルなどを含む大規模商業施設として保存・再生させたものである。　正解 4

18 建築士の業務、設計・工事監理の契約

R05	R04	R03	R02	R01	H30	H29

問題01 Ⅰ 1 　建築士の行う設計業務等に関する次の記述のうち、**最も不適当**なものはどれか。

1. 建築士は、建築に係る専門家として、非専門家との間の知識や情報等の格差を埋める責任があり、アカウンタビリティ（専門家としての説明責任）の実践が求められる。

2. 建築士は、本来、国家資格者にふさわしい国民の生命や財産を守る技術的資質や能力を自ら保持すべきとされ、同時に業務独占を賦与された資格者として高い倫理性を求められる。

3. プロジェクト達成にとってのリスク（不都合な情報）の積極的な共有による集団内での意思疎通をリスクコミュニケーションといい、その実践が特に重要である。

4. 建築士が専門家として建築関連の法令を遵守する基本的な態度をコンプライアンスといい、遵守すべき対象は法令に限定されている。

> [解説] 2.　建築士は、建築士法2条2項において「常に品位を保持し、業務に関する法令及び実務に精通して、建築物の質の向上に寄与するように、公正かつ誠実にその業務を行わなければならない」、同法21条の4では「建築士の信用又は品位を害するような行為をしてはならない」、同法22条1項では「設計及び工事監理に必要な知識及び技能の維持向上に努めなければならない」とされ、また同法10条1項において、建築法令違反のみならず業務に関する不誠実な行為に対する懲戒規定を定めている。
>
> 4.　コンプライアンス（Compliance）は、法令遵守のほか、社会規範や企業倫理などの遵守を含む概念であり、企業の社会的責任（CSR：Corporate Social Responsibility）の重要な構成要素である。　　　　　　　　　　　　　　正解 4

R05	R04	R03	R02	R01	H30	H29

問題02 Ⅰ 18 　設計及び工事監理の契約等に関する次の記述のうち、**最も不適当な**ものはどれか。

1. 建築設計受託契約とは、建築設計業務を建築主が設計者に対して依頼する

ことを契約することであり、各々の対等な立場における合意に基づいて公正な契約をしなければならない。

2. 重要事項説明とは、作成する設計図書の種類や、工事監理に際して工事と設計図書との照合方法等を建築主に対し説明することであり、契約締結後、速やかに実施する必要がある。

3. 四会連合協定「建築設計・監理等業務委託契約約款」を使用して契約する、委託者、受託者双方は、完成した建築物について、新たに意匠登録を受けようとする場合、相手側の承諾を得る必要がある。

4. 「建築士事務所の開設者がその業務に関して請求することのできる報酬の基準（平成 31 年国土交通省告示第 98 号）」における実費加算方法とは、業務経費（直接人件費、特別経費、直接経費、間接経費）、技術料等経費及び消費税に相当する額を個別に積み上げたうえで合算して算出する方法である。

解説 1. （建築士法 22 条の 3 の 2（設計受託契約等の原則））正しい。

2. 重要事項説明は、建築士法 24 条の 7 第 1 項各号にある事項（作成する設計図書の種類や、工事監理に際して工事と設計図書との照合方法など）を建築主に対し説明することであるが、契約締結前に書面を交付して実施する必要がある。

3. （四会連合協定「建築設計・監理等業務委託契約約款」9 条の 2（意匠権の登録等））正しい。

4. （H31 国交告 98 号第一・第二）正しい。　　　　　　　　　　正解 2

R05	R04	R03	R02	R01	H30	H29

問題 03 Ⅰ 1 　次の記述のうち、**最も不適当な**ものはどれか。

1. 建築士は、他人の求めに応じ報酬を得て、建築物の建築に関する法令に基づく手続きの代理を行う場合、建築士事務所に所属する必要がある。

2. 建築士は、設計契約を結んだ委任者に対し、法律に定められていない内容であっても、建築士として一般的に要求されるだけの注意を尽くす義務がある。

3. 建築基準法は、国民の生命、健康及び財産の保護を図り、公共の福祉の増進に資することを目的として、建築物の敷地、構造、設備及び用途に関する平均的な基準を定めている。

4. 我が国において 2050 年までのカーボンニュートラルの実現のために、建築物においては、省エネルギー性能の確保や向上への取り組み、また、再生可能エネルギーの導入拡大等が求められている。

解説 1. 建築士法 23 条 1 項により、建築士またはこれを使用する者は、他人の求め

に応じ報酬を得て設計、工事監理、契約に関する事務、建築工事の指導監督、建築物の調査・鑑定、建築物の建築に関する法令に基づく手続きの代理を業として行う場合、建築士事務所を定め、その建築士事務所について都道府県知事の登録を受けなければならない。
2. 民法644条に「受任者は委任の本旨に従い、善良な管理者の注意をもって、委任事務を処理する義務を負う」とあり、これを一般に、「善良な管理者の注意義務（善管注意義務）」という。建築士がこの義務を怠ったために損害が生じた場合には、設計契約に明記されていなくても過失責任が問われることがある。
3. 建築基準法は、その第1条において、設問の内容について最低の基準を定めている。

正解 3

R05	R04	R03	R02	R01	H30	H29

問題04 I 18　設計・監理業務等に関する次の記述のうち、建築士法第25条の規定に基づく「建築士事務所の開設者がその業務に関して請求することのできる報酬の基準（平成31年国土交通省告示第98号）」に照らして、**最も不適当な**ものはどれか。
1. 直接人件費は、設計等の業務に直接従事する者のそれぞれについての当該業務に関して必要となる給与、諸手当、賞与、退職給与、法定保険料等の人件費の1日当たりの額に当該業務に従事する延べ日数を乗じて得た額の合計とする。
2. 工事監理に関する標準業務には、設計図書の定めにより、工事施工者が作成し提出した施工図と工事を照合し、それが施工図のとおりに実施されているかを確認するために行う業務が含まれる。
3. 工事監理に関する標準業務には、工事施工者から工事に関する質疑書が提出された場合、設計図書に定められた品質（形状、寸法、仕上がり、機能、性能等を含む。）確保の観点から技術的に検討し、必要に応じて建築主を通じて設計者に確認の上、回答を工事施工者に通知する業務が含まれる。
4. 工事監理に関する標準業務と一体となって行われるその他の標準業務には、工事請負契約の定めにより工事施工者が作成し、提出する工程表について、工事請負契約に定められた工期及び設計図書に定められた品質が確保できないおそれがあるかについて検討し、確保できないおそれがあると判断するときは、その旨を建築主に報告する業務が含まれる。

[解説] 1. H31国交告98号第二業務経費のイ「直接人件費」の通り。
2. H31国交告98号別添一の2の一工事監理に関する標準業務の(3)(4)により、設計図書の定めにより、工事施工者が作成し提出した施工図などが設計図書の内容に適合

しているかについて検討し、建築主に報告する業務、及び工事と設計図書との照合・確認の業務が含まれる。

3. H31国交告98号別添一の2の一(2)(ⅱ)「質疑書の検討」の通り。

4. H31国交告98号別添一の2の二その他の標準業務の(2)「工程表の検討及び報告」の通り。　　　　正解 2

R05	R04	R03	R02	R01	H30	H29

問題05 I 18　設計・監理業務等に関する次の記述のうち、建築士法第25条の規定に基づく「建築士事務所の開設者がその業務に関して請求することのできる報酬の基準（平成31年国土交通省告示第98号）」に照らして、**最も不適当なもの**はどれか。

1. 業務経費は、それぞれ算定される直接人件費、特別経費、直接経費及び間接経費の合計額であり、これらの経費には課税仕入れの対価に含まれる消費税に相当する額は含まれない。

2. 特別経費は、設計等の業務において発揮される技術力、創造力等の対価として支払われる費用である。

3. 設計者は、設計図書の定めにより、工事施工段階において行うことに合理性がある工事材料、設備機器等及びそれらの色、柄、形状等の選定に関して、設計意図の観点からの検討を行い、必要な助言を建築主に対して行う。

4. 工事監理者は、設計図書の定めにより、工事施工者が作成し、提出する施工図、製作見本、見本施工等が設計図書の内容に適合しているかについて検討し、建築主に報告する。

〔解説〕 1. H31国交告98号第二「業務経費」の通り。

2. H31国交告98号第二ロ「特別経費」、第三「技術料等経費」により、特別経費は、出張旅費、特許使用料その他の建築主の特別の依頼に基づいて必要となる費用の合計額である。設問は、技術料等経費である。

3. H31国交告98号別添一の1の三(2)「工事材料、設備機器等の選定に関する設計意図の観点からの検討、助言等」の通り。

4. H31国交告98号別添一の2の一(3)(ⅰ)「施工図等の検討及び報告」の通り。

正解 2

R05	R04	R03	R02	R01	H30	H29

問題06 I 1　建築士の職責、業務等に関する次の記述のうち、**最も不適当な**ものはどれか。

1. 建築士は、新たにつくる建築物について、長期間の使用に耐えるように建

築計画の初期段階から十分に検討を行い、完成した後も継続的に適正な維持管理が行われるように配慮する必要がある。

2.　建築士は、他人の求めに応じ報酬を得て、建築物に関する調査及び鑑定のみを業として行う場合、建築士事務所に所属せずに業務を行うことができる。

3.　建築士は、違反建築物の建築等の法令違反行為について、指示をする、相談に応じる等の行為をしてはならない。

4.　建築士は、設計者ではなく施工者として建築基準関係規定に違反する工事を行った場合であっても、建築士法により業務停止処分を受けることがある。

[解説]　2.　建築士法23条1項により、建築士またはこれを使用する者は、他人の求めに応じ報酬を得て設計、工事監理、契約に関する事務、建築物の調査・鑑定などを業として行う場合、建築士事務所について都道府県知事の登録を受けなければならない。調査及び鑑定のみであっても業として行う場合、建築士事務所に所属していなければならない。

　3.　建築士法21条の3により、建築士は、建築基準法および建築関係法令に違反する建築物の建築等について指示をし、相談に応じるなどの行為をしてはならない。

　4.　建築士法10条1項により、国土交通大臣または都道府県知事は、建築士が建築士法、建築基準法その他建築物の建築に関する法令に違反したとき、または業務に関して不誠実な行為をしたときは、建築士に対し、戒告、業務の停止、免許の取り消しなどの懲戒を行うことができる。この処分は、建築士が設計者であるか施工者であるかにかかわらない。　　　　　　　　　　　　　　　　　　　　　正解 2

R05	R04	R03	R02	R01	H30	H29

問題07 Ⅰ 18　建築関係の資格者に関する次の記述のうち、**最も不適当なもの**はどれか。

1.　二級建築士事務所を管理する二級建築士が、一級建築士事務所の管理建築士となるには、一級建築士の免許を取得後、3年以上の建築物の設計、工事監理等に関する業務に従事する必要がある。

2.　一級建築士事務所において、建築士法で定める重要事項の説明については、管理建築士のほか当該一級建築士事務所に属する一級建築士も行うことができる。

3.　監理技術者は、工事現場における建築工事を適正に実施するため、当該建設工事の施工計画の作成、工程管理、品質管理等を行うとともに当該建設工事の施工に従事する者の技術上の指導監督の職務を誠実に行う必要がある。

4.　施工管理技士は、施工技術の向上を図るため、建設業者の施工する建設工事に従事し又はしようとする者を対象として行う技術検定に合格した者である。

解説 1. 建築士法24条2項により、管理建築士は、建築士として3年以上の設計・建築工事の指導監督などに関する業務に従事した後に管理建築士講習の課程を修了した者であり、建築士の種別は問わない。管理建築士となった後一級建築士の免許を取得した者は、一級建築士としての実務経験の有無にかかわらず、一級建築士事務所に置かれる管理建築士となることができる。

2. 建築士法24条の7第1項により、設問の通り正しい。

3. 建設業法26条の3第1項により、設問の通り正しい。

4. 施工管理技士は、建設業法27条1項による技術検定に合格した者で、称号は建設業令27条の8による。
正解 1

R05	R04	R03	R02	R01	H30	H29

問題08 Ⅰ 18 建築物の設計・工事監理等に関する次の記述のうち、**最も不適当なもの**はどれか。

1. 四会連合協定「建築設計・監理等業務委託契約約款」における建築設計業務委託契約において、委託者は、必要があると認めるときは、受託者に書面をもって通知して、設計業務の全部又は一部の中止を請求することができる。

2. 四会連合協定「建築設計・監理等業務委託契約約款」における建築設計業務委託契約において、受託者は、委託者の承諾なく、成果物、未完了の成果物及び設計業務を行ううえで得られた記録等を他人に閲覧させ、複写させ、又は譲渡してはならない。

3. 建築士法に定められた、設計又は工事監理の契約を締結する際に行う重要事項（業務の内容及びその履行に関する事項）の説明等は、管理建築士以外の建築士が行ってはならない。

4. 工事監理業務においては、一般に、民法における「善良な管理者の注意義務（善管注意義務）」が求められており、この義務を怠り損害が生じた場合には、監理業務委託契約書に明記されていなくても過失責任が問われることがある。

解説 1. （建築設計・監理等業務委託契約約款25条1項）正しい。

2. （建築設計・監理等業務委託契約約款7条2項）あらかじめ委託者の書面による承諾を得た場合を除き、受託者は、成果物、成果物として作成途中の図面・仕様書等（未完了の成果物）並びに設計・監理業務を行ううえで得られた記録等を第三者に譲渡し、貸与し、又は質権その他の担保の目的に供してはならない。

3. （士法24条の7）建築士事務所の開設者は、設計受託契約又は工事監理受託契約を建築主と締結しようとするときは、あらかじめ当該建築主に対し、管理建築士その他の当該建築士事務所に属する建築士をして、重要事項を記載した書面を交付し

て説明をさせなければならない。重要事項の説明は、管理建築士以外の建築士も行えるので、誤り。

4. 民法644条に「受任者は委任の本旨に従い、善良な管理者の注意をもって、委任事務を処理する義務を負う」とあり、これを一般に、「善良な管理者の注意義務（善管注意義務）」という。この義務を怠り損害が生じた場合には、契約に明記されていなくても過失責任が問われることがある。　　正解 3

R05	R04	R03	R02	R01	H30	H29

問題09 I 1　建築士法に規定されている建築士の職責等に関する記述の A ～ D に該当する語句の組合せとして、**正しいもの**は、次のうちどれか。

　建築士法第2条の2において、「建築士は、常に品位を保持し、業務に関する法令及び実務に精通して、 A に寄与するように、公正かつ誠実にその業務を行わなければならない。」とされている。
　また、同法第21条の4において、「建築士は、 B を害するような C をしてはならない。」とされ、同法第22条第1項においては、「建築士は、設計及び工事監理に必要な D の維持向上に努めなければならない。」とされている。

	A	B	C	D
1.	国民の生命、健康及び財産の保護	公共の福祉の増進	建築	知識及び技能
2.	国民の生命、健康及び財産の保護	建築士の信用又は品位	建築	専門的応用能力
3.	建築物の質の向上	建築士の信用又は品位	行為	知識及び技能
4.	建築物の質の向上	公共の福祉の増進	行為	専門的応用能力

解説　建築士法2条の2及び同法21条の4は、平成18年の法改正において付加された条文で、建築士の質の向上と信用の回復が強く意図されたものとなっている。建築士法2条の2では「建築士は、常に品位を保持し……、建築物の質の向上に寄与するように、公正かつ誠実にその業務を行わなければならない。」とされ、同法21条の4において、「建築士は、建築士の信用又は品位を害するような行為をしてはならない。」とされている。また、同法22条1項においては、「建築士は、設計及び工事監理に必要な知識及び技能の維持向上に努めなければならない。」とされている。　　正解 3

R05	R04	R03	R02	R01	H30	H29

問題10 I 18　著作権に関する次の記述のうち、四会連合協定「建築設計・監理等業務委託契約約款」に照らして、**最も不適当なもの**はどれか。なお、「成果物」は建築設計業務委託契約において受託者が委託者に提出した設計図書等の

設計成果物とし、「本件建築物」は当該成果物を利用して完成した建築物とする。

1. 本件建築物が著作物に該当する場合、当該著作権は受託者に帰属する。

2. 委託者は、本件建築物が著作物に該当する場合であっても、当該本件建築物を写真、模型、絵画その他の媒体により表現し、利用することができる。

3. 受託者は、成果物が著作物に該当する場合であっても、受託者の権利により、委託者の承諾を得ることなく、当該著作権を第三者に譲渡することができる。

4. 受託者は、成果物によって第三者の著作権を侵害した場合、原則として、第三者に対して損害の賠償を行わなければならない。

　[解説]　1.　約款9条により、成果物又は成果物を利用して完成した建築物が著作権法2条の著作物に該当する場合、当該著作権は受託者に帰属する。

　2.　約款10条により、委託者は当該本件建築物について、増改築等のほか、写真、模型、絵画などにより表現し又は利用することができる。

　3.　約款12条により、受託者は委託者の書面による承諾を得た場合を除き、当該著作権を第三者に譲渡することはできない。

　4.　約款13条により設問の通りである。このとき委託者の過失がある場合は、委託者は応分の負担をしなければならない。　正解3

R05	R04	R03	R02	R01	H30	H29

問題11 [Ⅰ1]　技術者の倫理等の用語に関する次の記述のうち、**最も不適当な**ものはどれか。

1. 「公益確保の責務」は、技術者の倫理的義務の一つであり、「公衆の安全、健康及び福利を最優先に考慮すること」をいう。

2. 「リスクマネジメント」は、危機事態が生じた後に速やかに実施するものであり、被害の最小化、被害の拡大防止、二次被害の防止等が目的となる。

3. 「モラルハザード」は、保険の領域から派生した概念で、近年では、一般に、「倫理観の欠如」と訳され、企業等が節度なく利益を追求する状態をいう。

4. 「不遵守行為」は、個人及び組織を含めて意図的に法令や条例等に従わない行為をいう。

　[解説]　1.　技術士法46条の2に「技術士は、公共の安全、環境の保全その他の公益を害することのないように努めなければならない。」とあり、また全米プロ技術者協会の倫理規定には「技術者が提供するサービスは、（中略）公衆の健康、安全及び福利の保護に捧げなければならない」としている。

　2.　リスクマネジメントは、危機事態を事前に予測しその回避又は最小化を図るもの

であり、危機事態が生じた後の被害の拡大防止・二次被害の防止等が円滑に行える
ようにする。設問は危機管理（クライシスマネジメント）であり、リスクマネジメ
ントの一部である。

4. 不遵守行為は、意図的に法令等に従わない行為をいい、法令遵守はコンプライア
ンスという。 正解 2

R05	R04	R03	R02	R01	H30	H29

問題12 I 18 工事監理等に関する次の記述のうち、**最も不適当な**ものはどれか。

1. 「工事監理」、「工事と設計図書との照合及び確認の結果報告等」及び「工
事監理の結果報告」は、建築士法における、いわゆる「建築士の独占業務」
に該当する。

2. 工事監理の具体的で詳細な実施方法（工事と設計図書との照合及び確認の
具体的な対象、方法や業務の範囲）は、建築士法では定められていない。

3. 建築士事務所が行う監理業務には、一般に、「工事請負契約の目的物の引渡
しの立会い」と「工事費支払いの審査」が含まれる。

4. 工事監理を行う一級建築士は、所定の登録講習機関が実施する監理技術者
講習を受講しなければならない。

〔解説〕 1. 士法2条8項の「工事監理」、士法18条3項の「工事と設計図書との照合
及び確認の結果報告等」及び士法20条3項の「工事監理の結果報告」は、建築士
の法定業務であり、「建築士の独占業務」に含まれる。

2. 建築士事務所の開設者は、設計又は工事監理の受託契約において、工事と設計図
書との照合の方法及び工事監理の実施状況に関する報告の方法を書面に記載し、建
築主に交付しなければならないが、工事監理の具体的で詳細な実施方法は、建築士
法に定められていない。

3. 建築士事務所が行う監理業務には、「工事管理に関する標準業務（建築士の法定業
務を含む独占業務）」と「契約による業務」があり、後者には「工事請負契約の目
的物の引渡しの立会い」「工事費支払いの審査」のほか請負代金内訳書・工程表・
施工計画の検討・報告などが含まれる。

4. 建設業法26条2項により、下請け契約の請負代金の額が4000万円（建築一式工
事の場合は6000万円）以上の工事には監理技術者を置かなければならない。一級建
築士は、登録講習機関が実施する監理技術者講習を受講しなくても監理技術者とな
ることができる。 正解 4

R05	R04	R03	R02	R01	H30	H29

問題01 Ⅰ 19　建築積算に関する次の記述のうち、**最も不適当な**ものはどれか。

1. 所要数量とは、仮設、土工事等における、設計図書に基づいた施工計画による数量のことである。

2. 設計数量とは、設計図書に記載されている個数及び設計寸法から求めた長さ、面積、体積等の数量のことである。

3. 工事費における工事原価とは、純工事費と現場管理費を合わせたものである。

4. 工事費における共通費とは、共通仮設費、現場管理費及び一般管理費等を合わせたものである。

[解説] 1.　（「建築数量積算基準」1.3.(3)）所要数量とは、定尺寸法による切り無駄や、施工上やむを得ない損耗を含んだ数量をいい、鉄筋、鉄骨、木材等の数量がこれに該当する。なお、設問は計画数量の説明である。誤り。

2.　（同基準 1.3.(1)）正しい。

3.4.（同基準解説参考資料表 2）正しい。　　　　　　　　　　　　　　正解 1

R05	R04	R03	R02	R01	H30	H29

問題02 Ⅰ 19　建築積算に関する次の記述のうち、建築工事建築数量積算研究会「建築数量積算基準・同解説」に照らして、**最も不適当な**ものはどれか。

1. 鉄骨材料の所要数量において、アンカーボルトについては設計数量に対する割増しは行わない。

2. 石材の主仕上げの所要数量において、1か所当たりの面積が $0.1\,\text{m}^2$ 以下の開口部による石材の欠除については、原則として、ないものとして計測・計算する。

3. 防水層等の所要数量において、シート防水のシートの重ね代は、計測数量に 5％の割増しをすることを標準とする。

4. 純工事費は、直接工事費と共通仮設費を合わせたものである。

[解説] 1.　（「建築数量積算基準」4.4.2.1.8)）正しい。

2.　（同基準 5.2.2.3.(4).1)）正しい。

3. （同基準 5.2.2.3.(3).4)) シート防水等の重ね代は、計測の対象としない。誤り。
4. （同基準 参考資料表2）正しい。 正解 3

R05	R04	R03	R02	R01	H30	H29

問題03 Ⅰ19　建築積算に関する次の記述のうち、建築工事建築数量積算研究会「建築数量積算基準」に照らして、**最も不適当な**ものはどれか。

1. 「計画数量」は、設計図書に基づいた施工計画により求めた数量をいい、仮設や土工等の数量がこれに該当する。
2. 主仕上の数量において、衛生器具、電気器具、換気孔、配管、配線等の器具の類による各部分の仕上の欠除が1か所当たり 0.5 m² 以下の欠除については、原則として、ないものとして計測・計算する。
3. 鉄骨の数量において、1か所当たり 0.5 m² 以下のダクト孔による鋼材の欠除については、原則として、ないものとして計測・計算する。
4. 仕上改修において、設計図書に改修に必要な余幅の図示がないときは、適切な余幅を加えて計測・計算することができる。

解説　1.　（建築数量積算基準 1.2.(2).2)) 正しい。
2.　（同基準 5.2.2.2.(2).2)) 正しい。
3.　（同基準 4.4.2.1.6)) 1か所当たり 0.1 m² 以下のダクト孔による鋼材の欠除については、原則としてないものとして計測・計算する。
4.　（同基準 7.3.2.2.(3)) 正しい。 正解 3

R05	R04	R03	R02	R01	H30	H29

問題04 Ⅰ19　建築積算に関する次の記述のうち、建築工事建築数量積算研究会「建築数量積算基準」に照らして、**最も不適当な**ものはどれか。

1. 屋外施設において、芝類の数量は種類及び工法ごとに面積を計測・計算するが、芝類の範囲にある排水桝等の面積が1箇所当たり 0.5 m² 以下のときは、その欠除は、原則としてないものとする。
2. 窓、出入口等の開口部による型枠の欠除は、原則として建具類等の開口部の内法寸法で計算するが、開口部の内法の見付面積が1箇所当たり 0.5 m² 以下の場合は、原則として型枠の欠除はないものとする。
3. 鉄筋の所要数量は、その設計数量の5%割増しを標準とする。
4. 耐火被覆は、耐火被覆材の種類、材質、形状、寸法、工法、耐火時間及び部位（柱、梁）ごとに区分して計測・計算する。

解説　1.　建築数量積算基準 6.4.2.1.(3)により正しい。

2. 同基準 4.2.2.1.(2).3) により正しい。なお、開口部の見込部分の型枠は計測の対象
   としない。

3. 同基準 4.3.2.1.9) により、鉄筋についてその所要数量を求めるときは、その設計
   数量の 4%割増しを標準とする。

4. 同基準 4.4.4.1) により正しい。 正解 3

R05	R04	R03	R02	R01	H30	H29

問題 05 I 19 建築積算に関する次の記述のうち、建築工事建築数量積算研究
会「建築数量積算基準」に照らして、**最も不適当な**ものはどれか。

1. コンクリートの数量において、窓、出入口等の開口部によるコンクリート
   の欠如は、建具類等の開口部の内法寸法とコンクリートの厚さとによる体積
   とし、1 箇所当たりの開口部の体積が 0.5 m³ 以下の場合は、コンクリートの欠
   除はないものとする。

2. 型枠の数量において、コンクリートの上面が傾斜している場合、その勾配
   が 3/10 を超えるものについては、その部分の上面型枠又はコンクリートの
   上面の処理を計測・計算の対象とする。

3. 鉄骨の溶接の数量において、原則として、溶接の種類に区別し、溶接断面
   形状ごとに長さを求め、すみ肉溶接脚長 6 mm に換算した延べ長さとする。

4. 全面がガラスである建具類のガラスの数量において、かまち、方立、桟等
   の見付幅が 0.1 m を超えるものがあるときは、その面積を差し引いた面積と
   する。

解説 1. （建築数量積算基準 4.2.2.1.(1).4)）設問の前段は正しい。コンクリートの欠
   除がないものとするのは、開口部の内法の見付面積が 1 箇所当たり 0.5 m² 以下の場
   合である。

2. （同 4.2.2.1.(2).4)）屋根スラブや基礎などにおいて、上面の傾斜の勾配が 3/10 を
   超えるものについては、上面を型枠とするか又は他の方法にするかの実情に応じて
   計測・計算する。

3. （同 4.4.2.1.4)）溶接断面形状ごとの延べ長さは、各断面積をすみ肉溶接脚長 6 mm
   の断面積で除した換算値を求め、これを各溶接部分の長さに乗じて算出することが
   できる。

4. （同 5.2.2.3.(11).1)）正しい。 正解 1

R05	R04	R03	R02	R01	H30	H29

問題 06 I 20 図のような鉄筋コンクリート構造の柱において、建築工事建築
数量積算研究会「建築数量積算基準」に照らして、積算上の 1 本の帯筋の長さ
として、**正しい**ものは、次のうちどれか。なお、帯筋はスパイラルフープでは

ないものとする。

1. 2,000 mm
2. 2,120 mm
3. 2,200 mm
4. 2,400 mm

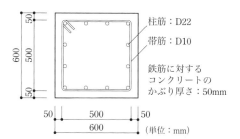

柱筋：D22
帯筋：D10
鉄筋に対する
コンクリートの
かぶり厚さ：50mm

（単位：mm）

[解説] 積算基準4.3.2.1.2）により、「フープの長さは、柱のコンクリートの断面の設計
寸法による周長を鉄筋の長さとし、フックはないものとする」となっている。
したがって、600×4＝2,400 mm となる。 [正解 4]

R05	R04	R03	R02	R01	H30	H29

[問題 07] Ⅰ 19 ＊ 図のような根切りについて、建築工事建築数量積算研究会「建築数量積算基準」に照らして、「法付け工法における作業上のゆとり幅」と「山留め工法における余幅」との組合せとして、**正しいもの**は、次のうちどれか。なお、図は略図とする。

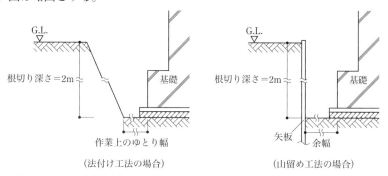

（法付け工法の場合）　　　　（山留め工法の場合）

	作業上のゆとり幅（法付け工法の場合）	余幅 （山留め工法の場合）
1.	0.1 m	0.5 m
2.	0.3 m	0.5 m
3.	0.5 m	1.0 m
4.	1.0 m	1.0 m

[解説] （建築数量積算基準3.1.2.2.(2).3)）作業上のゆとり幅は0.5 m を標準とする。山留めのある場合の余幅は、地下構築物の側面から山留めの側面まで1.0 m を標準とする。したがって、0.5 m と1.0 m の組み合わせが正解である。なお、法面の場合の余幅は、作業上のゆとり幅に、土質と根切り深さに応じた係数を根切り深さに乗じたもの（法幅）の1/2 を加えた幅とする。 [正解 3]

R05	R04	R03	R02	R01	H30	H29

問題01 Ⅰ20 建築のマネジメントに関する次の記述のうち、**最も不適当なも**のはどれか。

1. プロジェクトファイナンスとは、資金調達手法の一つであり、不動産などを担保に資金調達をしてきたのに対し、プロジェクトから得られる事業収益に着目し、大規模な資金が融資される仕組みである。

2. ファシリティマネジメントとは、企業、団体などが組織活動のために施設とその環境を総合的に企画、管理、活用する経営活動である。

3. 国土交通省が示す設計者選定方式における設計競技（コンペ）方式とは、技術力や経験、プロジェクトにのぞむ体制などを含めた提案書の提出を求め、最も適した設計者を選ぶ方式である。

4. CM（Construction Management）方式とは、発注者の委任を受けた CMr（Construction Manager）が、設計・発注・施工の各段階において、設計内容や工事発注方式の検討、工程管理、品質管理、コスト管理等の各種のマネジメント業務の全部又は一部を行うものである。

解説 1. プロジェクトファイナンスは、大型プロジェクトから得られる事業収益を返済原資とする資金調達手法のことで、融資は、プロジェクトのために設立される特別目的会社（SPC：Special Purpose Company）に対して行われる。

2. ファシリティ・マネジメント（Facility Management：FM）は、企業・団体などの施設とその環境を、経営的視点から総合的に企画・管理・活用する経営管理活動のことである。

3. 国土交通省が示す設計者選定方式の種類には、プロポーザル方式、総合評価落札方式、価格競争方式、設計競技（コンペ）方式、特命随意契約方式がある。設計競技方式は、当該業務に象徴性、芸術性、創造性などが求められるプロジェクトで、最も優れた設計案を選ぶ方式である。設問の「最も適した設計者を選ぶ」のはプロポーザル方式である。

4. CM 方式とは、設計者・施工者と利害関係のない第三者が発注者と契約を結び、発注者の立場から建築の企画、設計、施工の各段階において、企画・設計の内容や

工事発注の方法を検討し、工程・品質・コストなどのマネジメント（管理）を行うことをいい、これを行う者をコンストラクション・マネジャー（CMr）という。CM方式のうち、発注者との契約に基づいて設計者・施工者に対するマネジメントを行うものをピュアCM方式といい、CMrが工事金額や工期などの保証を契約に含めるものをアットリスクCM方式という。　　　　　　　　　　　　　　　　正解 3

R05	R04	R03	R02	R01	H30	H29

問題 02 Ⅰ 20　建築のマネジメントに関する次の記述のうち、**最も不適当なも**のはどれか。

1.　設計 VE とは、ライフサイクルコストを考慮した経済性を追求しつつ、設計段階において施設の機能を検討・分析し、必要な機能を確実に達成することを目指す取り組みのことである。

2.　不動産分野におけるアセットマネジメントとは、不動産を取得する際に、適正な投資価値を算出するために、物件の将来の収支の正確な予測を行うことを目的とする多角的な調査のことである。

3.　コストオン方式とは、一般に、建築主が専門工事業者を選定し工事費を決定したうえで、その工事費に元請の管理経費を加えて建築の元請会社に工事を発注する方式のことである。

4.　PFI 事業における SPC とは、ある特定の事業を実施することを目的として設立される会社で、PFI 事業以外の投資は行わず、PFI の契約期間が終了すれば解散する会社のことである。

解説　1.　VE（Value Engineering）は、一般に企画、設計、施工前の各段階において、目的物の基本性能を低下させることなく、工事費低減を可能にする提案をいい、設計 VE は、設問の通り正しい。

　2.　一般にアセットマネジメント（AM）は資産管理のことであり、不動産分野の AM は、不動産の所有者や投資家などを代行し、テナント対応や建築物の維持管理、運営などの一連の不動産業務を行うことである。デューデリジェンス（DD）は、一般に投資家が投資対象の価値を把握するために行う調査のことをいい、不動産については、土地や建築物の状況把握を行う物理的状況調査、権利関係の把握を行う法的調査、建築物の経済的調査等のことをいう。

　3.　コストオン方式は、建築主が専門工事業者や資材メーカーを選定し、その工事費に元請の管理経費を加えて元請会社に工事を発注する方式であり、専門工事業者などは元請け会社の下請けとなる。

　4.　PFI（Private Finance Initiative）事業は、民間の資金や技術などを活用して公共施設等の建設・運営・維持管理を行う事業をいう。これを行う際には SPC（Special

Purpose Company：特別目的会社）を設立し、国や地方公共団体との契約、資金調達、設計・建設・管理会社等との契約などを行う。SPC は PFI の契約期間が終了すれば解散する。　　　　　　　　　　　　　　　　　　　　　　　　　正解 2

R05	R04	R03	R02	R01	H30	H29

問題03 Ⅰ 10　施設を計画・運営する際の官民連携等に関する次の記述のうち、**最も不適当な**ものはどれか。

1. 指定管理者制度とは、文化会館や保育所、公園等の公の施設の管理運営を、ノウハウを有する民間事業者等が行うことで、住民サービスの質の向上を図り、施設設置の目的を効果的に達成するための制度のことである。

2. 街なみ環境整備事業とは、住環境の整備改善を必要とする区域において、地方公共団体及び街づくり協定等を結んだ住民が協力して、美しい景観の形成、良好な居住環境の整備を支援する事業のことである。

3. TMO とは、商業・業務機能が集積した地区において、「中心市街地活性化基本計画」等をもとに活性化事業等を推進する民間主体の組織のことである。

4. サウンディング型市場調査とは、地方公共団体等の事業完了後に、住民との意見交換等を通し、事業に対しての様々な意見や改善点を把握する調査のことである。

　[解説]　1.　指定管理者制度は、官民連携（PPP：Public Private Partnership）の手法の一つで、内容は設問の通り。

　2.　街なみ環境整備事業は、国土交通省の制度要綱に基づいて行われる事業で、内容は設問の通り。

　3.　TMO は、Town Management Organization の略で、内容は設問の通り。

　4.　サウンディング型市場調査とは、対話型市場調査ともいい、事業の企画時に民間事業者との意見交換を通して、事業成立の可否、事業に対するアイデアや意見の収集・把握を目的として行う調査のことをいう。　　　　　　　　　　　　　正解 4

R05	R04	R03	R02	R01	H30	H29

問題04 Ⅰ 20　建築のマネジメントに関する次の記述のうち、**最も不適当な**ものはどれか。

1. コンセッション方式とは、料金の徴収を行う公共施設において、施設の所有権と運営権を民間業者へ移行する方式のことである。

2. デザインレビューとは、設計や施工等の各部門の専門家が、設計段階で性能・機能・信頼性等を価格、納期等を考慮しながら、設計について審査し改善を図ることである。

3. フロントローディングとは、施工段階や維持管理段階における問題点の早期発見や作業全体の効率化を目指し、設計段階で各種の技術検討を行うことである。

4. CRE戦略とは、企業が保有している不動産について、企業価値向上の観点から、経営戦略的視点に立って見直しを行い、不動産投資の効率性を最大限向上させるための考え方である。

[解説] 1. コンセッション方式とは、料金の徴収を行う公共施設において、施設の所有権を公共主体が有したまま、利用者のニーズを反映した質の高いサービスを提供するため、運営権を民間業者に設定する方式のこと。所有権の移行は誤り。

4. CREは、Corporate Real Estateの略であり、記述内容は正しい。　　正解 1

R05	R04	R03	R02	R01	H30	H29

【問題05】 I 20　建築プロジェクトのマネジメント等に関する次の記述のうち、最も不適当なものはどれか。

1. 建設工事において、コンカレントエンジニアリングとは、設計から施工までの工程にかかわる全ての部門の人材が集まり、工程をオーバーラップさせて諸問題を討議しながら作業を進めていく方式である。

2. PFI事業において、VFMとは、重要な概念の一つで、支払いに対して最も価値の高いサービスを供給するという考え方のことである。

3. 公共事業において、BTO方式とは、民間事業者が資金調達を行って施設を建設し、完成直後に公共に所有権を移転し、当該民間事業者に一定期間、維持管理及び運営を委ねる方式である。

4. 国土交通省が示す設計者選定方式において、プロポーザル方式とは、提出された具体的な設計案を審査し、最も優れた設計案を選ぶ方式である。

[解説] 1. 従来の工程をウォーターフォール（滝）型と呼ぶのに対し、コンカレントエンジニアリングは、上流・下流の工程をコンカレント（同時並行）に進める方式をいう。建設工事においては設問の通り。

2. VFM（Value For Money）は、PFI事業案を検討する際の考え方で、内容は設問の通り。

3. BTO（Build Transfer and Operate）方式は、PFI事業の一種で、内容は設問の通り。なお、BOT方式は民間が建設・運営後に公共に所有権を移転する。

4. プロポーザル方式とは、実施方針、設計体制、実績などの技術提案書の提出を求めて、設計者を選定する方式である。設計案を選ぶ方式は、設計競技方式（コンペティション）という。　　正解 4

問題06 Ⅰ 20 　建築のマネジメント等に関する次の記述のうち、**最も不適当な**ものはどれか。

1.　公共工事における ECI 方式は、設計段階の技術協力の実施期間中に、施工の数量・仕様を確定したうえで工事契約をする方式であり、施工性等の観点から施工者の提案が行われることにより、施工段階における設計変更の発生リスクの減少等が期待できる。

2.　建築物におけるコミッショニングは、一般に、環境・エネルギー性能等の観点から建築物のオーナーやユーザーが求める要求性能を把握して、その要求性能の実現を検証することである。

3.　BCP は、企業が災害や事故で被害を受けても、重要な業務が中断しないこと、中断しても可能な限り短い期間で再開すること等、事業の継続を追求するための計画である。

4.　CRE 戦略は、国や地方公共団体の事業コストの削減や、より質の高い公共サービスの提供を目的として、民間の資金、経営能力及び技術的能力を活用して公共施設等の設計、建設、維持管理及び運営を行う手法である。

　解説　1.　ECI（Early Contract Involvement）方式は、緊急を要する復興事業や高度な技術を要する工事などにおいて、効率的に事業を遂行するために用いられる手法。発注者は、設計者を選定したのち、設計段階から施工者の技術提案を受け、実施設計完了後に施工者と工事契約を行う。施工者の技術・工法が設計に盛り込まれているので、コストの縮減と工期の短縮が期待できる。

　　2.　コミッショニングは、性能検証を行う第三者機関が、発注者の要求性能を実現するために、企画・設計・施工・運用のプロセスにおいてマネジメントを行い、竣工時には検証を行う。

　　3.　BCP（Business Continuity Plan）は、企業が災害時などに事業継続が可能となるようにあらかじめ策定しておく計画である。このプランを策定することにより、日常業務の見直しが可能となり、企業体質を強固にすることができる。

　　4.　CRE（Corporate Real Estate）戦略は、企業不動産について、企業価値向上の観点から経営戦略的視点に立って見直しを行い、不動産投資の効率性の向上を図ることをいう。PFI（Private Finance Initiative）事業は、民間の資金や技術などを活用して公共施設等の建設・運営・維持管理を行う事業をいう。　　　　　正解 4

問題07 Ⅰ 19 　各種マネジメント等に関する次の記述のうち、**最も不適当なも**のはどれか。

1. 不動産分野におけるデュー・デリジェンスは、不動産を取得する場合に、適正な価値やリスクを評価するために行う建築物の物理的状況調査、法的調査、経済的調査等の多角的な調査のことである。

2. 建築物の企画段階におけるブリーフィングは、一般に、発注者及び関係者の要求、目的、制約条件を明らかにし、分析するプロセスであり、その成果物はブリーフと呼ばれている。

3. 建築物の企画段階におけるフィージビリティ・スタディは、企画内容が事業経営上の観点で実行可能かどうかを確かめる検討作業である。

4. 建築工事におけるファシリティ・マネジメントは、基本性能の維持を前提とした工事費低減の提案、工事施工者独自の施工技術の導入の提案等である。

[解説] ファシリティ・マネジメント（Facility Management：FM）は、企業・団体等の施設とその環境を経営的視点から総合的に企画・管理・活用する経営管理活動のことである。設問は、VE（Value Engineering）提案の説明である。　　　　[正解 4]

R05	R04	R03	R02	R01	H30	H29

問題08 Ⅰ 20　建築のマネジメントに関する次の記述のうち、**最も不適当なも**のはどれか。

1. 不動産分野におけるアセットマネジメントは、不動産の所有者や投資家を代行して、テナント対応や建築物の維持管理、運営までを含めた一連の不動産業務を行うことである。

2. デザインビルドは、建築物の企画から、設計、施工、維持管理までの業務について、コストや工期、品質情報等の全てのデータを統合した三次元モデルを活用して行う手法である。

3. BOT は、公共サービスに関わる建築物を民間が建設して一定期間運営し、期間満了後に行政に移管する仕組みのことである。

4. LCM は、建築物の機能や効用の維持・向上を、通常、建築物の企画から解体・廃棄処分まで、適切なコストのもとで管理・実行することをいい、LCCの低減を行うことが目的の一つである。

[解説]　1.　一般にアセットマネジメント（AM）は資産管理のことであり、不動産分野の AM は、不動産の所有者等を代行し、一連の不動産業務を行うことである。

　2.　デザインビルドは、設計事務所の行った基本設計をもとに建設会社が実施設計及び施工を行うもので、建設会社の技術力が生かせ、コスト縮減、工期短縮が期待できる。設問は、BIM（Building Information Modeling）の説明である。

　3.　BOT（Build Operate Transfer）は、発展途上国の道路、トンネル、発電所、電話回線などの公共的事業で行われていた手法を国内の公共事業に取り入れたもので、

建設会社、運営会社、金融機関などからなる民間プロジェクト企業が建築物を建設して一定期間運営し、資金回収後に固定資産および運営ノウハウを行政に無償譲渡する仕組みのことである。

4. LCM は Life Cycle Management の略であり、LCC は Life Cycle Cost の略である。内容は設問の通り、正しい。 正解 2

一級建築士試験
平成 29 年度～令和 5 年度

学科Ⅱ

R05	R04	R03	R02	R01	H30	H29

問題 01 Ⅱ 1　環境工学に関する次の記述のうち、**最も不適当な**ものはどれか。

1.　夜間放射（実効放射）とは、地表における、「上向きの地表面放射」と「下向きの大気放射」との差のことである。

2.　冷房期の平均日射熱取得率（η_{AC}）とは、窓から直接侵入する日射による熱と、屋根、天井、外壁などの窓以外から日射の影響で熱伝導により侵入する熱を評価した指標である。

3.　NC 値とは、室内騒音を評価する指標の一つであり、対象となる騒音のオクターブバンドごとの音圧レベルを NC 曲線群上にプロットし、全ての帯域で、ある NC 曲線を下回ったときのその曲線値である。

4.　色の誘目性とは、目を引きやすいか否かに関する属性であり、一般に、色相においては緑が最も高くなる。

> **解説**　1.　地表面は、昼間には太陽からの直達日射、天空放射のほか大気からの放射を受け、地表面もその温度に応じた熱を放射する。実効放射は、地表面からの放射と大気放射との差である。夜間放射と実効放射は等しい。
>
> 2.　冷房期の平均日射熱取得率（η_{AC}）は設問の通りの指標であり、単位日射量当たりの総日射熱取得量（W/（W/m²））を外皮の面積（m²）で除して求める。η_{AC} 値は、建築物省エネ法の住宅の省エネ基準の一つである。
>
> 3.　NC 値は、室内における騒音の不快感やうるささの程度を評価する指標の一つであり、周波数分析を行って、設問の方法で求めることができる。
>
> 4.　色の誘目性とは、とくに目的を持たずに眺めているときの人の目の引きやすさであり、彩度が高い色の誘目性が高く、色相においては緑や青より赤や黄のほうが誘目性が高くなる。　　　　　　　　　　　　　　　正解 4

R05	R04	R03	R02	R01	H30	H29

問題 02 Ⅱ 1　環境工学に関する次の記述のうち、**最も不適当な**ものはどれか。

1.　日照図表は、周辺の建築物によって対象点への直射日光が遮られるかどうかを検討するものであり、緯度ごと、また、冬至の日などの季日ごとに描かれる。

2. 外皮平均熱貫流率（U_A値）は、断熱性能を示す指数で、建築物の内部から屋根や壁、床、開口部等を通過して外部へ逃げる「単位温度差当たりの外皮総熱損失量」を「外皮総面積」で除した値である。

3. ブーミング現象は、低い周波数領域になるほど、また、室の寸法が小さいほど、固有周波数密度が疎になるので起こりやすい。

4. 空気寿命が一定の条件では、空気齢が小さいほど、室内のある点で発生した汚染質が排気口に至るまでの時間は短くなる。

> **[解説]** 1. 日照図表は、任意の緯度、任意の季日において、基準点と太陽を結ぶ直線が、基準面上に等間隔の高さで設定された複数の水平面に描く軌跡（日ざし曲線）を基準面に正投影した図表である。図表に表記された縮尺で配置図を描き、測定点を図表の基準点に重ねて方位を合わせると、建築物と同じ高さの日ざし曲線から、日影を生じる時刻と時間を知ることができる。
>
> 2. 外皮平均熱貫流率（U_A値）の定義は設問の通りであり、U_A値は、建築物省エネ法の住宅の省エネ基準の一つである。同基準には、ほかに冷房期の平均日射熱取得率（η_{AC}値）と一次エネルギー消費量がある。
>
> 3. ブーミング現象は、低周波数領域の特定の音がよく響き、音の明瞭度が損なわれる現象で、室の寸法が小さく周壁の反射性が大きいほど起こりやすい。
>
> 4. 空気齢とは、給気口から室内のある点までの新鮮空気の到達時間をいい、小さいほどその地点の換気効率がよいことを示している。ある点から排気口までの空気の到達時間を余命といい、汚染物質の発生点からの余命が小さいほど汚染物質が速やかに排出できることを意味する。 **正解4**

R05	R04	R03	R02	R01	H30	H29

問題03 Ⅱ 1 環境工学における用語に関する次の記述のうち、**最も不適当な**ものはどれか。

1. 露点温度は、絶対湿度を一定に保ちながら空気を冷却した場合に、相対湿度が100％となる温度である。

2. グレアは、視野の中に輝度の高い光源が入ってきたときに起こり、周囲の輝度からの影響を受けない。

3. ビル風は、建築物の見付面積が大きく、風をより多くせき止めるほど、一般に、剥離する領域が大きくなる。

4. カクテルパーティ効果は、周囲が騒がしい環境であっても聴きたい音を選択的に聴き取ることができる、聴覚上の性質である。

> **[解説]** 1. 露点温度は、湿り空気線図上のある空気の状態を示す点から水平線（絶対湿度が一定）を左方向に引き（空気の冷却）、飽和曲線（相対湿度が100％）と交わ

るときの温度である。正しい。

2. グレアの度合いは、視野内の光源の輝度が高く、光源が大きく視線方向に近いほど、また視対象の周囲の輝度が低く目が明るさに順応しにくいほど大きくなる。

3. 建築物に垂直にあたった風は、建築物の側方に剥離して強風域を形成する。見付面積が大きいほど、一般に強風域が大きくなる。 正解 2

R05	R04	R03	R02	R01	H30	H29

問題 04 Ⅱ 1　環境工学における用語に関する次の記述のうち、**最も不適当な**ものはどれか。

1. PMV は、室内における人の温熱感覚に関係する、気温、放射温度、相対湿度、気流速度、人体の代謝量及び着衣量を考慮した温熱環境指標である。

2. 色温度は、光源の光色を、それと近似する色度の光を放つ黒体の絶対温度で表したものである。

3. 音響エネルギー密度レベルは、音のもつ単位体積当たりの力学的エネルギー量を、デシベル表示したものである。

4. 実効放射（夜間放射）は、地表における長波長放射収支であり、日中を除く夜間の「大気放射と地表面放射との差」のことである。

解説　1. PMV（予測平均温冷感申告）は、設問にある 6 つの温熱要素を考慮した温熱環境指標であり、数式によって算出し、－ 3（非常に寒い）～＋ 3（非常に暑い）の数値で示す。ISO では－ 0.5 ＜ PMV ＜＋ 0.5 を快適範囲としている。

2. 光源の色と黒体（完全放射体）がその温度に応じて放射する色とが等しいとき、その黒体の絶対温度で光源の色を表し、これを色温度と呼ぶ。

3. 音響エネルギー密度は、音の単位体積当たりの力学的エネルギー量（J/m^3）であり、拡散音場においては音圧の 2 乗に比例する。音響エネルギー密度をデシベル表示した音響エネルギー密度レベルの値は、音圧レベルと等しくなる。

4. 地表面は、昼間には太陽からの直達日射、天空放射のほか大気からの放射を受け、地面もその温度に応じた熱を放射する。実効放射は、地面からの放射と大気放射との差であり、昼間にも存在する。夜間は大気側に熱を放射するが、晴天時には地表面や建築物の表面温度が外気温より低下する。設問の「日中を除く夜間の」は誤り。 正解 4

R05	R04	R03	R02	R01	H30	H29

問題 05 Ⅱ 1　環境工学における用語に関する次の記述のうち、**最も不適当な**ものはどれか。

1. 等価騒音レベルは、聴感補正された音圧レベルのエネルギー平均値であり、一般に、変動する騒音の評価に用いられる。

2.　プルキンエ現象は、視感度の相違によって、明所視に比べ暗所視において、赤が明るく、青が暗く見える現象である。

3.　空気齢は、流入口から室内に入った所定量の空気が、室内のある地点に到達するまでに経過する平均時間である。

4.　作用温度（OT）は、一般に、発汗の影響が小さい環境下における熱環境に関する指標として用いられ、空気温度と平均放射温度の重み付け平均で表される。

[解説]　1.　等価騒音レベルは、人の聴感で補正されたA特性のサウンドレベルのエネルギー平均値であり、自動車騒音などの変動騒音の評価に用いられる。

2.　最大視感度は、明所視では黄緑色（555 nm）、暗所視では青緑色（507 nm）となり、夕景では赤より青のほうが明るく見え、全体的に青みがかって見える。これをプルキンエ現象という。

3.　空気齢は、流入口から室内のある地点までの新鮮空気の到達時間であり、空気齢が小さいほどその地点の換気効率がよい。

4.　作用温度（OT：Operative Temperature）は、気温と放射熱に関する指標であり、空気温度と平均放射温度の重み付け平均で表されるもので、発汗の影響は考慮されていない。

正解 2

R05	R04	R03	R02	R01	H30	H29

【問題06】 Ⅱ 1　環境工学における用語に関する次の記述のうち、**最も不適当な**ものはどれか。

1.　長波長放射率は、赤外放射域において、「ある部材表面から発する単位面積当たりの放射エネルギー」を「その部材表面と同一温度の完全黒体から発する単位面積当たりの放射エネルギー」で除した値である。

2.　エネルギー代謝率は、労働代謝の基礎代謝に対する比率で表され、人間の作業強度を表す指標である。

3.　光幕反射は、机上面の光沢のある書類に光が当たる場合等、光の反射によって文字等と紙面との輝度対比が大きくなる現象である。

4.　音の干渉は、二つ以上の音波が同時に伝搬する場合、音波の重なり具合によって振幅が変化する現象である。

[解説]　1.　長波長放射率は、赤外放射域における物体表面の熱放射のしやすさを表すものであり、定義は設問の通り正しい。なお、完全黒体とは、入射した放射エネルギーを完全に吸収する理想的な物体のことをいう。

2.　エネルギー代謝（RMR）は、労働代謝量の基礎代謝量に対する比率である。代謝量とは人体内での熱生産量であり、基礎代謝量は安静仰臥状態の生存に必要な最

小限の代謝量である。

3. 光幕反射は、見やすさを損なうグレアのうち、光沢のある視対象表面に照明器具や白い壁面などの反射映像が生じて文字等と紙面との輝度対比が小さくなる現象である。

4. 音の干渉は、二つ以上の音波が同時に1点に到達し、強めあったり打消しあったりする現象である。
正解 3

R05	R04	R03	R02	R01	H30	H29

問題07 Ⅱ1　環境工学における用語に関する次の記述のうち、**最も不適当な**ものはどれか。

1. 色度は、色の明度と彩度の二つの属性を含めた知覚的評価の指標である。

2. 音の回折は、音波の伝搬空間に障害物がある場合に、障害物の背後に音が回り込んで伝搬する現象であり、障害物の大きさよりも音の波長が大きいほど回り込みやすい。

3. 壁体の定常伝熱は、壁体の両面の空気温度又は表面温度を長時間一定に保った後も、壁体内の各部の温度が時間の経過によって変化せず、熱流量が一定な場合の伝熱過程をいう。

4. 建築物の壁面に沿った風の流れが、隅角部で建築物から離れる現象を、一般に、剥離流という。

解説　1.　XYZ 表色系の xy 色度図において、色度 x 及び y は明度を除く色味を表しており、外周に近いほど彩度が高く、$x = y = 0.333$ が中央の白色になっている。

2.　音の回折は、障害物の背後に音が回り込んで伝搬する現象であり、短波長の音は直進性が強く、長波長の音は回折しやすい。

3.　壁体の両面の温度が長時間変化しない場合、壁体内の各部の厚みと断熱性に応じて各部の温度分布が決まり、その温度が変化せず、熱流量は内外温度差と熱貫流率に比例して一定の値となる。この場合の伝熱過程を壁体の定常伝熱という。

4.　剥離流は強風になりやすいので、隅角部の平面形状を曲面にするなどのビル風対策を行う場合がある。
正解 1

2 室内気候

R05	R04	R03	R02	R01	H30	H29

問題 01 Ⅱ 2 　室内の温熱環境に関する次の記述のうち、**最も不適当な**ものはどれか。

1. コールドドラフトは、暖房時の室内において、外気により冷やされた窓ガラスからの放射熱伝達により生じる現象である。

2. 人体からの総発熱量に占める潜熱発熱量の比率は、一般に、室温が高くなるほど増加する。

3. 予測平均温冷感申告（PMV）は、主に均一な環境に対する温熱快適指標であるので、不均一な放射環境や上下温度差が大きな環境等に対しては、適切に評価できない場合がある。

4. 室内の上下温度分布は、椅座位の場合、くるぶしの高さ（床上 0.1 m）と頭の高さ（床上 1.1 m）の温度差が 3℃ 以内とすることが望ましい。

> 解説　1.　コールドドラフトは、冬季に外気で冷やされた窓ガラスからの対流熱伝達により、窓面付近の室内側空気が冷却され下降して床面に流れる現象である。
> 　2.　潜熱発熱量は発汗・呼気などによる発熱量で、室温上昇に伴って対流・放射による顕熱発熱量が抑制されるのに対し、発汗が促進されて潜熱発熱量は増加する。
> 　3.　PMV は、設問の通り主に均一な環境に対する温熱快適指標であり、標準有効温度（SET *）のほうが PMV よりやや広い温熱条件に適用できる。
> 　4.　室内の上下温度差は小さいほどよく、ISO7730 により設問の通り、正しい。**正解 1**

R05	R04	R03	R02	R01	H30	H29

問題 02 Ⅱ 2 　室内の温熱環境に関する次の記述のうち、**最も不適当な**ものはどれか。

1. 予測平均温冷感申告（PMV）値が 0 に近づくに従って、予測不満足者率（PPD）は高くなる。

2. 平均放射温度（MRT）は、グローブ温度、空気温度及び気流速度から求められる。

3. 冷たい壁面による不快感を生じさせないためには、放射の不均一性（放射

温度の差）を 10℃ 未満にすることが望ましい。

4. 着席安静時における日本人の平均的な体格の成人男性の代謝量は、約100W/人である。

[解説] 1. PMV は、気温、湿度、放射温度、気流速度と人体の作業量（代謝量）、着衣量をもとに数式によって算出し、－3（非常に寒い）～＋3（非常に暑い）の数値で示す。ISO では－0.5 ＜ PMV ＜＋0.5 を快適範囲としており、これに対応するPPD は 10%未満である。なお、PMV ＝ 0 のとき、PPD は 5%（最小値）である。

2. 平均放射温度 MRT は、グローブ温度 t_g、空気温度 t_a、気流速度 v から次式で求められる。MRT ＝ t_g ＋ 2.37 $\sqrt{v}$ $(t_g － t_a)$（ベッドフォードの式）

3. ISO7730 では、不快感を生じさせないための不均一放射の限界は、冷たい壁面に対して 10℃ 以内、暖かい天井に対して 5℃ 以内にすることが望ましいとしている。

4. 着席安静時における代謝量は体表面積 1 ㎡ あたり 58.2 W であり、成人男性の体表面積は 1.6 ～ 1.8 ㎡ なので、代謝量は約 100 W/人である。　[正解 1]

R05	R04	R03	R02	R01	H30	H29

[問題 03] [Ⅱ 3] 室内の湿り空気に関する次の記述のうち、**最も不適当なもの**はどれか。ただし、対象とする湿り空気は 1 気圧とし、また、室内は無風状態とする。

1. 相対湿度が同一でも、乾球温度が異なれば、空気 1 ㎥ 中に含まれる水蒸気量は異なる。

2. 乾球温度が一定の場合、相対湿度が低くなるほど露点温度は低くなる。

3. 乾球温度と湿球温度が与えられれば、その空気の相対湿度及び水蒸気分圧を求めることができる。

4. 相対湿度を一定に保ったまま乾球温度を上昇させるには、加熱と除湿を同時に行う必要がある。

[解説] 1. 相対湿度が同じとき、乾球温度が高いほど、空気中に含まれる水蒸気量は増加する。

2. 乾球温度が一定のとき、相対湿度が低いほど空気中に含まれる水蒸気量は減少し、露点温度は低くなる。

3. 空気線図は、空気の乾球温度、湿球温度、相対湿度、水蒸気分圧、絶対湿度、エンタルピー、比容積などの状態をグラフ化したものであり、そのうちの 2 要素が与えられれば他の要素は全て求めることができる。

4. 相対湿度を一定に保ったまま乾球温度を上昇させるには、加熱と加湿を同時に行う必要がある。加熱と除湿を行うと相対湿度が低下する。　[正解 4]

R05	R04	R03	R02	R01	H30	H29

問題04 Ⅱ 2 　室内の温熱・空気環境に関する次の記述のうち、**最も不適当な**ものはどれか。

1.　予測平均温冷感申告(PMV)は、主に均一な環境に対する温熱快適指標であることから、不均一な放射環境や上下温度分布が大きな環境等に対しては、適切に評価できない場合がある。

2.　中央管理方式の空気調和設備を設ける居室においては、浮遊粉じんの量を概ね 0.15 mg/m³ 以下とする。

3.　室内の酸素濃度が 18%近くに低下した場合、人体に対しては生理的に大きな影響を与えにくいが、開放型燃焼器具の不完全燃焼をもたらすおそれがある。

4.　平均放射温度（MRT）は、室温によらず、グローブ温度及び気流速度の計測値から概算で求められる。

　[解説]　1.　予測平均温冷感申告（PMV）、標準有効温度（SET *）、作用温度（OT）などは、気温が極端に高くも低くもなく比較的均一な環境に対する温熱指標である。

　2.　中央管理方式の空気調和設備は、建基令 129 条の 2 の 6 により、浮遊粉じんの量を概ね 0.15 mg/m³ 以下とするように定められている。

　3.　室内の酸素濃度が 19 ～ 18%以下になると開放型燃焼器具の不完全燃焼をもたらすおそれがある。なお、16 ～ 12%に低下した場合、脈拍・呼吸数の増加、頭痛などが現れる。

　4.　平均放射温度（MRT）は、周壁各部の温度を、その部分が占めるある点における立体角の割合で按分したもので、室中央付近では周壁面の平均温度で近似できる。

[正解 4]

R05	R04	R03	R02	R01	H30	H29

問題 01 Ⅱ3 　空気調和設備を設けた延べ面積 5,000 m² の事務所ビルの居室における空気環境に関する次の測定結果のうち、「建築物における衛生的環境の確保に関する法律」に照らして、**最も不適当な**ものはどれか。

1. 一酸化炭素の含有率――― 0.001％（10 ppm）
2. 温度―――――――――― 18.0℃
3. 浮遊粉じんの量――――空気 1 m³ につき 0.10 mg
4. ホルムアルデヒドの量――空気 1 m³ につき 0.10 mg

　解説 1. 「建築物における衛生的環境の確保に関する法律（建築物衛生法）」は令和4年4月に改正施行され、同法4条1項、同施行令2条一号イにより、一酸化炭素の含有率の基準は概ね100万分の6以下、すなわち0.0006％（6 ppm）以下となっている。
　2. 同令により、温度は18.0℃以上、28℃以下となっている。
　3. 同令により、浮遊粉じんの量は空気 1 m³ につき 0.15 mg 以下となっている。
　4. 同令により、ホルムアルデヒドの量は空気 1 m³ につき 0.10 mg 以下となっている。

正解 1

R05	R04	R03	R02	R01	H30	H29

問題 02 Ⅱ3 　室容積 200 m³ の居室に 25 人の在室者がおり、換気回数 4 回で換気がなされているとき、定常状態におけるこの室内の二酸化炭素濃度として**最も適当な**値は、次のうちどれか。ただし、一人当たりの二酸化炭素発生量は 0.016 m³/（h・人）とし、在室者から発生した二酸化炭素は直ちに室全体に一様に拡散するものとする。また、外気の二酸化炭素濃度は 400 ppm とし、隙間風は考慮しないものとする。

1. 700 ppm　　2. 800 ppm　　3. 900 ppm　　4. 1,000 ppm

　解説 定常状態における室内の二酸化炭素濃度を C_i（ppm）とし、外気の二酸化炭素濃度 $C_o = 400$ ppm、一人当たりの二酸化炭素発生量 $m = 0.016$ m³/（h・人）、在室者人数 $p = 25$ 人、室容積 $V = 200$ m³、換気回数 $n = 4$ 回 /h を、換気量 Q を求めるザイデルの式に当てはめると、

$$Q = \frac{m \times p}{(C_i - C_o) \times 10^{-6}} = \frac{0.016 \times 25}{(C_i - 400) \times 10^{-6}} = 200 \times 4 \text{（m³/h）}$$

したがって、$C_i = 900$ ppm

正解 3

R05	R04	R03	R02	R01	H30	H29

問題03 Ⅱ3 換気に関する次の記述のうち、**最も不適当な**ものはどれか。

1. 静止型の全熱交換器を採用する場合、全熱交換素子の通気抵抗が大きいので、一般に、給気側と排気側の両方に送風機が必要となる。

2. 汚染空気が周囲から流入してはならない手術室やクリーンルーム等においては、第二種機械換気方式又は室内の気圧を周囲より高くした第一種機械換気方式とする。

3. 住宅の全般換気をトイレ、浴室、台所等の水まわり部分からのファンによる排気によって行う場合、居室に設ける自然給気口は、温熱環境に影響を及ぼさないように、床面から 0.5 m 以下に設置することが望ましい。

4. 建築物が風圧力のみによって換気される場合、その換気量は、外部風向と開口条件が同じであれば、概ね外部風速に比例する。

[解説] 1. 静止型の全熱交換器の全熱交換素子は特殊加工された紙製の仕切り板と間隔板からなり、蓄熱・蓄湿のためにこれらの間隔が狭く、通気抵抗が大きい。

2. 第二種機械換気方式は給気機と排気口からなり、必ず室内側が正圧となる。第一種機械換気方式は給気機と排気機からなり、給気機の風力を上げると室内側が正圧となる。

3. 設問のように給気口を床面付近に設置すると、冬季において居住域に直接冷気が流入する。一般に、給気口を天井付近に設け、出入り口のアンダーカットから廊下側に排気する。

4. 風圧力による換気量 Q は、開口部の実効面積を αA、外部風速を v、風上側と風下側の風圧係数を C_1、C_2 とすると、$Q = \alpha A v \sqrt{C_1 - C_2}$ で求められる。 **正解 3**

R05	R04	R03	R02	R01	H30	H29

問題04 Ⅱ2 容積が 100 m³ の室において、室内の水蒸気発生量が 0.6 kg/h、換気回数が 1.0 回/h のとき、十分に時間が経過した後の室内空気の重量絶対湿度として、**最も適当な**ものは、次のうちどれか。ただし、室内の水蒸気は室全体に一様に拡散するものとし、外気の重量絶対湿度を 0.010 kg/kg (DA)、空気の密度を 1.2 kg/m³ とする。なお、乾燥空気 1 kg を 1 kg (DA) と表す。

1. 0.005 kg/kg (DA) 2. 0.010 kg/kg (DA)
3. 0.015 kg/kg (DA) 4. 0.020 kg/kg (DA)

[解説] 室容積が 100 m³、換気回数が 1.0 回/h より、換気量 $Q = 100$ m³/h。求める重量絶対湿度を x_i として、水蒸気の排気に必要な換気量の式 $Q = X/\rho(x_i - x_0)$ に、水蒸気発生量 $X = 0.6$ kg/h、外気の重量絶対湿度 $x_0 = 0.010$ kg/kg (DA)、空気の密度 $\rho = 1.2$ kg/m³ を代入する(設問の「重量絶対湿度」は、正しくは「質量絶対湿度」)。

$100 = 0.6/1.2\,(x_i - 0.010)$ これを変形すると、$i - 0.010 = 0.6/120 = 0.005$

$\therefore x_i = 0.015\,\mathrm{kg/kg}\,(\mathrm{DA})$

正解 3

R05	R04	R03	R02	R01	H30	H29

問題 05 Ⅱ3　外気温度 5℃、無風の条件の下で、図のような上下に開口部を有する断面の建築物 A・B・C がある。室内温度がいずれも 18℃ に保たれ、上下各々の開口面積がそれぞれ 0.4 m²、0.6 m²、0.7 m²、開口部の中心間の距離がそれぞれ 4 m、2 m、1 m であるとき、建築物 A・B・C の換気量 Q_A・Q_B・Q_C の大小関係として、**正しいもの**は、次のうちどれか。ただし、いずれの開口部も流量係数は一定とし、中性帯は開口部の中心間の中央に位置するものとする。なお、$\sqrt{2} \fallingdotseq 1.4$ として計算するものとする。

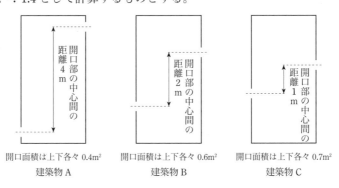

開口面積は上下各々 0.4m²　　開口面積は上下各々 0.6m²　　開口面積は上下各々 0.7m²

建築物 A　　　　　　建築物 B　　　　　　建築物 C

1.　$Q_A > Q_B > Q_C$　　2.　$Q_B > Q_A > Q_C$　　3.　$Q_B > Q_C > Q_A$　　4.　$Q_C > Q_B > Q_A$

解説　無風であるから重力換気のみが働き、いずれも外気温 5℃、室温が 18℃ に保たれているので、換気量には開口部の位置、形状のみが影響する。流量係数が等しく、上下の開口面積がそれぞれについて等しい場合、換気量は開口面積に比例する。また、換気量は開口部の上下中心間距離の平方根にも比例する。上下各々の開口面積がそれぞれ 0.4 m²、0.6 m²、0.7 m²、開口部の中心間の距離がそれぞれ 4 m、2 m、1 m であるとき、建築物 A、B、C の換気量の比 $Q_A : Q_B : Q_C = 0.4 \times \sqrt{4} : 0.6 \times \sqrt{2} : 0.7 \times \sqrt{1} = 8 : 8.4 : 7$ となる。

正解 2

R05	R04	R03	R02	R01	H30	H29

問題 06 Ⅱ3　換気に関する次の記述のうち、**最も不適当なもの**はどれか。

1.　全般換気は、室全体の空気を入れ替えることにより、室内で発生する汚染物質の希釈、拡散及び排出を行う換気方式のことである。

2.　第一種機械換気方式は、給気機及び排気機を用いるため、正圧に保つ必要のある室にも採用することが可能である。

3. 風圧力によって室内を換気する場合、その換気量は、外部風向と開口条件が一定であれば、外部風速の平方根に比例する。

4. 温度差による換気において、外気温度が室内温度よりも高い場合、外気は中性帯よりも上側の開口から流入する。

〔解説〕 2. 第一種機械換気方式は、給気及び排気を機械で行うので、室内を正圧、負圧のいずれにも保つことが可能である。

3. 風力換気の換気量は、外部風向と開口条件が一定であれば、外部風速に比例し、風圧係数の差の平方根に比例する。

4. 外気温度が室内温度よりも高い場合、室内の空気密度の方が高くなり、外壁の内外圧力差は中性帯よりも下部で外向きに正圧、上部で負圧になる。 正解 3

R05	R04	R03	R02	R01	H30	H29

問題07 Ⅱ 3 換気に関する次の記述のうち、**最も不適当な**ものはどれか。

1. 容積の異なる二つの室において、それぞれの室内の二酸化炭素発生量及び換気回数が同じ場合、定常状態での室内の二酸化炭素濃度は、一般に、容積が大きい室より小さい室のほうが高くなる。

2. 汚染物質が発生している室の必要換気量は、定常状態を想定した場合、室の容積によらず、その室の汚染物質の発生量、許容濃度及び外気中の汚染物質の濃度により求めることができる。

3. 外気に面して上下に同じ大きさの二つの開口部がある室において、無風の条件で温度差換気を行う場合、換気量は、「内外温度差」及び「開口高さの差」に比例する。

4. 手術室やクリーンルーム等のように、汚染空気が周囲から流入してはならない室においては、第二種機械換気又は室内の気圧を周囲よりも高くした第一種機械換気とする。

〔解説〕 1. 換気回数が同じ場合、室容積の小さい室のほうが換気量は小さい。室内の二酸化炭素発生量が同じ場合、換気量が小さい方が定常状態の二酸化炭素濃度は高くなる。

2. 定常状態の必要換気量は、その室の汚染物質の発生量を許容濃度と外気中の汚染物質の濃度との差で除して求める。必要換気回数は、必要換気量を室の容積で除して求める。

3. 無風の条件で温度差換気を行う場合の換気量は、「内外温度差」の平方根及び「開口高さの差」の平方根に比例する。

4. 第一種機械換気は給気機と排気機により室内圧の正負を任意にできる換気であり、第二種機械換気は給気機と排気口による換気で、室内は正圧となる。 正解 3

問題 01 Ⅱ 4　図は、冬期において、定常状態にある外壁の内部及び周囲の温度分布を示したものである。次の記述のうち、**最も不適当な**ものはどれか。ただし、図中の屋外温度 t_o、室内温度 t_i 及び材料の厚さ d の条件は変わらないものとする。

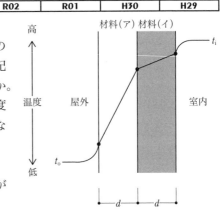

1. 材料(ア)は、材料(イ)より熱伝導率が小さい。
2. 材料(ア)の熱伝導率を大きくすると、材料(イ)の各部分の温度が下がる。
3. 材料(イ)の熱伝導率を小さくすると、材料(ア)の各部分の温度が上がる。
4. 材料(ア)と材料(イ)を入れ替えたとしても、室内表面結露の防止には効果がない。

解説　1.　材料(ア)は材料の内外表面温度差が大きく、断熱性が高い。つまり熱伝導率が小さいことを示している。

2.　材料(ア)の熱伝導率を大きくすると、熱貫流量が増加して材料(イ)の温度が下がる。材料(ア)の温度勾配が緩くなり、図のように A、B、C の各点が A2、B2、C2 に移動する。

3.　材料(イ)の熱伝導率を小さくすると、この部分の断熱性が高くなり、材料(ア)の各部分の温度が下がる。材料(イ)の温度勾配が急になり、図のように A、B、C の各点が A3、B3、C3 に移動する。

4.　材料(ア)と材料(イ)を入れ替えても、熱貫流率は変化しないので、室内表面の温度は変わらない。

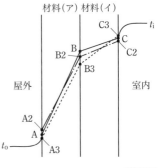

正解 3

問題 02 Ⅱ 2　冬期における結露に関する次の記述のうち、**最も不適当な**もの

はどれか。

1. 外壁の室内側の表面結露を防止するため、外壁断熱を強化することにより室内側の壁面温度を上昇させた。

2. 外壁の室内側の表面結露を防止するため、暖房設備を開放型燃焼器具の代わりに密閉型燃焼器具とした。

3. 外壁の内部結露を防止するため、断熱材の室内側に防湿層を設けた。

4. 外壁に接する押入れ内に生じる表面結露を防止するため、押入れの襖の断熱性を高くした。

[解説] 1. 外壁断熱を強化すると、冬季に室内側の壁面温度は室温に近くなり、表面結露が生じにくい。

 2. 密閉型燃焼器具は、燃焼に伴う水蒸気の室内への放出がないので、表面結露の防止の効果がある。

 3. 外壁に断熱材を用いると、冬季に壁体内の温度が低下し、室内の水蒸気が壁体内に浸入すると内部結露を発生させるおそれがあるので、断熱材の室内側に防湿層を設けてこれを防止する。

 4. 外壁に接する押入れ内に生じる表面結露を防止するためには、外壁の断熱性を高めるとともに、建具の通気性を確保し、押入れ内部に室内空気が循環するようにする。襖の断熱性を高くするのは逆効果である。　[正解 4]

R05	R04	R03	R02	R01	H30	H29

問題03 Ⅱ 4　建築物の伝熱に関する次の記述のうち、**最も不適当な**ものはどれか。

1. 開口部（窓ガラス＋ブラインド等）の日射遮蔽係数は、その値が大きいほど日射遮蔽効果が大きくなる。

2. 窓ガラスの日射熱取得率は、「ガラスに入射した日射量」に対する「ガラスを透過した日射量とガラスが吸収した後に室内側に放出された熱量との和」の比率で表される。

3. 壁体の総合熱伝達率は、「対流熱伝達率」と「放射熱伝達率」の合計である。

4. 外壁表面の対流熱伝達率は、外部風速が大きいほど大きくなる。

[解説] 1. 開口部の日射遮蔽係数は、3mm厚の普通透明ガラスの日射遮蔽性能を基準の1として、適用するガラスなどの遮蔽の程度（流入量の割合）を表すもので、その値が小さいほど日射遮蔽効果が大きい。

 2. ガラスに入射した日射熱は、一部がガラスを透過し、一部が反射し、一部がガラスに吸収される。ガラスに吸収された熱は、放射と対流により、一部が室内に、一部が屋外に放出される。したがって、窓ガラスの日射熱取得率は、設問の通りとなる。　[正解 1]

問題 04 Ⅱ4　建築物の伝熱に関する次の記述のうち、**最も不適当な**ものはどれか。

1.　冬期において、二重サッシの間の結露を防止するためには、屋外側よりも室内側のサッシの気密性能を高くするとよい。

2.　室内の壁表面における自然対流熱伝達率は、壁表面と室内空気との温度差が大きくなるほど高くなる。

3.　繊維系断熱材は、含水率が増加すると水の熱伝導抵抗が加わるので、断熱性能が向上する。

4.　複層ガラスにおいて、Low-E ガラスを屋外側に用いると、室内側に用いる場合に比べて遮熱性が高まる。

解説　1.　冬季においては、屋外より室内の水蒸気量が多く、室内側のサッシの気密性能が低いと、室内の水蒸気が二重サッシの間に浸入して結露する。

2.　壁表面と室内空気との温度差が大きくなるほど対流が促進される。

3.　空気より水の方が熱伝導率が大きく熱抵抗が低いので、空気が水に置き換わると、繊維系断熱材の断熱性能が低下する。繊維系断熱材を用いる場合、室内側に防湿シートを設け、断熱層への水蒸気の浸入を防いでいる。

4.　ガラス面に特殊金属膜を形成したものを Low-E ガラス又は低放射ガラスといい、これを複層ガラスの室内側に用いたものを高断熱複層ガラス、屋外側に用いたものを遮熱高断熱複層ガラスという。　　　　　　　　　　　正解 3

問題 05 Ⅱ2　外壁の熱貫流率に関する次の記述のうち、**最も不適当な**ものはどれか。

1.　外壁の熱貫流率は、外壁と屋根や床等との取合い部における熱伝導を考慮しない場合、一般に、構造体の室内側で断熱するよりも室外側で断熱するほうが小さくなる。

2.　外壁を構成する各部材の熱伝導抵抗が大きくなると、一般に、熱貫流率は小さくなる。

3.　外壁表面の放射率が大きくなると、一般に、熱貫流率は大きくなる。

4.　屋外の風速が大きくなると、一般に、熱貫流率は大きくなる。

解説　1.　一般部分の外壁の熱貫流率は、外壁を構成する各部材の熱伝導抵抗と室内外表面の熱伝達抵抗の値を合計した熱貫流抵抗の逆数であり、断熱材の位置によって値は変わらない。

2.　熱貫流率は、外壁を構成する各部材の熱伝導抵抗と室内外表面の熱伝達抵抗の値を合計した熱貫流抵抗の逆数であり、熱伝導抵抗が大きくなると熱貫流抵抗は大きくなり、その逆数である熱貫流率は小さくなる。

3.　外壁表面から他の面への放射熱伝達量は放射率に比例するので、放射率が大きくなると熱貫流率は大きくなる。

4.　屋外の風速が大きくなると、外気側の対流熱伝達が促進され、熱伝達率が大きくなるので、熱貫流率は大きくなる。　正解 1

R05	R04	R03	R02	R01	H30	H29

問題 06 Ⅱ 4 　図－1のA〜Dに示すような熱性能（熱容量と断熱性能）を有する建築物について、室内空間の暖房開始前から暖房停止後までの室温変動を、図－2のイ〜ニとして模式的に示している。A〜Dとイ〜ニとの組合せとして、最も適当なものは、次のうちどれか。ただし、A〜Dの室形状・暖房時間・発熱量は同一であり、AとC、BとDの断熱性能は同一であるものとする。

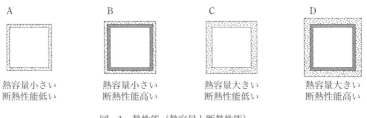

A　熱容量小さい　断熱性能低い

B　熱容量小さい　断熱性能高い

C　熱容量大きい　断熱性能低い

D　熱容量大きい　断熱性能高い

図－1　熱性能（熱容量と断熱性能）

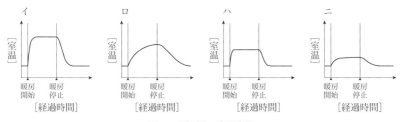

図－2　暖房時の室温変動

	A	B	C	D
1.	ハ	ロ	ニ	イ
2.	ハ	イ	ニ	ロ
3.	ニ	イ	ハ	ロ
4.	ニ	ロ	ハ	イ

解説　断熱性能が低いAとCは、熱損失が大きく室温が保ちにくいので、ハとニのい

ずれかが該当し、熱容量が小さいと温度の立ち上がりが早く、熱容量が大きいと温度の立ち上がりが遅くなるので、Aがハ、Cがニになる。断熱性能が高いBとDは、熱損失が小さく室温が保ちやすいので、イとロのいずれかが該当し、熱容量が小さいと温度の立ち上がりが早く、熱容量が大きいと温度の立ち上がりが遅くなるので、Bがイ、Dがロになる。　　　　　　　　　　　　　　　　　　　　　　　　正解 2

R05	R04	R03	R02	R01	H30	H29

問題 07 Ⅱ 4　建築物の伝熱に関する次の記述のうち、**最も不適当な**ものはどれか。

1.　外壁において、熱橋部分の室内側表面温度は、一般に、熱橋部分以外の部分の室内側表面温度に比べて、外気温度に近くなる。

2.　複層ガラスの中空層が完全な真空であると仮定すると、複層ガラスの熱貫流率は、0（ゼロ）となる。

3.　壁体内の密閉された中空層の熱抵抗は、中空層の厚さが 100 mm を超えるとほとんど変化しない。

4.　外壁面の外気側における総合熱伝達率は、外壁面が外気温度に等しい黒体で覆われていると仮定し、日射や夜間放射の影響がないものとみなした値である。

　解説　1.　外壁などに挿入された金属部材や金属製サッシ・ガラス窓などは、熱伝導率が大きく熱を通しやすい。この部分を熱橋といい、その室内側表面温度はその周辺部分より外気温度に近くなる。

　　2.　中空層が真空の場合、伝導と対流による伝熱はなくなるが、放射による伝熱は 0 ではないので、複層ガラスの熱貫流率は 0 にはならない。

　　3.　垂直密閉中空層の熱抵抗は、厚さ 20 mm 程度までは厚さが増すほど増加するが、それ以上厚さが増すと対流による伝熱が増加するため、厚さ 40 mm から若干減少し始め、ほとんど変化しない。

　　4.　総合熱伝達率は、対流熱伝達率と放射熱伝達率の和であり、放射熱伝達率は、外壁面を黒体（温度に応じて熱を放射し、入射熱はすべて吸収する）で覆われていると仮定して求めた値で、日射や夜間放射は考慮していない。　　　　　　正解 2

R05	R04	R03	R02	R01	H30	H29

問題 08 Ⅱ 2　結露に関する次の記述のうち、**最も不適当な**ものはどれか。

1.　空気を加熱しても、絶対湿度が同じ場合、その空気の露点温度は変化しない。

2.　窓ガラスの室内側にカーテンを設けることは、冬期におけるガラス面の結露の防止対策として期待できない。

3. 冬期において、二重サッシの間の結露を防止するためには、室外側サッシの気密性に比べて室内側サッシの気密性を高くすることが有効である。

4. 冬期において、外壁に接する押入れ内に生じる結露を防止するためには、押入れの襖（ふすま）の断熱性を高くすることが有効である。

[解説] 1. 露点温度は、ある湿り空気の絶対湿度を変えずに空気温度を低下させて相対湿度が100%（飽和状態）になるときの温度である。空気を加熱しても冷却しても、絶対湿度が一定ならその空気の露点温度は変化しない。

2. 窓ガラスの室内側にカーテンを設けると、冬期にはガラス面の温度が低下し、カーテンを透過した水蒸気がガラス表面で結露する。

4. 押入れの襖の断熱性を高くすると、冬期において押し入れ内の外壁の表面温度が低下し、結露しやすくなる。外壁に接する押入れ内に生じる結露を防止するためには、外壁の断熱性を高め、押し入れ内の通気を促進することが有効である。 正解 4

R05	R04	R03	R02	R01	H30	H29

[問題 09] Ⅱ 4　伝熱に関する次の記述のうち、**最も不適当な**ものはどれか。

1. 室の断熱性能を高めることにより、一般に、室温と室内表面温度との差を小さくすることができ、室内の上下の温度差も小さくすることができる。

2. 日射を受ける外壁面に対する相当外気温度（SAT）は、その面における日射吸収量、風速等の影響を受ける。

3. 窓ガラスの日射熱取得率（日射侵入率）は、「ガラスに入射した日射量」に対する「ガラスを透過した日射量」の割合である。

4. 同種の発泡系の断熱材で空隙率が同じ場合、熱伝導率は、一般に、断熱材内部の気泡寸法が大きいものほど大きくなる。

[解説] 1. 室の断熱性能を高めると、外気温の影響を受けにくくなるので室内表面温度は室温に近づき、外壁の内表面に接した夏期の暖気の上昇や冬季の冷気の下降が抑えられるので、室内の上下の温度差も小さくなる。また、放射熱の環境も良好になる。

2. 相当外気温度は、外気温に日射の等価気温を加えたもので、等価気温は日射吸収量（日射量と日射吸収率の積）を外気側熱伝達率で除したものである。熱伝達率は風速等の影響を受ける。

3. 窓ガラスの日射熱取得率は、「ガラスに入射した日射量」に対する「ガラスを透過した日量とガラスに吸収されたのち放射と対流によって室内に放散される日射成分の合計」の割合である。

4. 断熱材内部の気泡寸法が大きいと、気泡内の対流による伝熱が生じる。 正解 3

問題10 Ⅱ4 図は、冬期において、定常状態にある外壁の内部及び周囲の温度分布を示したものである。次の記述のうち、**最も不適当な**ものはどれか。ただし、図中の屋外温度 t_0、室内温度 t_1 及び材料の厚さ d の条件は変わらないものとする。

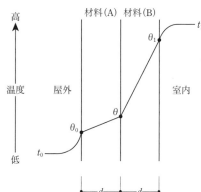

1. 材料（A）は、材料（B）より熱伝導率が大きい。

2. 材料（A）の熱伝導率を大きくすると、材料（B）の各部分の温度が下がる。

3. 材料（B）の熱伝導率を大きくすると、材料（A）の各部分の温度が上がる。

4. 室内表面結露の防止には、材料（A）と材料（B）を入れ替えると効果的である。

解説 1. 材料（A）の両表面温度差は小さく熱を通しやすいことを示している。材料（B）の両表面温度差は大きく熱を通しにくいことを示している。

2. 材料（A）の熱伝導率を大きくすると、θ 及び θ_1 が低下するので、材料（B）の各部分の温度が下がる。なお、θ_0 は上昇する。

3. 材料（B）の熱伝導率を大きくすると、θ 及び θ_0 が上昇するので、材料（A）の各部分の温度が上がる。なお、θ_1 は低下する。

4. 材料（A）と材料（B）を入れ替えると壁体内の温度分布は変わるが、壁体全体の熱貫流率は不変なので、θ_1 は入れ替える前と同じ温度となり、室内表面結露の有無に影響はない。

正解 4

5　日照・日射・採光

R05	R04	R03	R02	R01	H30	H29

問題01 Ⅱ 6　図は、北緯35度の地点における太陽位置図である。この地点における太陽の位置に関する次の記述のうち、**最も不適当な**ものはどれか。

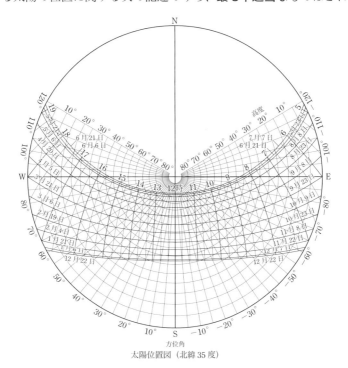

太陽位置図（北緯35度）

（出典：社団法人日本建築学会編者『建築設計資料集成1環境』昭和53年6月10日発行、56頁、年間の太陽位置図（北緯35°・極射影））

1.　春分の日において、時刻（真太陽時）15時における太陽高度は、約35°である。

2.　夏至の日において、太陽が真東にくる時刻（真太陽時）は、7時頃である。

3.　秋分の日において、太陽高度が約45°となるのは、太陽が概ね南東又は南西にくるときである。

4.　冬至の日において、日没時の太陽方位角は、約60°である。

[解説] 1.　3月21日の曲線と15時の曲線の交点における高度を読み取ると約36°となるので、概ね正しい。

2.　6月21日の曲線とEとWを結ぶ横軸の交点で時刻を読み取ると、概ね8時半頃である。

3.　9月23日の曲線と太陽高度が約45°となる同心円の交点は、方位角が概ね±45°になる2地点、すなわち概ね南東又は南西の位置である。

4.　12月22日の曲線の日没地点の方位角は約61°であり、概ね正しい。　正解 2

R05	R04	R03	R02	R01	H30	H29

問題02 Ⅱ6　北緯35度の地点における日照・日射に関する次の記述のうち、**最も不適当な**ものはどれか。

1.　冬至の日における南向き鉛直面の終日日射量は、夏至の日における西向き鉛直面の終日日射量より小さい。

2.　春分・秋分の日における南中時の直達日射量は、水平面のほうが南向き鉛直面より大きい。

3.　夏至の日における可照時間は、南向き鉛直面より北向き鉛直面のほうが長い。

4.　4時間日影となる領域の面積は、建築面積と高さが同じ直方体の建築物で、ある壁面が東西方向に平行に配置されている場合、一般に、平面形状が正方形より東西に長い形状のほうが大きい。

[解説] 1.　冬至の南向き鉛直面は、太陽高度が低いので終日日射量が大きい（約13MJ/（m²·日））。東西鉛直面は夏至に、東南・西南鉛直面は春秋分に終日日射量が最大となるが、前者は約9MJ/（m²·日）、後者は約11MJ/（m²·日）であり、いずれも冬至の南鉛直面の終日日射量より小さい。

2.　春分・秋分の日の南中時の太陽高度は55°であり、水平面の入射角は35°、南鉛直面の入射角は55°となる。直達日射量は、入射角のコサインに比例し、cos35°＞cos55°であるから、水平面のほうが南鉛直面より大きい。なお、入射角は各面の法線（垂直線）からの角度である。

3.　夏至の可照時間は、南鉛直面が約7時間、北鉛直面が約7.5時間である。

4.　建築物の高さが一定程度を超えると、4時間日影となる領域の面積は、平面形状が正方形より東西に2倍長い形状のほうが4倍程度大きい。　正解 1

R05	R04	R03	R02	R01	H30	H29

問題03 Ⅱ6　日照・日射に関する次の記述のうち、**最も不適当な**ものはどれか。

1.　夏至の日に終日日影となる部分を、永久日影という。

2.　建築物の形状と日影の関係において、4時間以上日影となる領域の面積は、一般に、建築物の東西方向の幅よりも高さから受ける影響が大きい。

3. 南面と西面の外壁条件が同一である建築物の周囲に落葉樹を植える場合は、その落葉樹の位置は、一般に、南側より西側としたほうが、その建築物の冷暖房負荷の軽減に有効である。

4. 鉛直壁面の中央付近に設けられる同一面積の窓からの採光においては、一般に、横長窓より縦長窓のほうが、床面の照度の均斉度は高い。

[解説] 1. 建築物の平面形状がロの字型やコの字型のとき、夏至に終日日影となる部分ができるが、この部分は一年中日影となるので永久日影という。

2. 建築物の北側において、4時間以上日影となる領域の面積は、建築物が一定の高さを超えると、東西方向の幅が2倍になると4倍程度に拡大するが、高さの影響は受けなくなる。

3. 建築物の南面は、日射受熱量が夏季に小さく冬季に大きいのに対し、西面は、日射受熱量が夏季の午後に大きく冬季に小さい。冬季に落葉する落葉樹を西側に植えると、冷暖房負荷の軽減に有効である。

4. 鉛直壁面の左右中央付近において、同一面積の横長窓と縦長窓を腰高が同じ位置になるように設置して比較した場合、縦長窓のほうが床面の照度の均斉度は高くなる。ただし、横長窓と縦長窓の中心を鉛直壁面の中心にそろえた場合は、一般に横長窓のほうが床面の照度の均斉度は高くなる。条件設定が曖昧であり、平成元年（1989年）の問題では同じ内容の選択肢が「不適当」となっている。 [正解 2]

R05	R04	R03	R02	R01	H30	H29

問題04 Ⅱ6 日照・日射・採光に関する次の記述のうち、**最も不適当なもの**はどれか。

1. 昼光により室内の最低照度を確保するための設計用全天空照度には、一般に、暗い日の値である 5,000 lx が用いられる。

2. 頂側窓は、高所において鉛直や鉛直に近い向きで設置される窓をいい、特に北側採光に用いると安定した光環境を得ることができる。

3. 昼光率は、窓外に見える建築物や樹木の有無にかかわらず、室中央では一定の値となる。

4. 水平面天空日射量は、大気透過率が大きいほど、小さくなる。

[解説] 1. 設計用全天空照度は、特に明るい日を 50,000 lx、明るい日を 30,000 lx、普通の日を 15,000 lx、暗い日を 5,000 lx、非常に暗い日（雷雲、降雪中）を 2,000 lx としている。推奨照度は最も出現率の高い普通の日の値を用い、最低照度は暗い日の値である 5,000 lx を用いて計算する。

2. 北側の頂側窓は、夏季の午前と午後の一定時間を除き、ほとんど直射光が入らないので、安定した光環境が得られる。

3. 窓外に見える建築物や樹木は、天空よりも輝度が低いので、これらの地物の影響が大きいほど昼光率の値は小さくなる。
4. 大気透過率が大きいほど直達日射量が増加し、大気中で散乱する成分が減少するので、天空日射量（天空放射量）は減少する。　正解3

R05	R04	R03	R02	R01	H30	H29

問題05 Ⅱ6　日照・日射に関する次の記述のうち、**最も不適当な**ものはどれか。

1. 窓面における日照・日射の調整のために設けるルーバーは、一般に、南向き窓面には水平のものが、西向き窓面には垂直のものが有効である。
2. 北緯35度のある地点における春分・秋分の日の終日日射量は、終日快晴の場合、どの向きの鉛直面よりも水平面のほうが大きい。
3. 直射日光の色温度は、正午頃より日没前頃のほうが高い。
4. ライトシェルフは、その上面で反射した昼光を室内の奥に導くことから、室内照度の均斉度を高めることができる。

解説　1. 南面に設ける水平ルーバーは、太陽高度の高い夏季の日射を防除し、太陽高度の低い冬季の日射の流入を妨げない。東西面に設ける垂直ルーバーは、30°南に振ることで、太陽高度の低い時間帯において、夏季の日射を防除し、冬季の日射の流入を妨げない。
2. 北緯35度の春分・秋分の日の快晴の終日日射量は、水平面が最大で、南面、東西面の順に小さくなる。
3. 直射日光は、正午より日没前のほうが大気を透過する距離が増し、青味の成分が大気に吸収されて赤味を帯び、色温度は低くなる。
4. ライトシェルフは、窓の中間に設ける庇をいい、その上面で反射した昼光を室内の天井で拡散反射させ室奥に導く。室内の照度分布は均一化され、均斉度が高まる。
　正解3

R05	R04	R03	R02	R01	H30	H29

問題06 Ⅱ6　図のような窓をもつ直方体の室がある。この室内にある机の上の点Pにおける昼光率及び照度に関する次の記述のうち、**最も不適当な**ものはどれか。ただし、窓の外には昼光を遮る障害物はないものとする。

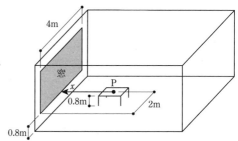

4m
窓
x
0.8m
2m
P
0.8m

144

1. 点Pにおける水平面照度は、窓面における屋外側の鉛直面照度に昼光率を乗じた値となる。

2. 室内の内装材を暗い色にすると、点Pにおける昼光率は小さくなる。

3. 窓ガラスが完全透過で、窓面に占める窓枠等の面積割合が十分に小さく、かつ、間接照度を無視できるとき、点Pにおける昼光率は、その点における窓面の立体角投射率にほぼ等しい。

4. 机の位置をx軸に沿って窓面に近づけると、点Pにおける窓面の立体角投射率は大きくなる。

解説 1. 点Pにおける水平面照度は、全天空照度に昼光率を乗じた値となる。

2. 昼光率は直接昼光率と間接昼光率の和であり、間接昼光率は室内反射率によって変化するので、内装材を暗い色にすると反射率は低下し点Pにおける昼光率は小さくなる。

3. 間接照度を無視すると、昼光率は直接昼光率に等しくなる。直接昼光率は、立体角投射率に窓材料の透過率・保守率・面積有効率をかけたものであるが、設問の条件の場合、後者がほぼ1となるので、点Pにおける昼光率は立体角投射率にほぼ等しいといえる。

4. 立体角投射率は、半径rの天球上にある面を正投影した面積の半径rの円の面積に対する割合である。点Pを窓面に近づけると点Pを中心にした天球に占める窓の面積が大きくなるので、立体角投射率は大きくなる。 正解 1

R05	R04	R03	R02	R01	H30	H29

問題07 Ⅱ7 ある地点における南中時の、太陽高度が60度のときの水平面直達日射量はJ_Hであった。このときの法線面直達日射量J_Nと南向き鉛直面直達日射量J_Vの値の組合せとして、**最も適当な**ものは、次のうちどれか。

	J_N	J_V
1.	$\dfrac{2J_H}{\sqrt{3}}$	$\dfrac{J_H}{\sqrt{3}}$
2.	$\dfrac{2J_H}{\sqrt{3}}$	$\dfrac{\sqrt{3}}{J_H}$
3.	$2J_H$	$\dfrac{J_H}{\sqrt{3}}$
4.	$2J_H$	$\sqrt{3}\,J_H$

解説 $J_H = J_N \cos 30° = J_N \dfrac{\sqrt{3}}{2}$ ∴$J_N = \dfrac{2J_H}{\sqrt{3}}$

$J_V = J_N \sin 30° = \dfrac{J_N}{2} = \dfrac{\frac{2J_H}{\sqrt{3}}}{2} = \dfrac{J_H}{\sqrt{3}}$ 正解 1

問題08 Ⅱ 6　北緯35度のある地点において、イ～ニに示す各面の終日日射量の大小関係として、**最も適当な**ものは、次のうちどれか。ただし、終日快晴とし、日射を妨げる要素はないものとする。

イ. 夏至の日における南向き鉛直面

ロ. 夏至の日における西向き鉛直面

ハ. 冬至の日における南向き鉛直面

ニ. 冬至の日における水平面

1. イ＞ハ＞ロ＞ニ

2. ロ＞イ＞ハ＞ニ

3. ロ＞ハ＞イ＞ニ

4. ハ＞ロ＞ニ＞イ

解説　終日日射量は、大きい順に、夏至の水平面、冬至の南鉛直面、夏至の東西鉛直面、冬至の水平面、夏至の南鉛直面、冬至の東西鉛直面、夏至の北鉛直面となる。したがって、4.の　ハ＞ロ＞ニ＞イ　が正しい。

正解 4

◀学科Ⅱ▶

6 照明

問題 01 Ⅱ 7 　図のような点光源に照らされた受照面上の点 A、B、C の鉛直面照度の大小関係として、**最も適当な**ものは、次のうちどれか。ただし、点光源の配光特性は一様なものとし、反射は考慮しないものとする。

1.　A > B = C　　2.　A > C > B
3.　B = C > A　　4.　C > B > A

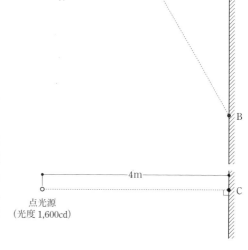

点光源（光度 200cd） 1m A

点光源（光度 1,600cd） 2m 60° B

点光源（光度 1,600cd） 4m C

[解説]　点光源による受照面の照度は、光度を距離の 2 乗で除して求めることができ、斜めに入射する場合の照度は、入射角（受照面に垂直な線からの角度）のコサインを乗じて求める。この方法で A 〜 C 点の鉛直面照度を求める。

　　A. 照度 $E_A = 200/1^2 = 200\,\mathrm{lx}$

　　B. 照度 $E_B = (1,600/4^2)\cos60° = 50\,\mathrm{lx}$

　　C. 照度 $E_C = 1,600/4^2 = 100\,\mathrm{lx}$　　　したがって、A > C > B　　　正解 2

問題 02 Ⅱ 7 　図のような水平に取り付けられた下面発光形の円形光源 A と、それと同じ面積で 45° 傾いた位置にある下面発光形の円形光源 B が、イ〜ホの条件を満たす場合、次の記述のうち、**最も不適当な**ものはどれか。

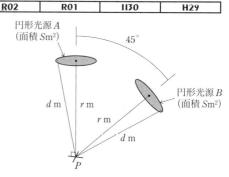

円形光源 A（面積 Sm^2）
45°
円形光源 B（面積 Sm^2）
d m　r m
r m
d m
P

条件　イ．光源 A の中心とその鉛直下にある点 P との距離は、$r\,\mathrm{m}$ である。

　　　　ロ．光源 B の中心と点 P との距離は、$r\,\mathrm{m}$ である。

　　　　ハ．光源 A 及び光源 B は、等輝度均等拡散の発光面である。

　　　　ニ．光源 A 及び光源 B の面積は $S\,\mathrm{m^2}$、輝度は $L\,\mathrm{cd/m^2}$ である。

　　　　ホ．光源 A 及び光源 B の外縁と点 P との距離は、$d\,\mathrm{m}$ である。

1.　光源 A の点 P に対する立体角投射率（％）は、$\dfrac{S}{\pi d^2} \times 100$ である。

2.　光源 B の点 P に対する立体角投射率（％）を C_B とすると、光源 B による点 P の水平面直接照度（lx）である E_{BP} は、$\pi L \times \dfrac{C_B}{100} \times \cos 45°$ である。

3.　光源 A による点 P の水平面直接照度（lx）である E_{AP} と、光源 B による点 P の水平面直接照度（lx）である E_{BP} の関係は、$E_{AP} > E_{BP}$ である。

4.　r が光源 A の直径の 10 倍以上の場合、一般に、光源 A は点 P において点光源とみなせる。

解説　1.　光源 A の点 P に対する立体角投射率は、半径 d の半球の水平面への正射影面積 πd^2 に対する光源 A の正射影面積 S の割合である。

　　　2.　光源 B の点 P に対する立体角投射率（％）を C_B とすると、等輝度均等拡散光源 B による点 P の水平面直接照度 $E_{BP} = \pi L \times \dfrac{C_B}{100}$ となる。

　　　3.　光源 A の点 P に対する立体角投射率（％）を C_A とすると、等輝度均等拡散光源 A による点 P の水平面直接照度 $E_{AP} = \pi L \times \dfrac{C_A}{100}$ であり、$C_A > C_B = C_A \cos 45°$ より、$E_{AP} > E_{BP}$ となる。

　　　4.　面光源 A による点 P の水平面直接照度 $E_{AP} = \pi L \times \dfrac{C_A}{100} = \pi L \times \dfrac{S}{\pi d^2} = \dfrac{LS}{d^2}$。$r$ が光源 A の直径の 10 倍のとき、$d^2 = r^2 + \left(\dfrac{r}{20}\right)^2 = 1.0025 r^2$ であるから、$E_{AP} = \dfrac{LS}{1.0025\,r^2}$。また、光度 $I = LS$ より、点光源 A による点 P の水平面直接照度 $E_{AP} = \dfrac{LS}{r^2}$。したがって、r が光源 A の直径の 10 倍以上のとき、点光源とみなして計算を行ってもほとんど差はない。

正解 2

R05	R04	R03	R02	R01	H30	H29

問題03　Ⅱ 7　照明に関する次の記述のうち、**最も不適当な**ものはどれか。

1.　ある視対象面の明るさは、その面に入射する光から求められる照度のみからでは、予測することができない。

2.　CIE 標準曇天空では、天頂に対する相対的な輝度分布は、方位にかかわらず、高度のみにより決まる。

3.　配光曲線は、光源の各方向に対する照度の分布を示すものである。

4.　平均演色評価数（Ra）は、相関色温度が同じ光源であっても異なる場合がある。

[解説] 1.　視対象面の明るさは、その面の視線方向への輝度による。どこから見ても輝度が等しくなる均等拡散面の場合は、輝度 L、照度 E、反射率 ρ とすると $L = \dfrac{\rho E}{\pi}$ となる。視対象面の条件によるので、照度のみから予測できない。

2.　CIE 標準曇天空では、天頂輝度 Lz、高度 θ における輝度 L_θ のとき、相対輝度を $\dfrac{L_\theta}{Lz} = \dfrac{1 + 2\sin\theta}{3}$ としており、高度 θ のみにより決まる。

3.　配光曲線は、光源の各方向への光度の分布を示すものである。照度は誤り。

4.　黒体は温度に応じて赤、橙、黄、白、青白の光を放射するが、この軌跡を色度図上に曲線で表すことができる。ある光源の色度がこの軌跡上にあるとき、光源の色温度は黒体の温度で表す。この軌跡上にないものは曲線に垂線を下して色温度を求め、相関色温度とする。光源の相関色温度が同じでも色度や平均演色評価数が異なる場合がある。

正解 3

R05	R04	R03	R02	R01	H30	H29

問題 04 Ⅱ 7　照明に関する次の記述のうち、**最も不適当な**ものはどれか。

1.　反射面の光束発散度は、その面の輝度に反射率を乗じたものである。

2.　白い背景のもとで黒い文字を読むような場合、対象と背景の輝度の対比が大きいほど視力が上がる。

3.　光束は、単位時間当たりに流れる可視光範囲の放射エネルギーの量に比視感度の重みづけを行った値である。

4.　一般に、照度均斉度が大きい視作業面ほど、照度分布が均一に近いものとなる。

[解説] 1.　反射面の光束発散度は、その面の照度に反射率を乗じたものである。

2.　一般に、背景の輝度が 10,000 cd/m² 程度までは、対象と背景の輝度対比が大きいほど視力が上がる。

3.　人の目は、光の色（波長）によって明るさの感じ方が異なる。明所視で波長 555 nm の光（黄緑）が最大視感度 683 lm/W となり、各波長の視感度をこの値で除したものを比視感度という。光束は、光の放射エネルギーの量（W）に比視感度を乗じて積分し、最大視感度を乗じたものである。

4.　JIS の照度均斉度は、最小照度の平均照度に対する割合で、一般に 0.7 以上とする。

正解 1

R05	R04	R03	R02	R01	H30	H29

問題 05 Ⅱ 7　図のような点光源に照らされた水平な受照面上の点 P において、I（点光源の光度）、r（点光源から点 P までの距離）、θ（点光源から点 P への入射角）及び点 P における水平面照度の組合せとして、**最も不適当な**ものは、次のうちどれか。ただし、点光源の配光特性は一様なものとする。

	I (単位：cd)	r (単位：m)	θ (単位：度)	点 P における 水平面照度 (単位：lx)
1.	100	2	0	25
2.	100	1	60	50
3.	25	0.5	0	100
4.	50	0.5	60	200

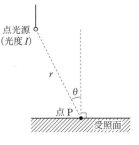

[解説] 点光源による受照面の照度は、光度を距離の 2 乗で除して求めることができ、斜めに入射する場合の水平面照度は、入射角（受照面に垂直な線からの角度）のコサインを乗じて求める。この方法で 1.〜4. の P 点の水平面照度を確認する。

1. 照度 $E_1 = 100/2^2 = 25\,\text{lx}$、2. 照度 $E_2 = (100/1^2)\cos60° = 50\,\text{lx}$、

3. 照度 $E_3 = 25/0.5^2 = 100\,\text{lx}$、4. 照度 $E_4 = (50/0.5^2)\cos60° = 100\,\text{lx}$、

したがって、4. が誤り。　　　　　　　　　　　　　　　　　　　　　　 正解 4

R05	R04	R03	R02	R01	H30	H29

[問題 06] [Ⅱ 7] 昼光・照明に関する次の記述のうち、**最も不適当な**ものはどれか。

1. 光束は、ある面を単位時間に通過する光の放射エネルギーの量を、視感度で補正した値である。

2. 受照面が均等拡散面である場合の輝度は、照度と反射率の積に比例する。

3. 長時間の精密な視作業のための基準昼光率は、2％である。

4. 設計用全天空照度は、普通の日（標準の状態）の場合、15,000 lx を用いることが多い。

[解説] 1. 視感度は、波長ごとに人の目が光を明るさとして感じる度合いである。光束は、波長ごとの単位時間あたりの光の放射エネルギー通過量（W）にその波長の視感度を乗じて、可視光の全波長について積分した値である。

2. 均等拡散面は、任意の方向から見た輝度がすべて等しい面であり、照度 E、反射率 ρ のとき、輝度 $L = \rho E/\pi$ となる。

3. 基準昼光率は、精密な視作業や製図の場合 3％、事務室一般は 2％、会議室・教室は 1.5％、短時間の読書・住宅の居間は 1％である。

4. 全天空照度の値は、特に明るい日が 50,000 lx、明るい日が 30,000 lx、普通の日が 15,000 lx、暗い日が 5,000 lx である。設計用全天空照度としては、累積出現率が 50％である 15,000 lx を標準の状態として用いることが多く、必要最小照度を考慮する場合は、累積出現率が 5％の 5,000 lx が用いられる。　　　　　　正解 3

《学科Ⅱ》

7 音響

問題01 ⅡＯ 9　吸音・遮音に関する次の記述のうち、**最も不適当な**ものはどれか。

1.　壁の音響透過損失を 10 dB 増加させるためには、壁の音響透過率を現状の $\frac{1}{10}$ にする必要がある。

2.　空港等の公共施設においては、吸音処理を行うことで、放送音声の聞こえやすさを確保することができる。

3.　学校等の施設においては、周囲に生垣や並木等の植栽を設けることで、騒音を減衰させる大きな物理的効果が得られる。

4.　剛壁に密着させて設置する多孔質吸音材料を厚くすると、一般に、低周波数域における吸音率が上昇する。

〔解説〕　1.　透過率を τ とすると、透過損失 $TL = 10 \log_{10}(1/\tau)$ で表され、式中の τ を $\tau/10$ にすると、$TL = 10 \log_{10}(10/\tau) = 10 \log_{10}(1/\tau) + 10 \log_{10}10$ となり、$10 \log_{10}10 = 10$ dB 増加する。

　2.　多人数が在室又は通行する公共施設や商業施設においては、天井や壁を吸音処理することで騒音を低減し、放送音声が聞こえやすくなる。

　3.　施設の周囲に設ける生垣や並木等の植栽は、低層部に若干の騒音を減衰させる効果が得られるが、大きな効果は期待できない。このような施設では、主として建築物の遮音と内装の吸音、距離減衰によって騒音を低減させる。

　4.　多孔質吸音材料は主として高音域の吸音率が高く、材厚を増すと、中周波数域から低周波数域において吸音率が上昇する。　　　　　　　　　　　　　　　　正解 3

問題02 Ⅱ 10　表に示す条件をもつ室 A、B、C における残響時間の大小関係として、**最も適当な**ものは、次のうちどれか。

室名	室容積（m³）	室内表面積（m²）	平均吸音率
A	1,000	750	0.2
B	1,500	1,000	0.3
C	3,000	1,500	0.2

1. A ＞ B ＞ C
2. A ＞ C ＞ B
3. C ＞ A ＞ B
4. C ＞ B ＞ A

[解説] 残響時間 T は、室容積 V（m³）、室内表面積 S（m²）、平均吸音率 α を用いて、$T = 0.16V/S\alpha$ で求められる。$V/S\alpha$ で大小の比較をする。

A：1,000 ÷（750 × 0.2）≒ 6.67
B：1,500 ÷（1,000 × 0.3）＝ 5
C：3,000 ÷（1,500 × 0.2）＝ 10
したがって、C ＞ A ＞ B

正解 3

R05	R04	R03	R02	R01	H30	H29

問題03 Ⅱ9 音響に関する次の記述のうち、**最も不適当な**ものはどれか。

1. カラレーションは、「直接音」と「短い遅れ時間の反射音」の干渉によって、音の高さの変化が知覚される現象をいう。
2. 聴覚のマスキング現象において、「マスクする音」と「マスクされる音」の高さが異なる場合には、マスクする音より高い周波数の音のほうが低い周波数の音に比べてマスクされやすい。
3. 人の可聴周波数の範囲はおよそ 20 Hz から 20 kHz であり、対応する波長の範囲は十数 m から十数 mm である。
4. 同種で同じ音圧レベルの音源の数が、ほぼ同じ位置において 4 つになると、音源が 1 つの場合に比べて、音圧レベルの値は約 6 dB 増加する。

[解説] 1. カラレーションは、直接音と短い遅れ時間の反射音の干渉によって特定の周波数が強調され、音色の変化が知覚される現象をいう。

3. 人の可聴周波数はおよそ 20 Hz から 20 kHz であり、波長は音速を周波数で除したものであるから、音速を 340 m/s とすると、対応する波長の範囲は 17 m から 17 mm である。

4. 同種で同じ音圧レベルの音源の数が、ほぼ同じ位置において 2 つになると、音圧レベルの値は $10\log_{10}2 ≒ 3$ dB 増加し、4 つになると $10\log_{10}4 ≒ 6$ dB 増加する。

正解 1

R05	R04	R03	R02	R01	H30	H29

問題04 Ⅱ10 遮音に関する次の記述のうち、**最も不適当な**ものはどれか。

1. 厚さ 6 mm の単板ガラスは、厚さ 3 mm の単板ガラスに比べて全周波数帯域にわたって遮音性能が高いとは限らない。

2.　複層ガラス（厚さ3mmの単板ガラス2枚と乾燥空気を封入した6mmの中空層からなる。）は、その面密度の合計と同じ面密度をもつ単板ガラス（厚さ6mm）に比べて、一般に、500Hz付近の中音域の遮音性能は低下する。

3.　建築物の床衝撃音遮断性能に関する等級において、*Lr*-40は*Lr*-55に比べて、床衝撃音の遮断性能が低い。

4.　建築物及び建築部材の空気音遮断性能に関する等級において、*Dr*-50は*Dr*-35に比べて、空気音の遮断性能が高い。

[解説]　1.　設問の単板ガラスの遮音性を比較すると、1,000Hz付近までは質量則によって厚さ6mmのガラスの透過損失の方が大きいが、2,000Hz付近でコインシデンス効果によって厚さ6mmのガラスの透過損失が低下し、厚さ3mmのガラスより遮音性能が低くなる。なお、厚さ3mmのガラスのコインシデンス効果による透過損失の低下は、4,000Hz付近に現れる。

2.　設問の複層ガラスは、400〜500Hz付近で共鳴透過によって透過損失が低下するので、厚さ6mmの単板ガラスに比べて、中音域の遮音性能は低下する。

3.　建築物の床衝撃音遮断性能に関する等級において、*Lr*値は階下で測定した騒音の大小に基づく数値であり、*Lr*-40は*Lr*-55に比べて、床衝撃音の遮断性能が高いことを示している。

4.　空気音遮断性能に関する等級において、*Dr*値は音源側と受音側の音圧レベル差に基づく数値であり、*Dr*-50は*Dr*-35に比べて、空気音の遮断性能が高いことを示している。

正解3

R05	R04	R03	R02	R01	H30	H29

問題05 Ⅱ9　吸音・遮音に関する次の記述のうち、**最も不適当な**ものはどれか。

1.　単層壁の遮音において、同一の材料の場合、壁の厚さが薄いほど、コインシデンス効果による遮音性能の低下は、より高い周波数域で発生する。

2.　壁の吸音率は、「壁へ入射する音のエネルギー」に対する「壁内部に吸収される音のエネルギーと壁の反対側へ透過する音のエネルギーとの和」の割合である。

3.　子どもの飛び跳ねのような重量床衝撃源による床衝撃音については、カーペット等の柔らかい床仕上げ材を用いても、遮断性能の大幅な向上は期待できない。

4.　中空二重壁の共振透過において、同一の材料を用いて壁間の空気層を厚くすると、共振周波数は高くなる。

[解説] 1. 単層壁において、コインシデンス効果による遮音の低下が大きくなる限界周波数は、同一の材料の場合、壁の厚さに反比例する。

3. 子どもの飛び跳ねのような重量床衝撃源による床衝撃音については、スラブ厚を増すなど床の剛性を高めることで遮断性能を高め、靴音などのような軽量床衝撃源による床衝撃音については、カーペット等の柔らかい床仕上げ材を用いることで遮断性能を高める。

4. 中空二重壁の共振透過において、共振周波数は壁の面積密度や空気層厚の平方根に反比例するので、同一材料を用いる場合、壁の材料厚や壁間の空気層厚を大きくすると、共振周波数は低くなる。つまり、より低音で共振透過が起こるので、透過損失が全体として大きくなり遮音性能は向上する。 [正解 4]

R05	R04	R03	R02	R01	H30	H29

問題 06 II 10 音響に関する次の記述のうち、**最も不適当な**ものはどれか。

1. 音の大きさの感覚量は、音圧レベルが一定の場合、低音域で小さく、10 kHz 付近で最大となる。

2. 防音塀は、音の回折による減衰を利用して、騒音を低減化するものであり、一般に、低音域よりも高音域において有効である。

3. 無限大の面音源から放射された音は、距離減衰することなく伝搬する。

4. 室内の平均吸音率が大きい場合、セイビン（Sabine）の残響式により求めた残響時間は、アイリング（Eyring）の残響式により求めたものに比べると、長くなる。

[解説] 1. 音圧レベルが等しい場合の音の大きさは、3〜4 kHz 付近で最大となり、中低音域では周波数が低いほど小さくなる。

2. 高音ほど直進性が増すので、防音塀の有効性が高まる。

3. 点音源は距離が 2 倍で 6 dB 減衰し、線音源は距離が 2 倍で 3 dB 減衰するが、無限大に広がる理想的な面音源から放射された音は距離減衰しない。

4. セイビンの式による残響時間は $T = 0.161V / \overline{\alpha} S$、アイリングの式による残響時間は $T = 0.161V / \{-S \log_e (1 - \overline{\alpha})\}$ である。分母の $\overline{\alpha}$（平均吸音率）と $-\log_e (1 - \overline{\alpha})$ の値は、$\overline{\alpha}$ が 0.1 以下では大きな差はないが、$\overline{\alpha}$ が大きくなるにしたがってその差は拡大し、$\overline{\alpha} = 0.4$ のとき $-\log_e (1 - \overline{\alpha}) \doteqdot 0.5$ となる。分母が小さいほうが残響時間は長くなるので、セイビン式による残響時間のほうがアイリング式によるものより長くなる。 [正解 1]

R05	R04	R03	R02	R01	H30	H29

問題 07 II 9 音響に関する次の記述のうち、**最も不適当な**ものはどれか。

1. 拡散性の高い室に音響パワーが一定の音源がある場合、室の平均吸音率が

2倍になると、室内平均音圧レベルは約3dB減少する。

2. 自由音場において、無指向性点音源から25m離れた位置における音圧レベルの値が約70dBの場合、100m離れた位置における音圧レベルは約58dBになる。

3. セイビン（Sabine）の残響式による残響時間は、室容積に比例し、室の等価吸音面積に反比例する。

4. 屋外において、遠方の音源から伝搬する音の強さは、空気の音響吸収によって、低周波数域の音ほど減衰する。

[解説] 1. 室内に音源があり、音響パワーレベル PWL が一定のとき、室内吸音力 A を用いて、室内平均音圧レベル L は、$L = PWL - 10\log_{10}A + 6$ で求められる。室内吸音力は室内表面積に平均吸音率を乗じたものであり、平均吸音率が2倍になると室内吸音力は2倍（$2A$）になる。$10\log_{10}2A = 10\log_{10}A + 10\log_{10}2 ≒ 10\log_{10}A + 3$ であるから、平均音圧レベルは約3dB減少する。

2. 無指向性点音源から発生した音は、距離が2倍で6dB減衰するので、距離が4倍で12dB減衰する。

3. セイビンの残響式による残響時間 T は、室容積を V、室内の等価吸音面積を A とすると、$T = 0.16V/A$ となる。

4. 遠方の音源から伝搬する音の強さは、距離減衰のほかに、媒質である空気の振動による摩擦で減衰するので、周波数が高いほどよく減衰する。　　　　　正解 4

R05	R04	R03	R02	R01	H30	H29

問題08 Ⅱ 10　吸音・遮音に関する次の記述のうち、**最も不適当な**ものはどれか。

1. 剛壁に密着させて設置する多孔質吸音材料を厚くすると、一般に、低周波数域における吸音率が上昇する。

2. 孔あき板を用いた吸音構造においては、孔と背後空気層とが共鳴器として機能することによって吸音する。

3. 単層壁の音響透過損失の値は、質量則を用いた予測値よりも、実測値のほうが大きくなる傾向がある。

4. 多孔質吸音材料においては、その表面を通気性の低い材料によって被覆すると、高周波数域の吸音率が低下する。

[解説] 1. 多孔質材料は、高音域の吸音率が高く、材厚を増したり、材料と剛壁面との間の空気層を厚くしたりすると、中音域及び低音域の吸音率が上昇する。

2. 孔あき板は、背後空気層を設けると孔の空気をおもりにして背後空気をバネとする共鳴器型の吸音構造となる。板厚、背後空気層厚、開孔率などにより吸音率や共

鳴周波数は変化するが、一般に中音域の吸音率が高い。

3. 単層壁の音響透過損失の値は、中高音域でコインシデンス効果により減少するので、質量則を用いた予測値よりも、実測値のほうが小さくなる。

4. 多孔質吸音材料では、材料中の摩擦抵抗によって音が減衰するので、周波数が高いほど吸音率は高くなる。したがって、その表面を通気性の低い材料によって被覆すると、高周波数域の吸音率が低下する。 正解3

R05	R04	R03	R02	R01	H30	H29

問題09 Ⅱ9 音響に関する次の記述のうち、**最も不適当な**ものはどれか。

1. 聴覚のマスキングは、マスカー（マスクする音）の周波数に近い音ほどマスクされやすく、マスカーの周波数に比べ、低い音のほうが高い音よりもマスクされやすい。

2. カラレーションは、「直接音」と「短い遅れ時間の反射音」の干渉によって、音色の変化等が知覚される現象をいう。

3. 室容積が同じ場合であっても、一般に、西洋音楽のためのコンサートホールとオペラハウスとでは、最適残響時間が異なる。

4. 学校の普通教室においては、平均吸音率が 0.2 程度となるように、吸音対策を施すことが望ましい。

> 解説 1. 聴覚のマスキングは、マスカーの周波数に近い音ほどマスクされやすいというのは正しいが、マスカーの周波数に比べ、高い音のほうがマスクされやすい。
>
> 2. カラレーションは、設問のとおりの現象で、室内で音の多重反射が生じている場合に、中高音域の音で発生しやすい。
>
> 3. 室容積が同程度の場合の最適残響時間は、西洋音楽のためのコンサートホールで 2～2.2 秒のとき、オペラハウスは 1.4～1.7 秒である。
>
> 4. 学校の普通教室の平均吸音率は 0.2～0.3 程度とする。なお、平均吸音率を 0.2 とし、教室の内法寸法を 8 m × 8 m × 3 m（室容積 192 m³、表面積 224 m²）としてセービンの残響式で残響時間 T を計算すると、$T = 0.161 × 192/(224 × 0.2) ≒ 0.7$ 秒となり、講義室の最適残響時間となる。 正解1

R05	R04	R03	R02	R01	H30	H29

問題10 Ⅱ10 吸音・遮音に関する次の記述のうち、**最も不適当な**ものはどれか。

1. 孔あき板と剛壁との間に空気層を設けた吸音構造の固有周波数は、空気層の厚みを大きくすると低周波数域に移動する。

2. 駅、空港、ショッピングモール等の公共施設においては、放送音声の聞こえやすさを確保するため、一般に、吸音処理を避けることが望ましい。

3. 乾式二重床を採用する場合は、床板とスラブとの間の空気層をバネとする共振系が形成されることから、低周波数域において床衝撃音の遮断性能が低下することがある。

4. 壁の音響透過損失を 10 dB 増加させるためには、壁の音響透過率を現状の 1/10 にする必要がある。

[解説] 1. 孔あき板の吸音構造の固有周波数（共鳴周波数）は、孔あき板と剛壁との間の空気層厚を増したり、孔あき板の開口率を小さくすると低周波数域に移動する。

2. 多人数が集まる空間においては、天井や壁の吸音率を高めて騒音を低減するほうが、放送音声が聞こえやすくなる。

3. 乾式二重床は、床板とスラブを質量とし、間の空気層をバネとする共振系を形成して、低周波数域において共鳴透過が生じることがある。これにより、床衝撃音の遮断性能が低下することがある。

4. 透過損失 TL は、透過率を τ とすると、$TL = 10 \log_{10}(1/\tau)$ で表される。この式の τ の代わりに $\tau/10$ を代入すると、$TL = 10 \log_{10}(1/\frac{\tau}{10}) = 10 \log_{10}(10/\tau) = 10 \log_{10}(1/\tau) + 10 \log_{10}10 = 10 \log_{10}(1/\tau) + 10$ となり、10 dB 増加する。　　　[正解 2]

R05	R04	R03	R02	R01	H30	H29

問題 11 [Ⅱ 9] 　音響に関する次の記述のうち、**最も不適当な**ものはどれか。

1. 音の強さのレベルを 30 dB 下げるためには、音の強さを 1/1,000 にする。

2. コンサートホール等の最適残響時間として推奨される値は、一般に、室容積が大きくなるほど長くなる。

3. 音の大きさの感覚量は、音圧レベルが一定の場合、低音域で小さく、3〜4 kHz 付近で最大となる。

4. カクテルパーティー効果は、周囲が騒がしいことにより、聞きたい音が聞き取りにくくなる現象をいう。

[解説] 1. 音の強さを I とすると、音の強さのレベル $IL = 10 \log_{10} I/I_0$（I_0 は最低可聴音の強さ）で定義される。IL を 10 dB、20 dB、30 dB 下げるためには、音の強さを 1/10、1/100、1/1,000 にする。

3. 音の大きさは、物理量である音圧又は音の強さと周波数にかかわる感覚量（単位：phon）であり、例えば音圧レベルが 60 dB の場合、1,000 Hz では 60 phon、100 Hz では 40 phon となる。また、音の大きさは 3〜4 kHz 付近で最大となる。

4. カクテルパーティー効果は、周囲の騒音の中でも興味のある単語や会話などを選択的に聞き取ることができる現象をいう。　　　[正解 4]

問題12 Ⅱ10 吸音・遮音に関する次の記述のうち、**最も不適当な**ものはどれか。

1. 吸音率は、「壁へ入射する音のエネルギー」に対する「壁内部に吸収される音のエネルギー」の割合である。

2. 背後空気層をもつ板振動型吸音機構において、空気層部分にグラスウールを挿入した場合、高周波数域での吸音効果についてはあまり期待できない。

3. 音の反射性が高い面で構成された室に吸音材料を設置すると、壁を隔てた隣室で音を放射したときの2室の室間音圧レベル差（2室間の遮音性能）は大きくなる。

4. 空調用のダクト内の音の伝搬においては、音の強さの減衰が小さいことから、一般に、ダクト内に吸音材を貼る等の遮音上の対策が行われる。

[解説] 1. 吸音率は、「入射音エネルギー」に対する「吸収音エネルギーと透過音エネルギーの合計」の割合である。吸音率は、反射しない音のエネルギーの割合であり、「1－反射率」となる。

2. 板振動型吸音機構は、低音域の吸音に効果があるが、高音域は大部分が反射されるので、空気層部分にグラスウールを挿入しても吸音効果は小さい。穿孔板材料のような共鳴器型吸音機構の場合は、背後にグラスウールを挿入すると全周波数帯域で吸音効果が高まる。

3. 吸音材料の設置によって受音室の音圧レベルが低下するので、音源室と受音室の室間音圧レベル差は大きくなる。

4. ダクト内の音の伝搬においては、拡散による距離減衰はわずかであり、空気と側壁による抵抗減衰が主なので、ダクト内に吸音材を貼るのが効果的である。 正解 1

問題13 Ⅱ9 音響に関する次の記述のうち、**最も不適当な**ものはどれか。

1. 室内の平均吸音率が大きい場合、セイビン（Sabine）の残響式により求めた残響時間は、アイリング（Eyring）の残響式により求めたものに比べて、長くなる。

2. 空気中を伝搬する音のエネルギーの一部は、空気の粘性や分子運動等によって吸収され、その吸収率は、周波数が低くなるほど大きくなる。

3. 音源の音響パワーを4倍にすると、受音点の音圧レベルは、約6dB上がる。

4. 無限大の面音源の場合、音圧レベルは、距離によって減衰しない。

[解説] 2. 周波数が高いほど1秒間に空気を振動させる回数が大きくなり、空気の粘性抵抗によるエネルギー吸収は大きくなる。

3. 音源の音響パワーをWとすると音響パワーレベルは$Lw = 10 \log_{10} (W/10^{-12})$となり、$W$を4倍にすると$10 \log_{10} 4 \fallingdotseq 6$dBだけ大きくなる。したがって、受音点の

音圧レベル L も同じだけ大きくなる。

4. 音源からの距離が 2 倍になると点音源では音圧レベルが約 6 dB 減衰し、線音源では約 3 dB 減衰するが、無限大とみなせる面音源の場合、距離によって減衰しない。

正解 2

R05	R04	R03	R02	R01	H30	H29

問題14 Ⅱ 10 吸音・遮音に関する次の記述のうち、**最も不適当な**ものはどれか。

1. 剛壁にグラスウール等の多孔質吸音材料を設置する場合、その吸音材料を厚くすると、一般に、低周波数域における吸音率が大きくなる。

2. ロックウールボード等の多孔質吸音材料の表面を塗装しても、高周波数域における吸音率には、ほとんど影響しない。

3. ガラス 2 枚からなる厚さの合計が 6 mm の合わせガラスの遮音性能は、コインシデンス効果の生じる周波数域以外の周波数域においては、厚さ 6 mm の単板ガラスの遮音性能とほとんど変わらない。

4. 中空二重壁の共鳴透過について、中空二重壁を構成する二つの壁の面密度をともに 2 倍にすると、共振周波数は低くなる。

解説 1. 多孔質吸音材料は、材料中の摩擦や粘性抵抗などによって吸音するので、剛壁と材料との間の空気層厚や材厚を大きくすると、中～低周波数域の吸音率が大きくなる。

2. 多孔質吸音材料の表面を塗装すると、材料中に音波が入り込まないので、多孔質材料としての吸音機構が働かず、高周波数域における吸音率が低下する。

3. 合わせガラスの遮音性能は、同厚の単板ガラスよりコインシデンス限界周波数がやや高く、それより高い周波数域においては若干遮音性能が上がるが、それより低い周波数域の遮音性能はほとんど変わらない。

4. 中空二重壁の共鳴周波数は、中空二重壁の面密度の平方根に反比例するので、面密度が大きくなると共鳴周波数は低くなる。

正解 2

R05	R04	R03	R02	R01	H30	H29

問題 01 Ⅱ 8 色彩に関する次の記述のうち、**最も不適当な**ものはどれか。

1. *XYZ* 表色系において、*xy* 色度図上の *x* の値が増大するほど赤みが強くなり、*y* の値が増大するほど緑みが強くなる傾向がある。

2. *XYZ* 表色系において、*xy* 色度図上の外周の釣鐘形の曲線部分は、単一の波長によって表される単色光の色度座標を示す。

3. マンセル表色系は、光源から出る光の色に適用することはできない。

4. JIS の安全色の規定において、「赤」の表示は、「注意警告」を意味する。

[解説] 1. 2. 右に示す *xy* 色度図上において、*x ＝ y ＝* 0.333 が中央の白であり、外周に近いほど純度が高い色となる。外周の釣鐘形の曲線部分において、左下は 380 nm の紫、頂部は 520 nm の緑、右端は 780 nm の赤の色度座標を示している。

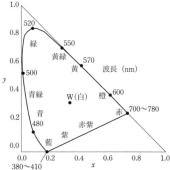

3. マンセル表色系は、光が物体表面で反射したときの色（物体色）の表色系であり、光源色には適用できない。

4. JIS の安全色では、「赤」の表示は「防火・禁止・停止・危険」などを示す。「注意警告」などを意味するのは「黄赤」である。

正解 4

R05	R04	R03	R02	R01	H30	H29

問題 02 Ⅱ 8 色彩に関する次の記述のうち、**最も不適当な**ものはどれか。

1. 平均演色評価数（*Ra*）は、評価対象となる光源による物体色の見え方と、同じ相関色温度の基準の光の下における物体色の見え方とのずれをもとにした数値である。

2. 短波長成分を多く含む色温度の高い光を午前中に浴びることで、サーカディアンリズムを保つ効果が期待できる。

3. 色票を用いて視感測色を行う際は、一般に、測色する部分の面積を色票の

面積と同程度とする。

4. 記憶色（記憶上の色彩）は、一般に、実際の色彩に比べて、彩度が低くなる傾向がある。

[解説] 1. 平均演色評価数（Ra）は、15種類の試験色のうち中彩度で明度6の8種類の試験色を用い、ある光源で照明したときと、その光源と同じ相関色温度の基準光源で照明したときの色ずれの平均をもとにして求める。

2. サーカディアンリズムは、1日周期の生体リズムで、概日リズムともいう。太陽光は短波長成分を多く含む色温度の高い光であり、これを午前中に浴びることで、ホルモンの適正な分泌と相まって、規則正しいサーカディアンリズムと心身の健康を保つことができる。

3. 同じ色でも面積が大きくなると明度・彩度とも高く見える（面積効果）ので、色票を用いて視感測色を行う際は、測色する部分の面積を色票の面積と同程度とする。

4. 記憶上の色彩は、対象物固有のイメージによって好ましい色にずれやすく、一般に、彩度が高くなる傾向がある。　正解4

問題03 [Ⅱ8] 色彩に関する次の記述のうち、**最も不適当な**ものはどれか。

1. マンセル表色系において、マンセルバリューが5の色の視感反射率は、一般に、約20%である。

2. 減法混色とは、複数の色光を混ぜ合わせて別の色の知覚を生じさせることをいい、もとの色の数が増加するほど明るくなる。

3. LED等の人工光源から発せられる光は、相関色温度が等しくても、異なる光色に知覚される場合がある。

4. XYZ表色系における三刺激値X、Y、Zのうち、Yは、反射物体の色の場合には、視感反射率を示す。

[解説] 1. 明度（バリュー）Vと反射率ρの関係は、Vが3〜8のとき、$\rho \fallingdotseq V(V-1)$で近似できる。

2. 減法混色は、インクのように色を吸収する媒体の混色であり、もとの色の数が増加するほど黒色に近づく。

3. 相関色温度が等しくても、色度図上において黒体軌跡の上側にある光は緑みを帯び、下側にある光は赤みを帯びて見える。

4. XYZ表色系の三刺激値X、Y、Zのうち、XとZは無輝度であり、Yは光源の場合は輝度、物体色の場合は視感反射率を示す。　正解2

問題04 [Ⅱ8] 色彩に関する次の記述のうち、**最も不適当な**ものはどれか。

1. ジャッド（D. B. Judd）がまとめた色彩調和の秩序性の原理によると、色相環における等間隔配色は調和する。
2. 明所視において、ある面からの放射エネルギーが同じ場合、緑色に比べて赤色のほうが光の強さを強く感じられる。
3. 色光の加法混色においては、混ぜ合わせる光を増やすほど、白色に近くなる。
4. マンセル表色系におけるバリュー（明度）は、0から10までの数値で表される。

[解説] 1.　ジャッドの色彩調和には4つの原理（秩序性の原理、親近性の原理、類似性の原理、明瞭性の原理）がある。秩序性の原理によると、色相環上で正三角形や正方形の頂点の位置関係にある色彩の組合せは調和する。

　2.　明所視において、緑色の比視感度が0.6程度であるのに対し、赤色の比視感度は0.1程度以下である。放射エネルギーが同じ場合、緑色のほうが強く感じられる。

　3.　加法混色は光の混色であり、混ぜ合わせる光を増やすほど白色に近づく。なお、減法混色はインクのように色を吸収する媒体の混色であり、混ぜ合わせを増やすと黒色に近づく。

　4.　マンセル表色系では、色彩を色相の記号と明度／彩度の数値で表す。明度は、0から10までの数値で表す。彩度の数値の最大値は色相によって異なる。　　[正解 2]

R05	R04	R03	R02	R01	H30	H29

問題 05 Ⅱ 8　色彩に関する次の記述のうち、**最も不適当な**ものはどれか。

1. 減法混色の三原色は、一般に、シアン、マゼンタ及びイエローである。
2. 同化現象は、囲まれた色や挟まれた色が周囲の色に近づいて見えることをいう。
3. JIS の物体色の色名における有彩色の系統色名は、基本色名に「明度に関する修飾語」、「彩度に関する修飾語」及び「色相に関する修飾語」の3種類の語を付記して色を表示する。
4. 照度と色温度の関係において、一般に、低照度では色温度の低い光色が好まれ、高照度では色温度の高い光色が好まれる。

[解説] 1.　減法混色はインクの混色であり、三原色は設問の通りシアン、マゼンタ及びイエローである。なお、加法混色は光の混色であり、三原色は赤、緑、青である。

　2.　タイル目地が黒のときよりも白のときのほうがタイル自体が明るく見えるが、これも同化現象の一つである。

　3.　JIS Z8102 により、有彩色の系統色名は、10種類の基本色名に、「明るい」「強い」「あざやかな」などのトーン（明度と彩度）に関する13種類の修飾語と、「赤みの」「黄みの」などの色相に関する5種類の修飾語を付記して表示する。

4. 照度と色温度の関係は設問の通り。なお、光源の色と、黒体がその温度に応じて放射する色が等しいとき、光源の色を黒体の温度で表したものを色温度という。色温度の低い光色は橙色、色温度の高い光色は青白色。 正解 3

R05	R04	R03	R02	R01	H30	H29

問題 06 Ⅱ 8 色彩に関する次の記述のうち、**最も不適当な**ものはどれか。

1. 照明の光がわずかに変化した場合であっても、その光が一様に物体に当たっていれば、色の恒常性により物体の色を同じ色として認識できる。

2. 明度は、視感反射率に対応する値であり、マンセル表色系ではヒューとして表される。

3. 全波長を均等に反射する分光分布をもつ物体を昼間の太陽光のもとで見るとき、その物体の反射率が高いほど、太陽光の色に近い白色に見える。

4. 色光の誘目性は、一般に、色相においては赤が最も高く、青がこれに次ぐ。

解説 2. 明度は、表面色の明るさを表すもので視感反射率に対応する。マンセル表色系では色相はヒュー、明度はバリュー、彩度はクロマとして表される。

4. 色光の誘目性は、特に目的をもたずに眺めているときに人目を引きやすい性質をいう。 正解 2

R05	R04	R03	R02	R01	H30	H29

問題 07 Ⅱ 8 色彩に関する次の記述のうち、**最も不適当な**ものはどれか。

1. 減法混色は、色を吸収する媒体を混ぜ合わせて別の色を作ることをいい、混ぜ合わせを増やすごとに黒に近づく。

2. XYZ 表色系における三原刺激 X、Y、Z のうちの Y は、光源色の場合、測光的な明るさを表している。

3. マンセル表色系における彩度は、0 から 10 までの数値で表される。

4. 日本産業規格（JIS）の「安全色－一般事項」において、「緑」は、「安全状態」及び「進行」を表している。

解説 1. 加法混色は光の混色であり、赤・緑・青を同じ割合で混ぜると白色になるのに対し、減法混色は、インクのような色を吸収する媒体の混色であり、混ぜ合わせを増すと黒に近づく。

2. XYZ 表色系における三原刺激のうち、Y のみ明るさ（輝度）をもち、X と Z は無輝度である。

3. マンセル表色系における彩度は、最高値が色相によって異なり、値は 2 ～ 14 程度となる。0 ～ 10 の数値で表されるのは明度である。

4. JIS の安全色では、赤は防火・停止・高度の危険、黄は注意、緑は安全・衛生・進行を表している。 正解 3

9 防火・防災

問題01 Ⅱ5　建築物における防火・防災に関する次の記述のうち、**最も不適当なもの**はどれか。

1.　室内の可燃物量が同じ場合、一般に、外気が流入する開口面積が大きいほど火盛り期の火災継続時間が長くなる。

2.　建築物の上階への延焼防止のためには、層間区画を十分に確保する必要があり、ファサードデザインに応じてバルコニーや庇等により対応する方法がある。

3.　竪穴区画内の温度が屋外より高くなる冬期において、地下階がない建築物では、火災階が下階であるほど、竪穴区画への煙の侵入量が増える傾向にある。

4.　建築物の用途が異なる部分に設けられる異種用途区画については、原則として、異なる用途部分への延焼を防止するために防火区画とする。

[解説]　1.　火災の継続時間（分）は、室内の可燃物の発熱量（MJ）を、用途及び床面積の合計並びに開口部の面積・高さに応じて国土交通大臣が定める方法により算出した室内の可燃物の1秒間当たりの発熱量（MW）の60倍（発熱速度）で除して求める。発熱速度は開口面積が大きいほど大きくなるので、室内の可燃物量が同じ場合、火災継続時間は短くなる。

2.　上階への延焼防止のためには、床の耐火性に加えて外壁や開口部からの延焼を防ぐ層間区画が重要であり、建基令112条16項により、防火区画が必要な建築物の腰壁、バルコニー、庇等を準耐火構造とすることなどが求められる。

3.　階段、昇降路、ダクトスペース、吹き抜け部分などの竪穴区画は、建築物を上下方向に貫通しているので、冬期においては煙突効果によって下階であるほど竪穴区画内が負圧になり、設問のような傾向になる。

4.　建基令112条18項に該当する建築物には、原則として異種用途区画を設ける。

正解 1

問題02 Ⅱ5　建築物における防火・防災に関する次の記述のうち、**最も不適**

当なものはどれか。

1.　第二種排煙は、押出型の機械排煙方式であり、所定の排煙量を確保するために、排煙量よりも多い給気量が必要となる。

2.　籠城区画は、病院の手術室やICU等の患者を避難させることが困難な室において、内部からの出火を防止するとともに、外からの火災の影響を受けない構造にして、鎮火までたてこもることができるようにした区画のことである。

3.　超高層集合住宅の中央部に設けた屋根のないボイド空間（光庭）に面した開放廊下を避難経路とする場合には、開放廊下への煙の拡散を防ぐために、ボイド空間の下層部分からの給気を抑制する必要がある。

4.　等価可燃物量は、対象となる可燃物の発熱量を、発熱量が等価な木材の重量で表現した値である。

[解説]　1.　第二種排煙は、給気機と排気口による機械排煙方式であり、所定の排煙量よりも多い給気量を確保する。

3.　超高層建築物の上部が開放されたボイド空間から速やかに排煙を行うためには、下層部分からの十分な給気が必要である。下層部分からの給気を抑制すると、ボイド空間からの排煙が遅れる上に、避難に必要な新鮮空気の供給に支障が出るおそれがある。

4.　等価可燃物量は、建築物内の単位面積あたりの可燃物量を発熱量が等価な木材の質量に換算した量であり、火災荷重ともいう。　正解 3

R05	R04	R03	R02	R01	H30	H29

問題03 Ⅱ5　建築物における防火・防災に関する次の記述のうち、**最も不適当な**ものはどれか。

1.　火災時に空気と分離した煙が平面方向に広がる速さは、避難における歩行速度にほぼ等しい。

2.　劇場の防災計画において、階段を下りる速度は、一般に、0.6m/秒で想定する。

3.　超高層建築物や医療福祉施設では、災害時に一気に外部まで避難することが困難な場合が想定されるので、避難経路の途中又は途中階に一時的に滞留できる空間を確保することが望ましい。

4.　居室内避難における歩行距離は、一般に、家具の配置にかかわらず、出口に最も遠い地点から出口までの直線距離とする。

[解説]　1.　煙の水平方向の流動速度は0.5〜1m/s程度であり、群集密度が1.5人/㎡

程度のときの火災時の歩行速度は 1 m/s 程度である。
2. 避難安全検証法において、避難時に劇場の階段を昇降する速度は、上りが 0.45 m/s、下りが 0.6 m/s とする。
3. 避難経路において、自力避難困難者を火災室と同一階で収容できる防火防煙区画を水平避難区画といい、避難者救助に使用できる非常用エレベーターや特別避難階段などに隣接して設ける。
4. 居室内避難における歩行距離は、家具等の配置を考慮し、出口に最も遠い地点からの最大歩行距離とする。

正解 4

R05	R04	R03	R02	R01	H30	H29

問題 04 Ⅱ 5 　建築物における防火・防災に関する次の記述のうち、**最も不適当な**ものはどれか。

1. 安全区画を自然排煙とする場合、避難方向と同一の方向に排煙口を設けることが望ましい。
2. 大規模店舗の売場内に防火区画（面積区画）を設ける場合の階段配置について、防火区画された売場ごとの避難時間と避難扉幅当たりの避難者人数が概ね均等になるように計画することが望ましい。
3. 自然排煙の排煙量は、煙層の温度と厚さに依存し、煙層の温度が低いときや天井高が低いときにおいては排煙効果が小さい。
4. 病院等で採用される水平避難方式は、階段での自力避難が困難な者などを出火したエリアから隣接する防火区画されたエリアへ移動させ、避難時間の余裕を生み出したうえで、介助避難させる方法である。

解説 　1. 　安全区画とは避難経路にある廊下や特別避難階段の付室などをいい、防火区画又は防煙区画された空間で、排煙設備を有するものをいう。安全区画を自然排煙とする場合、避難方向と反対に煙が流動するように排煙口を設けるようにする。
2. 　在館者の避難の安全性を確保するには、煙やガスが避難上支障のある高さまで降下する前に避難階段等に到達しなければならない。このときの避難時間には、売り場の面積、階段までの距離、階段の出入口の幅などが関係する。これらを踏まえて設問のように計画する。
3. 　自然排煙の排煙量は、煙層の温度が高いほど、天井高が高いほど大きい。
4. 　水平避難方式は、病院、高齢者施設、児童福祉施設などで採用される。内容は設問の通りである。

正解 1

R05	R04	R03	R02	R01	H30	H29

問題 05 Ⅱ 5 　建築物における防火・防災に関する次の記述のうち、**最も不適当な**ものはどれか。

1.　縦長の窓は、横長の窓に比べて噴出する火炎が外壁から離れにくいことから、上階への延焼の危険性が高い。

2.　病院の手術室、ICU、NICU 等は、籠城区画として計画することが望ましい。

3.　不特定多数の者が利用する大規模量販店等において、売場の避難出口の扉は、廊下等の有効幅員に配慮しつつ、外開きにすることが望ましい。

4.　避難時に利用する階段室への出入口の有効幅員は、一般に、流動係数を考慮し、階段の有効幅員よりも狭くする。

> [解説]　1.　横長の窓は、縦長の窓に比べて噴出する火炎が外壁に吸い寄せられるように立ち上がり、上階への延焼の危険性が高い。延焼防止のためには、上下開口部間のスパンドレルを十分に確保するか、バルコニーや庇等の突出物により対応する。
>
> 　2.　籠城区画とは、火災が終了するまで滞在可能となるように、高い遮熱性能と遮煙性能を有する区画で形成されるもので、火災発生時の在室者の避難が困難である病院の手術室、ICU、NICU（新生児集中治療室）等は、籠城区画とすることが望ましい。
>
> 　3.　不特定多数者が利用する大規模量販店等においては、避難する方向に開くことが望ましい。
>
> 　4.　階段の流動係数は通路等よりも小さくなるので、出入口の幅を階段幅と同じ、又は広くすると階段部分で避難者が滞留し、危険となる場合がある。　　正解 1

R05	R04	R03	R02	R01	H30	H29

問題06 Ⅱ 5 ）　建築物における防火・防災に関する次の記述のうち、**最も不適当な**ものはどれか。

1.　防火扉は、火災や煙の伝播・拡大を防ぐために、自動的に閉鎖する機構を有する。

2.　「層間区画」は、上下階の延焼拡大を防止するために、耐火構造や準耐火構造の、スラブ等の水平方向の部材や外壁のスパンドレル等の垂直方向の部材により形成するものである。

3.　火災室から廊下へ流出した煙の水平方向の流動速度は、3 ～ 5m/s である。

4.　建築物に使用するアカマツ、ケヤキ等の木材は、一般に、約 260℃ に達すると引火し、約 450℃ に達すると自然に発火する。

> [解説]　1.　防火戸その他の防火設備（または特定防火設備）は、設置個所によって求められる性能は異なるが、火炎に対する一定時間の遮断性や遮煙性能を有し、常時閉鎖又は感知器などによって自動的に閉鎖する機構を有する。
>
> 　2.　層間区画は、上下階の延焼拡大を防止するための防火区画で、建築物内の床や壁を耐火構造や準耐火構造とするほか、外壁面の開口部などからの延焼防止のため垂

直・水平方向に幅 90 cm 以上のスパンドレルや 50 cm 以上突出させたひさし・袖壁等を設ける。

3. 火災による煙の流動速度は、水平方向 0.5 ～ 1 m/s、鉛直方向 3 ～ 5 m/s である。

正解 3

R05	R04	R03	R02	R01	H30	H29

問題07 Ⅱ 5 火災時の煙制御に関する次の記述のうち、**最も不適当な**ものはどれか。

1. 自然排煙方式の排煙の効率は、給気経路によらず、排気を行う開口部の位置及び面積で決まる。

2. 吸引型の機械排煙方式は、発生した煙を外部に排出するとともに、煙が発生した室を減圧することにより、他の空間への煙の拡散防止にも有効である。

3. 高層建築物の階段室に対する加圧防煙システムは、階段室への煙の流入防止とともに、階段室における煙突効果による煙の拡散防止にも有効である。

4. 第二種排煙は、押出型の機械排煙方式であり、所定の排煙量を確保するために、排煙量よりも多い給気量が必要となる。

解説 1. 自然排煙方式の排煙効率は、排気量と排煙経路によるので、排気口と給気口の位置及び面積が重要となる。「給気経路によらず」は誤り。

3. 階段室の加圧防煙システムは、階段室に給気機を設けて加圧し煙の流入を防止する。

4. 第二種排煙は、給気機と排煙口による押出型の排煙方式であり、非常用エレベーターの乗降ロビーなどに用いるのが効果的である。

正解 1

10 空調・冷暖房・換気設備

R05	R04	R03	R02	R01	H30	H29

問題 01 Ⅱ 11　空気調和設備に関する次の記述のうち、**最も不適当な**ものはどれか。

1. 冷暖同時型のマルチパッケージ型空調機は、同一冷媒系統内で冷房と暖房の混在運転をする場合には、熱回収により省エネルギー効果が期待できる。

2. 開放式冷却塔は、同じ冷却能力の密閉式冷却塔に比べて、送風機動力が大きくなる。

3. 水蓄熱槽を用いた熱源システムは、熱源機が空調負荷の変動に直接追従しなくてよいので、熱源機の容量を低減できる。

4. 空気熱源ヒートポンプチリングユニットを複数台連結するモジュール型は、負荷変動に対応して運転台数が変わるので、効率的な運転が可能である。

> 〔解説〕 1.　冷暖同時型のマルチパッケージ型空調機は、同一冷媒系統内で冷房の排熱を暖房に利用できる。冷暖房の比率が等しいほど高い省エネ効果が期待できる。
>
> 2.　開放式冷却塔は冷却水を外気と直接接触させて冷却するのに対し、密閉式冷却塔は銅管コイルに水を散布して空冷し、その内部の冷却水を冷却する。密閉式のほうが送風機動力が大きくなる。
>
> 3.　水蓄熱式空調システムは、熱源機を高負荷運転し、余剰分を蓄熱できるので、熱源容量を小さくすることができる。
>
> 4.　モジュール型空冷式ヒートポンプチリングユニットは、一般に複数台の圧縮機からなるモジュールを複数台連結するもので、大規模なビルや工場、データセンターなどに設置される冷却・加熱装置であり、高効率運転が可能である。　**正解 2**

R05	R04	R03	R02	R01	H30	H29

問題 02 Ⅱ 12　空気調和設備に関する次の記述のうち、**最も不適当な**ものはどれか。

1. 冷水パネルを用いた放射空調方式は、気流や温度むらによる不快感が少ない方式であるが、パネル表面の結露を防止するため、パネル表面温度を室内空気の露点温度以上に保つ必要がある。

2. 床吹出し空調方式は、冷房運転時であっても、空調域の高さに応じた気流

特性を有する床吹出し口を用いることにより、天井高にかかわらず効率的な居住域空調が可能である。

3. リバースリターン方式は、ダイレクトリターン方式に比べて、冷温水配管のスペースを縮小することができる。

4. デシカント空調方式は、コージェネレーションシステムと組み合わせることによって、排熱の利用が可能となるので、コージェネレーションシステムの総合効率の向上に寄与することができる。

[解説] 1. 放射空調方式は、天井や壁などを冷温水などで冷却又は加熱して、主として放射熱によって室内を空調する。冷却時の留意点は設問の通り、正しい。

2. 床からの高さが 1.8 m 付近までを居住域といい、居住域空調には床吹出し空調方式、ディスプレイスメント空調方式、パーソナル空調方式などがある。床吹出し空調方式において居住域の快適性を確保するには、床吹出し口の気流特性、吹出し温度、気流速度などが重要である。

3. ダイレクトリターン（直接還水）方式は、往き管と還り管をセットにして空調機を順次接続するもので、熱源機から遠い空調機ほど水圧が低下する。リバースリターン（逆還水）方式は、往き管と還り管の合計長さが空調機ごとに等しくなるように、最も遠い空調機から還り管を接続するので、配管抵抗が均一になる。リバースリターン方式は、冷温水配管が長くなり、そのスペースも増大する。

4. デシカント空調は、塩化リチウム、シリカゲル、ゼオライトなど除湿剤等によって潜熱を分離処理する。コージェネレーションシステムに組み込むと、除湿剤等の再生に排熱が利用可能となる。 正解 3

R05	R04	R03	R02	R01	H30	H29

問題03 Ⅱ 13 換気設備の計画に関する次の記述のうち、**最も不適当な**ものはどれか。

1. 喫煙室において、非喫煙場所との境界の開口部における気流の風速は、喫煙室に向かって 0.2 m/s 以上とした。

2. 事務所ビルにおいて、執務室の中央南面に縦シャフトを通し、その頂部を延長したソーラーチムニー方式を採用することで温度差換気を積極的に活用した。

3. 火気使用室において、排気フード I 型を設けた換気扇の有効換気量 V は、V = 30KQ（K：燃料の単位燃焼量当たりの理論廃ガス量、Q：火を使用する設備又は器具の実状に応じた燃料消費量）により算出した。

4. ボイラー室において、燃料の燃焼に伴う発熱を制御するため、第 3 種換気方式とした。

[解説] 1.　（健康増進法 33 条 1 項、同規則 16 条 1 項一号）喫煙専用室の出入り口において流入する気流速度は 0.2 m/s 以上としなければならない。

2.　ソーラーチムニー方式は、建築物の南面などに縦シャフトを通し、その頂部を延長することで太陽熱を利用して温度差換気を行う。給気にクールチューブを利用することもある。

3.　（建基令 20 条の 3 第 2 項一号イ(7)、S45 建告 1826 号）正しい。

4.　ボイラー室において第 3 種換気方式を採用すると、燃焼に必要な空気が供給されないおそれがあり、煙道から煙が室内に逆流するおそれもあるので危険である。一般に第 1 種換気方式とする。

[正解 4]

R05	R04	R03	R02	R01	H30	H29

問題 04 II 11　建築物とその空調負荷の一般的な特徴との組合せとして、**最も不適当な**ものは、次のうちどれか。

1.　劇場 ——————— ピーク負荷が小さく、予冷・予熱の時間が短い傾向にある。

2.　百貨店 ——————— 休日と平日、一日の午前と夕方の時間帯等によって負荷が大きく異なる傾向にある。

3.　ビジネスホテル —— ピーク負荷が夕方から夜間にかけて発生する傾向にある。

4.　データセンター —— 外皮負荷や外気負荷より室内で発生する顕熱負荷のほうが大きい傾向にある。

[解説] 1.　劇場は、ホールの使用時に大きなピークが生じ、大空間であるため一般に予冷・予熱の時間が長い。劇場の空調を蓄熱方式にすることによって熱源機器の容量を抑え、運転効率を高めることができる。また、床吹き出し方式を用いると、居住域を効率よく空調できる。

[正解 1]

R05	R04	R03	R02	R01	H30	H29

問題 05 II 12　空気調和設備に関する次の記述のうち、**最も不適当な**ものはどれか。

1.　水蓄熱式空調システムは、熱源機器の容量を小さくできるとともに、電力需要の平準化を図ることができる。

2.　送風機のエネルギー消費量は、同じ風量であれば、接続する長方形ダクトのアスペクト比（ダクト断面の短辺に対する長辺の比）を小さくするほど大きくなる。

3.　変風量単一ダクト方式は、VAV ユニットを部屋ごと又はゾーンごとに設け

ることによって、個別の温度制御を行うことができる。

4. 空調機に再熱コイルを設置する場合は、冷房時の部分負荷時において、設定室温での室内の湿度上昇を防ぐことはできるが、エネルギー消費量は多くなる。

[解説] 1. 水蓄熱槽を設ける水蓄熱式空調システムは、負荷のピークシフトが可能となり、熱源容量の縮小、冷凍機の高負荷運転、熱供給の安定が確保できる。また、冷温水ポンプ、冷却水ポンプ、冷却塔などの熱源補機の効率を高めることができる。

2. ダクトのアスペクト比が大きいほど摩擦抵抗や騒音が大きくなり、送風機のエネルギー消費量が大きくなる。ダクト断面は正方形（アスペクト比1:1）に近いほどよく、一般に4:1以下に抑える。

4. 冷却コイルのみの場合、高めの設定温度では十分に除湿されないが、再熱（レヒート）コイルを設置すると、低温で除湿した空気を再熱して設定温度とするので、湿度上昇を防ぐことはできるがエネルギー消費量は多くなる。　　　正解 2

R05	R04	R03	R02	R01	H30	H29

[問題06 II 13] 換気設備に関する次の記述のうち、**最も不適当な**ものはどれか。

1. RI（ラジオアイソトープ）施設では、一般に、室内への給気を全て排気するオールフレッシュ空調方式が用いられる。

2. 化学処理や実験等に用いられる作業台と排気フードが組み合わされたドラフトチャンバーの排気風量は、作業用開口部の面積と制御風速によって決定される。

3. 換気用エアフィルターの粉じん捕集率は、同一のエアフィルターに対して、質量法や計数法等の測定方法によって異なる値となる。

4. JISにおけるクリーンルームの空気清浄度は、清浄度クラスの値が大きいほど高くなる。

[解説] 1. オールフレッシュ空調方式は、室内からの還気（リターン）を循環させることなく排気し、すべて新鮮な外気を導入し、温湿度調整などを行って室内に送風する。

2. ドラフトチャンバーは、実験などで発生する有害ガスや粉じんなどを排気し、使用者の安全を守る装置であり、排気風量は作業用開口部の面積と制御風速によって決定される。

3. 質量法は、花粉などの比較的大きい粒子の測定に用いられ、フィルターで捕集した粒子の質量の割合を示している。計数法は、煙やPM2.5などの小さい粒子の測定に用いられ、フィルターで捕集した粒子数の割合を示している。粒径にばらつきのある粉じんの捕集率は、同一のエアフィルターに対して、一般に質量法で大きく、

計数法で小さい値となる。

4. JISにおけるクリーンルームの空気清浄度は、$1\,\mathrm{m^3}$中の粒子数によってクラス1〜9に分類され、粒径$0.1\,\mu\mathrm{m}$の場合、クラス1は10個以下、クラス2は10^2個以下、クラス3は10^3個以下であり、清浄度クラスの値が大きいほど清浄度が低いことを示している。　　　　　　　　　　　　　　　　　　　　　　　　正解 4

R05	R04	R03	R02	R01	H30	H29

問題07 II 11 空気調和設備に関する次の記述のうち、**最も不適当な**ものはどれか。

1. 空調用水蓄熱槽の利用温度差を確保するために、熱交換器を通過する蓄熱槽からの水量を一定に制御した。

2. 密閉式冷却塔の省エネルギーを図るために、ファン発停制御及びファン回転数制御を行えるようにした。

3. 遠心冷凍機の成績係数を改善するために、中間期においては、夏期よりも低い冷却水入口温度で運転できるようにした。

4. ガスエンジンから発生する排熱を利用するために、排熱投入型の吸収冷温水機を設置した。

[解説] 1. 空調用水蓄熱槽の効率を高めるには、高温冷却水と低温冷却水を分離し、送水と還水の温度差を確保する。この利用温度差を確保し、空調負荷の変動に対応できるように、定流量方式ではなく、二方弁による変流量方式とする。

2. 冷却塔においては、冷却水の温度に応じて、ファンの発停制御や回転数制御（風量制御）を行うことで、設備の省エネと長寿命化を図ることができる。

3. 遠心冷凍機の成績係数COPは、冷却水入口温度が低いほど向上する。中間期は夏期よりも外気温が低く、冷却塔の負荷を高めることなく低い冷却水温度を得ることができる。

4. ガスエンジン発電機からの排熱利用により、排熱投入型吸収冷温水機の再生器を加熱するために使用されるガスなどの燃料が削減できる。　　　　　　　正解 1

R05	R04	R03	R02	R01	H30	H29

問題08 II 12 事務所の空調方式に関する次の記述のうち、**最も不適当な**ものはどれか。

1. 定風量単一ダクト方式は、一般に、変風量単一ダクト方式に比べて搬送動力の消費量が大きい。

2. 個別分散方式は、空調機を室単位やゾーン単位ごとに設置する方式であり、一般に、天井内等に機器の設置が可能なため、機器等の設置に必要なスペー

スを小さくすることができる。

3. 放射空調方式は、一般に、天井等に設置した放射パネルを冷却又は加熱することにより放射パネルと人との間で放射熱交換を行う方式であり、気流や温度むらによる不快感が少ない。

4. 床吹出し空調方式は、二重床の床下空間を利用し、床面に設けた吹出し口から空調空気を吹き出す方式であり、一般に、暖房運転時における居住域高さでの垂直温度差は大きい。

[解説] 床吹出し空調方式は、フリーアクセスフロアなどの二重床の床下空間を利用し、床面から居住域に低速の空調空気を吹き出す方式であり、吹出し口ごとの個別の風量調整もできる。暖房運転時における居住域の垂直温度差は小さい。　　正解 4

R05	R04	R03	R02	R01	H30	H29

問題 09 Ⅱ 13　機械換気設備に関する次の記述のうち、**最も不適当な**ものはどれか。

1. 200 m² の一般的な事務室（40 席）の換気量を、1,200 m³/h とした。

2. 100 m² の喫茶店の客席（40 席）の換気量を、1,200 m³/h とした。

3. 500 m² の劇場の客席（400 席）の換気量を、6,000 m³/h とした。

4. 1,000 m² の自走式屋内地下駐車場の換気量を、14,000 m³/h とした。

[解説]　1.2.　在室者一人あたり 30 m³/h の換気量が確保されており、十分である。

3.　（建基令 20 条の 2）特殊建築物の居室に設ける機械換気設備は在室者一人あたり 20 m³/h 以上の換気量が必要である。在室者一人あたり 15 m³/h の換気量となっているので、誤り。

4.　（駐車場法施行令 12 条）床面積 1 m² あたり 14 m³/h 以上の換気量を有する換気装置が必要であり、設問はこれを満足している。　　正解 3

R05	R04	R03	R02	R01	H30	H29

問題 10 Ⅱ 11　COP（成績係数）等、空気調和設備に使用される熱源のエネルギー効率に関する次の記述のうち、**最も不適当な**ものはどれか。

1. 井水を熱源水とする水熱源ヒートポンプは、一般に、熱源水の温度が冷房時には外気温度よりも低く、暖房時には外気温度よりも高いので、空気熱源ヒートポンプに比べて COP が高い。

2. 省エネルギー性能が高い冷凍機の選定に当たっては、定格条件の COP とともに、年間で発生頻度が高い部分負荷運転時の COP も考慮する。

3. 水蓄熱槽の採用は、一般に、熱源を全負荷運転することによる高効率運転

に加えて、冷水ポンプや冷却水に係る熱源補機も含めた熱源システムのエネルギー効率を高めることができる。

4.　遠心冷凍機の冷水出口温度を高く設定すると、COPは低くなる。

［解説］　1.　井水は、地中温度の影響を受けるが、地下5mの地中温度は年間温度差が2〜3℃、地下10mの地中温度は年間を通じてほぼ一定となる。したがって設問の通り。

2.　定格条件の成績係数は最大負荷時のものであり、年間の運転時間のうちわずかな頻度しか出現しない。部分負荷運転時のCOPに発生頻度を重み付けした指標として、期間成績係数（IPLV）がある。

3.　水蓄熱槽を設けると、負荷のピークシフトが可能となり、熱源容量の縮小、冷凍機の高負荷運転、熱供給の安定が確保できる。また、冷温水ポンプ、冷却水ポンプ、冷却塔などの熱源補機の効率を高めることができる。

4.　冷凍機の能力に余裕がある場合や中間期には、遠心冷凍機の冷水出口温度を高くして、効率を向上させる。COPは高くなる。　　　正解 4

R05	R04	R03	R02	R01	H30	H29

問題 11 Ⅱ 12　空気調和・換気設備に関する次の記述のうち、**最も不適当なも**のはどれか。

1.　ナイトパージは、夜間に外気導入を行い、翌日の空調立上げ負荷を減らす省エネルギー手法で、一般に、昼間の外気冷房よりも低い外気温度まで利用できる。

2.　冷却塔フリークーリングは、冷却塔ファンを動かすことなく、冷凍機の冷却水を冷やす省エネルギー手法である。

3.　デシカント空調は、コージェネレーションシステムに組み合わせることで排熱が利用可能となり、コージェネレーションシステムの総合効率の向上に寄与することができる。

4.　放射暖房方式は、放射パネルが高い放射率をもつ必要があり、反射率の高い受照面には十分な効果を及ぼすことができない。

［解説］　1.　ナイトパージは、昼間より外気温度が低下する夜間に外気導入を行い、躯体などを冷却することで翌日の空調立上げ負荷を減らす省エネルギー手法である。

2.　冷却塔フリークーリングは、冷凍機を動かすことなく、冷却塔を運転して発生させた冷水を直接負荷側に供給して冷房を行う省エネルギー手法である。

3.　デシカント空調は、塩化リチウム、シリカゲル、ゼオライトなど除湿剤等によって潜熱を分離処理する。コージェネレーションシステムに組み込むと、除湿剤等の再生に排熱が利用可能となる。

4. 放射パネルの放射率が高く、受熱面の反射率が低い（吸収率・放射率が高い）ほど放射熱伝達が大きくなり、暖房効果が高くなる。　正解 2

R05	R04	R03	R02	R01	H30	H29

問題12 Ⅱ 13　換気設備等に関する次の記述のうち、**最も不適当な**ものはどれか。

1. 営業用厨房の換気計画において、一般に、排気量は給気量に比べてやや大きくする。

2. ディスプレイスメント・ベンチレーション（置換換気）は、工場等において、汚染物質が周囲空気より高温又は軽量な場合に有効である。

3. 屋内駐車場の換気方式においては、一般に、周辺諸室への排気ガスの流出を防ぐために、第二種機械換気方式を採用する。

4. 空調機の外気取入れに全熱交換器を使用することにより、一般に、熱源装置の容量を小さくすることができる。

　解説　1.　営業用厨房の換気は、一般に第三種換気方式とし、第一種換気方式とする場合は排気量を給気量よりやや大きくすることで、厨房内を負圧にして、周辺諸室へ汚染空気等が流出しないようにする。

　　2.　置換換気は、低温の新鮮空気を室の低部から静かに導入し、汚染物質を含む空気を室上部から排出するもので、汚染物質が高温又は軽量の場合に有効である。

　　3.　第二種機械換気方式は、機械によって給気し排気口から自然排気するので、屋内駐車場内が正圧となり、周辺諸室へ排気ガスが流出する可能性がある。

　　4.　全熱交換器は、冷房時の清浄な高温外気と排気する低温室内空気との熱交換や暖房時の清浄な低温外気と排気する高温室内空気との熱交換によって負荷を低減し、熱源装置の容量を小さくすることができる。　正解 3

R05	R04	R03	R02	R01	H30	H29

問題13 Ⅱ 11　空気調和設備に関する次の記述のうち、**最も不適当な**ものはどれか。

1. ペリメーターレス化は、ペリメーターゾーンにおける熱負荷を、建築的手法と設備的手法とを組み合わせて可能な限り減少させ、ペリメーターゾーンをインテリアゾーンに近い温熱環境とすることである。

2. 熱負荷に応じて送風量を調整する変風量（VAV）方式は、VAV ユニットを部屋ごと又はゾーンごとに配置することから、個別の温度制御が可能である。

3. 外気冷房は、外気のエンタルピーが室内空気のエンタルピーよりも高い場合に、それらのエネルギーの差を冷房に利用するものである。

4. ダブルスキンは、外壁の一部又は全てをガラスの二重構造とし、その中間の空気の換気等による熱負荷低減、及び室内の窓際の環境改善を図ったものである。

[解説] 1. ペリメーターレス化は、ダブルスキンやエアフローウィンドウなどにより、ペリメーターゾーンをインテリアゾーンに近い温熱環境にして空調を行うことである。
3. エンタルピーとは空気の熱量であり、外気冷房は、中間期（夏季と冬季の間の期間）の夜間や冬季など、外気のほうが室内空気よりエンタルピーが低い場合に、外気を導入して冷房に利用するものである。
4. ダブルスキンは、ガラスを二重とした構造であり、夏季には中間の空気を排気して熱負荷を低減し、冬季には外気温による冷却を緩和する効果により、窓際の環境改善を図ることができる。　　　正解 3

R05	R04	R03	R02	R01	H30	H29

問題 14 II 12　空気調和・換気設備に関する次の記述のうち、**最も不適当なも**のはどれか。

1. シックハウス対策のための居室の換気を機械換気方式で行う場合、必要有効換気量を求める際の換気回数は、当該居室の天井の高さによっては、その天井の高さの区分に応じて低減することができる。
2. 半導体や液晶を製造する工場のクリーンルームにおいては、一般に、清浄度を保つために周囲の空間に対して正圧となるように制御を行い、塵埃の流入を防止する。
3. 空調機のウォーミングアップ制御は、一般に、外気ダンパーを全閉にするとともに還気ダンパーを全開にする制御等を行い、空調の立ち上がり時間を短縮する方法である。
4. 中央熱源空調方式は、在館者それぞれの要望に対応することができないことから、パーソナル空調方式としては採用されない。

[解説] 1. 建基法28条の2、同令20条の7、同令20条の8によるシックハウス対策のための居室の換気を機械換気方式で行う場合の必要有効換気量は、H15国交告273号により、その天井の高さの区分に応じて低減することができる。
2. クリーンルームにおいては、清浄度を保つために排気量より給気量を大きくして正圧とし、高性能フィルタ（HEPA、ULPA）によって塵埃の流入を防止する。
3. 在館者が少ない予冷・予熱運転時には、通常運転時と同程度の外気を取り入れる必要がないので、外気取入れを停止し、熱源設備やファン動力のエネルギー消費量や CO_2 排出量の削減を図る。
4. パーソナル空調方式は、執務空間などのタスク・アンビエント空調の環境のなか

で、個人別の風量・風速・温度等の調整を担うもので、中央熱源空調方式が一般的である。

正解 4

R05	R04	R03	R02	R01	H30	H29

問題15 Ⅱ 13 空気調和・換気設備に関する次の記述のうち、**最も不適当な**ものはどれか。

1. 長方形ダクトの断面のアクペクト比を、6：1とした。

2. セントラルダクト方式を採用した高層建築物において、低圧ダクトではダクトスペースが建築面積に対して大きな割合となることから、高圧ダクトとした。

3. 天井から下向きに軸流吹出し口を設置する事務室の計画に当たり、居住域の上面における風速が0.5 m/s以下となるようにした。

4. 水蓄熱槽の性能を十分に発揮させるために、槽内の高温水と低温水とを可能な限り分離させた。

解説 1. 長方形ダクトの縦横比をアスペクト比といい、扁平になるほど圧力損失が大きくなるので、4：1より小さくなるようにするのが望ましい。

3. （建基令129条の2の5第3項）中央式空調の風速は、0.5 m/s以下とする。

4. 水蓄熱槽には温度成層型と連結完全混合槽型がある。温度成層型は、同一槽内に高温で低密度の水と低温で高密度の水を極力混合させずに蓄える方式であり、連結完全混合型蓄熱槽は、蓄熱槽を多数連結することで低温冷水と高温冷水を分離する方式である。

正解 1

R05	R04	R03	R02	R01	H30	H29

問題16 Ⅱ 11 換気設備に関する次の記述のうち、**最も不適当な**ものはどれか。

1. 営業用厨房は、一般に、厨房内へ客席の臭気等が流入しないように、厨房側を客席側よりも正圧に保つ。

2. ボイラー室の給気量は、「燃焼に必要な空気量」に「室内発熱を除去するための換気量」を加えた量とする。

3. 外気取入れ経路に全熱交換器が設置されている場合、中間期等の外気冷房が効果的な状況においては、一般に、バイパスを設けて熱交換を行わないほうが省エネルギー上有効である。

4. 置換換気は、空間上部の高温（汚染）領域と空間下部の低温（新鮮）領域との空気密度差によって生じる、空気の浮力を利用した換気方式である。

解説 1. 営業用厨房は、厨房内の臭気等が客席へ流入しないように、厨房側を負圧に保つ。

2. ボイラー室や発電機室などは第1種換気（小規模の場合は第2種換気も可）とし、

給気量は、燃焼に必要な空気量に発熱除去のための換気量を加えた量とする。

3. 外気冷房が効果的な状況において熱交換器を通すと、導入外気が排気によって温度上昇するので、冷却効果が低下する。

4. 置換換気は、低温の新鮮空気を室の低部から静かに導入し、汚染物質を含む高温空気を室上部から排出する。

正解 1

R05	R04	R03	R02	R01	H30	H29

問題17 Ⅱ12　空気調和設備に関する次の記述のうち、**最も不適当な**ものはどれか。

1. 吸収冷凍機は、一般に、運転中も機内が真空に近い状態であり、圧力による破裂等のおそれがない。

2. 空調熱源用の冷却塔の設計出口水温は、冷凍機の冷却水入口水温の許容範囲内の高い温度で運転したほうが、省エネルギー上有効である。

3. 冷却塔内の冷却水の温度は、外気の湿球温度よりも低くすることはできない。

4. パッケージユニット方式の空調機の APF（Annual Performance Factor）は、「想定した年間の空調負荷」と「年間の消費電力量」により求められる。

解説　1.　吸収冷凍機の蒸発器内は、低い蒸発温度を得るためにほぼ真空状態になっており、凝縮器内も大気圧の1/10程度の低圧である。圧縮式冷凍機は、冷媒回路の閉塞と空気混入によって異常高温高圧状態になり、圧縮機が破裂するおそれがある。

2.　冷凍機の冷却水入口水温の下限値は、圧縮式で20℃程度、吸収式で26℃程度であるが、この温度が低いほど冷凍機の効率が向上する。例えば、圧縮式冷凍機で冷却水入り口温度が32℃のとき COP5.5程度に対して、同22℃のとき COP6.6程度となる。冷凍機の冷却水入口水温を下げるには、冷却塔の出口水温を低く設定する。

3.　冷却塔の冷却水は外気との接触による冷却（顕熱）と冷却水の蒸発による冷却（潜熱）によって温度低下するので、外気の湿球温度より低くならない。

4.　APF（通年エネルギー消費効率）は、一定の条件下で想定した年間の空調負荷を年間の消費電力量で除して求めたもので、実際の使用状態に近い運転効率を示す。

正解 2

R05	R04	R03	R02	R01	H30	H29

問題18 Ⅱ13　空気調和設備に関する次の記述のうち、**最も不適当な**ものはどれか。

1. デシカント空調方式は、除湿剤等を用いることにより潜熱を効率よく除去することが可能であり、潜熱と顕熱とを分離処理する空調システムに利用することができる。

2. 床吹出し空調方式は、事務所等で利用され、冷房・暖房のいずれにおいても、居住域での垂直温度差が生じにくい。

3. 蓄熱槽を利用した空調方式では、建築物の冷房負荷が小さくなる中間期の

冷房においても、冷房負荷の大きい夏期と同様に、冷凍機の成績係数（COP）を高く維持することが可能である。

4. 放射暖房方式は、一般に、室の床、壁、天井や放射パネルを加熱して、その放射熱を利用するものである。

[解説] 1. 一般的な空調方式ではコイルの過冷却によって除湿するが、デシカント空調方式では、除湿剤等によって潜熱を分離処理する。除湿剤等の再生には廃熱を利用する。

2. 床吹出し空調方式は、冷房時に居住域での垂直温度差が生じやすい。

3. 冷房負荷が小さい中間期には、一般に部分負荷運転となって冷凍機の効率が低下するが、蓄熱方式の場合は蓄熱（蓄冷）のための定格運転が可能となるので、成績係数を高く維持できる。 正解 2

R05	R04	R03	R02	R01	H30	H29

【問題19】(II 11) 空気調和・換気設備に関する次の記述のうち、**最も不適当なも**のはどれか。

1. 換気ダクトにおいて、ダクトの曲がり部分や断面変化部分に生じる局部圧力損失は、風速の二乗に比例する。

2. 軸流送風機は、一般に、遠心送風機に比べて、静圧の高い用途に用いられる。

3. 並列に接続した2台の同一性能をもつ送風機から単一ダクトに送風する場合、2台を同時に運転するときの風量は、そのうち1台のみを運転するときの風量の2倍よりも小さくなる。

4. 同じ風量用の外気取入れガラリと排気ガラリを比べると、排気ガラリのほうが、一般に、通過風速を高くできることから必要な正面面積は小さくなる。

[解説] 1. 換気ダクトの曲がり部分や断面変化部分に生じる局部圧力損失は、上流側風速の二乗に比例する。

2. 一般に、軸流送風機は静圧が低く風量が大きいのに対し、遠心送風機のうちシロッコファンは静圧が高く風量が小さい。

4. 外気取入れガラリは、空気導入時の雨滴の浸入や騒音の防止のため、通過風速を小さくする必要があるので正面面積を大きくする。 正解 2

R05	R04	R03	R02	R01	H30	H29

【問題20】(II 12) 空気調和設備の熱負荷計算に関する次の記述のうち、**最も不適当なものはどれか。**

1. 熱負荷計算法には、一般に、定常計算法、非定常計算法等があり、計算の目的により使い分けられている。

2. 設計用外界条件に用いられるTAC温度は、気象データを統計処理して得られた値であり、所定の超過確率を設定して、稀にみられる猛暑等の要因を取

り除いたものである。

3. 室内発熱負荷には、顕熱と潜熱があり、人体に起因する潜熱は、同一作業の場合、室温が高いほど小さくなる。

4. 最大負荷計算において、照明、人体、器具等による室内発熱負荷については、冷房時は計算に含めるが、暖房時は計算に含めないことが多い。

[解説] 2. 設計用外気温に用いられるTAC温度は、ASHRAEの技術諮問委員会（TAC）が提案したもので、一定期間の温度出現度数を調べ、超過確率（1%、2.5%、5%など）を設定して、超過データを取り除いたものである。

3. 人体に起因する潜熱の放熱量全体に対する割合は、事務作業の場合、室温が20℃のとき約35%に対し、室温が28℃のとき約60%となる。

4. 照明、人体、器具等は室内空気の加熱要因となるので、暖房時は安全側になる。 [正解 3]

R05	R04	R03	R02	R01	H30	H29

問題21 [Ⅱ 13] 空気調和設備に関する次の記述のうち、**最も不適当な**ものはどれか。

1. 蓄熱方式は、熱源装置の負荷のピークを平準化しその容量を小さくすることができる。

2. 河川水や井戸水を熱源とする水熱源ヒートポンプは、一般に、熱源水の温度が冷房時には外気温度よりも低く、暖房時には外気温度よりも高いことから、空気熱源ヒートポンプより成績係数（COP）が高い。

3. 省エネルギー性能が高い冷凍機の選定に当たっては、定格条件の成績係数（COP）とともに、年間で発生頻度が高い部分負荷時の成績係数（COP）も考慮する必要がある。

4. 冷却水を直接大気に開放しない密閉式冷却塔は、同じ冷却能力の開放式冷却塔に比べて、送風機動力が小さくなる。

[解説] 1. 蓄熱方式は、負荷のピークを平準化し、熱源容量の縮小、冷凍機の高負荷運転、熱供給の安定が確保でき、安価な深夜電力が利用できる。

2. COPは、冷暖房の熱出力を入力動力で除したものであり、河川水や井戸水を熱源とするほうが空気熱源より入力動力を減らせるので成績係数は高くなる。

3. 定格条件の成績係数は最大負荷時のものであり、年間の運転時間のうちわずかな頻度しか出現しない。発生頻度と冷却水入り口温度を考慮した指標として、期間成績係数（IPLV）がある。

4. 開放式冷却塔が循環する冷却水を直接蒸発させて冷却水温度を下げるのに対し、密閉式冷却塔は冷却水の配管が通るコイルに散水して蒸発によって冷却する。密閉式冷却塔は、同じ冷却能力の開放式冷却塔に比べて送風機動力が大きくなるが、水質劣化による冷凍機の性能低下は少ない。 [正解 4]

R05	R04	R03	R02	R01	H30	H29

問題01 Ⅱ 14　事務所ビルの飲料用受水槽に関する次の記述のうち、**最も不適当な**ものはどれか。

1. 塩素による腐食の発生を防ぐため、ステンレス鋼板製の受水槽は、水面上部（気相部）には水面下部（液相部）より耐食性の高いステンレス鋼材を用いた。

2. 断水時における BCP 対策等のため、受水槽の容量を 1 日予想給水量の 2 倍に設定したので、塩素滅菌装置を設置した。

3. 水槽内における藻類の増殖を防ぐため、屋外に設置する FRP 製の受水槽は、水槽照度率 $\left(\dfrac{水槽内照度 [lx]}{水槽外照度 [lx]} \times 100\right)$ [%] が 10% 以下のものを用いた。

4. 水槽内の滞留水による死水ができないようにするため、大容量の受水槽内には迂回壁を設けた。

[解説]　1.　特に屋内のステンレス鋼板製の受水槽においては、水中の残留塩素から発生する塩素ガスが気層部の結露水に溶解して腐食を発生させるので、これを防ぐためには、気相部に液相部より耐食性の高いステンレス鋼材を用いるのがよい。

2.　受水槽容量が大きいとタンク内の残留塩素が必要量より低下するおそれがあるので、一般に容量を 1 日予想給水量の $\dfrac{1}{3} \sim \dfrac{1}{2}$ 程度とするが、BCP（事業継続計画：Business Continuity Plan）により容量を 1 日予想給水量の 2 倍に設定するのであれば、自動塩素滅菌装置を設置して残留塩素濃度が維持できるようにする。

3.　水槽内における藻類の増殖を防ぐため、JIS（日本産業規格）により、FRP 製の受水槽は、水槽照度率が 0.1% 以下のものを用いなければならない。

4.　受水槽内の水が滞留すると衛生上の問題が生じるので、流入口と流出口（揚水口）の位置を離し、大容量の場合は受水槽内に迂回壁（導流壁）を設ける。　**正解 3**

R05	R04	R03	R02	R01	H30	H29

問題02 Ⅱ 15　給排水衛生設備に関する次の記述のうち、**最も不適当な**ものはどれか。

1. 公共下水道が合流式である地域においては、害虫や臭気等の侵入防止を目

的として、雨水排水はトラップますを介して一般排水系統の敷地排水管に接続する。

2. 管径 200 mm の敷地排水管の排水ますは、起点、屈曲点、合流箇所、**ます**の間隔が 24 m 以内となるような位置等に設ける。

3. 雨水排水管径の算定に用いる雨量に最大雨量の 1 時間値を用いることは、10 分間値を用いた場合よりも排水管径は大きくなるので、局地的な集中豪雨への対策として有効である。

4. サイホン式雨水排水システムは、特殊な形状のルーフドレンによりサイホン現象を発生させ、多量の雨水を排水する方式で、一般に、従来方式に比較して雨水たてどいの口径を小さくすることができる。

> [解説] 1. 合流式下水道の地域では、汚水・雑排水の敷地排水管に雨水排水管を接続するが、害虫や臭気等の侵入防止のために接続部分にトラップますを設ける。
>
> 2. 敷地排水管の排水ますは、原則として管径の 120 倍以内（管径 200 mm の場合 24 m 以内）、起点、屈曲点、合流箇所、管径や勾配が異なる位置等に設ける。
>
> 3. 雨水排水管径を算定する場合、最大雨量の 10 分間値の 6 倍は 1 時間値よりも大きい値となるので、10 分間値を用いるほうが排水管径は大きくなる。
>
> 4. サイホン式雨水排水システムは、空気の流入を抑制する特殊な形状のルーフドレンにより排水管を満水にしてサイホン現象を発生させ、多量の雨水を吸引して排水する方式で、排水流量・流速を増し、雨水たて管の口径を小さくする又は本数を削減することができる。　　　　　　　　　　　　　　　　　　　　　　　[正解 3]

R05	R04	R03	R02	R01	H30	H29

問題 03 Ⅱ 14　給水設備に関する次の記述のうち、**最も不適当な**ものはどれか。

1. 作動している給水ポンプ内のキャビテーションは、水温が一定の場合、ポンプ吸込口の管内圧力が低いときに発生しやすい。

2. 大便器洗浄弁には、逆サイホン作用による汚物の給水管への逆流を防止するために、バキュームブレーカーを設ける。

3. 飲料水用配管から空調設備配管へ給水する場合には、クロスコネクションを防止するために、一般に、逆止め弁を設ける。

4. 高置水槽方式において、揚水管の横引きは、ウォーターハンマーの発生原因となる水柱分離を防止するために、できるだけ低い位置で計画する。

> [解説] 1. 給水ポンプ内のキャビテーションは、ポンプ吸込口やポンプ内の局所的な減圧によって泡状の水蒸気が発生する現象で、発泡と消泡による振動・騒音・空回りによるポンプの効率低下のほか、圧力の激変によりポンプや配管を徐々に損傷す

る。

2. 逆サイホン作用とは、給水管内が負圧になって吐水口側のたまり水を吸引する作用であり、バキュームブレーカーは給水管への逆流を防止する。

3. クロスコネクションとは、異種配管の誤接合のことであり、飲料水用配管と空調設備配管は弁などを介しても接続してはならない。開放回路の場合は、水槽を介して空調設備配管に給水し、水槽への補給水は吐水口空間を設けボールタップなどによる自動給水とする。密閉回路の場合は、加圧シスターンなどの自動給水装置を設ける。

4. 高置水槽方式において、揚水ポンプが急に停止したとき、比較的高い位置にある配管内では水圧が低下し、水蒸気の塊が発生して水が分断される。これを水柱分離という。低い位置の配管には高い圧力がかかっているので水柱分離が起こりにくい。

正解 3

R05	R04	R03	R02	R01	H30	H29

問題 04 II 15 給湯設備等に関する次の記述のうち、**最も不適当な**ものはどれか。

1. 潜熱回収型ガス給湯機は、一般に、潜熱回収時に発生する酸性の凝縮水を機器内の中和器で処理し排出する仕組みとなっている。

2. 水熱源方式のヒートポンプ給湯システムは、下水道処理水、工場や大浴場の温排水等の未利用エネルギーを、熱源として利用することができる。

3. 家庭用燃料電池は、都市ガス等から燃料改質装置で作った水素と空気中の酸素とを反応させて発電するとともに、反応時の排熱で作った温水を給湯に利用する仕組みとなっている。

4. ハイブリッド給湯システムは、給湯負荷変動が少ないベース負荷を燃焼式加熱機が受け持ち、ベース負荷を超える場合にヒートポンプ給湯機でバックアップする仕組みとなっている。

解説 1. 潜熱回収型ガス給湯機は、燃焼ガスの潜熱回収時に酸性の凝縮水が発生するので、炭酸カルシウムを内蔵した中和器を通して排水する。

2. 下水道処理水は、地中の下水道を通った水なので、冬季にも水温が比較的安定しており、未利用エネルギーとしてヒートポンプ給湯の熱源として利用できる。

4. ハイブリッド給湯システムでは、給湯負荷変動が少ないベース負荷を効率のよいヒートポンプ給湯機が受け持ち、貯湯してタンクから供給する。それを超えて大量に使用する場合には、立ち上がりの早い燃焼式加熱機でバックアップする。 正解 4

R05	R04	R03	R02	R01	H30	H29

問題 05 II 14 給排水衛生設備に関する次の記述のうち、**最も不適当な**ものは

どれか。

1. 排水を再利用した雑用水については、便器洗浄水や修景用水の他に、清掃用水や冷却塔補給水にも使用した。

2. 給水設備において、上水系統と別系統にした雑用水系統の受水槽については、雑用水用ポンプを設置した給排水衛生設備機械室の直下にある鉄筋コンクリート造の床下ピットを利用した。

3. 雨水を便器洗浄水等で再利用した排水が下水道料金の対象となる地域において、雨水使用量を計測する量水計を設置した。

4. 飲食施設を設けない中小規模の事務所ビルの給水設計において、使用水量の比率を、飲料水 30%、雑用水 70% とした。

[解説] 1. 建築物環境衛生基準では、雑用水を散水・修景用水・清掃用水・便所洗浄水として、その水質を定めている。冷却塔補給水には水道水を使用し、雑用水は使用できない。なお、屎尿を含む汚水を原水に用いた場合は、便所洗浄水以外には使用できない。

2. 雑用水系統の受水槽は、鉄筋コンクリート造の床下ピットを利用してよい。

3. 水道水のみを使用する場合は、下水道料金は水道料金に含まれるが、水道水のほかに河川水、井戸水、雨水などを利用して下水道に流す場合は、排水量に応じた下水道料金が必要となる。

4. 一般の事務所ビルの給水設計においては、使用水量の比率を、飲料水 30 〜 40%、雑用水 60 〜 70% とする。　　　正解 1

R05	R04	R03	R02	R01	H30	H29

【問題06】 Ⅱ 15　排水設備等に関する次の記述のうち、**最も不適当な**ものはどれか。

1. 飲食店の厨房の排水系統に設けるグリース阻集器は、一般に、油脂分を取ることのみを目的としているので、下流に臭気等を防止するトラップを別に設ける必要がある。

2. 公共下水道へ排水する場合には、原則として、排水温度を 45℃ 未満にしなければならない。

3. ディスポーザ排水処理システムは、ディスポーザ、専用の排水配管及び排水処理装置により構成されており、一般に、排水中の BOD 等を基準値以下にして、下水道に放流するものである。

4. 即時排水型ビルピット設備は、排水の貯留時間を短くすることにより、硫化水素等の悪臭物質の発生を抑制することができる。

[解説] 1. グリース阻集器は、開放系の槽で油脂分を除去したのちトラップを経て排水される。トラップを別に設けると二重トラップになり、排水の円滑な流れを阻害する。

2. （下水道法12条1項、同令9条1項一号）主として下水道管内作業の安全のために、45℃以上の下水については除害施設を設けてその温度未満となるようにしなければならない。

3. ディスポーザ排水処理システムは、ディスポーザで粉砕した生ごみ排水を排水処理装置で処理するもので、微生物で処理する生物処理型と機械的に固液分離する機械処理型がある。

4. 即時排水型ビルピット設備は、排水の長時間貯留と悪臭物質の発生を抑制するために、地下のビルピット内にバレルと呼ばれる小容量のタンクを排水量に応じて配置し、水位計と制御装置で制御して、汚水ポンプで適時排水する。　正解 1

R05	R04	R03	R02	R01	H30	H29

問題 07 [Ⅱ 14] 上水のみ供給される建築物の給水設備について、1日当たりの給水量の算定に関する次の記述のうち、**最も不適当な**ものはどれか。ただし、空調用及びプール等の特別な用途に使用される給水は考慮しないものとする。

1. 集合住宅において、居住者1人当たり250 l/日とした。

2. 社員食堂のない事務所ビルにおいて、在勤者1人当たり60 l/日とした。

3. 客室主体のホテルにおいて、ベッド1台当たり500 l/日とした。

4. 総合病院において、ベッド1台当たり300 l/日とした。

[解説] 1. 集合住宅の単位給水量は、居住者1人当たり200〜350 L/日。

2. 事務所ビルの単位給水量は、在勤者1人当たり60〜100 L/日。社員食堂は別途加算。

3. ホテルの客室部の単位給水量は、1ベッド当たり350〜450 L/日。ホテルの全体の単位給水量は、1ベッド当たり500〜6,000 L/日である。客室主体のホテルの場合、その下限値である1ベッド当たり500 L/日とするのは妥当である。

4. 総合病院の単位給水量は、1ベッド当たり1,500〜3,500 L/日であり、300 L/日は極めて過少である。　正解 4

R05	R04	R03	R02	R01	H30	H29

問題 08 [Ⅱ 15] 排水通気設備の通気方式に関する次の記述のうち、**最も不適当**なものはどれか。

1. 各個通気方式は、各衛生器具のトラップごとに取り出した通気管を通気横枝管に接続し、その端部を通気立て管等に接続する方式であり、自己サイホン作用の防止に有効である。

2. ループ通気方式は、2個以上のトラップを保護するために用いられる方式

であり、ループ通気管を排水横枝管に接続される最高位の衛生器具のあふれ縁よりも高く立ち上げて、通気立て管にその端部を接続する。

3. 伸頂通気方式は、通気立て管を設けず、排水立て管の頂上に設置した伸頂通気管を用いて通気を行う方式であり、一般に、各個通気方式やループ通気方式に比べて許容流量値が大きい。

4. 通気弁方式は、通気管端部に通気弁を設置する方式であり、通気弁は、通気管内が負圧になると弁が開いて空気を吸引し、排水負荷がないときや通気管内が正圧になるときは弁が閉じる機構を有している。

[解説] 1. 各個通気方式は、器具トラップごとに通気管を設けるので、自己サイホン作用による破封を防止するうえで最も有効である。

2. ループ通気方式は、2個以上の器具トラップ群の破封を一つの通気管で防ぐ経済的な方式である。

3. 伸頂通気方式は、排水立て管の頂上に設置した伸頂通気管を用いて通気を行う一管式の通気方式であり、排水流量が少ない部分に限定して用いられる。

4. 通気弁方式は、設問の通りの機構を有しており、点検可能な屋内に設置できる。

[正解 3]

R05	R04	R03	R02	R01	H30	H29

問題09 [II 14] 給水設備に関する次の記述のうち、**最も不適当な**ものはどれか。

1. 水道直結直圧方式は、水道本管の圧力を利用して建築物内の必要箇所に給水する方式であり、一般に、3階建て以下の建築物で小規模なものに適用することができる。

2. 高置水槽方式は、水道本管からの水を受水槽へ貯水した後に、屋上等に設置した高置水槽へ揚水し、そこから重力を利用して建築物内の必要箇所に給水する方式であり、一般に、大規模な建築物にも適用することができる。

3. 水道直結増圧方式は、水道本管の圧力に加えて増圧ポンプによって建築物内の必要箇所に給水する方式であり、一般に、水道本管への逆流について考慮する必要はない。

4. ポンプ直送方式は、水道本管からの水を受水槽へ貯水した後に、給水ポンプによって建築物内の必要箇所に給水する方式であり、一般に、建築物が停電した際は給水することができない。

[解説] 1. 設問の通り、正しい。ただし、自治体により、5階までの給水が可能な地域もある。

2. 高置水槽方式は、中間貯水槽を設けると、超高層建築物にも適用できる。

3. 水道直結増圧方式は、受水槽を設けず、水道本管からの引込み管に増圧ポンプを

直結して給水する方式であるが、水道本管への逆流や水圧変動の防止のために逆流
防止装置の設置は不可欠である。

4. 設問の通り、正しい。なお、ポンプ直送方式には、流量に応じて定速ポンプの稼
働台数を制御するものと、ポンプの回転数を制御するものがある。 正解 3

R05	R04	R03	R02	R01	H30	H29

問題10 Ⅱ 15　給排水衛生設備に関する次の記述のうち、**最も不適当な**ものは
どれか。

1. 災害応急対策活動に必要な医療施設において、地震災害時に使用できる水
を確保するために、受水槽に地震の感知により作動する緊急給水遮断弁を設けた。

2. 雨水排水管と汚水排水管とを別系統で配管した建築物において、公共下水
道が合流式であったことから、雨水排水と汚水排水とを屋外の排水ますで同
一系統とした。

3. 循環式の中央式給湯設備において、レジオネラ属菌の繁殖を防ぐために、
貯湯槽内の湯の温度を 60℃ 以上に保つこととした。

4. 伸頂通気方式の排水通気配管において、通気流速を高めるために、伸頂通
気管の管径を排水立て管の管径よりも 1 サイズ小さいものとした。

解説　1.　官公庁、学校、医療施設等の災害応急対策活動に必要な施設においては、地
　　震時の配管の破断等によって受水槽の水の流失事故などが生じないように、受水槽へ
　　の給水部分や受水槽と揚水ポンプの間などに緊急給水遮断弁等を設けるようにする。

　2.　雨水管と汚水管は建築物内では別系統で配管する。合流式の公共下水道の場合、
　　雨水管と汚水管とを屋外で接続するが、このとき雨水管に U トラップを設けるか、
　　トラップますを介して接続する。

　3.　レジオネラ属菌は 40℃ 前後でよく繁殖するので、その繁殖を防ぐために貯湯槽
　　内の温度は常時 60℃ 以上とし、温度低下の起こる使用ピーク時でも 55℃ 以下に低
　　下しないようにする。

　4.　伸頂通気方式は、排水立て管の頂部に伸頂通気管を設けるもので、その管径は排
　　水立て管の管径と同径以上とする。 正解 4

R05	R04	R03	R02	R01	H30	H29

問題11 Ⅱ 14　給水設備に関する次の記述のうち、**最も不適当な**ものはどれか。

1. 上水受水槽の保守点検スペースとして、水槽の上部に 100 cm、側面及び下
部にそれぞれ 60 cm のスペースを確保した。

2. 上水受水槽と別に設ける消火用水槽として、建築物の地下ピットを利用した。

3. 屋外の散水栓において、逆流を防止するためにバキュームブレーカーを設けた。

4. 断水時にも水が使用できるように、水道直結直圧方式の上水給水配管と井戸水配管とをバルブを介して接続した。

> [解説] 1.2. 上水受水槽は、衛生のために躯体と縁を切り、保守点検スペースを設けるが、消火用水槽は建築物の地下ピットを利用することができる。
> 3. バキュームブレーカーは、給水管内が負圧になって吐水口側にある溜まり水などを吸引して逆流するのを防止するために設ける。
> 4. 上水給水・給湯配管と井戸水配管などのその他の配管を接続することをクロスコネクションといい、水道法などによって禁止されている。 　正解 4

R05	R04	R03	R02	R01	H30	H29

【問題12】II 15 給排水衛生設備に関する次の記述のうち、**最も不適当な**ものはどれか。

1. ガス瞬間式給湯機の給湯能力は、1ℓの水の温度を1分間に25℃上昇させる能力を1号として表示される。
2. 給湯設備における加熱装置と膨張タンクとを連結する膨張管には、止水弁を設ける。
3. 営業用厨房の排水設備において、グリース阻集器への流入管には、一般に、トラップを設けない。
4. 排水槽に設ける通気管は、一般に、排水管に接続する通気管とは別に設け、外気に開放させる。

> [解説] 2. 水は加熱によって体積膨張するので、給湯設備の加熱装置から体積増加分を膨張タンクに逃すようにする。両者を接合する膨張管には、止水弁を設けてはならない。
> 3. グリース阻集器は厨房等の排水の油脂分を分離捕集するためのもので、分離後の排水の流出側にトラップを設ける。 　正解 2

R05	R04	R03	R02	R01	H30	H29

【問題13】II 14 給排水衛生設備に関する次の記述のうち、**最も不適当な**ものはどれか。

1. 排水再利用水の原水としては、手洗器・洗面器や湯沸室からの排水のほかに、厨房からの排水も利用することができる。
2. 利用頻度が低い衛生器具には、器具付きのトラップの下流の配管の途中に、Uトラップを設けることが望ましい。
3. 分流式排水は、建築物内の排水設備においては「汚水」と「雑排水」とを別系統にすることをいい、公共下水道においては「汚水及び雑排水」と「雨水」とを別系統にすることをいう。
4. 公共下水道が合流式の地域において、雨水排水管を一般排水系統の敷地排

水管と接続する場合には、トラップますを介して接続する。

[解説] 1. 排水再利用水の原水には、手洗・洗面排水、湯沸し排水、浴室排水、洗濯排水、厨房排水、汚水などがある。厨房排水や汚水は、高度な処理を必要とするので、経済性を十分に考慮する必要がある。

2. 二重トラップになると、トラップ間の排水管内が閉塞状態になり、トラップの封水や排水の流れに悪影響を及ぼすおそれがある。二重トラップは禁止されている。

4. 排水管の有害ガスなどが雨水管を通って拡散することや、雨水管が腐食することを防止するため、合流式下水道の敷地排水管に雨水管を接続する場合は、雨水管にUトラップを設けるかトラップますを介して接続する。 正解 2

R05	R04	R03	R02	R01	H30	H29

問題14 Ⅱ 15 給排水衛生設備に関する次の記述のうち、**最も不適当な**ものはどれか。

1. 作動しているポンプ内のキャビテーションは、水温が一定の場合、ポンプ吸込口の管内圧力が高いときに発生しやすい。

2. 高置水槽方式の給水設備において、揚水管の横引きが長くなる場合は、ウォーターハンマーの発生原因となる水柱分離を防止するために、建築物のできるだけ低い位置で横引き配管を長くする。

3. 給水設備において、上水系統と雑用水系統とを別系統とすることにより、雑用水系統の受水槽は、鉄筋コンクリート造の床下ピットを利用することができる。

4. 上水系統の受水槽の水抜き管とオーバーフロー管は、いずれも十分な排水口空間を介して排水管等への間接排水とする。

[解説] 1. ポンプ内のキャビテーションは、ポンプ内または吸込口の管内圧力が低下したときに発生しやすい。

2. 高置水槽方式において、揚水ポンプが急に停止したとき、比較的高い位置にある配管内では水圧が低下し、水蒸気の塊が発生して水が分断される。これを水柱分離という。低い位置の配管には高い圧力がかかっているので水柱分離が起こりにくい。

4. 上水系統の受水槽の最低部の排水管（水抜き管）とオーバーフロー管は、汚水などの逆流を防ぐために間接排水とする。 正解 1

12 電気設備

〔学科Ⅱ〕

R05	R04	R03	R02	R01	H30	H29

問題01 Ⅱ16　電気設備に関する次の記述のうち、**最も不適当な**ものはどれか。

1.　力率は、交流回路に電力を供給する際における、「皮相電力」を「有効電力」で除したものである。

2.　需要率は、ある電力系統における、「接続された負荷の最大需要電力」を「負荷設備容量の総和」で除したものである。

3.　負荷率は、ある期間における、「平均需要電力」を「最大需要電力」で除したものである。

4.　不等率は、「ある系統に接続されている個々の負荷の最大需要電力の合計」を「その系統の最大需要電力」で除したものである。

〔解説〕　1.　実際に回路に流れる電力（皮相電力）は、「電圧と電流との積」で表されるが、電動機などのコイルを用いる設備では、電圧と電流のずれが生じるために無効電力が生じる。力率は、交流回路に電力を供給する際における、「有効電力」を「皮相電力」で除したものである。なお、進相コンデンサは無効電力を減じる働きがあり、力率を改善することができる。

2.　需要率は設問の通り定義されるもので、設備の同時稼働率を示している。

3.　負荷率は設問の通り定義されるもので、電力設備の有効利用率を示している。期間により、日負荷率、月負荷率、年負荷率がある。

4.　不等率は設問の通り定義されるもので、値が低いほど負荷が同時稼働していることを示している。なお、受変電設備を設計する際の負荷容量は、負荷設備の効率、力率、需要率、負荷率、不等率等を考慮して決める。　　　**正解 1**

R05	R04	R03	R02	R01	H30	H29

問題02 Ⅱ17　電気設備に関する次の記述のうち、**最も不適当な**ものはどれか。

1.　雷保護システムにおけるSPD（サージ防護デバイス）は、建築物に対する直撃雷・近傍雷による雷害から、電気・電子機器を守るために設置する装置のことである。

2.　同一容量の負荷設備に電力を供給する場合における電線の断面積は、同じ種類の電線であれば、配電電圧が400Vよりも200Vのほうが、小さいものを

191

使用することができる。

3. かご形三相誘導電動機の始動電流は、全電圧始動方式（直入れ始動）よりもスターデルタ始動方式のほうが小さくなる。

4. 鉄骨造の建築物における雷保護システムの引き下げ導線は、地上部分の構造体の鉄骨を利用することができる。

[解説] 1. 建築物に対する直撃雷や近傍雷が発生すると、電源線や通信回路から雷サージ（過電圧・過電流）が侵入し、電気・電子機器を破壊するおそれがあるので、機器ごとに SPD を設け、雷サージを接地側に流す。

　　2. 同一容量の負荷設備に電力を供給する場合、同じ種類の電線であれば、配電電圧が高いほうが電線の断面積は小さくすることができる。

　　3. 全電圧始動方式は始動電流を定格時の 5 倍程度必要とするので、小型電動機に限って用いられる。スターデルタ始動方式は、始動時は固定子の巻き線をスター結線とし、定常時にはデルタ結線に切り替える方式で、始動電流を小さくできる。

　　4. 避雷設備の引き下げ導線には、構造体の鉄骨や鉄筋のほか金属製外装材が利用できる。 正解 2

R05	R04	R03	R02	R01	H30	H29

問題 03 Ⅱ 16　JIS における構内電気設備の名称とその配線用図記号との組合せとして、**最も不適当な**ものは、次のうちどれか。

名　称	図記号
1. 壁付コンセント（接地端子付）	⊖ ET
2. 煙感知器	⌓
3. 分電盤	◢
4. 配電盤	⊠

[解説] 2. JIS の構内電気設備の配線用図記号において、煙感知器 2 種露出形の図記号は、長方形（上辺 2 線）の中に S が記入されたものであり、設問の図記号は、差動式スポット型感知器 2 種である。 正解 2

R05	R04	R03	R02	R01	H30	H29

問題 04 Ⅱ 17　電気設備に関する次の記述のうち、**最も不適当な**ものはどれか。

1. インバータ機器から発生する高調波電流を抑制するために、アクティブフィルタを設置した。

2. 幹線設備における地絡電流による感電、火災、設備の破損等を防止するために、過電流遮断器を設置した。

3. 伝送系の信号線が電源関係ケーブルからの静電誘導によるノイズの影響を受けないようにするために、その信号線には、シールドケーブルを使用した。
4. 外部雷保護システム（受雷部、引下げ導線及び接地極システム）及び建築物等の導電性部材に流れる雷電流による危険な火花放電の発生を防止するために、内部雷保護システムを構築した。

[解説] 1. 高調波は、交流の基本周波数（50 Hz、60 Hz）の3〜40倍の周波数のものをいい、交流の波形をひずませ、電気設備に悪影響を及ぼす。アクティブフィルタは、インバータ機器などから発生する高調波電流を抑制する。
2. 幹線に設ける過電流遮断器は、電気回路に過電流や短絡電流などの大電流が流れたとき回路を遮断する装置であり、低圧の分岐回路に用いる配線遮断器も過電流遮断器である。幹線の地絡による感電、火災、設備の破損等を防止するのは地絡遮断器である。低圧回路の地絡（漏電）による感電、火災等を防止するのは漏電遮断器である。
3. シールドケーブルは、導線を金属製の組み紐などで覆い、外部からの又は導線相互の電磁ノイズの干渉を低減する。
4. 落雷によって屋内に過電流（サージ）が侵入し、人体に影響を与えたり電子機器を破損させたりすることがないように、外部雷保護システム、建築物等の導電性部材、水道管などは直接、電気配線、ガス管などはサージ保護装置（SPD）を介して等電位ボンディングバーに接続し等電位化を行う。これを内部雷保護システムという。 正解 2

R05	R04	R03	R02	R01	H30	H29

問題 05 Ⅱ 16 発電設備等に関する次の記述のうち、**最も不適当な**ものはどれか。

1. 非常電源専用受電設備は、商用電源が停電した場合、消防設備へ電力を供給できなくなるので、大規模な特定防火対象物における消防用設備等の非常電源とすることができない。
2. 消防用設備等の非常電源として用いる自家発電設備で、蓄電池を使用しないものは、常用電源が停電してから電圧確立及び投入までの所要時間を40秒以内とする必要がある。
3. デュアルフューエルシステムの発電機に用いる燃料は、通常時にはガスを用い、災害等によりガスの供給が停止した場合には重油等を用いることができる。
4. 燃料電池設備は、気体燃料を用いるので、消防用設備等の非常電源とすることができない。

[解説] 1. （消防法施行規則12条1項四号など）非常電源専用受電設備は、延べ面積が1,000 m²以上の特定防火対象物における消防用設備等の非常電源とすることがで

きない。

2.　（S48 消告 1 号第 2 第一号（三））正しい。

4.　燃料電池設備には、電気と熱を供給するコージェネレーション装置として運転し、非常時に消防用設備等に電力を供給するものや、直接水素を備蓄燃料とする非常用のパッケージ装置などがある。都市ガスを水素に改質して利用するものは、都市ガスの供給が停止した場合には、LP ガスへの切り替えができる。　　　正解 4

R05	R04	R03	R02	R01	H30	H29

問題 06 Ⅱ 16）　電気設備に関する以下のA〜Cの電気方式について、電圧降下（電線に電流が流れると損失が発生し、受電端の電圧が送電端の電圧よりも低くなること）の大きさの大小関係として、**正しいもの**は、次のうちどれか。ただし、負荷電流、こう長（電線上の 2 点間の長さ）及び電線の断面積は同じとし、いずれも 200V 配電とする。

A：単相 2 線式

B：単相 3 線式

C：三相 3 線式

1.　A ＞ B ＞ C

2.　A ＞ C ＞ B

3.　C ＞ A ＞ B

4.　C ＞ B ＞ A

[解説]　電圧降下の値 ΔV は、配線方式による係数を K、負荷電流を I、電線のこう長を L、単位長さ当たりのインピーダンスを Z とすると、$\Delta V = KILZ$。ILZ が等しいとき、電圧降下の大小は K の大小によって決まる。K の値は、A の単相 2 線式：2、B の単相 3 線式：1、C の三相 3 線式：$\sqrt{3}$。したがって、電圧降下の値 ΔV の大小関係は、A ＞ C ＞ B となる。　　　正解 2

R05	R04	R03	R02	R01	H30	H29

問題 07 Ⅱ 17）　再生可能エネルギーに関する次の記述のうち、**最も不適当なもの**はどれか。

1.　太陽光発電システムの構成要素の一つであるパワーコンディショナには、インバータ、系統連系保護装置、制御装置等が組み込まれている。

2.　太陽光発電システムに使用される配線は、アレイ（モジュール）からパワーコンディショナまでの交流配線とパワーコンディショナから配電盤までの直流配線とがある。

3.　風力発電に用いられる風車は、一般に、水平軸風車（回転軸が地面に対して水平な風車）と垂直軸風車（回転軸が地面に対して垂直な風車）に分類す

ることができ、垂直軸風車は小型風車での採用例が多い。

4.　風力発電の系統連系において、DC（直流）リンク方式は、AC（交流）リンク方式に比べて出力変動の影響を受けにくく、安定供給が可能な電力として系統に連系できる。

解説　1.　インバータは、直流電流を交流電流に変換し、余剰電力を系統側へ安全に逆潮流させる機能などを有する。系統連系保護装置は、系統側に停電などの異常が発生したときにシステムを系統から切り離し、停止させる機能を有する。

2.　アレイで発生する電力は直流電力なので、パワーコンディショナで交流電力に変換して配電盤に送る。

3.　水平軸風車は、ローター（翼とハブからなるプロペラ部分）、ナセル（増速機、発電機を内蔵）、タワーで構成されるもので、電力会社の風力発電に用いられる。

4.　交流リンク方式は、ローターの回転数・発電機の回転数を一定にして系統周波数に合わせ、トランスを介して系統に接続する。直流リンク方式は、インバータなどの電力変換装置を介して系統に接続するもので、風力に合わせてローターの回転数を最適化できるので、出力変動の影響を受けにくく、高効率で安定的に供給できる。

正解 2

R05	R04	R03	R02	R01	H30	H29

問題08 II 16　電気設備に関する次の記述のうち、**最も不適当な**ものはどれか。

1.　電圧の種別において、交流で 600 V 以下のものは、低圧に区分される。

2.　力率は、交流回路に電力を供給する際の「皮相電力（電圧と電流との積）」に対する「有効電力」の比率である。

3.　幹線に使用する配線方式において、バスダクト方式は、負荷の増設に対応しにくいことから、小容量の電力供給に限られている。

4.　無停電電源装置（UPS）は、整流器、蓄電池、インバータ等により構成され、瞬間的な電圧降下時や停電時においても安定した電力供給を維持するためのものである。

解説　1.　交流で 600 V 以下は低圧、7,000 V 以下は高圧、7,000 V を超えるものは特別高圧に区分される。

3.　バスダクト方式は、銅やアルミのレール状の金属導体を絶縁体で被覆しダクトに格納したもので、大容量の電力を供給する幹線に使用できる配線方式である。プラグインブレーカーを接続すれば容易に幹線を分岐し負荷を増設できる。　正解 3

R05	R04	R03	R02	R01	H30	H29

問題09 II 16　電気設備に関する次の記述のうち、**最も不適当な**ものはどれか。

1. 同一容量の負荷設備に電力を供給する場合、同じ種別の電線であれば、配電電圧が200 Vより400 Vのほうが、電線は細いものを使用することができる。
2. かご形三相誘導電動機の始動電流は、全電圧始動方式よりもスターデルタ始動方式のほうが大きくなる。
3. 受変電設備における進相コンデンサは、主に、力率を改善するために用いられる。
4. 受電方式には、1回線受電方式の他に、電力供給の信頼性に重点をおいたスポットネットワーク受電方式等がある。

> [解説]　2.　かご形三相誘導電動機は、最も広範に使用される電動機で、中央部のかご状の回転子と周囲の固定子からなる。固定子に三相電流を流すと回転磁界が生じ回転子が回転する。この始動電流を小さく抑えるために、始動時は固定子の巻き線をスター（Y）結線とし、定常時にはデルタ（△）結線に切り替えるスターデルタ始動方式を採用する。
> 　4.　スポットネットワーク受電方式は、電力会社の変電所から2回線以上（通常3回線）の特別高圧で引き込み、各回線から変圧器を介して並列受電する方式であり、一つの回線に不具合が生じても電力供給が可能である。
> 　　　　　　　　　　　　　　　　　　　　　　　　　　　　正解 2

R05	R04	R03	R02	R01	H30	H29

問題10 Ⅱ17　発電設備に関する次の記述のうち、**最も不適当な**ものはどれか。
1. デュアルフュエルタイプの発電機に用いる燃料は、通常時にはガスを用い、災害時等にガスの供給が停止した場合には重油等を用いることができる。
2. 屋内に設置する発電機用の燃料槽は、消防法の規定による指定数量以上の燃料を備蓄する場合、屋内貯蔵所等として規制を受ける。
3. 燃料電池設備は、消防法の規定に適合する場合、消防用設備等の非常電源として用いることができる。
4. コージェネレーションシステムに使用される発電機の発電効率は、一般に、ガスエンジンに比べてガスタービンのほうが高い。

> [解説]　2.　消防法10条により、正しい。
> 　3.　消防法施行規則12条1項四号により、正しい。
> 　4.　廃熱を利用するコージェネレーションシステムとしての総合エネルギー効率はいずれも80％以上の数値を実現しているが、発電機の発電効率は、一般に、ガスエンジンが40～45％に対してガスタービンは30～40％である。
> 　　　　　　　　　　　　　　　　　　　　　　　　　　　　正解 4

R05	R04	R03	R02	R01	H30	H29

問題11 Ⅱ16　電気設備に関する次の記述のうち、**最も不適当な**ものはどれか。

1. 鉄骨造の建築物においては、雷保護システムの引下げ導線に、地上部分の構造体の鉄骨を利用することが望ましい。
2. 接地には、外部雷保護用接地、電位上昇による感電等を防ぐ保安用接地、電位変動による電子機器の機能障害を防ぐ機能用接地等がある。
3. 接地工事の接地線には、過電流遮断器を施設してはならない。
4. 埋設接地極は、酸等で腐食するおそれがなく、水気の少ない場所を選定して地中に埋設することが望ましい。

[解説] 1. 避雷設備の引下げ導線には、構造体の鉄骨や鉄筋のほか金属製外装材が利用できる。

3. 経産省の「電気設備の技術基準の解釈」35条には、接地線、多線式電路の中性線、電路の一部に接地工事を施した低電圧線路の接地側電線には、原則として過電流遮断器を施設しないこととある。

4. 埋設接地極を水気の少ない場所に設けると接地抵抗が大きくなるので、できるだけ水気のある場所を選定する。 [正解 4]

13 照明設備

R05	R04	R03	R02	R01	H30	H29

問題01 Ⅱ17　照明率に関する次の記述のうち、**最も不適当なもの**はどれか。

1.　配光が同じ照明器具においては、器具効率が高いほど照明率は高くなる。

2.　器具効率が同じ照明器具においては、配光の広がりが大きいほど照明率は高くなる。

3.　室の形状を示す室指数が同じであれば、室内反射率が高いほど照明率は高くなる。

4.　室内反射率が同じであれば、室の形状を示す室指数が大きいほど照明率は高くなる。

解説　1.　照明率は、ランプから出た光束のうち、照明器具による光束減少、室内反射による光束減少などを経て受照面に入射する光束の割合である。器具効率が高いほど照明器具による光束の減少が少なく、照明率は高くなる。

2.　器具効率が同じ照明器具においては、下方への配光が大きいほど照明率は高くなり、拡散配光は作業面への反射光の割合が多くなるので照明率は低くなる。

3.　室指数 k は、室の二辺を X、Y、作業面から照明器具までの高さを H とするとき、$k = \dfrac{XY}{H(X+Y)}$ で与えられる。室形状が同じであれば、室内反射率が高いほど室内反射による光束の減少が少なく、照明率は高くなる。

4.　XY が大きく H が小さいほど室指数 k が大きくなり、照明器具からの直接光の割合が高くなるので、照明率は高くなる。　　　　　　　　　　正解 2

R05	R04	R03	R02	R01	H30	H29

問題02 Ⅱ17　照明設備に関する次の記述のうち、**最も不適当なもの**はどれか。

1.　病院の手術室及び診察室の照明設備において、事務室に使用する光源に比べて演色性の低い光源を使用した。

2.　住宅のリビングの間接照明において、熱放射が少なく、ランプ交換等のメンテナンス頻度が少ない LED ランプを使用した。

3.　事務室の照明計画において、ランプのサイズが小さく高輝度の LED ランプを使用するに当たり、グレアに配慮して、光源が直接目に入らないように

した。
4. 事務室の照明計画において、ブラインドの自動制御により昼光を利用し、かつ、照度センサーを用いた照明の制御も併せて行うことにより、消費電力が少なくなるようにした。

[解説] 1. 演色性とは、自然光と比較した色の見え方の程度をいい、自然光に近いほど演色性が高いという。患者の手術および診察において色の見え方は重要であり、照明は演色性の高い光源を使用する。

4. オフィスビルでは、省エネのために照明に昼光が積極的に利用されるようになっている。昼光利用には、過度な照度を抑制するブラインドの自動制御や、照明器具に内蔵したセンサーまたは天井面のセンサーで器具の照度を制御するものなどがある。 正解 1

R05	R04	R03	R02	R01	H30	H29

問題03 Ⅱ 17 照明設備に関する次の記述のうち、**最も不適当な**ものはどれか。
1. 蛍光ランプや LED の光色において、昼白色は、電球色に比べて相関色温度が低い。
2. グレアは、視野内に輝度の高い光源や極端な輝度対比があることにより生じる現象をいう。
3. アンビエント照明の設計においては、空間の明るさを確保しつつ省エネルギーを図るために、輝度分布を考慮することが望ましい。
4. 初期照度補正は、経年に伴う光源の出力低下等を考慮した、照明の省エネルギー手法の一つである。

[解説] 1. 蛍光ランプや LED の相関色温度は、電球色 2,600〜3,250 K、温白色 3,250〜3,800 K、白色 3,800〜4,500 K、昼白色 4,600〜5,500 K、昼光色 5,700〜7,100 K である。

2. グレアには、視野内に輝度の高い光源などがあり視対象が見えにくくなる不能グレア、不快なまぶしさを感じる不快グレア、視対象表面の輝度対比が薄められる光幕反射、ショーケースなどに像が映り込んで中が見にくくなる反射映像がある。

3. タスク照明が作業面上などの照度を確保するのに対し、アンビエント照明は室内空間全般の明るさを確保するもので、省エネルギーを図るために照度を抑制するが、作業面と背景との輝度対比が大きくなりすぎないようにする。

4. 経年に伴う光源の出力低下や汚染による室内反射率低下等を考慮して保守率を設定するので、初期照度は必要照度より過大になる。この点を考慮して調光を行う手法を初期照度補正制御という。 正解 1

R05	R04	R03	R02	R01	H30	H29

問題01 Ⅱ18 　自動火災報知設備に関する次の記述のうち、**最も不適当なもの**はどれか。

1.　炎感知器は、天井が高い空間のように、熱や煙が天井面に到達する以前に分散し、火災検出が困難な場所において使用される。

2.　P型受信機は、R型受信機と異なり、固有信号による伝送方式であるので信号線を少なくすることができる。

3.　地区音響装置における区分鳴動方式とは、火災時に一斉に鳴動させることでパニックを発生させないように、階の区分ごとに限定して鳴動させる方式のことである。

4.　予備電源が内蔵されていない受信機と非常電源間の配線には、火災時に異常なく動作させるために、耐火配線を使用する。

> 解説　1.　炎感知器は、炎のゆらぎによる紫外線や赤外線の変化から火災を感知するもので、設問にある場所において使用される。
>
> 2.　P型受信機は、警戒区域内にある感知器または発信機の発報により警戒区域が特定されるもので、警戒区域を増やすと配線数は増加する。R型受信機は、固有信号による伝送方式なので発報場所が特定でき、配線を少なくすることができる。
>
> 3.　地区音響装置は、自動火災報知設備のベルや非常放送スピーカーのことで、防火対象物の全区域に鳴動することが原則であるが、地上5階以上かつ3,000m²を超える場合、設問にある区分鳴動方式とする。ただしこの場合でも、一定時間が経過した場合又は新たな火災信号を受信した場合は全区域に自動的に警報を発する。　正解 2

R05	R04	R03	R02	R01	H30	H29

問題02 Ⅱ18 　防災設備に関する次の記述のうち、**最も不適当なもの**はどれか。

1.　排煙設備の設置が必要な百貨店において、排煙設備の排煙口を、防煙区画のそれぞれについて、当該防煙区画の各部分から排煙口のいずれかに至る水平距離が30m以下となるように設置した。

2.　スプリンクラー設備の設置が必要なホテルにおいて、床面から天井面まで

の高さが12mのロビーに、放水型ヘッドを使用したスプリンクラー設備を設置した。

3.　プロパンガスを使用する厨房において、ガス漏れ警報器の検知部を、燃焼機器から検知部までの水平距離が8m以内、かつ、天井面から検知部下端までの高さが0.3m以内となるように設置した。

4.　劇場において、客席誘導灯を、客席内の通路の床面における水平面照度が0.2lx以上となるように設置した。

　〔解説〕　1.　建基令126条の3第1項三号により、設問の通り。
　　2.　消防令12条2項二号ロ、同規則13条の4第2項により、スプリンクラー設備の設置が必要なホテルにおいては、床面から天井面までの高さが10mを超える部分には放水型ヘッドを設置する。
　　3.　プロパンガスは空気より重いので、ガス漏れ警報器の検知部は、燃焼機器やガス管の外壁貫通部などから検知部までの水平距離が4m以内、かつ床面から検知部上端までの高さが0.3m以内となるように設置する（消防規則24条の2の3第1項一号ロ）。なお、天然ガスの場合は設問の位置でよい。
　　4.　劇場などの客席誘導灯は、消防令26条、同規則28条により、客席内通路の床面の中心線における水平面照度が0.2lx以上となるように設置する。　　正解 3

R05	R04	R03	R02	R01	H30	H29

問題03 Ⅱ18　消防用設備等に関する次の記述のうち、**最も不適当な**ものはどれか。

1.　消火薬剤の放射により消火するパッケージ型自動消火設備を、スプリンクラー設備の代替設備として延べ面積1,500m²の特別養護老人ホームに設置した。

2.　窒息効果と冷却効果により消火する泡消火設備を、地下駐車場に設置した。

3.　水幕を張ることにより外部等からの延焼を防止するドレンチャー設備を、重要文化財の神社に設置した。

4.　消防用水を、屋内消火栓設備やスプリンクラー設備等の初期消火設備のための専用水源として設置した。

　〔解説〕　1.　消防令29条の4、H16総務省令92号2条により、パッケージ型自動消火設備はスプリンクラー設備の代替設備とすることが可能で、H16告示13号第3第一号により、特別養護老人ホームは消防令別表1(6)項ロ(1)に該当するので、延べ面積10,000m²以下のものに設置できる。
　　2.　（消防令13条1項）床面積200m²以上の地下駐車場には、水噴霧消火設備、泡消火設備、不活性ガス消火設備などを設置する。

3. ドレンチャー設備は、水幕による放射熱の反射・吸収、建築物の冷却などにより延焼を防止する防火設備である。

4. 消防用水は、広大な敷地内の大規模建築物又は高層の大規模建築物において、消防隊が消火活動を行うために利用する防火水槽やプールなどをいう。 正解 4

R05	R04	R03	R02	R01	H30	H29

問題 04 Ⅱ 18 消防用設備等に関する次の記述のうち、**最も不適当な**ものはどれか。

1. 屋内消火栓設備において、1号消火栓については、階ごとに、その階の各部分から消火栓のホース接続口までの水平距離が 25 m 以下となるように設置した。

2. スプリンクラー設備において、スプリンクラーヘッドが設けられていない部分に設ける補助散水栓については、階ごとに、その階の各部分からホース接続口までの水平距離が 15 m 以下となるように設置した。

3. 屋外消火栓設備については、建築物の各部分から屋外消火栓のホース接続口までの水平距離が 50 m 以下となるように設置した。

4. 事務所ビルの連結送水管の放水口については、3 階以上の階ごとに、その階の各部分から水平距離が 50 m 以下となるように設置した。

解説 1. 屋内消火栓設備は、設置を要する階の各部分から消火栓のホース接続口までの水平距離を 1 号消火栓 25 m 以下、2 号消火栓 15 m 以下となるように設置する。

2. 消防令 12 条 2 項八号により、スプリンクラー設備には補助散水栓を設けることができる。補助散水栓は、同規則 13 条の 6 第 4 項一号により、防火対象物の階ごとに、その階の各部分から一のホース接続口までの水平距離が 15 m 以下となるように設ける。

3. 屋外消火栓設備は、消防令 19 条 3 項一号により、建築物の各部分から屋外消火栓のホース接続口までの水平距離が 40 m 以下となるように設置する。50 m は誤り。

4. 事務所ビルの連結送水管の放水口は、消防令 29 条 2 項一号イにより、3 階以上の階では各部分からの水平距離が 50 m 以下となるように設置する。 正解 3

R05	R04	R03	R02	R01	H30	H29

問題 05 Ⅱ 18 防災設備に関する次の記述のうち、**最も不適当な**ものはどれか。

1. 水噴霧消火設備は、噴霧水による冷却作用と噴霧水が火炎に触れて発生する水蒸気による窒息作用等により、火災の抑制・消火をする固定式の消火設備である。

2. 排煙設備は、専用の設備として設けることが原則であるが、換気設備が排

煙設備としての性能を有していることが確認された場合には、兼用が認められることがある。

3. 屋外消火栓設備は、防火対象物の外部に設置され、建築物の1階部分及び2階部分で発生した火災の消火や隣接する建築物への延焼防止を目的としている。

4. 連結送水管は、地下階の火災の際、消火活動を容易にするために、消防ポンプ自動車から送水し、天井又は天井裏の散水ヘッドから放出することにより消火する設備である。

[解説] 1. 水噴霧消火設備は、開放型のヘッドから霧状の水を噴出させるもので、設問の作用のほか油面の乳化作用により消火をするので、駐車場や可燃性固体・液体の火災にも対応できる。

2. 空調・換気設備のダクトやファンを排煙設備に兼用するものを空調兼用排煙方式という。

4. 連結送水管は、高層建築物や地下街の消火のために建築物にあらかじめ設置された送水管で、消防ポンプ自動車から送水し、消防隊が屋内の放水口にホースを接続して消火にあたる。設問の設備は、連結散水設備である。　　　　正解 4

R05	R04	R03	R02	R01	H30	H29

問題06 Ⅱ 18　防災設備に関する次の記述のうち、**最も不適当な**ものはどれか。

1. 閉鎖型スプリンクラーヘッドの種別について、感度種別が1種で、かつ、有効散水半径が2.6m以上であるものは「高感度型」に分類される。

2. 自動火災報知設備において、差動式熱感知器は、一般に、厨房、ボイラー室又はサウナ室に設置する。

3. 非常用の照明装置は、常温下で床面において水平面照度で1 lx（蛍光灯又はLEDランプを用いる場合には2 lx）以上を確保する。

4. 排煙設備の排煙口は、原則として、防煙区画のそれぞれについて、当該防煙区画部分の各部分から排煙口のいずれかに至る水平距離が30m以下となるように設ける。

[解説] 1. 高感度型の定義は設問の通りである。なお、感度種別は、ヘッドを水平熱気流に投入したとき一定時間内に作動することを確認する感度試験によって与えられ、標示温度ごとに1種と2種がある。1種の方が相対的に低温・低速の熱気流に対して作動する。

2. 定温式感知器が周囲温度が一定になったときに感知するのに対し、差動式熱感知器は周囲温度の上昇率が一定を超えると感知するので、厨房、ボイラー室、サウナ室には設置できない。

3. （S45 建告 1830 号）正しい。

4. （建基法 126 条の 3 第 1 項三号）正しい。　　　　　　　　　　正解 2

R05	R04	R03	R02	R01	H30	H29

問題07 Ⅱ 18　防災設備に関する次の記述のうち、**最も不適当な**ものはどれか。

1. スプリンクラー設備の設置が必要なホテルにおいて、床面から天井までの高さが 12 m のロビーに、放水型ヘッドを使用したスプリンクラー設備を設置した。

2. スプリンクラー設備の設置が必要な店舗において、スプリンクラーヘッドが設けられていない部分に、補助散水栓をホース接続口からの水平距離が 25 m 以内となるように設置した。

3. 特別避難階段の付室に、所定の機械排煙設備を設置した。

4. 劇場の客席誘導灯を、客席内の通路の床面における水平面照度が、0.2 lx 以上となるように設置した。

解説　1.　スプリンクラー設備の設置が必要な防火対象物のうち、百貨店、展示場、地下街の店舗、指定可燃物を貯蔵する部分などは床面から天井までの高さが 6 m を超える場合、ホテルを含むその他の防火対象物は当該高さが 10 m を超える場合に放水型ヘッドを使用する。

2.　補助散水栓は、スプリンクラー設備と併置する形でスプリンクラーヘッドの未警戒（非設置）部分に設置できる。設置位置は、水平距離 15 m 以内に未警戒部分が内包できるようにしなければならない。

4.　劇場の客席誘導灯は、客席のすべての通路の床面の中心線において水平面照度が 0.2 lx 以上とならなければならない。　　　　　　　　　　正解 2

15 搬送設備

R05	R04	R03	R02	R01	H30	H29

問題01 Ⅱ 19　エレベーターに関する次の記述のうち、**最も不適当なもの**はどれか。

1.　貸事務所ビルの乗用エレベーターのサービス水準については、エレベーターが2台以上ある場合、平均運転間隔を40秒以下となるように計画することが望ましい。

2.　事務所ビルの乗用エレベーターについては、一般に、出勤時のピーク5分間に発生する交通量に基づき、台数及び仕様を計画する。

3.　エレベーターの設計用水平標準震度は、基礎免震構造を採用しない建築物の場合、建築物の高さが60mを超えると、高さ60m以下の場合に比べて、大きく異なった値となる。

4.　高層建築物の乗用エレベーターは、地震時にできるだけ早く安全な避難階に停止させ、乗客がかごから降りた後に、運転を中止する計画とする。

[解説]　1.　平均運転間隔とはエレベーターが始発階を出発する平均の時間間隔をいい、待ち時間の目安となるもので、一般的な貸事務所ビルの計画では30〜50秒（標準40秒）以下となるようにする。

　　3.　エレベーターの設計用水平標準震度は、高さ60m以下の場合階により0.6〜1.5とするが、高さ60mを超えると地震応答解析等により0.4〜2.0となる。

　　4.　乗用エレベーターは、火災発生時には避難階に直行して停止させるが、地震時には最寄階に停止させる。　　　　　　　　　　　　　　　　　**正解4**

R05	R04	R03	R02	R01	H30	H29

問題01 Ⅱ19　建築設備に関する次の記述のうち、**最も不適当なもの**はどれか。

1. 高層建築物において、1階の天井内に吊り支持された設備機器の設計用地震力を算定する場合、設計用標準震度は、適用階の区分を中間階とし、耐震クラスに応じた値を用いる。
2. 基礎免震構造の建築物において、エレベーターの設計用水平地震力を算定する場合、設計用水平標準震度は、建築物の高さに関係なく全ての階で同じ値を用いる。
3. 大地震後にも長時間継続して使用する非常用発電機の冷却方式は、冷却水が不要な空冷式が望ましい。
4. エキスパンションジョイント部分には、原則として、給水管を通過させてはならないが、やむを得ず通過させる場合は、低層部を避け、できるだけ高層部に配管する。

[解説] 1.　設計用標準震度の区分は、上層階、中間階、1階及び地階となっており、天井内に吊り支持された設備機器は支持部材取り付け床の階が適用階となるので、設問の場合の区分は中間階となる。
　2.　基礎免震構造の建築物は基礎と上部構造の間に免震装置を設置したもので、エレベーターの設計用水平地震力は、固定荷重と積載荷重との和に設計用水平標準震度と地域係数を乗じたものである。設問の内容は正しい。
　3.　大地震によって断水した場合、上水を用いる放水冷却式は使用できないので、非常用発電機の冷却方式は空冷式が望ましい。
　4.　エキスパンションジョイント部分にやむを得ず給水管を通過させる場合は、フレキシブルジョイントなどを用い、地震時の変位が地面からの高さに比例することを考慮してできるだけ低層部に配管する。　　　正解 4

R05	R04	R03	R02	R01	H30	H29

問題02 Ⅱ20　環境・設備に関する次の記述のうち、**最も不適当なもの**はどれか。

1. 我が国における「ZEB Ready」は、再生可能エネルギーによる削減分を除いて、基準となる一次エネルギー消費量から50%以上の省エネルギー化を達

成した建築物と定義されている。

2. 建築物の省エネルギー基準における一次エネルギー消費性能の評価指標 BEI は、「評価建築物の省エネルギー量の合計」を「評価建築物の基準となる一次エネルギー消費量」で除した値と定義されている。

3. 建築物の省エネルギー基準における外皮性能の評価指標 PAL*（パルスター）は、その値が小さいほど建築物の外皮の熱性能が高いと判断される。

4. 冷凍機に使用されている代替フロン（HFC）は、温室効果ガスの一種であり、モントリオール議定書のキガリ改正（2016 年）により生産及び消費量の段階的削減が求められている。

> [解説] 1. 「ZEB」は Net Zero Energy Building の略称で、基準となる一次エネルギー消費量から省エネによる削減分と再生可能エネルギーによる創エネ分を差し引いた収支が正味ゼロ以下となる建築物のことをいい、「ZEB Ready」は、基準の 50％以上の省エネ・創エネを達成した建築物のことをいう。
>
> 2. 建築物省エネ法における省エネ基準に用いられる一次エネルギー消費性能の評価指標 BEI は、「評価建築物の設計一次エネルギー消費量」を「評価建築物の基準となる一次エネルギー消費量」で除した値と定義されている。
>
> 3. 建築物省エネ法における省エネ基準に用いられる外皮性能の評価指標 PAL* は、ペリメータゾーンの年間熱負荷（MJ / 年）をその床面積（m²）で除した数値で、地域ごとに用途別に定められた基準値以下となるように定められている。
>
> 4. オゾン層を破壊する特定フロンの代替物質として開発された HFC の地球温暖化係数（GWP）は、CO_2 を 1 としたとき数千から 1 万を超えるものがある。キガリ改正により、先進国では 2036 年までに基準年の 85％を削減することとなっている。

正解 2

R05	R04	R03	R02	R01	H30	H29

問題 03 II 19 建築設備に関する次の記述のうち、**最も不適当な**ものはどれか。

1. パッケージ型空調機の APF（Annual Performance Factor）は、「通年消費電力量」を「冷房期間総合負荷及び暖房期間総合負荷の和」で除した値により表される。

2. 中央管理室は、超高層建築物において、中央管理方式の空気調和設備の制御及び作動状態の監視等を行うための室として、避難階又はその直上階若しくは直下階に設ける。

3. 乗用エレベーターは、火災発生時にエレベーター内の乗客を速やかに避難階に帰着させた後、運転を休止させる計画とする。

4. 照明の省エネルギー手法のうち、初期照度補正制御は、経年による照度低

下を見込むことで生じる、照明器具やランプの設置直後等における過剰照度を、適正な照度に補正するものである。

> [解説] 1. APF は、一定の条件下で想定した「通年の空調負荷（冷房期間総合負荷及び暖房期間総合負荷の和）」を「通年消費電力量」で除した値であり、実際の使用状況に近い運転効率を示す。
> 2. 建基令 20 条の 2 第 2 項により、高さ 31 m を超える建築物、床面積 1,000 m² を超える地下街に設ける中央管理室（中央管理方式の空気調和設備の制御及び作動状態の監視等を行うための室）は、避難階又はその直上階若しくは直下階に設けることとされている。
> 4. 照明設計では、経年による光源の出力低下や汚染による室内反射率の低下を考慮して保守率の設定をするので、初期照度は必要照度より過大になる。初期照度補正制御は、照度低下を見込むことで生じる初期の過剰照度を適正な照度に補正する省エネルギー手法である。　　　　　　　　　　　　　　　　　　　　　正解 1

R05	R04	R03	R02	R01	H30	H29

問題 04 Ⅱ 20　我が国における ZEB に関する次の記述のうち、**最も不適当なもの**はどれか。

1. ZEB の定義には、『ZEB』、Nearly ZEB、ZEB Ready 及び ZEB Oriented がある。
2. ZEB を実現するための省エネルギー技術のうち、搬送機器のインバータ制御や LED 照明はパッシブ技術に含まれる。
3. ZEB は、既存の建築物であっても、建築物の改修時に、外皮の断熱強化、設備の高効率化等を行うことによって実現可能である。
4. ZEB を実現するためには、エネルギー消費量の削減が必須であり、再生可能エネルギーの導入のみでは不十分である。

> [解説] 1. ZEB（Net Zero Energy Building）は、「ゼブ」と呼ばれ、快適な屋内環境を維持しながら、省エネと創エネによって、建築物で消費する年間の一次エネルギーを 0% にすることを目指した建築物の総称である。ZEB には、0% 以下にする「ZEB」、25% 以下にする「Nearly ZEB」、50% 以下にする「ZEB Ready」、大規模建築物で 30 ～ 40% 以上の削減に加え未評価技術を導入する「ZEB Oriented」の 4 段階がある。
> 2. ZEB を実現するための技術は、省エネ技術と創エネ技術に分けられ、省エネ技術は「建物内の環境を適切に維持するために必要なエネルギー量を減らすための技術（パッシブ技術）」と「エネルギーを効率的に利用するための技術（アクティブ技術）」に分けられる。パッシブ技術は、日射遮蔽、外皮性能向上、昼光利用、自然換気などであり、高効率空調、搬送機器のインバータ制御や LED 照明はアクティブ技術に含まれる。　　　　　　　　　　　　　　　　　　　　　正解 2

R05	R04	R03	R02	R01	H30	H29

問題05 Ⅱ19　建築設備に関する次の記述のうち、**最も不適当な**ものはどれか。

1. 非常用エレベーターの機械室の床面積は、機械の配置及び管理に支障がない場合においては、昇降路の水平投影面積の2倍以上としなくてもよい。

2. 空調用の低圧送風機系統において、同一特性の送風機を2台並列運転させた場合の風量は、一般に、単独運転時の2倍にはならない。

3. ヒートポンプ給湯機は、大気中の熱エネルギーを給湯の加熱に利用するもので、冷媒に二酸化炭素を用いたものがある。

4. マルチパッケージ型空調機の屋外機は、屋上に集中設置するよりも各階バルコニーに分散設置するほうが、冷媒管が短く、高低差が少なくなるため、一般に、機器の運転効率は低下する。

解説　1.　（建基令129条の9第一号）正しい。

　2.　同一特性の送風機を2台並列運転させた場合、風量の増加に伴って管路抵抗が増すので、実際の風量は単独運転時の2倍にはならない。

　3.　冷媒に二酸化炭素を用いた自然冷媒ヒートポンプ給湯機は、蒸発器で大気中の熱を得て、凝縮器で水を加熱するもので、一般にエコキュートと呼ばれる。

　4.　マルチパッケージ型空調機は、1台の屋外機に対して複数台の室内機を接続するものをいい、容量の異なる室内機に対応できるものもある。大規模建築物において屋外機を複数設ける場合は、各階に分散設置するほうが、冷媒管が短く高低差が少なくなるため、機器の運転効率が低下しない。　**正解 4**

R05	R04	R03	R02	R01	H30	H29

問題06 Ⅱ20　環境・設備に関する次の記述のうち、**最も不適当な**ものはどれか。

1. 建築物省エネルギー性能表示制度（BELS）の5段階のマークは、BEIの値が大きいほど星の数が増える。

2. 「建築物のエネルギー消費性能の向上に関する法律」に基づく新築住宅の省エネルギー基準では、原則として、外皮平均熱貫流率（U_A値）や冷房期の平均日射熱取得率（η_{AC}値）を地域の区分に応じた基準値以下となること等が求められる。

3. 被災時に救護場所や避難場所となる可能性が高い病院やホテル等の施設を有する企業のBCPにおいては、電気、ガス、水道等のライフラインの広域停止に備えた設備をあらかじめ計画することが望ましい。

4. 地域冷暖房システムの導入は、一般に、未利用熱の活用による排熱削減が期待でき、ヒートアイランド現象の緩和にも効果的である。

解説　1.　BELS（Building-Housing Energy-efficiency Labeling System）は、建築物省

209

エネ法 7 条によるもので、第三者評価機関が建築物の省エネ性能を評価し認証する制度である。評価の基準となる BEI（Building Energy-efficiency Index）は、設計一次エネルギー消費量を基準一次エネルギー消費量で除して求めたもので、その値が住宅は 0.8 以下、事務所・学校・工場などは 0.6 以下、ホテル・病院・百貨店・飲食店などは 0.7 以下のとき最高ランク（星 5）に位置付けられ、値が大きいほど低位となり星の数が減る。

2. 建築物省エネ法に基づく新築住宅の省エネ基準では、U_A 値や η_{AC} 値が全国を 8 地域に区分して設定した基準値以下となるようにし、設計一次エネルギー消費量が基準一次エネルギー消費量以下となるようにすることが求められる。

3. BCP とは事業継続計画（Business Continuity Plan）のこと。

4. 地域冷暖房システムの熱源には、河川水・海水・下水・ごみ焼却・工場排熱などの未利用熱の活用が可能で、排熱の削減が期待できる。 　正解 1

R05	R04	R03	R02	R01	H30	H29

問題 07 **II 19** 建築設備に関する次の記述のうち、**最も不適当な**ものはどれか。

1. 一般的な事務所ビルの執務空間における天井放射冷房は、潜熱処理を主な目的として用いられる。

2. 一部のコージェネレーションシステムでは、常用発電設備と消防法や建築基準法で定める非常用発電設備との兼用が可能な機種があり、スペースの有効利用やメンテナンスコストの削減等に効果がある。

3. 常用エレベーターは、利用者の人命確保と閉込めの回避を最優先するために、一般に、災害時における利用は想定されていない。

4. 非常用エレベーターを複数台設置する必要がある場合は、避難上及び消火上、有効な間隔を保って配置する。

　解説 1. 事務所ビルの天井放射冷房は、天井面を冷却して放射と対流によって顕熱処理する。天井面の結露防止と室内空気の調湿のための潜熱処理は、調湿剤（デシカント）や冷却コイルなどによって行う。潜熱処理が主目的は誤り。

2. コージェネレーションシステムは、ガスエンジンやガスタービン、燃料電池などによって発電し、その廃熱を利用して空調や給湯を行うもので、常用発電設備と非常用発電設備との兼用が可能な機種の場合、スペースの有効利用やメンテナンスコストの削減ができる。

3. 災害時の避難は現在のところ階段の使用を原則としており、常用エレベーターの利用は想定されていない。

4. 非常用エレベーターの設置台数は、建基令 129 条の 13 の 3 により、高さ 31 m を超える部分の床面積が最大となる階の床面積が 1,500 m² 以下の場合 1 台、これを超える場合は 3,000 m² 以内を増すごとに 1 台追加する必要がある。2 基以上設置する

必要がある場合とは、1 フロアの規模が大きいことを意味しており、避難上及び消火上有効な間隔を保って配置する。 正解 1

R05	R04	R03	R02	R01	H30	H29

問題08 Ⅱ20 環境・設備に関する次の記述のうち、**最も不適当な**ものはどれか。

1. 建築物の「eマーク（省エネ基準適合認定マーク）」は、建築物が建築物の省エネルギー基準に適合していることについて、所管行政庁から認定を受けたことを示すものである。

2. LEED（Leadership in Energy & Environmental Design）は、建築物や敷地等に関する環境性能評価システムの一つであり、取得したポイントの合計によって4段階の認証レベルが決まる。

3. 建築物の省エネルギー基準における年間熱負荷係数（PAL*：パルスター）は、その値が小さいほど建築物の外皮の熱性能が高いと判断される。

4. 一般的な事務所ビルのライフサイクル CO_2 においては、「運用段階の CO_2 排出量の占める割合」より「設計・建設段階及び廃棄段階の CO_2 排出量の占める割合」のほうが大きい。

解説 1. eマークは、建築物省エネ法36条による認定・表示制度で、建築物エネルギー消費性能基準に適合していることについて、所管行政庁から認定を受けたことを示す。

2. LEEDは、日本のCASBEE、英国のBREEAMと同様に建築物や敷地等に関する環境性能評価システムの一つであり、米国グリーンビルディング協会（U. S. Green Building Council）によって開発・普及が進められている。取得したポイントの合計によって、標準、シルバー、ゴールド、プラチナの4段階の認証レベルが決まる。

3. 建築物エネルギー消費性能基準の誘導基準であるPAL*は、空調エネルギー消費に影響を及ぼす外皮性能の判断基準であり、屋内の周囲空間（ペリメーターゾーン）の年間熱負荷（MJ/年）をその部分の床面積で除して求められる。PAL*が小さいほど、外皮性能は高く省エネ性能が高いことを示す。

4. 一般的な事務所ビルの35年寿命を想定したライフサイクル CO_2 は、設計・建設時20%、運用時50%、修繕・更新時25%、廃棄時5%程度であり、設計・建設・廃棄段階の割合より運用段階の割合のほうが大きい。 正解 4

R05	R04	R03	R02	R01	H30	H29

問題09 Ⅱ19 建築設備に関する次の記述のうち、**最も不適当な**ものはどれか。

1. 冷却塔は、冷却水の蒸発による冷却作用を有効に利用するため、建築物の外気取入れ口に近い位置に計画することが望ましい。

2. リバースリターン方式は、往き管と還り管の流量が等しい循環配管系には

適しているが、給湯管と返湯管で流量が大きく異なる場合には適さない。

3. 分流式下水道の区域において、雨水管の敷地境界部には、下水道本管からの害虫等の侵入防止を目的として、雨水トラップを設ける必要がある。

4. 空調用の蓄熱槽の水は、必要な措置が講じられている場合には、消防用水として使用することができる。

[解説] 1. 冷却塔の冷却水からのレジオネラ属菌の汚染防止のために、冷却塔と建築物の外気取入れ口の離隔距離は、一般に 10 m 以上とする。

2. リバースリターン方式は、空調配管の熱源ポンプと複数の機器の接続において、往き管は熱源ポンプに近い機器から順に接続して温冷水を供給し、還り管も近い機器から遠い機器に順に配管して熱源ポンプに戻すもので、各機器に接続される往き管と還り管の管路の長さが均一になるので、各機器の流量が等しくなる。給湯配管をリバースリターン方式にすると、給湯温度や流量にばらつきが出やすい。

4. 空調用蓄熱槽の水を消防用水として使用するためには、温度、水質、水量のほか、消火活動に支障が生じないための付帯設備などの条件を満たす必要がある。 [正解 1]

R05	R04	R03	R02	R01	H30	H29

[問題10][II 20] 環境・設備に関する次の記述のうち、**最も不適当なもの**はどれか。

1. 微気候は、一般に、建築物や人体への影響が大きい地表面近くの気候、室内環境における建築部材付近や人体の皮膚付近の気候等をいう。

2. バスタブ曲線は、グラフの縦軸を故障率、横軸を時間とし、設備の信頼性や保全性の概念を示したものである。

3. 冷凍機に使用される代替冷媒のフロン（HFC）は、オゾン破壊係数は 0（ゼロ）であるが、地球温暖化係数が高い温室効果ガスの一種である。

4. CASBEE の評価においては、BEE の値が小さいほど建築物の環境性能が高いと判断される。

[解説] 2. 設備機器の故障率は、製造上の欠陥による初期故障期、故障率が減少し安定する偶発故障期、劣化によって故障率が増加する摩耗故障期の順に推移する。縦軸を故障率、横軸を時間とするグラフは、バスタブ断面の形状となっている。

3. 冷凍機用の代替フロンは、オゾン破壊係数（CFC11 を 1 としたときのオゾン層破壊効果）は 0 であるが、地球温暖化係数（CO_2 を 1 としたときの温暖化効果）の値は数千である。

4. 建築環境総合性能評価システム（CASBEE）における BEE（Built Environment Efficiency）は、建築物の環境品質の得点から得られるスケールを環境負荷のスケールで除したもので、値が大きいほど建築物の環境性能が高いと判断される。建築物は、BEE の値などにより、S、A、B$^+$、B$^-$、C の 5 段階でランク付けされる。 [正解 4]

R05	R04	R03	R02	R01	H30	H29

問題11 Ⅱ 19　設備計画における省エネルギーに関する次の記述のうち、**最も不適当な**ものはどれか。

1.　空調用ポンプについては、熱負荷の時刻別の変動が大きい建築物であったため、変流量方式を採用した。

2.　温暖な地域において、大気中の熱エネルギーを利用するため、ヒートポンプ式給湯機を採用した。

3.　太陽光発電設備において、単結晶シリコン太陽電池モジュールよりもエネルギー変換効率が高いアモルファスシリコン太陽電池モジュールを採用した。

4.　大規模な建築物に設置する多数台のエレベーターの管理において、省エネルギーとサービス性の向上との両立を図るため、群管理方式を採用した。

[解説]　1.　変流量方式は、各室の空調負荷の変動に対応してポンプの稼働台数や回転数を増減させることにより、搬送する冷温水量を調節させるもので、搬送エネルギーが削減できる。

3.　太陽光発電パネルのモジュールのエネルギー変換効率は、単結晶シリコンが20～25%であるのに対してアモルファスシリコンは10%程度である。

4.　エレベーターの群管理方式は、呼び出し階、各エレベーターの位置・乗車率などを把握し、運行効率を考慮して配車を行うことにより、できるだけサービス性を損なわずに省エネルギーを図る方式である。　　　　正解 3

R05	R04	R03	R02	R01	H30	H29

問題12 Ⅱ 20　環境・設備に関する次の記述のうち、**最も不適当な**ものはどれか。

1.　日本における建築物の総合環境性能評価システムとしてはCASBEEがあり、他国においてはBREEAM（英国）、LEED（米国）等がある。

2.　LCCO$_2$による環境性能評価においては、一般に、「資材生産」、「輸送」、「施工」、「運用」、「保守」、「更新」及び「解体除却」で示される建築物のライフサイクルの各過程におけるCO$_2$排出量を推定する。

3.　「建築物のエネルギー消費性能の向上に関する法律」に基づく省エネルギー基準の適否の判断に用いられるエネルギー消費量は、電力、ガス、石油等の二次エネルギーの消費量である。

4.　地域冷暖房システムの導入は、一般に、未利用熱の活用による排熱削減が期待でき、ヒートアイランド現象の緩和にも効果的である。

[解説]　1.　CASBEEには、新築、改修、まちづくり、ヒートアイランド、すまいなど、目的に応じたツールがある。BREEAM（Building Research Establishment

213

Environmental Assessment Method）はイギリスグリーンビルディング評価機関の、LEED（Leadership in Energy & Environmental Design）はアメリカグリーンビルディング協会の評価システムである。

3. 「建築物のエネルギー消費性能の向上に関する法律」に基づくエネルギー消費性能基準では、非住宅について、「設計一次エネルギー消費量」を「基準一次エネルギー消費量」で除した値を1以下とし、誘導基準では0.8以下とする。なお、一次エネルギーは石油や天然ガスなど自然に存在する形態のものをいい、二次エネルギーは製造・搬送時のロスにより、一次エネルギーより小さくなる。

4. 地域冷暖房システムで利用する未利用エネルギーには、河川水・海水・地下水などの自然エネルギーと、下水処理水・ゴミ焼却熱・工場廃熱などのリサイクルエネルギーがある。

正解 3

R05	R04	R03	R02	R01	H30	H29

問題13 II 20 環境・設備に関する次の記述のうち、**最も不適当な**ものはどれか。

1. 「ZEH（Net Zero Energy House）」は、快適な室内環境を保ちながら、一年間で消費する住宅の一次エネルギー消費量の収支がゼロとなることを目指した住宅のことをいう。

2. 「CASBEE－建築（新築）」における評価は、「設計一次エネルギー消費量」を「基準一次エネルギー消費量」で除した数値で判定される。

3. 「BELS（建築物省エネルギー性能表示制度）」は、第三者評価機関が建築物の省エネルギー性能を評価し認証する制度で、性能に応じて5段階の星の数等で表示される。

4. 「eマーク（省エネ基準適合認定マーク）」は、建築物が建築物エネルギー消費性能基準に適合していることについて、所管行政庁から認定を受けたことを示すものである。

[解説] 1. ZEHはBELSにおける住宅の評価・表示制度で、住宅の高断熱化と高効率設備によって省エネを図り、太陽光発電などによって創エネを行うことで、住宅の年間一次エネルギー消費量の収支がゼロとなる住宅のことをいう。

2. CASBEE－建築（新築）における評価は、建築物の環境品質 Q を建築物の環境負荷 L で除して求めた BEE 値で評価する。「建築物のエネルギー消費性能の向上に関する法律（建築省エネ法）」に基づくエネルギー消費性能基準では、非住宅について設問の設計値を基準値で除した値を1以下とし、誘導基準ではその値を0.8以下とする。

3. BELSは、建築物省エネ法7条による表示制度で、内容は設問の通りである。

4. eマークは、建築物省エネ法36条による認定・表示制度で、内容は設問の通りである。

正解 2

一級建築士試験
平成 29 年度～令和 5 年度

学科Ⅲ

1 用語の定義

R05	R04	R03	R02	R01	H30	H29

問題01 Ⅲ1 次の記述のうち、建築基準法上、**誤っている**ものはどれか。

1. 脱落によって重大な危害を生ずるおそれがあるものとして国土交通大臣が定める天井は、「強化天井」である。

2. 特定都市河川浸水被害対策法第10条並びにこの規定に基づく命令及び条例の規定で、建築物の敷地、構造又は建築設備に係るものは、「建築基準関係規定」である。

3. 建築物の自重、積載荷重等を支える最下階の床版は、「構造耐力上主要な部分」である。

4. 防火戸であって、これに通常の火災による火熱が加えられた場合に、加熱開始後1時間当該加熱面以外の面に火炎を出さないものとして、国土交通大臣の認定を受けたものは、「特定防火設備」である。

[解説] 1.（令112条4項一号）強化天井とは、天井のうち、その下方からの通常の火災時の加熱に対してその上方への延焼を有効に防止することができるものとして、国土交通大臣が定めた構造方法を用いるもの又は国土交通大臣の認定を受けたものをいう。脱落によって重大な危害を生ずるおそれがあるものとして国土交通大臣が定める天井は、令39条3項に規定する特定天井である。

2.（令9条十六号）正しい。

3.（令1条三号）正しい。

4.（令112条1項）正しい。 　　　　　　　　　　　　　　　　　　　　　正解 1

R05	R04	R03	R02	R01	H30	H29

問題02 Ⅲ2 次の記述のうち、建築基準法上、**誤っている**ものはどれか。

1. 一戸建て住宅に附属する塀で幅員4mの道路に接して設けられるものは、「延焼のおそれのある部分」に該当する。

2. 病院の入院患者のための談話室は、「居室」に該当する。

3. 天井面から50cm下方に突出した垂れ壁で、不燃材料で造られたものは、「防煙壁」に該当する。

4. 既存建築物に設けられている木造の屋外階段を全て鉄骨造に取り替えることは、「大規模の模様替」に該当する。

[解説] 1. （法2条一号、六号）建築物に附属する塀は建築物に該当し、幅員4mの道路に接して設けられるものは道路中心線から3m以内にあるので、「延焼のおそれのある部分」に該当する。正しい。

2. （法2条四号）居住または娯楽のために継続的に使用される。正しい。

3. （令126条の2第1項）正しい。

4. （法2条五号、十五号）「大規模の模様替」は、主要構造部の1種以上について行う過半の模様替をいうが、屋外階段は主要構造部ではないので該当しない。誤り。

[正解 4]

R05	R04	R03	R02	R01	H30	H29

【問題03】 Ⅲ 1 次の記述のうち、建築基準法上、**誤っている**ものはどれか。

1. 土地に定着する観覧のための工作物は、屋根を有しないものであっても、「建築物」に該当する。

2. 幼保連携型認定こども園は、「特殊建築物」に該当する。

3. 鉄筋コンクリート造、地上3階建ての共同住宅における2階の床及びこれを支持するはりに鉄筋を配置する工事の工程は、「特定工程」に該当する。

4. 火災により温度が急激に上昇した場合に自動的に閉鎖する防火戸は、「建築設備」に該当する。

[解説] 1. （法2条一号）正しい。

2. （法2条二号、法別表1(い)欄2項、令115条の3第一号）正しい。

3. （法7条の3第1項一号、令11条）正しい。

4. （法2条三号）消火設備、排煙設備などは建築設備に該当するが、防火戸などの防火設備は該当しない。誤り。

[正解 4]

R05	R04	R03	R02	R01	H30	H29

【問題04】 Ⅲ 1 次の記述のうち、建築基準法上、**誤っている**ものはどれか。

1. 港湾法第40条第1項及び特定都市河川浸水被害対策法第8条の規定並びにこれらの規定に基づく命令及び条例の規定で建築物の敷地、構造又は建築設備に係るものは、「建築基準関係規定」に該当する。

2. 防火戸であって、これに通常の火災による火熱が加えられた場合に、加熱開始後1時間当該加熱面以外の面に火炎を出さないものとして、国土交通大臣の認定を受けたものは、「特定防火設備」に該当する。

3. 耐火建築物における外壁以外の主要構造部にあっては、「耐火構造」又は

217

「当該建築物の周囲において発生する通常の火災による火熱に当該火災が終了するまで耐えるものとして、所定の技術的基準に適合する構造」のいずれかに該当するものでなければならない。

4. 建築物の自重、積載荷重等を支える最下階の床版は、「構造耐力上主要な部分」に該当する。

[解説] 1. （令9条三号・十六号）正しい。

2. （令112条1項）令109条に規定する防火戸等の防火設備であって、これに通常の火災による火熱が加えられた場合に、加熱開始後1時間当該加熱面以外の面に火炎を出さないものとして、国土交通大臣が定めた構造方法を用いるもの又は国土交通大臣の認定を受けたものを特定防火設備と規定している。正しい。

3. （法2条九号のニイ）耐火建築物の外壁以外の主要構造部は、「耐火構造」又は「屋内において発生する通常の火災による火熱に当該火災が終了するまで耐えるものとして、令108条の3の技術的基準に適合する構造」のいずれかに該当するものとする。外壁は、屋内及び周囲において発生する通常の火災に対する耐火性が求められる。

4. （令1条三号）構造耐力上主要な部分は、基礎、基礎ぐい、壁、柱、小屋組、土台、斜材、床版、屋根版、横架材で、建築物の自重、積載荷重等を支えるものをいう。床版は、位置にかかわらず該当する。正しい。 　　　　　　　　正解 3

R05	R04	R03	R02	R01	H30	H29

問題 05 Ⅲ 1 　次の記述のうち、建築基準法上、**誤っている**ものはどれか。

1. 建築物の周囲において発生する通常の火災による延焼の抑制に一定の効果を発揮するために外壁に必要とされる性能を、「準防火性能」という。

2. 天井面から50cm下方に突出した垂れ壁で、不燃材料で覆われたものは、「防煙壁」に該当する。

3. 電子計算機に対する指令であって、一の結果を得ることができるように組み合わされたものを、「プログラム」という。

4. 木造、地上2階建ての建築物において、土台の過半について行う修繕は、「大規模の修繕」に該当する。

[解説] 1. （法23条、令109条の9）法22条区域の木造建築物等の外壁で延焼のおそれのある部分の構造に必要な性能。20分間の非損傷性と遮熱性が必要である。正しい。

2. （令126条の2）正しい。

3. （法2条三十四号）正しい。

4. （法2条五号、十四号）主要構造部の1種以上の過半の修繕は大規模の修繕である。しかし、土台は最下階の床の構造材であり、主要構造部ではないので、過半の

修繕でも「大規模の修繕」に該当しない。　　　　　　　　　　　正解 4

R05	R04	R03	R02	R01	H30	H29

問題 06 Ⅲ1　次の記述のうち、建築基準法上、**誤っている**ものはどれか。

1.　高架の工作物内に設ける店舗は、「建築物」である。

2.　傾斜地等で敷地に高低差のある場合は、建築物の避難階が複数となることがある。

3.　「遮炎性能」とは、通常の火災時における火炎を有効に遮るために外壁に必要とされる性能をいう。

4.　建築材料の品質における「安全上、防火上又は衛生上重要である建築物の部分」には、主要構造部以外のバルコニーで防火上重要であるものとして国土交通大臣が定めるものも含まれる。

解説　1.　（法 2 条一号）高架の工作物内に設ける事務所、店舗、興行場、倉庫などは建築物である。

2.　（令 13 条一号）避難階は、「直接地上へ通ずる出入り口のある階」と定義されており、敷地に高低差がある場合は、避難階が 1 階以外になることや複数となることがある。

3.　（法 2 条九号のニロ）遮炎性能は、通常の火災時における火炎を有効に遮るために防火設備に必要とされる性能をいう。その技術的基準は、令 109 条の 2 により、防火設備に通常の火災による火熱が加えられた場合に、加熱開始後 20 分間当該加熱面以外の面に火炎を出さないものとされている。

4.　（法 37 条、令 144 条の 3 第五号）正しい。　　　　　　正解 3

R05	R04	R03	R02	R01	H30	H29

問題 07 Ⅲ1　次の記述のうち、建築基準法上、**誤っている**ものはどれか。

1.　「液化石油ガスの保安の確保及び取引の適正化に関する法律第 38 条の 2 の規定」並びにこの規定に基づく命令及び条例の規定で建築物の敷地、構造又は建築設備に係るものは、「建築基準関係規定」である。

2.　防火戸であって、これに通常の火災による火熱が加えられた場合に、加熱開始後 45 分間当該加熱面以外の面に火炎を出さないものとして、国土交通大臣が定めた構造方法を用いるものは、「特定防火設備」である。

3.　同一敷地内に二つの地上 2 階建ての建築物（延べ面積はそれぞれ 400 m² 及び 200 m² とし、いずれも耐火構造の壁等はないものとする。）を新築する場合において、当該建築物相互の外壁間の距離を 5 m とする場合は、二つの建築物は「延焼のおそれのある部分」を有している。

4. スポーツの練習場の用途に供する建築物は、非常用の照明装置の設置に関する規定における「学校等」に含まれる。

> **解説** 1. （法6条1項、令9条十一号）法6条1項の建築基準関係規定には、建築基準法令の規定のほか令9条各号に列記された法律並びにこの規定に基づく命令及び条例の規定で建築物の敷地、構造又は建築設備に係るものが含まれる。設問の法律は令9条十一号に明記されている。
>
> 2. （令112条1項）特定防火設備は、防火戸・ドレンチャーなど火炎を遮る防火設備であって、これに通常の火災による火熱が加えられた場合に、加熱開始後1時間当該加熱面以外の面に火炎を出さないものとして、国土交通大臣が定めた構造方法を用いるもの又は国土交通大臣の認定を受けたものをいう。45分ではないので誤り。
>
> 3. （法2条六号）延焼のおそれのある部分はその定義において、同一敷地内に2以上の建築物がある場合、延べ面積の合計が 500㎡ を超える場合は相互の中心線から1階3m以下、2階以上は5m以下の距離にある建築物の部分が該当する。設問の建築物相互の外壁間の距離は5mなので、延焼のおそれのある部分を有する。
>
> 4. （令126条の2第1項二号、令126条の4）スポーツの練習場などは、令126条の2第1項二号において「以下『学校等』という」とされている。令126条の4の非常用の照明装置の設置に関する規定はこれ以降の条文なので、スポーツの練習場は「学校等」に含まれる。　　　　　　　　　　　　正解 2

R05	R04	R03	R02	R01	H30	H29

問題01　**Ⅲ2**　面積、高さ又は階数に関する次の記述のうち、建築基準法上、**誤っている**ものはどれか。

1.　延べ面積1,000㎡の建築物における専ら防災のために設ける備蓄倉庫の用途に供する部分の床面積の合計が20㎡の場合、当該部分の床面積については、建築基準法第52条第1項に規定する容積率の算定の基礎となる延べ面積（建築物の容積率の最低限度に関する規制に係るものを除く。）に算入しない。

2.　北側の前面道路又は隣地との関係についての建築物の各部分の高さの最高限度が高度地区に関する都市計画において定められている場合の高さの算定に当たっては、建築物の屋上部分にある階段室で、その水平投影面積の合計が当該建築物の建築面積の $\frac{1}{8}$ であるものについては、その部分の高さは、当該建築物の高さに算入する。

3.　前面道路との関係についての建築物の各部分の高さの制限に係る建築物の後退距離の算定の特例の適用を受ける場合、ポーチの部分の水平投影の前面道路に面する長さについては、敷地の前面道路に接する部分の水平投影の長さの $\frac{1}{5}$ 以下でなければならない。

4.　建築物の地階（倉庫、機械室及びそれらに通ずる階段室からなるもの）で、その水平投影面積の合計が当該建築物の建築面積の $\frac{1}{8}$ であるものについては、当該建築物の階数に算入する。

[解説]　1.　（令2条1項四号ロ、同3項二号）備蓄倉庫部分については、延べ面積（1,000㎡）の $\frac{1}{50}$（20㎡）まで算入しない。正しい。

2.　（令2条1項六号ロ）設問の屋上部分の高さは一般に不算入であるが、法58条の高度地区で、北側の前面道路又は隣地との関係についての建築物の各部分の高さの最高限度が定められている場合は、水平投影面積の合計が建築面積の $\frac{1}{8}$ 以内であっても高さに算入する。正しい。

3.　（法56条2項、令130条の12第一号ロ・二号）正しい。

4.　（令2条1項八号）地階の倉庫、機械室などの部分やそこに至るために機能上必要な階段室などは、水平投影面積の合計が建築面積の $\frac{1}{8}$ 以下であれば、当該建築物の階数に算入しない。誤り。　　**正解4**

問題02 Ⅲ 1　図のような建築物における延べ面積、建築物の高さ又は階数の算定に関する次の記述のうち、建築基準法上、**誤っている**ものはどれか。ただし、図及び【建築物の条件】に記載されていないことについては考慮しないものとする。

【建築物の条件】

・建築面積：600 m²

・昇降機塔の屋上部分
　の水平投影面積：30 m²

・最下階の防災センター（中央管理室）の水平投影面積：75 m²

・エレベーターの昇降路の各階の床面積の合計：40 m²

1.　容積率の算定の基礎となる延べ面積は、2,435 m² である。

2.　避雷設備の設置の必要性を検討するに当たっての建築物の高さは、15 m である。

3.　地階を除く階数は、3 である。

4.　階数は、5 である。

解説　1.　（法52条6項）昇降機の昇降路の部分 40 m² は算入されないが、昇降機塔の屋上部分 30 m² は算入されるので、容積率の算定用の延べ面積は、2,400 ＋ 75 ＋ 30 － 40 ＝ 2,465 m² である。誤り。

2.　（令2条1項六号ロ、2項）地盤面は道路に面する地面から 1.5 m の高さにあり、避雷設備の設置の必要性を検討する場合の建築物の高さは昇降機塔の屋根上端までになる。正しい。

3.　（令1条二号、令2条1項八号、2項）事務所部分の最下階は床が地盤面下にあり、床から地盤面までの高さが天井の高さの $\frac{1}{3}$ 以上なので地階である。また、昇降機塔部分は、その面積が建築面積の $\frac{1}{8}$ 以下なので、階数に算入しない。正しい。

4.　（令2条1項八号）正しい。

正解 1

問題03 Ⅲ 2　面積、高さ又は階数に関する次の記述のうち、建築基準法上、**誤っている**ものはどれか。

1.　国土交通大臣が高い開放性を有すると認めて指定する構造の建築物につい

ては、その端から水平距離1m以内の部分の水平投影面積は、建築面積に算入しない。

2. 建築物の宅配ボックス設置部分の床面積は、当該建築物の各階の床面積の合計の1/100を限度として、当該建築物の建築基準法第52条第1項に規定する容積率の算定の基礎となる延べ面積（建築物の容積率の最低限度に関する規制に係るものを除く。）に算入しない。

3. 建築物の屋上部分で、水平投影面積の合計が当該建築物の建築面積の1/8以下の塔屋において、その一部に休憩室を設けたものは、当該建築物の階数に算入する。

4. 避雷設備の設置の必要性を検討するに当たっての建築物の高さの算定において、階段室、昇降機塔等の建築物の屋上部分で、その水平投影面積の合計が当該建築物の建築面積の1/8以内の場合、その部分の高さは、12mまでは当該建築物の高さに算入しない。

[解説] 1. （令2条1項二号）正しい。H5建告1437号に要件が示されている。
2. （令2条1項四号、3項六号）正しい。
3. （令2条1項八号）屋上部分の水平投影面積の合計が建築面積の1/8以下であっても、休憩室を設けたものは階数に算入する。正しい。
4. （令2条1項六号ロ）避雷設備の設置は法33条に該当するので、不算入の規定から除外されている。誤り。　　　[正解4]

R05	R04	R03	R02	R01	H30	H29

[問題04] Ⅲ 2　面積、高さ又は階数に関する次の記述のうち、建築基準法上、誤っているものはどれか。

1. 物品販売業を営む店舗の用途に供する建築物の屋上部分に設ける階段室の水平投影面積の合計が、当該建築物の建築面積の1/8以下であっても、当該階段室の床面積は、当該建築物の延べ面積に算入する。

2. 日影による中高層の建築物の高さの制限に関する規定において、建築物の軒の高さを算定する場合の地盤面は、建築物が周囲の地面と接する位置の高低差が3mを超える場合においては、その高低差3m以内ごとの平均の高さにおける水平面とする。

3. 隣地との関係についての建築物の各部分の高さの制限の緩和の規定において、建築物の敷地の地盤面が隣地の地盤面より1m以上低い場合においては、その建築物の敷地の地盤面は、当該高低差の1/2だけ高い位置にあるものとみなす。

4. 建築物の一部が吹抜きとなっている場合、建築物の敷地が斜面又は段地で

223

ある場合その他建築物の部分によって階数を異にする場合においては、これらの階数のうち最大なものを、当該建築物の階数とする。

解説 1. （令2条1項四号・六号）建築物の屋上部分に設ける階段室の水平投影面積の合計が、当該建築物の建築面積の1/8以下のとき、高さ制限の緩和を受けることはあるが、床面積は延べ面積に算入する。正しい。
2. （令2条2項、法56条の2、法別表4）建築面積、建築物の高さ、軒の高さを求める場合の地盤面は、日影規制においてもその他の規定と同様に、建築物が周囲の地面と接する位置の高低差が3mを超える場合においては、その高低差3m以内ごとの平均の高さにおける水平面とする。正しい。なお、日影規制において、測定面を求めるための平均地盤面は、高低差にかかわらず建築物が周囲の地面と接する位置の平均の高さである。
3. （法56条6項、令135条の3第1項二号）隣地高さ制限の緩和の規定において、建築物の敷地の地盤面が隣地の地盤面より1m以上低い場合は、その建築物の敷地の地盤面は、当該高低差から1mを減じたものの1/2だけ高い位置にあるものとみなす。
4. （令2条1項八号）正しい。

正解 3

R05	R04	R03	R02	R01	H30	H29

問題05 Ⅲ2　面積、高さ又は階数に関する次の記述のうち、建築基準法上、**誤っている**ものはどれか。

1. 前面道路の境界線から後退して壁面線の指定がある場合において、特定行政庁の許可を受けて建築物の容積率の算定に当たり当該前面道路の境界線が当該壁面線にあるものとみなす建築物については、当該建築物の敷地のうち前面道路と壁面線との間の部分の面積は、敷地面積又は敷地の部分の面積に算入しない。

2. 前面道路との関係についての建築物の各部分の高さの制限に係る建築物の後退距離の算定の特例の適用を受ける場合、ポーチの高さの算定については、前面道路と敷地との高低差にかかわらず、地盤面からの高さによる。

3. 北側の前面道路又は隣地との関係についての建築物の各部分の高さの最高限度が高度地区に関する都市計画において定められている場合の高さの算定に当たっては、建築物の屋上部分にある階段室で、その水平投影面積の合計が当該建築物の建築面積の1/8であるものについては、その部分の高さは、当該建築物の高さに算入する。

4. 建築物の地下1階（機械室、倉庫及び防災センター（中央管理室）の用途に供する。）で、水平投影面積の合計が当該建築物の建築面積の1/8であるものについては、当該建築物の階数に算入する。

[解説] 1. （法 52 条 11 項）正しい。

2. （令 2 条 1 項六号イ、令 130 条の 12）ポーチの高さの算定は、前面道路の路面の中心からの高さによる。

3. （令 2 条 1 項六号ロ）一般に、屋上部分の階段室で、その水平投影面積の合計が建築面積の 1/8 以下のものは、原則 12 m まで高さに算入されないが、法 58 条（高度地区）に規定する高さで、北側の前面道路又は隣地との関係についての建築物の各部分の高さの最高限度が定められている場合の高さの算定は、この緩和規定が除外されている。正しい。

4. （令 2 条 1 項八号）機械室・倉庫などの場合は階数に不算入となるが、防災センターは不算入の対象とならない。正しい。　　　　　　　　　　[正解 2]

R05	R04	R03	R02	R01	H30	H29

問題 06 Ⅲ 2　面積、高さ又は階数に関する次の記述のうち、建築基準法上、**誤っている**ものはどれか。

1. 容積率を算定する場合、建築物のエレベーターの昇降路の部分の床面積は、容積率の算定の基礎となる延べ面積に算入しない。

2. 「北側高さ制限」において、建築物の屋上部分に設ける高さ 4m の階段室の水平投影面積の合計が当該建築物の建築面積の 1/8 である場合においては、その部分の高さは、当該建築物の高さに算入しない。

3. 日影による中高層の建築物の高さの制限の緩和の規定において、建築物の敷地の平均地盤面が隣地（建築物があるもの）又はこれに連接する土地（建築物があるもの）で日影の生ずるものの地盤面より 1m 以上低い場合においては、その建築物の敷地の平均地盤面は、原則として、当該高低差から 1m を減じたものの 1/2 だけ高い位置にあるものとみなす。

4. 建築物の屋上部分で、水平投影面積の合計が当該建築物の建築面積の 1/8 の塔屋において、その一部に物置を設けたものは、当該建築物の階数に算入する。

[解説] 1. （法 52 条 6 項、令 135 条の 16）建築物のエレベーターの昇降路の部分、共同住宅・老人ホーム等の共用の廊下・階段の床面積は、容積率の算定の基礎となる延べ面積に算入しない。

2. （令 2 条 1 項六号ロ）一般に、屋上部分に設ける階段室の水平投影面積の合計がその建築面積の 1/8 以内である場合、その部分の高さは 12 m（絶対高さの制限や日影規制などは 5 m）まで当該建築物の高さに算入しない。しかし、避雷針の設置や北側高さ制限などに関しては、この緩和は適用されない。

3. （法 56 条の 2 第 3 項、令 135 条の 12 第 3 項二号）正しい。

4. （令 2 条 1 項八号）塔屋部分で、その水平投影面積の合計が建築面積の 1/8 以内

であっても、その一部に物置を設けたものは階数に算入する。 　　　正解 2

R05	R04	R03	R02	R01	H30	H29

問題07 Ⅲ 2　面積、高さ又は階数に関する次の記述のうち、建築基準法上、**誤っている**ものはどれか。

1.　容積率の算定に当たって、建築物の敷地内に都市計画において定められた計画道路がある場合において、特定行政庁が交通上、安全上、防火上及び衛生上支障がないと認めて許可した建築物については、当該敷地のうち計画道路に係る部分の面積は、敷地面積又は敷地の部分の面積に算入する。

2.　避雷設備の設置の必要性を検討するに当たっての建築物の高さの算定において、建築物の屋上部分である昇降機塔で、その水平投影面積の合計が当該建築物の建築面積の 1/8 以内の場合であっても、その部分の高さは、当該建築物の高さに算入する。

3.　日影による中高層の建築物の高さの制限の緩和の規定において、建築物の敷地が幅 12 m の道路に接する場合、当該道路に接する敷地境界線については、原則として、当該道路の反対側の境界線から当該敷地の側に水平距離 5 m の線を敷地境界線とみなす。

4.　建築物の地階（倉庫及び機械室の用途に供する。）で、水平投影面積の合計が当該建築物の建築面積の 1/8 以下であるものは、当該建築物の階数に算入しない。

　解説　1.　（法 52 条 10 項）建築物の敷地内に都市計画において定められた計画道路がある場合、特定行政庁が交通上、安全上、防火上及び衛生上支障がないと認めて許可した建築物については、この計画道路を前面道路とみなして容積率の規定を適用する。このとき当該敷地のうち計画道路に係る部分の面積は、敷地面積又は敷地の部分の面積に算入しない。

　　2.　（令 2 条 1 項六号ロ）法 33 条において 20 m を超える建築物には避雷設備の設置が義務づけられている。このときの建築物の高さの算定においては、令 2 条 1 項六号ロの建築物の塔屋に関する高さ算入の緩和の規定が適用されないので、その部分の高さは当該建築物の高さに算入する。

　　3.　（法 56 条の 2 第 3 項、令 135 条の 12 第 3 項一号）日影規制の緩和の規定において、建築物の敷地が幅 10 m を超える道路・水面・線路敷などに接する場合、当該道路・水面・線路敷などの反対側の境界線から当該敷地の側に水平距離 5 m の線を敷地境界線とみなす。

　　4.　（令 2 条 1 項八号）昇降機塔などの屋上部分又は地階の倉庫及び機械室などで、水平投影面積の合計がそれぞれ当該建築物の建築面積の 1/8 以下のものは、当該建築物の階数に算入しない。 　　　正解 1

3 建築手続

R05	R04	R03	R02	R01	H30	H29

問題 01 Ⅲ 3　都市計画区域内における次の行為のうち、建築基準法上、**確認済証の交付を受ける必要がある**ものはどれか。ただし、防火地域、準防火地域又は建築等に関する確認済証の交付を受ける必要がない区域の指定はないものとする。

1.　木造、延べ面積 500 m²、高さ 9 m、地上 2 階建ての事務所の屋根及び壁の過半の修繕

2.　文化財保護法の規定によって重要文化財として仮指定された、れんが造、延べ面積 500 m²、地上 2 階建ての美術館の移転

3.　木造、延べ面積 10 m²、高さ 8 m、平家建ての倉庫の新築

4.　鉄骨造、延べ面積 500 m²、平家建ての事務所の一部（床面積 200 m²）の、診療所（患者の収容施設があるもの）への用途の変更（大規模の修繕又は大規模の模様替は伴わないものとする。）

　解説　1.　（法 6 条 1 項二号）設問の木造事務所は法 6 条 1 項二号に該当せず、その大規模の修繕は確認済証の交付を必要としない。

　2.　（法 3 条 1 項一号）文化財保護法によって重要文化財などとして指定・仮指定された建築物は、建築基準法の適用除外となる。

　3.　（法 6 条 1 項四号）都市計画区域内における新築は、規模によらず確認済証の交付を必要とする。

　4.　（法 87 条 1 項）設問の診療所は床面積 200 m² なので法 6 条 1 項一号に該当せず、法 87 条 1 項に該当しない。また、設問の事務所は法 6 条 1 項三号に該当するが大規模の修繕又は大規模の模様替は伴わない。したがって、確認済証の交付を必要としない。

　　　　　　　　　　　　　　　　　　　　　　　　　　　　　　　　正解 3

R05	R04	R03	R02	R01	H30	H29

問題 02 Ⅲ 4　次の記述のうち、建築基準法上、**誤っている**ものはどれか。

1.　建築主は、鉄筋コンクリート造、延べ面積 1,000 m²、地上 5 階建ての共同住宅の新築の工事において、3 階の床及びこれを支持するはりに鉄筋を配置する工事の工程（特定行政庁が指定する工程ではない。）を終えたときは、

指定確認検査機関が中間検査を引き受けた場合を除き、建築主事の中間検査を申請しなければならない。

2. 建築主は、都市計画区域内において、鉄骨造、延べ面積200㎡平家建ての事務所を新築する場合、検査済証の交付を受ける前であっても、建築物を使用することができる。

3. 国際的な規模の会議の用に供することにより、1年を超えて使用する特別の必要がある仮設興行場を建築する場合は、特定行政庁の許可を受けなければならない。

4. 建築物である認証型式部材等で、その新築の工事が建築士である工事監理者によって設計図書のとおり実施されたことが確認されたものは、完了検査において、その認証に係る型式に適合するものとみなす。

[解説] 1. （法7条の3第1項一号・二号、令11条）設問の共同住宅は法7条の3第1項一号に該当し、中間検査は、令11条により2階の床及びこれを支持するはりに鉄筋を配置する工事の工程を終えたときに申請する。なお、特定行政庁が指定する工程ではないので、法7条の3第1項二号には該当しない。3階ではないので、誤り。

2. （法7条の6第1項）設問の建築物は法6条一号～三号に該当しないので、建築主は検査済証の交付を受ける前であっても建築物を使用することができる。正しい。

3. （法85条7項）正しい。

4. （法68条の20第2項）正しい。　　　　　　　　　　　　正解 1

R05	**R04**	R03	R02	R01	H30	H29

問題03 Ⅲ 3 　防火地域内における次の行為のうち、建築基準法上、**確認済証の交付を受ける必要がない**ものはどれか。ただし、建築物の建築等に関する確認済証の交付を受ける必要がない区域の指定はないものとする。

1. 鉄骨造、延べ面積100㎡、平家建ての事務所における床面積10㎡の増築

2. ゴルフ練習場に設ける工作物で、ネットを支える高さ20mの鉄柱の築造

3. 共同住宅の新築工事を施工するために現場に設ける延べ面積50㎡、平家建ての工事管理事務所の新築

4. 鉄筋コンクリート造、延べ面積800㎡、地上3階建てのホテルから共同住宅への用途の変更（大規模の修繕又は大規模の模様替を伴わないもの）

[解説] 1. （法6条1項四号、2項）防火・準防火地域内における増築は、床面積10㎡以内であっても確認済証の交付は必要。

2. （法6条、法88条1項、令138条1項二号）法6条の適用を受ける工作物に該当するので、確認済証の交付は必要。

3. （法6条1項、法85条2項）法85条2項により、工事に必要な仮設建築物は法6条の規定が適用されないので、確認済証の交付を受ける必要がない。

4. （法87条1項、令137条の18）設問の用途変更は、令137条の18に示す類似の用途間のものではないので、法87条1項により法6条の適用を受け、確認済証の交付は必要。　　　　　　　　　　　　　　　　　　　　　　　　　　　　正解 3

R05	R04	R03	R02	R01	H30	H29

問題 04 Ⅲ 4　次の記述のうち、建築基準法上、**誤っている**ものはどれか。

1. 定期報告を要する建築物の所有者と管理者が異なる場合においては、管理者が特定行政庁にその定期報告をしなければならない。

2. 建築主は、鉄骨造、延べ面積300㎡、地上2階建ての飲食店を物品販売業を営む店舗とする用途の変更（大規模の修繕又は大規模の模様替を伴わないもの）に係る確認済証の交付を受けた場合において、当該工事を完了したときは、建築主事の検査を申請しなければならない。

3. 建築主は、確認済証の交付を受けた建築物について、当該建築物の建築設備の材料、位置又は能力の変更（性能が低下する材料の変更及び能力が減少する変更を除く。）をして、当該建築物を建築しようとする場合において、変更後も建築物の計画が建築基準関係規定に適合することが明らかなものは、あらためて、確認済証の交付を受ける必要はない。

4. 建築主は、鉄骨造、延べ面積500㎡、地上3階建ての事務所を新築する場合において、完了検査の申請が建築主事により受理された日から7日を経過したときは、検査済証の交付を受ける前においても、仮に、当該建築物又は建築物の部分を使用することができる。

[解説] 1. （法12条1項）正しい。

2. （法7条1項、法87条1項）設問の用途変更は法87条1項の適用を受け、工事を完了したときには法7条1項について「建築主事への検査の申請」を「建築主事への届出」と読み替えて適用する。誤り。

3. （法6条1項、規則3条の2第1項十五号）法6条1項後段において確認済証の交付を受けた建築物の計画変更についても確認の必要があるとしているが、当該建築物の建築設備の材料、位置又は能力の変更（性能が低下する材料の変更及び能力が減少する変更を除く。）は、規則3条の2第1項十五号の軽微な変更に該当するので、あらためて確認済証の交付を受ける必要はない。正しい。

4. （法6条1項三号、法7条の6第1項三号）設問の事務所は法6条1項三号に該当するので、原則として仮使用は認められないが、法7条の6第1項三号に該当するので、検査済証の交付の前に建築物を使用することができる。正しい。　正解 2

問題05 Ⅲ3　準防火地域内における次の行為のうち、建築基準法上、**確認済証の交付を受ける必要がない**ものはどれか。ただし、建築等に関する確認済証の交付を受ける必要がない区域の指定はないものとする。

1. 鉄骨造、延べ面積 100 m²、平家建ての一戸建ての住宅における、床面積 8 m² の増築

2. 木造、高さ 8 m、地上 2 階建ての飲食店で、その用途に供する部分の床面積の合計が 300 m² のものにおける、屋根の過半の模様替

3. 第一種住居地域内にある鉄筋コンクリート造、延べ面積 2,000 m²、地上 2 階建ての水泳場の、体育館への用途の変更（大規模の修繕又は大規模の模様替を伴わないもの）

4. 鉄筋コンクリート造、延べ面積 300 m²、地上 3 階建ての事務所内における、エレベーターの設置

　解説　1.　（法 6 条 1 項四号、2 項）準防火地域内においては、10 m² 以内であっても確認済み証の交付を受ける必要がある。

　　2.　（法 6 条 1 項一号）法別表 1 (ろ)欄 4 項、令 115 条の 3 第三号により、飲食店は特殊建築物に該当し、200 m² を超えるので、法 6 条 1 項一号に該当する。屋根の過半の模様替は大規模の模様替に該当するので、確認済み証の交付を受ける必要がある。

　　3.　（法 87 条 1 項、令 137 条の 18）設問の水泳場の体育館への用途変更は、類似の用途間のものであり、令 137 条の 18 ただし書にも該当しないので、確認済み証の交付を受ける必要がない。

　　4.　（法 6 条 1 項三号、法 87 条の 4、令 146 条 1 項一号）鉄筋コンクリート造、延べ面積 300 m²、地上 3 階建ての事務所は法 6 条 1 項三号に該当し、これにエレベーターを設置する場合、法 87 条の 4 により確認済み証の交付を受ける必要がある。

　　　　　　　　　　　　　　　　　　　　　　　　　　　　正解 3

問題06 Ⅲ4　次の記述のうち、建築基準法上、**誤っている**ものはどれか。

1. 建築主は、確認済証の交付を受けた建築物について、当該建築物の敷地面積が増加する場合の敷地面積及び敷地境界線の変更（当該敷地境界線の変更により変更前の敷地の一部が除かれる場合を除く。）をして、当該建築物を建築しようとするときは、変更後も建築物の計画が建築基準関係規定に適合することが明らかなものは、あらためて確認済証の交付を受ける必要はない。

2. 延べ面積 2,000 m²、地上 4 階建ての病院の避難施設等に関する工事の施工中において当該建築物を使用する場合においては、当該建築主は、仮使用の

認定を受けるとともに、あらかじめ、当該工事の施工中における当該建築物の安全上、防火上又は避難上の措置に関する計画を作成して特定行政庁に届け出なければならない。

3.　鉄骨造、平家建ての診療所（患者の収容施設があるもの）で、その用途に供する部分の床面積の合計が200 m²のものを新築する場合においては、当該建築主は、検査済証の交付を受ける前であっても、当該建築物を使用することができる。

4.　鉄筋コンクリート造、延べ面積500 m²、地上5階建ての共同住宅を寄宿舎とする用途の変更（大規模の修繕又は大規模の模様替を伴わないもの）に係る確認済証の交付を受けた場合においては、当該建築主は、当該用途の変更に係る工事を完了したときは、建築主事に工事完了届を届け出なければならない。

[解説]　1.　（法6条1項、規則3条の2第1項二号）法6条1項後段において確認済証の交付を受けた建築物の計画変更についても確認の必要があるとしているが、設問にある当該建築物の敷地面積が増加する場合の変更は、規則3条の2第1項二号の軽微な変更に該当するので、あらためて確認済証の交付を受ける必要はない。

2.　（法7条の6第1項、法90条の3、令147条の2第二号）設問の病院は地上4階建てであり、令147条の2第二号に該当しないので、法90条の3による安全計画の届出は不要である。したがって誤り。なお、法6条1項一号に該当するので、法7条の6第1項に規定する仮使用の認定は受ける必要がある。

3.　（法7条の6第1項）鉄骨造、延べ面積200 m²、平家建ての診療所は法6条1項一号から三号に該当しないので、その新築は法7条の6第1項に該当しない。したがって、検査済証の交付の前に建築物を使用することができる。

4.　（法7条1項、法87条1項）設問の用途変更は法87条1項の適用を受け、工事を完了したときには法7条1項について「建築主事への検査の申請」を「建築主事への届出」と読み替えて適用する。正しい。　　[正解 2]

R05	R04	R03	R02	R01	H30	H29

問題07 Ⅲ3　都市計画区域内における次の行為のうち、建築基準法上、**確認済証の交付を受ける必要がない**ものはどれか。ただし、建築等に関する確認済証の交付を受ける必要がない区域の指定はないものとする。

1.　鉄骨造、延べ面積300 m²、地上3階建ての既存の寄宿舎内におけるエレベーターの設置

2.　第一種低層住居専用地域内における鉄筋コンクリート造、延べ面積2,000 m²、地上2階建ての博物館の図書館への用途変更

3.　遊園地に設ける回転運動をする遊戯施設のうち、原動機を使用するメリー

ゴーラウンドの築造

4. 木造、延べ面積150㎡、高さ8m、平家建ての集会場の屋根の大規模の修繕

解説 1. （法6条1項、法87条の4、令146条）鉄骨造、延べ面積300㎡、地上3階建ての寄宿舎は法6条1項一号に該当し、これにエレベーターを設置する場合、令87条の4により確認済み証の交付を受ける必要がある。

2. （法87条1項、令137条の18）設問の博物館の図書館への用途変更は、一般に類似の用途間のものであるが、令137条の18ただし書きにより、第一種低層住居専用地域内における博物館から図書館への用途変更は、法87条1項の類似の用途とならない。確認済み証の交付を受ける必要がある。

3. （法88条1項、令138条2項三号）原動機を使用するメリーゴーラウンドは令138条2項三号に該当するので法88条1項により法6条が準用される。確認済み証の交付を受ける必要がある。

4. （法6条1項）木造、延べ面積150㎡、高さ8m、平家建ての集会場は、法6条1項一号、二号に該当せず、四号に該当するので、大規模の修繕の場合は確認済み証の交付を受ける必要がない。

正解 4

R05	R04	R03	R02	R01	H30	H29

問題08 Ⅲ 4 次の記述のうち、建築基準法上、**誤っている**ものはどれか。

1. 既存の地上3階建ての物品販売業を営む店舗（3階における当該用途に供する部分の床面積の合計が2,000㎡のもの）において、屋外への出口の戸に用いるガラスの取替えの工事の施工中に当該建築物を使用する場合は、当該建築主は、工事の施工中における建築物の安全上、防火上又は避難上の措置に関する計画を作成して特定行政庁に届け出る必要はない。

2. 延べ面積150㎡、地上3階建ての事務所に設けるエレベーター（国等の建築物に設けるものを除く。）の所有者（所有者と管理者が異なる場合においては、管理者。）は、当該エレベーターについて、定期に、一級建築士等に検査をさせて、その結果を特定行政庁に報告しなければならない。

3. 建築主は、確認済証の交付を受けた建築物について、当該建築物の高さが減少する場合における建築物の高さの変更（建築物の高さの最低限度が定められている区域内の建築物に係るものを除く。）をして、当該建築物を建築しようとする場合において、変更後も建築物の計画が建築基準関係規定に適合することが明らかなものは、あらためて、確認済証の交付を受ける必要はない。

4. 建築主は、鉄骨造、延べ面積200㎡、平家建ての飲食店を新築する場合においては、検査済証の交付を受けた後でなければ、建築物を使用してはならない。

[解説] 1. （法7条の6第1項、法90条の3、令147条の2第一号、令13条の2）設問の物品販売業を営む店舗は令147条の2第一号に該当するので、法90条の3により、法7条の6第1項に規定する「避難施設等に関する工事」の施工中に当該建築物を使用する場合、原則として設問にある届出をしなければならないが、屋外への出口の戸に用いるガラスの取替えの工事は令13条の2の軽易な工事に該当するので、届出の必要はない。正しい。

2. （法12条3項、令16条3項）設問の昇降機は、令16条3項に該当するので、法12条3項の定期報告の対象になる。正しい。

3. （法6条1項、規則3条の2第1項三号）法6条1項後段において確認済証の交付を受けた建築物の計画変更についても確認の必要があるとしているが、当該建築物の高さが減少する場合における建築物の高さの変更（建築物の高さの最低限度が定められている区域内の建築物に係るものを除く。）は、規則3条の2第1項三号の軽微な変更に該当するので、あらためて確認済証の交付を受ける必要はない。正しい。

4. （法7条の6第1項）鉄骨造、延べ面積200㎡、平家建ての飲食店は法6条1項一号から三号に該当しないので、その新築は法7条の6第1項に該当しない。したがって、検査済証の交付の前に建築物を使用することができる。 　正解 4

R05	R04	R03	R02	R01	H30	H29

[問題 09] Ⅲ 27　防火地域及び準防火地域以外の地域における建築物の用途の変更に関する次の記述のうち、建築基準法上、**誤っている**ものはどれか。ただし、増築、大規模の修繕又は大規模の模様替を伴わないものとする。

1. 延べ面積150㎡、高さ15m、地上3階建ての「一戸建ての住宅（耐火建築物及び準耐火建築物以外の建築物）」を「旅館」に用途変更しようとする場合、有効かつ速やかに火災の発生を感知して報知できるものとする技術的基準に従って警報設備を設置すれば、主要構造部を耐火構造とする必要はない。

2. 延べ面積150㎡の「一戸建ての住宅」を「物品販売業を営む店舗」に用途変更しようとする場合、所定の基準に適合させる必要があるが、用途変更に伴う確認済証の交付を受ける必要はない。

3. 建築基準法第3条第2項の規定により排煙設備の規定の適用を受けない「事務所」について、2以上の工事に分けて「飲食店」とするための用途変更に伴う工事を行う場合、特定行政庁による工事に係る全体計画の認定を受けていれば、いずれの工事の完了後であっても、現行基準に適合するように排煙設備を設置するための改修を行う必要はない。

4. 既存建築物の用途を変更して、国際的な規模の競技会を行うための「特別興行場等」として利用する場合、特定行政庁の許可を受けることにより、建

築基準法第 21 条及び第 27 条の規定に基づく主要構造部に対する規制等を受けることなく、一年を超えて使用することができる。

[解説] 1. （法 27 条 1 項一号、令 110 条の 4、令 110 条の 5）設問の旅館は令 110 条の 4 に該当し、階数 3、延べ面積 200 m² 未満なので、令 110 条の 5 の警報設備を設置すれば、主要構造部を令 110 条の構造とする必要はない。正しい。

2. （法 87 条 1 項、法 6 条 1 項一号）延べ面積 200 m² 未満の物品販売業を営む店舗に用途変更しようとする場合、確認済証の交付を受ける必要はない。正しい。

3. （法 87 条の 2 第 1 項二号）法 35 条の適用を受けない既存不適格建築物の用途変更に伴う工事を 2 以上の工事に分けて行う場合、設問にある特定行政庁の認定を受けていれば、最後の工事に着手するまでは現行基準に適合していなくてもよいが、全ての工事の完了後に現行基準に適合することとなることが認定の前提である。

4. （法 87 条の 3 第 7 項）用途変更して「特別興行場等」として利用する場合、特定行政庁の許可により、法 87 条の 3 第 6 項後段にある法 21 条、第 27 条などの規定は適用されない。「特別興行場等」は 1 年を超えて使用する特別の必要があるものをいう。正しい。　　　　　　　　　　　　　　　　　　　　　　　　　　　　正解 3

R05	R04	R03	R02	R01	H30	H29

[問題 10] III 3　都市計画区域内における次の行為のうち、建築基準法上、**確認済証の交付を受ける必要がない**ものはどれか。ただし、建築等に関する確認済証の交付を受ける必要がない区域の指定はないものとする。

1.　鉄骨造、延べ面積 300 m²、平屋建ての倉庫の屋根の過半の修繕

2.　共同住宅の新築工事を施工するために設ける鉄骨造、延べ面積 200 m²、地上 2 階建ての仮設の工事管理事務所であって、現場以外の場所に設けるものの新築

3.　鉄骨造、延べ面積 100 m²、高さ 5 m、平屋建ての一戸建ての住宅における、鉄骨造、床面積 15 m²、平屋建ての附属自動車車庫の増築

4.　第一種住居地域内において、鉄筋コンクリート造、延べ面積 500 m²、地上 2 階建ての診療所（患者の収容施設があるもの）の、有料老人ホームへの用途変更（大規模の修繕又は大規模の模様替を伴わないもの）

[解説] 1. （法 6 条 1 項三号）木造以外で延べ面積が 200 m² を超えるものの大規模の修繕に該当するので、確認済証の交付が必要である。

2. （法 85 条 2 項、法 6 条 1 項三号）工事を施工するために現場に設ける事務所は法 6 条が適用されないが、現場以外の場合は適用される。木造以外で階数 2 以上のものは、確認済証の交付が必要である。

3. （法 6 条 1 項四号、2 項）設問の住宅は法 6 条 1 項四号に該当し、増築部分の床面

積が 10 m² を超えるので、確認済証の交付が必要である。

4. （法 87 条 1 項、令 137 条の 18）設問の診療所と児童福祉施設（令 19 条により有料老人ホームを含む）は類似用途であり、設問の用途変更は法 87 条 1 項による法 6 条の準用の適用除外となるので、確認は不要である。　正解 4

R05	R04	R03	R02	R01	H30	H29

問題 11 Ⅲ 4　次の記述のうち、建築基準法上、**誤っている**ものはどれか。

1. 鉄骨造、延べ面積 1,000 m²、地上 3 階建ての共同住宅を新築する場合においては、当該建築物の建築主は、検査済証の交付を受ける前においても、指定確認検査機関が安全上、防火上及び避難上支障がないものとして国土交通大臣が定める基準に適合していることを認めたときは、仮に、当該建築物又は建築物の部分を使用し、又は使用させることができる。

2. 延べ面積 3,000 m²、地上 5 階建ての事務所の用途に供する建築物（国等の建築物を除く。）で特定行政庁が指定するものの所有者等は、当該建築物の敷地、構造及び建築設備について、定期に、一級建築士若しくは二級建築士又は国土交通大臣から所定の資格者証の交付を受けた者にその状況の調査をさせて、その結果を特定行政庁に報告しなければならない。

3. 延べ面積 800 m²、地上 5 階建ての事務所について、ホテルの用途に供する部分の床面積の合計が 500 m² となる用途の変更に係る確認済証の交付を指定確認検査機関から受けた場合において、建築主は、当該工事が完了したときは、当該指定確認検査機関の検査を申請しなければならない。

4. 延べ面積 5,000 m²、地上 5 階建ての百貨店（3 階以上の階における百貨店の用途に供する部分の床面積の合計が 3,000 m² のもの）の大規模の修繕の工事で、避難施設等に関する工事の施工中において、当該建築物を使用する場合においては、当該建築主は、仮使用の認定を受けるとともに、あらかじめ、当該工事の施工中における当該建築物の安全上、防火上又は避難上の措置に関する計画を作成して特定行政庁に届け出なければならない。

[解説] 1. （法 7 条の 6 第 1 項二号）設問の共同住宅は法 6 条 1 項一号に該当し、当該建築主は、原則として検査済証の交付を受けた後でなければ建築物は使用できないが、法 7 条の 6 第 1 項二号に該当するので、仮に使用することができる。正しい。

2. （法 12 条 1 項、令 16 条 2 項、令 14 条の 2）設問の建築物は、「階数 5 以上かつ延べ面積 1,000 m² を超える」に該当するので、法 12 条 1 項の定期報告の対象になる。正しい。

3. （法 87 条 1 項、法 6 条の 2、法 7 条 1 項）設問のホテルは法 6 条 1 項一号に該当するので、法 87 条 1 項により法 6 条の 2 を準用し、確認済証の交付を指定確認検

査機関から受けることができるが、法7条1項（法87条1項による読み替えあり）を準用し、工事完了時には、建築主事に届け出なければならない。

4. （法90条の3、令147条の2）百貨店で3階以上の階の床面積の合計が1,500m²を超えているので、避難施設等に関する工事の施工中に使用する場合の設問の届出は必要である。正しい。 **正解3**

問題12 Ⅲ3　都市計画区域内における次の行為のうち、建築基準法上、**確認済証の交付を受ける必要がない**ものはどれか。ただし、建築等に関する確認済証の交付を受ける必要がない区域の指定はないものとする。

1. 鉄骨造、延べ面積100m²の、屋外観覧場の新築

2. 鉄筋コンクリート造、延べ面積500m²、地上3階建ての物品販売業を営む既存の店舗内における、エレベーター（認証型式部材等に該当するもの）の設置

3. 鉄骨造、延べ面積200m²、平家建ての事務所の、屋根の過半の修繕

4. 木造、延べ面積300m²、高さ8m、地上2階建ての共同住宅の、寄宿舎への用途の変更（大規模の修繕又は大規模の模様替を伴わないもの）

解説 1. （法2条一号、法6条1項四号）屋外観覧場は建築物であり、都市計画区域内における建築は確認済証の交付を受けなければならない。

2. （法6条1項一号、法87条の4、令146条1項一号）設問の建築物は法6条1項一号に該当し、これに設置するエレベーターは令146条1項一号に該当するので、法87条の4により確認済証の交付を受けなければならない。

3. （法6条1項）事務所なので同項一号に該当せず、鉄骨造で延べ面積200m²以下かつ平家建てなので同項二号・三号に該当せず、大規模の修繕なので同項四号に該当しない。したがって、確認済証の交付を受ける必要がない。

4. （法87条、令137条の18）共同住宅から寄宿舎への用途の変更は「類似の用途間」に該当しないので確認済証の交付を受けなければならない。 **正解3**

問題13 Ⅲ4　次の記述のうち、建築基準法上、**誤っている**ものはどれか。

1. 既存の地上5階建ての病院（5階における当該用途に供する部分の床面積の合計が2,000m²のもの）に設けた非常用の照明装置に用いる照明カバーの取替えの工事の施工中に、当該建築物を使用する場合においては、当該建築主は、あらかじめ、工事の施工中における建築物の安全上、防火上又は避難上の措置に関する計画を作成して特定行政庁に届け出なければならない。

2. 都市計画区域内においては、延べ面積500m²の卸売市場を準住居地域内に

新築する場合には、都市計画においてその敷地の位置が決定していないものであっても、当該建築主は、特定行政庁の許可を受ける必要はない。

3. 延べ面積 1,000 m²、地上 3 階建ての、昇降機を設けていない自動車車庫の敷地、構造及び建築設備については、当該所有者（所有者と管理者が異なる場合においては、管理者）は、定期に、一級建築士等にその状況の調査をさせてその結果を特定行政庁に報告する必要はない。

4. 鉄骨造、延べ面積 300 m²、地上 2 階建ての飲食店を物品販売業を営む店舗とする用途の変更に係る確認済証の交付を受けた場合においては、当該建築主は、当該用途の変更に係る工事を完了したときは、建築主事に工事完了届を届け出なければならない。

[解説] 1. （法 7 条の 6 第 1 項、法 90 条の 3、令 147 条の 2 第二号、令 13 条の 2）設問の病院は令 147 条の 2 第二号に該当するので、法 90 条の 3 により、法 7 条の 6 第 1 項に規定する「避難施設等に関する工事」の施工中に当該建築物を使用する場合、原則として設問にある届出をしなければならないが、非常用照明の照明カバーの取替え工事は令 13 条の 2 の軽易な工事に該当するので、上記工事に該当せず、届出の必要はない。

2. （法 51 条、令 130 条の 2 の 3）法 51 条により都市計画区域内において卸売市場を新築・増築する場合は、都市計画においてその敷地の位置が決定していなければならず、決定していない場合は原則として特定行政庁の許可を必要とする。ただし、令 130 条の 2 の 3 第 1 項一号により、準住居地域内で延べ面積 500 m² 以下の新築・増築の場合は、特定行政庁の許可を受ける必要はない。

3. （法 12 条 1 項、令 14 条の 2、令 16 条）設問の自動車車庫は昇降機を設けておらず、用途・規模とも令 16 条に該当しないので、法 12 条の定期報告の必要はない。

4. （法 7 条 1 項、法 87 条 1 項）設問の用途変更は法 87 条 1 項の適用を受け、工事を完了したときには法 7 条 1 項について「建築主事への検査の申請」を「建築主事への届出」と読み替えて適用する。正しい。 [正解 1]

R05	R04	R03	R02	R01	H30	H29

問題 14 Ⅲ 3 防火地域内における次の行為のうち、建築基準法上、**確認済証の交付を受ける必要がない**ものはどれか。ただし、建築物の建築等に関する確認済証の交付を受ける必要がない区域の指定はないものとする。

1. 木造、延べ面積 100 m²、地上 2 階建ての一戸建ての住宅における、床面積 10 m² の増築

2. 鉄骨造、延べ面積 300 m²、平家建ての、特定行政庁が安全上、防火上及び衛生上支障がないと認め、その建築を許可した仮設興行場の新築

3. 鉄骨造、延べ面積 400 m²、平家建ての、鉄道のプラットホームの上家の新築

4. 鉄筋コンクリート造、延べ面積 500 m²、地上 2 階建ての劇場の、大規模の修繕又は大規模の模様替を伴わない公会堂への用途の変更

[解説] 1. （法 6 条 1 項、2 項）設問の住宅は法 6 条 1 項四号に該当する建築物であり、防火地域においては床面積 10 m² 以下の増築を行う場合でも確認が必要である。

2. （法 6 条 1 項、法 85 条 6 項）仮設興行場は、法 85 条 6 項により特定行政庁が安全上、防火上及び衛生上支障がないと認め、1 年以内の期間を定めてその建築を許可した場合、建築基準法の一部が適用除外されるが、法 6 条の規定は除外されないので、法 6 条 1 項四号に該当する設問の仮設興行場の新築は確認が必要である。

3. （法 2 条一号）鉄道のプラットホームの上家は建築基準法上の建築物に該当しないので、確認の必要がない。

4. （法 87 条 1 項、令 137 条の 18）劇場から公会堂への用途変更は令 137 条の 18 の類似用途間に該当しないので、設問の規模の劇場から公会堂への用途の変更は確認が必要である。

正解 3

R05	R04	R03	R02	R01	H30	H29

問題 15 Ⅲ 4 次の記述のうち、建築基準法上、**誤っている**ものはどれか。

1. 建築主は、高さが 60 m を超える建築物を建築しようとする場合において、申請書を提出して都道府県知事又は指定構造計算適合性判定機関の構造計算適合性判定を受ける必要はない。

2. 鉄筋コンクリート造、地上 3 階建ての共同住宅の用途に供する建築物である認証型式部材等で、その新築の工事が一級建築士である工事監理者によって設計図書のとおり実施されたことが確認されたものは、中間検査において、その認証に係る型式に適合するものとみなされる。

3. 建築主は、確認済証の交付を受けた建築物について、当該建築物の建築設備の材料、位置又は能力の変更（性能が低下しない材料の変更及び能力が減少しない変更とする。）をして、当該建築物を建築しようとする場合においては、変更後も建築物の計画が建築基準関係規定に適合することが明らかなものであっても、あらためて、確認済証の交付を受けなければならない。

4. 確認済証の交付を受けた建築物の新築の工事の施工者は、当該工事現場の見易い場所に、建築主、設計者、工事施工者及び工事の現場管理者の氏名又は名称並びに当該工事に係る建築主事又は指定確認検査機関の確認があった旨の表示をしなければならない。

[解説] 1. （法 6 条の 3、法 20 条 1 項）法 20 条 1 項二号、三号に該当する建築物は原

則として設問にある構造計算適合性判定を受ける必要があるが、高さが 60m を超える建築物は法 20 条 1 項一号に該当するので、その必要はない。

2. （法 68 条の 20 第 2 項）法 7 条の 3 第 1 項一号により、設問の構造・規模の共同住宅は中間検査を必要とするが、法 68 条の 20 第 2 項により、設問の建築物である認証型式部材等で、その新築の工事が一級建築士である工事監理者によって設計図書のとおり実施されたことが確認されたものは、中間検査において、その認証に係る型式に適合するものとみなされる。

3. （法 6 条 1 項、規則 3 条の 2 第 1 項十五号）確認を受けた建築物の計画の変更は、原則として確認済証の交付を受けなければならないが、変更が軽微な場合はその必要がない。当該建築物の建築設備の材料、位置又は能力の変更（性能が低下しない材料の変更及び能力が減少しない変更とする。）で、変更後も建築物の計画が建築基準関係規定に適合することが明らかな場合は軽微な変更となり、確認済証の交付を受ける必要がない。

4. （法 89 条 1 項）条文の通り、正しい。 　　　　　　　　　　　　 正解 3

R05	R04	R03	R02	R01	H30	H29

問題01 Ⅲ5 第一種住居地域において、図のような断面を有する住宅の1階の居室に設ける開口部(A)の採光に有効な部分の面積として、建築基準法上、**正しいもの**は、次のうちどれか。ただし、開口部(A)の幅は2.0mとし、図に記載されていないことについては考慮しないものとする。

1. 4.0 m²
2. 4.4 m²
3. 6.4 m²
4. 12.0 m²

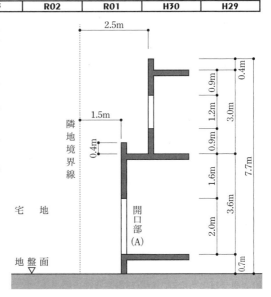

解説 開口部の直上部分を2階パラペットの天端とする場合、

$D = 2.5\,\mathrm{m}$、$H = 0.4 + 3.0 + 1.6 + \dfrac{2.0}{2} = 6\,\mathrm{m}$ より、

採光補正係数 $= \dfrac{6 \times 2.5}{6} - 1.4 = 1.1$

開口部の直上部分を1階パラペットの天端とする場合、

$D = 1.5\,\mathrm{m}$、$H = 0.4 + 1.6 + \dfrac{2.0}{2} = 3\,\mathrm{m}$ より、

採光補正係数 $= \dfrac{6 \times 1.5}{3} - 1.4 = 1.6$

採光補正係数は小さいほうの値（1.1）となるので、採光に有効な部分の面積は、

$1.1 \times 2 \times 2 = 4.4\,\mathrm{m}^2$ となる。 　 正解 2

R05	**R04**	R03	R02	R01	H30	H29

問題02 Ⅲ5 次の記述のうち、建築基準法上、**誤っている**ものはどれか。

1. 建築物の構造耐力上主要な部分に木材、コンクリート等の指定建築材料を

用いる場合には、その品質が、指定建築材料ごとに国土交通大臣の指定する日本産業規格若しくは日本農林規格に適合するもの、又は指定建築材料ごとに国土交通大臣が定める安全上、防火上若しくは衛生上必要な品質に関する技術的基準に適合するものであることについて国土交通大臣の認定を受けたものとしなければならない。

2. 　直上階の居室の床面積の合計が300㎡である児童福祉施設の地上階に設ける階段に代わる傾斜路で、両側に側壁を設けるものにおいて、側壁の一方に幅15cmの手すりを設けた場合、側壁間の距離は125cm以上としなければならない。

3. 　居室の内装の仕上げに第三種ホルムアルデヒド発散建築材料を使用するときは、原則として、当該材料を使用する内装の仕上げの部分の面積に所定の数値を乗じて得た面積については、当該居室の床面積を超えないようにしなければならない。

4. 　老人福祉施設における防火上主要な間仕切壁で、小屋裏又は天井裏に達する準耐火構造としたものは、125Hz、500Hz、2,000Hzの振動数の音に対して、それぞれ透過損失25dB、40dB、50dB以上の遮音性能としなければならない。

[解説]　1.　（法37条、令144条の3第一号）正しい。
　2.　（令23条1項、3項、令26条2項）令26条2項により、傾斜路の幅には階段の幅の規定が適用され、令23条1項の表の3項により、設問の傾斜路の有効幅は120cm以上としなければならない。また、同条3項により手すりの幅は10cmまでないものとみなせるので、側壁間の距離が125cmのとき傾斜路の有効幅は125 − 15 + 10 = 120cmとなり、それ以上なら適法である。
　3.　（法28条の2第三号、令20条の7第1項二号）正しい。
　4.　（法30条1項一号、令22条の3第1項）長屋又は共同住宅の各戸の界壁は原則として小屋裏又は天井裏に達するものとし、設問の遮音性能を必要とする。老人福祉施設の防火上主要な間仕切壁は、令114条2項により、準耐火構造とし、原則として小屋裏又は天井裏に達するものとしなければならないが、遮音の規定はない。誤り。
　　　　　　　　　　　　　　　　　　　　　　　　　　　　　[正解4]

R05	R04	R03	R02	R01	H30	H29

[問題03] Ⅲ 5　次の記述のうち、建築基準法上、**誤っている**ものはどれか。

1. 　集会場における客用の階段に代わる高さ1.5m、勾配1/15の傾斜路で、その幅が4mのものには、中間に手すりを設けなくてもよい。

2. 　有料老人ホームにおける床面積50㎡の入所者用娯楽室には、採光のための窓その他の開口部を設け、その採光に有効な部分の面積は、原則として、

$5\,m^2$ 以上としなければならない。

3. 共同住宅の天井の全部が強化天井であり、かつ、天井の構造が、隣接する住戸からの日常生活に伴い生ずる音を衛生上支障がないように低減するために天井に必要とされる性能に関して政令で定める技術的基準に適合するもので、国土交通大臣が定めた構造方法を用いるものである場合には、当該共同住宅の各戸の界壁（準耐火構造であるもの）は、小屋裏又は天井裏に達しなくてもよい。

4. 最下階の居室の床が木造である場合における外壁の床下部分には、原則として、壁の長さ $5\,m$ 以下ごとに、面積 $300\,cm^2$ 以上の換気孔を設け、これにねずみの侵入を防ぐための設備をしなければならない。

[解説] 1. （令 25 条、令 26 条 2 項）令 26 条 2 項により傾斜路には令 25 条の規定が適用されるので、高さ $1\,m$ を超える部分で幅が $3\,m$ を超える場合は、中間に手すりを設けなければならない。

2. （法 28 条 1 項、令 19 条）有料老人ホームは令 19 条 1 項により児童福祉施設等に該当し、入所者用娯楽室は令 19 条 2 項五号に該当する。令 19 条 3 項により、採光に有効な部分の面積は、居室床面積の 1/10 以上必要である。正しい。

3. （法 30 条 1 項二号、2 項、令 112 条 4 項一号、令 114 条 1 項）共同住宅の各戸の界壁は、法 30 条 1 項二号により遮音上、又は令 114 条 1 項により防火上、小屋裏又は天井裏に達しなければならないが、設問の天井が法 30 条 2 項及び令 112 条 4 項一号に該当するので免除される。正しい。

4. （令 22 条二号）正しい。 | 正解 1 |

R05	R04	R03	R02	R01	H30	H29

【問題 04｜Ⅲ 5】 地上 2 階建ての事務所（2 階の居室の床面積の合計が $300\,m^2$）に屋内階段（直階段）を設ける場合、図の L の値として、建築基準法に**適合する最小**のものは、次のうちどれか。

1. $4.80\,m$
2. $5.76\,m$
3. $6.00\,m$
4. $6.24\,m$

[解説] 令 23 条 1 項の表(3)項により、直上階の居室の床面積の合計が $200\,m^2$ を超える地上階の屋内階段は、蹴上げ $20\,cm$ 以下、踏面 $24\,cm$ 以上とし、直階段を設ける場合は階高が $4\,m$ を超えるので、令 24 条により踏幅 $1.2\,m$ 以上の踊場を設けなければならない。段数は $420\,cm \div 20\,cm = 21$。踏面の数は、段数から 1 と踊場の数を減じて 19 となる。

L の最小値は、24 cm × 19 + 120 cm = 576 cm = 5.76 m。　　　　正解 2

R05	R04	R03	R02	R01	H30	H29

問題 05 Ⅲ 5　次の記述のうち、建築基準法上、**誤っている**ものはどれか。

1.　劇場における昇降機機械室用階段の蹴上げの寸法は、23 cm とすることができる。

2.　集会場における客用の階段及びその踊場に、高さ 85 cm の手すりが設けられた場合における階段及びその踊場の幅は、手すりの幅が 10 cm を限度として、ないものとみなして算定する。

3.　石綿が添加された建築材料が使用されていることにより建築基準法第 3 条第 2 項の規定の適用を受けている倉庫について、基準時における延べ面積が 1,200 m² のものを増築して延べ面積 1,500 m² とする場合、増築に係る部分以外の部分においては、石綿が添加された建築材料を被覆すること等の措置が必要となる。

4.　近隣商業地域内の住宅（縁側を有しないもの）の開口部である天窓の採光補正係数は、開口部が道に面しない場合であって、水平距離が 4 m 以上であり、かつ、採光関係比率に 10 を乗じた数値から 1.0 を減じて得た算定値が 1.0 未満となる場合においては、1.0 とする。

[解説]　1.　（令 27 条、令 129 条の 9 第五号）昇降機機械室用階段には、一般的な階段の寸法の規定が適用されず、令 129 条の 9 第五号により「蹴上げ 23 cm 以下、踏面 15 cm 以上」が適用される。正しい。

2.　（令 23 条 3 項）正しい。

3.　（法 3 条 2 項、3 項三号、法 86 条の 7、令 137 条の 4 の 3）石綿に関する既存不適格建築物の増築については、増築部分が基準時の延べ面積の 1/2 を超えない場合、増築部分は法 28 条の 2 に適合させ、それ以外の部分は石綿が添加された建築材料を被覆する、または石綿を固着する措置を行う必要がある。正しい。

4.　（法 28 条 1 項、令 20 条）天窓の採光補正係数は、算定値を 3 倍して求める（3.0 を超える場合は 3.0）。商業系用途地域内の住宅の開口部で、隣地境界線等からの水平距離が 4 m 以上の場合は、算定値が 1.0 未満でも 1.0 とするので、その 3 倍の 3.0 となる。　　　　正解 4

R05	R04	R03	R02	R01	H30	H29

問題 06 Ⅲ 5　次の記述のうち、建築基準法上、**誤っている**ものはどれか。

1.　準工業地域内の有料老人ホームの居室（天窓を有しないもの）で、外側にぬれ縁ではない幅 1 m の縁側を有する開口部（道に面しないもの）の採光補

正係数は、水平距離が 6 m であり、かつ、採光関係比率が 0.24 である場合において は、0.7 とする。

2. 集会場の用途に供する床面積 400 m² の居室に、換気に有効な部分の面積が 20m² の窓を設けた場合においては、換気設備を設けなくてもよい。

3. 物品販売業を営む店舗で床面積の合計が 1,600 m² のものにおける客用の階 段で、その高さが 3 m を超えるものにあっては、高さ 3 m 以内ごとに踊場を 設けなければならない。

4. 居室の天井の高さは、室の床面から測り、1 室で天井の高さの異なる部分 がある場合においては、その平均の高さを 2.1 m 以上としなければならない。

[解説] 1. （令 20 条 2 項二号）準工業地域内において採光関係比率が 0.24 のとき、こ れを 8 倍して 1 を減じた採光補正係数は 0.92 となるが、水平距離が 5m 以上の場合 は 1 となる。ただし、幅 1m の縁側を有するので、採光補正係数はこの数値に 0.7 を乗じて 0.7 となる。

2. （法 28 条 3 項）換気に有効な部分の面積が床面積の 1/20 以上あっても、集会場は 法別表 1（い）欄(1)項に該当する特殊建築物なので、換気設備を設けなければならない。

3. （令 24 条）設問の物品販売店舗は令 23 条 1 項の表の(2)に該当するので、その高さ が 3 m を超えるものにあっては、高さ 3 m 以内ごとに踊場を設けなければならない。

4. （令 21 条）正しい。　　　　　　　　　　　　　　　　　　　　　[正解 2]

R05	R04	R03	R02	R01	H30	H29

[問題 07] [Ⅲ 5] 次の記述のうち、建築基準法上、**誤っている**ものはどれか。

1. 居室の内装の仕上げに第二種ホルムアルデヒド発散建築材料を使用すると きは、原則として、当該材料を使用する内装の仕上げの部分の面積に所定の 数値を乗じて得た面積については、当該居室の床面積を超えないようにしな ければならない。

2. 住宅の居室で地階に設けるものは、所定の基準によりからぼりに面する一 定の開口部を設けた場合、壁及び床の防湿の措置等衛生のための換気設備は 設けなくてもよい。

3. 中学校における床面積 70 m² の教室には、採光のための窓その他の開口部 を設け、その採光に有効な部分の面積は、原則として、14 m² 以上としなけれ ばならない。

4. 集会場における客用の階段に代わる高さ 1.5 m、勾配 1/8 の傾斜路で、その 幅が 3m の場合においては、中間に手すりを設けなければならない。

[解説] 1. （法 28 条の 2 三号、令 20 条の 7 第 1 項二号）居室の内装の仕上げに第二

種ホルムアルデヒド発散建築材料を使用するときは、中央管理方式の空気調和設備を用いる場合を除き、当該材料の使用面積に令20条の7第1項二号の表の数値を乗じて得た面積が当該居室の床面積を超えないようにしなければならない。

2. （法29条、令22条の2一号）住宅の居室で地階に設けるものは、所定の基準によるからぼりなどの空地に面する開口部を設けるか、令20条の2に適合する換気設備を設けるか、居室内の湿度を調節する設備を設けるかのいずれかの措置を講じなければならない。

3. （法28条1項、令19条）小・中・高等学校などの教室においては、窓その他の開口部の採光に有効な部分の面積は、原則として床面積の1/5以上必要である。床面積が70m²の場合、採光に有効な部分の面積は14m²以上としなければならない。

4. （令25条、令26条2項）階段に代わる傾斜路には、階段の幅・踊場・手すりの規定が適用される。高さが1mを超え、幅が3mを超える場合においては中間に手すりを設けなければならないが、幅がちょうど3mの場合は中間の手すりは不要である。

正解 4

R05	R04	R03	R02	R01	H30	H29

問題01 Ⅲ6 耐火建築物等に関する次の記述のうち、建築基準法上、**誤って**いるものはどれか。ただし、特定行政庁の認定等は考慮しないものとする。

1. 準防火地域内において、延べ面積 1,600 m²、地下 1 階、地上 3 階建ての事務所を新築する場合は、耐火建築物又はこれと同等以上の延焼防止時間となる建築物としなければならない。

2. 耐火性能検証法における建築物の各室内の可燃物の発熱量は、当該室の用途及び床面積並びに当該室の壁、床及び天井（天井のない場合においては、屋根）の室内に面する部分の表面積及び当該部分に使用する建築材料の種類に応じて国土交通大臣が定める方法により算出する。

3. 防火地域及び準防火地域以外の区域内において、延べ面積 2,000 m²、地上 3 階建ての図書館を新築する場合は、耐火建築物としなければならない。

4. 延べ面積 600 m²、地上 3 階建ての物品販売業を営む店舗（耐火建築物以外のもの）は、その主要構造部に通常の火災による火熱が所定の特定避難時間（屋根及び階段は 30 分間）加えられた場合に、当該部分が構造耐力上支障のある変形、溶融、破壊その他の損傷を生じないものでなければならない。

解説 1. （法 61 条、令 136 条の 2 第一号、R1 国交告 194 号第 2）準防火地域内において、延べ面積が 1,500 m² を超えるものは、耐火建築物又はこれと同等以上の延焼防止時間となる建築物としなければならない。正しい。

2. （令 108 条の 3 第 2 項一号）正しい。

3. （法 27 条 1 項一号、令 110 条、H27 国交告 255 号第 1 第 1 項四号）防火地域及び準防火地域以外の区域内において、地上 3 階建ての図書館（令 115 条の 3 第二号により法別表 1 (3) 項に該当）は、耐火建築物又は避難時倒壊防止建築物（1 時間の準耐火基準に適合する準耐火建築物）としなければならない。「耐火建築物としなければならない」は誤り。

4. （法 27 条 1 項一号・二号、令 110 条一号イ）設問の物品販売店舗（令 115 条の 3 第三号により法別表 1 (4) 項に該当）は法 27 条 1 項一号・二号に該当し、耐火建築物以外の場合、令 110 条一号に該当する建築物としなければならない。同号イによ

り、正しい。

R05	R04	R03	R02	R01	H30	H29

問題 02 Ⅲ 6　次の記述のうち、建築基準法上、**誤っている**ものはどれか。ただし、自動式のスプリンクラー設備等は設けられていないものとする。

1.　非耐力壁である防火構造の外壁に必要とされる防火性能は、建築物の周囲において発生する通常の火災による火熱が加えられた場合に、加熱開始後 30 分間屋内面の温度が可燃物燃焼温度以上に上昇しないものでなければならない。

2.　共同住宅（天井は強化天井でないもの）の各戸の界壁は、準耐火構造とし、小屋裏又は天井裏に達せしめなければならない。

3.　地上 15 階建ての事務所の 12 階部分で、執務室の壁及び天井の室内に面する部分の仕上げを難燃材料でし、かつ、その下地を難燃材料で造ったものは、床面積の合計 200 m² 以内ごとに防火区画しなければならない。

4.　1 階及び 2 階を集会場（当該用途に供する部分の各階の客席部分の床面積の合計が 1,000 m²）とし、3 階以上の階を事務所とする地上 10 階建ての建築物においては、原則として、当該集会場部分と事務所部分とを防火区画しなければならない。

解説　1.　（法 2 条八号、令 108 条二号）正しい。

2.　（令 114 条 1 項、令 112 条 4 項一号、二号）正しい。

3.　（令 112 条 7 項、8 項）建築物の 11 階以上の部分で、居室の壁及び天井の室内に面する部分の仕上げを準不燃材料でし、かつ、その下地を準不燃材料で造ったものは、床面積の合計 200 m² 以内ごとに防火区画すれば足りるが、難燃材料の場合は 100 m² 以内ごとの防火区画が必要である。誤り。

4.　（令 112 条 18 項）建築物の一部が法 27 条 1 項～ 3 項の各号のいずれかに該当する場合、その部分と他の部分とを防火区画しなければならない。設問の集会場は法 27 条 1 項二号に該当する。正しい。

R05	R04	R03	R02	R01	H30	H29

問題 03 Ⅲ 6　次の記述のうち、建築基準法上、**誤っている**ものはどれか。

1.　防火区画検証法は、開口部に設けられる防火設備について、屋内及び建築物の周囲において発生が予測される火災による火熱が加えられた場合に、火災の継続時間以上、加熱面以外の面に火炎を出すことなく耐えることができることを確かめる方法である。

2.　準防火地域内における共同住宅の屋根の構造は、市街地における通常の火

災による火の粉により、防火上有害な発炎をしないものであり、かつ、屋内に達する防火上有害な溶融、亀裂その他の損傷を生じないものでなければならない。

3. 耐火構造の柱は、通常の火災による火熱が所定の時間加えられた場合に、構造耐力上支障のある変形、溶融、破壊その他の損傷を生じないものでなければならない。

4. 不燃材料として、建築物の外部の仕上げに用いる建築材料が適合すべき不燃性能及びその技術的基準は、建築材料に、通常の火災による火熱が加えられた場合に、加熱開始後 20 分間、「燃焼しないものであること」及び「防火上有害な変形、溶融、亀裂その他の損傷を生じないものであること」である。

[解説] 1. （令 108 条の 3 第 4 項、5 項）防火区画検証法は、開口部に設けられる防火設備について、屋内において発生が予測される火災による火熱が加えられた場合に、保有遮炎時間が火災の継続時間以上であることを確かめる方法である。建築物の周囲の火災は誤り。

2. （法 62 条、令 136 条の 2 の 2）正しい。

3. （法 2 条七号、令 107 条一号）正しい。

4. （法 2 条九号、令 108 条の 2）外部仕上げには、令 108 条の 2 第三号は適用されない。正しい。

正解 1

R05	R04	R03	R02	R01	H30	H29

問題 04 Ⅲ 9 防火・避難に関する次の記述のうち、建築基準法に**適合しない**ものはどれか。

1. 屋内に設ける避難階段に通ずる出入口に、通常の火災による火熱が加えられた場合に、加熱開始後 10 分間当該加熱面以外の面に火炎を出さない性能を有する防火戸で所定の構造であるものを設けた。

2. 延べ面積 1,500 m²、耐火建築物及び準耐火建築物以外の、木造、地上 2 階建ての美術館について、防火上有効な構造の防火壁に設ける開口部の幅及び高さを、それぞれ 2.5 m とし、かつ、これに特定防火設備で所定の構造であるものを設けた。

3. 延べ面積 1,500 m² の体育館に、非常用の照明装置を設けなかった。

4. 主要構造部を準耐火構造とした建築物の地上部分の層間変形角を、1/150 以内となるようにした。

[解説] 1. （令 123 条 1 項六号、法 2 条九号の二ロ、令 109 条の 2）屋内避難階段に通ずる出入口には、通常火災による火熱が加えられた場合に、加熱開始後 20 分間当該

加熱面以外の面に火炎を出さない性能を有する防火戸を設ける。10 分間は誤り。

2. （法 26 条、令 113 条 1 項四号）正しい。

3. （令 126 条の 4 第三号）学校等には非常用の照明装置の設置が免除されており、令 126 条の 2 第 1 項二号により体育館は学校等に含まれる。正しい。

4. （法 2 条九号の三イ、令 109 条の 2 の 2）正しい。 正解 1

R05	R04	R03	R02	R01	H30	H29

問題 05 Ⅲ 6　防火区画等に関する次の記述のうち、建築基準法上、**誤っているもの**はどれか。ただし、自動式のスプリンクラー設備等は設けられていないものとする。

1. 地上 3 階に居室を有する事務所で、主要構造部を耐火構造としたものにおいて、避難階である地上 1 階から地上 3 階に通ずる階段の部分とその他の部分との区画に用いる防火設備は、避難上及び防火上支障のない遮煙性能を有するものでなければならない。

2. 主要構造部を耐火構造とした共同住宅の住戸で、その階数が 3 であり床面積の合計が 200 m² のものは、当該住戸の階段の部分とその他の部分とを防火区画しなければならない。

3. 地上 5 階建ての事務所のみの用途に供する建築物において、防火区画に接する外壁については、外壁面から 50 cm 以上突出した準耐火構造のひさし、床、袖壁等で防火上有効に遮られている場合においては、当該外壁のうちこれらに接する部分を含み幅 90 cm 以上の部分を準耐火構造としなくてもよい。

4. 学校の用途に供する建築物の当該用途に供する部分（天井は強化天井でないもの）については、原則として、その防火上主要な間仕切壁を準耐火構造とし、小屋裏又は天井裏に達せしめなければならない。

解説 1.（令 112 条 11 項、19 項二号ロ）令 112 条 11 項により、主要構造部を耐火構造とし地上 3 階に居室を有する事務所においては、階段の部分とその他の部分とを防火区画しなければならず、この区画に用いる防火設備は、令 112 条 19 項二号ロにより避難上及び防火上支障のない遮煙性能を有するものでなければならない。正しい。

2.（令 112 条 11 項二号）共同住宅の住戸で、その階数が 3 以下で床面積の合計が 200 m² 以内のものは、住戸内階段などの竪穴部分とその他の部分とを防火区画しなくてもよい。

3.（令 112 条 16 項）防火区画に接する外壁については、当該外壁のうち防火区画に接する部分を含み幅 90 cm 以上の部分を準耐火構造としなければならないが、令 112 条 16 項ただし書きにより、外壁面から 50 cm 以上突出した準耐火構造のひさし、

床、袖壁等で防火上有効に遮られている場合においてはその必要がない。正しい。

4. （令114条2項）学校の用途で天井が令112条4項の強化天井でない場合、令114条2項により、防火上主要な間仕切壁を準耐火構造とし、小屋裏又は天井裏に達せしめなければならない。正しい。 正解 2

R05	R04	R03	R02	R01	H30	H29

問題06 Ⅲ6 　防火区画に関する次の記述のうち、建築基準法上、**誤っている**ものはどれか。ただし、自動式のスプリンクラー設備等は設けられていないものとする。

1. 地上15階建ての事務所の15階部分で、当該階の床面積の合計が300㎡のものは、原則として、床面積の合計100㎡以内ごとに防火区画しなければならない。

2. 1階を自動車車庫（当該用途に供する部分の床面積の合計が130㎡）とし、2階及び3階を事務所とする地上3階建ての建築物においては、当該自動車車庫部分と事務所部分とを防火区画しなければならない。

3. 避難階が地上1階であり、地上3階に居室を有する事務所の用途に供する建築物で、主要構造部を準耐火構造としたものにおいては、原則として、地上2階から地上3階に通ずる吹抜きとなっている部分とその他の部分とを防火区画しなければならない。

4. 防火区画に用いる防火シャッター等の特定防火設備は、常時閉鎖若しくは作動をした状態にあるか、又は随時閉鎖若しくは作動をできるものでなければならない。

解説 1. （令112条7項）正しい。

2. （令112条18項）建築物の一部が法27条各項各号に該当すれば、他の部分との間に防火区画が必要である。しかし、設問の自動車車庫は法別表1(6)項の用途であるが、3階以上の階にも、150㎡以上にも該当しないので、法27条2項二号、3項一号に該当せず、防火区画は不要である。

3. （令112条11項）正しい。

4. （令112条19項一号イ）正しい。 正解 2

R05	R04	R03	R02	R01	H30	H29

問題07 Ⅲ6 　防火区画等に関する次の記述のうち、建築基準法上、**誤っている**ものはどれか。ただし、自動式のスプリンクラー設備等は設けられていないものとし、耐火性能検証法、防火区画検証法、階避難安全検証法、全館避難安全検証法及び国土交通大臣の認定による安全性の確認は行わないものとする。

1. 主要構造部を準耐火構造とした延べ面積 800 m²、地上 4 階建ての事務所であって、3 階以上の階に居室を有するものの昇降機の昇降路の部分については、原則として、当該部分とその他の部分とを防火区画しなければならない。

2. 1 階及び 2 階を物品販売業を営む店舗（当該用途に供する部分の各階の床面積の合計がそれぞれ 1,000 m²）とし、3 階以上の階を事務所とする地上 8 階建ての建築物においては、当該店舗部分と事務所部分とを防火区画しなければならない。

3. 主要構造部を準耐火構造とした延べ面積 200 m²、地上 3 階建ての一戸建ての住宅においては、吹抜きとなっている部分とその他の部分とを防火区画しなければならない。

4. 有料老人ホームの用途に供する建築物の当該用途に供する部分（天井は強化天井でないもの）については、原則として、その防火上主要な間仕切壁を準耐火構造とし、小屋裏又は天井裏に達せしめなければならない。

[解説] 1. （令112条11項）設問の建築物の昇降機の昇降路の部分は、当該部分とその他の部分とを準耐火構造の床・壁・防火設備で区画しなければならない。

2. （法27条1項二号、令112条18項）設問の物品販売店舗は、令115条の3第三号より法別表1(い)欄(4)項に該当し法27条1項二号に該当するので、令112条18項により当該店舗部分と事務所部分とを防火区画しなければならない。

3. （令112条11項二号）階数が3以下で延べ面積が200 m²以内の一戸建ての住宅は、同条11項ただし書きにより同項本文の規定は適用されないので、吹抜きとなっている部分とその他の部分とを防火区画する必要はない。

4. （令114条2項）有料老人ホームは、令19条1項により児童福祉施設等に該当する。また、天井は令112条4項の強化天井ではないので、令114条2項により、防火上主要な間仕切壁を準耐火構造とし、小屋裏又は天井裏に達せしめなければならない。

[正解 3]

R05	R04	R03	R02	R01	H30	H29

問題08 **III 6** 防火・避難に関する次の記述のうち、建築基準法上、誤っているものはどれか。

1. 階避難安全検証法は、火災時において、建築物の階からの避難が安全に行われることを検証する方法であり、当該階の各居室ごとに、在室者が、火災が発生してから避難を開始するまでに要する時間、当該居室の出口の一に達するまでに要する歩行時間、当該居室の出口を通過するために要する時間等を計算することとされている。

2. 全館避難安全検証法は、火災時において、建築物からの避難が安全に行わ

れることを検証する方法であり、各階における各火災室ごとに、火災が発生してから、在館者の全てが当該建築物から地上までの避難を終了するまでに要する時間、火災により生じた煙又はガスが階段の部分又は当該階の直上階以上の階の一に流入するために要する時間等を計算することとされている。

3. 耐火性能検証法は、屋内において発生が予測される火災による火熱が加えられた場合に主要構造部が構造耐力上支障のある損傷を生じないものであること、建築物の周囲において発生する通常の火災による火熱が加えられた場合に耐力壁である外壁が構造耐力上支障のある損傷を生じないものであること等を確かめる方法である。

4. 防火区画検証法は、開口部に設けられる防火設備について、屋内及び建築物の周囲において発生が予測される火災による火熱が加えられた場合に、火災の継続時間以上、加熱面以外の面に火炎を出すことなく耐えることができることを確かめる方法である。

[解説] 1. （令129条3項）階避難安全検証法は、火災時において当該階の居室ごとに、在室者が火災発生から居室の出口を通過するまでに要する時間を計算し、煙やガスが避難上支障のある高さまで降下する時間を超えないことを確認すること、主たる廊下等について同様の計算を行って確認することとしている。

2. （令129条の2第4項）全館避難安全検証法は、各階における各火災室ごとに、火災が発生してから在館者の全てが地上に通ずる出口を通過するまでに要する時間、煙やガスが階段の部分又は当該階の直上階以上の階の一に流入するために要する時間を計算し、前者の時間が後者の時間を超えないことを確かめることとされている。

3. （令108条の3第2項）耐火性能検証法は、屋内において発生が予測される火災による火熱が加えられた場合に主要構造部が構造耐力上支障のある損傷を生じない時間（屋内火災保有耐火時間）が火災の継続時間以上であること、建築物の周囲において発生する通常の火災による火熱が加えられた場合に耐力壁である外壁が構造耐力上支障のある損傷を生じない時間（屋外火災保有耐火時間）が1時間（延焼のおそれのある部分以外は30分）以上であることを確かめる方法である。

4. （令108条の3第5項）防火区画検証法は、開口部に設けられる防火設備について、屋内において発生が予測される火災による火熱が加えられた場合に、加熱面以外の面に火炎を出すことなく耐えることができる時間（保有遮炎時間）が火災の継続時間以上であることを確かめる方法である。建築物の周囲の火災については規定していないので誤り。

正解4

R05	R04	R03	R02	R01	H30	H29

問題01 Ⅲ 7 　避難施設等に関する次の記述のうち、建築基準法上、**誤っている**ものはどれか。

1.　床面積の合計が2,000㎡、地上3階建ての物品販売業を営む店舗で、各階を当該用途に供するものについて、各階の売場及び屋上広場に通ずる直通階段を2か所設け、これを避難階段とした。

2.　主要構造部を耐火構造とした地上5階建てのナイトクラブの用途に供する建築物（避難階は1階であり、各階に客席を有し、居室の床面積の合計が各階200㎡で、避難上有効なバルコニー、屋外通路等を設けていないもの）について、各階から地上に通ずる直通階段を1か所設けた。

3.　診療所（特定階を有し、病室の床面積の合計が110㎡で、主要構造部を準耐火構造としたもの）について、各階から避難階に通ずる直通階段（間仕切壁及び所定の防火設備により当該階段の部分以外の部分と区画されているもの）を1か所設けた。

4.　階避難安全検証法により、火災発生時において建築物の階からの避難が安全に行われることを検証するため、「当該階の各居室ごとに、当該居室で火災が発生した場合に当該居室の在室者の全てが当該居室から安全に避難できること」及び「当該階の各火災室ごとに、当該火災室で火災が発生した場合に当該階に存する者の全てが当該階から安全に避難できること」を確かめた。

[解説]　1.　（令122条2項、令121条1項二号）床面積の合計が1,500㎡を超える物品販売店舗で、地上3階以上の各階を当該用途に供するものは、各階の売場及び屋上広場に通ずる直通階段を2か所設け、これを避難階段又は特別避難階段としなければならない。避難階段とすれば適法なので、正しい。

　2.　（令121条1項三号イ、2項）設問前段の条件で、かつ避難上有効なバルコニー、屋外通路等を設けているものは、各階から地上に通ずる直通階段（屋外避難階段又は特別避難階段）を1か所とすることができる。誤り。

　3.　（令121条1項四号、2項、4項）主要構造部を準耐火構造とした診療所で病室の床面積の合計が100㎡を超えるものは、令121条1項四号、2項により2以上の直

通階段を必要とするが、設問の要件を満たすものは4項により除かれる。正しい。

4. （令129条3項）正しい。 正解 2

R05	**R04**	R03	R02	R01	H30	H29

問題02 Ⅲ7　次の建築物のうち、建築基準法に**適合しない**ものはどれか。ただし、いずれの建築物も各階を当該用途に供するものとし、避難階は1階とする。

1. 主要構造部を耐火構造とした地上5階建てのホテルで、各階に宿泊室（1室当たりの床面積25 m²）が8室あるもの（2階以上の階には宿泊室以外の居室はないものとする。）に直通階段を1か所設けた。

2. 主要構造部を耐火構造とした延べ面積1,200 m²、地上2階建ての物品販売業を営む店舗で、2階における売場の床面積の合計が450 m²のものに直通階段1か所設けた。

3. 主要構造部を耐火構造とした地上5階建ての共同住宅（住戸の居室以外の居室はないものとする。）で、各階に住戸（各住戸の居室の床面積の合計50 m²）が4戸あるものに直通階段を1か所設けた。

4. 主要構造部を耐火構造とした地上6階建ての事務所で、各階の居室の床面積の合計が200 m²で、かつ、各階に避難上有効なバルコニーを設けたものに、避難階段の構造に適合する屋外の直通階段を1か所設けた。

> 解説　1. （令121条1項五号、2項）主要構造部を耐火構造としたものは、令121条2項により、同条1項の数値は2倍となる。各階の宿泊室の床面積の合計が200 m²であり、同条1項五号に該当しない。また、同条1項六号ロにも該当しない。正しい。
>
> 2. （令121条1項六号ロ、2項）避難階の直上階の居室の床面積の合計が400 m²を超えるので、直通階段は2以上必要である。誤り。
>
> 3. （令121条1項五号、2項）正しい。
>
> 4. （令121条1項六号イ、2項）正しい。 正解 2

R05	**R04**	R03	R02	R01	H30	H29

問題03 Ⅲ9　避難施設等に関する次の記述のうち、建築基準法上、**誤っている**ものはどれか。

1. 延べ面積2,000 m²、地上2階建てのボーリング場の2階の居室から地上に通ずる屋内の廊下及び階段の部分には、非常用の照明装置を設けなければならない。

2. 延べ面積2,000 m²の病院において、床面積100 m²以内ごとに防火区画した

部分については、排煙設備を設けなくてもよい。

3. 地下街の各構えが接する地下道の幅員は、5m 以上でなければならない。

4. 建築物の高さ31m 以下の部分にある3階以上の各階において、道に面する外壁面に直径1m 以上の円が内接できる窓で、格子その他の屋外からの進入を妨げる構造を有しないものを、当該壁面の長さ10m 以内ごとに設けている場合には、非常用の進入口を設けなくてもよい。

[解説] 1. （令126条の2第1項二号、令126条の4第三号）令126条の2第1項二号により、ボーリング場は「学校等」に該当する。令126条の4第三号により、学校等には非常用の照明装置の設置が免除される。誤り。

 2. （令126条の2第1項一号）病院は法別表1(い)欄(2)項に該当し、床面積100m² 以内ごとに防火区画した部分については、排煙設備の設置が免除される。正しい。

 3. （令128条の3第1項二号）正しい。

 4. （令126条の6第二号）正しい。 [正解 1]

R05	R04	R03	R02	R01	H30	H29

[問題 04] Ⅲ 8 　各階を物品販売業を営む店舗の用途に供する地上4階建ての建築物（各階の床面積が500m²）の避難階段に関する次の記述のうち、建築基準法に**適合しない**ものはどれか。ただし、避難階は1階とし、屋上広場はないものとする。

1. 屋外に設ける避難階段を、その階段に通ずる出入口以外の開口部から2.5m の距離に設けた。

2. 屋内に設ける避難階段の部分には、排煙設備を設けなかった。

3. 3階における避難階段の幅の合計を3.0m とした。

4. 各階から1階に通ずる二つの直通階段を設け、そのうちの一つを、有効な防腐措置を講じた準耐火構造の屋外階段とした。

[解説] 1. （令123条2項一号）正しい。

 2. （令123条1項、令126条の2第1項三号）排煙設備の設置義務はない。正しい。

 3. （令124条1項一号）100m² につき60cm 以上なので、500m² で3.0m は適法である。

 4. （令122条2項、令123条2項三号）設問の物品販売店舗には、令122条2項により2以上の避難階段の設置義務があり、屋外避難階段とする場合、令123条2項三号により耐火構造としなければならない。準耐火構造は誤り。 [正解 4]

R05	R04	R03	R02	R01	H30	H29

[問題 05] Ⅲ 7 　避難施設等に関する次の記述のうち、建築基準法上、**誤ってい**

るものはどれか。ただし、いずれの建築物も各階を当該用途に供するものとし、避難階は地上1階とする。

1. 主要構造部を耐火構造とした地上2階建て、延べ面積 3,000 m² の物品販売業を営む店舗で、各階に売場を有するものにあっては、2階から避難階又は地上に通ずる2以上の直通階段を設けなければならない。

2. 主要構造部を耐火構造とした地上15階建ての共同住宅において、15階の居室及びこれから地上に通ずる主たる廊下、階段その他の通路の壁及び天井の室内に面する部分の仕上げを準不燃材料でした場合、当該居室の各部分から避難階又は地上に通ずる直通階段の一に至る歩行距離は、60 m 以下としなければならない。

3. 主要構造部を耐火構造とした地上4階建ての共同住宅において、各階に住戸（1戸当たりの居室の床面積 60 m²）が4戸ある場合、4階に避難上有効なバルコニーが設けられていても、避難階又は地上に通ずる2以上の直通階段を設けなければならない。

4. 主要構造部を耐火構造とした地上11階建ての共同住宅におけるメゾネット形式の住戸について、その階数が2であり、かつ、出入口が一の階のみにあるものの当該出入口のある階以外の階においては、その階の居室の各部分から避難階又は地上に通ずる直通階段の一に至る歩行距離は、40 m 以下としなければならない。

解説　1.　（令 121 条 1 項二号）床面積の合計が 1,500 m² を超える物品販売業を営む店舗で、各階に売場を有するものは、2以上の直通階段を必要とする。正しい。

2.　（令 120 条）主要構造部を耐火構造とした共同住宅は、令 120 条 1 項の表により居室から直通階段の一に至る歩行距離は 50 m 以下である。15 階以上の階の居室で、そこから地上に通ずる廊下、階段その他の通路の壁及び天井の室内に面する部分の仕上げを準不燃材料とした場合は、2項及び3項の規定は適用されないので、設問の数値は表の数値通り 50 m 以下としなければならない。60 m 以下は誤り。

3.　（令 121 条 1 項五号、同条 2 項）設問の耐火構造の共同住宅は、各階の居室の床面積の合計が 200 m² を超えているので、2以上の直通階段を設けなければならない。避難上有効なバルコニーの有無は関係ない。正しい。

4.　（令 120 条 4 項）正しい。　　　　　　　　　　　　　　　　正解 2

R05	R04	R03	R02	R01	H30	H29

問題 06 Ⅲ 8　防火・避難に関する次の記述のうち、建築基準法に**適合しない**ものはどれか。ただし、避難階は地上1階とし、屋上広場はないものとする。

1. 主要構造部を準耐火構造としたバルコニーのない建築物において、当該建

築物が全館避難安全性能を有するものであることについて全館避難安全検証法により確かめたので、特別避難階段の階段室には、その付室に面する部分以外に屋内に面して開口部を設けることとした。

2.　主要構造部を耐火構造とした地上8階建て、延べ面積10,000㎡の物品販売業を営む店舗において、最上階が階避難安全性能を有するものであることについて階避難安全検証法により確かめたので、最上階に、屋内と特別避難階段の階段室とを連絡するバルコニー及び付室のいずれも設けなかった。

3.　主要構造部を耐火構造とした地上5階建て、延べ面積5,000㎡の事務所において、最上階が階避難安全性能を有するものであることについて階避難安全検証法により確かめたので、最上階に排煙設備を設けなかった。

4.　各階を物品販売業を営む店舗の用途に供する地上4階建ての建築物（各階の床面積が600㎡）において、各階における避難階段の幅の合計を3.6mとした。

[解説]　1.　（令123条3項七号、令129条の2）特別避難階段の階段室には、その付室に面する部分以外に屋内に面して開口部を設けてはならない。この令123条3項七号の規定は、当該建築物が全館避難安全性能を有することを全館避難安全検証法により確かめたものであっても、令129条の2の適用除外に該当しないので適用される。誤り。

2.　（令123条3項一号、令129条）特別避難階段は屋内と階段室とをバルコニー又は付室を通して連絡する必要があるが、この令123条3項一号の規定は、階避難安全性能を有することを階避難安全検証法により確かめたものについては、令129条によって適用除外となる。正しい。

3.　（令126条の2、令129条）設問の規模の事務所には排煙設備の設置義務があるが、この令126条の2の規定は、階避難安全性能を有することを階避難安全検証法により確かめたものについては令129条によって適用除外となる。正しい。

4.　（令124条1項一号）床面積の合計が1,500㎡を超える物品販売店舗で地上3階建て以上の場合、避難階段の設置義務があり、その避難階段の幅の合計は直上階以上の階のうち床面積が最大となる階の床面積100㎡につき60cm以上必要である。設問の場合は各階とも3.6m以上としなければならない。正しい。　　正解 1

R05	R04	R03	R02	R01	H30	H29

問題07 Ⅲ9　防火・避難に関する次の記述のうち、建築基準法上、**誤っている**ものはどれか。ただし、居室については、内装の「制限を受ける窓その他の開口部を有しない居室」には該当しないものとする。

1.　延べ面積500㎡、平家建ての自動車車庫（自動式のスプリンクラー設置等

は設けられていないもの）において、当該用途に供する部分の壁及び天井の室内に面する部分の仕上げを、準不燃材料又はこれに準ずるものとして国土交通大臣が定める方法により国土交通大臣が定める材料の組合せによってしたものとしなければならない。

2. 地上5階建ての共同住宅において、5階の住戸から地上に通ずる廊下及び階段が採光上有効に直接外気に開放されている場合、当該廊下及び階段に非常用の照明装置を設けなくてもよい。

3. 地上20階建ての共同住宅の特別避難階段について、15階以上の各階における階段室及びこれと屋内とを連絡するバルコニー又は付室の床面積（バルコニーで床面積がないものにあっては、床部分の面積）の合計は、当該階に設ける各居室の床面積に8/100を乗じたものの合計以上としなければならない。

4. 建築物の高さ31m以下の部分にある3階以上の各階において、道又は道に通ずる幅員4m以上の通路その他の空地に面する外壁面に、幅及び高さが、それぞれ、75cm以上及び1.2m以上の窓で、格子その他の屋外からの進入を妨げる構造を有しないものを当該壁面の長さ10m以内ごとに設けている場合においては、非常用の進入口を設けなくてもよい。

解説 1. （令128条の4第1項二号、令128条の5第2項）設問の自動車車庫は令128条の4第1項二号に該当するので、令128条の5第2項により、当該用途に供する部分の壁及び天井の室内に面する部分の仕上げは準不燃材料又はこれに準ずるものとしなければならない。正しい。

2. （令126条の4）正しい。

3. （令123条3項十二号）15階以上の各階における特別避難階段の階段室及びこれと屋内とを連絡するバルコニー又は付室の床面積の合計は、法別表1(い)欄(2)項に該当する共同住宅の場合は、当該階の各居室の床面積に3/100を乗じたものの合計以上としなければならない。8/100は法別表1(い)欄(1)項・(4)項の用途の場合。

4. （令126条の6第二号）正しい。

正解 3

R05	R04	R03	R02	R01	H30	H29

問題08 Ⅲ8 避難施設等に関する次の記述のうち、建築基準法上、**誤っている**ものはどれか。ただし、いずれの建築物も各階を当該用途に供するものとし、避難階は地上1階とする。

1. 主要構造部を耐火構造とした地上3階建て、延べ面積3,000m²の飲食店（主たる用途に供する居室及びこれから地上に通ずる主たる廊下、階段その他の通路の壁及び天井の室内に面する部分の仕上げを準不燃材料としたもの）の避難階においては、階段から屋外への出口の一に至る歩行距離は、40mとす

ることができる。

2. 　地上5階建ての物品販売業を営む店舗（各階の床面積700㎡）の避難階においては、屋外への出口の幅の合計を4mとすることができる。

3. 　主要構造部を耐火構造とした地上5階建ての共同住宅で、各階の居室の床面積の合計が180㎡であるものは、避難階以外の階から避難階又は地上に通ずる2以上の直通階段を設けなくてもよい。

4. 　地上5階建ての共同住宅において、2階以上の階にあるバルコニーの周囲には、安全上必要な高さが1.1m以上の手すり壁、さく又は金網を設けなければならない。

　[解説]　1.　（令120条、令125条）令125条により、設問の歩行距離は令120条の数値以下となる。飲食店は、法別表1(い)欄(4)項に該当するので、令120条の表の(1)項に該当し、主要構造部が耐火構造の場合、表の数値は30mとなる。さらに内装を準不燃材料としているので、令120条2項により10mを加えて歩行距離は40m以下となる。正しい。

　　2.　（令125条3項）床面積の合計が1,500㎡を超える物品販売店舗の避難階の屋外への出口の幅は、床面積が最大となる階の床面積100㎡当たり60cm以上となるので、60/100×700＝420cm＝4.2m以上必要である。

　　3.　（令121条1項五号、2項）共同住宅で、主要構造部が耐火構造の場合、居室の床面積の合計が200㎡を超えるものは、2以上の直通階段を必要とする。正しい。

　　4.　（令117条、令126条）正しい。　　　　　　　　　　　　正解 2

R05	R04	R03	R02	R01	H30	H29

問題09 Ⅲ 9　防火・避難に関する次の記述のうち、建築基準法上、**誤っている**ものはどれか。

1. 　建築物の外部の仕上げに用いる準不燃材料は、通常の火災による火熱が加えられた場合に、加熱開始後10分間、燃焼せず、防火上有害な変形、溶融、き裂その他の損傷を生じないものであって、避難上有害な煙又はガスを発生しないものでなければならない。

2. 　主要構造部を耐火構造とした延べ面積5,000㎡、地上8階建ての共同住宅の敷地内には、屋外に設ける避難階段から道又は公園、広場その他の空地に通ずる幅員が1.5m以上の通路を設けなければならない。

3. 　延べ面積3,000㎡、地上5階建てのホテルの客室において、100㎡以内ごとに耐火構造とした床、壁及び所定の防火設備で区画されている場合には、排煙設備を設けなくてもよい。

4. 　防火地域内における建築物の屋上に設ける高さ2mの看板は、その主要な

部分を不燃材料で造り、又はおおわなければならない。

[解説] 1.　（令1条五号）建築物の外部の仕上げに用いるものは、令108条の2第一号、二号を満たせばよいので、同条三号の避難上有害な煙又はガスを発生しないものである必要はない。

2.　（令128条、令127条、法35条）令128条の規定は令127条により、法35条の建築物に適用される。設問の共同住宅は、法別表1(い)欄(2)項の特殊建築物なので、法35条の建築物に該当し、設問の敷地内通路を必要とする。正しい。

3.　（令126条の2第1項一号）正しい。

4.　（法64条）正しい。　　　　　　　　　　　　　　　　　　　　　　　　正解 1

R05	R04	R03	R02	R01	H30	H29

問題10 III 8　避難施設等に関する次の記述のうち、建築基準法上、**誤っている**ものはどれか。ただし、いずれの建築物も各階を当該用途に供するものとし、避難階は地上1階とする。

1.　主要構造部を耐火構造とした地上3階建ての共同住宅で、各階に住戸（各住戸の居室の床面積60m²）が4戸あるものは、避難階以外の階から避難階又は地上に通ずる2以上の直通階段を設けなければならない。

2.　主要構造部を耐火構造とした地上6階建ての事務所において、6階の事務室の床面積の合計が300m²であり、かつ、その階に避難上有効なバルコニーを設け、その階に通ずる屋外の直通階段を、屋外に設ける避難階段の構造の規定に適合するものとした場合には、2以上の直通階段を設けなくてもよい。

3.　床面積の合計が3,000m²の地上5階建ての物品販売業を営む店舗には、各階の売場及び屋上広場に通ずる2以上の直通階段を設け、これを避難階段又は特別避難階段としなければならない。

4.　主要構造部が耐火構造である地上20階建ての共同住宅において、階段室、昇降機の昇降路、廊下等が所定の方法で区画され、各住戸の床面積の合計が200m²（住戸以外は100m²）以内ごとに防火区画されている場合には、15階以上の階に通ずる直通階段は、特別避難階段としなくてもよい。

[解説] 1.　（令121条1項五号、2項）設問の耐火構造の共同住宅は、各階の居室の床面積の合計が200m²を超えているので、2以上の直通階段を設けなければならない。

2.　（令121条1項六号イ、2項）設問の耐火構造の事務所は、地上6階建てで6階の事務室の床面積の合計が200m²を超えているので、その階に避難上有効なバルコニー及びその階に通ずる屋外の直通階段を適切に設けていても、2以上の直通階段を設けなければならない。

3.　（令122条2項）正しい。

4. （令122条1項）15階以上の階に通ずる直通階段は、原則として特別避難階段としなければならないが、主要構造部が耐火構造である建築物は、階段室、昇降機の昇降路、廊下等が所定の方法で区画されており、床面積の合計が100 m²（共同住宅の住戸は200 m²）以内ごとに防火区画されている場合は不要である。正しい。 正解 2

R05	R04	R03	R02	R01	H30	H29

問題11 Ⅲ9 防火・避難に関する次の記述のうち、建築基準法上、**誤っているもの**はどれか。ただし、耐火性能検証法、防火区画検証法、階避難安全検証法、全館避難安全検証法及び国土交通大臣の認定による安全性の確認は行わないものとする。

1. 主要構造部を準耐火構造とした地上2階建ての展示場の避難階以外の階においては、主たる用途に供する居室の各部分から避難階又は地上に通ずる直通階段の一に至る歩行距離を、原則として、30 m以下としなければならない。
2. 延べ面積2,000 m²の病院において、床面積100m²以内ごとに防火区画した部分については、排煙設備を設けなくてもよい。
3. 延べ面積3,000 m²、地上3階建てのスポーツの練習場には、非常用の照明装置を設けなくてもよい。
4. 各階を物品販売業を営む店舗の用途に供する地上3階建ての建築物（各階の床面積600 m²）においては、各階における避難階段の幅の合計を3.0 m以上としなければならない。

[解説] 1. （令120条1項）設問の展示場は法別表1(い)欄(4)項に該当するので、直通階段までの歩行距離を、令120条1項の表により原則として30m以下としなければならない。
 2. （令126条の2第1項一号）延べ面積500m²を超える病院は原則として排煙設備の設置義務があるが、床面積100m²以内ごとに防火区画した部分についてはこの限りでない。
 3. （令126条の4第三号）スポーツの練習場は、令126条の2第1項二号に規定する「学校等」に該当するので、非常用の照明装置を設けなくてもよい。
 4. （令124条1項一号）床面積の合計が1,500 m²を超える物品販売店舗で地上3階建ての場合、避難階段の幅の合計は直上階以上の階のうち床面積が最大となる階の床面積100 m²につき60 cm以上必要であり、設問の場合は各階とも3.6 m以上としなければならない。 正解 4

R05	R04	R03	R02	R01	H30	H29

問題12 Ⅲ8 次の建築物のうち、建築基準法上、**2以上の直通階段を設けなければならない**ものはどれか。ただし、いずれの建築物も各階を当該用途に供するものとし、避難階は1階とする。

1. 主要構造部を耐火構造とした地上3階建ての旅館で、各階に宿泊室（床面積30 m²）が6室あるもの（2階以上の階には宿泊室以外の居室はないものとする）
2. 主要構造部が不燃材料で造られた地上2階建ての寄宿舎で、2階における寝室の床面積の合計が150 m²、2階における寝室以外の居室の床面積の合計が150 m²のもの
3. 主要構造部を準耐火構造とした、延べ面積1,000 m²、地上2階建ての物品販売業を営む店舗で、2階における売場の床面積の合計が500 m²のもの
4. 主要構造部を耐火構造とした地上5階建てのナイトクラブの用途に供する建築物で、各階に客席があり、各階の居室の床面積の合計が200 m²で、かつ、各階に避難上有効なバルコニーを設け、各階から地上に通ずる屋外の直通階段を、屋外に設ける避難階段の構造の規定に適合するものとしたもの

解説 1. （令121条1項五号、2項）主要構造部が耐火構造の旅館であり、令121条1項五号の数値（100 m²以下）は2項により2倍（200 m²以下）となる。各階の宿泊室面積は30 m²×6＝180 m²となるので2以上の直通階段は不要である。

2. （令121条1項五号、六号ロ、2項）主要構造部が不燃材料の寄宿舎であり、令121条1項五号の数値（100 m²以下）は2項により2倍（200 m²以下）となる。寄宿舎の寝室に関しては2以上の直通階段は不要である。また、令121条1項六号ロの数値（200 m²以下）も2項により2倍（400 m²以下）となる。2階における床面積の合計が300 m²となるので2以上の直通階段は不要である。

3. （令121条1項六号ロ、2項）設問の建築物は令121条1項二号には該当しないが、2階における売場の床面積の合計が500 m²なので、六号ロにより、主要構造部を準耐火構造とした建築物の避難階の直上階の限度400 m²を超えており、2以上の直通階段を必要とする。

4. （令121条1項三号、2項）ナイトクラブは令121条1項三号に該当するが、5階以下、各階の居室の床面積の合計が200 m²（主要構造部が耐火構造なので100 m²の2倍）以下を満足しており、かつ各階に避難上有効なバルコニーを設け、各階から地上に通ずる屋外の直通階段を屋外に設ける避難階段の構造の規定（令123条2項）に適合するものとしているので、2以上の直通階段は不要である。 正解 3

R05	R04	R03	R02	R01	H30	H29

問題13 Ⅲ9 次の記述のうち、建築基準法上、誤っているものはどれか。ただし、「避難上の安全の検証」は行われていないものとする。

1. 主要構造部を準耐火構造とした建築物以外の建築物であっても、柱及び梁が不燃材料で、その他の主要構造部が所定の技術的基準に適合するものとし、また、外壁の開口部で延焼のおそれのある部分に所定の防火設備を有するも

のは、準耐火建築物に該当する。

2.　建築物の高さ 31 m 以下の部分にある 3 階以上の各階において、道に面する外壁面に、直径 1 m の円が内接できる窓で、格子その他の屋外からの進入を妨げる構造を有しないものを当該壁面の長さ 10 m ごとに設けている場合には、非常用の進入口を設けなくてもよい。

3.　主要構造部を耐火構造とした地上 15 階建ての共同住宅において、15 階の居室及びこれから地上に通ずる廊下、階段その他の通路の壁及び天井の室内に面する部分の仕上げを準不燃材料とした場合には、15 階の居室の各部分から地上に通ずる直通階段のその一に至る歩行距離を 60 m とすることができる。

4.　主要構造部を耐火構造とした延べ面積が 1,000 m²、地上 3 階建ての病院の病室には、非常用の照明装置を設けなくてもよい。

[解説]　1.　（法 2 条九号の三、令 109 条の 3）設問の建築物は、外壁の開口部で延焼のおそれのある部分に所定の防火設備を有し、法 2 条九号の三ロに該当するもので、令 109 条の 3 二号により、柱及び梁が不燃材料でその他の主要構造部が準不燃材料その他所定の技術的基準に適合するものであるから、準耐火建築物に該当する。

2.　（令 126 条の 6 二号）条文の条件に該当するので、非常用の進入口を設けなくてもよい。

3.　（令 120 条）主要構造部を耐火構造とした共同住宅は、令 120 条 1 項の表により居室から直通階段の一に至る歩行距離は 50 m 以下である。15 階以上の階の居室で、そこから地上に通ずる廊下、階段その他の通路の壁及び天井の室内に面する部分の仕上げを準不燃材料とした場合は、2 項及び 3 項の規定は適用されないので、設問の数値は表の数値通り 50 m 以下としなければならない。

4.　（令 126 条の 4）病院の病室は令 126 条の 4 二号に該当するので、非常用の照明装置を設けなくてもよい。　　正解 3

R05	R04	R03	R02	R01	H30	H29

問題01 Ⅲ9 次の記述のうち、建築基準法上、**誤っている**ものはどれか。ただし、居室については、内装の制限を受ける「窓その他の開口部を有しない居室」には該当しないものとする。

1. 内装の制限を受ける地上2階建ての有料老人ホームの寝室において、壁及び天井の室内に面する部分の仕上げを難燃材料とした。

2. 耐火建築物である延べ面積750m²、地上3階建ての図書館において、3階部分にあるレファレンスルームの壁及び天井の室内に面する部分の仕上げを難燃材料とした。

3. 主要構造部を耐火構造とした延べ面積300m²、地上3階建ての事務所兼用住宅において、2階に設ける火を使用する調理室の壁及び天井の室内に面する部分の仕上げを、不燃材料、準不燃材料及び難燃材料以外の材料とした。

4. 内装の制限を受ける地上2階建ての病院において、当該用途に供する居室から地上に通ずる主たる廊下、階段その他の通路の壁及び天井の室内に面する部分の仕上げを難燃材料とした。

解説 1. （令128条の4第1項一号、令128条の5第1項一号）有料老人ホームは令115条の3第一号、令19条1項により法別表1(2)項の用途であり、内装制限に関しては設問の通り正しい。

2. （令128条の4第2項、令128条の5第4項）設問の図書館は、令126条の2第1項二号の学校等には該当せず、地上3階建てで延べ面積が750m²なので、令128条の4第2項に該当する。正しい。

3. （令128条の4第4項）主要構造部が耐火構造なので、内装制限は適用されない。正しい。

4. （令128条の4第1項一号、令128条の5第1項二号）設問の避難経路の内装は、準不燃材料又はこれに準ずるものとしなければならない。誤り。　**正解4**

R05	R04	R03	R02	R01	H30	H29

問題02 Ⅲ7 主要構造部を耐火構造とした耐火建築物に関する次の記述のうち、建築基準法に**適合しない**ものはどれか。ただし、自動式のスプリンクラー

設備等は設けられていないものとし、居室については、内装の制限を受ける「窓その他の開口部を有しない居室」には該当しないものとする。

1. 地階に設ける劇場の客席及びこれから地上に通ずる主たる廊下、階段その他の通路の壁及び天井の室内に面する部分の仕上げを、準不燃材料でした。

2. 各階が階避難安全性能を有するものであることについて、階避難安全検証法により確かめられた地上20階建ての共同住宅において、特別避難階段の階段室及び付室の天井及び壁の室内に面する部分の仕上げを不燃材料でし、かつ、その下地を準不燃材料で造った。

3. 延べ面積600m²、地上3階建ての図書館において、3階部分にある図書室の壁及び天井の室内に面する部分の仕上げを、難燃材料でした。

4. 延べ面積1,500m²、地上3階建ての物品販売業を営む店舗において、避難階である1階からその直上階のみに通ずる吹抜きについて、壁及び天井の室内に面する部分の仕上げを不燃材料でし、かつ、その下地を不燃材料で造ったので、吹抜きとなっている部分以外の部分との防火区画を行わなかった。

[解説] 1. （令128条の4第1項三号、令128条の5第1項二号、3項）準不燃材料またはこれに準ずるものとしなければならない。正しい。

2. （令123条3項四号、令129条1項）令122条1項により建築物の15階以上に通ずる階段は特別避難階段としなければならず、令123条3項四号により、特別避難階段の階段室及び付室の天井及び壁の室内に面する部分の仕上げは不燃材料、かつその下地は不燃材料としなければならない。令129条1項により階避難安全性能を有することが階避難安全検証法により確かめられていても、この規定は不適用とならない。したがって下地を準不燃材料とするのは誤り。

3. （令128条の4第2項、令128条の5第4項）設問の図書館は、地上3階建てで延べ面積が600m²なので、令128条の4第2項に該当する。正しい。

4. （令112条11項一号）正しい。 　　　　　　　　　　　　　　 正解 2

R05	R04	R03	R02	R01	H30	H29

問題03 [III 7] 　主要構造部を耐火構造とした耐火建築物に関する次の記述のうち、建築基準法に**適合しない**ものはどれか。ただし、自動式のスプリンクラー設備等は設けられていないものとし、居室については、内装の「制限を受ける窓その他の開口部を有しない居室」には該当しないものとする。

1. 物品販売業を営む店舗の用途に供する建築物の用途を変更し、新たに火を使用する調理室を設けた飲食店とする場合に、その調理室の壁及び天井の室内に面する部分の仕上げを、準不燃材料とした。

2. 延べ面積200m²、地上3階建ての一戸建ての住宅において、1階に設ける

火を使用する調理室の壁及び天井の室内に面する部分の仕上げを、不燃材料、準不燃材料及び難燃材料以外の材料とした。

3. 延べ面積 10,000 m²、高さ 60 m、地上 15 階建ての事務所において、非常用エレベーターの乗降ロビーの天井及び壁の室内に面する部分の仕上げを準不燃材料でし、かつ、その下地を準不燃材料で造った。

4. 地階に設ける集会場の客席及びこれから地上に通ずる主たる廊下、階段その他の通路の壁及び天井の室内に面する部分の仕上げを、準不燃材料とした。

> [解説] 1. （令 128 条の 4 第 1 項一号、第 4 項、令 128 条の 5 第 1 項、6 項）飲食店は法別表 1 (4)項に該当し、令 128 条の 4 第 1 項一号により、耐火建築物の場合 3 階以上の階の当該用途の床面積が 1,000 m² 以上のものは、令 128 条の 5 第 1 項により内装制限を受ける。規模は不明であるが、準不燃材料とすることは問題ない。なお、住宅以外の建築物の火を使用する調理室等は一般に内装制限を受けるが、主要構造部を耐火構造としたものは除かれる。ただし、内装の不燃化を行うことを妨げない。
>
> 2. （令 128 条の 4 第 4 項、令 128 条の 5 第 6 項）主要構造部が耐火構造なので、内装制限は適用されない。適合する。
>
> 3. （法 34 条 2 項、令 129 条の 13 の 3 第 3 項五号）設問の建築物には非常用エレベーターの設置義務があり、それによって設ける非常用エレベーターの乗降ロビーの天井及び壁の室内に面する部分の仕上げは不燃材料とし、その下地も不燃材料で造らなければならない。準不燃材料は不可。
>
> 4. （令 128 条の 4 第 1 項三号、令 128 条の 5 第 3 項）準不燃材料又はこれに準ずるものとしなければならない。適合する。　　　　　　　　　　　　　正解 3

R05	R04	R03	R02	R01	H30	H29

問題 04 III 7 　「特殊建築物の内装」の制限に関する次の記述のうち、建築基準法に**適合しない**ものはどれか。ただし、自動式のスプリンクラー設備等は設けられていないものとし、居室については、内装の「制限を受ける窓その他の開口部を有しない居室」には該当しないものとする。また、耐火性能検証法、防火区画検証法、階避難安全検証法、全館避難安全検証法及び国土交通大臣の認定による安全性の確認は行わないものとする。

1. 地階に設ける飲食店において、床面積の合計が 80 m² の客席の壁及び天井の室内に面する部分の仕上げを、難燃材料とした。

2. 耐火建築物である地上 2 階建ての物品販売業を営む店舗において、各階の当該用途に供する部分の床面積の合計をそれぞれ 600 m² としたので、各階の売場の壁及び天井の室内に面する部分の仕上げを、難燃材料とした。

3. 耐火建築物である延べ面積 700 m²、地上 3 階建ての図書館において、3 階

部分にある図書室の壁及び天井の室内に面する部分の仕上げを、難燃材料とした。

4. 耐火建築物である地上 2 階建ての劇場において、客席の床面積の合計を 500 m² としたので、客席の壁及び天井の室内に面する部分の仕上げを、難燃材料とした。

> [解説] 1. （令 128 条の 4 第 1 項三号、令 128 条の 5 第 3 項）地階に設ける飲食店は令 128 条の 4 第 1 項三号に該当するので、その居室及び通路の壁及び天井の室内に面する部分の仕上げを、令 128 条の 5 第 3 項により準不燃材料又はこれに準ずるものとしなければならない。難燃材料とすることはできない。
>
> 2. （令 128 条の 4 第 3 項、令 128 条の 5 第 4 項）設問の物品販売店舗は、階数が 2 で延べ面積が 1,000 m² を超えるので、令 128 条の 5 第 4 項により原則として難燃材料としなければならない。正しい。
>
> 3. （令 128 条の 4 第 2 項、令 128 条の 5 第 4 項）設問の図書館は、地上 3 階建てで延べ面積が 700 m² なので、令 128 条の 4 第 2 項に該当する。正しい。
>
> 4. （令 128 条の 4 第 1 項一号、令 128 条の 5 第 1 項）耐火建築物の劇場で、客席の床面積の合計が 400 m² 以上のものは令 128 条の 4 第 1 項一号に該当するので、令 128 条の 5 第 1 項により客席の当該部分の仕上げを難燃材料又はこれに準ずるものとする。正しい。　　　　　[正解 1]

R05	R04	R03	R02	R01	H30	H29

問題 05 Ⅲ 7 「特殊建築物等の内装」の制限に関する次の記述のうち、建築基準法に**適合しない**ものはどれか。ただし、主要構造部を耐火構造とした耐火建築物であり、自動式のスプリンクラー設備等は設けられていないものとし、居室については、内装の「制限を受ける窓その他の開口部を有しない居室」には該当しないものとする。また、「避難上の安全の検証」は行われていないものとする。

1. 延べ面積 3,000 m²、地上 3 階建ての物品販売業を営む店舗（当該用途に供する 3 階の床面積が 1,000 m²）において、当該用途に供する居室の壁の室内に面する部分の仕上げを、難燃材料とした。

2. 延べ面積 300 m²、平家建ての自動車修理工場において、当該用途に供する部分の壁及び天井の室内に面する部分の仕上げを、難燃材料とした。

3. 延べ面積 1,200 m²、高さ 12 m、地上 3 階建ての有料老人ホーム（当該用途に供する 3 階の床面積が 400 m²）において、100 m² ごとに耐火構造とした床、壁及び所定の防火設備で区画された 3 階の居室の天井の室内に面する部分の仕上げを、不燃材料、準不燃材料及び難燃材料以外の材料とした。

4. 延べ面積 1,800 m²、地上 3 階建ての事務所（当該用途に供する 3 階の床面

積が600㎡）において、当該用途に供する居室から地上に通ずる主たる廊下、階段その他の通路の壁及び天井の室内に面する部分の仕上げを、準不燃材料とした。

解説 1. （令128条の4第1項一号、令128条の5第1項一号）設問の物品販売業を営む店舗は法別表1(い)4項に該当し、令128条の4第1項一号の表に該当するので、令128条の5第1項一号により、壁の室内に面する部分の仕上げは難燃材料でよい。

2. （令128条の4第1項二号、令128条の5第2項）設問の自動車修理工場は令128条の4第1項二号に該当するので、令128条の5第2項により、当該用途に供する部分の壁及び天井の室内に面する部分の仕上げは準不燃材料又はこれに準ずるものとしなければならない。難燃材料は誤り。

3. （令128条の5第1項）設問の有料老人ホームは、令19条により「児童福祉施設等」であり、法別表1(い)2項に該当する。3階の床面積が400㎡は令128条の4第1項一号の表に該当するが、100㎡ごとに耐火構造とした床、壁及び所定の防火設備で区画されているので、3階の居室の天井の室内に面する部分の仕上げに関しては不燃材料、準不燃材料及び難燃材料以外の材料とすることができる。

4. （令128条の4第2項、令128条の5第4項）設問の事務所は令128条の4第2項に該当するので、令128条の5第4項により居室から地上に通ずる主たる廊下、階段その他の通路の壁及び天井の室内に面する部分の仕上げは準不燃材料又はこれに準ずるものとしなければならない。 正解 2

建築設備

問題 01 Ⅲ 10　建築設備に関する次の記述のうち、建築基準法上、**誤っている**ものはどれか。

1.　給水管、配電管その他の管が、準耐火構造の防火区画を貫通する際に、これらの管は通常の火災による火熱が加えられた場合に、加熱開始後所定の時間、防火区画の加熱側の反対側に火炎を出す原因となる亀裂その他の損傷を生じないものとして、国土交通大臣の認定を受けたものとすることができる。

2.　非常用エレベーター（所定の特殊な構造又は使用形態のものを除く。）について、昇降路は、2 基以内ごとに、乗降ロビーに通ずる出入口及び機械室に通ずる主索、電線その他のものの周囲を除き、耐火構造の床及び壁で囲み、乗降ロビーは、窓若しくは排煙設備又は出入口を除き、耐火構造の床及び壁で囲まなければならない。

3.　排煙設備を設置しなければならない居室に設ける排煙設備の排煙口で、煙感知器と連動する自動開放装置を設けたものについては、原則として、手動開放装置を設けなくてもよい。

4.　準耐火構造の床若しくは壁又は防火戸その他の政令で定める防火設備で、床面積 200 ㎡ 以内に区画された共同住宅の住戸の居室には、窓その他の開口部で開放できる部分（天井又は天井から下方 80 cm 以内の距離にある部分に限る。）の面積の合計が、当該居室の床面積の $\frac{1}{50}$ 未満であっても、排煙設備を設けなくてもよい。

[解説]　1.　（令 129 条の 2 の 4 第 1 項七号ハ）正しい。

2.　（令 129 条の 13 の 3 第 3 項四号、4 項）令 129 条の 3 第 2 項一号の特殊な構造又は使用形態のものに該当しないので、設問の通り、正しい。

3.　（令 126 条の 3 第 1 項四号）排煙設備を設置しなければならない居室に設ける排煙設備の排煙口には、必ず手動開放装置を設けなければならない。誤り。

4.　（令 126 条の 2 第 1 項一号）令 126 条の 2 第 1 項本文により、令 116 条の 2 第 1 項二号の開口部を有しない居室（排煙無窓）には排煙設備を必要とするが、同ただし書により、設問の要件を満たす共同住宅の住戸の居室には、排煙設備を設けなく

てもよい。正しい。 正解3

問題02 Ⅲ 10 建築設備に関する次の記述のうち、建築基準法上、**誤っている**ものはどれか。

1. 高さ31mを超える部分の階数が4以下の主要構造部を耐火構造とした建築物で、当該部分が床面積の合計100m²以内ごとに耐火構造の床若しくは壁又は所定の特定防火設備で区画されているものには、非常用エレベーターを設置しなくてもよい。

2. 各構えの床面積の合計が1,500m²の地下街における排煙設備の制御及び作動状態の監視は、中央管理室において行うことができるものとしなければならない。

3. 床面積の合計が50m²の住戸において、発熱量の合計(密閉式燃焼器具等又は煙突を設けた設備若しくは器具に係るものを除く。)が8kWの火を使用する器具を設けた床面積7m²の調理室には、0.7m²の有効開口面積を有する窓その他の開口部を換気上有効に設けた場合、所定の技術的基準に従った換気設備は設けなくてもよい。

4. 鉄骨造、延べ面積1,500m²、地上3階建ての物品販売業を営む店舗の売場においては、全館避難安全検証法により、全館避難安全性能を有することが確かめられた場合であっても、非常用の照明装置を設けなければならない。

[解説] 1. (法34条2項、令129条の13の2第三号) 正しい。

2. (令126条の3第1項十一号) 正しい。

3. (法28条3項、令20条の3第1項二号) 法28条3項により、火を使用する器具を設けた調理室には換気設備を設けなければならない。調理室への換気設備の設置を免除できるのは、令20条の3により、①密閉式燃焼器具等を設ける場合、②床面積の合計が100m²以内の住宅・住戸に設ける調理室で、発熱量の合計が12kW以下の器具を設け、調理室の床面積の $\frac{1}{10}$ 以上(ただし0.8m²以上)の開口部を換気上有効に設ける場合であり、設問の場合は開口部の面積が不足しているので、免除できない。誤り。

4. (令126条の4、令129条の2第1項) 設問の物品販売店舗は法別表1(い)欄(4)項(令115条の3第三号)に該当し、令126条の4により非常用の照明装置を設けなければならない。全館避難安全検証法により、全館避難安全性能が確かめられても、令129条の2第1項により令126条の4は適用除外されない。正しい。 正解3

R05	R04	R03	R02	R01	H30	H29

問題03 Ⅲ 10　建築設備に関する次の記述のうち、建築基準法上、**誤っている**ものはどれか。

1.　エレベーター（所定の特殊な構造又は使用形態のものを除く。）の機械室における床面から天井又ははりの下端までの垂直距離は、かごの定格速度が毎分 150 m の場合、2.2 m 以上としなければならない。

2.　居室を有する建築物の換気設備についてのホルムアルデヒドに関する技術的基準において、機械換気設備の有効換気量（単位 m³/時）は、原則として、その「居室の床面積（単位 m²）」と「居室の天井の高さ（単位 m）」の積に、住宅の居室にあっては 0.5 を乗じて得た必要有効換気量以上でなければならない。

3.　耐火構造の床若しくは壁又は防火戸その他の所定の防火設備で床面積 100 m² 以内に区画されたホテルの客室には、窓その他の開口部で開放できる部分（天井又は天井から下方 80 cm 以内の距離にある部分に限る。）の面積の合計が、当該客室の床面積の 1/50 未満であっても、排煙設備を設置しなくてよい。

4.　エレベーター強度検証法による主要な支持部分等の断面に生ずる常時の応力度は、昇降する部分以外の部分の固定荷重、昇降する部分の固定荷重及びかごの積載荷重を合計した数値により計算する。

〔解説〕　1.　（令 129 条の 9 第二号）正しい。

2.　（令 20 条の 8 第 1 項一号イ(1)）正しい。

3.　（令 126 条の 2 第 1 項一号）令 116 条の 2 第 1 項二号に該当する開放可能な開口面積の有無にかかわらず、設問の通り区画されたホテルの客室には、排煙設備を設置しなくてよい。正しい。

4.　（令 129 条の 4 第 2 項二号）設問の応力度は、昇降する部分以外の部分の固定荷重に、昇降する部分の固定荷重及びかごの積載荷重に通常昇降時の加速度を考慮して国土交通大臣が定める数値を乗じて求めた荷重を合計した数値により計算する。誤り。

正解 4

R05	R04	R03	R02	R01	H30	H29

問題04 Ⅲ 10　建築設備等に関する次の記述のうち、建築基準法上、**誤っている**ものはどれか。

1.　高さ 31 m を超える建築物において、高さ 31 m を超える部分を全て建築設備の機械室とする場合は、非常用の昇降機を設けなくてもよい。

2.　事務所の用途に供する建築物において、発熱量の合計が 6 kW のこんろ（密

閉式燃焼器具等でないもの）を設けた調理室で、換気上有効な開口部を設けたものには、換気設備を設けなくてもよい。

3. 建築物に設けるエレベーターで、乗用エレベーター及び寝台用エレベーター以外のものの昇降路について、安全上支障がないものとして国土交通大臣が定めた構造方法を用いるものについては、昇降路の出入口の床先と籠の床先との水平距離は、4cmを超えることができる。

4. 地階を除く階数が11以上である建築物の屋上に設ける冷房のための冷却塔設備は、防火上支障がないものとして国土交通大臣が定めた構造方法を用いる場合においては、主要な部分を不燃材料以外の材料で造ることができる。

[解説] 1. （法34条2項、令129条の13の2第一号）正しい。

2. （法28条3項、令20条の3第1項三号）事務所においては、火を使用する器具が密閉式燃焼器具等でない場合、発熱量の合計が6kW以下で換気上有効な開口部を設けたものであっても、調理室には換気設備を設けなければならない。

3. （令129条の7第四号、令129条の11）正しい。

4. （令129条の2の6第一号）正しい。　　　　　　　　　　　　正解 2

R05	R04	R03	R02	R01	H30	H29

問題05 Ⅲ 10　建築設備等に関する次の記述のうち、建築基準法に**適合しない**ものはどれか。

1. 建築物に設けるエレベーターに、駆動装置又は制御器に故障が生じ、かご及び昇降路の全ての出入口の戸が閉じる前にかごが昇降した場合に自動的にかごを制止する装置を設けた。

2. 管の外径が所定の数値以上である給水管、配電管その他の管が、準耐火構造の防火区画を貫通する際に、これらの管の当該貫通する部分及び貫通する部分からそれぞれ両側に1m以内の距離にある部分を不燃材料で造った。

3. 排煙設備を設置しなければならない居室に設ける排煙設備の排煙口に、手動開放装置及び煙感知器と連動する自動開放装置を設けた。

4. 建築物に設けるエスカレーターで、踏段面の水平投影面積が9m²であるものの踏段の積載荷重を、18kNとした。

[解説] 1. （令129条の10第3項一号ロ）正しい。

2. （令129条の2の4第七号）正しい。

3. （令126条の3第1項四号、六号）排煙口には、手動開放装置を設けなければならず、これと合わせて煙感知器と連動する自動開放装置を設けることができる。正しい。

4. （令129条の12第3項）エスカレーターの踏段の積載荷重は、踏段面の水平投影面積1m²当たり2,600N以上とする。2,600×9＝23,400N＝23.4kN。23.4kN以上としなければならず、18kNは不可。 正解 4

R05	R04	R03	R02	R01	H30	H29

問題06 Ⅲ 10 建築設備に関する次の記述のうち、建築基準法上、**誤っている**ものはどれか。

1. 乗用エレベーター（特殊な構造又は使用形態のもので国土交通大臣が定めたものを除く。）の昇降路については、昇降路の出入口の床先とかごの床先との水平距離は4cm以下とし、かごの床先と昇降路壁との水平距離は12.5cm以下としなければならない。

2. エスカレーター（特殊な構造又は使用形態のもので国土交通大臣が定めたものを除く。）は、勾配を30度以下とし、踏段の幅は1.1m以下としなければならない。

3. 準耐火構造の床若しくは壁又は防火戸その他の政令で定める防火設備で床面積200m²以内に区画された共同住宅の住戸には、窓その他の開口部で開放できる部分の面積にかかわらず、排煙設備を設けなくてもよい。

4. 建築物（換気設備を設けるべき調理室等を除く。）に設ける自然換気設備の給気口は、居室の天井の高さの1/2を超える高さの位置に設け、常時外気に開放された構造としなければならない。

[解説] 1. （令129条の7第四号）正しい。

2. （令129条の12第1項二号、四号）正しい。

3. （令126条の2第1項一号）正しい。

4. （令129条の2の5第1項二号）建築物（換気設備を設けるべき調理室等を除く）に設ける自然換気設備の給気口は、居室の天井の高さの1/2以下の高さの位置に設け、常時外気に開放された構造とする。 正解 4

R05	R04	R03	R02	R01	H30	H29

問題07 Ⅲ 10 建築設備等に関する次の記述のうち、建築基準法上、**誤っている**ものはどれか。

1. 床面積の合計が80m²の住戸において、発熱量の合計（密閉式燃焼器具等又は煙突を設けた設備若しくは器具に係るものを除く。）が9kWの火を使用する器具を設けた床面積12m²の調理室には、1.2m²の有効開口面積を有する窓その他の開口部を換気上有効に設けた場合であっても、所定の技術的基準に従って、換気設備を設けなければならない。

273

2. 高さが31mを超える建築物で、非常用エレベーターを設けていないことにより、建築基準法第3条第2項の規定の適用を受けているものに増築する場合においては、増築に係る部分の床面積の合計が基準時における延べ面積の1/2を超える場合には、非常用エレベーターを設けなければならない。

3. 延べ面積500m²の事務所において、開放できる部分の面積の合計が2m²の窓（天井から下方80cm以内の距離にあるもの）のある床面積120m²の事務室には、原則として、排煙設備を設けなければならない。

4. エレベーター（所定の特殊な構造又は使用形態のものを除く。）の昇降路の出入口の戸には、かごがその戸の位置に停止していない場合において、昇降路外の人又は物の昇降路内への落下を防止することができるものとして、所定の基準に適合する施錠装置を設けなければならない。

［解説］ 1.　（法28条3項、令20条の3第1項）設問の住戸は、床面積の合計が100m²以下で、発熱量の合計（密閉式燃焼器具等又は煙突を設けた設備若しくは器具に係るものを除く。）が12kW以下の火を使用する器具を設ており、床面積の1/10以上の有効開口面積を有する窓その他の開口部を換気上有効に設けているので、法28条の3による換気設備を設ける必要はない。

　2.　（法86条の7、令137条の6）既存不適格建築物で法34条2項の規定による非常用エレベーターの設置を免除されている建築物については、増築に係る部分の建築物の高さが31m以下かつその部分の床面積の合計が基準時における延べ面積の1/2以下の場合には、非常用エレベーターを設けなくてよいが、設問の増築はこの面積を超えるので非常用エレベーターを設けなければならない。

　3.　（令116条の2、令126条の2）天井から下方80cm以内の距離にある開放できる窓の部分の面積の合計が2m²で、その居室の床面積が120m²であれば、令116条の2に規定する「窓その他の開口部を有しない居室」に該当するので、令126条の2により同条各号に該当するものを除き、排煙設備を設けなければならない。

　4.　（令129条の7三号）条文の通り、正しい。 　　　　　正解 1

9 構造強度

R05	R04	R03	R02	R01	H30	H29

問題01 Ⅲ 12　構造強度に関する次の記述のうち、建築基準法上、**誤っている**ものはどれか。

1. 建築物の実況によらないで、基礎の垂直荷重による圧縮力を計算する場合、映画館の客席（固定席）で、柱のささえる床の数が2のときは、床の積載荷重として採用する数値を2,600 N/m² とすることができる。

2. 径25 mm の異形鉄筋における、短期に生ずる力に対する圧縮の許容応力度は、鋼材等の種類及び品質に応じて国土交通大臣が定める基準強度の数値としなければならない。

3. 設計基準強度が21 N/mm² のコンクリートの場合、短期に生ずる力に対するせん断の許容応力度は、設計基準強度の $\frac{1}{30}$ である。

4. 設計基準強度が21 N/mm² のコンクリートの引張りに対する材料強度は、圧縮に対する材料強度の $\frac{1}{10}$ である。

[解説] 1. （令85条1項、2項）令85条1項の表の(5)項(ろ)欄により、基礎の垂直荷重による圧縮力を計算する場合、映画館の客席（固定席）の床の積載荷重は2,600 N/m² とすることができ、同2項により表の(5)項に関しては支える床の数に応じた数値の低減はないので、正しい。

　2. （令90条）表2により、径28 mm 以下の異形鉄筋の短期に生ずる力に対する圧縮の許容応力度は、基準強度 F となっている。正しい。

　3. （令91条）コンクリートの設計基準強度が21 N/mm² 以下の場合、長期に生ずる力に対するせん断の許容応力度は設計基準強度の $\frac{1}{30}$ であり、短期はその2倍である。誤り。

　4. （令97条1項）正しい。　　　　　　　　　　　　　　　　　　　　　　**正解 3**

R05	R04	R03	R02	R01	H30	H29

問題02 Ⅲ 13　限界耐力計算によって安全性が確かめられた建築物に関する次の記述のうち、建築基準法上、**誤っている**ものはどれか。ただし、高さが4m を超える建築物とする。

1. 鉄骨造の建築物において、構造耐力上主要な部分である鋼材の圧縮材の有

効細長比は、柱にあっては200以下としなくてもよい。

2. 鉄筋コンクリート造の建築物において、構造耐力上主要な部分であるはりは、「複筋ばりとし、これにあばら筋をはりの丈の$\frac{3}{4}$（臥梁にあっては、30cm）以下の間隔で配置」する必要はない。

3. 鉄筋コンクリート造の建築物において、原則として、コンクリートの打込み中及び打込み後5日間は、コンクリートの温度が2度を下らないようにし、かつ、乾燥、震動等によってコンクリートの凝結及び硬化が妨げられないように養生しなければならない。

4. 鉄骨造の建築物において、構造耐力上主要な部分である柱の脚部は、滑節構造である場合を除き、国土交通大臣が定める基準に従ったアンカーボルトによる緊結その他の構造方法により基礎に緊結しなければならない。

[解説] 1. （令36条2項二号、令65条）令81条2項一号ロの限界耐力計算によって安全性が確かめられた場合、令36条2項二号により同条1項の「耐久性等関係規定」に適合すればよい。令65条の鋼材の圧縮材の有効細長比の規定はこれに含まれない。正しい。

2. （令36条2項二号、令78条）1.と同様に、令78条のはりの構造の規定は「耐久性等関係規定」に含まれない。正しい。

3. （令36条2項二号、令75条）令75条のコンクリートの養生の規定は「耐久性等関係規定」に含まれるので、正しい。なお、この規定は令71条2項により、高さ4m以下かつ延べ面積30m²以内の建築物にも適用される。

4. （令36条2項二号、令66条）設問の内容は令66条の柱の脚部の規定であり、「耐久性等関係規定」に含まれないので、限界耐力計算によって安全性が確かめられた建築物には適用されない。誤り。

正解 4

R05	R04	R03	R02	R01	H30	H29

問題03 III 12 構造強度に関する次の記述のうち、建築基準法上、**誤っている**ものはどれか。

1. 設計基準強度が21N/mm²のコンクリートの場合、短期に生ずる力に対する引張りの許容応力度は、長期に生ずる力に対する圧縮の許容応力度の$\frac{1}{3}$の値である。

2. 建築物の実況によらないで、柱の垂直荷重による圧縮力を計算する場合、百貨店の屋上広場で、柱のささえる床の数が4のときは、床の積載荷重として採用する数値を2,040N/m²とすることができる。

3. 高さ3mの鉄筋コンクリート造の塀に使用するコンクリート（軽量骨材は使用しないものとする。）の四週圧縮強度は、12N/mm²以上とする必要はない。

4. 異形鉄筋をせん断補強以外に用いる場合の引張りに対する材料強度は、異形鉄筋の圧縮に対する材料強度と同じ値である。

[解説] 1. （令91条1項）同項の表二より、設計基準強度 $F = 21\,\mathrm{N/mm^2}$ のとき、コンクリートの短期に生ずる力に対する引張りの許容応力度は長期の2倍なので $\dfrac{2F}{30}$、長期に生ずる力に対する圧縮の許容応力度は $\dfrac{F}{3}$ なので、$\dfrac{2F}{30} \div \dfrac{F}{3} = \dfrac{1}{5}$ である。$\dfrac{1}{3}$ は誤り。

2. （令85条1項、2項）柱の計算に用いる百貨店の屋上広場の床の積載荷重は、令85条1項の表により、$2{,}400\,\mathrm{N/m^2}$ であるが、同条2項により、床の数が4のときは0.85を乗じて $2{,}040\,\mathrm{N/m^2}$ とすることができる。正しい。

3. （令71条2項）高さ3m以下の塀については、令74条（コンクリートの強度）の規定は適用されない。正しい。

4. （令96条）同条の表2により、正しい。　　　　　　　　　　　　　　 正解 1

R05	R04	R03	R02	R01	H30	H29

【問題04】Ⅲ 13　保有水平耐力計算によって安全性が確かめられた建築物に関する次の記述のうち、建築基準法上、**誤っている**ものはどれか。ただし、高さが4mを超える建築物とする。

1. 鉄骨造の建築物において、建築物の基礎は、国土交通大臣が定める基準に従った構造計算によって構造耐力上安全であることを確かめた場合には、異なる構造方法による基礎を併用してもよい。

2. 鉄筋コンクリート造の建築物において、土砂災害特別警戒区域内における居室を有する建築物の外壁等の構造は、原則として、自然現象の種類、最大の力の大きさ等及び土石等の高さ等に応じて、当該自然現象により想定される衝撃が作用した場合においても破壊を生じさせないものとして、国土交通大臣が定めた構造方法を用いるものとしなければならない。

3. 鉄筋コンクリート造の建築物において、構造耐力上主要な部分である柱の主筋は帯筋と緊結する必要はない。

4. 鉄骨造の建築物において、特定天井の構造は、構造耐力上安全なものとして、国土交通大臣が定めた構造方法を用いるもの又は国土交通大臣の認定を受けたものとする必要はない。

[解説] 1. （令38条2項、4項）令36条2項一号に示す保有水平耐力計算に必要な構造方法に関する技術的基準に令38条が含まれている。正しい。

2. （令80条の3）1.と同様に正しい。

3. （令36条2項一号）保有水平耐力計算に必要な構造方法に関する技術的基準には、令3章6節のうち令77条二号などが除かれているので、設問にある主筋と帯筋の

緊結は不要である。正しい。

4. （令39条3項）令36条2項一号に示す保有水平耐力計算に必要な構造方法に関する技術的基準には、令39条3項の特定天井の構造の規定が含まれる。誤り。

正解 4

R05	R04	R03	R02	R01	H30	H29

問題 05 Ⅲ 11　保有水平耐力計算によって安全性が確かめられた建築物に関する次の記述のうち、建築基準法上、**誤っている**ものはどれか。ただし、高さが4mを超える建築物とする。

1. 鉄骨造の建築物において、高力ボルト接合を行う場合、高力ボルト孔の径は、原則として、高力ボルトの径より2mmを超えて大きくしてはならない。

2. 鉄筋コンクリート造の建築物において、鉄筋に対するコンクリートのかぶり厚さは、原則として、直接土に接する柱にあっては、4cm以上としなければならない。

3. 鉄筋コンクリート造の建築物において、主筋の継手の重ね長さは、径の同じ主筋の継手を構造部材における引張力の最も小さい部分に設ける場合にあっては、原則として、主筋の径の25倍以上としなければならない。

4. 鉄骨鉄筋コンクリート造の建築物において、構造耐力上主要な部分である柱の主筋は、4本以上としなければならない。

解説　1.　（令68条2項）令36条2項一号に示す、保有水平耐力計算に必要な構造方法に関する技術的基準に含まれる。正しい。

2.　（令79条1項）1.と同様に、正しい。

3.　（令36条2項一号）令81条2項一号イの保有水平耐力計算によって安全性を確かめる場合に必要な構造方法に関する技術的基準には、令3章6節のうち令73条2項の主筋の継手の重ね長さの規定は除かれているので、設問の措置は不要である。

4.　（令79条の4、令77条）1.と同様に、正しい。

正解 3

R05	R04	R03	R02	R01	H30	H29

問題 06 Ⅲ 13　構造強度に関する次の記述のうち、建築基準法上、**誤っている**ものはどれか。

1. 高さ1.2mの組積造の塀（補強コンクリートブロック造を除く。）は、原則として、長さ4m以下ごとに、壁面からその部分における壁の厚さの1.5倍以上突出した控壁（木造のものを除く。）を設けなければならない。

2. 建築物の実況によらないで、柱の垂直荷重による圧縮力を計算する場合、公会堂の客席（固定席）で、柱がささえる床の数が6のときは、床の積載荷

重として採用する数値を 1,950 N/m² とすることができる。

3. 許容応力度等計算を行う場合、建築物の地上部分については、所定の地震力によって各階に生ずる層間変形角が所定の数値以内であることを確かめなければならない。

4. 限界耐力計算を行う場合、所定の地震力により建築物の地下部分の構造耐力上主要な部分の断面に生ずる応力度が、短期に生ずる力に対する許容応力度を越えないことを計算により確かめなければならない。

[解説] 1. （令 61 条）正しい。

2. （令 85 条 1 項、2 項）令 85 条 1 項の表(ろ)欄 5 項により、柱の構造計算に用いる数値は、2,600 N/m² を用いる。同表 5 項の室の数値は、令 85 条 2 項ただし書により、同項の表によって減じることはできない。1,950 N/m² は誤り。

3. （令 82 条の 6 第一号、令 82 条の 2）正しい。

4. （令 82 条の 5 第四号）正しい。 正解 2

R05	R04	R03	R02	R01	H30	H29

【問題 07】III 12 構造耐力の規定に適合していない部分を有し、建築基準法第 3 条第 2 項の規定の適用を受けている既存建築物に関する次の記述のうち、建築基準法上、**誤っている**ものはどれか。

1. 基準時における延べ面積が 800 m² の既存建築物に床面積 50 m² の増築をする場合においては、増築に係る部分が現行の構造耐力の規定に適合し、既存建築物の部分の構造耐力上の危険性が増大しない構造方法とすれば、既存建築物の部分には現行の構造耐力の規定は適用されない。

2. 基準時における延べ面積が 800 m² の既存建築物に床面積 400 m² の増築をする場合においては、増築後の建築物の構造方法が、耐久性等関係規定に適合し、かつ、所定の基準に適合するものとすれば、既存建築物の部分には現行の構造耐力の規定は適用されない。

3. 増築をするに当たって、既存の建築物に対する制限の緩和を受ける場合においては、建築確認の申請書に、既存建築物の基準時及びその状況に関する事項を明示した既存不適格調書を添えなければならない。

4. 柱について過半の修繕を行う場合においては、当該建築物の構造耐力上の危険性が増大しない修繕とすれば、現行の構造耐力の規定は適用されない。

[解説] 1. （法 86 条の 7 第 1 項、令 137 条の 2 第二号）法 3 条 2 項の既存不適格建築物で法 20 条の規定の適用を受けない建築物の増築において、設問の増築部分が延べ面積の 1/20 を超え 1/2 以下なので令 137 条の 2 第二号に該当し、増築後の建築

物に同号のいずれかの構造耐力の規定が適用される。増築部分が延べ面積の 1/20（40 m²）以下のときは設問の通りとなる。

2. （法 86 条の 7 第 1 項、令 137 条の 2 第二号）設問の増築部分が延べ面積の 1/2 なので令 137 条の 2 第二号に該当する。設問の構造方法は同号イに該当するので、既存建築物の部分には現行の構造耐力の規定は適用されない。正しい。

3. （規則 1 条の 3 第 1 項表 2 ⑹ⅰ）正しい。

4. （法 86 条の 7 第 1 項、令 137 条の 12 第 1 項）正しい。　　　　正解 1

R05	R04	R03	R02	R01	H30	H29

問題 08 Ⅲ 12　保有水平耐力計算によって安全性が確かめられた建築物に関する次の記述のうち、建築基準法上、**誤っている**ものはどれか。ただし、高さが 4 m 又は延べ面積が 30 m² を超える建築物とする。

1. 鉄筋コンクリート造の建築物に使用するコンクリートの四週圧縮強度は、1 mm² につき 12 N（軽量骨材を使用する場合においては、9 N）以上でなければならない。

2. 鉄筋コンクリート造の建築物の構造耐力上主要な部分である柱の主筋は、帯筋と緊結しなければならない。

3. 鉄骨造の建築物の構造耐力上主要な部分の材料は、炭素鋼若しくはステンレス鋼又は鋳鉄としなければならない。

4. 鉄骨造の建築物において、高力ボルト、ボルト又はリベットの相互間の中心距離は、その径の 2.5 倍以上としなければならない。

解説　1. （令 74 条 1 項一号）令 36 条 2 項一号に示す、保有耐力計算に必要な構造方法に関する技術的基準に含まれる。正しい。

2. （令 36 条 2 項一号）令 81 条 2 項一号イの保有耐力計算によって安全性を確かめる場合に必要な構造方法に関する技術的基準には、令 3 章 6 節のうち令 77 条二号などが除かれているので、設問にある主筋と帯筋の緊結は不要である。

3. （令 64 条）1. と同様に、正しい。

4. （令 68 条 1 項）1. と同様に、正しい。　　　　正解 2

R05	R04	R03	R02	R01	H30	H29

問題 09 Ⅲ 12　構造強度に関する次の記述のうち、建築基準法上、**誤っている**ものはどれか。

1. 土砂災害特別警戒区域内における建築物の外壁の構造は、原則として、居室を有しない建築物であっても、自然現象の種類、最大の力の大きさ等及び土石等の高さ等に応じて、当該自然現象により想定される衝撃が作用した場

合においても破壊を生じないものとして国土交通大臣が定めた構造方法を用いるものとしなければならない。

2.　構造耐力上主要な部分で特に摩損のおそれのあるものには、摩損しにくい材料又は摩損防止のための措置をした材料を使用しなければならない。

3.　鉄骨鉄筋コンクリート造の建築物において、鉄骨に対するコンクリートのかぶり厚さは、原則として、5 cm 以上としなければならない。

4.　鉄筋コンクリート造と鉄骨造とを併用する建築物の鉄筋コンクリート造の構造部分は、原則として、コンクリート打込み中及び打込み後 5 日間は、コンクリートの温度が 2 度を下らないようにし、かつ、乾燥、震動等によってコンクリートの凝結及び硬化が妨げられないように養生しなければならない。

[解説]　1.　（令80条の3）土砂災害特別警戒区域内における居室を有する建築物の外壁等の構造は、土石等の高さ等以上の門又は塀が自然現象による衝撃を遮るように設けられている場合を除き、自然現象の種類、最大の力の大きさ等及び土石等の高さ等に応じて、当該自然現象により想定される衝撃が作用した場合においても破壊を生じないものとして国土交通大臣が定めた構造方法を用いるものとしなければならない。居室を有しない建築物は対象外である。

2.　（令37条）正しい。

3.　（令79条の3第1項）正しい。

4.　（令71条1項、令75条）鉄筋コンクリート造と鉄骨造とを併用する建築物には令72～79条が適用される。令75条により、正しい。　　　　　　　正解 **1**

R05	R04	R03	R02	R01	H30	H29

問題10 Ⅲ 13　構造強度に関する次の記述のうち、建築基準法上、**誤っている**ものはどれか。

1.　炭素鋼を構造用鋼材として使用する場合、短期に生じる力に対する曲げの許容応力度は、鋼材等の種類及び品質に応じて国土交通大臣が定める基準強度と同じ値である。

2.　建築物の地上部分に作用する地震力について、許容応力度等計算を行う場合における標準せん断力係数は 0.2 以上又は 0.3 以上とするが、必要保有水平耐力を計算する場合における標準せん断力係数は、1.0 以上としなければならない。

3.　高力ボルトの短期に生ずる力に対する引張りの許容応力度は、引張りの材料強度の 2/3 の値である。

4.　コンクリートの引張りの許容応力度は、原則として、圧縮の許容応力度の 1/10 の値である。

解説 1.　（令90条）炭素鋼を構造用鋼材として使用する場合の長期に生じる力に対する曲げの許容応力度は基準強度の1/1.5であり、短期はその1.5倍であるから基準強度と同じ値である。

2.　（令88条2項、3項）条文の通り、正しい。

3.　（令94条、令96条、H12建告2466号）高力ボルトの短期引張り許容応力度は長期の1.5倍であり、H12建告2466号の第2、第3により、短期許容引張り応力度が材料強度の2/3は誤り。

4.　（令91条）原則として、コンクリートの引張りの許容応力度は設計基準強度の1/30、圧縮の許容応力度は設計基準強度の1/3であるから、設問の通りとなる。　　**正解 3**

10 構造計算

R05	R04	R03	R02	R01	H30	H29

問題01 Ⅲ11　建築物の構造計算に関する次の記述のうち、建築基準法上、**誤**っているものはどれか。

1. 高さが31mの鉄筋コンクリート造の建築物において、保有水平耐力計算によって安全性を確かめる場合、構造耐力上主要な部分である柱の主筋の断面積の和は、コンクリートの断面積の0.8%以上としなくてもよい。

2. 高さが15mの鉄筋コンクリート造の建築物で、保有水平耐力計算又はこれと同等以上に安全性を確かめることができる所定の基準に従った構造計算を行ったものは、構造計算適合性判定の対象とならない。

3. 高さが60mを超える鉄骨造の建築物で、荷重及び外力によって建築物の各部分に連続的に生ずる力及び変形を把握することその他の所定の基準に従った構造計算によって安全性が確かめられたものとして国土交通大臣の認定を受けたものは、構造計算適合性判定の対象とならない。

4. 許容応力度等計算によって安全性を確かめる場合、外装材については、所定の構造計算によって風圧に対して構造耐力上安全であることを確かめなければならない。

> **解説** 1.　（令36条2項一号、令77条六号）令81条2項一号イの保有水平耐力計算によって安全性を確かめる場合、令77条六号の柱の主筋の断面積の規定は、適合すべき構造方法から除外されている。正しい。
>
> 2.　（法6条の3第1項、令81条2項）設問の建築物は法20条1項三号に該当するが、保有水平耐力計算又はこれと同等以上に安全性を確かめることができる所定の基準に従った構造計算を行ったものは、法20条1項二号イに該当するので、法6条の3第1項により構造計算適合性判定の対象となる。誤り。
>
> 3.　（法6条の3第1項）法20条1項一号の高さが60mを超える建築物は、構造計算適合性判定の対象とならない。正しい。
>
> 4.　（令82条の6第一号、令82条の4）正しい。　　　　　　　　　　　　　正解2

R05	R04	R03	R02	R01	H30	H29

問題02 Ⅲ11　建築物の構造計算に関する次の記述のうち、建築基準法上、**誤**

っているものはどれか。

1. 鉄筋コンクリート造、高さ31m、地上10階建ての建築物について、保有水平耐力計算によって安全性を確かめた場合には、許容応力度等計算又はこれと同等以上に安全性を確かめることができるものとして国土交通大臣が定める基準に従った構造計算を行わなくてもよい。

2. 鉄骨鉄筋コンクリート造、高さ45mの建築物の地上部分について、保有水平耐力計算によって安全性を確かめた場合には、各階の偏心率が、それぞれ$\frac{15}{100}$を超えないことを確かめる必要はない。

3. 建築物の地上部分に作用する地震力について、許容応力度等計算を行う場合における標準せん断力係数は0.2以上又は0.3以上とし、必要保有水平耐力を計算する場合における標準せん断力係数は1.0以上としなければならない。

4. 限界耐力計算を行う場合、構造耐力上主要な部分の断面に生ずる長期（常時及び積雪時）及び短期（積雪時、暴風時及び地震時）の各応力度が、それぞれ長期に生ずる力又は短期に生ずる力に対する各許容応力度を超えないことを確かめなければならない。

解説 1.（法20条1項二号イ、令81条2項二号）設問の建築物は、保有水平耐力計算、限界耐力計算、許容応力度等計算又はこれと同等以上の構造計算のうち、いずれかの構造計算による。正しい。

2.（令82条〜令82条の4）設問の建築物は、法20条1項二号イ、令81条2項一号に該当し、保有水平耐力計算、限界耐力計算又はこれと同等以上の構造計算によらなければならない。保有水平耐力計算は、令82条〜令82条の4によることとされており、偏心率を確かめる必要はない。正しい。

3.（令88条2項、3項）正しい。

4.（令82条の5第一号）限界耐力計算では、地震時を除き、応力度が長期又は短期に生ずる力に対する各許容応力度を超えないことを確かめなければならない。地震時の安全性については、地震力が損傷限界耐力・保有水平耐力を超えないことを別途確かめる。誤り。　　　　正解 4

R05	R04	R03	R02	R01	H30	H29

問題03 III 12 図のような木造、地上2階建ての住宅（屋根を金属板で葺いたもの）の1階部分について、桁行方向に設けなければならない構造耐力上必要な軸組の最小限の長さとして、建築基準法上、正しいものは、次のうちどれか。ただし、小屋裏等に物置等を設けず、区域の地盤及び地方の風の状況に応じた「地震力」及び「風圧力」に対する軸組の割増はないものとし、国土交通大臣が定める基準に従った構造計算は行わないものとする。なお、1階部分の軸組の構造の

判定に用いる 1 階の床面積については、60 m² とする。また、図は略図とする。

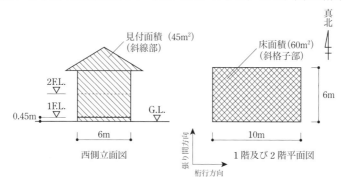

西側立面図　　　　　　　　　1 階及び 2 階平面図

1.　1,710 cm

2.　1,740 cm

3.　1,980 cm

4.　2,250 cm

解説 令 46 条 4 項により、必要な軸組長さの計算を行う。

　地震力に対しては、床面積に表 2 の数値（金属板葺きで階数 2 の 1 階は 29）を乗じて、60 × 29 = 1,740 cm。

　風圧力に対しては、まず見付面積（妻面の 1FL から 1.35 m 以上の部分）を求める。45 −（1.35 + 0.45）× 6 = 34.2 m²。この数値に表 3 の数値（50）を乗じて、34.2 × 50 = 1,710 cm。

　地震力に対する必要長さ以上かつ風圧力に対する必要長さ以上なので、正解は 1,740 cm となる。

正解 2

R05	R04	R03	R02	R01	H30	H29

問題 04 Ⅲ 11　建築物の構造計算に関する次の記述のうち、建築基準法上、**誤っている**ものはどれか。

1.　鉄筋コンクリート造の建築物において、保有水平耐力計算によって安全性を確かめる場合、構造耐力上主要な部分である柱の主筋の断面積の和は、コンクリートの断面積の 0.8% 以上としなくてもよい。

2.　鉄骨造の建築物において、許容応力度等計算によって安全性を確かめる場合、国土交通大臣が定める場合においては、構造耐力上主要な部分である構造部材の変形又は振動によって建築物の使用上の支障が起こらないことを所定の方法によって確かめなければならない。

3.　建築物の実況によらないで、基礎の垂直荷重による圧縮力を計算する場合、

事務室で、基礎のささえる床の数が 7 のときは、床の積載荷重として採用する数値を 1,300 N/m² とすることができる。

4. 鉄骨造の建築物において、限界耐力計算によって安全性を確かめる場合、柱以外の構造耐力上主要な部分である鋼材の圧縮材の有効細長比は、250 以下としなければならない。

[解説] 1. （令 36 条 2 項一号、令 77 条六号）令 81 条 2 項一号イの保有水平耐力計算によって安全性を確かめる場合、令 77 条六号の柱の主筋の断面積の規定は、適合すべき構造方法から除外されている。正しい。

2. （令 82 条の 6 第一号、令 82 条四号）正しい。

3. （令 85 条 1 項、2 項）建築物の実況によらない場合、事務室の基礎の構造計算時の積載荷重は、令 85 条 1 項の表により 1,800 N/m² であるが、基礎の垂直荷重による圧縮力を計算する場合、同条 2 項により基礎のささえる床の数が 7 のときは、0.7 倍（1,260 N/m²）まで減じることができる。したがって、1,300 N/m² とすることができる。正しい。

4. （令 36 条 2 項二号、令 65 条）令 81 条 2 項一号ロの限界耐力計算によって安全性が確かめられた場合、令 36 条 2 項二号により同条 1 項の「耐久性等関係規定」に適合すればよい。令 65 条の鋼材の圧縮材の有効細長比の規定はこれに含まれない。誤り。

〔正解 4〕

R05	R04	R03	R02	R01	H30	H29

【問題 05】Ⅲ 13　建築物を新築する場合において、建築基準法上、**構造計算適合性判定の対象となる**ものは、次のうちどれか。

1. 高さが 60 m を超える鉄骨造の建築物で、荷重及び外力によって建築物の各部分に連続的に生ずる力及び変形を把握すること等の所定の基準に従った構造計算を行ったもの

2. 高さが 20 m の鉄筋コンクリート造の建築物で、構造耐力上主要な部分ごとに応力度が許容応力度を超えないこと等の所定の基準に従った構造計算を行ったもの

3. 高さが 15 m の鉄骨造の建築物で、許容応力度等計算により構造計算を行ったもので、特定建築基準適合判定資格者である建築主事が審査を行ったもの

4. 高さが 15 m の鉄筋コンクリート造の建築物で、保有水平耐力計算又はこれと同等以上に安全性を確かめることができる所定の基準に従った構造計算を行ったもの

[解説] 1. （法 6 条の 3）設問の建築物は、法 20 条 1 項一号に該当するので対象外。

2. （法 6 条の 3、令 81 条 3 項）設問の建築物は、法 20 条 1 項三号イ（プログラムに

よるものではない）に該当するので対象外。

3. （法6条の3、令81条2項二号イ）許容応力度等計算により構造計算を行ったものは、法20条1項二号イに該当するが、規則3条の13に該当する「特定建築基準適合判定資格者」である建築主事が審査を行ったものは対象外。

4. （法6条の3、令81条2項）保有水平耐力計算又はこれと同等以上に安全性を確かめることができる構造計算を行ったものは法20条1項二号イに該当するので、構造計算適合性判定の対象となる。　　　　　　　　　　　　　　　　　　正解 4

R05	R04	R03	R02	R01	H30	H29

問題 06 Ⅲ11　建築物の構造計算に関する次の記述のうち、建築基準法上、**誤っている**ものはどれか。

1. 保有水平耐力計算において、高さ20mの鉄骨造の建築物の屋外に面する帳壁については、構造計算によって風圧に対して構造耐力上安全であることを確かめなくてもよい。

2. 許容応力度等計算において、地震力を計算する場合、学校のバルコニーの床の積載荷重については、1,300 N/m² に床面積を乗じて計算することができる。

3. 許容応力度等計算において、地下部分に作用する地震力の計算に際して、地震時における建築物の振動の性状を適切に評価して計算することができる場合には、当該計算によることができる。

4. エキスパンションジョイントその他の相互に応力を伝えない構造方法のみで接している「高さが31mを超える建築物の部分」と「高さが10m以下の建築物の部分」については、それぞれの建築物の部分で必要とされる構造計算の方法を用いることができる。

解説 1.　（令82条、令82条の4）保有水平耐力計算には、屋根葺き材、外装材、屋外の帳壁について、風圧に対して構造耐力上安全であることを確かめる構造計算を含む。

2.　（令85条）学校のバルコニーは、令85条の1項の表の⑻項により、⑷項の数値となるので、地震力を計算する場合の床の積載荷重は 1,300 N/m² となる。正しい。

3.　（令88条4項）正しい。

4.　（法20条2項、令36条の4）正しい。　　　　　　　　　　　　　　　正解 1

R05	R04	R03	R02	R01	H30	H29

問題 07 Ⅲ13　図のような木造、地上3階建ての住宅（屋根を金属板で葺いたもの）が1階部分について、桁行方向に設けなければならない構造耐力上必要な軸組の最小限の長さとして、建築基準法上、**正しいもの**は、次のうちどれか。ただし、地盤が著しく軟弱な区域として特定行政庁が指定する区域内にあるも

のとし、小屋裏等に物置等は設けず、地方の風の状況に応じた「風圧力」に対する軸組の割増はないものとする。また、構造耐力上必要な軸組等の規定の適用の除外はないものとする。なお、図は略図とする。

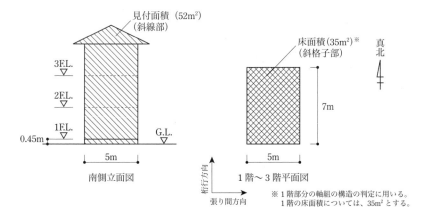

見付面積（52m²）
（斜線部）

3F.L.

2F.L.

1F.L.

0.45m

G.L.

5m

南側立面図

床面積（35m²）※
（斜格子部）

真北

7m

5m

1階～3階平面図

桁行方向

張り間方向

※1階部分の軸組の構造の判定に用いる。
1階の床面積については、35m²とする。

1.　1,610 cm

2.　2,150 cm

3.　2,415 cm

4.　2,600 cm

解説　（令46条4項）地震力に対する構造耐力上必要な軸組の長さは、床面積の値に令46条4項の表2の金属板に該当する数値を乗じ、地盤が著しく軟弱な区域内にあるので、その値を1.5倍したものとなる。35 × 46 × 1.5 = 2,415 cm。

　桁行方向の風圧力に対する構造耐力上必要な軸組の長さは、張間方向の見付面積のうち床から1.35 mを除いた部分の面積の値に同条同項表3の値（50）を乗じて求める。

　{52 －（0.45 + 1.35）× 5}× 50 = 2,150 cm。

　地震力と風圧力によって求めた値のうち、大きいほうの値以上としなければならないので、必要な軸組の長さは2,415 cmとなる。　　正解 3

R05	R04	R03	R02	R01	H30	H29

問題08 Ⅲ 11　建築物の構造計算に関する次の記述のうち、建築基準法上、誤っているものはどれか。

1.　建築物に作用する荷重及び外力としては、固定荷重、積載荷重、積雪荷重、風圧力、地震力のほか、建築物の実況に応じて、土圧、水圧、震動及び衝撃による外力を採用しなければならない。

2.　屋根の積雪荷重は、屋根に雪止めがある場合を除き、その勾配が60度を超

える場合においては、零とすることができる。

3. 教室の柱の垂直荷重による圧縮力の計算において、建築物の実況によらないで積載荷重を計算する場合、床の積載荷重として採用する数値は、柱のささえる床の数が 3 のときは 1,800 N/m² とすることができる。

4. 建築物に近接してその建築物を風の方向に対して有効にさえぎる他の建築物、防風林その他これらに類するものがある場合においては、その方向における風圧力の計算に用いる速度圧は、通常の速度圧の 1/2 まで減らすことができる。

解説 1. （令 83 条）正しい。

2. （令 86 条 4 項）正しい。

3. （令 85 条）教室の柱の計算に使用する床の積載荷重は、令 85 条 1 項の表により 2,100 N/m² であり、柱のささえる床の数が 3 のときは同 2 項によりその数値に 0.9 を乗じる。したがって、床の積載荷重の数値は 1,890 N/m² となる。

4. （令 87 条 3 項）正しい。 正解 3

R05	R04	R03	R02	R01	H30	H29

問題 09 III 13 図のような木造、地上 2 階建ての住宅（屋根を金属板で葺いたもの）の 1 階部分について、桁行方向に設けなければならない構造耐力上必要な軸組の最小限の長さとして、建築基準法上、**正しい**ものは、次のうちどれか。ただし、小屋裏等に物置等は設けず、区域の地盤及び地方の風の状況に応じた「地震力」及び「風圧力」に対する軸組の割増はないものとし、国土交通大臣が定める基準に従った構造計算は行わないものとする。なお、図は略図とする。

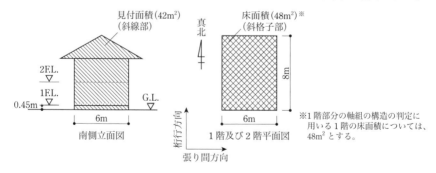

1. 1,392 cm　　2. 1,560 cm　　3. 1,695 cm　　4. 2,100 cm

解説 令 46 条 4 項により、必要な軸組長さの計算を行う。地震力に対しては、床面積に表 2 の数値（金属板葺きで階数 2 の 1 階は 29）を乗じて、48 × 29 ＝ 1,392 cm。風

圧力に対しては、まず見付面積を求める。$42 - (1.35 + 0.45) \times 6 = 31.2\,\text{m}^2$。この数値に表3の数値（50）を乗じて、$31.2 \times 50 = 1{,}560\,\text{cm}$。地震力に対する必要長さ以上かつ風圧力に対する必要長さ以上なので、正解は 1,560 cm となる。　正解 2

R05	R04	R03	R02	R01	H30	H29

問題10 III 11　建築物の構造計算に関する次の記述のうち、建築基準法上、**誤っている**ものはどれか。

1.　許容応力度等計算においては、建築物の地上部分について各階の剛性率を確かめる場合、当該剛性率は、「各階の層間変形角の逆数」を「当該建築物についての各階の層間変形角の逆数の相加平均」で除して計算し、その値がそれぞれ 6/10 以上であることを確かめる。

2.　保有水平耐力計算においては、高さ25mの鉄筋コンクリート造の建築物の地上部分について、保有水平耐力が必要保有水平耐力以上であることを確かめた場合には、層間変形角が所定の数値以内であることを確かめなくてもよい。

3.　限界耐力計算を行う場合、地震時については、建築物の地下部分を除き、地震力により構造耐力上主要な部分の断面に生ずる応力度が、短期に生ずる力に対する許容応力度を超えないことを計算により確かめなくてもよい。

4.　建築物の基礎は、国土交通大臣が定める基準に従った構造計算によって構造耐力上安全であることを確かめた場合には、異なる構造方法による基礎を併用してもよい。

〔解説〕　1.　（令82条の6二号イ）各階の剛性率を Rs、各階の層間変形角の逆数を rs、当該建築物についての rs の相加平均を $\overline{rs}$ とすると、$Rs = rs/\overline{rs}$　と定義されている。許容応力度計算においては、各階の剛性率の値がそれぞれ 6/10 以上であることを確かめなければならない。

　2.　（法20条、令36条、令81条、令82条の2）高さ20mを超え31m以下の鉄筋コンクリート造の建築物について、許容応力度等計算を行った際に剛性率・偏心率が所定の値に収まらなくても保有水平耐力が必要保有水平耐力以上であることを確かめればよいが、層間変形角は所定の数値以内であることを確かめなければならない。保有水平耐力計算又は限界耐力計算を行う場合にも、層間変形角の検討が必要である。

　3.　（令82条の5第一号、三号、四号）限界耐力計算については、地震時による加速度によって建築物の地上部分の各階に作用する地震力が損傷限界耐力を超えないことなどを確かめる。地下部分については、地震力により構造耐力上主要な部分の断面に生ずる応力度が、短期に生ずる力に対する許容応力度を超えないことを計算により確かめる。

　4.　（令38条2項、4項）建築物には、同条2項により、異なる構造方法による基礎を併用してはならないが、同条4項により、国土交通大臣が定める基準に従った構

造計算によって構造耐力上安全であることを確かめた場合には、上記規定は適用しないとしている。

正解 2

R05	R04	R03	R02	R01	H30	H29

問題11 Ⅲ 12　図のような木造、地上 2 階建ての住宅（屋根を金属板で葺いたもの）の 1 階部分について、桁行方向と張り間方向に設けなければならない構造耐力上必要な軸組の最小限の長さの組合せとして、建築基準法上、**正しいもの**は、次のうちどれか。

ただし、小屋裏等に物置等は設けず、区域の地盤及び地方の風の状況に応じた「地震力」及び「風圧力」に対する軸組の割増はないものとし、国土交通大臣が定める基準に従った構造計算は行わないものとする。なお、1 階部分の軸組の構造の判定に用いる 1 階の床面積については、80 m² とする。また、図は略図とする。

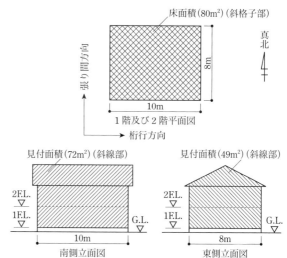

1 階及び 2 階平面図

南側立面図　　東側立面図

	桁行方向	張り間方向
1.	2,320 cm	2,925 cm
2.	2,640 cm	2,925 cm
3.	2,450 cm	3,600 cm
4.	2,640 cm	3,600 cm

解説 （令 46 条 4 項）地震力に対する構造耐力上必要な軸組の長さは、床面積の値に令 46 条 4 項の表 2 の金属板に該当する数値を乗じて求める。$80 \times 29 = 2,320$（cm）。

　風圧力に対する構造耐力上必要な軸組の長さは、張り間方向の軸組については桁行方向の見付面積、桁行き方向の軸組については張間方向の見付面積を用い、床から 1.35m を除いた部分の面積に同条表 3 の値 50 を乗じて求める。

　したがって、張り間方向は　　$(72 - 1.35 \times 10) \times 50 = 2,925$（cm）

　　　　　　　桁行方向は　　　$(49 - 1.35 \times 8) \times 50 = 1,910$（cm）

　地震力と風圧力のうち大きい方の値以上としなければならないので、張り間方向は 2,925（cm）、桁行方向は 2,320（cm）となる。

正解 1

R05	R04	R03	R02	R01	H30	H29

問題 01 Ⅲ 14　都市計画区域内の道路に関する次の記述のうち、建築基準法上、**誤っている**ものはどれか。

1. 高度利用地区内の自動車のみの交通の用に供する道路の上空に設けられる建築物は、原則として、特定行政庁の許可を受けなければ建築することができない。

2. 工事を施工するために現場に設ける仮設事務所の敷地は、道路に 2 m 以上接しなければならない。

3. 特殊建築物、階数が 3 以上である建築物等については、その敷地が接しなければならない道路の幅員、道路に接する部分の長さ等について、地方公共団体の条例により、制限を付加される場合がある。

4. 景観重要建造物として指定された建築物については、市町村の条例により、道路に軒を突き出したまま大規模の修繕ができる場合がある。

　解説　1.　（法 44 条 1 項四号、令 145 条 2 項）正しい。

　2.　（法 85 条 2 項）工事を施工するために現場に設ける仮設事務所には法 3 章の規定が適用されないので、その敷地は道路に 2 m 以上接しなくてもよい。誤り。

　3.　（法 43 条 3 項）正しい。

　4.　（法 85 条の 2、法 44 条）法 3 条 3 項三号・四号により既存不適格建築物の大規模の修繕は法の適用除外に該当しないが、法 85 条の 2 により、景観重要建造物として指定された建築物については市町村の条例により法 44 条の適用除外を受けて、道路に軒を突き出したまま大規模の修繕ができる場合がある。　正解 2

R05	R04	R03	R02	R01	H30	H29

問題 02 Ⅲ 14　都市計画区域及び準都市計画区域内の道路等に関する次の記述のうち、建築基準法上、**誤っている**ものはどれか。

1. その敷地が、河川管理者が管理する幅員 6 m の公共の用に供する道で建築基準法上の道路に該当しないもののみに 2 m 以上接する、延べ面積 100 m² の一戸建て住宅は、特定行政庁の認定を受けることにより建築することができる。

2. 特定行政庁の許可を受けて道路の上空に渡り廊下を設ける場合においては、その側面には、床面からの高さが1.5 m以上の壁を設け、その壁の床面からの高さが1.5 m以下の部分に開口部を設けるときは、これにはめごろし戸を設けなければならない。

3. 道路内にある建築物については、高架の道路の路面下に設けるものを除き、道路高さ制限は適用されない。

4. 特定行政庁から位置の指定を受けた幅員6 mの私道を廃止する場合は、特定行政庁の許可が必要である。

> [解説] 1. （法43条2項一号、規則10条の3第1項、3項）敷地が幅員4 m以上の農道などの公共用の道に2 m以上接する延べ面積200m²以内の一戸建て住宅で、特定行政庁が認めるものは建築できる。正しい。
>
> 2. （令145条3項三号）正しい。
>
> 3. （法57条2項）正しい。
>
> 4. （法45条）私道の廃止によって、その道路に接する敷地が法43条1項又は3項の接道の規定に抵触する場合、私道の廃止は禁止又は制限される。一般に、上記に抵触しない場合は、申請と承認によって廃止することができる。許可ではないので誤り。　　　　　　　　　　　　　　　　　　　　　　　　　　　　　正解 4

R05	R04	R03	R02	R01	H30	H29

問題 03 Ⅲ 15　都市計画区域内の道路等に関する次の記述のうち、建築基準法上、**誤っている**ものはどれか。

1. 土地を建築物の敷地として利用するため、道路法等によらないで、特定行政庁からその位置の指定を受けて築造する道の縦断勾配は、原則として、12%以下としなければならない。

2. 地区整備計画で道の配置及び規模又はその区域が定められている地区計画の区域内において、土地を建築物の敷地として利用するため、道路法等によらないで、特定行政庁からその位置の指定を受けて築造する道は、原則として、当該地区計画に定められた道の配置等に即したものでなければならない。

3. 港湾管理者が管理する幅員10 mの公共の用に供する道に2 m以上接する敷地においては、特定行政庁が交通上、安全上、防火上及び衛生上支障がないと認めて許可した場合には、建築物を建築することができる。

4. 壁面線を越えるひさしを設ける建築物を建築する場合には、特定行政庁の許可が必要である。

> [解説] 1. （法42条1項五号、令144条の4第1項四号）正しい。

2. （法68条の6）正しい。

3. （法43条2項二号、規則10条の3第4項二号）農道・林道・河川や港湾の管理用の道などに2m以上接する敷地においては、特定行政庁が認めて許可した場合には、建築物を建築することができる。正しい。

4. （法47条）ひさしは、道路境界線を越えることはできないが、壁面線を越えることはできるので、特定行政庁の許可は必要ない。誤り。 　正解 4

R05	R04	R03	R02	R01	H30	H29

問題 04 Ⅲ 14　都市計画区域及び準都市計画区域内の道路に関する次の記述のうち、建築基準法上、**誤っている**ものはどれか。

1. 幅員6mの道路法による道路で地下におけるものは、建築基準法上の道路ではない。

2. 道路の地盤面下に、建築物に附属する地下通路を設ける場合、特定行政庁の許可を受ける必要がある。

3. 高架の道路の路面下に、飲食店を建築しようとする場合、原則として、特定行政庁の許可を受ける必要がある。

4. 幅員15m未満の道路は、特定道路とはならない。

解説　1. （法42条）地下におけるものは除外されている。正しい。

2. （法44条）地盤面下に設ける建築物は道路内の建築制限を受けない。許可は不要。

3. （法44条1項四号、令145条2項）令145条2項の高架の道路の路面下に設けられる建築物は法44条1項四号に該当するので、特定行政庁の許可を受けて建築できる。正しい。

4. （法52条9項）建築基準法では、法52条9項において幅員15m以上の道路を特定道路と定義している。正しい。 　正解 2

R05	R04	R03	R02	R01	H30	H29

問題 05 Ⅲ 14　都市計画区域内の道路等に関する次の記述のうち、建築基準法上、**誤っている**ものはどれか。

1. 地区計画の区域のうち、地区整備計画で建築物等の敷地として併せて利用すべき区域として定められている区域内の道路の上空においては、当該道路に係る地区計画の内容に適合し、かつ、所定の基準に適合するものであって特定行政庁が安全上、防火上及び衛生上支障がないと認める建築物については建築することができる。

2. 建築基準法上の道路に該当しない幅員6mの農道のみに2m以上接する敷地における、延べ面積150m²の一戸建て住宅については、特定行政庁が交通

11 道路・壁面線

学科Ⅰ
学科Ⅱ
学科Ⅲ
学科Ⅳ
学科Ⅴ

上、安全上、防火上及び衛生上支障がないと認める場合には建築することができる。

3. 都市再開発法による新設の事業計画のある幅員8mの道路で、2年以内にその事業が執行される予定のものとして特定行政庁が指定したものは、建築基準法上の道路である。

4. 土地を建築物の敷地として利用するため袋路状道路を築造する場合、特定行政庁からその位置の指定を受けるためには、その幅員を6m以上とし、かつ、延長を35m以下としなければならない。

[解説] 1. （法44条1項三号、法43条1項二号）正しい。
2. （法43条2項一号、規則10条の3第1項、3項）敷地が幅員4m以上の農道に2m以上接する延べ面積200㎡以内の一戸建て住宅で、特定行政庁が認めるものは建築できる。正しい。
3. （法42条1項四号）正しい。
4. （法42条1項五号、令144条の4第1項一号）袋路状道路の幅員を6m以上とする場合は距離の制限はなく、距離（延長）を35m以下とする場合は、幅員は4m以上あればよい。

正解4

R05	R04	R03	R02	R01	H30	H29

問題06 Ⅲ 14 都市計画区域及び準都市計画区域内の道路等に関する次の記述のうち、建築基準法上、**誤っている**ものはどれか。

1. 道路の上空に設ける学校の渡り廊下で、生徒の通行の危険を防止するために必要であり、特定行政庁が安全上、防火上及び衛生上他の建築物の利便を妨げ、その他周囲の環境を害するおそれがないと認めて許可したものは、道路内に建築することができる。

2. 建築物の各部分の高さの制限において、建築物の敷地が都市計画において定められた計画道路（建築基準法第42条第1項第四号に該当するものを除く。）に接し、特定行政庁が交通上、安全上、防火上及び衛生上支障がないと認める建築物については、当該計画道路が前面道路とみなされる。

3. 工事を施工するために2年間現場に設ける事務所の敷地は、道路に2m以上接しなければならない。

4. 幅員4mの農道に2m以上接する敷地においては、特定行政庁が交通上、安全上、防火上及び衛生上支障がないと認めて許可した建築物は、建築することができる。

[解説] 1. （法44条1項四号、令145条2項一号）正しい。
2. （令131条の2第2項）正しい。

3. （法85条2項）災害時の応急仮設建築物や工事を施工するための事務所などの仮設建築物は、原則として法3章の規定が適用されないので、法43条の接道義務も免除される。

4. （法43条2項二号、規則10条の3第4項）正しい。なお、延べ面積が200m²以内の一戸建て住宅は建築審査会の同意を必要としない（法43条2項一号、規則10条の3第1項、3項）。　　　　　　　　　　正解 3

R05	R04	R03	R02	R01	H30	H29

問題07 III 14　都市計画区域及び準都市計画区域内の道路等に関する次の記述のうち、建築基準法上、**誤っている**ものはどれか。ただし、特定行政庁による道路幅員に関する区域の指定はないものとする。

1. 都市計画区域及び準都市計画区以外の区域から都市計画区域に編入された際、現に存在している幅員4mの道（地下におけるものを除く。）に2m以上接している敷地には、建築物を建築することができる。

2. 工事を施工するために現場に設ける事務所の敷地は、道路に接していなくてもよい。

3. 河川管理者が管理する幅員4mの公共の用に供する道に2m以上接する敷地においては、特定行政庁が交通上、安全上、防火上及び衛生上支障がないと認めて許可した場合には、建築物を建築することができる。

4. 道路の地盤面下に、建築物に附属する地下通路を設ける場合、特定行政庁の許可を受ける必要がある。

　解説 1.　（法42条1項三号、法43条）都市計画区域に編入された際、現に存在している幅員4mの道は法42条1項三号により道路であるから、これに2m以上接している敷地には、法43条により建築物を建築することができる。

2.　（法85条2項）工事を施工するために現場に設ける事務所の敷地には法3章の規定は適用されないので、法43条の接道義務も免除される。

3.　（法43条2項二号、規則10条の3第4項）設問の敷地は、規則10条の3第4項の農道その他これに類する公共の用に供する道に2m以上接しているので、法43条2項二号により、特定行政庁が認めて許可した場合、法42条の「道路」に接していなくても建築物を建築することができる。

4.　（法44条1項一号）道路の地盤面下に設ける建築物は、特定行政庁の許可を受けなくても、道路内の建築制限を免除されている。　　　　　　　　正解 4

12 用途制限

R05	R04	R03	R02	R01	H30	H29

問題 01 Ⅲ 15　建築物の用途の制限に関する次の記述のうち、建築基準法上、**誤っている**ものはどれか。ただし、用途地域以外の地域、地区等の指定はなく、また、特定行政庁の許可等は考慮しないものとする。

1.　「延べ面積 3,500 m²、地上 5 階建ての消防署」は、第一種住居地域内において、新築することができる。

2.　「延べ面積 500 m²、客席の部分の床面積の合計 180 m²、平家建ての演芸場」は、準住居地域内において、新築することができる。

3.　「20t の火薬の貯蔵に供する平家建ての倉庫」は、準工業地域内において、新築することができる。

4.　「延べ面積 20,000 m²、地上 3 階建ての大学」は、工業地域内において、新築することができる。

　解説　1.　（法別表 2 (ほ)項四号、令 130 条の 7 の 2 第一号）正しい。

　2.　（法別表 2 (と)項五号）客席の部分の床面積の合計が 200 m² 未満の演芸場は、準住居地域内において新築することができる。正しい。

　3.　（法別表 2 (る)項二号、令 130 条の 9）準工業地域内において、20t 以下の火薬の貯蔵に供する倉庫は新築することができる。正しい。

　4.　（法別表 2 (を)項五号）幼保連携型認定こども園を除く学校は、工業地域内に建築してはならない。誤り。　　**正解 4**

R05	R04	R03	R02	R01	H30	H29

問題 02 Ⅲ 15　建築物の用途の制限に関する次の記述のうち、建築基準法上、**誤っている**ものはどれか。ただし、用途地域以外の地域、地区等の指定はなく、また、特定行政庁の許可等は考慮しないものとする。

1.　第一種低層住居専用地域において、「延べ面積 500 m²、平家建ての児童厚生施設」は、新築することができる。

2.　第二種住居地域内において、「延べ面積 6,000 m²、地上 3 階建てのカラオケボックス（各階を当該用途に供するもの）」は、新築することができる。

3. 近隣商業地域内において、「延べ面積500m²（作業場の床面積の合計が400m²）、平家建ての、原動機を使用する自動車修理工場」は、新築することができる。

4. 商業地域内において、「延べ面積2,000m²、平家建ての圧縮天然ガスの製造工場（内燃機関の燃料として自動車に充填するための圧縮天然ガスに係るもの）」は、新築することができる。

[解説] 1. （法別表2（い）項九号、令130条の4第二号）延べ面積600m²以下の児童厚生施設は建築できる。正しい。

2. （法別表2（へ）項）正しい。

3. （法別表2（り）項、（ぬ）項）法別表2（り）項一号、（ぬ）項二号により、近隣商業地域内において、作業場の床面積の合計が300m²を超える原動機を使用する自動車修理工場は建築できない。誤り。

4. （法別表2（ぬ）項一号、（る）項一号(12)、令130条の9の7）商業地域内においては、圧縮ガスの製造工場は原則として建築できないが、令130条の9の7により、内燃機関の燃料として自動車に充填するための圧縮天然ガスに係るものは除かれる。正しい。

正解 3

R05	R04	R03	R02	R01	H30	H29

問題03 Ⅲ16 都市計画区域内の建築物の用途の制限に関する次の記述のうち、建築基準法上、**誤っている**ものはどれか。ただし、用途地域以外の地域、地区、都市施設等の指定はなく、また、特定行政庁の許可等は考慮しないものとする。

1. 第一種住居地域内において、「延べ面積4,000m²、地上5階建ての保健所」は、新築することができる。

2. 準住居地域内において、「延べ面積300m²、平家建ての水素ステーション（燃料電池自動車用の圧縮ガスを所定の設備により貯蔵・処理する建築物）」は、新築することができる。

3. 田園住居地域内において、「延べ面積100m²、平家建ての喫茶店」は、新築することができる。

4. 工業地域内において、「延べ面積1,000m²、平家建ての産業廃棄物処理施設の用途に供する建築物（がれき類の破砕施設で、1日当たりの処理能力が120tのもの）」は、新築することができる。

[解説] 1. （法別表2（ほ）項四号、令130条の7の2第一号）第一種住居地域内において、法別表2（は）項の建築物以外で3,000m²を超えるものは原則として建築できないが、令130条の7の2第一号に該当する保健所は建築することができる。正しい。

2. （法別表2⒬項四号、令130条の9第1項）法別表2⒬項四号にある準住居地域
内に建築してはならない危険物の貯蔵・処理施設は、令130条の9の圧縮ガス等の
危険物の貯蔵・処理施設であるが、燃料電池又は内燃機関の燃料として用いる自動
車にガスを充塡するための設備（安全上及び防火上支障がないものとして国土交通
大臣が定める基準に適合するもの）により貯蔵・処理されるものは含まれない。正
しい。

3. （法別表2⒭項五号、令130条の5の2第一号）正しい。

4. （法51条、令130条の2の2、令130条の2の3）法51条、令130条の2の2第
二号イにより、都市計画区域内においては、産業廃棄物処理施設は都市計画で敷地
の位置が決定しているものでなければ新築・増築できない。ただし、法51条ただ
し書により工業地域内の産業廃棄物処理施設は、令130条の2の3第三号に該当す
る場合は新築・増築できる。しかし、設問の施設は同号ヌに示す規定（がれき類の
破砕施設で、1日当たりの処理能力が100t以下）を満足しないので、新築すること
ができない。　　　　　　　　　　　　　　　　　　　　　　　　　　　正解 4

R05	R04	R03	R02	R01	H30	H29

問題04 Ⅲ15　建築物の用途の制限に関する次の記述のうち、建築基準法上、
誤っているものはどれか。ただし、用途地域以外の地域、地区等の指定はなく、
また、特定行政庁の許可等は考慮しないものとする。

1. 第二種低層住居専用地域内において、「延べ面積1,100m²、地上2階建ての
建築物で、2階を床面積500m²の図書館、1階を図書館に附属する床面積600
m²の自動車車庫とするもの」は、新築することができる。

2. 第二種住居地域内において、「延べ面積8,000m²、地上2階建ての勝馬投票
券発売所（各階を当該用途に供するもの）」は、新築することができる。

3. 工業地域内において、「延べ面積500m²、地上2階建ての幼保連携型認定こ
ども園」は、新築することができる。

4. 工業専用地域内において、「延べ面積300m²、地上2階建ての診療所」は、
新築することができる。

解説　1.　（法別表2⒭項一号・三号、令130条の5第一号）附属する自動車車庫は、
600m²以下かつ同一敷地内の自動車車庫を除く延べ面積（設問の場合図書館部分の
500m²）以下なら建築可能。自動車車庫が500m²を超えるので新築できない。

2.　（法別表2⒭項六号）正しい。

3.　（法別表2⒳項五号）正しい。

4.　（法別表2⒲項）正しい。なお、診療所は、全ての用途地域及び法別表2⒴項の
用途地域の指定のない区域に建築することができる。　　　　　　　　　　正解 1

問題 05 **Ⅲ 15** 建築物の用途の制限に関する次の記述のうち、建築基準法上、**誤っている**ものはどれか。ただし、用途地域以外の地域、地区等の指定はなく、また、特定行政庁の許可等は考慮しないものとする。

1. 第一種低層住居専用地域内において、「延べ面積180㎡、地上2階建ての喫茶店兼用住宅（喫茶店の用途に供する部分の床面積60㎡）」は、新築することができる。

2. 田園住居地域内において、「延べ面積300㎡、地上2階建ての、地域で生産された農産物を材料とする料理を提供する飲食店」は、新築することができる。

3. 準工業地域内において、「延べ面積5,000㎡、平家建ての圧縮ガスの製造工場（内燃機関の燃料として自動車に充塡するための圧縮天然ガスに係るもの）」は、新築することができる。

4. 工業地域内において、「延べ面積10,000㎡、地上3階建ての展示場」は、新築することができる。

> **解説** 1. （法別表2⒤項、令130条の3）法別表2⒤項二号により建築できる併用住宅は、令130条の3を満足するものであり、設問の喫茶店併用住宅は、用途及び居住部分の面積割合（1/2以上）は満足しているが、併用部分の面積（50㎡以内）を満たしていない。
>
> 2. （法別表2⒣項四号、令130条の9の4第二号）正しい。
>
> 3. （法別表2⒭項一号、令130条の9の7第二号イ）法別表2⒭項一号⑿により、圧縮ガスの製造は原則禁止であるが、一号本文（　）書きにより、令130条の9の7第二号イの圧縮天然ガスに係るものは除かれる。正しい。
>
> 4. （法別表2⒣項七号）床面積10,000㎡以下の展示場は建築できる。正しい。 **正解 1**

問題 06 **Ⅲ 15** 建築物の用途の制限に関する次の記述のうち、建築基準法上、**誤っている**ものはどれか。ただし、用途地域以外の地域、地区等の指定はなく、また、特定行政庁の許可等は考慮しないものとする。

1. 第二種低層住居専用地域内において、「延べ面積650㎡、平家建ての老人福祉センター」は、新築することができない。

2. 第一種住居地域内において、「延べ面積3,000㎡、地上3階建てのホテル」は、新築することができない。

3. 近隣商業地域内において、「客席の部分の床面積の合計が300㎡、地上2階

建ての映画館」は、新築することができる。

4. 工業専用地域内において、「延べ面積 300 m²、地上 2 階建ての保育所」は、新築することができる。

[解説] 1. （法別表 2）設問の老人福祉センターは(ろ)項に該当しない。正しい。

2. （法別表 2、令 130 条の 7 の 2）(ほ)項四号により、3,000 m² を超えるホテルは建築できないが、3,000 m² のものは建築できる。

3. （法別表 2）(り)項、(ぬ)項、(る)項一号、二号に該当しない。正しい。

4. （法別表 2）(わ)項、(を)項、(る)項三号に該当しない。正しい。　　　正解 2

R05	R04	R03	R02	R01	H30	H29

[問題 07] III 15　建築物の用途の制限に関する次の記述のうち、建築基準法上、**誤っている**ものはどれか。ただし、用途地域以外の地域、地区等及び特定行政庁の許可等は考慮しないものとする。

1. 「延べ面積 600 m²、地上 2 階建ての老人福祉センター」は、第一種低層住居専用地域内において、新築することができる。

2. 「延べ面積 400 m²、地上 2 階建ての保健所」は、第二種低層住居専用地域内において、新築することができる。

3. 「延べ面積 500 m²、地上 2 階建ての宅地建物取引業を営む店舗」は、第一種中高層住居専用地域内において、新築することができる。

4. 「延べ面積 300 m²、地上 2 階建ての幼保連携型認定こども園」は、工業地域内において、新築することができる。

[解説] 1. （法別表 2 (い)九号、令 130 条の 4 二号）設問の規模の老人福祉センターは、令 130 条の 4 二号により法別表 2 (い)九号の公益上必要な建築物に該当するので、第一種低層住居専用地域内において新築することができる。

2. （法別表 2 (ろ)）設問の保健所は、法別表 2 (ろ)に該当しないので、第二種低層住居専用地域内において新築することができない。

3. （法別表 2 (は)五号、令 130 条の 5 の 3 三号）設問の宅地建物取引業を営む店舗は、その用途部分の床面積が 500 m² 以下で、令 130 条の 5 の 3 三号に該当するので、第一種中高層住居専用地域内において新築することができる。

4. （法別表 2 (る)五号）工業地域内に建築してはならない建築物に「学校」が該当するが、幼保連携型認定こども園は除外されているので、工業地域内において新築することができる。　　　正解 2

R05	R04	R03	R02	R01	H30	H29

問題01 Ⅲ16 　図のような敷地において、準耐火建築物を新築する場合、建築基準法上、建築することができる**建築面積の最大のもの**は、次のうちどれか。ただし、図に記載されているものを除き、地域、地区等及び特定行政庁の指定、許可等は考慮しないものとする。

1.　238.0 m²
2.　273.0 m²
3.　292.5 m²
4.　308.0 m²

真北

15m　｜2m

隣　地

15m

隣　地

敷　地

（街区の角にある敷地等として特定行政庁が指定したものとする。）

10m

宅　地（崖地等ではない。）

6m

道　路

宅　地

建築基準法第42条第2項の規定に基づき特定行政庁が指定した道路とみなす道（現況の道の中心線を、当該道路の中心線とする。）

第一種住居地域
（都市計画で定められた建蔽率　$\frac{6}{10}$）

近隣商業地域
準防火地域
（都市計画で定められた建蔽率　$\frac{8}{10}$）

解説　（法53条2項、3項一号・二号、8項）法53条8項により、設問の敷地はすべて準防火地域内にあるものとする。同条3項一号により、準防火地域内の準耐火建築物なので、建蔽率は $\frac{1}{10}$ 加算できる。また、同条3項二号にも該当するので建蔽率はさらに $\frac{1}{10}$ 加算できる。したがって、第一種住居地域の部分の建蔽率は $\frac{8}{10}$、近隣商業地域の部分の建蔽率は $\frac{10}{10}$ となる。

　建築面積の最大値は、$15 \times 14 \times \frac{8}{10} + 10 \times 14 \times \frac{10}{10} = 308.0 \, \text{m}^2$　　正解4

R05	R04	R03	R02	R01	H30	H29

問題02 Ⅲ12 　図のような敷地において、建築基準法上、**新築することができる建築物の容積率（同法第52条に規定する容積率）の最高限度**は、次のうちどれか。ただし、図に記載されているものを除き、地域、地区等及び特定行政庁の指定、許可等は考慮しないものとする。

1. $\dfrac{30}{10}$

2. $\dfrac{40}{10}$

3. $\dfrac{45}{10}$

4. $\dfrac{53}{10}$

準住居地域 $\left(\begin{matrix}\text{都市計画で定めら}\\\text{れた容積率}\ \dfrac{40}{10}\end{matrix}\right)$　商業地域 $\left(\begin{matrix}\text{都市計画で定めら}\\\text{れた容積率}\ \dfrac{80}{10}\end{matrix}\right)$

真北

隣　地

宅地　道路　敷　地　隣地　25m　道　路　宅地

隣地

道　路　6m

宅　地

8m　10m　10m　35m　15m

解説 （法52条9項、令135条の18）特定道路による緩和で南側前面道路の幅員に付加される数値は、$Wa = \dfrac{(12-6)(70-35)}{70} = 3$（m）。

したがって、南側前面道路の幅員は、$6+3=9$（m）となる。この幅員は、西側道路の幅員よりも大きいので、9mを前面道路幅員とする。

商業地域部分の道路幅員による容積率は、$9 \times \dfrac{6}{10} = \dfrac{54}{10} < \dfrac{80}{10}$（指定容積率）。

準住居地域部分の道路幅員による容積率は、$9 \times \dfrac{4}{10} = \dfrac{36}{10} < \dfrac{40}{10}$（指定容積率）。

各部分に適用される容積率は、道路幅員によるものと指定容積率のうち小さい方の値となる。また、各部分の面積は全体の $\dfrac{1}{2}$ ずつなので、その割合で按分すると、

$$\dfrac{54}{10} \times \dfrac{1}{2} + \dfrac{36}{10} \times \dfrac{1}{2} = \dfrac{45}{10}$$

正解 3

R05	R04	R03	R02	R01	H30	H29

問題03 Ⅲ 17　図のような敷地において、建築基準法上、**新築することができる建築物の容積率（同法第52条に規定する容積率）の最高限度**は、次のうちどれか。ただし、図に記載されているものを除き、地域、地区等及び特定行政庁の指定、許可等は考慮しないものとする。

1. $\dfrac{28}{10}$

2. $\dfrac{31}{10}$

3. $\dfrac{37}{10}$

4. $\dfrac{40}{10}$

学科Ⅰ

学科Ⅱ

学科Ⅲ

学科Ⅳ

学科Ⅴ

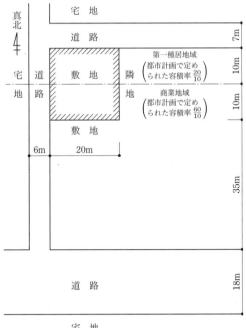

解説 （法 52 条 9 項、令 135 条の 18）特定道路による緩和で西側前面道路の幅員に付加される数値は、$W_a = \dfrac{(12-6)(70-35)}{70} = 3$ （m）。

したがって、西側前面道路の幅員は、$6 + 3 = 9$ （m）となる。この幅員は、北側道路の幅員よりも大きいので、9 m を前面道路幅員とする。

商業地域部分の道路幅員による容積率は、

$$9 \times \frac{6}{10} = \frac{54}{10} < \frac{60}{10} \quad （指定容積率）$$

第一種住居地域部分の道路幅員による容積率は、

$$9 \times \frac{4}{10} = \frac{36}{10} > \frac{20}{10} \quad （指定容積率）$$

各部分に適用される容積率は、道路幅員によるものと指定容積率のうち小さい方の値となる。また、各部分の面積は全体の $\dfrac{1}{2}$ ずつなので、その割合で按分すると、

$$\frac{54}{10} \times \frac{1}{2} + \frac{20}{10} \times \frac{1}{2} = \frac{37}{10}$$

正解 3

R05	R04	R03	R02	R01	H30	H29

問題 04 **Ⅲ 16** 図のような敷地において、準耐火建築物を新築する場合、建築基準法上、建築することができる**建築面積の最大の**ものは、次のうちどれか。ただし、図に記載されているものを除き、地域、地区等及び特定行政庁の指定、許可等は考慮しないものとする。

304

1. $323\,\mathrm{m}^2$
2. $380\,\mathrm{m}^2$
3. $437\,\mathrm{m}^2$
4. $460\,\mathrm{m}^2$

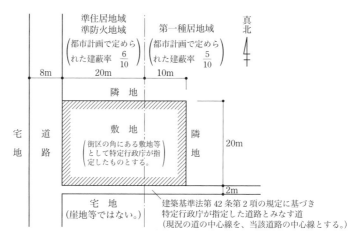

解説 法53条8項により、準防火地域と防火・準防火地域外にわたる敷地内に準耐火建築物を新築するので、敷地は全て準防火地域内にあるとみなせる。また、準防火地域内の準耐火建築物であり、特定行政庁が指定する角地なので、法53条3項一号・二号により、建蔽率は2/10加算される。

一方、南側道路は法42条2項道路なので、令2条1項一号により、境界線から1m後退した線が道路境界線とみなされる。

準住居地域：敷地面積は $20 \times (20 - 1) = 380\,\mathrm{m}^2$。建蔽率は $6/10 + 2/10 = 8/10$。建築可能な建築面積は $380 \times 8/10 = 304\,\mathrm{m}^2$。

第一種住居地域：敷地面積は $10 \times (20 - 1) = 190\,\mathrm{m}^2$。建蔽率は $5/10 + 2/10 = 7/10$。建築可能な建築面積は $190 \times 7/10 = 133\,\mathrm{m}^2$。

したがって、建築面積の最大値は $304 + 133 = 437\,\mathrm{m}^2$。　　**正解 3**

R05	R04	R03	R02	R01	H30	H29

問題05 Ⅲ16　図のような敷地において、建築基準法上、**新築することができる建築物の容積率**（同法第52条に規定する容積率）**の最高限度**は、次のうちどれか。ただし、図に記載されているものを除き、地域、地区等及び特定行政庁の指定、許可等は考慮しないものとする。

1. $\dfrac{37}{10}$

2. $\dfrac{40}{10}$

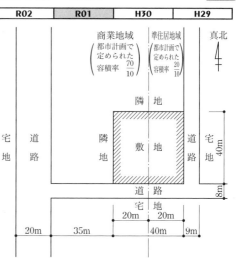

3. $\dfrac{41.5}{10}$

4. $\dfrac{45}{10}$

解説 （法52条9項、令135条の18）特定道路による緩和で前面道路の幅員に付加される数値は、$W_a = (12-8)(70-35)/70 = 2$（m）。したがって、前面道路の幅員は、$8+2=10$（m）となる。

商業地域部分の道路幅員による容積率は、$10 \times 6/10 = 60/10 < 70/10$（指定容積率）。

準住居地域部分の道路幅員による容積率は、$10 \times 4/10 = 40/10 > 20/10$（指定容積率）。

各部分に適用される容積率は、道路幅員によるものと指定容積率のうち小さいほうの値となる。また、各部分の面積は全体の1/2ずつなので、その割合で按分すると、$60/10 \times 1/2 + 20/10 \times 1/2 = 40/10$。

正解 2

R05	R04	R03	R02	R01	H30	H29

問題06 Ⅲ16 　図のような敷地において、耐火建築物を新築する場合、建築基準法上、新築することができる建築物の建蔽率（同法第53条に規定する建蔽率）と建築物の容積率（同法第52条に規定する容積率）の最高限度の組合せとして、**正しい**ものは、次のうちどれか。ただし、図に記載されているものを除き、地域、地区等及び特定行政庁の指定、許可等は考慮しないものとする。

（図中）
宅　地
道　路　　15m
35m
商業地域
防火地域
（都市計画で定められた容積率　$\dfrac{80}{10}$）
隣　地　　20m
宅　道　敷地　隣地　20m
地　路
準住居地域
準防火地域
（都市計画で定められた容積率　$\dfrac{30}{10}$）
（都市計画で定められた建蔽率　$\dfrac{6}{10}$）
道　路　　4m
宅　地
10m　30m
真北
街区の角にある敷地等として特定行政庁が指定したものとする。

	建蔽率の最高限度	容積率の最高限度
1.	$\dfrac{8.5}{10}$	$\dfrac{40}{10}$
2.	$\dfrac{8.5}{10}$	$\dfrac{48}{10}$
3.	$\dfrac{9}{10}$	$\dfrac{40}{10}$
4.	$\dfrac{9}{10}$	$\dfrac{48}{10}$

[解説] 法53条7項より、敷地はすべて防火地域内にあるとみなして建蔽率の最高限度を求める。商業地域内は法53条1項四号により指定建蔽率が8/10となり、同6項一号により、防火地域内の耐火建築物には建蔽率の規定は適用されない。準住居地域内は、防火地域内の耐火建築物による緩和（1/10）と角地による緩和（1/10）を受けるので、建蔽率の限度は8/10となる。2の地域にわたるので、同2項によって面積按分すると、

$10/10 × 1/2 + 8/10 × 1/2 ＝ 9/10$。

容積率の最高限度を求める。まず、敷地が法52条9項の特定道路から70m以内にあるので、令135条の18より幅員に加算する数値 W_a を求める。

$W_a ＝（12 － 10）(70 － 35)/70 ＝ 1$

前面道路の幅員は、$10 ＋ 1 ＝ 11$m とみなす。商業地域の部分に適用される容積率は、$11 × 6/10 ＝ 66/10 < 80/10$ より 66/10 となり、準住居地域の部分に適用される容積率は、$11 × 4/10 ＝ 44/10 > 30/10$ より 30/10 となる。

2の地域にわたるので、法52条7項によって面積按分すると、

$66/10 × 1/2 + 30/10 × 1/2 ＝ 48/10$　となる。　　　正解4

R05	R04	R03	R02	R01	H30	H29

問題07 Ⅲ16 　建築物の容積率及び建蔽率に関する次の記述のうち、建築基準法上、**誤っている**ものはどれか。ただし、敷地は、街区の角にある敷地又はこれに準ずる敷地で特定行政庁が指定するものではないものとする。

1. 幅員15mの道路に接続する幅員8mの道路を前面道路とする敷地が、幅員15mの道路から当該敷地が接する前面道路の部分の直近の端までの延長が35mの場合、容積率の算定に係る当該前面道路の幅員に加える数値は2mとする。

2. 高度利用地区内においては、学校、駅舎、卸売市場等で、特定行政庁が用途上又は構造上やむを得ないと認めて許可したものについては、高度利用地区に関する都市計画において定められた容積率に適合しないものとすることができる。

3. 都市計画において定められた建蔽率の限度が8/10の第一種住居地域内で、かつ、準防火地域内にある耐火建築物については、建蔽率の制限が適用されない。

4. 工業地域内にある建築物の敷地が防火地域及び準防火地域にわたる場合において、その敷地内の建築物の全部が耐火建築物であるときは、都市計画において定められた建蔽率の限度にかかわらず、建蔽率の限度の緩和の対象となる。

[解説] 1. （法52条9項、令135条の18）特定道路に接続する道路について容積率の算定に係る当該前面道路の幅員に加える数値 W_a は、$W_a －(12 － 8)(70 － 35)/70$

＝2（m）である。

2. （法59条1項三号）高度利用地区内においては、建築物の容積率、建蔽率、建築面積は、同地区に関する都市計画に定められた内容に適合しなければならないが、容易に移転・除却できるもの、公衆便所・巡査派出所などのほか、設問の学校、駅舎、卸売市場等で特定行政庁が許可したものについては、この限りではない。

3. （法53条3項）建蔽率の限度が8/10とされている地域内で、準防火地域内にある耐火建築物は、建蔽率の限度の緩和（＋1/10）の対象となる。適用除外は誤り。

4. （法53条6項）建築物の敷地が防火地域の内外にわたる場合において、その敷地内の建築物の全部が耐火建築物であるときは、その敷地はすべて防火地域内にあるとみなす。設問の敷地は工業地域内にあるので建蔽率の限度は5/10又は6/10となり、防火地域内の耐火建築物なので緩和（1/10の加算）の対象となる。 正解3

14 高さ制限

R05	R04	R03	R02	R01	H30	H29

問題01 Ⅲ17　図のような敷地において、建築物を新築する場合、建築基準法上、A点における地盤面からの**建築物の高さの最高限度**は、次のうちどれか。ただし、敷地は平坦で、南側道路、西側道路及び東側隣地との高低差はなく、北側隣地の地盤面より3.0m低いものとし、門、塀等はないものとする。また、図に記載されているものを除き、地域、地区等及び特定行政庁による指定、許可等並びに日影による中高層の建築物の高さの制限及び天空率に関する規定は考慮しないものとする。なお、建築物は、全ての部分において、高さの最高限度まで建築されるものとする。

1. 20.00 m
2. 22.50 m
3. 23.50 m
4. 23.75 m

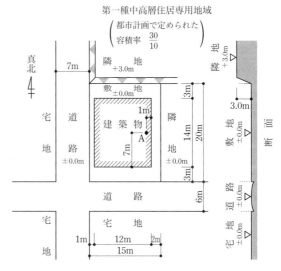

解説　（法56条1項、2項、6項、令132条）第一種中高層住居専用地域には、①道路斜線制限、②隣地斜線制限、③北側斜線制限が適用される。

① 　二方向道路なので、A点の道路斜線制限を適用する場合の前面道路幅員について検討する。幅員7mの道路の側からその幅員の2倍かつ35m以内（つまり14m以内）、及び幅員6mの道路の中心線から10mを超える区域は幅員7mが適用される。したがって、A点の道路斜線制限による高さの限度は、狭い方の道路の前面道路幅員が7mあるものとして計算する。道路幅員による容積率は$7 \times \frac{4}{10} = \frac{28}{10}$であり、指定容積率$\frac{30}{10}$より小さいので、適用される容積率は$\frac{28}{10}$となる。法別表3より、道路斜線制限の適用距離は25mである。

西側道路の道路斜線制限の基点から A 点までの距離は $7 + 1 \times 2 + 11 = 20\,\text{m}$

南側道路の道路斜線制限の基点から A 点までの距離は $7 + 3 \times 2 + 7 = 20\,\text{m}$

したがって、A 点は適用範囲にある。

A 点の道路斜線制限による高さの限度は、$20 \times 1.25 = 25\,\text{m}$。

② 東側の隣地斜線制限による高さの限度は、$20 + (2 \times 2 + 1) \times 1.25 = 26.25\,\text{m}$。

③ 北側斜線制限による高さの限度は、$10 + (3 + 7) \times 1.25 = 22.5\,\text{m}$。

北側隣地と敷地の高低差によって緩和される高さは $\dfrac{3-1}{2} = 1\,\text{m}$。したがって、敷地地盤面からの高さの限度は $22.5 + 1 = 23.5\,\text{m}$。

道路・隣地・北側の斜線制限のうち、最も厳しい数値が適用されるので、正解は 23.5 m である。

正解 3

R05	R04	R03	R02	R01	H30	H29

問題 02 Ⅲ 18　図のような敷地において、建築物を新築する場合、建築基準法上、A 点における地盤面からの**建築物の高さの最高限度**は、次のうちどれか。

ただし、敷地は平坦で、隣地との高低差はなく、門、塀等はないものとする。また、図に記載されているものを除き、地域、地区等及び特定行政庁による指定、許可等並びに日影による中高層の建築物の高さの制限及び天空率に関する規定は考慮しないものとする。なお、建築物は全ての部分において、高さの最高限度まで建築されるものとする。

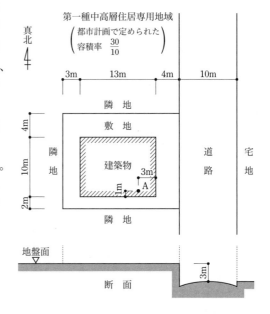

1.　21.25 m

2.　23.25 m

3.　24.25 m

4.　26.25 m

解説　（法 56 条）第一種中高層住居専用地域には、①道路斜線制限、②隣地斜線制限、③北側斜線制限が適用される。また、道路斜線制限は前面道路の路面の中心からの高さが規制されるが、設問では敷地の地盤面からの高さを求めることに留意する。

①東側道路の道路斜線制限の基点から A 点までの距離は $10 + 4 \times 2 + 3 = 21\,\text{m}$

道路幅員による容積率は $10 \times \dfrac{4}{10} = \dfrac{40}{10}$ であり、指定容積率 $\dfrac{30}{10}$ より大きいので、適

用される容積率は $\frac{30}{10}$ となる。法別表3より、道路斜線制限の適用距離は25mであり、A点は適用範囲にある。

　A点の道路斜線制限による高さの限度は、$(10 + 4 \times 2 + 3) \times 1.25 = 26.25$ m。道路と敷地の高低差によって緩和される高さは $\frac{3 - 1}{2} = 1$ m。前面道路の路面の中心からの高さの限度は $26.25 + 1 = 27.25$ m。したがって、地盤面からの高さの限度は $27.25 - 3 = 24.25$ m。

　②南側の隣地斜線制限による高さの限度は、$20 + (2 \times 2 + 1) \times 1.25 = 26.25$ m。

　③北側斜線制限による高さの限度は、$10 + (4 + 10 - 1) \times 1.25 = 26.25$ m。

　道路・隣地・北側の斜線制限のうち、最も厳しい数値が適用されるので、正解は 24.25 m である。

正解 3

R05	R04	R03	R02	R01	H30	H29

問題03 Ⅲ 18　図のような敷地において、建築物を新築する場合、建築基準法上、A点における地盤面からの**建築物の高さの最高限度**は、次のうちどれか。ただし、敷地は平坦で、敷地、隣地及び道路の相互間に高低差はなく、門、塀等はないものとする。また、図に記載されているものを除き、地域、地区等及び特定行政庁による指定、許可等並びに日影による中高層の建築物の高さの制限及び天空率に関する規定は考慮しないものとする。なお、建築物は、全ての部分において、高さの最高限度まで建築されるものとする。

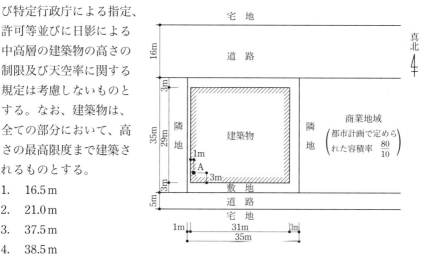

1.　16.5 m
2.　21.0 m
3.　37.5 m
4.　38.5 m

解説　（法56条1項一号・二号、2項、6項、令132条）二方向道路なので、A点の道路斜線制限を適用する場合の前面道路幅員について検討する。

　広幅員道路の側からその幅員の2倍かつ35m以内（つまり32m以内）、及び狭い幅員の道路の中心線から10mを超える区域は広幅員道路の幅員が適用される。したがって、A点の道路斜線制限による高さの限度は、狭い方の道路の前面道路幅員が16mあるものとして計算する。

前面道路の幅員が12m以上なので適用される容積率は80/10であり、法別表3より適用距離は30mとなり、A点は起点からの距離が16＋3×2＋3＝25（m）なので道路斜線制限の適用範囲にある。道路斜線による高さの限度は、(16＋3×2＋3)×1.5＝37.5（m）。隣地斜線による高さの限度は、31＋(1×2＋1)×2.5＝38.5（m）。

したがって、建築物の高さの最高限度は37.5mとなる。 正解 3

R05	R04	R03	R02	R01	H30	H29

問題 04 Ⅲ 17 　図のような敷地において、建築物を新築する場合、建築基準法上、A点における地盤面からの**建築物の高さの最高限度**は、次のうちどれか。ただし、敷地は平坦で、敷地、隣地及び道路の相互間に高低差はなく、門、塀等はないものとする。また、図に記載されているものを除き、地域、地区等及び特定行政庁による指定、許可等並びに日影による中高層の建築物の高さの制限及び天空率に関する規定は考慮しないものとする。なお、建築物は、全ての部分において、高さの最高限度まで建築されるものとする。

1. 30.0m
2. 31.5m
3. 33.0m
4. 36.0m

解説 令134条2項により、東側道路、南側道路とも幅員が11mあるとみなせる。両方向ともセットバック距離が同じで、東側道路の方がA点からの距離が近いので、道路高さ制限は東側のみ検討する。

敷地に適用される容積率は、$8 \times 0.6 = 4.8 = 48/10 < 60/10$より、48/10（480%）。法別表3より、適用距離は25m。東側道路の基点からA点までの距離は$11 + 2 \times 2 + 9 = 24$mであり、適用距離の範囲内にある。

A点の道路高さ制限による高さの限度は、$(11 + 2 \times 2 + 9) \times 1.5 = 36$m。

A点の北側の隣地高さ制限による高さの限度は、$31 + (1 \times 2 + 2) \times 2.5 = 41$m。

したがって、A点の高さの最高限度は36.0mとなる。 正解 4

R05	R04	R03	R02	R01	H30	H29

問題 05 Ⅲ 17 　図のような敷地において、建築物を新築する場合、建築基準法上、A点における地盤面からの**建築物の高さの最高限度**は、次のうちどれか。

312

ただし、敷地は平坦で、敷地、隣地及び道路の相互間に高低差はなく、門、塀等はないものとする。また、図に記載されているものを除き、地域、地区等及び特定行政庁による指定、許可等並びに日影による中高層の建築物の高さの制限及び天空率に関する規定は考慮しないものとする。なお、建築物は、全ての部分において、高さの最高限度まで建築されるものとする。

1. 25.5 m
2. 28.5 m
3. 33.0 m
4. 36.0 m

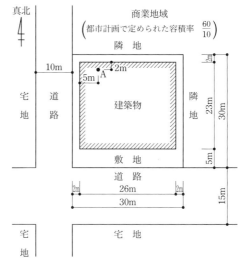

解説 （法56条1項一号、二号、2項、6項、令132条）二方向道路なので、A点の道路斜線制限を適用する場合の前面道路幅員について検討する。

広幅員道路の側からその幅員の2倍かつ35 m以内（つまり30 m以内）、及び狭い幅員の道路の中心線から10 mを超える区域は広幅員道路の幅員が適用される。したがって、A点の道路斜線制限による高さの限度は、狭いほうの道路の前面道路幅員が15 mあるものとして計算する。

前面道路の幅員が12 m以上なので適用される容積率は指定容積率60/10であり、法別表3より適用距離は25 mとなり、A点は起点からの距離が $15 + 2 \times 2 + 5 = 24$（m）なので道路斜線制限の適用範囲にある。道路斜線による高さの限度は、

　$(15 + 2 \times 2 + 5) \times 1.5 = 36$（m）

隣地斜線による高さの限度は、$31 + (2 \times 2 + 2) \times 2.5 = 46$（m）。

したがって、建築物の高さの最高限度は36.0 mとなる。　　正解4

R05	R04	R03	R02	R01	H30	H29

問題06 Ⅲ17 図のような敷地において、建築物を新築する場合、建築基準法上、A点における地盤面からの**建築物の高さの最高限度**は、次のうちどれか。ただし、敷地は平坦で、南側道路、西側道路及び東側隣地との高低差はなく、北側隣地より1.2 m低いものとし、門、塀等はないものとする。また、図に記載されているものを除き、地域、地区等及び特定行政庁による指定、許可等並

びに日影による中高層の建築物の高さの制限及び天空率に関する規定は考慮しないものとする。なお、建築物は、全ての部分において、高さの最高限度まで建築されるものとする。

1. 22.50 m
2. 22.60 m
3. 23.10 m
4. 25.00 m

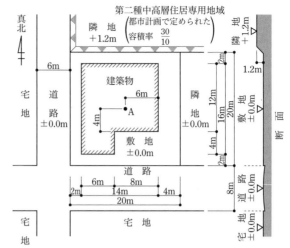

解説 A点は広い方の前面道路（8m）からその幅員の2倍かつ35m以内なので、西側道路の幅員も8mとみなす。南側・西側道路ともA点の道路高さ制限による高さの限度は、(8 + 2 × 2 + 8) × 1.25 = 25m。

北側の隣地高さ制限による高さの限度は、20 + (2 × 2 + 8) × 1.25 = 35m。

北側高さ制限による高さの限度は、10 + (2 + 8) × 1.25 = 22.5m。

ただし、敷地は北側隣地より1.2m低いので、(1.2 - 1)/2 = 0.1m 高くできる。

隣地 35 + 0.1 = 35.1m。北側 22.5 + 0.1 = 22.6m。

道路・隣地・北側の高さ制限のうち、最も厳しい値が適用されるので、正解は22.60mである。

正解 2

R05	R04	R03	R02	R01	H30	H29

問題07（Ⅲ 17） 図のように、敷地に建築物を新築する場合、建築基準法上、A点における地盤面からの**建築物の高さの最高限度**は、次のうちどれか。ただし、敷地は平坦で、敷地、隣地及び道路の相互間に高低差はなく、門、塀等はないものとする。また、図に記載されているものを除き、地域、地区等及び特定行政庁による指定、許可等並びに日影による中高層の建築物の高さの制限及び天空率に関する規定は考慮しないものとする。なお、建築物は、全ての部分において、高さの最高限度まで建築されるものとする。

1. 28.5 m
2. 34.5 m
3. 39.0 m
4. 46.0 m

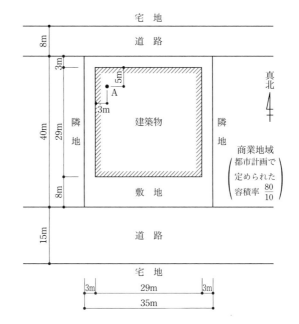

解説 （法56条1項一号、二号、2項、6項、令132条）二方向道路なので、A点の道路斜線制限を適用する場合の前面道路幅員について検討する。

　広幅員道路の側からその幅員の2倍かつ35m以内（つまり30m以内）、及び狭い幅員の道路の中心線から10mを超える区域は広幅員道路の幅員が適用される。したがって、A点の道路斜線制限による高さの限度は、狭い方の道路の前面道路幅員が15mあるものとして計算する。

　前面道路の幅員が12m以上なので適用される容積率は80/10であり、法別表3より適用距離は30mとなり、A点は起点からの距離が$15 + 3 \times 2 + 5 = 26$（m）なので道路斜線制限の適用範囲にある。道路斜線による高さの限度は、$(15 + 3 \times 2 + 5) \times 1.5 = 39$（m）。隣地斜線による高さの限度は、$31 + (3 \times 2 + 3) \times 2.5 = 53.5$（m）。

　したがって、建築物の高さの最高限度は39.0mとなる。　　　　正解 3

15 防火・準防火地域

R05	R04	R03	R02	R01	H30	H29

問題01 Ⅲ 18　防火地域及び準防火地域内の建築物の新築に関する次の記述のうち、建築基準法上、**誤っている**ものはどれか。

1.　防火地域内にある建築物で、外壁が耐火構造のものについては、その外壁を隣地境界線に接して設けることができる。

2.　防火地域内においては、高さが1.5 mの看板で、建築物の屋上に設けるものは、その主要な部分を不燃材料で造り、又は覆わなければならない。

3.　防火地域及び準防火地域にわたる建築物（過半が準防火地域内であり、防火地域外で防火壁で区画されていないもの）で、地上3階建ての事務所の用途に供するものは、耐火建築物若しくは準耐火建築物又はこれらと同等以上の延焼防止時間となる建築物としなければならない。

4.　防火地域内の自動車車庫の用途に供する開放的簡易建築物の主要構造部である柱及びはりは、準耐火構造であるか、又は不燃材料で造らなければならない。

〔解説〕　1.　（法63条）正しい。

2.　（法64条）正しい。

3.　（法61条、法65条2項、令136条の2第一号）防火地域及び準防火地域にわたる建築物で、防火地域外において防火壁で区画されていないものには、防火地域の規定が適用される。地上3階建ての事務所の用途に供するものは、耐火建築物又はこれと同等以上の延焼防止時間となる建築物としなければならない。誤り。

4.　（法84条の2、令136条の9第一号イ、令136条の10第三号イ）正しい。　**正解 3**

R05	R04	R03	R02	R01	H30	H29

問題02 Ⅲ 16　防火地域及び準防火地域内の建築物の新築に関する次の記述のうち、建築基準法上、**誤っている**ものはどれか。

1.　防火地域内においては、延べ面積120 m²、平家建ての診療所の用途に供する建築物は、耐火建築物又はこれと同等以上の延焼防止時間となる建築物としなければならない。

2.　防火地域内にある建築物に附属する門又は塀で、高さ2 mを超えるものは、

延焼防止上支障のない構造としなければならない。

3. 準防火地域内においては、延べ面積180 m²、地上3階建ての一戸建て住宅の用途に供する建築物は、耐火建築物若しくは準耐火建築物又はこれらと同等以上の延焼防止時間となる建築物としなければならない。

4. 準防火地域内においては、延べ面積1,200 m²、地上2階建ての倉庫の用途に供する建築物は、耐火建築物又はこれと同等以上の延焼防止時間となる建築物としなければならない。

[解説] 1. （法61条、令136条の2第一号）正しい。

2. （令136条の2第五号）正しい。

3. （法61条、令136条の2第二号）正しい。

4. （法27条、法61条、令136条の2第二号）設問の倉庫は、法27条2項一号及び3項一号に該当しない。令136条の2第二号により、地上2階建て、延べ面積が500 m²を超え1,500 m²以下のものは耐火建築物、準耐火建築物又はこれらと同等以上の延焼防止時間となる建築物としなければならない。準耐火建築物又はこれと同等以上の延焼防止時間となる建築物とすることができる。誤り。　正解 4

R05	R04	R03	R02	R01	H30	H29

問題03 Ⅲ 19　図のような敷地において、用途上不可分の関係にあるA〜Dの建築物を新築する場合、建築基準法上、**誤っている**ものは、次のうちどれか。ただし、いずれの建築物も防火壁を設けていないものとし、建築物に附属する門又は塀はないものとする。また、図に記載されているものを除き、地域、地区等の制限については考慮しないものとし、危険物の貯蔵等は行わないものとする。

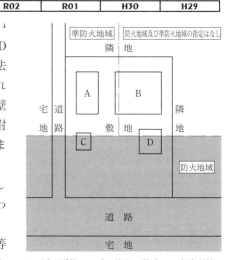

A：延べ面積600m²、地上3階建ての事務所棟
B：延べ面積2,000m²、地上4階建ての事務所棟
C：延べ面積80m²、地上2階建ての事務所棟
D：延べ面積120m²、平家建ての自動車車庫棟

1. Aは、耐火建築物又はこれと同等以上の延焼防止時間となる建築物としなければならない。

2. Bは、耐火建築物又はこれと同等以上の延焼防止時間となる建築物としなければならない。

3. Cは、耐火建築物若しくは準耐火建築物又はこれらと同等以上の延焼防止時間となる建築物としなければならない。

4. Dは、耐火建築物又はこれと同等以上の延焼防止時間となる建築物としなければならない。

[解説] 1. （法61条、令136条の2第二号）Aは準防火地域内にあり、地上3階建てで延べ面積が1,500 m² 以下に該当するので、令136条の2第二号により、耐火建築物若しくは準耐火建築物又はこれらと同等以上の延焼防止時間となる建築物としなければならない。準耐火建築物又はこれと同等以上の延焼防止時間となる建築物とすることができる。誤り。

2. （法61条、令136条の2第一号、法65条1項）Bは、法65条1項により建築物の全部について準防火地域にあるものとする。地階を除く階数が4、延べ面積が1,500 m² を超えている（条件はいずれかでよい）ので、令136条の2第一号により、設問の通り正しい。

3. （法61条、令136条の2第二号、法65条2項）Cは、法65条2項により建築物の全部について防火地域にあるものとする。地上2階建てで延べ面積が100 m² 以下なので、令136条の2第二号により、設問の通り正しい。

4. （法61条、令136条の2第一号、法65条1項）Dは、法65条1項により建築物の全部について防火地域にあるものとする。法27条には該当しないが防火地域の規制を受ける。延べ面積が100 m² を超えるので、設問の通り正しい。 正解 1

R05	R04	R03	R02	R01	H30	H29

問題 04 Ⅲ 18　防火地域及び準防火地域内の建築物の新築に関する次の記述のうち、建築基準法上、**誤っている**ものはどれか。

1. 準防火地域内においては、延べ面積400 m²、平家建ての事務所のみの用途に供する建築物は、耐火建築物若しくは準耐火建築物又はこれらと同等以上の延焼防止時間となる建築物としなければならない。

2. 防火地域内においては、延べ面積80 m²、地上2階建ての一戸建て住宅は、耐火建築物若しくは準耐火建築物又はこれらと同等以上の延焼防止時間となる建築物としなければならない。

3. 防火地域内においては、高さが2mの広告塔で、建築物の屋上に設けるものは、その主要な部分を不燃材料で造り、又は覆わなければならない。

4. 建築物が「防火地域」と「防火地域又は準防火地域として指定されていない区域」にわたる場合において、その建築物が防火地域外において防火壁で区画されているときは、その防火壁外の部分については、防火地域内の建築物に関する規定は適用されない。

[解説] 1. （法61条、令136条の2第三号・四号）設問の事務所は法27条に該当しない。また、準防火地域内において、地階を除く階数2以下で延べ面積500 m² 以下

の建築物は、木造建築物等の場合、外壁・軒裏で延焼のおそれのある部分が防火性能を有し、外壁開口部設備が 20 分間防火設備の性能を有すること、又は同等以上の延焼防止時間となる建築物であることとされ、木造建築物等以外の場合は、外壁開口部設備が 20 分間防火設備の性能を有すること、又は同等以上の延焼防止時間となる建築物であることとされている。誤り。

2. （法 61 条、令 136 条の 2 第二号）正しい。

3. （法 64 条）正しい。　　4. （法 65 条 1 項）正しい。　　正解 1

R05	R04	R03	R02	R01	H30	H29

問題 05 Ⅲ 18 * 　図のような敷地において、用途上不可分の関係にあるA〜Dの建築物を新築する場合、建築基準法上、**誤っているもの**は、次のうちどれか。ただし、いずれの建築物も防火壁を設けていないものとし、建築物に附属する門又は塀はないものとする。また、図に記載されているものを除き、地域、地区等の制限については考慮しないものとし、危険物の貯蔵等は行わないものとする。

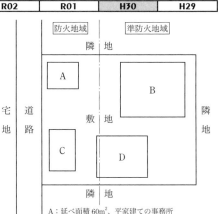

A：延べ面積 60m²、平家建ての事務所
B：延べ面積 900m²、地上 3 階建て、
　　1 階と 2 階は事務所、3 階はテレビスタジオ
C：延べ面積 100m²、平家建ての附属自動車車庫
D：延べ面積 200m²、平家建ての倉庫

1. Aは、耐火建築物若しくは準耐火建築物又はこれらと同等以上の延焼防止時間となる建築物としなければならない。

2. Bは、耐火建築物としなければならない。

3. Cは、耐火建築物若しくは準耐火建築物又はこれらと同等以上の延焼防止時間となる建築物としなければならない。

4. Dは、耐火建築物若しくは準耐火建築物又はこれらと同等以上の延焼防止時間となる建築物としなければならない。

解説　1.　（法 61 条、令 136 条の 2 第二号、R1 国交告 194 号第 4）正しい。

2.　（法 27 条 2 項二号）令 115 条の 3 によりBのテレビスタジオは法別表 1 ⑹項に該当し、3 階にその用途があるので、法 27 条 2 項二号により耐火建築物としなければならない。正しい。

3.　（法 61 条、令 136 条の 2 第二号、R1 国交告 194 号第 4、法 27 条）正しい。

4.　（法 65 条 2 項、法 61 条、令 136 条の 2 第一号、R1 国交告 194 号第 2）建築物が防火地域の内外にわたる場合、その全部について防火地域内の規定が適用される。D

は 100 m² を超えているので、耐火建築物又はこれと同等以上の延焼防止時間となる
建築物としなければならない。「準耐火建築物」は誤り。　　　　　　　正解 4

R05	R04	R03	R02	R01	H30	H29

問題 06 Ⅲ 18 ＊　防火地域及び準防火地域内の建築物の新築に関する次の記述
のうち、建築基準法上、**誤っている**ものはどれか。

1. 防火地域及び準防火地域にわたる建築物（過半が準防火地域内であり、防
   火地域外で防火壁で区画されていないもの）で、延べ面積 600 m²、地上 2 階
   建てで、各階を展示場の用途に供するものは、主要構造部に通常の火災によ
   る火熱が加えられた場合に 45 分間構造耐力上支障のある損傷を生じない準
   耐火建築物とすることができる。

2. 防火地域内においては、延べ面積 150 m²、平家建ての建築物で、診療所の
   用途に供するものは、耐火建築物又はこれと同等以上の延焼防止時間となる
   建築物としなければならない。

3. 準防火地域内においては、延べ面積 900 m²、地上 3 階建ての建築物（各階の
   床面積 300 m²）で、3 階を倉庫の用途に供するものは、耐火建築物としなけ
   ればならない。

4. 準防火地域内においては、延べ面積 1,200 m²、地上 3 階建ての建築物で、各階を
   事務所の用途に供するものは、耐火建築物若しくは準耐火建築物又はこれらと同
   等以上の延焼防止時間となる建築物としなければならない。

[解説] 1.　（法 61 条、令 136 条の 2 第一号、R1 国交告 194 号第 2 第一号表 2 (1)、法
65 条 2 項）防火地域及び準防火地域にわたる建築物は区域の割合にかかわらず、防
火地域外において防火壁で区画されていない場合はすべて防火地域内にあるとみな
される。設問の展示場は延べ面積が 100 m² を超えているので、耐火建築物又は同等
以上の延焼防止時間となる建築物としなければならない。45 分間の準耐火建築物
にはできないので、誤り。

2.　（法 61 条、令 136 条の 2 第一号）防火地域内における設問の建築物は、延べ面積
が 100 m² を超えているので、耐火建築物又は同等以上の延焼防止時間となる建築物
としなければならない。正しい。

3.　（法 27 条 2 項一号、法別表 1）設問の倉庫は、3 階部分の床面積が 200 m² を超え
ており、法別表 1 (は)欄 5 項に該当するので、法 27 条 2 項一号により耐火建築物と
しなければならない。

4.　（法 61 条、令 136 条の 2 第二号、R1 国交告 194 号第 4）準防火地域内においては、地階
を除く階数が 3 で延べ面積が 1,500 m² 以下の建築物は、耐火建築物若しくは準耐火
建築物又はこれらと同等以上の延焼防止時間となる建築物としなければならない。
正しい。　　　　　　　　　　　　　　　　　　　　　　　　　　　正解 1

16 建築協定・地区計画

R05	R04	R03	R02	R01	H30	H29

問題 01 Ⅲ 18　地区計画等又は建築協定に関する次の記述のうち、建築基準法上、**誤っている**ものはどれか。

1.　地区整備計画等が定められている地区計画等の区域内において、市町村の条例で定めることができる制限としては、建築物に附属する高さ 2 m 以内の門又は塀の位置の制限は含まれない。

2.　再開発等促進区で地区整備計画が定められている地区計画の区域内においては、特定行政庁が交通上、安全上、防火上及び衛生上支障がないと認めて許可した建築物については、道路高さ制限、隣地高さ制限及び北側高さ制限は適用されない。

3.　建築協定は、都市計画区域及び準都市計画区域外においては定めることができない。

4.　建築協定書の作成に当たって、建築協定区域内の土地に借地権の目的となっている土地がある場合においては、借地権を有する者の全員の合意がなければならない。

解説　1.　（法 68 条の 2 第 1 項、令 136 条の 2 の 5 第 1 項五号）正しい。

2.　（法 68 条の 3 第 4 項）設問の区域内には、法 56 条（建築物の各部分の高さ）の規定は適用されない。正しい。

3.　（法 41 条の 2、法 69 条）法 3 章（8 節を除く）の規定は都市計画区域及び準都市計画区域内に限り適用されるが、建築協定は法 4 章の規定であり、上記外の市町村の区域についても定めることができる。

4.　（法 69 条、法 70 条 3 項）土地の所有者等とは、法 69 条により土地の所有者及び借地権を有する者とされており、法 70 条 3 項には、借地権の目的となっている土地の所有者を除く土地の所有者と借地権者の全員の合意が明記されている。正しい。

正解 3

R05	R04	R03	R02	R01	H30	H29

問題 02 Ⅲ 20　地区計画等又は建築協定に関する次の記述のうち、建築基準法上、**誤っている**ものはどれか。

1. 建築主事を置かない市町村であっても、地区計画等の区域（地区整備計画等が定められている区域に限る。）内において、建築物の敷地、構造、建築設備又は用途に関する事項で当該地区計画等の内容として定められたものについて、所定の基準に従い、これらに関する制限として条例で定めることができる。

2. 地区計画の区域のうち再開発等促進区で地区整備計画が定められている区域のうち建築物の容積率の最高限度が定められている区域内においては、当該地区計画の内容に適合する建築物で、特定行政庁が交通上、安全上、防火上及び衛生上支障がないと認める建築物については、建築基準法第52条の規定は、適用されない。

3. 建築協定には、建築物に附属する門及び塀の意匠に関する基準を定めることができる。

4. 建築協定区域隣接地の区域内の土地に係る土地の所有者等は、建築協定の認可等の公告があった日以後いつでも、当該土地に係る土地の所有者等の過半数の合意により、特定行政庁に対して書面でその意思を表示することによって、当該建築協定に加わることができる。

〔解説〕　1.　（法68条の2）正しい。

2.　（法68条の3第1項）正しい。

3.　（法69条）建築物に附属する門又は塀は法2条一号により建築物に該当する。建築協定は、建築物の敷地、位置、構造、用途、形態、意匠または建築設備に関する基準を定めることができるので、正しい。

4.　（法75条の2第2項）当該土地に係る土地の所有者等の全員の合意を必要とする。過半数の合意は誤り。　　　　　　　　　　　　　　正解 4

R05	R04	R03	R02	R01	H30	H29

【問題03】Ⅲ 19）　地区計画等又は建築協定に関する次の記述のうち、建築基準法上、**誤っている**ものはどれか。

1. 建築協定における建築協定区域及び当該区域内の建築物に関する基準について、同様の内容が地区計画において定められた場合には、その建築協定は廃止されたものとみなされる。

2. 地区計画等の区域内における建築物の敷地が特定行政庁の指定した予定道路に接する場合、特定行政庁が交通上、安全上、防火上及び衛生上支障がないと認めて許可した建築物については、当該予定道路を前面道路とみなして建築物の容積率の規定が適用される。

3. 地区計画等の区域内において、地区整備計画等で定められている壁面の位置の制限に係る建築物に附属する門又は塀で高さ 2m を超えるもの以外の工作物の設置の制限は、地区計画等に関する市町村の条例による壁面の位置の制限としては定めることができない。

4. 特定行政庁の認可を受けた建築協定のうち、建築協定区域内の土地について一の所有者以外に土地の所有者等が存しないものは、認可の日から起算して 3 年以内において当該建築協定区域内の土地に 2 以上の土地の所有者等が存しない場合には、効力を有するものとはならない。

> [解説] 1. （法 76 条）建築協定の廃止は当該区域内の土地の所有者等の過半数の合意をもってその旨を定め、特定行政庁に申請してその認可を受けなければならない。
>
> 2. （法 68 条の 7 第 5 項）条文の通り、正しい。なお、この場合、予定道路に係る部分の面積は容積率算定時の敷地面積に算入しない。
>
> 3. （法 68 条の 2 第 2 項、令 136 条の 2 の 5 第 1 項五号）地区計画等の区域内における壁面の位置の制限は、建築物の壁若しくはこれに代わる柱の位置の制限、又は当該制限と併せて定められた建築物に附属する門又は塀で高さ 2m を超えるものの位置の制限であることとされている。
>
> 4. （法 76 条の 3 第 5 項）住宅地を新規に開発する者が宅地分譲開始前に建築協定を締結し、建築協定付き住宅地として分譲することができる。これを「一人協定」といい、認可の日から起算して 3 年以内に当該建築協定区域内の土地を購入するなどして所有者等が複数存することとなったときから、その協定は効力を有するものとなる。
>
> 正解 1

R05	R04	R03	R02	R01	H30	H29

問題 01 Ⅲ 8　仮設建築物等に関する次の記述のうち、建築基準法上、**誤って**いるものはどれか。

1.　災害があった場合において建築する公益上必要な用途に供する応急仮設建築物については、避難施設に関する規定が適用されず、当該建築物を建築した者は、その建築工事を完了した後 3 月を超えて当該建築物を存続させようとする場合、原則として、その超えることとなる日前に、特定行政庁の許可を受けなければならない。

2.　建替えのためその工事期間中、当該従前の建築物に代えて必要となる仮設店舗で、安全上、防火上及び衛生上支障がないものとして特定行政庁の許可を受けたものについては、内装の制限に関する規定は適用されない。

3.　非常災害があった場合において、非常災害区域等のうち準防火地域内にある学校の用途を変更して地方公共団体が災害救助のために使用する病院で、その災害が発生した日から 1 月以内に当該用途の変更に着手するものについては、建築基準法令の規定は適用されない。

4.　建築物の用途を変更して一時的に使用する興行場で、安全上、防火上及び衛生上支障がないものとして特定行政庁の許可を受けるものについては、排煙設備に関する規定は適用されない。

[解説]　1.　(法 85 条 2 項、3 項) 法 35 条の避難施設に関する規定が適用されない。正しい。

2.　(法 85 条 6 項) 法 35 条の 2 の内装制限に関する規定は適用されない。正しい。

3.　(法 87 条の 3 第 1 項) 正しい。

4.　(法 87 条の 3 第 6 項) 適用除外となる規定に法 35 条は含まれていないので、排煙設備に関する規定は適用される。誤り。　　　　　[正解 4]

R05	R04	R03	R02	R01	H30	H29

問題 02 Ⅲ 19　次の記述のうち、建築基準法上、**誤っている**ものはどれか。

1.　一団地内に建築される 1 又は 2 以上の構えを成す建築物のうち、特定行政

庁がその位置及び構造が安全上、防火上及び衛生上支障がないと認めるものに対する用途地域等の規定の適用については、当該一団地を当該1又は2以上の建築物の一の敷地とみなす。

2.　建築基準法令の規定による指定確認検査機関の処分に不服がある者は、当該処分に係る建築物について建築確認をする権限を有する建築主事が置かれた市町村又は都道府県の建築審査会に対して審査請求をすることができる。

3.　高さが31mを超えるホテルで、非常用エレベーターを設けていないことにより建築基準法第3条第2項の規定の適用を受けているものについて増築する場合において、増築に係る部分の床面積の合計が基準時における延べ面積の $\frac{1}{2}$ を超えるときは、非常用エレベーターを設けなければならない。

4.　地盤が軟弱な区域として特定行政庁が規則で指定した区域外において、平家建ての木造の住宅で足固めを使用した場合は、構造耐力上主要な部分である柱で最下階の部分に使用するものの下部に土台を設けなくてもよい。

[解説]　1.　（法86条1項）一団地内に建築される1又は2以上の構えを成す建築物のうち、特定行政庁がその位置及び構造が安全上、防火上及び衛生上支障がないと認めるものに対しては、法86条1項に列記される特例対象規定について当該一団地を当該1又は2以上の建築物の一の敷地とみなす。特例対象規定には法48条の用途地域等の規定は含まれない。誤り。

2.　（法94条1項）正しい。

3.　（法3条3項三号・四号、法86条の7第1項、令137条の6第一号）非常用エレベーターを設けていないことにより建築基準法3条2項の規定の適用を受けているものについて増築する場合において、増築に係る部分が31mを超えず、かつその床面積の合計が基準時における延べ面積の $\frac{1}{2}$ を超えない場合は、法86条の7第1項により法3条3項三号・四号にかかわらず非常用エレベーターを設けなくてもよいが、設問の場合は設置が必要である。正しい。

4.　（令42条1項二号）正しい。　　　　　　　　　　　　　　　　　正解 1

R05	R04	R03	R02	R01	H30	H29

問題 03 Ⅲ 20　次の記述のうち、建築基準法上、**誤っている**ものはどれか。

1.　地上5階建ての事務所のみの用途に供する建築物において、防火区画に接する外壁については、外壁面から50cm以上突出した準耐火構造のひさし、床、袖壁等で防火上有効に遮られている場合においては、当該外壁のうちこれらに接する部分を含み幅90cm以上の部分を準耐火構造としなくてもよい。

2.　病院の地階に設ける入院患者の談話のために使用される居室においては、採光のための窓その他の開口部の採光に有効な部分の面積を、その居室の床

面積に対して $\frac{1}{10}$ 以上としないことができる。

3. 老人ホームにおけるエレベーターの昇降路の部分又は共用の廊下若しくは階段の用に供する部分の床面積が、当該老人ホームの床面積の合計の $\frac{1}{3}$ を超える場合においては、当該床面積の $\frac{1}{3}$ を限度として、建築物の容積率の算定の基礎となる延べ面積に算入しないものとする。

4. 階段の幅が 3 m を超える劇場の階段で、蹴上げが 15 cm 以下、かつ、踏面が 30 cm 以上のものにあっては、その中間に手すりを設けなくてもよい。

[解説] 1. （令 112 条 16 項）正しい。

2. （法 28 条 1 項ただし書）正しい。

3. （法 52 条 6 項一号・二号、令 135 条の 16）エレベーターの昇降路の部分又は共同住宅・老人ホーム等の共用の廊下・階段の部分の床面積は、すべて建築物の容積率の算定の基礎となる延べ面積に算入しない。誤り。

4. （令 25 条 3 項）正しい。
正解 3

R05	R04	R03	R02	R01	H30	H29

問題 04 [Ⅲ 8] 仮設建築物等に関する次の記述のうち、建築基準法上、**誤って**いるものはどれか。

1. 非常災害があった場合において、準防火地域である非常災害区域等に地方公共団体が災害救助のために建築する、延べ面積 1,000 m²、地上 3 階建ての応急仮設建築物の病院で、災害が発生した日から 1 月以内にその工事に着手するものについては、建築基準法令の規定は適用されない。

2. 災害があった場合において、準防火地域内に国が建築する、延べ面積 500 m²、地上 2 階建ての応急仮設建築物である官公署については、市街地における火災を想定した火の粉による建築物の火災の発生を防止するために屋根に必要とされる性能に関する規定は適用されない。

3. 防火地域内に建築する仮設店舗で、安全上、防火上及び衛生上支障がないものとして特定行政庁の許可を受けたものについては、外壁の開口部で延焼のおそれのある部分への防火戸等の防火設備の設置に関する規定は適用されない。

4. 建築物の用途を変更して一時的に興行場として使用する場合において、安全上、防火上及び衛生上支障がないものとして特定行政庁の許可を受けたものについては、内装の制限に関する規定は適用されない。

[解説] 1. （法 85 条 1 項一号）防火地域外なので、設問の通り正しい。

2. （法 85 条 2 項、法 62 条）一般に災害時に建築される官公署に供する応急仮設建

築物には法3章の規定は適用されないが、防火・準防火地域内の延べ面積 50 m² 超のものには、法62条（設問にある屋根の性能の規定）が適用される。誤り。

3. （法85条6項）仮設店舗で、安全上、防火上及び衛生上支障がないものとして特定行政庁の許可を受けたものについては、法27条、法3章の規定などが適用されない。正しい。

4. （法87条の3第6項）仮設興行場で設問の許可を受けたものは、法35条の2（内装制限の規定）は適用されない。正しい。　　正解 2

R05	R04	R03	R02	R01	H30	H29

問題 05 Ⅲ 19　次の記述のうち、建築基準法上、**誤っている**ものはどれか。

1. 都市計画区域内においては、ごみ焼却場は、都市計画においてその敷地の位置が決定していない場合であっても、特定行政庁が都市計画審議会の議を経てその敷地の位置が都市計画上支障がないと認めて許可した場合は、新築することができる。

2. 地区計画の区域のうち再開発等促進区内において、当該地区計画において定められた土地利用に関する基本方針に適合した建築物については、用途地域内の建築物の制限に適合しない場合であっても、特定行政庁の許可を受けることなく新築することができる。

3. 建築基準法の規定による許可には、建築物又は建築物の敷地を交通上、安全上、防火上又は衛生上支障がないものとするための条件等を付することができる。

4. 建築基準法令の規定による指定確認検査機関の処分に不服がある者は、当該処分に係る建築物について建築確認をする権限を有する建築主事が置かれた市町村又は都道府県の建築審査会に対して審査請求をすることができる。

[解説]　1. （法51条）都市計画区域内においては、卸売市場、ごみ焼却場などは、都市計画においてその敷地の位置が決定しているものでなければ新築又は増築してはならない。ただし、特定行政庁が都市計画審議会の議を経てその敷地の位置が都市計画上支障がないと認めて許可した場合、または政令で定める規模の範囲内であれば、新築又は増築することができる。正しい。

2. （法68条の3第6項、法48条）再開発等促進区内において、当該地区計画において定められた土地利用に関する基本方針に適合した建築物については、用途地域内の建築物の制限に適合しない場合であっても建築することができるが、特定行政庁の許可は必要である。誤り。

3. （法92条の2）正しい。

4. （法94条1項）正しい。　　正解 2

問題06 Ⅲ20 病院に関する次の記述のうち、建築基準法上、**誤っているもの**はどれか。

1.　地上3階建て、床面積の合計が1,500m²の病院（国等の建築物を除く。）の所有者等は、当該建築物の敷地、構造及び建築設備について、定期に、一級建築士若しくは二級建築士又は建築物調査員にその状況の調査をさせて、その結果を特定行政庁に報告しなければならない。

2.　商業地域内の病院の病室（天窓及び縁側を有しないもの）の開口部の採光補正係数は、開口部が道に面していない場合であって、水平距離が4m以上であり、かつ、採光関係比率に10を乗じた数値から1.0を減じて得た算定値が1.0未満となる場合においては、1.0とする。

3.　既存の地上5階建ての病院(5階における当該用途に供する部分の床面積の合計が1,600m²のもの)に設けた非常用の照明装置に用いる照明カバーの取替えの工事の施工中に、当該建築物を使用する場合においては、当該建築主は、あらかじめ、工事の施工中における建築物の安全上、防火上又は避難上の措置に関する計画を作成して特定行政庁に届け出なければならない。

4.　敷地が準工業地域内に400m²、工業地域内に600m²と二つの用途地域にわたる場合、当該敷地には、特定行政庁の許可を受けなければ病院を新築することができない。

　解説　1.　（法12条1項、令16条1項三号）正しい。

　　2.　（法28条1項、令20条2項三号ロ）正しい。

　　3.　（法90条の3、令147条の2第二号、法7条の6第1項、令13条の2）設問の病院は令147条の2第二号に該当し、法90条の3により「避難施設等に関する工事」を行う場合は設問のとおりとなる。この工事は、法7条の6第1項に規定する工事をいい、令13条の2に規定する軽易な工事は除かれる。非常用の照明装置に用いる照明カバーの取替えの工事は、軽易な工事に該当するので、設問の届出は不要である。誤り。

　　4.　（法91条、法48条12項、法別表2(を)項六号）法91条により、用途の規制は過半の属する地域の規定を適用するので、設問の病院は工業地域内にあるものとする。法48条12項、法別表2(を)項六号により、当該敷地には、特定行政庁の許可を受けなければ病院を建築することができない。正しい。　　　　　　正解 3

問題07 Ⅲ14 事務所（避難階は1階）の5階にある居室（床面積50m²で、「避難上支障がないものとして国土交通大臣が定める基準」に適合しない居室）

の設計に際して、以下の条件に該当する開口部を設置することとした場合、窓その他の開口部を有しない居室の規定に関する次の記述のうち、建築基準法上、**誤っている**ものはどれか。

【条件】
- ・採光に有効な部分の面積の合計：2.0 m²
- ・換気に有効な部分の面積の合計：3.0 m²
- ・天井又は天井から下方 80 cm 以内で開放できる部分の面積の合計：0.5 m²
- ・避難上有効な構造の開口部ではない。

1. 当該居室を区画する主要構造部を、耐火構造又は不燃材料で造らなければならない。
2. 当該居室においては、自然換気設備、機械換気設備等に関する所定の技術的基準に適合する換気設備を設置しなければならない。
3. 当該居室及び地上に通ずる主たる通路の内装を難燃材料で仕上げた場合、居室の各部分から直通階段までの距離を 30 m 以下としなければならない。
4. 当該居室については、排煙設備を設置しない場合、避難上支障のある高さまで煙又はガスの降下が生じない建築物の部分として国土交通大臣が定めたものに適合させなければならない。

[解説] 1. （法35条の3、令111条1項）開口部が避難上有効な構造でなく、また居室が「避難上支障がないものとして国土交通大臣が定める基準」に適合しないので、設問の通り正しい。

2. （法28条2項）換気に有効な部分の面積の合計の床面積に対する割合（3/50）が 1/20 以上なので、令20条の2の規定による換気設備の設置は義務ではない。誤り。

3. （令116条の2第1項一号、令120条）採光に有効な部分の面積の合計の床面積に対する割合（2/50＝1/25）が 1/20 未満であり、令120条2項〜4項に該当しないので、令120条1項の表(1)項により、設問の通り正しい。

4. （令116条の2第1項二号、令126条の2第1項）天井又は天井から下方80cm以内で開放できる部分の面積の合計の床面積に対する割合（0.5/50＝1/100）が 1/50 未満（排煙上の無窓居室）であり、令116条の2第1項二号を満足しない排煙上の無窓居室には、原則として排煙設備を設置しなければならないが、令126条の2第1項五号により、避難上支障のある高さまで煙又はガスの降下が生じない建築物の部分として国土交通大臣が定めたものに適合させた場合は設置が免除される。正しい。

[正解 2]

R05	R04	R03	R02	R01	H30	H29

問題 08 Ⅲ 20 次の記述のうち、建築基準法上、**誤っている**ものはどれか。

1. 都市計画において建築物の高さの限度が 10 m と定められた田園住居地域内においては、その敷地内に政令で定める空地を有し、かつ、その敷地面積が政令で定める規模以上である建築物であって、特定行政庁が低層住宅に係る良好な住居の環境を害するおそれがないと認めるものについては、建築物の高さの限度は、12 m とすることができる。

2. 地区計画等の区域内における建築物の敷地が特定行政庁の指定した予定道路に接する場合、特定行政庁の許可を受けることなく、当該予定道路を前面道路とみなして建築物の容積率の規定を適用することができる。

3. 共同住宅が建築基準法第 22 条第 1 項の市街地の区域の内外にわたる場合においては、その全部について同項の市街地の区域内の建築物に関する規定を適用する。

4. 建築協定区域内の土地の所有者で当該建築協定の効力が及ばないものは、建築協定の許可等の公告のあった日以後いつでも、特定行政庁に対して書面でその意思を表示することによって、当該建築協定に加わることができる。

解説 1. （法 55 条 2 項）正しい。

2. （法 68 条の 7 第 5 項）地区計画等の区域内において、建築物の敷地が特定行政庁の指定した予定道路に接する場合、特定行政庁が交通上、安全上、防火上、衛生上支障がないと認めて許可した場合、当該予定道路を前面道路とみなして建築物の容積率の規定を適用することができる。誤り。

3. （法 24 条）正しい。

4. （法 75 条の 2 第 1 項）正しい。　　　　　　　　　　　　　　　正解 2

R05	R04	R03	R02	R01	H30	H29

問題 09 III 21　次の記述のうち、建築基準法上、**誤っている**ものはどれか。

1. 木造、延べ面積 1,200 m² の事務所は、その外壁及び軒裏で延焼のおそれのある部分を防火構造としなければならない。

2. 「構造耐力上主要な部分に使用する木材の品質は、節、腐れ、繊維の傾斜、丸身等による耐力上の欠点がないものでなければならない。」とする規定は、「耐久性等関係規定」に該当する。

3. 一級建築士の設計に係る木造、延べ面積 120 m²、高さ 9 m、地上 2 階建ての一戸建て住宅においては、建築物の建築に関する確認の特例により、建築基準法令の規定の一部が審査から除外される場合であっても、当該規定は遵守されなければならない。

4. 木造、地上 2 階建ての一戸建て住宅において、土台の過半について行う修

繕は、「大規模の修繕」に該当する。

[解説] 1. （法25条）延べ面積が1,000 m²を超える木造建築物等は、外壁及び軒裏で延焼のおそれのある部分を防火構造としなければならない。正しい。

2. （令36条1項、令41条）設問の規定は令41条に定めるものであり、令36条1項に規定された耐久性等関係規定に含まれる。正しい。

3. （法6条の4第1項三号）設問の住宅は法6条1項四号に該当し、建築士の設計に係るものなので、確認の特例により建築基準法令の規定の一部が審査から除外されるが（令10条三号、四号）、審査対象から外れるだけであり、当該規定は遵守されなければならない。正しい。

4. （法2条十四号、五号）大規模の修繕は、法2条十四号により、建築物の主要構造部の一種以上について行う過半の修繕をいう。土台は同条五号により主要構造部ではないので、設問の修繕は「大規模の修繕」に該当しない。　　　　[正解 4]

R05	R04	R03	R02	R01	H30	H29

[問題10] III 19　次の記述のうち、建築基準法上、**誤っている**ものはどれか。

1. 小学校の教室の窓その他の開口部で採光に有効な部分の面積の算定に当たっては、原則として、用途地域等の区分に応じ、計算した採光補正係数を用いる。

2. 一団地内に建築される1又は2以上の構えを成す建築物のうち、特定行政庁がその位置及び構造が安全上、防火上及び衛生上支障がないと認めるものに対する用途地域等の規定の適用については、当該一団地を当該1又は2以上の建築物の一の敷地とみなす。

3. 特定行政庁が建築審査会の同意を得て許可した歩廊の柱は、壁面線を越えて建築することができる。

4. 建築主は、指定確認検査機関から建築物の用途の変更に係る確認済証の交付を受けた場合において、工事を完了したときは、工事完了届を建築主事に届け出なければならない。

[解説] 1. （法28条1項、令20条2項）正しい。

2. （法86条1項）容積率、建蔽率、高さ制限などの規定については、設問の通り当該一団地を当該1又は2以上の建築物の一の敷地とみなすが、法48条の用途地域等の規定には適用されない。誤り。

3. （法47条）正しい。

4. （法7条1項、法87条1項）用途変更は法87条1項の適用を受け、工事を完了したときには法7条1項について「建築主事への検査の申請」を「建築主事への届出」と読み替えて適用する。つまり、完了検査は必要なく、建築主事に届け出れば

よい。指定確認検査機関から用途変更に係る確認済証の交付を受けた場合も、建築主は工事完了届を建築主事に届け出る。正しい。 正解 2

R05	R04	R03	R02	R01	H30	H29

問題 11 Ⅲ 20 共同住宅に関する次の記述のうち、建築基準法上、**誤っている**ものはどれか。

1.　共同住宅の地階に設ける居室においては、採光のための窓その他の開口部の採光に有効な部分の面積を、その居室の床面積に対して 1/7 以上としないことができる。

2.　階段の幅が 3 m を超える共同住宅の階段で、蹴上げが 15 cm 以下、かつ、踏面が 30 cm 以上のものにあっては、その中間に手すりを設けないことができる。

3.　非常用エレベーターを設置している共同住宅であっても、3 階以上の階には、非常用の進入口を設けなければならない。

4.　地方公共団体は、共同住宅の規模により、条例で、建築物の敷地、構造又は建築設備に関して安全上、防火上又は衛生上必要な制限を附加することができる。

解説　1.　（法 28 条 1 項）地階に設ける居室については、ただし書きで除外されている。正しい。

2.　（令 25 条 3 項）正しい。

3.　（令 126 条の 6 第一号）高さ 31 m 以下の部分にある 3 階以上の階には、非常用の進入口を設けなければならないが、非常用エレベーターを設置している場合は除外される。

4.　（法 40 条）正しい。 正解 3

R05	R04	R03	R02	R01	H30	H29

問題 12 Ⅲ 19 次の記述のうち、建築基準法上、**誤っている**ものはどれか。

1.　建築基準法令の規定による指定確認検査機関の処分についての審査請求は、当該処分に係る建築物について建築確認をする権限を有する建築主事が置かれた市町村又は都道府県の建築審査会に対してすることができる。

2.　エレベーターの昇降路の部分又は共同住宅若しくは老人ホーム等の共用の廊下若しくは階段の用に供する部分の床面積が、当該建築物の床面積の合計の 1/3 を超える場合においては、当該床面積の 1/3 を限度として、建築物の容積率の算定の基礎となる延べ面積に算入しないものとする。

3.　地盤が軟弱な区域として特定行政庁が規則で指定した区域外において、平

屋建ての木造の住宅で足固めを使用した場合は、構造耐力上主要な部分である柱で最下階の部分に使用するものの下部に土台を設けなくてもよい。

4. 都市計画区域内においては、火葬場は、都市計画においてその敷地の位置が決定していない場合であっても、特定行政庁が都市計画審議会の議を経てその敷地の位置が都市計画上支障がないと認めて許可した場合においては、新築することができる。

[解説] 1. （法94条1項）正しい。

2. （法52条6項、令135条の16）エレベーターの昇降路の部分又は共同住宅・老人ホーム等の共用の廊下・階段の部分の床面積は、常に建築物の容積率の算定の基礎となる延べ面積に算入しなくてよい。

3. （令42条1項二号）正しい。

4. （法51条）都市計画区域内においては、卸売市場、ごみ焼却場などは、都市計画においてその敷地の位置が決定しているものでなければ新築又は増築してはならない。ただし、特定行政庁が都市計画審議会の議を経てその敷地の位置が都市計画上支障がないと認めて許可した場合、又は政令で定める規模の範囲内であれば、新築又は増築することができる。正しい。 　　　　　　　　[正解 2]

R05	R04	R03	R02	R01	H30	H29

問題13 Ⅲ20 　ホテルに関する次の記述のうち、建築基準法上、**誤っている**ものはどれか。ただし、用途地域以外の地域、地区等の指定はなく、また、特段の記述がない限り、特定行政庁の許可等は考慮しないものとする。

1. 耐火建築物のホテルで、ホテルの用途に供する3階以上の部分の床面積の合計が350㎡である場合、当該用途に供する居室から地上に通ずる主たる廊下、階段その他の通路の壁及び天井の室内に面する部分の仕上げを準不燃材料ですることができる。

2. 高さが31mを超えるホテルで、非常用の昇降機を設けていないことにより建築基準法第3条第2項の規定の適用を受けているものについて増築する場合において、増築に係る部分の床面積の合計が基準時における延べ面積の1/2を超えるときは、非常用の昇降機を設けなければならない。

3. 敷地が第二種中高層住居専用地域内に700㎡、近隣商業地域内に600㎡と二つの用途地域にわたる場合、当該敷地には、ホテルを新築することができる。

4. 文化財保護法の規定によって重要文化財として指定された建築物であったものの原形を再現する建築物で、特定行政庁が建築審査会の同意を得てその原形の再現がやむを得ないと認めたものについては、建築基準法並びにこれ

に基づく命令及び条例の規定は、適用されない。

> [解説] 1. （令128条の4第1項一号、令128条の5第1項）設問のホテルは、令128条の4第1項一号の表の(2)項に該当するので、令128条の5第1項により、避難経路の内装の仕上げを同項二号の準不燃材料又はこれに準ずるものとしなければならない。正しい。
>
> 2. （法86条の7第1項、令137条の6第一号）正しい。
>
> 3. （法91条、法別表2）用途の制限については、敷地の過半の属する区域の規定が適用される。面積が過半となる第二種中高層住居専用地域内には、法別表2(に)項四号によりホテルは建築できないので、当該敷地にはホテルは新築できない。
>
> 4. （法3条1項一号、四号）正しい。　　　　　　　　　　　　　　　　正解 3

R05	R04	R03	R02	R01	H30	H29

問題14 Ⅲ 19）病院に関する次の記述のうち、建築基準法上、**誤っているもの**はどれか。ただし、階避難安全検証法、全館避難安全検証法及び国土交通大臣の認定による安全性の確認は行わないものとする。

1. 敷地が第一種中高層住居専用地域内に300m²、第二種低層住居専用地域内に700m²と二つの用途地域にわたる場合、当該敷地には、特定行政庁の許可を受けなければ新築することができない。

2. 準防火地域内の地上2階建てで、各階の床面積が300m²のもの（各階とも患者の収容施設があるもの）は、耐火建築物としなければならない。

3. 患者用の廊下の幅は、両側に居室がある場合、1.6m以上としなければならない。

4. 入院患者の談話のために使用される居室には、原則として、採光のための窓その他の開口部を設けなければならない。

> [解説] 1. （法91条、法48条2項、法別表2(ろ)項）法91条により用途制限は過半の敷地面積となる第二種低層住居専用地域の規定が適用されるので、病院は原則として建築できず、建築する場合は特定行政庁の許可を受けなければならない。正しい。
>
> 2. （法27条1項二号、法61条、令136条の2第二号）病院で患者の収容施設のある2階の床面積が300m²以上に該当するので、法27条1項二号により耐火建築物又はこれと同等以上の特定避難時間となる建築物（準耐火建築物）としなければならない。また、準防火地域内で地上2階、延べ面積が500m²を超え、1,500m²以下のものは、令136条の2第二号により原則として耐火建築物又は準耐火建築物としなければならない。準耐火建築物とすることができるので誤り。
>
> 3. （令119条）正しい。
>
> 4. （法28条1項、令19条2項五号）正しい。　　　　　　　　　　　　正解 2

問題15 Ⅲ 20 　次の記述のうち、建築基準法上、**誤っている**ものはどれか。ただし、特定行政庁の許可は考慮しないものとする。

1.　建築基準法第22条第1項の市街地の区域の内外にわたる共同住宅の屋根の構造は、その全部について、同項の規定の適用を受け、通常の火災を想定した火の粉による火災の発生を防止するために屋根に必要とされる所定の性能を有するものとしなければならない。

2.　一団地内に建築される1又は2以上の構えを成す建築物のうち、特定行政庁がその位置及び構造が安全上、防火上及び衛生上支障がないと認めるものに対する用途地域の規定の適用については、当該一団地は一の敷地とみなされる。

3.　都市計画において建築物の高さの限度が10mと定められた第一種低層住居専用地域内においては、所定の要件に適合する建築物であって、特定行政庁が低層住宅に係る良好な住居の環境を害するおそれがないと認めるものについては、建築物の高さの限度は、12mとすることができる。

4.　地階を除く階数が11以上である建築物の屋上に設ける冷房のための冷却塔設備は、防火上支障がないものとして国土交通大臣が定めた構造方法を用いる場合においては、主要な部分を不燃材料以外の材料で造ることができる。

解説　1.　（法22条1項、法24条）建築物が法22条区域の内外にわたる場合は、法24条により、その全部について法22条、法23条の規定の適用を受ける。

2.　（法86条1項）一団地内に建築される建築物について、1の敷地とみなすことによる制限の緩和には、法48条の用途地域の規定は含まれていない。誤り。

3.　（法55条2項）都市計画において建築物の高さの限度が10mと定められた第一種低層住居専用地域、第二種低層住居専用地域、又は田園住居地域内においては、その敷地内に政令で定める空地を有し、敷地面積が政令で定める規模以上であって、特定行政庁が低層住宅に係る良好な住居の環境を害するおそれがないと認めるものについては、建築物の高さの限度は、12mとすることができる。

4.　（令129条の2の6第一号）条文の通り、正しい。　　　　**正解 2**

18 建築士法

問題01 Ⅲ21 建築士に関する次の記述のうち、建築士法上、**誤っているもの**はどれか。

1. 建築士は、延べ面積が 2,000 m² を超える建築物の建築設備に係る設計について、建築設備士の意見を聴いたときは、設計図書においてその旨を明記するように努めなければならない。

2. 工事監理を行う建築士は、建築設備士の意見を聴いたときには、その旨を明らかにしたうえで、工事監理終了後、直ちに、その結果を建築主に報告しなければならない。

3. 一級建築士は、他の一級建築士の設計した設計図書の一部を変更しようとする場合は、当該一級建築士の承諾を求め、承諾が得られなかったときは、自己の責任において、その設計図書の一部を変更することができる。

4. 建築士は、設計及び工事監理に必要な知識及び技能の維持向上に努めるとともに、設計の委託者に対し、設計の内容に関して適切な説明を行うように努めなければならない。

> **解説** 1. （士法 18 条 4 項）建築士は、延べ面積が 2,000 m² を超える建築物の建築設備に係る設計又は工事監理を行う場合に、建築設備士の意見を聴くよう努めなければならない。設計図書にその旨を明記する規定はない。誤り。
> 2. （士法 20 条 3 項、5 項）正しい。
> 3. （士法 19 条）正しい。
> 4. （士法 18 条 2 項、士法 22 条 1 項）正しい。 　　　正解 1

問題02 Ⅲ22 建築士事務所の開設者に関する次の記述のうち、建築士法上、**誤っているもの**はどれか。

1. 開設者は、建築物に関する調査の業務を受託する場合、その委託者に対して、建築士法に基づく重要事項の説明や契約を締結したときの書面の交付を行わなければならない。

2. 開設者は、事業年度ごとに、設計等の業務の実績等を記載した報告書（電子計算機に備えられたファイル等による場合を含む。）を作成し、毎事業年度経過後3月以内に建築士事務所の登録をした都道府県知事に提出しなければならない。

3. 開設者は、建築士事務所の登録の更新を怠り、都道府県知事により当該登録を抹消されたにもかかわらず、報酬を得て、設計等を業として行った場合、1年以下の懲役又は100万円以下の罰金に処せられる。

4. 開設者は、延べ面積が300㎡を超える建築物の新築に係る設計受託契約の当事者となる場合、作成する設計図書の種類や報酬の額等を書面に記載し、署名又は記名押印をして、契約の当事者間で相互に交付（情報通信の技術を利用する方法による場合を含む。）しなければならない。

[解説] 1. （士法24条の7第1項、士法24条の8第1項）開設者は、設計受託契約又は工事監理受託契約を建築主と締結しようとするときは、その建築主（委託者）に対して、建築士法に基づく重要事項の説明や契約を締結したときの書面の交付を行わなければならない。建築物に関する調査の業務を受託する場合、上記の規定はない。誤り。

2. （士法23条の6）正しい。

3. （士法37条九号、士法23条の10）開設者が、士法23条3項の建築士事務所の登録の更新を怠り、士法23条の8第1項二号により当該登録を抹消されたにもかかわらず、報酬を得て設計等を業として行うことは、士法23条の10の無登録業務にあたり、士法37条九号に該当するので設問の罰則を受ける。正しい。

4. （士法22条の3の3第1項、4項）正しい。　　　　　　　　正解 1

R05	R04	R03	R02	R01	H30	H29

問題03 Ⅲ23　建築士事務所に属する建築士と当該建築士事務所との関係に関する次の記述のうち、建築士法上、**誤っている**ものはどれか。ただし、中央指定登録機関の指定は考慮しないものとする。

1. 建築士事務所に属する建築士は、当該建築士事務所の管理建築士による監督を受ける対象である。

2. 建築士事務所に属する一級建築士が独立して建築士事務所を開設した場合、当該建築士は建築士事務所の登録を受けることに加えて、自らの建築士免許に関する届出事項である「建築士事務所の名称、開設者の氏名及び所在地」に変更があった旨を、変更のあった日から30日以内に国土交通大臣に届け出なければならない。

3. 一級建築士は、建築士事務所に所属しなくなった後、一級建築士定期講習

の受講期間を超えた日以降に建築士事務所に所属した場合は、遅滞なく、一級建築士定期講習を受けなければならない。

4.　建築士事務所に属する建築士が、その業務における建築基準法の違反行為によって免許を取り消された場合、当該建築士事務所の開設者に課せられる処分は、「戒告」又は「1年以内の事務所の閉鎖命令」のいずれかである。

[解説]　1.　（士法24条3項四号）正しい。
　2.　（士法5条の2第2項、士規則8条1項三号）正しい。
　3.　（士法22条の2、士規則17条の36、同17条の37第1項表一号ハ）正しい。
　4.　（士法26条2項五号）建築士事務所に属する建築士が、士法10条1項一号の建築基準法の違反行為によって免許取り消し等の処分を受けた場合、当該建築士事務所の開設者に課せられる処分は、「戒告」「1年以内の事務所の閉鎖命令」「事務所の登録の取り消し」のいずれかである。誤り。　正解 4

R05	R04	R03	R02	R01	H30	H29

【問題04】[Ⅲ 21]　工事監理を行う建築士に関する次の記述のうち、建築士法上、**誤っている**ものはどれか。

1.　建築士が工事監理を行う場合は、その者の責任において、工事を設計図書と照合し、それが設計図書のとおりに実施されているかいないかを確認するとともに、当該工事の指導監督を行わなければならない。

2.　建築士が工事監理を行う場合は、当該建築士が自ら設計図書を作成した建築物であるか、他の建築士が設計図書を作成した建築物であるかに関わらず、工事監理を終了したときは、直ちに、建築主に結果報告を行わなければならない。

3.　一級建築士でなければ設計をしてはならない建築物の工事監理については、一級建築士の指導を受けている場合であっても、二級建築士は行うことができない。

4.　構造設計一級建築士の関与が義務付けられた建築物の工事監理については、構造設計一級建築士以外の一級建築士であっても行うことができる。

[解説]　1.（士法18条3項）建築士は、工事監理を行う場合、工事が設計図書のとおりに実施されていないと認めるときは、直ちに工事施工者に対して設計図書のとおりに実施するよう求め、従わないときは、その旨を建築主に報告しなければならない。誤り。
　2.　（士法20条3項）正しい。
　3.　（士法3条）正しい。

4. （士法3条、士法20条の2）建基法20条1項一号・二号の建築物については、士法20条の2で構造設計一級建築士の構造設計又は構造関係規定の適合の確認の必要性を規定しているが、工事監理については士法3条以外の規制はない。正しい。

正解 1

R05	R04	R03	R02	R01	H30	H29

問題05 Ⅲ 22 建築士事務所の管理建築士に関する次の記述のうち、建築士法上、**誤っている**ものはどれか。

1. 管理建築士は、建築士事務所において、業務の内容に応じて必要となる期間の設定や、受託しようとする業務を担当させる建築士の選定などの技術的事項を総括する。

2. 建築士事務所の開設者が、管理建築士の退職後に代わりの管理建築士を置かなかった場合、その建築士事務所の登録は取り消され、その開設者は1年以下の懲役又は100万円以下の罰金に処される。

3. 管理建築士が建築基準法の違反によって免許取消しや業務停止等の処分を受けた場合、その処分が自宅の設計など建築士事務所の業務によらないものであっても、当該建築士事務所は閉鎖処分の対象となる。

4. 一級建築士事務所に置かれる管理建築士となるための業務要件としては、一級建築士として3年以上の建築物の設計や工事監理等に従事することが求められる。

解説 1.（士法24条3項）正しい。

2.（士法24条1項、士法26条1項二号、士法23条の4第1項十号、士法37条十号）士法24条1項により、開設者は管理建築士を置かなければならないが、この要件を欠く場合は、士法23条の4第1項十号に該当し、士法26条1項により登録は取り消される。また、士法37条十号により開設者は設問の罰則を受ける。正しい。

3.（士法10条1項一号、士法26条2項四号）正しい。

4.（士法24条2項）管理建築士は、建築士として3年以上の設計・建築工事の指導監督などに関する業務に従事した後に管理建築士講習の課程を修了した者であり、建築士の種別は問わない。管理建築士となった後一級建築士の免許を取得した者は、一級建築士としての実務経験の有無にかかわらず、一級建築士事務所に置かれる管理建築士となることができる。誤り。

正解 4

R05	R04	R03	R02	R01	H30	H29

問題06 Ⅲ 23 A欄に掲げる「建築士等に義務付けられる行為等」とB欄に掲げる「義務付けの対象等」の組合せのうち、B欄において、**建築士法による義**

務付けの対象等とされていないものを含むものは、次のうちどれか。

	A 欄 （建築士等に義務付けられる行為等）	B 欄 （義務付けの対象等）
1.	建築士免許証（免許証明書を含む。）の提示	・設計等の委託者から請求があったとき ・建築主に対して、契約内容などの重要事項の説明をするとき
2.	定期講習の受講	・全ての一級建築士 ・全ての二級建築士 ・全ての木造建築士 ・全ての構造設計一級建築士 ・全ての設備設計一級建築士
3.	設計図書その他の書面への記名	・一級建築士、二級建築士又は木造建築士が、設計を行ったとき ・構造設計一級建築士が、構造関係規定の法適合確認を行ったとき ・設備設計一級建築士が、設備関係規定の法適合確認を行ったとき
4.	建築士事務所に閲覧のために備え置く書類	・建築士事務所の業務の実績を記載した書類 ・建築士事務所に属する建築士の氏名及び業務の実績を記載した書類 ・損害賠償に必要な金額を担保するための措置の内容を記載した書類 ・建築士事務所の業務及び財務に関する書類

解説 1.（士法19条の2、士法24条の7第2項）正しい。

2.（士法22条の2）一級建築士、二級建築士、木造建築士の定期講習の受講は、建築士事務所に属するものに限る。誤り。

3.（士法20条1項、士法20条の2第3項、士法20条の3第3項）正しい。

4.（士法24条の6）正しい。

正解 2

R05	R04	R03	R02	R01	H30	H29

問題 07 Ⅲ 22　建築士に関する次の記述のうち、建築士法上、**誤っているもの**はどれか。

1. 建築士は、建築主から建築基準法に関する基準に適合しない建築物を設計するよう求められた場合にあっては、その相談に応じることが禁止されている。

2. 令和3年度に一級建築士試験に合格し、令和4年度に建築士事務所に所属することとなった一級建築士は、令和7年3月31日までに初めての一級建

築士定期講習を受けなければならない。

3.　構造設計一級建築士は、一級建築士でなければ設計できない建築物のうち、建築基準法第 20 条第 1 項第一号又は第二号に該当するものの構造設計を行って、その構造設計図書に構造設計一級建築士である旨の表示をした場合であっても、構造計算によって建築物の安全性を確かめた旨の証明書を設計の委託者に交付しなければならない。

4.　設備設計一級建築士は、設備設計以外の設計を含めた建築物の設計を行うことができる。

> [解説]　1.　（士法 18 条 1 項、士法 21 条の 3）建築士は、士法 18 条 1 項により建築法令の基準への適合義務があり、士法 21 条の 3 により違反行為の指示・相談等が禁止されている。
>
> 2.　（士法 22 条の 2、士規則 17 条の 37）一級建築士試験に合格した日の次の年度の開始の日から起算して 3 年以内に建築士事務所に所属した場合、一級建築士定期講習を受けたことがない一級建築士は、合格した日の次の年度の開始の日から起算して 3 年以内に一級建築士定期講習を受けなければならない。設問の通り、正しい。
>
> 3.　（士法 20 条 2 項、士法 20 条の 2 第 1 項）構造設計一級建築士は、設問の構造設計を行った場合、士法 20 条の 2 第 1 項により構造設計図書に構造設計一級建築士である旨の表示をしなければならない。この場合、士法 20 条 2 項のただし書により同項の適用を受けないので、設問にある証明書を設計の委託者に交付する必要はない。誤り。
>
> 4.　（士法 10 条の 3 第 2 項）設備設計一級建築士は、一級建築士として 5 年以上設備設計の業務に従事した後講習を修了して申請し設備設計一級建築士証の交付を受けた者であり、一級建築士として建築物の設計を行うことができる。　　正解 3

R05	R04	R03	R02	R01	H30	H29

【問題 08】Ⅲ 23）　建築士事務所に関する次の記述のうち、建築士法上、**誤っている**ものはどれか。

1.　建築士事務所の開設者は、設計受託契約又は工事監理受託契約を締結する場合、あらかじめ、建築主に対して、報酬の額や契約の解除に関する事項等の重要事項について、所定の方法により管理建築士や当該事務所に所属する建築士に説明させる必要がある。

2.　建築士事務所の開設者は、当該事務所に所属する建築士に変更があった場合、管理建築士については 2 週間以内に、それ以外の建築士については 3 月以内に、都道府県知事（都道府県知事が指定事務所登録機関を指定したときは、原則として、当該指定事務所登録機関）に届け出なければならない。

3. 建築士事務所を開設しようとする者は、設計等の業務範囲が複数の都道府県にわたる場合、業務を行おうとする全ての地域について都道府県知事（都道府県知事が指定事務所登録機関を指定したときは、原則として、当該指定事務所登録機関）の登録を受ける必要がある。

4. 建築士事務所の開設者は、設計等の業務に関し生じた損害を賠償するために必要な金額を担保するための保険契約の締結その他の措置を講ずるよう努めなければならない。

解説 1. （士法24条の7第1項）正しい。
2. （士法23条の5第1項、2項、士法23条の2第四号、五号、士法26条の4）正しい。
3. （士法23条の2、士法23条の3第1項、士法26条の4第1項）建築士事務所の登録を受けようとする者は、登録申請を事務所の所在地を管轄する都道府県知事（同知事が指定事務所登録機関を指定したときは、原則として同機関）に提出し、登録を受ける。所在地のみでよいので、誤り。
4. （士法24条の9）正しい。

正解 3

R05	R04	R03	R02	R01	H30	H29

問題09 Ⅲ 24 建築士事務所の業務に関するものとして作成した帳簿及び図書で、建築士法の規定によって保存が義務付けられているものについて、次の記述のうち、同法上、**誤っている**ものはどれか。

1. 帳簿及び図書の保存が義務付けられる対象となる建築物は、確認済証の交付を受けることが必要とされる建築物に限られている。

2. 保存が義務付けられている図書は、配置図、各階平面図、構造詳細図等の設計図書及び工事監理報告書である。

3. 保存が義務付けられている帳簿の記載事項は、業務の概要、報酬の額、業務に従事した建築士の氏名等である。

4. 帳簿や図書の保存義務を怠った場合、建築士事務所の開設者に対しては、戒告、1年以内の事務所閉鎖の命令又は事務所登録の取消しの処分が行われる場合がある。

解説 1. （士法24条の4、士規則21条1項、4項）帳簿及び図書の保存義務がある建築物は、確認済証の交付を受けることが必要とされる建築物に限定されていない。誤り。
2. （士法24条の4第2項、士規則21条4項一号イ、二号）正しい。
3. （士法24条の4第1項、士規則21条1項三号、五号、六号）正しい。

4.　（士法 26 条 2 項一号）士法 24 条の 4 に規定する帳簿や図書の保存義務を怠った場合は、設問の処分に該当する。正しい。　　　　　　　　　正解 1

R05	R04	R03	R02	R01	H30	H29

問題 10 Ⅲ 21　建築士に関する次の記述のうち、建築士法上、**誤っているもの**はどれか。

1.　工事監理を行う一級建築士は、工事監理の委託者から請求があったときには、一級建築士免許証又は一級建築士免許証明書を提示し、工事監理を終了したときには、直ちに、その結果を建築主に工事監理報告書を提出して報告しなければならない。

2.　工事監理を行う建築士は、工事が設計図書のとおりに実施されていないと認めるときは、直ちに、工事施工者に対して、その旨を指摘し、当該工事を設計図書のとおりに実施するよう求め、当該工事施工者がこれに従わないときは、その旨を特定行政庁に報告しなければならない。

3.　建築士事務所に属する構造設計一級建築士は、一級建築士定期講習と構造設計一級建築士定期講習の両方を受けなければならない。

4.　建築士事務所に属する設備設計一級建築士は、設備設計以外の設計を含めた建築物の設計を行うことができる。

　解説　1.　（士法 19 条の 2、士法 20 条 3 項、同規則 17 条の 15）工事監理は、士法 23 条 1 項において「設計等」に規定されている。正しい。

　2.　（士法 18 条 3 項）工事施工者がこれに従わないときは、その旨を建築主に報告しなければならない。「特定行政庁に報告」は誤り。

　3.　（士法 22 条の 2）同規則 17 条の 37 により、一級建築士定期講習を受けた者が二級建築士定期講習などを受けたものとする規定はあるが、一級建築士定期講習と構造設計一級建築士定期講習の相互には免除の規定はない。正しい。

　4.　（士法 10 条の 3 第 2 項）設備設計一級建築士は、一級建築士であることを前提としている。正しい。　　　　　　　　　　　　　　　　　正解 2

R05	R04	R03	R02	R01	H30	H29

問題 11 Ⅲ 22 ＊　建築士事務所に関する次の記述のうち、建築士法上、**誤っているもの**はどれか。

1.　建築士事務所の開設者は、配置図、各階平面図等の設計図書又は工事監理報告書で、保存しなければならないと定められているものについては、作成した日から起算して 15 年間保存しなければならない。

2.　管理建築士は、自らが管理する建築士事務所の規模にかかわらず、当該建

築士事務所において専任でなければならない。

3.　建築士事務所の開設者は、延べ面積が 300 m² を超える建築物の新築について、他の建築士事務所の開設者から設計の業務の一部を受託する設計受託契約を締結したときは、遅滞なく、設計図書の種類、報酬の額及び支払の時期等を記載した書面を、当該委託者である建築士事務所の開設者に交付しなければならない。

4.　管理建築士は、その建築士事務所に属する他の建築士が設計を行った建築物の設計図書について、設計者である建築士による記名に加えて、管理建築士である旨の表示をして記名しなければならない。

[解説]　1.　（士法 24 条の 4 第 2 項、同規則 21 条 4 項・5 項）正しい。

2.　（士法 24 条 1 項、2 項）正しい。

3.　（士法 22 条の 3 の 3 第 1 項）正しい。

4.　（士法 20 条 1 項、士法 24 条）一級・二級・木造建築士が設計を行った場合には、その設計図書に各種建築士である旨の表示をして記名しなければならないが、建築士事務所の管理建築士は、当該建築士事務所に属する他の建築士が設計を行った建築物の設計図書に管理建築士としての表示・記名をする必要はない。　　正解 4

R05	R04	R03	R02	R01	H30	H29

問題 12 Ⅲ 23　次の記述のうち、建築士法上、**誤っている**ものはどれか。

1.　建築士会は、建築士の品位の保持及びその業務の進歩改善に資するため、建築士に対し、その業務に必要な知識及び技能の向上を図るための建築技術に関する研修を実施しなければならない。

2.　建築士事務所協会は、建築主等から建築士事務所の業務に関する苦情について解決の申出があったときは、その相談に応じ、申出人に必要な助言をし、その苦情に係る事情を調査するとともに、当該建築士事務所の開設者に対し、その苦情の内容を通知してその迅速な処理を求めなければならない。

3.　建築士事務所の業務に関する設計図書の保存をしなかった者や、設計等を委託しようとする者の求めに応じて建築士事務所の業務の実績を記載した書類を閲覧させなかった者は、10 万円以下の過料に処される。

4.　建築士事務所の開設者が建築基準法に違反して建築士免許を取り消された場合、当該建築士事務所の登録は取り消される。

[解説]　1.　（士法 22 条の 4 第 1 項、5 項）正しい。

2.　（士法 27 条の 5 第 1 項）正しい。

3.　（士法 40 条十二号・十四号）士法 24 条の 4 第 2 項の建築士事務所の業務に関す

る設計図書の保存や、士法 24 条の 6 の書類の閲覧に違反した者は、士法 40 条により 30 万円以下の罰金に処される。誤り。

4. （士法 26 条 1 項二号）建築基準法の違反による免許の取り消しは士法 10 条 1 項一号、士法 7 条四号に該当し、士法 23 条の 4 第 1 項二号の事務所登録の拒否に該当するので、士法 26 条 1 項二号により、都道府県知事は建築士事務所の登録を取り消さなければならない。正しい。　[正解 3]

R05	R04	R03	R02	R01	H30	H29

【問題 13】Ⅲ 21）* 次の記述のうち、建築士法上、**誤っている**ものはどれか。ただし、中央指定登録機関の指定は考慮しないものとする。

1. 建築に関する業務に従事する一級建築士にあっては、勤務先が変わり業務の種別に変更があったときは、その日から 30 日以内に、その旨を国土交通大臣に届け出なければならない。

2. 「設計図書」とは、建築物の建築工事の実施のために必要な図面（現寸図その他これに類するものを除く。）をいい、仕様書を含まない。

3. 延べ面積 450 m²、高さ 10 m、軒の高さ 7 m の木造 2 階建ての既存建築物について、床面積 250 m² の部分で大規模の修繕を行う場合においては、当該大規模の修繕に係る設計は、一級建築士、二級建築士又は木造建築士でなければしてはならない。

4. 延べ面積 400 m² の建築物の新築における設計の契約の当事者は、契約の受託者が設計の一部を再委託する場合にあっては、当該再委託に係る設計の概要並びに当該再委託に係る受託者の氏名又は名称及び当該受託者に係る建築士事務所の名称及び所在地を、契約の締結に際して相互に交付する書面に記載しなければならない。

解説　1. （士法 5 条の 2 第 2 項、同規則 8 条 1 項三号）建築士は、勤務先の建築士事務所の名称・所在地、業務の種別などに変更があったときは、その日から 30 日以内に、一級建築士にあっては国土交通大臣に、二級建築士または木造建築士は住所地及び免許を受けた都道府県知事に届け出なければならない。正しい。

2. （士法 2 条 6 項）「設計図書」とは建築物の建築工事の実施のために必要な図面（現寸図その他これに類するものを除く）及び仕様書をいう。

3. （士法 3 条の 3、同 3 条 2 項）延べ面積 100 m² を超え 300 m² 以下、かつ階数 2 以下の木造建築物の新築、同規模の既存木造建築物の部分の増改築や大規模の修繕などを行う場合においては、その設計は、一級建築士、二級建築士又は木造建築士でなければしてはならない。設問の場合修繕部分が 300 m² 以下なので、木造建築士による設計も可能である。正しい。

4. （士法22条の3の3、同規則17条の38第六号）延べ面積300m²を超える建築物の新築に係る契約の規定である。正しい。 <u>正解 2</u>

問題 14 Ⅲ22　次の記述のうち、建築士法上、**誤っている**ものはどれか。ただし、指定事務所登録機関の指定は考慮しないものとする。

1.　一級建築士を使用する者は、他人の求めに応じ報酬を得て、建築物に関する調査若しくは鑑定又は建築物の建築に関する法令の規定に基づく手続の代理を業として行おうとするときは、一級建築士事務所を定めて、その建築士事務所について、都道府県知事の登録を受けなければならない。

2.　都道府県知事の登録を受けている建築士事務所に属する建築士は、当該登録を受けた都道府県以外の区域においても、業として他人の求めに応じ報酬を得て、設計等を行うことができる。

3.　建築士事務所の開設者と管理建築士とが異なる場合においては、その開設者は、管理建築士から、建築士事務所の業務に係る所定の技術的事項に関し、必要な意見が述べられた場合には、その意見を尊重しなければならない。

4.　建築士事務所の開設者は、延べ面積が400m²の建築物の新築工事に係る設計及び工事監理の業務を受託した場合、委託者の許諾を得た場合には、受託業務の一部である工事監理の業務について、一括して他の建築士事務所の開設者に再委託することができる。

解説　1.　（士法23条1項）建築士又はこの者を使用する者は、他人の求めに応じ報酬を得て、設計等を業として行おうとするときは、建築士事務所について、都道府県知事の登録を受けなければならない。建築物に関する調査若しくは鑑定又は建築物の建築に関する法令の規定に基づく手続の代理は、設計等に含まれる。正しい。

2.　（士法23条1項）業務地域の特定は定められていない。正しい。

3.　（士法24条4項、5項）正しい。

4.　（士法24条の3第2項）建築士事務所の開設者は、委託者の許諾を得た場合においても、受託した設計又は工事監理（延べ面積が300m²を超える建築物の新築工事に係るものに限る）の業務について、一括して他の建築士事務所の開設者に委託してはならない。誤り。 <u>正解 4</u>

問題 15 Ⅲ23　建築士の講習に関する次の記述のうち、建築士法上、**誤っている**ものはどれか。ただし、中央指定登録機関の指定は考慮しないものとする。

1.　二級建築士として3年以上の設計等の業務に従事した後に管理建築士講習

の課程を修了した者が、新たに一級建築士の免許を受けて一級建築士事務所の管理建築士になる場合には、改めて管理建築士講習を受けなければならない。

2. 建築士事務所に属する一級建築士は、建築物の設計又は工事監理の業務に従事しない場合であっても、所定の一級建築士定期講習を受けなければならない。

3. 国土交通大臣に対し、構造設計一級建築士証の交付を申請することができるのは、原則として、一級建築士として5年以上の構造設計の業務に従事した後、登録講習機関が行う所定の講習の課程をその申請前1年以内に修了した者である。

4. 建築士事務所の開設者は、事業年度ごとに作成する設計等の業務に関する報告書において、当該建築士事務所に属する一級建築士が構造設計一級建築士である場合にあっては、その者が受けた構造設計一級建築士定期講習のうち、直近のものを受けた年月日についても記載しなければならない。

[解説] 1. （士法24条2項）管理建築士は、建築士として3年以上の設計・建築工事の指導監督などに関する業務に従事した後に管理建築士講習の課程を修了した者であり、建築士の種別は問わない。管理建築士となった後に一級建築士の免許を取得した者は、一級建築士としての実務経験の有無にかかわらず、一級建築士事務所に置かれる管理建築士となることができる。誤り。

2. （士法22条の2第一号）正しい。

3. （士法10条の3第1項）正しい。

4. （士法23条の6、同規則20条の3第1項二号）正しい。　　　　　[正解 1]

R05	R04	R03	R02	R01	H30	H29

[問題16] III 28　次の記述のうち、建築基準法又は建築士法上、**誤っている**ものはどれか。

1. 建築基準法の構造耐力の規定に違反する建築物の設計を建築主が故意に指示し、建築士がそれに従って設計及び工事監理をした場合、当該建築主及び建築士のいずれも罰則の適用の対象となる。

2. 建築士事務所の開設者である一級建築士が、当該建築士事務所の登録期間が満了したにもかかわらず、更新の登録を受けずに他人の求めに応じ報酬を得て工事監理業務を業として行った場合には、当該建築士は、業務停止等の懲戒処分の対象となる。

3. 建築士事務所に属する建築士の氏名及びその者の一級建築士、二級建築士又は木造建築士の別に変更があった場合に、3月以内に、その旨を都道府県

知事に届け出ないときは、当該建築士事務所の開設者及び管理建築士のいずれも罰則の適用の対象となる。

4. 建築士事務所の開設者が、自己の名義をもって、他人に建築士事務所の業務を営ませたときは、当該建築士事務所の開設者は罰則の適用の対象となる。

[解説] 1. （法98条1項二号、2項、法99条1項八号、2項）正しい。

2. （士法10条1項一号、士法23条3項）設問の行為は士法23条3項の違反であり、士法10条1項一号により、戒告、業務停止などの懲戒処分の対象となる。正しい。

3. （士法23条の5第2項、士法26条2項三号）士法23条の5第2項により、建築士事務所の開設者は設問の届出をしなければならないと規定されており、士法26条2項三号により、開設者が罰則の対象となる。

4. （士法24条の2、士法26条2項一号）正しい。 　　　　　　　　[正解3]

R05	R04	R03	R02	R01	H30	H29

問題 17 (Ⅲ 21) * 次の記述のうち、建築基準法又は建築士法上、**誤っているも**のはどれか。

1. 一級建築士は、他の一級建築士の設計した設計図書の一部を変更しようとするときは、当該一級建築士の承諾を求め、承諾が得られなかったときは、自己の責任において、その設計図書の一部を変更することができる。

2. 構造設計一級建築士以外の一級建築士は、高さが60mを超える建築物の構造設計を行った場合においては、構造設計一級建築士に当該構造設計に係る建築物が建築基準法に規定する構造関係規定に適合するかどうかの確認を求めなければならない。

3. 構造設計一級建築士の関与が義務付けられた建築物については、工事監理において、構造設計図書との照合に係る部分についても、構造設計一級建築士以外の一級建築士が行うことができる。

4. 一級建築士定期講習を受けたことがない一級建築士は、一級建築士試験に合格した日の次の年度の開始の日から起算して3年を超えた日以降に建築士事務所に所属した場合には、所属した日から3年以内に一級建築士定期講習を受けなければならない。

[解説] 1. （士法19条）正しい。

2. （士法20条の2第2項、建基法20条1項一号）高さが60mを超える建築物は建基法20条1項一号に該当するので、構造設計一級建築士以外の一級建築士は、構造設計一級建築士に構造関係規定の適合の確認を求めなければならない。

3. （士法20条の2）建基法20条1項一号・二号の建築物のついては、士法20条の

2で構造設計一級建築士の構造設計又は構造関係規定の適合の確認の必要性を規定しているが、工事監理については士法3条以外の規制はない。

4.　（士法22条の2、士規則17条の37）一級建築士試験に合格した日の次の年度の開始の日から起算して3年を超えた日以降に建築士事務所に所属した場合、一級建築士定期講習を受けたことがない一級建築士は、遅滞なく一級建築士定期講習を受けなければならない。「所属した日から3年以内」は誤り。　　　　正解 4

R05	R04	R03	R02	R01	H30	H29

問題 18 **III 22**　次の記述のうち、建築士法上、**誤っている**ものはどれか。ただし、指定事務所登録機関の指定は考慮しないものとする。

1.　一級建築士事務所に置かれる管理建築士は、一級建築士として3年以上の建築物の設計又は工事監理に関する業務に従事した後に管理建築士講習の課程を修了した建築士でなければならない。

2.　建築士事務所の開設者は、当該建築士事務所の管理建築士の氏名について変更があったときは、2週間以内に、その旨を都道府県知事に届け出なければならない。

3.　管理建築士が総括する技術的事項には、他の建築士事務所との提携及び提携先に行わせる業務の範囲の案の作成が含まれる。

4.　都道府県知事は、建築士法の施行に関し必要があると認めるときは、一級建築士事務所の開設者又は管理建築士に対し、必要な報告を求め、又は当該職員をして建築士事務所に立ち入り、図書等の物件を検査させることができる。

[解説]　1.　（士法24条2項）管理建築士は、建築士として3年以上の建築物の設計・建築工事の指導監督などに関する業務に従事した後に管理建築士講習の課程を修了した者であり、建築士の種別は問わない。管理建築士となった後に一級建築士の資格を取得した者は、実務経験の年数にかかわらず一級建築士事務所に置かれる管理建築士となることができる。

2.　（士法23条の5第1項、士法23条の2第四号）正しい。

3.　（士法24条3項三号）正しい。

4.　（士法26条の2第1項）正しい。　　　　正解 1

R05	R04	R03	R02	R01	H30	H29

問題 19 **III 23**　次の記述のうち、建築士法上、**誤っている**ものはどれか。

1.　建築基準法の規定に違反して二級建築士の免許を取り消された者は、その後に一級建築士試験に合格した場合であっても、その取消しの日から起算して5年を経過しない間は、一級建築士の免許を受けることができない。

2. 建築士が道路交通法違反等の建築物の建築に関係しない罪を犯し、禁錮以上の刑に処せられた場合には、建築士の免許の取消しの対象とはならない。

3. 建築士事務所に属する建築士が、その属する建築士事務所の業務として行った行為により建築基準法の規定に違反し、懲戒処分を受けたときは、都道府県知事は、当該建築士事務所の登録を取り消すことができる。

4. 建築士事務所に属する者で建築士でないものが、当該建築士事務所の業務として、建築士でなければできない建築物の設計をしたときは、都道府県知事は、当該建築士事務所の登録を取り消すことができる。

[解説] 1. （士法7条四号、士法10条1項）建築関係の法令に違反し士法10条1項により建築士の免許を取り消された者は、士法7条四号によりその取消しの日から起算して5年を経過しない間は、建築士の免許を受けることができない。

2. （士法7条二号、士法8条の2第二号、士法9条1項二号、三号）建築士が禁錮以上の刑に処せられた場合は士法7条二号に該当し、同8条の2第二号により都道府県知事にその旨を届け出なければならないが、同9条1項二号、三号により、届出があった場合又は事実が判明した場合、建築士の免許の取消しの対象となる。

3. （士法26条2項五号）正しい。

4. （士法26条2項八号）正しい。 正解 2

R05	R04	R03	R02	R01	H30	H29

問題20 Ⅲ29 次の記述のうち、建築基準法又は建築士法上、**誤っている**ものはどれか。

1. 構造設計一級建築士は、建築士事務所に属さず、教育に関する業務を行っている場合であっても、構造設計一級建築士定期講習を受けなければならない。

2. 許容応力度等計算を要する建築物について、許容応力度等計算を行ったものであっても、構造計算適合判定資格者である建築主事が、確認申請に係る建築物の計画が建築基準関係規定に適合するかどうかを審査したものは、構造計算適合性判定を受けなくてもよい。

3. 特定行政庁が、建築物の所有者、管理者、設計者、工事監理者、工事施工者又は建築物に関する調査をした者に対して、建築物の構造又は建築設備に関する調査の状況について報告を求めたにもかかわらず、報告をしなかった当該所有者等は、罰則の適用の対象となる。

4. 建築主が工事監理者を定めないまま、一級建築士でなければ工事監理ができない建築物の工事をさせた場合においては、当該建築主は、罰則の適用の対象となる。

[解説] 1. （士法 22 条の 2 第四号）正しい。

2. （建基法 6 条の 3 第 1 項）同項ただし書きにある構造計算に関する高度な専門的知識および技術を有する者には、同規則 3 条の 13 により同法 77 条の 66 の構造計算適合判定資格者を含む。正しい。

3. （建基法 12 条 5 項一号、同法 99 条 1 項五号）設問の報告をせず又は虚偽の報告をしたときは、1 年以下の懲役又は 100 万円以下の罰金となる。

4. （建基法 5 条の 6 第 1 項、4 項、5 項、同法 101 条 1 項一号）設問の場合、建築主ではなく、工事施工者が罰則の適用の対象となる。　　　[正解 4]

R05	R04	R03	R02	R01	H30	H29

問題 21 Ⅲ 21) * 次の記述のうち、建築士法上、**誤っている**ものはどれか。ただし、中央指定登録機関の指定は考慮しないものとする。

1. 設備設計一級建築士は、設備設計以外の設計を含む建築物の設計を行うことができる。

2. 建築士は、大規模の建築物その他の建築物の建築設備に係る設計又は工事監理を行う場合において、建築設備士の意見を聴いたときは、原則として、設計図書又は工事監理報告書において、その旨を明らかにしなければならない。

3. 木造、平家建ての延べ面積 450 m²、高さ 11 m、軒の高さ 9 m のオーディトリアムを有する集会場を新築する場合においては、一級建築士でなければ、その設計又は工事監理をしてはならない。

4. 構造設計一級建築士は、構造設計一級建築士定期講習を受けたときは、国土交通大臣に対し、構造設計一級建築士証の書換え交付を申請することができる。

[解説] 1. （士法 10 条の 3 第 2 項）設備設計一級建築士は、一級建築士として 5 年以上設備設計の業務に従事した後講習を修了して申請し設備設計一級建築士証の交付を受けた者であり、一級建築士として建築物の設計を行うことができる。

2. （士法 20 条 5 項）条文の通り、正しい。

3. （士法 3 条、士法 3 条の 2）オーディトリアムを有する集会場で延べ面積 500 m² を超えるもの、木造建築物で高さ 13 m 又は軒の高さ 9 m を超えるものは、一級建築士でなければ、その設計又は工事監理をしてはならない。設問の建築物はいずれにも該当せず、士法 3 条の 2 に該当するので、一級建築士又は二級建築士でなければ、その設計又は工事監理をしてはならない。「一級建築士でなければ」は誤り。

4. （士法 10 条の 3 第 4 項）構造設計一級建築士は、構造設計一級建築士証に記載された事項に変更があったときは、国土交通大臣に対し、構造設計一級建築士証の書換え交付を申請することができる。　　　[正解 3]

問題22 Ⅲ 22 * 　次の記述のうち、建築士法上、**誤っている**ものはどれか。

1.　建築物の大規模の修繕に係る部分の床面積が 400 m² である工事の工事監理受託契約の締結に際して、その当事者は、工事と設計図書との照合の方法、工事監理の実施の状況に関する報告の方法、工事監理に従事することとなる建築士の氏名等の所定の事項について書面に記載し、署名又は記名押印をして相互に交付しなければならない。

2.　建築士事務所の開設者が建築主との設計受託契約の締結に先立って管理建築士等に重要事項の説明をさせる際に、管理建築士等は、当該建築主に対し、建築士免許証又は建築士免許証明書を提示しなければならない。

3.　建築士事務所を管理する建築士は、当該建築士事務所において受託可能な業務の量及び難易並びに業務の内容に応じて必要となる期間の設定、受託しようとする業務を担当させる建築士等の選定及び配置等の所定の技術的事項を総括するものとする。

4.　建築士事務所を管理する建築士は、当該建築士事務所に属する他の建築士が設計を行った建築物の設計図書について、管理建築士である旨の表示をして記名しなければならない。

　[解説]　1.　（士法 22 条の 3 の 3）同条 3 項により、建築物の大規模の修繕をする場合は、当該修繕に係る部分の新築とみなして同条 1 項を適用するので、床面積が 300 m² を超える工事の工事監理受託契約の当事者は、同条 1 項各号の通り、設問の事項を書面に記載し、署名又は記名押印をして相互に交付しなければならない。

　2.　（士法 24 条の 7）条文の通り、正しい。

　3.　（士法 24 条 3 項）条文の通り、正しい。

　4.　（士法 20 条 1 項、士法 24 条）一級・二級・木造建築士が設計を行った場合には、その設計図書に各種建築士である旨の表示をして記名しなければならないが、建築士事務所の管理建築士は、当該建築士事務所に属する他の建築士が設計を行った建築物の設計図書に管理建築士としての表示・記名をする必要はない。　　正解 4

問題23 Ⅲ 23 　次の記述のうち、建築士法上、**誤っている**ものはどれか。ただし、中央指定登録機関及び指定事務所登録機関の指定は考慮しないものとする。

1.　一級建築士名簿に登録する事項は、登録番号、登録年月日、氏名、生年月日、性別、処分歴、定期講習の受講歴等である。

2.　一級建築士は、一級建築士免許証の交付の日から 30 日以内に、本籍、住所、氏名、生年月日、性別等を住所地の都道府県知事を経由して国土交通大

臣に届け出なければならない。

3. 一級建築士事務所登録簿に登録する事項は、登録番号、登録年月日、建築士事務所の名称及び所在地、管理建築士の氏名、建築士事務所に属する建築士の氏名、処分歴等である。

4. 建築士事務所の開設者は、建築士事務所に属する建築士の氏名に変更があったときは、30日以内に、その建築士事務所の所在地を管轄する都道府県知事に届け出なければならない。

> [解説] 1. （士法6条1項、規則3条）一級建築士名簿に登録する事項は、設問の事項に加えて、試験合格の年月・合格証番号等である。
>
> 2. （士法5条の2第1項、規則8条1項）一級建築士は、規則8条1項に定める住所等を免許証の交付の日から30日以内に、国土交通大臣に届け出なければならない。
>
> 3. （士法23条の2、士法23条の3、規則20条の2）都道府県知事は、士法23条の3により、建築士事務所の登録の申請があった場合、登録を拒否する場合を除き、登録番号、登録年月日、士法23条の2にある建築士事務所の名称及び所在地、管理建築士の氏名、建築士事務所に属する建築士の氏名及び規則20条の2にある処分歴等を、登録簿に登録しなければならない。
>
> 4. （士法23条の5第2項）建築士事務所の開設者は、建築士事務所に属する建築士の氏名に変更があったときは、3ヶ月以内に当該都道府県知事に届け出なければならない。なお、建築士事務所の名称・所在地、管理建築士の氏名等の変更は2週間以内、廃業等の届出は30日以内に行わなければならない。　　　　正解 4

R05	R04	R03	R02	R01	H30	H29

【問題24】Ⅲ 28　一級建築士によるイ～ニの行為について、建築士法に基づいて、当該一級建築士に対する**業務停止等の懲戒処分の対象となる**ものは、次のうちどれか。

　　イ．建築確認の必要な建築物の設計者として、建築確認の申請を行わずに工事を施工することについて、当該建築物の工事施工者からの相談に応じた。

　　ロ．複数の一級建築士事務所の開設者である一級建築士が、管理建築士の欠員が生じた一級建築士事務所について、別の一級建築士事務所の管理建築士を一時的に兼務させた。

　　ハ．建築士事務所の開設者である一級建築士が、委託者の許諾を得て、延べ面積500 m² の建築物の新築に係る設計業務を、一括して他の建築士事務所の開設者に委託した。

ニ．建築士事務所登録の有効期間の満了後、更新の登録を受けずに、業と
して他人の求めに応じ報酬を得て設計等を行った。

1. イとロとハとニ
2. イとロとニのみ
3. ロとハとニのみ
4. イとハのみ

[解説] イ．（士法21条の3）建築確認の必要な建築物について建築確認の申請を行わず
に当該工事を施工することは建築基準法上の罰則の対象であり、これに関して当該
建築物の工事施工者からの相談に応じることは、士法21条の3に違反している。

ロ．（士法24条1項）管理建築士は専任でなければならず、兼務できない。

ハ．（士法24条の3第2項）建築士事務所の開設者は、委託者の許諾を得た場合にお
いても、延べ面積300m²を超える建築物の新築に係る設計業務を、一括して他の建
築士事務所の開設者に委託してはならない。

ニ．（士法23条の8、士法23条の10）建築士事務所登録の有効期間の満了後、更新
の登録を受けなければ都道府県知事はその登録を抹消する。無登録の状態で業とし
て他人の求めに応じ報酬を得て設計等を行ってはならない。

士法10条1項により、建築士法若しくは建築物の建築に関する法律等に違反したとき
は、懲戒処分の対象となる。したがって、イ〜ニのいずれもこの対象となる。 正解 1

19 都市計画法・景観法

問題01 Ⅲ 24　次の記述のうち、都市計画法上、**誤っている**ものはどれか。

1.　都市計画区域内において、コンクリートプラントの改築の用に供する目的で行う開発行為については、都道府県知事の許可を受ける必要はない。

2.　開発区域の面積が 40 ha の開発行為について開発許可を申請しようとする者は、あらかじめ、当該開発区域を供給区域に含むガス事業法に規定する一般ガス導管事業者と協議する必要はない。

3.　市街化区域内において、市街地再開発事業の施行として行う 1,000 m² の開発行為については、都道府県知事の許可を受ける必要はない。

4.　地区整備計画が定められている地区計画の区域内において、仮設建築物の建築を行おうとする者は、行為の種類、場所、着手予定日等を市町村長に届け出る必要はない。

[解説]　1.　（都計法 29 条 1 項十一号、都計令 2 条四号）都市計画区域内において都計法 4 条 11 項の特定工作物に該当するコンクリートプラントの改築の目的で行う開発行為は、都計法 29 条 1 項十一号、都計令 22 条四号に該当するので、都計法 29 条 1 項ただし書により都道府県知事の許可を受ける必要はない。正しい。

2.　（都計法 32 条 2 項、都計令 23 条三号）開発区域の面積が 40 ha の開発行為について開発許可を申請しようとする者は、あらかじめ義務教育施設の設置義務者、水道事業者のほか、当該開発区域を供給区域に含む一般送配電事業者、一般ガス導管事業者などと協議する必要がある。誤り。

3.　（都計法 29 条 1 項六号）正しい。

4.　（都計法 58 条の 2 第 1 項一号、都計令 38 条の 5 第二号イ）正しい。　[正解 2]

問題02 Ⅲ 24　次の記述のうち、都市計画法上、**誤っている**ものはどれか。

1.　都市計画施設の区域内において、木造、地上 3 階建ての建築物を改築する場合は、都道府県知事等の許可を受ける必要はない。

2.　建築物の建築の用に供する目的で行う土地の区画形質の変更は、その土地の規模にかかわらず「開発行為」である。

3. 開発許可を受けた開発区域内の土地においては、当該開発行為に関する工事が完了した場合であっても、都道府県知事による当該工事が完了した旨の公告があるまでの間は、原則として、建築物を建築してはならない。

4. 市街化区域内において、専修学校の建築の用に供する目的で行う開発行為で、その規模が 1,000 m² のものについては、開発許可を受けなければならない。

〔解説〕 1. （都計法 53 条 1 項、同令 37 条）都計法 53 条 1 項一号、同令 37 条により、階数 2 以下で地階を有しない木造建築物の改築・移転は許可を受ける必要はないが、地上 3 階建てなので、都計法 53 条 1 項により、都道府県知事の許可を必要とする。誤り。

2. （都計法 4 条 12 項）正しい。

3. （都計法 37 条、同法 36 条 3 項）正しい。

4. （都計法 29 条 1 項一号・三号、同令 19 条、同令 21 条二十六号イ）市街化区域内においては、原則として 1,000 m² 未満の開発行為は許可を要しないが、設問の規模は 1,000 m² なので都道府県知事の許可を受けなければならない。また、専修学校は同令 21 条二十六号イに該当するので、許可が不要となる都計法 29 条 1 項三号の公益上必要な建築物に該当しない。　　　　　　　　　　　　　　正解 1

R05	R04	R03	R02	R01	H30	H29

問題 03 Ⅲ 25　次の記述のうち、都市計画法上、**誤っている**ものはどれか。

1. 開発許可を受けた開発区域内の土地について用途地域等が定められているときは、当該開発行為に関する工事が完了した旨の公告があった後に当該開発許可に係る予定建築物等以外の建築物を新築する場合であっても、都道府県知事の許可を受ける必要はない。

2. 市街化調整区域のうち開発許可を受けた開発区域以外の区域内において、仮設建築物を新築する場合は、都道府県知事の許可を受ける必要はない。

3. 市街地開発事業等予定区域に関する都市計画において定められた区域内において、既存の建築物の敷地内に、附属建築物である木造、平家建ての車庫を建築する場合は、原則として、都道府県知事等の許可を受けなければならない。

4. 準都市計画区域内において、博物館法に規定する博物館の建築の用に供する目的で行う開発行為で、その規模が 5,000 m² のものについては、都道府県知事の許可を受ける必要はない。

〔解説〕 1. （都計法 42 条 1 項）開発行為に関する工事完了の公告があった後は、原則

として当該開発許可に係る予定建築物等以外の建築物の新築・改築・用途変更はできないが、都道府県知事が許可した場合又は用途地域等が定められている場合は、建築等は可能である。正しい。

2. （都計法43条1項三号）正しい。

3. （都計法52条の2第1項一号、都計令36条の8第三号）市街地開発事業等予定区域内における土地の形質の変更又は建築物等の建築等は、原則として都道府県知事等の許可を必要とするが、既存の建築物の敷地内における車庫・物置等の附属建築物（階数2以下かつ地階を有しない木造）の建築等は、許可を必要としない。誤り。

4. （都計法29条1項三号、都計令21条十七号）正しい。 　正解 3

R05	R04	R03	R02	R01	H30	H29

問題 04 Ⅲ 24　次の記述のうち、都市計画法上、**誤っている**ものはどれか。

1. 　地区整備計画が定められている地区計画の区域内において、6か月間使用するイベント用の仮設建築物の建築を行おうとする者は、当該行為に着手する日の30日前までに、行為の種類、場所、着手予定日等を市町村長に届け出なければならない。

2. 　市街地開発事業の施行区域内において、地階を有しない鉄骨造、地上2階建ての一戸建ての住宅を改築しようとする者は、原則として、都道府県知事等の許可を受けなければならない。

3. 　市街化調整区域内における地区整備計画が定められた地区計画の区域内において、当該地区計画に定められた内容に適合する病院の建築の用に供する目的で行う開発行為は、所定の要件に該当すれば、都道府県知事の許可を受けることができる。

4. 　開発区域の面積が10haの開発行為に係る開発許可の申請に当たっては、一級建築士の資格を有する者で、宅地開発に関する技術に関して2年以上の実務の経験を有するものは、当該開発行為に関する設計に係る設計図書を作成することができる。

[解説]　1.　（都計法58条の2第1項一号、同令38条の5第二号イ）仮設建築物の建築は同令38条の5第二号イに該当するので、同法58条の2第1項一号により、地区整備計画が定められている地区計画の区域内において義務づけられる届出が免除される。誤り。

2.　（都計法53条）設問の住宅の改築は除外の対象とならない。正しい。

3.　（都計法34条十号）市街化調整区域内においては、地区計画又は集落地区計画の区域で地区整備計画又は集落地区整備計画が定められた区域内において、当該地区

計画に定められた内容に適合する建築物又は第1種特定工作物のための開発行為は、都計法33条などの要件に該当すれば、都道府県知事の許可を受けることができる。正しい。

4. （都計法31条、同規則18条、19条一号ヘ）正しい。 正解 1

R05	R04	R03	R02	R01	H30	H29

問題 05 Ⅲ 24 次の記述のうち、都市計画法上、**誤っている**ものはどれか。

1. 都市計画施設の区域内において、地階を有しない木造、平家建ての飲食店を新築する場合は、原則として、都道府県知事等の許可を受けなければならない。

2. 都市計画区域内において、延べ面積 1,500 m² の仮設興行場の建築の用に供する目的で行う開発行為は、原則として、都道府県知事の許可を受けなければならない。

3. 市街化区域内において、病院の建築の用に供する目的で行う開発行為で、その規模が 5,000 m² のものについては、原則として、都道府県知事の許可を受けなければならない。

4. 地区整備計画が定められている地区計画の区域内で、当該地区計画に建築物等の形態又は色彩その他の意匠の制限が定められている場合において、建築物等の形態又は色彩その他の意匠の変更をしようとするときは、原則として、当該行為に着手する日の 30 日前までに、所定の事項を市町村長に届け出なければならない。

解説 1. （都計法53条1項）設問の都市計画施設の区域内の飲食店の新築は、都計令37条の軽易な行為に該当しないので、原則として都道府県知事等の許可を受けなければならない。正しい。

2. （都計法29条1項十一号、同令22条一号）都市計画区域又は準都市計画区域内において、開発行為をしようとする者は、原則として都道府県知事の許可を受けなければならないが、仮設建築物の建築のための開発行為は都計法29条1項十一号、同令22条一号に該当するので許可を必要としない。

3. （都計法29条1項一号、同令19条）市街化区域内においては、原則として1,000 m² 未満の開発行為は許可を要しないが、設問の規模は 5,000 m² なので都道府県知事の許可を受けなければならない。正しい。

4. （都計法58条の2第1項、同令38条の4第二号）建築物等の形態又は色彩その他の意匠の変更は都計令38条の4第二号に該当するので、同法58条の2第1項により、当該行為に着手する日の 30 日前までに、所定の事項を市町村長に届け出なければならない。正しい。 正解 2

R05	R04	R03	R02	R01	H30	H29

問題06 Ⅲ24 　次の記述のうち、都市計画法上、**誤っている**ものはどれか。

1. 都市計画区域又は準都市計画区域内において、図書館の建築の用に供する目的で行う開発行為で、その規模が 4,000 m² のものについては、都道府県知事の許可を受けなければならない。

2. 市街化調整区域のうち開発許可を受けた開発区域以外の区域内における仮設建築物の新築については、都道府県知事の許可を受ける必要はない。

3. 都市計画施設の区域内において、地階を有しない鉄骨造、地上 2 階建ての建築物を改築する場合は、原則として、都道府県知事等の許可を受けなければならない。

4. 地区整備計画が定められている地区計画の区域内において、建築物等の用途の変更を行おうとする場合に、用途変更後の建築物等が地区計画において定められた用途の制限及び用途に応じた建築物等に関する制限に適合するときは、当該行為の種類、場所、着手予定日等を市町村長に届け出る必要はない。

解説 1. （都計法 29 条 1 項三号、同令 21 条十七号）都市計画区域又は準都市計画区域内において、開発行為をしようとする者は、原則として都道府県知事の許可を受けなければならないが、図書館の用に供する目的で行う開発行為は都計法 29 条 1 項三号、同令 21 条十七号に該当するので許可を必要としない。

2. （都計法 43 条 1 項三号）市街化調整区域のうち開発許可を受けた開発区域以外の区域内においては原則として農林漁業関係の建築物や公益上必要な建築物以外の建築物の新築等については都道府県知事の許可を必要とするが、仮設建築物の新築については必要ない。

3. （都計法 53 条 1 項）設問の鉄骨造、地上 2 階建ての建築物は都計令 37 条の軽易な行為に該当しないので、原則として都道府県知事等の許可を受けなければならない。

4. （都計法 58 条の 2 第 1 項、同令 38 条の 4 第一号）用途変更後の建築物等が地区計画において定められた用途の制限及び用途に応じた建築物等に関する制限に適合するときは、都計令 38 条の 4 第一号に該当しないので、設問の届出は必要ない。

正解 1

R05	R04	R03	R02	R01	H30	H29

問題07 Ⅲ24 　次の記述のうち、都市計画法上、**誤っている**ものはどれか。

1. 市街化調整区域のうち開発許可を受けた開発区域以外の区域内において、既存の建築物の敷地内で車庫、物置その他これらに類する附属建築物を建築する場合は、都道府県知事の許可を受ける必要はない。

2. 都市計画施設の区域内において、地階を有しない木造、地上 2 階建ての建

築物を改築する場合は、都道府県知事等の許可を受ける必要はない。

3. 開発許可を受けた開発区域内において、都道府県知事の許可を受ける必要のない軽微な変更をしたときは、遅滞なく、その旨を都道府県知事に届け出なければならない。

4. 地区整備計画が定められている地区計画の区域内において、仮設の建築物の建築を行おうとする者は、当該行為に着手する日の30日前までに、行為の種類、場所、着手予定日等を市町村長に届け出なければならない。

[解説] 1. （都計法43条1項五号、都計令35条一号）設問の区域内においては、都計法43条1項により原則として農林漁業関係の建築物や公益上必要な建築物以外の建築物の新築等については都道府県知事の許可を必要とするが、設問の附属建築物を建築する場合は、同項五号、都計令35条一号に該当するので許可を受ける必要はない。

2. （都計法53条1項一号、都計令37条）都計法53条1項により都市計画施設の区域内における建築物の建築には都道府県知事等の許可を要するが、地階を有しない木造・地上2階建ての建築物の改築は同項一号、都計令37条に該当するので、許可を受ける必要はない。

3. （都計法35条の2第1項、3項）条文の通り、正しい。

4. （都計法58条の2第1項一号、同令38条の5二号イ）設問の地区計画の区域内において開発行為や建築物の建築を行おうとする者は、都計法58条の2第1項により、設問の通り市町村長に届け出なければならないが、仮設の建築物の建築は同項一号、都計令38条の5二号イに該当するのでその必要はない。したがって、誤り。 正解 4

20 消防法

R05	R04	R03	R02	R01	H30	H29

問題01 Ⅲ25　次の記述のうち、消防法上、**誤っている**ものはどれか。ただし、いずれも無窓階を有しないものとし、危険物等の貯蔵又は取扱いは行わないものとする。また、いずれの建築物も各階を当該用途に供するものとする。

1. 屋内消火栓設備を設けるべき地上8階建ての防火対象物に、屋外消火栓設備を設置する場合は、3階以下の各階について屋内消火栓設備を設置しなくてもよい。

2. 木造、延べ面積400m²、地上2階建ての図書館には、自動火災報知設備を設置しなくてもよい。

3. 延べ面積5,000m²、地上3階建ての耐火建築物であるホテルには、スプリンクラー設備を設置しなくてもよい。

4. 延べ面積5,000m²、地上2階建ての準耐火建築物である倉庫については、屋外消火栓設備を設置しなくてもよい。

解説　1.　（消防令11条4項）屋内消火栓設備を設けるべき防火対象物に、屋外消火栓設備を設置する場合は、1階及び2階の部分に限り屋内消火栓設備を設置しなくてもよい。誤り。

2.　（消防令21条1項四号）消防令別表1(8)項に該当する図書館は、延べ面積500m²以上の場合に、自動火災報知設備の設置義務がある。正しい。

3.　（消防令12条1項三号・四号）ホテルは消防令別表1(5)項イに該当し、設問のホテルは消防令12条1項三号・四号に該当しないので、スプリンクラー設備を設置しなくてもよい。正しい。

4.　（消防令19条1項）準耐火建築物である倉庫（消防令別表1(14)項）は、1階及び2階の床面積の合計が6,000m²以上の場合に屋外消火栓設備の設置義務がある。2階建てで延べ面積が5,000m²なので不要である。正しい。　正解 1

R05	R04	R03	R02	R01	H30	H29

問題02 Ⅲ25　次の記述のうち、消防法上、**誤っている**ものはどれか。

1. 図書館は、消防用設備等の技術上の基準に関する政令等の規定の施行又は適用の際、現に存する建築物であっても、新築の場合と同様に消防用設備等

の規定が適用される「特定防火対象物」である。

2. 天井の高さ 12 m、延べ面積 700 m² のラック式倉庫については、原則として、スプリンクラー設備を設置しなければならない。

3. 地階に設ける駐車場で、床面積が 1,000 m² のものについては、原則として、排煙設備を設置しなければならない。

4. 延べ面積 6,000 m²、地上 5 階建てのホテルについては、原則として、連結送水管を設置しなければならない。

[解説] 1. （消防法 17 条の 2 の 5 第 2 項四号、同令 34 条の 4 第 2 項）図書館は、同令 34 条の 4 第 2 項に該当しないので、「特定防火対象物」ではない。誤り。

2. （消防令 12 条 1 項五号、同令別表 1 (14) 項）正しい。

3. （消防令 28 条 1 項三号、同令別表 1 (13) 項イ）正しい。

4. （消防令 29 条 1 項二号）ホテルは、同令別表 1 (5) 項イに該当するので、消防令 29 条 1 項二号により、地上 5 階以上、延べ面積 6,000 m² 以上に該当する設問のホテルには、原則として連結送水管を設置しなければならない。正しい。　　　　　　　正解 1

R05	R04	R03	R02	R01	H30	H29

問題 03 [Ⅲ 26] 次の記述のうち、消防法上、**誤っている**ものはどれか。ただし、建築物は、いずれも無窓階を有しないものとし、指定可燃物の貯蔵又は取扱いは行わないものとする。

1. 主要構造部を耐火構造とし、かつ、壁及び天井の室内に面する部分の仕上げを準不燃材料でした延べ面積 2,000 m²、地上 2 階建ての図書館については、屋内消火栓設備を設置しなくてもよい。

2. 地上 8 階建ての大学には、避難口誘導灯を設置しなくてもよい。

3. 遊技場及び飲食店の用途に供する複合用途防火対象物の地階（床面積の合計 900 m²）については、ガス漏れ火災警報設備を設置しなければならない。

4. ホテルは、消防用設備等の技術上の基準に関する政令の規定の施行又は適用の際、現に存する建築物であっても、新築の場合と同様に当該規定が適用される「特定防火対象物」である。

[解説] 1. （消防令 11 条 1 項二号、2 項）消防令別表 1 (8) 項の図書館は、消防令 11 条 1 項二号により 700 m² 以上のものに屋内消火栓設備の設置義務があるが、主要構造部が耐火構造で設問の部分を難燃材料（準不燃材料を含む）としたものは、同 2 項によりその数値は 3 倍となるので、2,100 m² 以下の場合は設置が不要である。

2. （消防令 26 条 1 項一号）消防令別表 1 (7) 項の大学については、地階・無窓階・11 階以上の部分に該当しない部分には、避難口誘導灯を設置しなくてもよい。正しい。

3. （消防令 21 条の 2 第 1 項五号）設問の複合用途防火対象物は消防令別表 1 ⒃項イに該当するが、地階の床面積の合計が 1,000 m² 未満なので、ガス漏れ火災警報設備の設置は不要である。誤り。

4. （消防法 17 条の 2 の 5 第 2 項四号、消防令 34 条の 4 第 2 項）消防令別表 1 ⑸項イのホテルは消防令 34 条の 4 第 2 項に含まれ、消防法 17 条の 2 の 5 第 2 項四号の特定防火対象物に該当するので、同 2 項により消防用設備等の基準が遡及適用される。正しい。　　　　　　　　　　　　　　　　　　　　　　　　　　　　**正解 3**

R05	R04	R03	R02	R01	H30	H29

問題 04 Ⅲ 25　次の記述のうち、消防法上、**誤っている**ものはどれか。ただし、建築物は、いずれも無窓階を有しないものとし、指定可燃物の貯蔵又は取扱いは行わないものとする。

1. 収容人員が 10 人の飲食店と、収容人員が 30 人の共同住宅からなる複合用途防火対象物については、防火管理者を定めなければならない。

2. 事務所とホテルとが開口部のない準耐火構造の床又は壁で区画されているときは、その区画された部分は、消防用設備等の設置及び維持の技術上の基準の規定の適用については、それぞれ別の防火対象物とみなす。

3. 延べ面積 300 m²、平屋建ての図書館については、原則として、消火器又は簡易消火用具を設置しなければならない。

4. 主要構造部を耐火構造とし、かつ、壁及び天井の室内に面する部分の仕上げを準不燃材料でした延べ面積 2,000 m² の展示場については、屋内消火栓設備を設置しなくてもよい。

解説　1.　（消防法 8 条 1 項、同令 1 条の 2 第 2 項）正しい。

2.　（消防令 8 条）開口部のない耐火構造の床又は壁で区画されているときは、消防用設備等の設置等の規定の適用については、それぞれ別の防火対象物とみなす。準耐火構造なので誤り。

3.　（消防令 10 条 1 項三号、同令別表 1 ⑻項）正しい。

4.　（消防令 11 条 1 項二号、同条 2 項、同令別表 1 ⑷項）同令別表 1 ⑷項の展示場は、同令 11 条 1 項二号により延べ面積が 700 m² 以上で屋内消火栓設備の設置義務があるが、同令 11 条 2 項により主要構造部を耐火構造とし、壁及び天井の室内に面する部分の仕上げを難燃材料でしたものは、延べ面積の数値を 3 倍にできるので延べ面積 2,100 m² 以上で設置義務が生じる。耐火構造・準不燃材料・延べ面積 2,000 m² の設問の展示場は、屋内消火栓設備を設置しなくてもよい。正しい。　　　　**正解 2**

R05	R04	R03	R02	R01	H30	H29

問題 05 Ⅲ 25　次の記述のうち、消防法上、**誤っている**ものはどれか。ただし、

建築物は、いずれも無窓階を有しないものとし、指定可燃物の貯蔵又は取扱いは行わないものとする。

1.　延べ面積が 350 m² のキャバレーについては、原則として、自動火災報知設備を設置しなければならない。

2.　消防用設備等の技術上の基準に関する規定の施行又は適用の際、現に存する百貨店における消防用設備等が当該規定に適合しないときは、当該消防用設備等については、当該規定に適合させなければならない。

3.　準耐火建築物で、壁及び天井の室内に面する部分の仕上げを難燃材料でした延べ面積 1,000 m²、地上 2 階建ての専修学校については、原則として、屋内消火栓設備を設置しなければならない。

4.　延べ面積 1,500 m²、地上 2 階建ての特別養護老人ホームで、火災発生時の延焼を抑制する機能として所定の構造を有しないものについては、原則として、スプリンクラー設備を設置しなければならない。

[解説]　1.　（消防令 21 条 1 項三号イ）キャバレーは消防令別表 1 (2)項イに該当し、延べ面積が 300 m² 以上のとき、スプリンクラー設備等の設置部分を除き、自動火災報知設備を設置しなければならない。正しい。

2.　（消防法 17 条の 2 の 5）一般に、消防用設備等の技術上の基準に関する規定の施行又は適用の際、これに適合しない現に存する防火対象物に対しては、当該規定は適用されない。しかし、百貨店、旅館、病院、地下街のほか、消防令 34 条の 4 の防火対象物は、新しい規定に適合させなければならない。これを遡及適用といい、遡及適用の対象となるものを特定防火対象物という。正しい。

3.　（消防令 11 条 1 項二号、2 項）消防令別表 1 (7)項に該当する専修学校は、消防令 11 条 1 項二号により延べ面積 700 m² 以上で屋内消火栓設備を設置しなければならないが、同条 2 項により準耐火建築物で、壁及び天井の室内に面する部分の仕上げを難燃材料でしたものは面積の限度が 2 倍となる。つまり、延べ面積 1,400 m² 以上の場合に適用されるので、設問の延べ面積 1,000 m²、地上 2 階建ての専修学校は、屋内消火栓設備を設置しなくてもよい。誤り。

4.　（消防令 12 条 1 項一号）特別養護老人ホームは消防令別表 1 (6)項ロ(1)に該当し、消防令 12 条 1 項一号ロに該当するので、火災発生時の延焼を抑制する機能として所定の構造を有するもの以外は、水噴霧消火設備等の設置部分を除き、スプリンクラー設備を設置しなければならない。正しい。　　[正解 3]

R05	R04	R03	R02	R01	H30	H29

[問題 06] [III 25]　次の記述のうち、消防法上、**誤っている**ものはどれか。ただし、建築物は、いずれも無窓階を有しないものとし、指定可燃物の貯蔵又は取扱い

は行わないものとする。

1. 主要構造部を準耐火構造とした延べ面積 1,500 m²、地上 2 階建ての共同住宅で、壁及び天井の室内に面する部分の仕上げを難燃材料でしたものについては、原則として、屋内消火栓設備を設置しなければならない。

2. 地上 3 階建ての事務所で、各階の床面積が 300 m² のものについては、原則として、3 階に自動火災報知設備を設置しなければならない。

3. 各階から避難階又は地上に直通する 2 の階段が設けられた地上 3 階建ての工場で、各階の収容人員が 100 人のものについては、原則として、3 階に避難器具を設置しなければならない。

4. 延べ面積 6,000 m²、地上 5 階建てのホテルについては、連結送水管を設置しなければならない。

> [解説] 1. （消令 11 条 1 項二号、2 項）設問の共同住宅は、消令別表 1 (5)項ロに該当する。また、主要構造部を準耐火構造とし、壁及び天井の室内に面する部分の仕上げを難燃材料としたものは、消令 11 条 1 項二号の数値（700 m²）が同条 2 項により 2 倍（1,400 m²）となる。したがって、延べ面積 1,500 m² の共同住宅には、同条 4 項に該当する場合を除き屋内消火栓設備を設置しなければならない。
>
> 2. （消令 21 条 1 項十一号）消令別表 1 (15)項の事務所は、3 階以上の階で床面積が 300 m² 以上のものには、原則として自動火災報知設備を設置しなければならない。
>
> 3. （消令 25 条 1 項四号、五号）消令別表 1 (12)項の工場で 3 階が無窓階でなければ、収容人員が 150 人未満なので消令 25 条 1 項四号により避難器具の設置義務がなく、2 の直通階段が設けられているので、同五号により避難器具の設置義務がない。
>
> 4. （消令 29 条 1 項二号）正しい。　　　　　　　　　　　　　正解 3

R05	R04	R03	R02	R01	H30	H29

問題07 Ⅲ 25　次の記述のうち、消防法上、**誤っている**ものはどれか。ただし、建築物は、いずれも無窓階を有しないものとし、指定可燃物の貯蔵及び取扱いは行わないものとする。

1. 主要構造部を耐火構造とし、壁及び天井の室内に面する部分の仕上げを難燃材料でした延べ面積 2,100 m²、地上 2 階建ての展示場については、原則として、屋内消火栓設備を設置しなければならない。

2. 天井の高さ 12 m、延べ面積 700 m² のラック式倉庫については、原則として、スプリンクラー設備を設置しなければならない。

3. 小学校は、消防用設備等の技術上の基準に関する政令等の規定の施行又は適用の際、現に存する建築物であっても、新築の場合と同様に消防用設備等の規定が適用される「特定防火対象物」である。

4. 物品販売業を営む店舗と共同住宅とが開口部のない耐火構造の床又は壁で区画されているときは、その区画された部分は、消防用設備等の設置及び維持の技術上の基準の規定の適用については、それぞれ別の防火対象物とみなされる。

解説 1. （消令 11 条 1 項二号、2 項）展示場は消令別表 1 (4)項に該当する。また、主要構造部を耐火構造とし、壁及び天井の室内に面する部分の仕上げを難燃材料でしたものは、消令 11 条 1 項二号の数値（700 m²）が同条 2 項により 3 倍となる。したがって、延べ面積 2,100 m² の展示場については、同条 4 項に該当する場合を除き、屋内消火栓設備を設置しなければならない。

2. （消令 12 条 1 項五号）天井の高さが 10 m を超え、かつ延べ面積 700 m² 以上のラック式倉庫については、同条 3 項に該当する場合を除き、スプリンクラー設備を設置しなければならない。

3. （消法 17 条の 2 の 5 第 2 項四号、消令 34 条の 4）「特定防火対象物」は、消令別表 1 の(1)〜(4)、(5)イ、(6)、(9)イ、(16)イ、(16 の 3)項に該当する防火対象物をいう。小学校は、同表(7)項に該当するので、「特定防火対象物」ではない。

4. （消令 8 条）条文の通り、正しい。 <u>正解 3</u>

21 バリアフリー法

（高齢者、障害者等の移動等の円滑化の促進に関する法律）

R05	R04	R03	R02	R01	H30	H29

問題01 Ⅲ26　次の記述のうち、「高齢者、障害者等の移動等の円滑化の促進に関する法律」上、**誤っている**ものはどれか。

1. 「建築物移動等円滑化誘導基準」においては、多数の者が利用する主たる階段は、回り階段以外の階段を設ける空間を確保することが困難であるときは、回り階段とすることができる。

2. 床面積の合計が 2,000 m² の物品販売業を営む店舗を新築する場合、移動等円滑化経路を構成する階段に併設する傾斜路の幅は、90 cm 以上としなければならない。

3. 建築主等は、床面積の合計が 3,000 m² の共同住宅を新築する場合、当該建築物を「建築物移動等円滑化基準」に適合させるために必要な措置を講ずるよう努めなければならない。

4. 建築主等は、事務所の便所の修繕をしようとするときは、当該便所を「建築物移動等円滑化基準」に適合させるために必要な措置を講ずるよう努めなければならない。

解説　1.　（H18 国交省令 114 号 4 条九号）高齢者、障害者等が円滑に利用できるようにするために誘導すべき建築物特定施設の構造及び配置に関する基準を定める省令（建築物移動等円滑化誘導基準）4 条九号により、多数の者が利用する主たる階段は、回り階段でないこととされている。誤り。

2.　（バリアフリー法 14 条 1 項、同令 5 条六号、同令 9 条、同令 18 条 2 項四号イ）物品販売業を営む店舗は特別特定建築物に該当し、床面積の合計が 2,000 m² 以上のものを新築する場合、同法 14 条 1 項により「建築物移動等円滑化基準」への適合義務がある。同令 18 条 2 項四号イにより、設問の内容は正しい。

3.　（バリアフリー法 16 条 1 項、同令 4 条九号、同令 5 条）共同住宅は特別特定建築物ではなく特定建築物に該当する。その建築にあたって建築主には、同法 16 条 1 項により「建築物移動等円滑化基準」に適合させる努力義務が生じる。正しい。

4.　（バリアフリー法 16 条 2 項、同令 4 条八号、同令 5 条、同令 6 条六号）事務所は特別特定建築物ではなく特定建築物に該当し、便所は建築物特定施設に該当する。

同法 16 条 2 項により、建築主等には、便所の修繕・模様替にあたり当該便所を「建築物移動等円滑化基準」に適合させる努力義務が生じる。正しい。 　　正解 1

問題 02 **Ⅲ 26**　次の記述のうち、「高齢者、障害者等の移動等の円滑化の促進に関する法律」上、**誤っている**ものはどれか。

1.　建築主等は、仮設建築物（建築基準法第 85 条第 5 項の許可を受けたもの）として、床面積の合計が 2,000 m² の物品販売業を営む店舗を新築する場合、当該建築物を建築物移動等円滑化基準に適合させなければならない。

2.　建築主等は、床面積の合計が 500 m² の事務所を新築する場合、当該建築物を建築物移動等円滑化基準に適合させなければならない。

3.　床面積の合計が 5,000 m² の公立小学校を新築する場合、当該小学校に設ける階段のうち、多数の者が利用するものは、踏面の端部とその周囲の部分との色の明度、色相又は彩度の差が大きいことにより段を容易に識別できるものとしなければならない。

4.　移動等円滑化経路を構成する敷地内の通路は、幅を 120 cm 以上とし、50 m 以内ごとに車椅子の転回に支障がない場所を設けなければならない。

解説　1.　（バリアフリー法 14 条 1 項、同令 5 条六号、同令 9 条）建基法 85 条 5 項の許可を受けた仮設建築物であっても、床面積の合計が 2,000 m² の物品販売店舗はバリアフリー令 5 条六号、同令 9 条に該当するので、同法 14 条 1 項により、建築物移動等円滑化基準に適合させなければならない。正しい。

　　2.　（バリアフリー法 14 条 1 項、同令 5 条）事務所は、同令 5 条に該当しないので、基準の適合義務はない。誤り。なお、同令 4 条に該当するので、同法 16 条により、努力義務はある。

　　3.　（バリアフリー令 12 条三号、同令 5 条一号、同令 23 条）正しい。

　　4.　（バリアフリー令 18 条 2 項七号イ・ロ）正しい。 　　正解 2

問題 03 **Ⅲ 27**　次の記述のうち、「高齢者、障害者等の移動等の円滑化の促進に関する法律」上、**誤っている**ものはどれか。

1.　床面積の合計が 1,500 m² の既存の老人ホームにおいて、床面積の合計が 500 m² の増築を行うときは、建築物移動等円滑化基準に適合させなければならない。

2.　建築主等は、共同住宅のエレベーターを修繕しようとするときは、当該エレベーターを建築物移動等円滑化基準に適合させるために必要な措置を講ずるよう努めなければならない。

3. 床面積の合計が 3,000 m² のホテルを新築するに当たって、客室の総数が 150 室の場合には、車椅子使用者用客室を 2 室以上設けなければならない。

4. 地方公共団体が、条例で建築物移動等円滑化基準に必要な事項を付加した場合、当該条例の規定は、建築基準法に規定する建築基準関係規定とみなす。

[解説] 1. （バリアフリー法 14 条 1 項、同令 9 条）バリアフリー法 14 条 1 項に規定する基準適合義務の対象となる特別特定建築物の規模は、同令 9 条により、増築の場合は増築部分の床面積の合計が 2,000 m² 以上である。誤り。

2. （同法 16 条 2 項）共同住宅は、バリアフリー令 4 条九号に該当する特定建築物であり、エレベーターは同令 6 条五号に該当する建築物特定施設であるので、同法 16 条 2 項により設問の通りの努力義務がある。正しい。

3. （同法 14 条 1 項、同令 15 条 1 項）ホテルはバリアフリー令 5 条七号に該当する特別特定建築物であり、床面積の合計が 2,000 m² 以上なので、同法 14 条 1 項により建築物移動等円滑化基準に適合させなければならない。同令 15 条 1 項により客室の総数が 50 室以上の場合は、車椅子使用者用客室を客室総数の 1/100 以上設けなければならない。正しい。

4. （同法 14 条 3 項、4 項）正しい。 正解 1

R05	R04	R03	R02	R01	H30	H29

問題 04 **III 26** 次の記述のうち、「高齢者、障害者等の移動等の円滑化の促進に関する法律」上、**誤っている**ものはどれか。

1. 認定特定建築物の建築物特定施設の床面積のうち、移動等円滑化の措置をとることにより通常の建築物の建築物特定施設の床面積を超えることとなる部分については、認定特定建築物の延べ面積の 1/10 を限度として、容積率の算定の基礎となる延べ面積に算入しないものとする。

2. この法律の施行の際現に存する特定建築物に、専ら車椅子を使用している者の利用に供するエレベーターを設置する場合において、当該エレベーターが所定の基準に適合し、所管行政庁が防火上及び避難上支障がないと認めたときは、建築基準法の一部の規定の適用については、当該エレベーターの構造は耐火構造とみなす。

3. 建築主等は、特定建築物（特別特定建築物を除く。）の建築をしようとするときは、当該特定建築物を「建築物移動等円滑化基準」に適合させるために必要な措置を講ずるよう努めなければならない。

4. 「建築物移動等円滑化誘導基準」においては、多数の者が利用する主たる階段は、回り階段以外の階段を設ける空間を確保することが困難であるときは、回り階段とすることができる。

1. （バリアフリー法 19 条、同令 24 条）正しい。

2. （バリアフリー法 23 条 1 項）正しい。

3. （バリアフリー法 16 条 1 項）正しい。

4. （H18 国交省令 114 号 4 条九号）「建築物移動等円滑化誘導基準」においては、多数の者が利用する主たる階段は、回り階段でないこととされている。 正解 4

R05	R04	R03	R02	R01	H30	H29

問題 05 Ⅲ 26　次の記述のうち、「高齢者、障害者等の移動等の円滑化の促進に関する法律」上、**誤っている**ものはどれか。

1.　床面積の合計が 90 m² の公衆便所及び床面積の合計が 2,000 m² の公共用歩廊を新築しようとするときは、いずれも建築物移動等円滑化基準に適合させなければならない。

2.　床面積の合計が 2,000 m² の図書館を新築しようとする場合において、当該図書館に設ける階段のうち、不特定かつ多数の者が利用し、又は主として高齢者、障害者等が利用するものは、踏面の端部とその周囲の部分との色の明度、色相又は彩度の差が大きいことにより段を容易に識別できるものとしなければならない。

3.　移動等円滑化経路を構成する敷地内の通路は、幅を 120 cm 以上とし、50 m 以内ごとに車椅子の転回に支障がない場所を設けなければならない。

4.　既存の特別特定建築物に、床面積の合計 2,000 m² の増築をする場合において、道等から当該増築部分にある利用居室までの経路が 1 であり、当該経路を構成する出入口、廊下等の一部が既存建築物の部分にある場合には、建築物移動等円滑化基準における移動等円滑化経路の規定は、当該増築に係る部分に限り適用される。

1.　（バリアフリー法 14 条 1 項、同令 5 条十八号、十九号、同令 9 条）床面積の合計が 50 m² 以上の公衆便所及び床面積の合計が 2,000 m² 以上の公共用歩廊を建築する場合、建築物移動等円滑化基準への適合義務がある。正しい。

2.　（バリアフリー法 14 条 1 項、同令 5 条十二号、同令 12 条）床面積の合計が 2,000 m² の図書館を新築する場合、建築物移動等円滑化基準への適合義務がある。階段は、設問の通り。正しい。

3.　（バリアフリー令 18 条 2 項七号）正しい。

4.　（バリアフリー令 22 条）既存の特別特定建築物に増築をする場合、増築部分のほか、道等から当該増築部分にある利用居室までの 1 以上の経路などに建築物移動等円滑化基準が適用される。その経路が 1 である場合、その経路に基準適合の義務があり、当該経路を構成する出入口、廊下等の一部が既存建築物の部分にある場合に

は、建築物移動等円滑化基準における移動等円滑化経路の規定は、当該既存部分にも適用される。 正解 4

R05	R04	R03	R02	R01	H30	H29

問題 06 III 26　次の記述のうち、「高齢者、障害者等の移動等の円滑化の促進に関する法律」上、**誤っている**ものはどれか。

1.　既存の倉庫の一部の用途を変更し、床面積の合計が 2,500 m² の物品販売業を営む店舗に用途の変更をしようとするときは、当該用途の変更に係る部分に限り、建築物移動等円滑化基準に適合させればよい。

2.　自動車教習所を新築しようとするときは、建築物移動等円滑化基準に適合させるために必要な措置を講ずるよう努めなければならない。

3.　この法律の施行の際現に存する特定建築物に、専ら車椅子を使用している者の利用に供するエレベーターを設置する場合において、当該エレベーターが所定の基準に適合し、所管行政庁が防火上及び避難上支障がないと認めたときは、建築基準法の一部の規定の適用については、当該エレベーターの構造は耐火構造とみなされる。

4.　建築物移動等円滑化基準への適合が求められる建築物において、案内所を設ける場合には、当該建築物内の移動等円滑化の措置がとられたエレベーター等の配置を表示した案内板を設けなくてもよい。

> 解説　1.　（バリアフリー法 14 条、同令 5 条六号、同令 9 条、同令 22 条）設問の建築物は特別特定建築物に該当し、建築物移動等円滑化基準への適合義務がある。用途変更や増築の場合はバリアフリー令 22 条により、既存部分においても新設部分に通ずる出入り口や廊下などの経路や、不特定多数者・高齢者などが利用する便所などには基準への適合義務がある。
>
> 　2.　（バリアフリー法 16 条 1 項、同令 4 条十七号）自動車教習所はバリアフリー令 4 条に該当するが同令 5 条に該当しないので特定建築物であり、同法 16 条により基準適合の努力義務が生じる。正しい。
>
> 　3.　（バリアフリ　法 23 条 1 項）正しい。
>
> 　4.　（バリアフリー令 20 条 3 項）正しい。 正解 1

R05	R04	R03	R02	R01	H30	H29

問題 07 III 26　次の記述のうち、「高齢者、障害者等の移動等の円滑化の促進に関する法律」上、**誤っている**ものはどれか。

1.　床面積の合計が 2,000 m² の会員制スイミングスクール（一般公共の用に供されないもの）を新築しようとするときは、建築物移動等円滑化基準に適合

させるために必要な措置を講ずるよう努めなければならない。

2. 床面積の合計が50㎡の公衆便所を新築しようとするときは、便所内に、高齢者、障害者等が円滑に利用することができる構造の水洗器具を設けた便房を1以上（男子用及び女子用の区別があるときは、それぞれ1以上）設けなければならない。

3. 床面積の合計が2,000㎡の物品販売業を営む店舗を新築しようとするとき、不特定かつ多数の者が利用する駐車場を設ける場合には、そのうち1以上に、車いす使用者用駐車施設を1以上設けなければならない。

4. 床面積の合計が2,000㎡の旅館を新築しようとするときは、客室の総数にかかわらず、車いす使用者用客室を1以上設けなければならない。

解説 1. （バリアフリー法16条、同令4条、同令5条）一般公共の用に供されないスイミングスクールは、特別特定建築物ではなく特定建築物に該当する。その新築にあたっては、同法16条により建築物移動等円滑化基準への適合の努力義務が生じる。

2. （バリアフリー法14条、同令5条、同令9条、同令14条）公衆便所は特別特定建築物に該当するので、同法14条により床面積の合計が50㎡のものの新築にあたっては、同令14条にある設問の通りの措置をしなければならない。

3. （バリアフリー法14条、同令5条、同令9条、同令17条）物品販売業を営む店舗は特別特定建築物に該当するので、同法14条により床面積の合計が2,000㎡のものの新築にあたって不特定かつ多数の者が利用する駐車場を設ける場合には、同令17条により、そのうち1以上に車いす使用者用駐車施設を設けなければならない。

4. （バリアフリー法14条、同令5条、同令9条、同令15条）床面積の合計が2,000㎡の旅館を新築しようとするときは、客室の総数が50以上の場合、車いす使用者用客室を1以上設けなければならない。 正解 4

品確法・耐震改修促進法 他

R05	R04	R03	R02	R01	H30	H29

問題 01 Ⅲ 27　次の記述のうち、「建築物のエネルギー消費性能の向上に関する法律」上、**誤っている**ものはどれか。

1.　共同住宅の請負型規格住宅を 1 年間に新たに 300 戸以上建設する工事を業として請け負う者は、当該住宅をエネルギー消費性能の一層の向上のために必要な住宅の構造及び設備に関する基準に適合させるよう努めなければならない。

2.　建築主は、非住宅部分の床面積の合計が 300 m² の事務所を新築しようとするときは、当該建築物（非住宅部分に限る。）を建築物エネルギー消費性能基準に適合させなければならない。

3.　建築基準法第 52 条第 1 項に規定する建築物の容積率の算定の基礎となる延べ面積には、認定建築物エネルギー消費性能向上計画に係る建築物の床面積のうち、建築物エネルギー消費性能誘導基準に適合させるための措置をとることにより通常の建築物の床面積を超えることとなる場合、国土交通大臣が定めるものの床面積については、当該建築物の延べ面積の $\frac{1}{10}$ を限度として算入しないものとする。

4.　建築主は、床面積の合計が 300 m² の共同住宅を新築しようとするときは、原則として、その工事に着手する日の 21 日前までに、当該行為に係る建築物のエネルギー消費性能の確保のための構造及び設備に関する計画を所管行政庁に届け出なければならない。

[解説]　1.　（建築物省エネ法 31 条 2 項、同法 32 条 1 項、同令 10 条 2 項）自らが定めに共同住宅等の構造及び設備に関する規格に基づく共同住宅等を「請負型規格共同住宅等」といい、その住戸を 1 年間に新たに 1,000 戸以上建設する工事を業として請け負う者を特定共同住宅等建設工事業者という。同事業者は、その新たに建設する請負型規格共同住宅等を同法 32 条 1 項に規定する基準（エネルギー消費性能の一層の向上のために必要な住宅の構造及び設備に関する基準）に適合させるよう努めなければならない。300 戸以上は誤り。

2.　（建築物省エネ法 11 条 1 項、同令 4 条 1 項）正しい。

3.　（建築物省エネ法 40 条 1 項、同令 11 条 1 項）正しい。

4. （建築物省エネ法 19 条 1 項一号、同令 7 条 1 項）正しい。　　　　　正解 1

| R05 | R04 | R03 | R02 | R01 | H30 | H29 |

問題 02 Ⅲ 30　次の記述のうち、関係法令上、**誤っている**ものはどれか。

1. 「都市の低炭素化の促進に関する法律」上、認定建築主は、認定を受けた低炭素建築物新築等計画の変更をしようとするときは、原則として、所定の申請書等を提出して所管行政庁の認定を受けなければならない。

2. 「建築物の耐震改修の促進に関する法律」上、地震に対する安全性の向上を目的とした敷地の整備は、耐震改修に含まれない。

3. 「建設業法」上、建設業者は、発注者から請負代金の額が 7,000 万円の事務所の建築一式工事を請け負った場合、当該工事を施工するときは、当該工事現場に置く主任技術者又は監理技術者を専任の者としなくてよい。

4. 「長期優良住宅の普及の促進に関する法律」上、構造及び設備が長期使用構造等に該当すると認められる既存住宅（区分所有住宅を除く。）の所有者は、長期優良住宅として国土交通省令で定める長期優良住宅維持保全計画を作成し、所管行政庁の認定を申請することができる。

解説　1.　（エコまち法 55 条 1 項、同規則 45 条）正しい。
　2.　（耐促法 2 条 2 項）「耐震改修とは、地震に対する安全性の向上を目的として、増築、改築、修繕、模様替若しくは一部の除却又は敷地の整備をすること」と定義されている。誤り。
　3.　（業法 26 条 3 項、同令 27 条 1 項）建築一式工事の場合、請負代金の額が 8,000 万円以上のものが業法 26 条 3 項の重要な建設工事に該当する。正しい。
　4.　（長期優良住宅法 5 条 1 項）正しい。　　　　　正解 2

| R05 | R04 | R03 | R02 | R01 | H30 | H29 |

問題 03 Ⅲ 27　次の記述のうち、「建築物のエネルギー消費性能の向上に関する法律」上、**誤っている**ものはどれか。

1. 建築主は、非住宅部分の床面積の合計が 300 m² の建築物を新築しようとするときは、その工事に着手する日の 21 日前までに、当該行為に係る建築物のエネルギー消費性能の確保のための構造及び設備に関する計画を所管行政庁に届け出なければならない。

2. 特定建築主は、新築する分譲型一戸建て規格住宅を当該住宅のエネルギー消費性能の一層の向上のために必要な住宅の構造及び設備に関する基準に適合させるよう努めなければならない。

3. 建築士は、床面積の合計が 100 m² の住宅の新築に係る設計を行うときは、

原則として、当該住宅の建築物エネルギー消費性能基準への適合性について評価を行うとともに、当該設計の委託をした建築主に対し、当該評価の結果について、書面を交付して説明しなければならない。

4. 建築主等は、エネルギー消費性能の向上のために建築物の修繕をしようとするときは、建築物エネルギー消費性能向上計画を作成し、所管行政庁の認定を申請することができる。

[解説] 1. （建築物省エネ法11条1項、同法12条1項、同令4条1項）非住宅部分の床面積の合計が300m²以上の建築物は同法の特定建築物に該当し、「建築物エネルギー消費性能基準」に適合させ、また同法12条1項により、工事の着手前に基準の適合性判定を受けなければならない。誤り。なお、特定建築物以外の建築物で、床面積の合計が300m²以上の建築物は設問の届出が必要である。

2. （建築物省エネ法28条、同法29条1項）正しい。

3. （建築物省エネ法27条1項）正しい。

4. （建築物省エネ法34条1項）正しい。　　　　　　　　　　　　　正解 1

R05	R04	R03	R02	R01	H30	H29

【問題04】III 30　次の記述のうち、関係法令上、**誤っている**ものはどれか。

1. 「住宅の品質確保の促進等に関する法律」に基づき、住宅新築請負契約又は新築住宅の売買契約においては、住宅の構造耐力上主要な部分等について、引き渡した時から10年間の瑕疵担保責任を義務付けており、これに反する特約で注文者又は買主に不利なものは無効とされる。

2. 「建設業法」に基づき、建設業者は、発注者から請負代金の額が3,500万円の診療所の建築一式工事を請け負った場合、当該工事を施工するときは、当該工事現場に置く主任技術者を専任の者としなくてよい。

3. 「長期優良住宅の普及の促進に関する法律」に基づき、住宅の建築をしてその構造及び設備を長期使用構造等とし、自らその建築後の住宅の維持保全を行おうとする者は、長期優良住宅建築等計画を作成し、所管行政庁の認定を申請することができる。

4. 「都市の低炭素化の促進に関する法律」に基づき、低炭素建築物新築等計画の認定の申請をしようとする場合には、あらかじめ、建築基準法に基づく確認済証の交付を受けなければならない。

[解説] 1. （住宅品確法94条、同法95条）正しい。

2. （建設業法26条1項～3項、同令2条、同令27条）建設業法26条2項、同令2条に該当しないので、同法26条1項により主任技術者でよく、同法26条3項、同

令27条により、請負代金の額が7,000万円未満なので、診療所であっても当該工事現場に置く主任技術者を専任の者としなくてよい。正しい。

3. （長期優良住宅促進法5条1項）正しい。

4. （エコまち法54条2項～5項、建基法18条3項）低炭素建築物新築等計画の認定の申請をしようとする者は、所管行政庁に対し当該計画を建築主事に通知し、建築基準関係規定に適合するかどうかの審査を受けるよう申し出ることができる。このとき、当該申請と併せて確認申請書を提出する。所管行政庁が確認済証の交付を受け、計画の認定をしたときは建基法6条1項の確認済証の交付があったものとみなされる。「あらかじめ、建基法に基づく確認済証の交付を受けなければならない。」は誤り。

正解 4

R05	R04	R03	R02	R01	H30	H29

問題05 Ⅲ 28　次の記述のうち、関係法令上、**誤っている**ものはどれか。

1. 「都市の低炭素化の促進に関する法律」に基づき、低炭素建築物新築等計画の認定基準に適合させるための措置をとることにより通常の建築物の床面積を超えることとなる場合、建築基準法第52条第1項に基づく容積率の算定の基礎となる延べ面積には、当該建築物の延べ面積の1/10を限度に算入しないものとする。

2. 「建築物のエネルギー消費性能の向上に関する法律」に基づき、一戸建ての請負型規格住宅を1年間に新たに300戸建設する特定建設工事業者は、当該住宅をエネルギー消費性能の一層の向上のために必要な住宅の構造及び設備に関する基準に適合させるよう努めなければならない。

3. 「建築物の耐震改修の促進に関する法律」に基づき、要安全確認計画記載建築物及び特定既存耐震不適格建築物以外の既存耐震不適格建築物の所有者は、当該既存耐震不適格建築物について耐震診断を行い、必要に応じ、当該既存耐震不適格建築物について耐震改修を行うよう努めなければならない。

4. 「住宅の品質確保の促進等に関する法律」に基づき、住宅新築請負契約又は新築住宅の売買契約においては、住宅の構造耐力上主要な部分等の瑕疵（構造耐力又は雨水の浸入に影響のないものを除く。）について担保の責任を負うべき期間を、引き渡した時から20年間とすることができる。

解説　1. （エコまち法60条、同令13条）設問の措置（エコまち法54条1項一号の基準への適合）により通常の建築物の床面積を超えることとなる場合、容積率算定用の延べ面積には、当該建築物の延べ面積の1/20を限度に算入しないものとする。1/10は誤り。

2. （建築物省エネ法31条、同令10条一号）正しい。

3. （耐促法 16 条 1 項）正しい。

4. （品確法 97 条）正しい。 　正解 1

R05	R04	R03	R02	R01	H30	H29

問題 06 Ⅲ 30　次の記述のうち、関係法令上、**誤っている**ものはどれか。

1. 「建設工事に係る資材の再資源化等に関する法律」に基づき、特定建設資材を用いた建築物に係る解体工事において、当該解体工事に係る部分の床面積の合計が 80 m² 以上の場合は、当該工事の発注者又は自主施工者は、工事に着手する日の 7 日前までに、所定の事項を都道府県知事に届け出なければならない。

2. 「都市計画法」に基づき、開発許可の申請に当たって、宅地開発に関する技術に関して 2 年以上の実務経験を有していない者であっても、開発区域の面積が 1ha 未満の開発行為に関する設計に係る設計図書を作成することができる。

3. 「土砂災害警戒区域等における土砂災害防止対策の推進に関する法律」に基づき、土砂災害特別警戒区域内において、予定建築物が自己の居住の用に供する住宅である開発行為をしようとする者は、あらかじめ、都道府県知事の許可を受けなければならない。

4. 「宅地建物取引業法」に基づき、宅地建物取引業者は、建築工事の完了前に新築住宅を販売する際には、その広告、契約及び媒介については、建築基準法第 6 条第 1 項の確認等所定の処分があった後でなければしてはならない。

解説　1.　（建設リサイクル法 9 条 1 項、3 項、同法 10 条、同令 2 条 1 項一号）正しい。

2.　（都計法 31 条、同規則 19 条）都計法 30 条の開発許可の申請時に提出する設計に係る設計図書の作成者は、同法 31 条及び同規則 19 条により、開発区域の面積が 1ha 以上のとき、学歴等に応じて 2 〜 10 年以上の実務経験を有する者（又は同等以上の者）でなければならない。1ha 未満なので実務経験は不要。正しい。

3.　（土砂災害防止法 10 条）土砂災害特別警戒区域内においては、同法 10 条 1 項により、特定開発行為をしようとする者は、都道府県知事の許可を受けなければならないが、同 2 項により自己の居住の用に供する住宅は制限用途ではないので、許可は不要である。誤り。

4.　（宅建業法 33 条、同法 36 条）正しい。 　正解 3

R05	R04	R03	R02	R01	H30	H29

問題 07 Ⅲ 29　次の記述のうち、関係法令上、**誤っている**ものはどれか。

1. 「景観法」に基づき、景観計画区域内において、建築物の外観を変更することとなる模様替をしようとする者は、あらかじめ、行為の種類、場所、設計又は施行方法等について、景観行政団体の長の許可を受けなければならない。

2. 「労働安全衛生法」に基づき、事業者は、高さが5m以上のコンクリート造の工作物の解体の作業については、作業主任者を選任しなければならない。

3. 「建設工事に係る資材の再資源化等に関する法律」に基づき、解体工事業を営もうとする者は、建設業法に基づく土木工事業、建築工事業又は解体工事業に係る建設業の許可を受けている場合を除き、当該業を行おうとする区域を管轄する都道府県知事の登録を受けなければならない。

4. 「労働安全衛生法」に基づく石綿障害予防規則により、事業者は、建築物の解体の作業を行うときは、あらかじめ、当該建築物について、石綿等の使用の有無を目視、設計図書等により調査し、その結果を記録しておかなければならない。

[解説] 1.　（景観法16条1項一号、同条3項、同法17条1項）景観計画区域内において、建築物の外観を変更することとなる模様替をしようとする者は、設問の事項を景観行政団体の長に届け出なければならない。景観計画に適合しないときは、景観行政団体の長は届出の日から30日以内に変更の勧告・命令を行うことができる。許可は誤り。

2.　（労安法14条、労安令6条十五号の五）正しい。

3.　（建設リサイクル法21条1項）正しい。

4.　（石綿障害予防規則3条1項）正しい。　　　　　　　　　　　　正解 1

R05	R04	R03	R02	R01	H30	H29

[問題 08] [Ⅲ 30]　次の記述のうち、関係法令上、**誤っている**ものはどれか。

1. 「住宅の品質確保の促進等に関する法律」に基づき、住宅の建設工事の請負人は、設計住宅性能評価書の写しを請負契約書に添付した場合においては、当該設計住宅性能評価書の写しに表示された性能を有する住宅の建設工事を行うことを契約したものとみなす。

2. 「建築物のエネルギー消費性能の向上に関する法律」に基づき、建築主は、特定建築物以外の建築物で床面積の合計が300㎡以上のものを新築をしようとするときは、所定の事項に関する計画の所管行政庁への届出に併せて、建築物エネルギー消費性能適合性判定に準ずるものとして、登録建築物エネルギー消費性能判定機関が行う建築物のエネルギー消費性能に関する評価の結果を記載した書面を提出することができる。

3. 「宅地建物取引業法」に基づき、宅地建物取引業者は、既存の建物の売買の相手方等に対して、その契約が成立するまでの間に、宅地建物取引士をして、建物状況調査を実施している場合におけるその結果の概要、建物の建築及び維持保全の状況に関する書類の保存の状況等、所定の事項を記載した書面等を交付して説明をさせなければならない。

4. 「宅地造成等規制法」に基づき、宅地造成工事規制区域内において、盛土のみの宅地造成に関する工事であって、盛土をする土地の面積が 500 m² で、高さ 1 m の崖を生ずることとなる場合には、造成主は、原則として、都道府県知事の許可を受けなければならない。

[解説] 1. （住宅品確法 6 条 1 項）正しい。

2. （建築物省エネ法 19 条 4 項、同法 19 条 1 項一号、同令 7 条 1 項）正しい。

3. （宅建業法 35 条 1 項六号の二）正しい。

4. （宅造法 8 条 1 項、同法 2 条二号、同令 3 条二号・四号）宅地造成工事規制区域内において、宅地造成工事をする場合には、造成主は原則として都道府県知事の許可を受けなければならないが、設問の工事は、同令 3 条二号の「盛土で高さが 1 m を超える崖を生じるもの」又同四号の「盛土をする土地の面積が 500 m² を超えるもの」に該当しないので、同法 2 条二号の宅地造成に該当せず、都道府県知事の許可を必要としない。誤り。 正解 4

R05	R04	R03	R02	R01	H30	H29

問題 09 Ⅲ 27 次の記述のうち、関係法令上、**誤っている**ものはどれか。

1. 「住宅の品質確保の促進等に関する法律」に基づき、住宅新築請負契約又は新築住宅の売買契約における瑕疵担保責任の特例において、「住宅の構造耐力上主要な部分等」には、「雨水を排除するため住宅に設ける排水管のうち、当該住宅の屋根若しくは外壁の内部又は屋内にある部分」は含まれない。

2. 「建築物の耐震改修の促進に関する法律」に基づき、要安全確認計画記載建築物の所有者は、当該建築物について耐震診断の結果、地震に対する安全性の向上を図る必要があると認められるときは、耐震改修を行うよう努めなければならない。

3. 「建設工事に係る資材の再資源化等に関する法律」に基づき、特定建設資材を用いた建築物に係る解体工事で、当該建築物（当該解体工事に係る部分に限る。）の床面積の合計が 100 m² であるものの発注者は、工事に着手する日の 7 日前までに、所定の事項を都道府県知事に届け出なければならない。

4. 「労働安全衛生法」に基づき、事業者は、建設業の仕事において、耐火建

築物又は準耐火建築物で、石綿等が吹き付けられているものにおける石綿等の除去の作業を行う仕事を開始しようとするときは、その計画を当該仕事の開始の日の14日前までに、労働基準監督署長に届け出なければならない。

[解説] 1. （品確法94条、95条、同令5条2項）「住宅の構造耐力上主要な部分等」には、構造耐力上主要な部分と雨水の浸入を防止する部分があり、後者には、屋根・外壁・開口部の建具及び設問の「雨水を排除するため住宅に設ける排水管のうち、当該住宅の屋根若しくは外壁の内部又は屋内にある部分」が含まれる。

2. （耐促法11条）正しい。

3. （建設リサイクル法9条、10条、同令2条）特定建設資材を用いた80㎡以上の建築物の解体工事は、同法9条1項、同令2条1項一号により「対象建設工事」となり、同法10条により、設問の通りの届出が必要である。正しい。

4. （労安法88条3項、労安規則90条五号の二）正しい。 　正解 1

R05	R04	R03	R02	R01	H30	H29

問題10 (III 30) 次の記述のうち、関係法令上、**誤っている**ものはどれか。

1. 「建築物のエネルギー消費性能の向上に関する法律」に基づき、特定建築物以外の建築物の新築において、建築主が所定の事項に関する計画を所管行政庁に届け出なければならないのは、床面積の合計が2,000㎡以上の場合である。

2. 「長期優良住宅の普及の促進に関する法律」に基づき、長期優良住宅建築等計画の認定を申請する者は、所管行政庁に対し、当該計画を建築主事に通知し、当該計画が建築基準法に規定する建築基準関係規定に適合するかどうかの審査を受けるよう申し出ることができる。

3. 「景観法」に基づき、景観計画区域内において、建築物の建築等をしようとする者は、原則として、あらかじめ、所定の事項を景観行政団体の長に届け出なければならず、景観行政団体がその届出を受理した日から30日を経過した後でなければ、当該届出に係る行為に着手してはならない。

4. 「都市の低炭素化の促進に関する法律」に基づき、低炭素建築物新築等計画の認定を受けた者は、当該認定を受けた低炭素建築物新築等計画の変更をしようとするときは、原則として、所定の申請書等を提出して所管行政庁の認定を受けなければならない。

[解説] 1. （建築物省エネ法19条1項一号、同令7条1項）同法において特定建築物は非住宅部分の規模が300㎡以上のものをいい、新築を行うときは建築物エネルギー消費性能基準に適合させなければならない。特定建築物以外で、延べ面積300㎡

以上の建築物の新築においては、建築主は省エネ性能の確保のための構造及び設備に関する計画を所管行政庁に届け出なければならない。2,000 m² は誤り。

2. （長期優良住宅法6条2項）正しい。

3. （景観法16条1項、18条1項）正しい。

4. （エコまち法55条）正しい。 正解 1

R05	R04	R03	R02	R01	H30	H29

問題 11 Ⅲ 27　次の記述のうち、関係法令上、**誤っている**ものはどれか。

1. 「景観法」に基づき、景観地区内において建築物の建築等をしようとする者は、原則として、あらかじめ、その計画が、所定の規定に適合するものであることについて、市町村長の認定を受けなければならない。

2. 「都市緑地法」に基づき、緑化地域内において、敷地面積が 1,000 m² の建築物の新築又は増築をしようとする者は、原則として、当該建築物の緑化率を、緑化地域に関する都市計画において定められた建築物の緑化率の最低限度以上としなければならない。

3. 「土砂災害警戒区域等における土砂災害防止対策の推進に関する法律」に基づき、土砂災害特別警戒区域内において、予定建築物の用途が店舗である都市計画法に基づく開発行為をしようとする者は、原則として、あらかじめ、「土砂災害警戒区域等における土砂災害防止対策の推進に関する法律」に基づく都道府県知事の許可を受けなければならない。

4. 「建築物の耐震改修の促進に関する法律」に基づき、特定既存耐震不適格建築物の所有者は、当該建築物について耐震診断を行い、その結果、地震に対する安全性の向上を図る必要があると認められるときは、耐震改修を行うよう努めなければならない。

解説　1.　（景観法63条）正しい。

2.　（都市緑地法35条、同令9条）正しい。

3.　（土砂災害防止法10条）土砂災害特別警戒区域内において、予定建築物の用途が制限用途である開発行為をしようとする者は、原則として設問の許可を受けなければならない。制限用途には、自己居住用以外の住宅、防災上の配慮を要する者が利用する社会福祉施設、学校、医療施設などが該当し、店舗は該当しない。誤り。

4.　（耐促法14条）正しい。 正解 3

R05	R04	R03	R02	R01	H30	H29

問題 12 Ⅲ 30　次の記述のうち、関係法令上、**誤っている**ものはどれか。

1. 「都市の低炭素化の促進に関する法律」に基づき、低炭素建築物新築等計画

の認定基準に適合させるための措置をとることにより通常の建築物の床面積を超えることとなる場合、建築基準法第52条第1項に基づく容積率の算定の基礎となる延べ面積には、一定の限度内の床面積は、算入しないものとする。

2. 「都市の低炭素化の促進に関する法律」に基づき、低炭素建築物新築等計画の認定を申請する者は、所管行政庁に対し、当該計画を建築主事に通知し、当該計画が建築基準法に規定する建築基準関係規定に適合するかどうかの審査を受けるよう申し出ることができる。

3. 「建築物のエネルギー消費性能の向上に関する法律」に基づき、建築物エネルギー消費性能適合性判定を受けた者は、建築基準法に基づく確認申請書を建築主事に提出するときに、併せて適合判定通知書又はその写しを提出しなければならない。

4. 「建築物のエネルギー消費性能の向上に関する法律」に基づき、建築物エネルギー消費性能向上計画の認定を受けたときは、当該建築物の新築等のうち、建築物エネルギー消費性能適合性判定を受けなければならないものについては、原則として、適合判定通知書の交付を受けたものとみなされる。

[解説] 1. （エコまち法60条）正しい。

2. （エコまち法54条2項）正しい。

3. （建築物省エネ法12条6項、7項）建築主は、同法に規定する特定建築物の新築等（特定建築行為）をしようとするときは、工事着手前に同法12条1項の「建築物エネルギー消費性能確保計画」を提出して適合性判定を受けなければならない。これによって「適合判定通知書」を受けたときは、同法6項により、確認をする建築主事に通知書又はその写しを提出しなければならないが、同法7項により、提出期限は建基法6条4項の期間（申請書受理から原則35日又は7日）の末日の3日前とされている。確認申請書提出時ではない。誤り。

4. （建築物省エネ法35条8項）正しい。 正解3

R05	R04	R03	R02	R01	H30	H29

問題13 Ⅲ27 * 次の記述のうち、関係法令上、**誤っている**ものはどれか。

1. 「住宅の品質確保の促進等に関する法律」に基づき、住宅新築請負契約においては、請負人は、注文者に引き渡した時から10年間、住宅の構造耐力上主要な部分等の瑕疵（構造耐力又は雨水の浸入に影響のないものを除く。）について、民法に規定する担保の責任を負う。

2. 「建設工事に係る資材の再資源化等に関する法律」に基づき、その施工に特定建設資材を使用する建築物の床面積200m²の増築の工事（請負代金の額が4,000万円）で、当該建築物の増築後の床面積の合計が500m²であるものの

受注者は、原則として、分別解体等をしなければならない。

3. 「長期優良住宅の普及の促進に関する法律」に基づき、分譲事業者は、譲受人を決定するまでに相当の期間を要すると見込まれる場合においては、単独で長期優良住宅建築等計画を作成し、所管行政庁の認定を申請することができる。

4. 「建築物のエネルギー消費性能の向上に関する法律」に基づき、建築主等は、エネルギー消費性能の向上のための建築物に設けた空気調和設備等の改修をしようとするときは、建築物エネルギー消費性能向上計画を作成し、所管行政庁の認定を申請することができる。

[解説] 1. （品確法94条）民法415条、541条及び542条並びに同法559条において準用する同法562条及び563条に規定する瑕疵担保責任（契約不適合責任）を負う。正しい。

2. （建設リサイクル法9条1項、3項、同令2条1項）その施工に特定建設資材を使用する建築物の増築の工事の場合、当該増築部分の床面積の合計が500㎡以上、又は請負代金の額が1億円以上であるものの受注者は、原則として、分別解体等をしなければならない。設問の場合はいずれにも該当しないので、分別解体の必要はない。

3. （長期優良住宅促進法5条3項）条文の通り、正しい。

4. （建築物省エネ法34条1項）条文の通り、正しい。 [正解 2]

R05	R04	R03	R02	R01	H30	H29

[問題14 Ⅲ29] 次の記述のうち、関係法令上、**誤っている**ものはどれか。

1. 「宅地造成等規制法」に基づき、宅地造成工事規制区域内において、切土のみの宅地造成に関する工事であって、切土をする土地の面積が500㎡で、高さ2mの崖を生ずることになる場合には、造成主は、原則として、都道府県知事の許可を受けなければならない。

2. 「水道法」に基づき、給水装置における家屋の主配管は、配管の経路について構造物の下の通過を避けること等により漏水時の修理を容易に行うことができるようにしなければならない。

3. 「土砂災害警戒区域等における土砂災害防止対策の推進に関する法律」に基づき、特別警戒区域内において、予定建築物が分譲住宅である開発行為をしようとする者は、原則として、あらかじめ、都道府県知事の許可を受けなければならない。

4. 「都市計画法」に基づき、開発許可の申請に当たって、一級建築士の資格を有する者で、宅地開発に関する技術に関して2年以上の実務の経験を有す

るものは、開発区域の面積が20ha未満の開発行為に関する設計に係る設計
図書を作成することができる。

[解説] 1. （宅造法8条、同令3条）宅地造成工事規制区域内において宅地造成を行
うときは、宅造法8条により、造成主は原則として都道府県知事の許可を受けなけ
ればならない。ただし、設問のように切土をする土地の面積が500㎡以下で、高さ
2m以下の崖を生ずる場合は、同令3条により宅地造成における「土地の形質の変更」
に該当しないので、許可は不要である。

2. （給水装置の構造及び材質の基準に関する省令1条3項）条文の通り、正しい。

3. （土砂災害防止法10条）特別警戒区域内において、制限用途の建築物の建築が予
定されている開発行為をしようとする者は、原則として、都道府県知事の許可を必
要とする。分譲住宅は、自己用以外の住宅であるから同条2項に規定する制限用途
となる。

4. （都計法31条、同規則19条一号ヘ）条文の通り、正しい。 　正解 1

23 関連法規総合・その他

R05	R04	R03	R02	R01	H30	H29

問題 01 Ⅲ 28　次の「計画」について所管行政庁による認定を受けることで、技術的基準や容積率の特例の適用を受けるために必要な「認定基準の内容」との組合せとして、関係法令上、**誤っている**ものはどれか。

	計画	認定基準の内容
1.	建築物の耐震改修の計画 （建築物の耐震改修の促進に関する法律）	建築物の耐震改修の事業の内容が、建築基準法で規定された基準を超え、かつ、地震に対する安全性の一層の向上の促進のために誘導すべき基準である「耐震関係規定」に適合していること。
2.	特定建築物の建築等及び維持保全の計画 （高齢者、障害者等の移動等の円滑化の促進に関する法律）	建築物特定施設の構造等が、建築物移動等円滑化基準を超え、かつ、高齢者、障害者等が円滑に利用できるようにするために誘導すべき基準である「建築物移動等円滑化誘導基準」に適合していること。
3.	認定長期優良住宅建築等計画 （長期優良住宅の普及の促進に関する法律）	住宅の構造及び設備が、住宅を長期にわたり良好な状態で使用するために誘導すべき基準に適合する措置等が講じられた「長期使用構造等」であること。
4.	建築物エネルギー消費性能向上計画 （建築物のエネルギー消費性能の向上に関する法律）	建築物のエネルギー消費性能が、建築物エネルギー消費性能基準を超え、かつ、建築物のエネルギー消費性能の向上の一層の促進のために誘導すべき基準である「建築物エネルギー消費性能誘導基準」に適合するものであること。

解説 1．（耐促法 17 条 3 項一号）耐震関係規定は、耐促法 5 条 3 項一号に「地震に対する安全性に係る建築基準法又はこれに基づく命令若しくは条例の規定」と定義されており、耐促法 17 条 3 項一号により、建築物の耐震改修の事業の内容が耐震関

係規定又は地震に対する安全上これに準ずるものとして国土交通大臣が定める基準（H18国交告185号）に適合していることなどが計画の認定の条件となっている。耐震関係規定は建築基準法の基準を超えた誘導基準ではなく、また大臣が定める基準への適合も認められるので、誤り。

2. （バリアフリー法17条3項一号、H18国交告114号）正しい。

3. （長期優良住宅法6条1項一号、同法2条4項）正しい。

4. （建築物省エネ法35条1項一号）正しい。 正解 1

R05	R04	R03	R02	R01	H30	H29

問題 02 III 29 延べ面積2,000㎡の「寄宿舎」を「有料老人ホーム」に用途の変更（大規模の修繕又は大規模の模様替は伴わないものとする。）をする場合の取扱いについて、次の記述のうち、建築基準法その他の建築関係法令の規定の適用に関する内容として、**誤っている**ものはどれか。

1. 変更前の建築物が「建築物移動等円滑化基準」に適合していなかったときは、用途の変更に当たって、廊下、階段、便所などの「建築物特定施設」の構造及び配置を当該基準に適合させなければならない。

2. 寄宿舎の寝室であった居室に「非常用の照明装置」が設けられていなかった場合は、用途の変更に当たって、原則として、当該居室に「非常用の照明装置」を設けなければならない。

3. スプリンクラー設備等の「消防用設備等」については、用途の変更に当たって、変更後の設置基準に適合させなければならない。

4. 用途の変更に当たって、工事に着手する前に建築確認の申請を行い、当該工事の完了後は完了検査の申請を行わなければならない。

解説 1. （バリアフリー法14条1項、同令5条九号、同令9条）用途変更後の設問の有料老人ホームは同令5条九号、同令9条により特別特定建築物に該当するので、建築物特定施設の構造及び配置を建築物移動等円滑化基準に適合させなければならない。正しい。

2. （法87条3項）用途変更によって法35条は適用されるので、令126条の4により原則として当該居室には非常用の照明装置を設けなければならない。正しい。

3. （消防法17条の3第2項四号、同令34条の4第2項）用途変更後の設問の有料老人ホームは消防令別表1(6)項に該当し、同令34条の4第2項に該当する特定防火対象物に当たるので、消防法17条の3第2項四号により、消防用設備等については、用途変更後の設置基準に適合させなければならない。正しい。

4. （法87条1項）用途変更に当たっては法6条1項、法7条1項などが準用されるが、第7条1項中「建築主事の検査を申請しなければならない」とあるのは、「建

築主事に届け出なければならない」と読み替えるので、工事完了後は完了検査の申請ではなく、建築主事への届け出を行わなければならない。誤り。　　　正解 4

R05	R04	R03	R02	R01	H30	H29

問題 03 Ⅲ 28　建築主から以下の条件 A に基づく「地上 3 階建て共同住宅」の設計を求められた際に、各居室に以下の条件 B に該当する窓を設置しようとした場合、建築基準法その他の建築関係法令の規定の適用に関する設計者の判断として、イ～ハの記述について、**正しいもののみの組合せ**は、次のうちどれか。

条件 A (建築主の要請)	・各居室の床面積：40 m²（各階に 3 室ずつ） ・階の床面積：160 m² ・延べ面積：480 m² ・建築物エネルギー消費性能基準における「地域の区分」が 6 の地域の基準に適合させる。 ・住戸ごとの防火区画は設けない。
条件 B (各居室の窓)	 ※採光補正係数は 1.0 とする。 ※天井面近くの窓は、全面開放できるものとする。 ※窓の性能を基に算出した住戸単位での「外皮平均熱貫流率」は 0.75 W/(m²・度)、「冷房期の平均日射熱取得率」は 1.4 である。

イ．適切に採光を確保することができる規模の窓であることを確認した。

ロ．それぞれの住戸について「外皮平均熱貫流率」及び「冷房期の平均日射熱取得率」が基準値以下となることを確認した。

ハ．排煙設備を設置することなく、避難上の支障をきたす煙・ガスを適切に屋外に排出することができる規模の窓であることを確認した。

1.　イとロとハ

2.　イとロ

3. イとハ

4. ロとハ

[解説] イ.（法 28 条 1 項、令 20 条）採光上有効な窓の面積は実面積に採光補正係数を乗じて、$(0.96 \times 1.846 \times 3 + 1.14 \times 0.44) \times 1 \fallingdotseq 5.8\,\text{m}^2$。床面積の $\frac{1}{7}$ は $40 \div 7 \fallingdotseq 5.7\,\text{m}^2$ であり、採光有効面積の方が大きい。正しい。

ロ.（建築物エネルギー消費性能基準等を定める省令 1 条二号(1)(i)）「地域の区分」が 6 の地域における住戸単位での「外皮平均熱貫流率」は 0.87 W/（m²・度）以下、「冷房期の平均日射熱取得率」は 2.8 以下であり、いずれも満足している。正しい。

ハ.（令 126 条の 2 第 1 項、令 116 条の 2 第 1 項二号）天井から 80 cm 以内の窓の面積は $1.2 \times 0.5 = 0.6\,\text{m}^2$ であり、床面積の $\frac{1}{50}$（0.8 m²）未満なので、令 116 条の 2 第 1 項二号の窓を有しない。また、住戸ごとの防火区画がなく、令 126 条の 2 第 1 項一号に該当しないので、同条 1 項により排煙設備の設置が必要である。誤り。

したがって、2. のイとロが正しい。 [正解 2]

R05	R04	R03	R02	R01	H30	H29

問題 04 |Ⅲ 29| 以下の条件に該当する建築物の設計に際して、建築基準法その他の建築関係法令の規定の適用に関する設計者の判断として、次の記述のうち、**不必要な内容を含む**ものはどれか。

【条件】
・規　　模：地上 6 階建て、高さ 27 m
・構　　造：鉄筋コンクリート造
・延べ面積：3,000 m²（各階の床面積は 500 m²）
・用　　途：物品販売業を営む店舗（各階に売場）

1. 構造耐力上の安全性を確認するため、構造計算の実施に当たっては「保有水平耐力計算」によることとし、「保有水平耐力が必要保有水平耐力以上であること」、「構造耐力上主要な部分の断面に生ずる各応力度が、各許容応力度を超えないこと」、「層間変形角が、基準値以内であること」、「屋根ふき材等が、風圧に対して構造耐力上安全であること」を確かめて設計した。

2. 避難上の安全性を確保するため、避難経路となる屋内の直通階段を、「特別避難階段に適合する階段として、2 か所に設置すること」、「階段室に排煙機による排煙設備を設置すること」、「非常用の照明装置を設置すること」として設計した。

3. 建築物の備えるべきエネルギー消費性能を確保するため、空気調和設備、照明設備等に関して、実際の設計仕様の条件を基に算定した「設計一次エネルギー消費量」が、床面積、設備等の条件によって定まる「基準一次エネル

ギー消費量」を超えないものとして設計した。

4.　建築主の要請により、高齢者や障害者など誰もが利用しやすい建築物とするため、廊下の幅などについて移動がしやすいように配慮したところ、床面積の増加によって容積率の基準を超えたことから、容積率の特例の対象となる「認定特定建築物」の認定を受けることとして、「建築物移動等円滑化誘導基準」に適合するものとして設計した。

[解説]　1.　（法20条1項二号イ、令81条2項二号ロ、令82条～令82条の4）正しい。

　2.　（令122条2項・3項、令126条の2第1項三号、令126条の4）令122条2項・3項により、3階以上の階を物品販売店舗とする建築物は、2以上の避難階段を設け、その1以上を特別避難階段としなければならない。2カ所とも特別避難階段とする義務はない。令126条の2第1項により、設問の建築物には排煙設備の設置義務があるが、同条1項三号により、階段には設置義務はない。令126条の4により非常用の照明装置を設置する義務はある。

　3.　（建築物省エネ法11条1項、同令4条1項、建築物エネルギー消費性能基準等を定める省令1条1項・2条・3項）正しい。

　4.　（バリアフリー法17条3項、同法19条）正しい。　　　　　[正解 2]

R05	R04	R03	R02	R01	H30	H29

[問題 05][Ⅲ 29]　以下の条件に該当する建築物の設計に際して、建築基準法又は建築士法の規定の適用に関する建築士事務所の開設者又は設計者の判断として、次の記述のうち、建築基準法又は建築士法に**適合しない**ものはどれか。

【条件】

・規　　　模：地上4階建て（避難階は1階のみ）

・延べ面積：2,000 m²（各階の床面積は500 m²）

・用　　　途：1階の一部 スーパーマーケット（床面積400 m²）、1階の一部及び2～4階 共同住宅

・立　　　地：第一種中高層住居専用地域

1.　当該建築物の新築に係る設計受託契約を締結する際に、建築士の氏名、報酬の額及び支払の時期、契約の解除に関する事項などを記載した書面を、署名をして、建築主との間で相互に交付することとした。

2.　用途地域に基づく建築物の用途の制限に関し、良好な住居の環境を害するおそれがないものとして特定行政庁の許可を受けることとした。

3.　2階から4階までの各階においては1階に通ずる直通階段を二つ設け、かつ、1階のスーパーマーケットにおける屋外への出口の幅の合計を300 cmとすることとした。

4. 共同住宅とスーパーマーケットとを耐火構造とした床及び壁で区画し、その開口部には特定防火設備を設けることとした。

〔解説〕 1. （士法 22 条の 3 の 3 第 1 項）正しい。

2. （法 48 条 3 項、法別表 2、令 130 条の 5 の 3）第一種中高層住居専用地域においては、法 48 条 3 項により、法別表 2 (は)項に該当しない建築物の建築には特定行政庁の許可が必要である。共同住宅は、法別表 2 (は)項一号に該当する。また、スーパーマーケットは令 130 条の 5 の 3 第二号の物品販売店舗に該当し、店舗部分が 2 階以下で床面積が 500 m² 以下のものは法別表 2 (は)項五号に該当するので、設問の許可を受けずに建築することができる。誤り。

3. （令 121 条 1 項五号、2 項、令 125 条 3 項）4 階部分に共同住宅の用途があるので、法 27 条 1 項一号に該当し、耐火建築物又は避難時倒壊防止建築物としなければならず、令 121 条 1 項五号、同条 2 項により、200 m² を超える場合は 1 階に通ずる直通階段を二つ設けなければならない。また、物品販売店舗の避難階に設ける屋外への出口の幅の合計は、令 125 条 3 項により床面積 100 m² あたり 60 cm 以上必要である。

4. （令 112 条 18 項）正しい。 　　　　　　　　　　　　　　　　正解 2

R05	R04	R03	R02	R01	H30	H29

問題 06 Ⅲ 28　以下の条件の建築物に関する次の記述のうち、建築基準法又は建築士法上、**誤っている**ものはどれか。

【条件】

・立　　地：防火地域及び準防火地域以外の地域

・用　　途：物品販売業を営む店舗（各階に当該用途を有するもの）

・規　　模：地上 4 階建て（避難階は 1 階）、高さ 15 m、延べ面積 2,000 m²

・構　　造：木造（主要構造部に木材を用いたもの）

・所有者等：民間事業者

1. 時刻歴応答解析により安全性の確認を行う場合を除き、許容応力度等計算、保有水平耐力計算、限界耐力計算又はこれらと同等以上に安全性を確かめることができるものとして国土交通大臣が定める基準に従った構造計算のいずれかによって、自重、積載荷重、地震等に対する安全性を有することを確かめなければならない。

2. 当該建築物の通常火災終了時間及び特定避難時間が 75 分であった場合、その柱及びはりについて、耐火構造とする場合を除き、通常の火災による 75 分間の火熱を受けている間は構造耐力上支障のある損傷を生じないものとする性能を確保しなければならない。

3. 当該建築物を新築する場合において、構造設計一級建築士及び設備設計一

級建築士以外の一級建築士が設計を行ったときは、構造設計一級建築士に構造関係規定に適合するかどうかの確認を求め、かつ、設備設計一級建築士に設備関係規定に適合するかどうかの確認を求めなければならない。

4. 所有者等は、必要に応じて建築物の維持保全に関する準則又は計画を作成して常時適法な状態に維持するための措置を講じ、かつ、定期に、一級建築士等にその状況の調査をさせて、その結果を特定行政庁に報告しなければならない。

解説　1.　（法6条1項二号、法20条1項二号、令81条2項）木造、地上4階建て、高さ15mは法6条1項二号、法20条1項二号に該当するので、令81条2項により設問の通り正しい。

2.　（法27条1項一号、令110条一号イ）3階以上を物品販売店舗（令115条の3第三号により法別表1(い)欄(4)項に該当）に使用しているので、耐力壁、柱、はり、床が特定避難時間以上構造耐力上支障のある損傷を生じない性能を確保しなければならない。正しい。

3.　（士法20条の2第1項・2項、士法20条の3第1項・2項）当該建築物は建基法20条1項二号に該当するので、構造設計一級建築士以外の一級建築士が設計を行ったときは、構造設計一級建築士に構造関係規定に適合するかどうかの確認を求めなければならない。しかし、5,000㎡を超える建築物ではないので、設備設計一級建築士に設備関係規定に適合するかどうかの確認を求める必要はない。

4.　（法12条1項、令16条1項三号）民間事業者である所有者等は、設問の通りの定期報告をしなければならない。正しい。　正解 3

R05	R04	R03	R02	R01	H30	H29

問題07 III 29　次の法律とその法律で用いられている防災に関連する用語との組合せのうち、誤っているものはどれか。

	法律	法律で用いられている防災に関連する用語
1.	建築物の耐震改修の促進に関する法律	要緊急安全確認大規模建築物
2.	建築基準法	災害危険区域
3.	宅地造成等規制法	土砂災害特別警戒区域
4.	密集市街地における防災街区の整備の促進に関する法律	特定防災街区整備地区

解説　1.　（耐促法附則3条、耐促令附則2条）要緊急安全確認大規模建築物は、病院・店舗など不特定多数者が利用する建築物、小学校・老人ホームなど避難上の配慮を要するものが利用する建築物、危険物の貯蔵場などのうち、一定規模以上のものをいう。

2. （建基法 39 条）災害危険区域は、地方公共団体が条例で定める、津波・高潮・出水などによる危険の著しい区域。

3. （土砂災害防止法 9 条）土砂災害特別警戒区域は、警戒区域のうち、急傾斜地の崩壊等が発生した場合に建築物に損壊が生じ、住民等に著しい危害が生ずるおそれがある区域で、一定の開発行為の制限及び居室を有する建築物の構造の規制をすべき土地の区域をいう。「土砂災害警戒区域等における土砂災害防止対策の推進に関する法律」に規定されており、宅地造成等規制法には規定がない。

4. （密集市街地法 31 条）　特定防災街区整備地区は、密集市街地における特定防災機能の確保及び土地の合理的かつ健全な利用を図るため都市計画に定める地区。

正解 3

R05	R04	R03	R02	R01	H30	H29

問題 08 III 28 ＊　木造の建築物に関する次の記述のうち、関係法令上、**誤って**いるものはどれか。

1. 「建築基準法」に基づき、延べ面積 1,500 m²、高さ 13 m、軒の高さ 10 m の木造の平家建ての体育館については、許容応力度等計算により構造耐力上の安全性を確かめることができる。

2. 「建築基準法」に基づき、防火地域及び準防火地域以外の区域内における、延べ面積 1,800 m²、耐火建築物及び準耐火建築物以外の木造の地上 2 階建ての図書館については、床面積の合計 1,000 m² 以内ごとに防火上有効な構造の防火壁・防火床によって有効に区画しなければならない。

3. 「消防法」に基づき、延べ面積 600 m²、木造の地上 2 階建ての旅館（無窓階を有しないものとし、少量危険物又は指定可燃物の貯蔵又は取扱いは行わないもの）については、所定の基準に従って屋内消火栓設備を設置した場合には、原則として、消火器具の設置個数を減少することができる。

4. 「建築士法」に基づき、延べ面積 500 m²、高さ 14 m、軒の高さ 9 m の木造の地上 3 階建ての共同住宅の新築については、一級建築士事務所の管理建築士の監督の下に、当該建築士事務所に属する二級建築士が工事監理をすることができる。

[解説] 1.　（建基法 20 条 1 項二号、令 36 条 2 項三号、令 81 条 2 項二号イ）正しい。
2.　（建基法 26 条）正しい。
3.　（消令 10 条 1 項二号、3 項）旅館は消令別表 1 (5)項イに該当し、延べ面積 150 m² 以上のとき消火器具の設置義務があるが、消令 10 条 3 項により屋内消火栓設備等の設置により、その設置個数を減少することができる。
4.　（士法 3 条 1 項二号）木造建築物で高さ 13 m を超えるものは、一級建築士でなけ

れば設計又は工事監理をしてはならない。一級建築士である管理建築士の監督の下であっても二級建築士が工事監理をすることはできない。　　正解 4

R05	R04	R03	R02	R01	H30	H29

問題 09 Ⅲ 30　次の記述のうち、建築基準法及び建築士法上、**誤っているもの**はどれか。

1.　特定行政庁が特定工程の指定と併せて指定する特定工程後の工程に係る工事を、工事施工者が当該特定工程に係る中間検査合格証の交付を受ける前に施工した場合、当該工事施工者は罰則の適用の対象となる。

2.　一級建築士でなければ行ってはならない建築物の設計及び工事監理を二級建築士が行い、工事が施工された場合、当該建築物の工事施工者は罰則の適用の対象とならないが、当該二級建築士は罰則の適用の対象となる。

3.　患者の収容施設がある地上 3 階、床面積 300 m² の診療所（国、都道府県及び建築主事を置く市町村の建築物を除く。）の所有者等は、当該建築物の敷地、構造及び建築設備について、定期に、一定の資格を有する者にその状況の調査をさせて、その結果を特定行政庁に報告しなければならない。

4.　建築士事務所の開設者は、事業年度ごとに、設計等の業務に関する報告書を作成し、毎事業年度経過後 3 月以内に当該建築士事務所に係る登録をした都道府県知事に提出するとともに、所定の業務に関する事項を記載した帳簿を備え付け、各事業年度の末日にその帳簿を閉鎖し、その翌日から 15 年間保存しなければならない。

解説　1.　（建基法 7 条の 3 第 6 項、同法 99 条 1 項二号）1 年以下の懲役又は 100 万円以下の罰金となる。

　2.　（建基法 5 条の 6、同法 101 条 1 項一号、士法 37 条三号）一級建築士でなければできない建築物の設計及び工事監理を二級建築士が行い工事が施工された場合、建基法 5 条の 6 に違反することとなり、同法 101 条 1 項一号により、工事施工者は 100 万円以下の罰金となる。なお、当該二級建築士は士法 37 条により 1 年以下の懲役又は 100 万円以下の罰金となる。

　3.　（建基法 12 条 1 項、同令 16 条 1 項三号）建基令 16 条 1 項に定める特殊建築物や同令 14 条の 2 に規定する建築物の所有者等は、当該建築物の敷地、構造及び建築設備について、定期に、同法 12 条に規定する建築物調査員にその状況の調査をさせて、その結果を特定行政庁に報告しなければならない。設問の建築物は同令 16 条 1 項三号に該当する。

　4.　（士法 23 条の 6、士法 24 条の 4 第 1 項、同規則 21 条 3 項）条文の通り、正しい。

正解 2

一級建築士試験
平成 29 年度〜令和 5 年度

学科IV

問題01 Ⅳ1 図－1のように、脚部で固定された柱の頂部に、鉛直荷重N及び水平荷重Qが作用している。柱の断面形状は図－2に示すような長方形断面であり、N及びQは断面の図心に作用しているものとする。柱脚部断面における引張縁応力度、圧縮縁応力度及

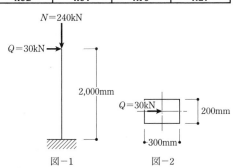

図－1   図－2

び最大せん断応力度の組合せとして、**正しいもの**は、次のうちどれか。ただし、柱は全長にわたって等質等断面の弾性部材とし、自重は無視する。また、引張応力度を「＋」、圧縮応力度を「－」とする。

	引張縁応力度 (N/mm²)	圧縮縁応力度 (N/mm²)	最大せん断応力度 (N/mm²)
1.	＋16	－24	0.50
2.	＋16	－24	0.75
3.	＋26	－34	0.50
4.	＋26	－34	0.75

解説 鉛直荷重Nによる応力度

$$\sigma_N = \frac{N}{A} = \frac{240,000}{200 \times 300} = 4\,\text{N/mm}^2$$

水平荷重Qによる応力度

$$\sigma_Q = \frac{Q \cdot l}{Z} = \frac{30,000 \times 2,000}{\dfrac{200 \times 300^2}{6}} = 20\,\text{N/mm}^2$$

右図より、

引張応力度 $\sigma_{左} = -\sigma_N + \sigma_Q = -4 + 20 = +16\,\text{N/mm}^2$

圧縮応力度 $\sigma_{右} = -\sigma_N - \sigma_Q = -4 - 20 = -24\,\text{N/mm}^2$

最大せん断応力度

$$\tau_{max} = 1.5 \times \frac{Q}{A} = 1.5 \times \frac{30,000}{200 \times 300} = 0.75\,\text{N/mm}^2$$

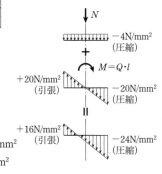

正解 2

R05	R04	R03	R02	R01	H30	H29

問題02 **Ⅳ1** 図－1のように、脚部で固定された柱の頂部に鉛直荷重N及び水平荷重Qが作用している。柱の断面形状は図－2に示すような長方形断面であり、鉛直荷重N及び水平荷重Qは断面の図心に作用しているものとする。柱脚部断面における引張縁応力度と圧縮縁応力度との組合せとして、**正しいもの**は、次のうちどれか。ただし、柱は等質等断面とし、自重は無視する。また、応力度は弾性範囲内にあるものとし、引張応力度を「＋」、圧縮応力度を「－」とする。

	引張縁応力度 (N/mm²)	圧縮縁応力度 (N/mm²)
1.	＋6	－14
2.	＋8	－12
3.	＋11	－19
4.	＋13	－17

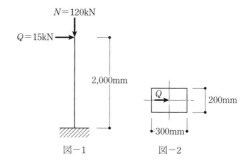

図－1　　図－2

解説 鉛直荷重Nによる応力度

$$\sigma_N = \frac{N}{A} = \frac{120,000}{200 \times 300} = 2\text{N/mm}^2$$

水平荷重Qによる応力度

$$\sigma_Q = \frac{Q \cdot l}{Z} = \frac{15,000 \times 2,000}{\frac{200 \times 300^2}{6}} = 10\text{N/mm}^2$$

右図より、

引張縁応力度 $\sigma_左 = -\sigma_N + \sigma_Q = -2 + 10 = +8\text{N/mm}^2$

圧縮縁応力度 $\sigma_右 = -\sigma_N - \sigma_Q = -2 - 10 = -12\text{N/mm}^2$

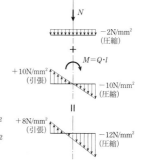

正解 2

2 静定構造物

問題 01 Ⅳ 6 　次の架構のうち、**静定構造**はどれか。

1.　　　　　　　2.　　　　　　　3.　　　　　　　4.

解説　構造物の安定・不安定・静定・不静定は次式により判定することができる。

$$m = n + s + r - 2k$$

n：反力数の総和
s：骨組の部材数（本）
r：剛節点部材数
k：骨組の支点と節点の数

	n	s	r	k	$-2k$	m	判　定
1.	3	5	2	5	-2×5	0	安定・静定
2.	5	4	0	4	-2×4	$+1$	安定・一次不静定
3.	3	4	0	4	-2×4	-1	不安定
4.	4	3	2	4	-2×4	$+1$	安定・一次不静定

$m < 0$　不安定　　　$m = 0$　安定・静定　　　$m >$安定・不静定

正解 1

問題 02 Ⅳ 3 　図のような鉛直方向に等分布荷重 w と水平方向に集中荷重 P が作用する骨組において、固定端 A 点に曲げモーメントが生じない場合の荷重 wl と荷重 P の比として、**正しいもの**は、次のうちどれか。ただし、全ての部材は弾性部材とし、自重は無視する。

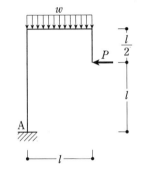

	wl	:	P
1.	1	:	1
2.	1	:	2
3.	2	:	1
4.	3	:	1

[解説] $M_A = -P \times l + wl \times \dfrac{l}{2} = 0$

$wl = 2P \qquad wl : P = 2 : 1$

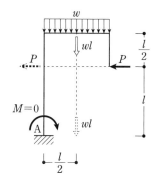

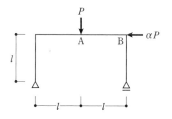

M 図

正解 3

R05	R04	R03	R02	R01	H30	H29

問題 03 Ⅳ 3　図のようなラーメンにおいて、A 点に鉛直荷重 P 及び B 点に水平荷重 αP が作用したとき、A 点における曲げモーメントが 0 になるための α の値として、**正しい**ものは次のうちどれか。ただし、全ての部材は全長にわたって等質等断面の弾性部材とし、自重は無視する。

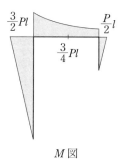

1.　$\alpha = \dfrac{1}{2}$

2.　$\alpha = 1$

3.　$\alpha = \dfrac{3}{2}$

4.　$\alpha = 2$

[解説] C 支点の反力を求める。

$\sum X = 0 \quad H_C - \alpha P = 0 \qquad H_C = \alpha P$

$\sum M_D = 0 \quad V_C \times 2l - P \times l - \alpha P \times l = 0$

$V_C = \dfrac{(1 + \alpha)P}{2}$

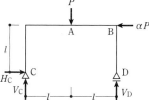

A 点の曲げモーメントをラーメンの左側で求める。

$M_A = -H_C \times l + V_C \times l$

$\qquad = -\alpha P \times l + \dfrac{(1 + \alpha)P}{2} \times l = \dfrac{(1 - \alpha)}{2}Pl$

よって $\dfrac{(1 - \alpha)}{2}Pl = 0 \qquad \alpha = 1$

正解 2

問題 04 **IV 6** 次の架構のうち、**静定構造**はどれか。

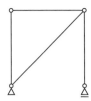 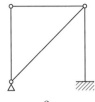 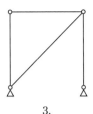 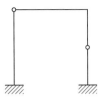

1.　　　　　　　2.　　　　　　　3.　　　　　　　4.

解説 構造物の安定・不安定・静定・不静定は次の判別式によって判別することができる。静定構造物は力のつり合い条件のみで反力、応力を求めることができる構造物。

$$m = n + s + r - 2k$$

n：反力数の総和

s：骨組みの部材数（本）

r：剛接点部材数

k：骨組みの支点と接点の数

	n	s	r	$-2k$	m	判定
1.	3	4	0	-2×4	-1	不安定
2.	5	4	0	-2×4	$+1$	安定・一次不静定
3.	4	4	0	-2×4	0	安定・静定
4.	6	4	1	-2×5	$+1$	安定・一次不静定

$m < 0$　不安定　　　$m = 0$　安定・静定　　　$m > 0$　安定・不静定　　　正解 3

問題 05 **IV 3** 図のような水平荷重 P を受ける骨組において、A 点における曲げモーメントの大きさとして、**正しいもの**は、次のうちどれか。

1. $\dfrac{Pl}{2}$

2. $\dfrac{2Pl}{3}$

3. $\dfrac{3Pl}{4}$

4. Pl

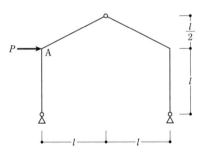

解説 B 点の反力を求める。

C 点まわりのモーメントのつり合い（図 a）より、

$\Sigma M_C = 0$　$V_B \times 2l + P \cdot l = 0$　$V_B = -\dfrac{P}{2}$（下向き）

D 点まわりのモーメントのつり合い（図 b）より、

$\Sigma M_{D左} = 0$　$-\dfrac{P}{2} \cdot l + H_B \times \dfrac{3}{2}l - P \times \dfrac{l}{2} = 0$

$-P \cdot l + H_B \times l - P \cdot l = 0$　$3H_B \cdot l = 2P \cdot l$　$H_B = \dfrac{2}{3}P$

A 点まわりのモーメントのつり合い（図 c）より、

$-M_A + \dfrac{2}{3}P \times l = 0$　$M_A = \dfrac{2Pl}{3}$（図 d）

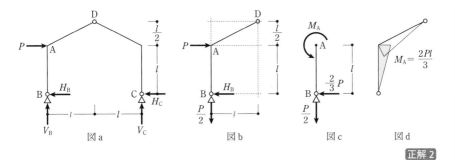

図a / **図b** / **図c** / **図d**

R05	R04	R03	R02	R01	H30	H29

問題06 Ⅳ3 図のようなラーメンに鉛直荷重 $4P$ 及び水平荷重 P が作用したときの曲げモーメント図として、**正しい**ものは、次のうちどれか。ただし、曲げモーメント図は、材の引張側に描くものとする。

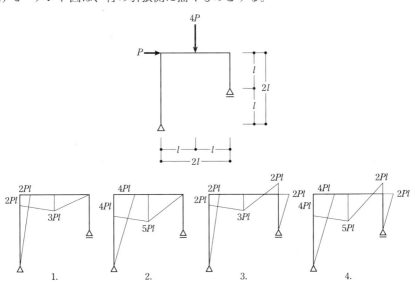

1. / 2. / 3. / 4.

解説 A、B 点の反力を求める（図a）。

$\Sigma X = 0$ より、 $H_A = P$

$\Sigma M_A = 0$ より、 $P \times 2l + 4P \times l - V_B \times 2l = 0$ $V_B = 3P$

$\Sigma Y = 0$ より、 $V_A - 4P + V_B = 0$ $V_A = P$

支点、接点、荷重点の曲げモーメントを求め、材の引張側に曲げモーメントを描き直線で結ぶ。

・A、B、E 点の $M = 0$

・D点の梁曲げモーメント（図b）　$\Sigma M_D = 0$ より、

　$+ M_D - 3P \times l = 0$　$M_D = + 3Pl$（下側）

曲げモーメントの矢印が部材に当たってふくらむ方に図を描く。

・C点の梁曲げモーメント（図c）　$\Sigma M_{C梁} = 0$ より、

　$+ M_{C梁} - 3P \times 2l + 4P \times l = 0$　$M_{C梁} = + 2Pl$（下側）

・C点の柱曲げモーメント（図d）　$\Sigma M_{C柱} = 0$ より、

　$- M_{C柱} + P \times 2l = 0$　$M_{C柱} = + 2Pl$（右側）

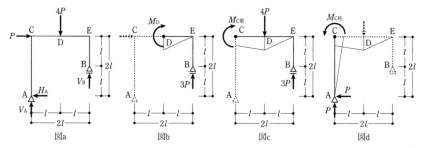

図a　　　　　　　　図b　　　　　　　　図c　　　　　　　　図d

正解 1

3 静定トラス

問題 01 IV 5 図のような荷重が作用するトラスにおいて、部材 A、B 及び C に生じる軸方向力をそれぞれ N_A、N_B 及び N_C とするとき、それらの大小関係として、**正しいもの**は、次のうちどれか。ただし、全ての部材は弾性部材とし、自重は無視する。また、軸方向力は、引張力を「＋」、圧縮力を「−」とする。

1. $N_A < N_B < N_C$
2. $N_B < N_A < N_C$
3. $N_C < N_A < N_B$
4. $N_C < N_B < N_A$

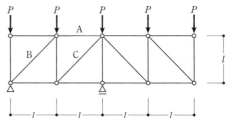

解説 ア点の反力 $V_ア$ を求める（図1）。

$\Sigma M_ウ = 0$ より、

$+ V_ア \times 2l - P \times 2l - P \times l + P \times 0 + P \times l + P \times 2l = 0$　　$V_ア = 0$

N_A、N_C：切断法で求める（図2）。

切断位置から離れる方向に応力を仮定する。

N_A：N_A 以外の二部材の交点(イ)　$\Sigma M_イ = 0$

$V_ア \times l - P \times l + N_A \times l = 0$　　$N_A = P$（引張力）

N_C：$\Sigma Y = 0$ より（図2）、

$V_ア - P - P + \dfrac{1}{\sqrt{2}} \times N_C = 0$　　$N_C = 2\sqrt{2}P$（引張力）

N_B：節点方で求める（図3）。

$\Sigma Y = 0$ より、　$0 - P + \dfrac{1}{\sqrt{2}} \times N_B = 0$　　$N_B = \sqrt{2}P$（引張力）

よって、$N_A < N_B < N_C$

正解 1

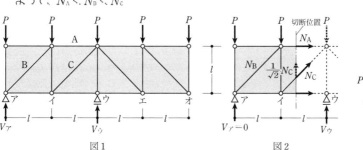

図1　　　　　図2　　　　　図3

問題 02 $\boxed{\text{IV 5}}$　図のような荷重が作用するトラスにおいて、部材 A、B、C 及び D に生じる軸方向力をそれぞれ N_A、N_B、N_C 及び N_D とするとき、それらの値として、**誤っている**ものは、次のうちどれか。ただし、軸方向力は、引張力を「＋」、圧縮力「－」とする。

1.　$N_A = -\dfrac{5\sqrt{2}}{2}P$

2.　$N_B = -5P$

3.　$N_C = -\dfrac{\sqrt{2}}{2}P$

4.　$N_D = 0$

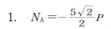

解説　荷重と支点の垂直反力が対称であるから

$$V_{\text{ア}} = \frac{5}{2}P$$

N_A　節点法で解く（図1）。

$\Sigma Y = 0$ より

$$+\frac{5}{2}P + \frac{1}{\sqrt{2}} \times N_A = 0$$

$$N_A = -\frac{5\sqrt{2}}{2}P$$

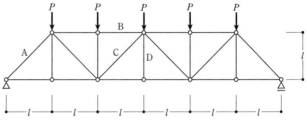

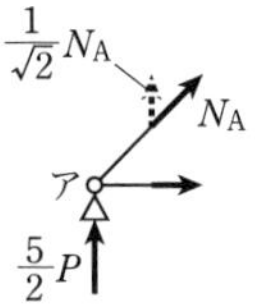

図1

N_B　切断法で求める（図2）。

求めたい部材以外の二部材の

交点（エ）で、$\Sigma M_x = 0$

$$+\frac{5}{2}P \times 2l - Pl + N_B \times l = 0$$

$$N_B = -4P$$

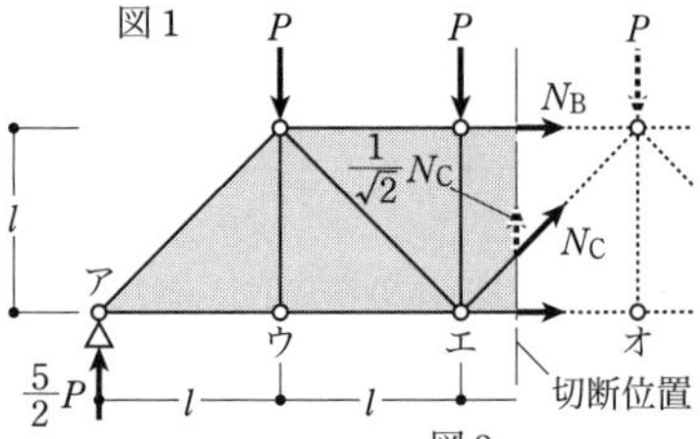

図2

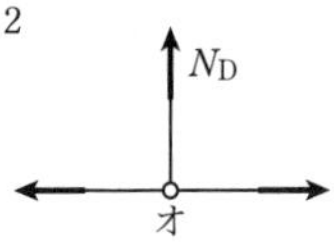

N_C　切断法で求める（図2）。

$\Sigma Y = 0$

$$+\frac{5}{2}P - P - P + \frac{1}{\sqrt{2}}N_C = 0 \qquad N_C = -\frac{\sqrt{2}}{2}P$$

N_D　接点法で解く（図3）。$\Sigma Y = 0$ より

図3

$$N_D = 0$$

$\boxed{\text{正解 2}}$

問題 03 $\boxed{\text{IV 5}}$　図のような荷重が作用するトラスにおいて、部材 AB に生じる軸方向力として、**正しい**ものは、次のうちどれか。ただし、軸方向力は、引張力を「＋」、圧縮力を「－」とする。

1. $-\dfrac{12}{7\sqrt{3}}P$

2. $-\dfrac{2}{7\sqrt{3}}P$

3. $+\dfrac{2}{7\sqrt{3}}P$

4. $+\dfrac{12}{7\sqrt{3}}P$

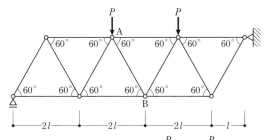

[解説] C 点の反力 V_{C} を求める。

$\Sigma M_{\mathrm{D}} = 0$ より、

$+ V_{\mathrm{C}} \times 7l - P \times 4l - P \times 2l = 0$

$V_{\mathrm{C}} = \dfrac{6}{7}P$

切断法で解く。

切断位置から離れる方向に応力を仮定、

$\Sigma Y = 0$

$+ \dfrac{6}{7}P - \dfrac{\sqrt{3}}{2}N_{\mathrm{AB}} - P = 0$

$N_{\mathrm{AB}} = -\dfrac{1}{7} \times \dfrac{2}{\sqrt{3}} = -\dfrac{2}{7\sqrt{3}}$

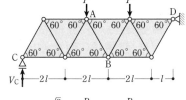

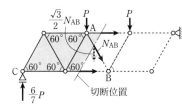

正解 2

R05	R04	R03	R02	R01	H30	H29

[問題 04 IV 5] 図のような水平荷重 P が作用するトラスにおいて、部材 A 及び B に生じる軸力の組合せとして、**正しいもの**は、次のうちどれか。ただし、軸力は、引張力を「+」、圧縮力を「−」とする。

	A	B
1.	$-\dfrac{\sqrt{2}P}{2}$	$+P$
2.	$-\dfrac{\sqrt{2}P}{2}$	$+2P$
3.	$-\sqrt{2}P$	$+P$
4.	$-\sqrt{2}P$	$+2P$

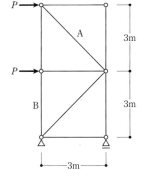

[解説] 切断法で解く。切断位置から離れる方向に応力を仮定。

左図より、$\Sigma X = 0$

$P + A \times \dfrac{1}{\sqrt{2}} = 0$

$\therefore A = -\sqrt{2}P$

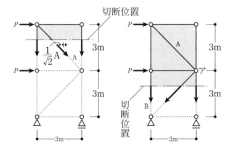

右図ア点まわりのモーメントのつり合いより、$\Sigma M_{\text{ア}} = 0$

$+P \times 3 - B \times 3 = 0$　　∴$B = +P$

正解 3

R05	R04	R03	R02	R01	H30	H29

問題 05 [Ⅳ5]　図のような荷重が作用するトラスにおいて、部材 AB に生じる軸方向力として、**正しいもの**は、次のうちどれか。ただし、軸方向力は、引張力を「＋」、圧縮力を「－」とする。

1.　$-\sqrt{2}\,P$

2.　$-\dfrac{\sqrt{2}}{2}\,P$

3.　$+\dfrac{\sqrt{2}}{2}\,P$

4.　$+\sqrt{2}\,P$

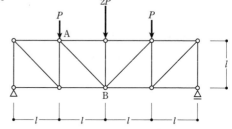

[解説]　図の位置で切断し切断法で解く。切断位置から離れる方向に応力を仮定。答が＋であれば引張材、－であれば圧縮材となる。

　C 点の反力 V_c を求める。

　荷重と支点の垂直反力が対称であるから、

$V_c = \dfrac{P + 2P + P}{2} = 2P$

$\Sigma Y = 0$ より、

$+ V_c - P - N_{AB} \sin 45° = 0$

$2P - P - \dfrac{1}{\sqrt{2}} \times N_{AB} = 0$

$N_{AB} = +\sqrt{2}\,P$

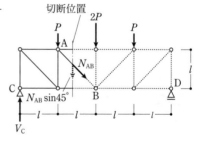

正解 4

4 部材の変形

問題01 **Ⅳ1** 図のような集中荷重 P を受ける梁 A 及び B の荷重点に生じるたわみ δ_A と δ_B との比として、**正しいもの**は、次のうちどれか。ただし、梁 A 及び B は同一断面で、全長にわたって等質等断面の弾性部材とし、自重は無視する。

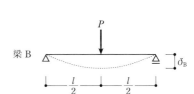

	δ_A	:	δ_B
1.	4	:	1
2.	8	:	2
3.	16	:	1
4.	32	:	1

解説 $\delta_A : \delta_B = \dfrac{Pl^3}{3EI} : \dfrac{Pl^3}{48EI} = \dfrac{1}{3} : \dfrac{1}{48} = 16 : 1$ **正解3**

問題02 **Ⅳ2** 図のような断面積が一定で長さが $3l$ の部材において、a、b 及び c の位置における断面の図心にそれぞれ軸方向力 P、P 及び $2P$ が矢印の向きに作用するとき、「a－b 間の軸力」と「c の軸方向変位」との組合せとして、**正しいもの**は、次のうちどれか。ただし、部材は全長にわたって等質等断面の弾性部材とし、自重は無視する。また、部材の断面積を A、ヤング係数を E とする。

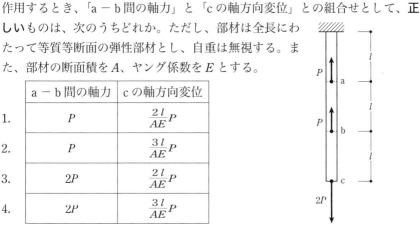

	a－b 間の軸力	c の軸方向変位
1.	P	$\dfrac{2l}{AE}P$
2.	P	$\dfrac{3l}{AE}P$
3.	$2P$	$\dfrac{2l}{AE}P$
4.	$2P$	$\dfrac{3l}{AE}P$

解説 軸方向力を求める。

$N_{b-c} = +2P$

$N_{a-b} = +2P - P = +P$

$N_{d-a} = +2P - P - P = 0$

部材に生じる軸方向力（N）による変位（δ）は

$\delta = \dfrac{Nl}{AE}$ で求められる。よって軸方向変位は

d－a 間　　　0

a－b 間　　　$\dfrac{Pl}{AE}$

b－c 間　　　$\dfrac{2Pl}{AE}$

C の軸方向変位は　$\delta_c = \dfrac{Pl}{AE} + \dfrac{2Pl}{AE} = \dfrac{3Pl}{AE} = \dfrac{3l}{AE}P$

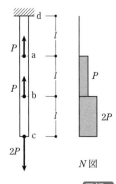

N図

正解 2

R05	R04	R03	R02	R01	H30	H29

問題 03 IV 2　図のように、材料とスパンが同じで、断面が異なる単純梁 A、B 及び C の中央に集中荷重 P が作用したとき、それぞれの梁の曲げによる中央たわみ δ_A、δ_B 及び δ_C の大小関係として、**正しいもの**は、次のうちどれか。ただし、それぞれの梁は全長にわたって等質等断面の弾性部材とし、自重は無視する。また、梁を構成する部材の接触面の摩擦及び接着はないものとする。

1.　$\delta_A < \delta_B = \delta_C$

2.　$\delta_A = \delta_B < \delta_C$

3.　$\delta_B = \delta_C < \delta_A$

4.　$\delta_C < \delta_A = \delta_B$

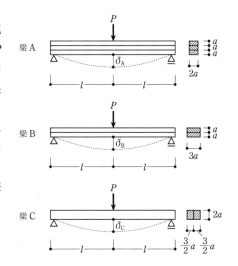

解説 梁 A の中央のたわみは、$2a \times a$ の梁が 3 個あると考えて、

$$\delta_A = \frac{Pl^3}{48EI} = \frac{P(2l)^3}{48E \times \dfrac{2a \times a^3}{12} \times 3} = \frac{Pl^3}{3Ea^4}$$

梁 B の中央のたわみは、$3a \times a$ の梁が 2 個あると考えて、

$$\delta_B = \frac{Pl^3}{48EI} = \frac{P(2l)^3}{48E \times \dfrac{3a \times a^3}{12} \times 2} = \frac{Pl^3}{3Ea^4}$$

梁 C の中央のたわみは、$\dfrac{3}{2}a \times 2a$ の梁が 2 個あると考えて、

$$\delta_C = \frac{Pl^3}{48EI} = \frac{P(2l)^3}{48E \times \dfrac{\dfrac{3}{2}a \times (2a)^3}{12} \times 2} = \frac{Pl^3}{12Ea^4}$$

よって、　$\delta_C < \delta_A = \delta_B$　正解 4

R05	R04	R03	R02	R01	H30	H29

問題 04 Ⅳ 2　図のような梁A、梁B及び梁Cにそれぞれ荷重Pが作用している場合、梁A、梁B及び梁Cにおける応力、たわみ等の大きさの比（梁A：梁B：梁C）として、**最も不適当な**ものは、次のうちどれか。ただし、全ての梁は同一断面で、全長にわたって等質等断面の弾性部材とし、自重は無視する。

梁 A

梁 B

梁 C

	応力、たわみ等	梁A : 梁B : 梁C
1.	鉛直方向の支点反力	1 ： 1 ： 1
2.	最大曲げモーメント	2 ： 1 ： 2
3.	最大せん断力	1 ： 1 ： 1
4.	荷重点のたわみ	2 ： 1 ： 2

解説

	梁 A	梁 B	梁 C
鉛直方向の支点反力	$\dfrac{P}{2}$ ／ $\dfrac{P}{2}$ 1	$\dfrac{P}{2}$ ／ $\dfrac{P}{2}$ 1	$\dfrac{P}{2}$ ／ $\dfrac{P}{2}$ 1
最大曲げモーメント	$\dfrac{Pl}{2}$ 2	$\dfrac{Pl}{4}$ 1	$\dfrac{Pl}{2}$ 2
最大せん断力	$\dfrac{P}{2}$ 1	$\dfrac{P}{2}$ 1	$\dfrac{P}{2}$ 1
荷重点のたわみ	$\dfrac{P(2l)^3}{48EI}$ 4	$\dfrac{P(2l)^3}{192EI}$ 1	$\dfrac{\dfrac{P}{2}l^3}{3EI}$ 4

正解 4

問題05 $\boxed{\text{IV 5}}$ 図のような集中荷重 P を受けるトラスA、トラスB及びトラスCにおいて、それぞれのローラー支持点の水平変位 δ_A、δ_B 及び δ_C の大小関係として、**正しいもの**は、次のうちどれか。ただし、各部材は同一材質の弾性部材とし、斜材の断面積はいずれも a、水平材の断面積はトラスA及びトラスBが a、トラスCが $2a$ とする。

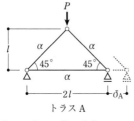 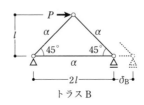 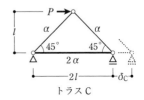

トラスA　　　　　　トラスB　　　　　　トラスC

1. $\delta_A = \delta_C < \delta_B$

2. $\delta_A < \delta_C < \delta_B$

3. $\delta_C < \delta_A = \delta_B$

4. $\delta_C < \delta_A < \delta_B$

[解説] 各トラスのD支点の垂直反力 V_D を求める。

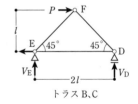

トラスB、C

トラスA　　対称構造物なので　$V_D = V_E = \dfrac{P}{2}$

トラスB、C　$\Sigma M_E = 0$　$P \times l - V_D \times 2l = 0$

$$V_D = \frac{P}{2}$$

トラスBにおいてD点に集まる部材に生じる力を図式法により求める。水平材 N_1、斜材 N_2 とすると、

$$N_1 = V_D = \frac{P}{2} \quad N_2 = \sqrt{2} \times V_D = \frac{\sqrt{2}}{2} P \text{（共に引張）}$$

D支点の垂直反力 V_D はトラスA、B、Cとも同じなので N_1、N_2 の値も同じとなる。

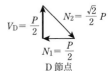

D節点

部材に生じる軸方向力（N）による変位（δ）は次式で求められる。

$$\delta = \frac{Nl}{EA}$$

l：材長　　E：ヤング係数　　A：部材断面積

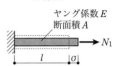

水平材の N、l、E は値が同じなので、水平変位は断面積 A に反比例する。よって断面積の $2a$ のトラスCが小さく断面積 a のトラスA、Bは同じとなる。　$\boxed{\text{正解 3}}$

問題06 $\boxed{\text{IV 2}}$ 図に示す交差梁のA材とB材の交点に集中荷重 P が作用したと

きのA材、B材の支点の反力をそれぞれR_A、R_Bとするとき、その比として、**正しいもの**は、次のうちどれか。なお、A材とB材は等質等断面とし、梁の重量は無視するものとする。

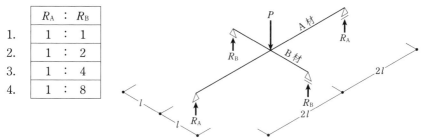

	R_A	:	R_B
1.	1	:	1
2.	1	:	2
3.	1	:	4
4.	1	:	8

[解説] 交差梁を下記のように分けて考える。

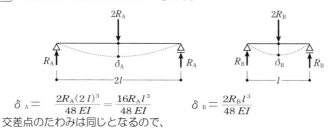

$$\delta_A = \frac{2R_A(2l)^3}{48EI} = \frac{16R_A l^3}{48EI} \qquad \delta_B = \frac{2R_B l^3}{48EI}$$

交差点のたわみは同じとなるので、

$$\delta_A = \delta_B \qquad \frac{16R_A l^3}{48EI} = \frac{2R_B l^3}{48EI} \qquad 8R_A = R_B$$

よって $R_A : R_B = 1 : 8$（Pの値に関係なくスパンの3乗の比となる） 正解 4

R05	R04	R03	R02	R01	H30	H29

問題07 IV 2 図のような材料とスパンが同じで、断面が異なる単純梁A、B及びCの中央に集中荷重Pが作用したとき、それぞれの梁の曲げによる中央たわみδ_A、δ_B及びδ_Cの比として、**正しいもの**は、次のうちどれか。ただし、梁は弾性部材とし、自重は無視する。また、梁B及びCを構成する部材の接触面の摩擦はないものとする。

	δ_A :	δ_B :	δ_C
1.	1 :	1 :	1
2.	1 :	1 :	4
3.	1 :	2 :	4
4.	1 :	4 :	8

解説 梁 A の中央のたわみは、$2a \times 2a$ の梁と考えて、

$$\delta_A = \frac{Pl^3}{48EI} = \frac{Pl^3}{48E \times \dfrac{2a \times (2a)^3}{12}} = \frac{Pl^3}{64Ea^4}$$

梁 B の中央のたわみは、$a \times 2a$ の梁が二つあると考えて、

$$\delta_B = \frac{Pl^3}{48EI} = \frac{Pl^3}{48E \times \dfrac{a \times (2a)^3}{12} \times 2} = \frac{Pl^3}{64Ea^4}$$

梁 C の中央のたわみは、$2a \times a$ の梁が二つあると考えて、

$$\delta_C = \frac{Pl^3}{48EI} = \frac{Pl^3}{48E \times \dfrac{2a \times a^3}{12} \times 2} = \frac{Pl^3}{16Ea^4}$$

よって、$\delta_A : \delta_B : \delta_C = \dfrac{Pl^3}{64Ea^4} : \dfrac{Pl^3}{64Ea^4} : \dfrac{Pl^3}{16Ea^4} = \dfrac{1}{64} : \dfrac{1}{64} : \dfrac{1}{16} = 1 : 1 : 4$

正解 2

R05	R04	R03	R02	**R01**	H30	H29

問題 08 IV 4 　図のような水平力が作用する 2 層構造物（1 層の水平剛性 $2K$、2 層の水平剛性 K）において、1 層の層間変位 δ_1 と 2 層の層間変位 δ_2 との比として、**正しいもの**は、次のうちどれか。ただし、梁は剛とし、柱の軸方向の伸縮はないものとする。

	δ_1 :	δ_2
1.	1 :	2
2.	1 :	4
3.	2 :	3
4.	3 :	4

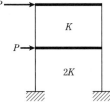

解説 2 層に作用する層せん断力　$Q_2 = 2P$

1 層に作用する層せん断力 $Q_1 = 2P + P = 3P$

2 層の層間変位　$\delta_2 = \dfrac{2P}{K}$　　1 層の層間変位　$\delta_1 = \dfrac{3P}{2K}$

$$\delta_1 : \delta_2 = \frac{3P}{2K} : \frac{2P}{K} = \frac{3}{2} : 2 = 3 : 4$$

正解 4

R05	R04	R03	R02	R01	**H30**	H29

問題 09 IV 2 　図のような集中荷重 P_A、P_B を受ける梁 A、B の荷重点に生じるたわみ δ_A、δ_B の値が等しいとき、集中荷重 P_A と P_B との比として、**正しいもの**

は、次のうちどれか。ただし、梁A、B
は等質等断面の弾性部材とする。

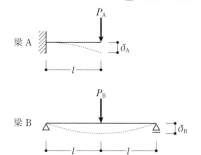

	P_A :	P_B
1.	1 :	4
2.	1 :	2
3.	1 :	1
4.	2 :	1

[解説] 梁Aのたわみ $\delta_A = \dfrac{P_A l^3}{3EI}$　梁Bのたわみ $\delta_B = \dfrac{P_B(2l)^3}{48EI}$

$\delta_A = \delta_B$ より、 $\dfrac{P_A l^3}{3EI} = \dfrac{P_B(2l)^3}{48EI}$　$\dfrac{P_A}{3} = \dfrac{8P_B}{48}$

$P_A = \dfrac{1}{2}P_B$ ∴ $P_A : P_B = 1 : 2$

正解 2

R05	R04	R03	R02	R01	H30	H29

【問題10】 IV 2　図のような断面形状の単純梁A及びBの中央に集中荷重Pが作用したとき、それぞれ曲げによる最大たわみ δ_A 及び δ_B が生じている。δ_A と δ_B との比として、**正しいもの**は、次のうちどれか。ただし、梁A及びBは同一材質の弾性部材とし、自重は無視する。また、梁Bは重ね梁であり、接触面の摩擦はないものとする。

	δ_A :	δ_B
1.	1 :	1
2.	1 :	2
3.	1 :	4
4.	1 :	8

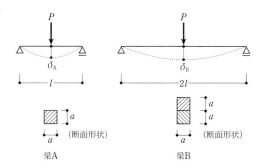

[解説] 梁Aの中央のたわみは、$a \times a$ の梁と考えて、

$$\delta_A = \frac{P l^3}{48EI} = \frac{P l^3}{48E \times \dfrac{a \times a^3}{12}} = \frac{P l^3}{4Ea^4}$$

梁Bの中央のたわみは、$a \times a$ の梁が二つあると考えて、

$$\delta_B = \frac{P l^3}{48EI} = \frac{P(2l)^3}{48E \times \dfrac{a \times a^3}{12} \times 2} = \frac{8P l^3}{8Ea^4} = \frac{P l^3}{Ea^4}$$

よって、$\delta_A : \delta_B = \dfrac{P l^3}{4Ea^4} : \dfrac{P l^3}{Ea^4} = \dfrac{1}{4} : 1 = 1 : 4$

正解 3

R05	R04	R03	R02	R01	H30	H29

問題 01 Ⅳ4 　図は、2層のラーメンにおいて、2階に水平荷重 P_1、R階に水平荷重 P_2 が作用したときの柱の曲げモーメントを示したものである。次の記述のうち、**誤っている**ものはどれか。ただし、全ての部材の自重は無視する。

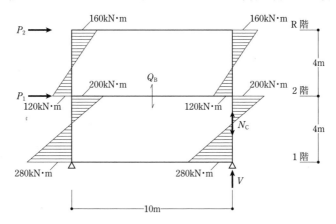

1.　2階に作用する水平荷重 P_1 は、100 kN である。

2.　2階の梁のせん断力 Q_B は、64 kN である。

3.　1階右側の柱の軸方向圧縮力 N_c は、128 kN である。

4.　右側の支点の鉛直反力 V は、152 kN である。

[解説] 柱・梁のモーメント図を離して描き、柱・梁のせん断力を求める。

$$_RQ_B = \frac{160 + 160}{10} = 32 \text{ kN}$$

$$Q_B = \frac{320 + 320}{10} = 64 \text{ kN}$$

$$_FQ_B = \frac{280 + 280}{10} = 56 \text{ kN}$$

$$_2Q_C = \frac{160 + 120}{4} = 70 \text{ kN}$$

$$_1Q_C = \frac{200 + 280}{4} = 120 \text{ kN}$$

1.　$P_2 = 2 \times {_2Q_C} = 2 \times 70 = 140 \text{ kN}$

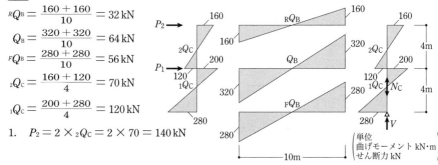

$P_1 = 2 \times {}_1 Q_\text{C} - P_2 = 2 \times 120 - 140 = 100\,\text{kN}$　OK

2. $Q_\text{B} = 64\,\text{kN}$　OK

3. $N_\text{c} = {}_R Q_\text{B} + Q_\text{B} = 32 + 64 = 96\,\text{kN}$　NG

4. $V = {}_R Q_\text{B} + Q_\text{B} + {}_F Q_\text{B} = 32 + 64 + 56 = 152\,\text{kN}$　OK　正解3

R05	R04	R03	R02	R01	H30	H29

問題02 Ⅳ6 　図－1のような構造物に鉛直荷重 P が作用したときのせん断力図として、**正しいもの**は、次のうちどれか。ただし、全ての部材は弾性部材とし、自重は無視する。また、せん断力の符号は図－2に示した向きを「＋」とする。

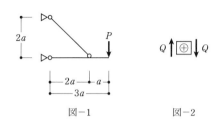

図－1　　　　図－2

1.　　　　　2.　　　　　3.　　　　　4.

解説　両端はピン A－C 部材の軸方向力を外力として梁 B－D に作用させる。

C 点に生じる力を V_c とすると、

$\Sigma M_\text{B} = 0$ より、

$+ P \times 3a - V_\text{c} \times 2a = 0$　　$V_\text{c} = 1.5P$

$\Sigma Y = 0$ より、

$+ V_\text{B} + V_\text{c} - P = 0$　　$V_\text{B} = -0.5P$

よってせん断力は、

B－C 間は $Q = -0.5P$

C－D 間は $Q = +P$

せん断力図、曲げモーメント図は右図となる。

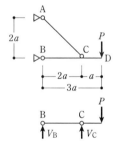

正解4

R05	R04	R03	R02	R01	H30	H29

問題03 Ⅳ3 　図のような柱脚の支持条件が異なる3つのラーメンに水平荷重 P が作用する場合、柱 A、柱 B 及び柱 C に生じるせん断力をそれぞれ Q_A、Q_B 及び Q_C としたとき、それらの大小関係として、**正しいもの**は、次のうちどれか。ただし、全ての柱は等質等断面の弾性部材とし、梁は剛体とする。

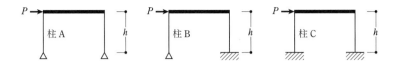

1. $Q_A > Q_B > Q_C$　　2. $Q_A = Q_C > Q_B$　　3. $Q_B > Q_A = Q_C$　　4. $Q_C > Q_B > Q_A$

[解説] 水平荷重 P による柱に生じるせん断力の分担比は、柱の水平剛性 K に比例する。柱の両端が固定の場合は、$K = \dfrac{12\,EI}{h^3}$ に、一端固定、他端ピンの場合は $K = \dfrac{3\,EI}{h^3}$ となる。柱 A、柱 C は柱脚の支持条件が異なるが、左右柱の両端がそれぞれ同じなので、柱に生じるせん断力の分担比は同じとなり、$Q_A = \dfrac{P}{2}$、$Q_C = \dfrac{P}{2}$ となる。柱 B と右柱との分担比は $\dfrac{3\,EI}{h^3} : \dfrac{12\,EI}{h^3} = 1 : 4$ となる。よって、$Q_B = \dfrac{P}{5}$ となり、$Q_A = Q_C > Q_B$

正解 2

R05	R04	R03	R02	R01	H30	H29

問題 04 IV 3　図のようなラーメンに荷重 $10P$ が作用したときの曲げモーメント図として、**正しい**ものは、次のうちどれか。ただし、梁部材の曲げ剛性は $2EI$、柱部材の曲げ剛性は $3EI$ とし、図の A 点は自由端、B 点は剛接合とする。また、曲げモーメントは材の引張側に描くものとする。

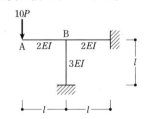

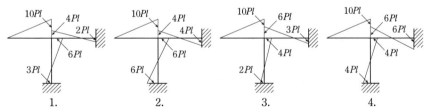

1.　　　　　2.　　　　　3.　　　　　4.

[解説] ・A 点に $10P$ が作用したときの梁 AB の B 点の曲げモーメントを求める。

$M_{BA} = 10P \times l = 10Pl$ （図 a）

・B 接点において、M_{BA} を相殺するモーメント（解放モーメント）を柱、梁に曲げ剛性の割合で分配（分割）する（図 b）。

$M_{BD} = 10Pl \times \left(\dfrac{2EI}{2EI + 3EI} \right) = 4Pl$ 　　　$M_{BC} = 10Pl \times \left(\dfrac{3EI}{2EI + 3EI} \right) = 6Pl$

・分割モーメントの $1/2$ を梁右、柱脚に到達させる（図 c）。

・梁右、到達モーメント $M_{DB} = 4Pl \times \dfrac{1}{2} = 2Pl$

・柱脚、到達モーメント $M_{CB} = 6Pl \times \dfrac{1}{2} = 3Pl$

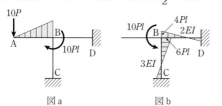

図 a　　　　　　　図 b　　　　　　　図 c

正解 1

R05	R04	R03	R02	R01	**H30**	H29

問題 05 IV 4　図は、2層のラーメンにおいて、2階に水平荷重 P_1、R階に水平荷重 P_2 が作用したときの柱の曲げモーメントを示したものである。次の記述のうち、**誤っている**ものはどれか。

1.　2階に作用する水平荷重 P_1 は、80 kN である。

2.　2階の梁のせん断力 Q_B は、70 kN である。

3.　1階右側の柱の軸方向圧縮力 N_C は、105 kN である。

4.　右側の支点の鉛直反力 V は、120 kN である。

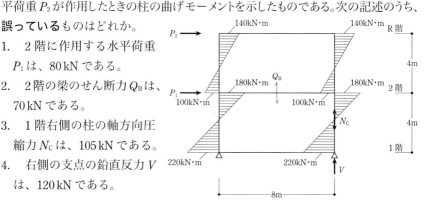

解説　理解しやすいため、柱・梁のモーメント図を離して描き、柱・梁のせん断力を求める。

$$_R Q_B = \frac{140+140}{8} = 35 \text{ kN}$$

$$Q_B = \frac{280+280}{8} = 70 \text{ kN}$$

$$_F Q_B = \frac{220+220}{8} = 55 \text{ kN}$$

$$_2 Q_C = \frac{140+100}{4} = 60 \text{ kN}$$

$$_1 Q_C = \frac{180+220}{4} = 100 \text{ kN}$$

1.　$P_2 = 2 \times _2 Q_C = 120 \text{ kN}$
　　$P_1 + P_2 = 2 \times _1 Q_C = 200$
　　$P_1 = 200 - P_2 = 80 \text{ kN}$　　O.K.

2.　$Q_B = 70 \text{ kN}$　　O.K.

3.　$N_C = _R Q_B + Q_B = 105 \text{ kN}$　　O.K.

4.　$V = _R Q_B + Q_B + _F Q_B = 35 + 70 + 55 = 160 \text{ kN}$　　N.G.

正解 4

R05	R04	R03	R02	R01	H30	H29

問題01 Ⅳ6　中心圧縮力を受ける正方形断面の長柱の弾性座屈荷重 P_e に関する次の記述のうち、**最も不適当な**ものはどれか。ただし、柱は全長にわたって等質等断面とする。

1. P_e は、正方形断面を保ちながら柱断面積が2倍になると4倍になる。

2. P_e は、柱材のヤング係数が2倍になると2倍になる。

3. P_e は、柱の材端条件が「両端ピンの場合」に比べて「一端自由他端固定の場合」のほうが大きくなる。

4. P_e は、柱の材端条件が「一端ピン他端固定の場合」に比べて「両端ピンの場合」のほうが小さくなる。

解説　弾性座屈荷重は、$P_e = \dfrac{\pi^2 E I}{l_k^2}$ より求められる。

1. 正方形（$a \times a$）の断面二次モーメントは、$I = \dfrac{a^4}{12}$

　正方形の断面積を2倍にするということは、一辺の長さが a から $\sqrt{2}a$ に変更されることである。したがって、断面二次モーメントは、$I = \dfrac{(\sqrt{2}a)^4}{12} = \dfrac{4a^4}{12}$ となって、I が4倍になるから、P_e も4倍となる。

2. ヤング係数 E が2倍になると、弾性座屈荷重は P_e も2倍になる。

3. 部材長さを l とすると、両端ピンの場合座屈長さ $l_k = l$、一端自由他端固定の場合 $l_k = 2l$ なので P_e は一端自由他端固定の場合の $\dfrac{1}{4}$ となる。

4. 一端ピン他端固定の場合座屈長さ $l_k = 0.7l$。両端ピンの場合は $l_k = l$ なので P_e は一端自由他端固定の場合の $\dfrac{1}{(0.7)^2} = \dfrac{1}{0.49} \fallingdotseq 2$ より、両端ピンのほうが小さくなる。

移動に対する条件	拘　　束			自　　由	
回転に対する条件	両端自由	両端拘束	一端自由 他端拘束	両端拘束	一端自由 他端拘束
座屈型	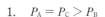				
l_k　理論値	l	$0.5l$	$0.7l$	l	$2l$

正解 3

R05	R04	R03	R02	R01	H30	H29

問題 02 IV 6　図のようなラーメン A、ラーメン B 及びラーメン C の柱の弾性座屈荷重をそれぞれ P_A、P_B 及び P_C としたとき、これらの大小関係として、**正しいもの**は、次のうちどれか。ただし、全ての柱及び梁は等質等断面の弾性部材であり、「柱及び梁の重量」及び「柱の面外方向の座屈及び梁の座屈」については無視するものとする。

1.　$P_A = P_C > P_B$
2.　$P_B > P_A > P_C$
3.　$P_C > P_A = P_B$
4.　$P_C > P_A > P_B$

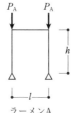
ラーメン A

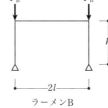
ラーメン B

ラーメン C

解説 柱の弾性座屈荷重は $P_e = \dfrac{\pi^2 EI}{l_k^2}$ より求めることができる。設問では、E、I は同じなので、l_k：座屈長さが小さいほど柱の弾性座屈荷重は大きくなる。ラーメン柱の座屈長さ l_k は、柱脚の支持条件、梁の剛比により異なり、柱脚がピンより剛の方が、梁の剛比 $\left(\dfrac{I}{スパン}\right)$ が大きい方が柱の座屈長さ l_k は小さくなる。ラーメン A、C は梁の剛比が同じなので、柱脚支持がピンであるラーメン A より柱脚が固定のラーメン C の方が座屈長さ l_k は小さくなり、柱の弾性座屈荷重は大きくなる。ラーメン A、B は柱脚が共にピンであるが、梁の剛比の小さいラーメン B の方が座屈長さ l_k が大きく、よって柱の弾性座屈荷重も小さくなる。　∴ $P_C > P_A > P_B$　　正解 4

R05	R04	R03	R02	R01	H30	H29

問題 03 IV 6　図のような構造物 A、B、C の柱の弾性座屈荷重をそれぞれ P_A、P_B、P_C としたとき、それらの大小関係として正しいものは、次のうちどれか。

ただし、全ての柱は
等質等断面で、梁は
剛体であり、柱及び
梁の自重、柱の面外
方向の座屈は無視す
る。

1. $P_A > P_C > P_B$
2. $P_B > P_A > P_C$
3. $P_C > P_A > P_B$
4. $P_C > P_B > P_A$

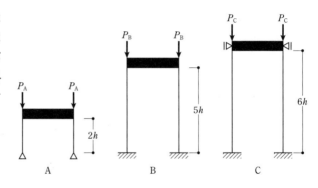

A　　　　　B　　　　　C

解説 柱の弾性座屈荷重 $P_e = \dfrac{\pi^2 EI}{l_k^{\,2}}$ により求められる。

A 架構　一端固定　他端ピン（水平移動自由）

座屈長さ $l_{kA} = 2.0 \times 2h = 4h$

$P_A = \dfrac{\pi^2 EI}{(4h)^2} = \dfrac{\pi^2 EI}{16h^2}$

B 架構　両端固定（水平移動自由）

座屈長さ $l_{kB} = 1.0 \times 5h = 5h$

$P_B = \dfrac{\pi^2 EI}{(5h)^2} = \dfrac{\pi^2 EI}{25h^2}$

C 架構　両端固定（水平移動拘束）

座屈長さ $l_{kC} = 0.5 \times 6h = 3h$　　$P_C = \dfrac{\pi^2 EI}{(3h)^2} = \dfrac{\pi^2 EI}{9h^2}$　　∴　$P_C > P_A > P_B$　　**正解 3**

7 振動・固有周期

R05	R04	R03	R02	R01	H30	H29

問題01 Ⅳ7 　図のようなラーメン架構 A、B 及び C の水平方向の固有周期を
それぞれ T_A、T_B 及び T_C としたとき、それらの大小関係として、**正しいもの**は、
次のうちどれか。ただし、柱の曲げ剛性は図中に示す EI あるいは $2EI$ とし、梁
は剛体とする。また、柱の質量は考慮しないものとする。

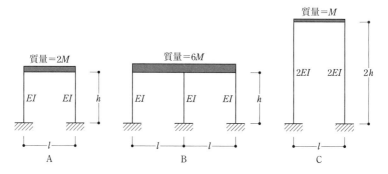

1. $T_A < T_B = T_C$
2. $T_B < T_A < T_C$
3. $T_B = T_C < T_A$
4. $T_C < T_A < T_B$

[解説] 建築物の固有周期は次式で求める。

$$T = 2\pi \sqrt{\frac{m}{K}} \qquad m：質量 \qquad K：水平剛性（バネ係数）$$

両端固定の場合：$K = \dfrac{12\,EI}{h^3}$

（A、C は柱が2本あるので、K を2倍、B は3本あるので3倍する）

$$K_A = \frac{12\,EI}{h^3} \times 2 = \frac{24\,EI}{h^3} \qquad T_A = 2\pi \sqrt{\frac{2\,Mh^3}{24\,EI}} = 2\pi \sqrt{\frac{Mh^3}{12\,EI}}$$

$$K_B = \frac{12\,EI}{h^3} \times 3 = \frac{36\,EI}{h^3} \qquad T_B = 2\pi \sqrt{\frac{6\,Mh^3}{36\,EI}} = 2\pi \sqrt{\frac{Mh^3}{6\,EI}}$$

$$K_C = \frac{12\,(2\,EI)}{(2h)^3} \times 2 = \frac{6\,EI}{h^3} \qquad T_C = 2\pi \sqrt{\frac{Mh^3}{6\,EI}}$$

よって、$T_A < T_B = T_C$

正解 1

問題 02 **Ⅳ3** 図のような柱脚の支持条件が異なる3つのラーメンに水平荷重 P が作用する場合、柱 A、柱 B 及び柱 C に生じるせん断力をそれぞれ Q_A、Q_B 及び Q_C としたとき、それらの大小関係として、**正しいもの**は、次のうちどれか。ただし、全ての柱は等質等断面の弾性部材とし、梁は剛体とする。

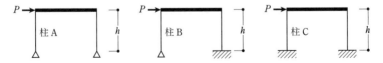

1. $Q_A > Q_B > Q_C$
2. $Q_A = Q_C > Q_B$
3. $Q_B > Q_A = Q_C$
4. $Q_C > Q_B > Q_A$

解説 水平荷重 P による柱に生じるせん断力の分担比は、柱の水平剛性 K に比例する。柱の両端が固定の場合は、$K = \dfrac{12EI}{h^3}$ に、一端固定、他端ピンの場合は $K = \dfrac{3EI}{h^3}$ となる。柱 A、柱 C は柱脚の支持条件が異なるが、左右柱の両端がそれぞれ同じなので、柱に生じるせん断力の分担比は同じとなり、$Q_A = \dfrac{P}{2}$、$Q_C = \dfrac{P}{2}$ となる。柱 B と右柱との分担比は $\dfrac{3EI}{h^3} : \dfrac{12EI}{h^3} = 1 : 4$ となる。よって、$Q_B = \dfrac{P}{5}$ となり、$Q_A = Q_C > Q_B$

正解 2

◀学科Ⅳ▶
8 全塑性モーメント

R05	R04	R03	R02	R01	H30	H29

問題 01 Ⅳ1 　図－1のような等質な材料からなる部材の断面が、図－2に示す垂直応力度分布となって全塑性状態に達している。このとき、断面の図心に作用する圧縮軸力 N と曲げモーメント M との組合せとして、**正しい**ものは、次のうちどれか。ただし、降伏応力度は σ_y とする。

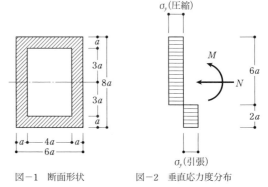

	N	M
1.	$8a^2\sigma_y$	$42a^3\sigma_y$
2.	$8a^2\sigma_y$	$52a^3\sigma_y$
3.	$12a^2\sigma_y$	$42a^3\sigma_y$
4.	$12a^2\sigma_y$	$52a^3\sigma_y$

図－1　断面形状　　図－2　垂直応力度分布

解説　図1の垂直応力度分布を、軸方向力による応力ブロック（図2）、曲げモーメントによる応力ブロック（図3）に分けて考える。

図2より、圧縮力 N を求める。

$$N = a \times 4a \times \sigma_y \times 2 = 8a^2\sigma_y$$

図3より、曲げモーメント M を求める。

$$M = C_1 \cdot j_1 + C_2 \cdot j_2 = T_1 \cdot j_1 + T_2 \cdot j_2 = 6a \times a \times \sigma_y \cdot 7a + a \times a \times 2 \times \sigma_y \cdot 5a$$
$$= 52a^3\sigma_y$$

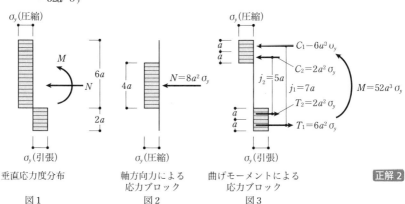

垂直応力度分布　　軸方向力による　　曲げモーメントによる
　　　　　　　　　応力ブロック　　　応力ブロック
図1　　　　　　　図2　　　　　　　図3

正解 2

問題 02 $\boxed{\text{IV 1}}$　図−1のように、脚部で固定された柱の頂部に鉛直荷重 N 及び水平荷重 Q が作用している。柱の断面形状は図−2に示すとおりであり、N 及び Q は断面の図心に作用しているものとする。柱脚部断面の垂直応力度分布が図−3のような全塑性状態に達している場合の N と Q との組合せとして、**正しいもの**は、次のうちどれか。ただし、柱は等質等断面とし、降伏応力度は σ_y とする。

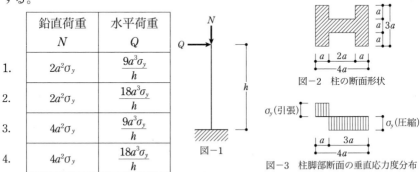

	鉛直荷重 N	水平荷重 Q
1.	$2a^2\sigma_y$	$\dfrac{9a^3\sigma_y}{h}$
2.	$2a^2\sigma_y$	$\dfrac{18a^3\sigma_y}{h}$
3.	$4a^2\sigma_y$	$\dfrac{9a^3\sigma_y}{h}$
4.	$4a^2\sigma_y$	$\dfrac{18a^3\sigma_y}{h}$

図−1

図−2　柱の断面形状

図−3　柱脚部断面の垂直応力度分布

解説　図1の垂直応力度分布を、軸方向力による応力ブロック（図2）、曲げモーメントによる応力ブロック（図3）に分けて考える。

　　図2より、圧縮軸力 N を求める。$N = 2a \times a \times \sigma_y = 2a^2\sigma_y$

　　図3より、全塑性モーメント M_p を求める。

　　$M_p = C \cdot j = T \cdot j = 3a \times a \times \sigma_y \times 3a = 9a^3\sigma_y$

　　水平力によるモーメント $M = Q \cdot h$　よって $Q \cdot h = 9a^3\sigma_y$　$Q = \dfrac{9a^3\sigma_y}{h}$

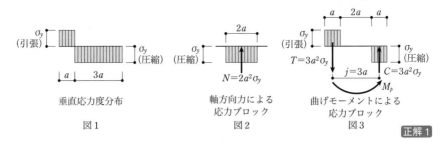

垂直応力度分布
図1

軸方向力による
応力ブロック
図2

曲げモーメントによる
応力ブロック
図3

正解 1

問題 03 $\boxed{\text{IV 1}}$　等質で、図−1のような断面形状の部材に、図−2のように断面力として曲げモーメント M のみが作用している。この断面の降伏開始曲げモーメントを M_y、全塑性モーメントを M_p とするとき、$M \leqq M_y$ の場合と $M = M_p$ の場合の中立軸の位置の組合せとして、**正しいもの**は、次のうちどれか。た

だし、中立軸の位置は断面下縁から測るものとする。

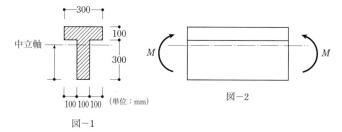

図-1

図-2

	$M \leqq M_y$	$M = M_p$ の場合
1.	200 mm	250 mm
2.	250 mm	200 mm
3.	250 mm	300 mm
4.	300 mm	250 mm

[解説] $M \leqq M_y$ の場合、中立軸は図心位置となる。

図心位置 y_0 を求める（図a）。

$A_1 = 300 \times 100 = 3 \times 10^4$ 　　 $A_2 = 100 \times 300 = 3 \times 10^4$

$A = A_1 + A_2 = 6 \times 10^4 \, \text{mm}^2$

S（断面一次モーメント）

$\quad = A_1 \times 350 + A_2 \times 150$

$\quad = 3 \times 10^4 \times 350 + 3 \times 10^4 \times 150$

$\quad = 1{,}500 \times 10^4 \, \text{mm}^3$

$y_0 = S/A = 1{,}500 \times 10^4 / 6 \times 10^4$

$\quad = 250 \text{mm}$

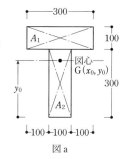

図a

$M = M_p$ の場合、中立軸の位置は圧縮側の降伏応力度 σ_y の合力と引張側の降伏応力度 σ_y の合力が等しい位置（断面積が等しい）となる（図b）。

よって中立軸の位置は断面下端より300mm。

全塑性モーメントは、

$M_p = C \cdot j = T \cdot j = (\sigma_y \times 100 \times 300) \times 200$　となる。

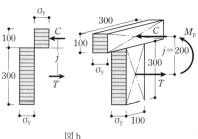

図b

正解 3

R05	R04	R03	R02	R01	H30	H29

[問題 04] [IV 1]　図-1のような等質な材料からなる断面が、図-2に示す垂直応力度分布となって全塑性状態に達している。このとき、断面の図心に作用す

る圧縮軸力 N と曲げモーメント M との組合せとして、**正しいも**のは、次のうちどれか。ただし、降伏応力度は σ_y とする。

	N	M
1.	$4a^2\sigma_y$	$10a^3\sigma_y$
2.	$4a^2\sigma_y$	$20a^3\sigma_y$
3.	$8a^2\sigma_y$	$10a^3\sigma_y$
4.	$8a^2\sigma_y$	$20a^3\sigma_y$

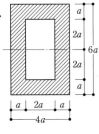

図-1 断面形状

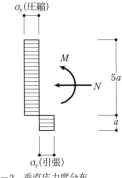

図-2 垂直応力度分布

解説 図1の垂直応力度分布を、軸方向力による応力ブロック（図2）、曲げモーメントによる応力ブロック（図3）に分けて考える。

図2より、圧縮軸力 N を求める。　　$N = a \times 4a \times \sigma_y \times 2 = 8a^2\sigma_y$

図3より、曲げモーメント M を求める。$M = C \cdot j = T \cdot j = 4a^2\sigma_y \times 5a = 20a^3\sigma_y$

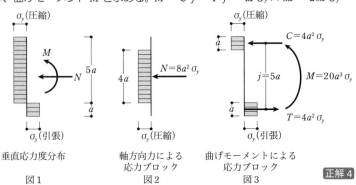

垂直応力度分布　　　　　軸方向力による　　　　曲げモーメントによる
　　　　　　　　　　　　応力ブロック　　　　　　応力ブロック
図1　　　　　　　　　　図2　　　　　　　　　　図3

正解 4

426

崩壊荷重・崩壊メカニズム

問題 01 **Ⅳ 3**　図－1のような水平荷重Pを受けるラーメンにおいて、Pを増大させたとき、そのラーメンは、図－2のような崩壊機構を示した。ラーメンの崩壊荷重P_uの値として、**正しい**ものは、次のうちどれか。ただし、柱、梁の全塑性モーメントの値は、それぞれ 400 kN・m、200 kN・m とする。

1.　225 kN

2.　300 kN

3.　375 kN

4.　500 kN

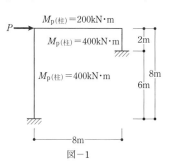

図－1

図－2

解説　外力のなす仕事　$\Sigma P \cdot \delta = P_u \times 8\theta$

内力のなす仕事

$\Sigma M \cdot \theta = 400 \times \theta + 200 \times \theta + 200 \times 4\theta$
$\qquad + 400 \times 4\theta = 3000\,\theta$

外力のなす仕事＝内力のなす仕事

$P_u \times 8\theta = 3000\,\theta$　　$P_u = 375$ kN

別解　$P_u = Q_1 + Q_2$

$Q_1 = \dfrac{M_A + M_B}{l_1} = \dfrac{400 + 200}{8} = 75$ kN

$Q_2 = \dfrac{M_C + M_D}{l_2} = \dfrac{200 + 400}{2} = 300$ kN

$P_u = Q_1 + Q_2 = 75 + 300 = 375$ kN

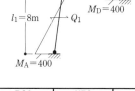

正解 3

問題 02 **Ⅳ 5**　静定トラスは、一つの部材が降伏すると塑性崩壊する。図のような集中荷重Pを受けるトラスの塑性崩壊荷重として、**正しい**ものは、次のうちどれか。ただし、各部材は、断面積をA、材料の降伏応力度をσ_yとし、断面

二次モーメントは十分に大きく、座屈は考慮しないものとする。また、全ての部材の自重は無視する。

1. $\dfrac{A\sigma_y}{3}$

2. $\dfrac{A\sigma_y}{3\sqrt{2}}$

3. $\dfrac{A\sigma_y}{6}$

4. $\dfrac{A\sigma_y}{6\sqrt{2}}$

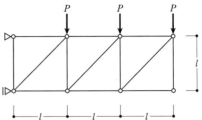

[解説] 部材応力の最も大きい部材が最初に降伏する。その部材は荷重点から最も遠い部材となるので、AC、BC、BD 部材の部材応力を切断法で求める。図の位置で切断。

$\Sigma M_B = 0$ より、

$\quad + P \times 3l + P \times 2l + P \times l - N_{AC} \times l = 0$

$\quad N_{AC} = + 6P$ （引張力）

$\Sigma M_C = 0$ より、

$\quad + P \times 2l + P \times l + N_{BD} \times l = 0$

$\quad N_{BD} = - 3P$ （圧縮力）

$\Sigma MY = 0$ より、

$\quad - P - P - P - \dfrac{1}{\sqrt{2}} N_{BC} = 0$

$\quad N_{BC} = - 3\sqrt{2}P$ （圧縮力）

したがって、最大応力は $+ 6P$

降伏応力度 $\sigma_y = \dfrac{N}{A} = \dfrac{6P}{A}$ 　　トラスの弾性崩壊荷重 $P = \dfrac{A\delta_y}{6}$ 　　正解 3

R05	R04	R03	R02	R01	H30	H29

問題 03 [IV 4] 図－1のような水平荷重 P を受ける山形ラーメンにおいて、P を増大させたとき、その山形ラーメンは、図－2のような梁端部に塑性ヒンジを生じる崩壊機構を示した。山形ラーメンの崩壊荷重が P_u であるとき、**最も不適当な**ものは、次のうちどれか。ただし、梁の全塑性モーメントは M_p とする。

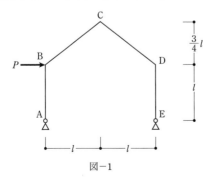

図－1

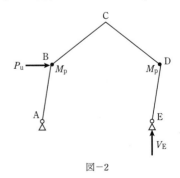

図－2

1. 水平荷重 P_u は $\dfrac{2M_P}{l}$ である。

2. 柱 AB の軸力は $\dfrac{M_P}{l}$ の引張力である。

3. C 点の曲げモーメントは 0 である。

4. E 点の鉛直反力 V_E は $\dfrac{M_P}{l}$ である。

[解説] 1. 支点 A における回転角を θ としたときの崩壊機構は図 1 となる。B 点の変位 $\delta = l\theta$

外力のなす仕事　$\Sigma = P \cdot \delta = P_u \times l\theta$

内外のなす仕事　$\Sigma = M \cdot \theta = M_P \cdot \theta + M_P \cdot \theta = 2M_P \cdot \theta$

外力のなす仕事＝内外のなす仕事　$P_u \times l\theta = 2M_P \cdot \theta$　　$P_u = \dfrac{2M_P}{l}$　　OK

2. 柱 AB の軸力 N_{AB} は、A 点の反力 V_A と等しくなる（図 2）。

A 点の反力 V_A を求める。

$\Sigma M_E = 0$ より、

$-V_A \times 2l + P_u \times l = 0$　　$V_A = \dfrac{P_u}{2} = \dfrac{\frac{2M_P}{l}}{2} = \dfrac{M_P}{l}$　　$N_{AB} = \dfrac{M_P}{l}$（引張力）　　OK

3. $H_A = H_E = \dfrac{P_u}{2} = \dfrac{M_P}{l}$（図 2）

C 点のまわりのモーメントつり合い（図 3）より、

$+M_C + \dfrac{M_P}{l} \times \dfrac{7}{4}l - \dfrac{M_P}{l} \times l - P_u \times \dfrac{3}{4}l = 0$

$+M_C + \dfrac{7}{4}M_P - M_P - \dfrac{2M_P}{l} \times \dfrac{3}{4}l = 0$　　$M_C = \dfrac{3}{4}M_P$　　図 4 は曲げモーメント図

4. 図 2 より、

$\Sigma Y = 0$　　$-V_A + V_E = 0$　　$V_E = \dfrac{M_P}{l}$　　OK

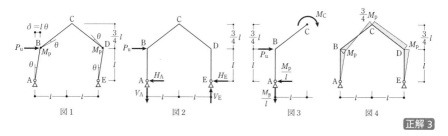

図 1　　　　　図 2　　　　　図 3　　　　　図 4

正解 3

R05	R04	R03	R02	R01	H30	H29

問題 04 [IV 4] 図は、2 層のラーメンに水平荷重 P が作用したときの、正しい崩壊メカニズムを示したものである。次の記述のうち、**最も不適当な**ものはどれか。ただし、柱及び梁の全塑性モーメントは M_P とする。

1. 図のせん断力 Q_b は、$\dfrac{M_p}{l}$ である。

2. 図の鉛直反力 V は、$\dfrac{2M_p}{l}$ である。

3. 図の水平荷重 P は、$\dfrac{2M_p}{l}$ である。

4. 図のせん断力 Q_c は、$\dfrac{4M_p}{l}$ である。

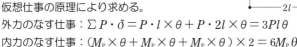

[解説] 1. 梁のせん断力 Q_b は梁両端の塑性モーメントの和をスパンで除して求める。

$$Q_b = \frac{M_p + M_p}{2\,l} = \frac{M_p}{l} \qquad \text{OK}$$

2. 鉛直反力 V は上部の梁のせん断力の和により求める。

$$_2Q_b = \frac{M_p + M_p}{2\,l} = \frac{M_p}{l}$$

$$V = Q_b + {}_2Q_b = \frac{M_p}{l} + \frac{M_p}{l} = \frac{2M_p}{l} \qquad \text{OK}$$

3. 仮想仕事の原理により求める。

外力のなす仕事：$\sum P \cdot \delta = P \cdot l \times \theta + P \cdot 2l \times \theta = 3Pl\theta$

内力のなす仕事：$(M_p \times \theta + M_p \times \theta + M_p \times \theta) \times 2 = 6M_p\theta$

外力のなす仕事＝内力のなす仕事より

$$3Pl\theta = 6M_p\theta \qquad P = \frac{2M_p}{l} \qquad \text{OK}$$

4. 1階の層せん断力 $= P + P = 2P$　柱が2本あるので Q_c は1階の層せん断力の $\dfrac{1}{2}$

$$Q_c = \frac{2P}{2} = P = \frac{2M_p}{l}$$

正解 4

R05	R04	R03	R02	R01	H30	H29

問題 05 Ⅳ 4　図－1のような水平荷重 P を受けるラーメンにおいて、P を増大させたとき、そのラーメンは、図－2のような崩壊機構を示した。ラーメンの崩壊荷重 P_u の値として、**正しいもの**は、次のうちどれか。ただし、柱、梁の全塑性モーメントの値は、それぞれ $400\,\text{kN·m}$、$200\,\text{kN·m}$ とする。

1. 200 kN
2. 300 kN
3. 400 kN
4. 600 kN

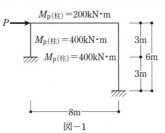

図－1

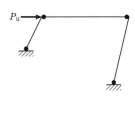

図－2

[解説] 外力のなす仕事：$\sum P \cdot \delta = P_u \cdot 3 \times 2\theta = 6P_u\theta$

内力のなす仕事：$\sum M \cdot \theta = 400 \times 2\theta + 200 \times 2\theta +$
$200 \times \theta + 400 \times \theta = 1{,}800\theta$

外力のなす仕事 ＝ 内力のなす仕事より

$6P_u\theta = 1{,}800\theta$ $\qquad P_u = 300\,\mathrm{kN}$ [正解 2]

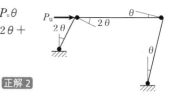

R05	R04	R03	R02	R01	H30	H29

[問題 06] IV 4 図は 2 層のラーメンに水平荷重 P 及び $2P$ が作用したときの正しい崩壊メカニズムを示したものである。次の記述のうち、**最も不適当な**ものはどれか。ただし、最上階梁及び 2 階梁の全塑性モーメントはそれぞれ M_p 及び $2M_p$ とし、1 階柱の柱脚の全塑性モーメントは $2M_p$ とする。

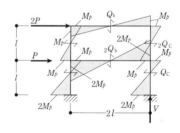

1. 最上階梁のせん断力 Q_b は、$\dfrac{M_p}{l}$ である。

2. 鉛直反力 V は、$\dfrac{3M_p}{l}$ である。

3. 水平荷重 P は、$\dfrac{2M_p}{l}$ である。

4. 1 階右側の柱のせん断力 Q_c は、$\dfrac{6M_p}{l}$ である。

[解説] まず、全塑性モーメント図を描く（右図参照）。

1. $Q_b = \dfrac{M_p + M_p}{2l} = \dfrac{M_p}{l}$ O.K.

2. $_2Q_b = \dfrac{2M_p + 2M_p}{2l} = \dfrac{2M_p}{l}$

$\therefore V = Q_b + {}_2Q_b = \dfrac{M_p}{l} + \dfrac{2M_p}{l} = \dfrac{3M_p}{l}$ O.K.

3. $_2Q_c = \dfrac{M_p + M_p}{l} = \dfrac{2M_p}{l}$

$2P = 2 \times {}_2Q_c = 2 \times \dfrac{2M_p}{l} = \dfrac{4M_p}{l}$

$\therefore P = \dfrac{2M_p}{l}$ O.K.

4. $Q_c = \dfrac{M_p + 2M_p}{l} = \dfrac{3M_p}{l}$ N.G.

[正解 4]

問題 01 Ⅳ 6 　図のような剛で滑らない面の上に置いてある直方体の剛体の重心に漸増する水平力が作用する場合、剛体が浮き上がり始めるときの水平力 F の重力 W に対する比 $\alpha\left(=\dfrac{F}{W}\right)$ の値として、正しいものは、次のうちどれか。ただし、剛体の質量分布は一様とする。

1.　0.15
2.　0.30
3.　0.45
4.　0.60

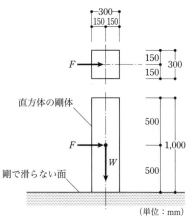

直方体の剛体

剛で滑らない面

（単位：mm）

解説 A点まわりの抵抗モーメント

$$M_1 = W \times 150$$

転倒モーメント

$$M_t = F \times 500$$

$$M_t - M_1 = 0 \quad \therefore M_t = M_1$$

$500F = 150W$ より、　$\alpha = \dfrac{F}{W} = \dfrac{150}{500} = 0.3$

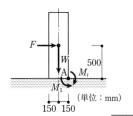

（単位：mm）

正解 2

R05	R04	R03	R02	R01	H30	H29

問題 01 **Ⅳ 8** 建築基準法における風荷重に関する次の記述のうち、**最も不適当なもの**はどれか。

1. 屋根葺き材に作用する風圧力の算出に用いる基準風速 V_0 は、構造骨組に用いる風圧力を算出する場合と同じ値である。

2. 屋根葺き材に作用する風圧力の算出に用いる平均速度圧 $\bar{q}$ は、一般に、気流の乱れを表すガスト影響係数 G_f を考慮する。

3. 基準風速 V_0 は、稀に発生する暴風時を想定した、地上 10 m における 10 分間平均風速に相当する値である。

4. ガスト影響係数 G_f は、一般に、建築物の高さと軒の高さとの平均 H の値が大きくなるほど、小さくなる。

[解説] 1. 適当。H12 建告 1454 号第 2 に規定する数値を用いる。

2. 平均速度圧は、$\bar{q} = 0.6 E_r^2 \cdot V_0^2$ で求める。E_r は平均速度の高さ方向の分布係数、V_0 は基準風速。よってガスト影響係数 G_f は考慮しなくてよい。

3. 適当。基準風速 V_0 は、国土交通大臣が設問の条件により定めた風速。地域によって基準風速 V_0 は異なる。

4. ガスト影響係数 G_f は平均風速に対する突風成分を考慮するための割増し係数。一般に地表面粗度区分番号が小さい地域（抵抗の少ない平坦地）ほど、平均 H の値が大きくなるほど、気流の乱れが小さくなるので G_f は小さくなる。　**正解 2**

R05	R04	R03	R02	R01	H30	H29

問題 02 **Ⅳ 8** 建築基準法における建築物に作用する積雪荷重に関する次の記述のうち、**最も不適当なもの**はどれか。

1. 屋根面における積雪量が不均等となるおそれのある場合においては、その影響を考慮して積雪荷重を計算しなければならない。

2. 垂直積雪量が 1 m を超える場合、雪下ろしの実況に応じて垂直積雪量を 1 m まで減らして積雪荷重を計算した建築物については、その出入口、主要な居室又はその他の見やすい場所に、その軽減の実況その他必要な事項を表示

しなければならない。

3. 多雪区域以外の区域における大スパン等の一定の条件を満たす緩勾配屋根を有する建築物では、屋根版の構造種別によっては、構造計算において用いる積雪荷重に積雪後の降雨を考慮した割増係数を乗じることが求められる場合がある。

4. 多雪区域を指定する基準において、積雪の初終間日数の平年値が30日以上の区域であっても、垂直積雪量が1m未満の場合は、多雪区域とはならない。

[解説] 1. （令86条5）適当。　　　　2. （令86条7）適当。

3. （H19国交告594号第2）以下のいずれにも該当する建築物については、積雪荷重に積雪後の降雨を考慮した割増係数を乗じて計算しなければならない。
多雪区域以外の区域にある建築物（垂直積雪量が15cm以上の区域）。以下の屋根を有する建築物。棟から軒までの長さが10m以上、屋根勾配が15度以下、屋根重量が軽いもの（屋根版がRC造またはSRC造でないもの）。

4. （H19国交告1455号第1）多雪区域を指定する基準は、垂直積雪量が1m以上の区域、積雪の初終間日数の平均値が30日以上の区域のいずれかの区域とされている。

[正解 4]

R05	R04	R03	R02	R01	H30	H29

問題03 [IV 8] 建築基準法における荷重及び外力に関する次の記述のうち、**最も不適当な**ものはどれか。

1. 床の構造計算を行う場合の単位面積当たりの積載荷重の大小関係は、実況に応じて計算しない場合、住宅の居室＜事務室＜教室である。

2. 建築物の地上部分における各層の地震層せん断力 Q_i は、最下層の値が最も大きくなる。

3. 地震時の短期に生ずる力については、特定行政庁が指定する多雪区域においては、積雪荷重を考慮する。

4. 屋根葺き材等に対して定められるピーク風力係数 $\hat{C}_f$ は、局部風圧の全風向の場合における最大値に基づいて定められている。

[解説] 1. 単位面積当たりの積載荷重の大小関係は、住宅の居室（$1,800\,\text{N/m}^2$）＜教室（$2,300\,\text{N/m}^2$）＜事務室（$2,900\,\text{N/m}^2$）である。

2. 各層の地震層せん断力係数 C_i は最下層の値が最も小さくなるが、地震層せん断力 Q_i は最下層の値が最も大きくなる。

3. （建基令82条）多雪区域における地震時の積雪荷重は次のように低減した荷重を加えて設計する。

$G + P + 0.35S + K$（G：固定荷重、P：積載荷重、S：積雪荷重、K：地震力）

4.　局部風圧は屋根葺き材等の形状や位置、風向き等によって異なる。そのためピーク風力係数は局部風圧の全風向の場合における最大値に基づいて定められている。　**正解 1**

R05	R04	R03	R02	R01	H30	H29

問題 04 Ⅳ 8　建築基準法における屋根葺き材に作用する風荷重に関する次の記述のうち、**最も不適当な**ものはどれか。

1.　屋根葺き材の風圧に対する構造耐力上の安全性を確かめるための構造計算の基準は、建築物の高さにかかわらず適用される。

2.　屋根葺き材に作用する風圧力の算出に用いる平均速度圧 $\bar{q}$ については、気流の乱れを表すガスト影響係数 G_f は考慮しなくてよい。

3.　屋根葺き材に作用する風圧力の算出に用いるピーク風力係数 $\hat{C}_f$ は、一般に、構造骨組に用いる風圧力を算出する場合の風力係数 C_f よりも大きい。

4.　屋根葺き材に作用する風圧力の算出に用いる基準風速 V_0 は、構造骨組に用いる風圧力を算出する場合と異なる。

[解説]　1.　（H12 建告第 1458 号第 1）建築物の高さにかかわらず適用される。
　2.　屋根葺き材に作用する風圧力の算定に用いる平均速度圧は、$\bar{q} = 0.6E_r^2 \cdot V_0^2$ で求める。E_r は平均風速の高さ方向の分布係数、V_0 は基準風速でガスト影響係数、よってガスト影響係数 G_f は考慮しなくてよい。
　3.　屋根葺き材に作用する風圧力の算出に用いるピーク風力係数 $\hat{C}_f$ は、屋根葺き材等に局部的な風圧力に対しても考慮して定められた係数なので、構造骨組に用いられる風圧力を算出する場合の風力係数 C_f よりも大きい。
　4.　屋根葺き材、構造骨組に作用する風圧力の算出に用いる基準風速 V_0 は共に同じ、H12 建告第 1454 号第 2 に規定する数値を用いる。　**正解 4**

R05	R04	R03	R02	R01	H30	H29

問題 05 Ⅳ 7　建築基準法における建築物の構造計算に用いる風圧力に関する次の記述のうち、**最も不適当な**ものはどれか。

1.　風圧力の計算に用いる速度圧 q は、その地方について定められている基準風速 V_0 の 2 乗に比例する。

2.　基準風速 V_0 は、稀に発生する暴風時の地上 10 m における 10 分間平均風速に相当する値である。

3.　ガスト影響係数 G_f は、「平坦で障害物がない区域」より「都市化が著しい区域」のほうが大きい。

4.　風圧力は、一般に、「外装材に用いる場合」より「構造骨組に用いる場合」のほうが大きい。

R05	R04	R03	R02	R01	H30	H29

問題 06 Ⅳ 8 建築基準法における荷重及び外力に関する次の記述のうち、**最も不適当な**ものはどれか。

1. 多雪区域以外の区域において、積雪荷重の計算に用いる積雪の単位荷重は、積雪量 1 cm 当たり 20 N/m² 以上とする。

2. 店舗の売場に連絡する廊下の床の構造計算に用いる積載荷重は、建築物の実況に応じて計算しない場合、店舗の売場の床の積載荷重を用いることができる。

3. 建築物の地下部分の各部分に作用する地震力は、一般に、当該部分の固定荷重と積載荷重との和に水平震度を乗じて計算する。

4. 建築物の固有周期が長い場合や地震地域係数 Z が小さい場合には、地震層せん断力係数 C_i は、標準せん断力係数 C_0 より小さくなる場合がある。

R05	R04	R03	R02	R01	H30	H29

問題 07 Ⅳ 8 建築物の構造計算に用いる荷重に関する次の記述のうち、**最も不適当な**ものはどれか。

1. 多雪区域において、地震時に考慮すべき積雪荷重は、短期積雪荷重を低減したものを用いる。

2. 百貨店の屋上広場の単位面積当たりの積載荷重は、建築物の実況に応じて計算しない場合、百貨店の売場の単位面積当たりの積載荷重と同じとするこ

とができる。

3. 単位面積当たりの積載荷重は、建築物の実況に応じて計算しない場合、「床の構造計算をする場合」、「大梁、柱又は基礎の構造計算をする場合」及び「地震力を計算する場合」のうち、「地震力を計算する場合」が最も大きくなる。

4. 一般的な鉄筋コンクリートの単位体積重量は、コンクリートの単位体積重量に、鉄筋による重量増分として $1\,kN/m^3$ を加えた値を用いることができる。

〔解説〕 1. （令82条）多雪地区における地震時の積雪荷重は次のように短期積雪荷重を低減して設計することができる。

$(G + P) + 0.35S + K$（G：固定荷重、P：積載荷重、S：積雪荷重、K：地震力）

2. （令85条）学校または百貨店の屋上広場の積載荷重は、百貨店または店舗の売場の積載荷重と同じ数値とすることができる。

3. （令85条）単位面積当たりの積載荷重は建築物の実況に応じて計算しない場合、「床の構造計算をする場合」、「大梁、柱又は基礎の構造計算をする場合」、「地震力を計算する場合」の順に小さくなる。

4. 鉄筋コンクリート構造計算基準において、鉄筋コンクリートの単位体積重量は鉄筋による重量増分値 $1\,kN/m^3$ を加算して定めている。 正解 3

R05	R04	R03	R02	R01	H30	H29

【問題 08】 Ⅳ 8 建築基準法における荷重及び外力に関する次の記述のうち、**最も不適当な**ものはどれか。

1. 学校の屋上広場の単位面積当たりの積載荷重は、実況に応じて計算しない場合、教室の単位面積当たりの積載荷重と同じ数値とすることができる。

2. 雪下ろしを行う慣習のある地方においては、その地方における垂直積雪量が 1 m を超える場合においても、積雪荷重は、雪下ろしの実況に応じて垂直積雪量を 1 m まで減らして計算することができる。

3. 風圧力における平均風速の高さ方向の分布を表す係数 E_r は、建築物の高さが同じ場合、一般に、「都市計画区域外の極めて平坦で障害物がない区域」より「都市計画区域内の都市化が極めて著しい区域」のほうが小さい。

4. 建築物の地上部分における各層の地震層せん断力 Q_i は、最下層の値が最も大きくなる。

〔解説〕 1. 令85条により、学校の屋上広場の積載荷重は百貨店又は店舗の売場の単位面積当たりの積載荷重と同じ数値となる。

2. 令86条に定められている。

3. E_r は、上空に高いビルなどが存在しない「極めて平坦で障害物がない区域」より、超高層ビル群が林立する「都市化が極めて著しい区域」のほうが小さい。

4. 各層の地震層せん断力係数 C_i は最下層の値が最も小さくなるが、地震層せん断力 Q_i は最下層の値が最も大きくなる。 　正解 1

R05	R04	R03	R02	R01	H30	H29

問題01 Ⅳ7　建築基準法における建築物に作用する地震力に関する次の記述のうち、**最も不適当な**ものはどれか。

1. 建築物の基礎の底部の直下の地盤の種別に応じて定められる数値T_cは、沖積層の深さが35mの軟弱な第三種地盤である場合、0.2秒を用いる。

2. 鉄骨造又は木造の建築物の地震力を算定する場合に用いる設計用一次固有周期T（単位 秒）は、建築物の高さ（単位 メートル）に0.03を乗じて算出することができる。

3. 弾性域における設計用一次固有周期Tの計算に用いる建築物の高さは、建築物の最高高さではなく、振動性状を十分に考慮した振動上有効な高さを用いる場合がある。

4. 地震層せん断力係数の算定に用いる振動特性係数R_tは、一般に、設計用一次固有周期Tが長くなるほど、小さくなる。

[解説] 1.　（S55建告1793号）沖積層（盛土がある場合においてはこれを含む）でその深さがおおむね30m以上の軟弱な第三種地盤である場合、T_Cは0.8秒を用いる。

2.　$T = h (0.02 + 0.01\alpha)$より求める。$\alpha$は当該建築物のうち柱及びはりの大部分が木造または鉄骨造である階（地階を除く）の高さの合計のhに対する比。よって$\alpha = 1$となり、$T = 0.03$となる。

3.　（S55建告1793号）建築物の高さhは、令2条六号に規定する計画上の高さと異なり、振動性状を十分に考慮した振動上有効な高さを用いる。

4.　（「構造関係技術基準解説書」）地震層せん断力係数の算定に用いる振動特性係数R_tは一般に、設計用一次固有周期Tが長くなるほど小さくなり、軟弱（第3種）地盤＞硬質（第1種）地盤、$T = 0.4$以下の場合は地盤に関係なく1.0となる。　**正解1**

R05	R04	R03	R02	R01	H30	H29

問題02 Ⅳ7　地震時における建築物の振動に関する次の記述のうち、**最も不適当な**ものはどれか。

1. 地震動の変位応答スペクトルは、一般に、周期が長くなるほど小さくなる。

2. 建築物の固有周期は、質量が同じ場合、水平剛性が大きいものほど短くなる。

3. 建築物の一次固有周期は、一般に、二次固有周期に比べて長い。

4. 鉄筋コンクリート造建築物の内部粘性減衰の減衰定数は、一般に、鉄骨造の建築物に比べて大きい。

[解説] 1. 地震応答スペクトルは、建築物全体を1質点系モデルとして固有周期だけを変え、各周期に対する最大値を求めたもので、変位応答スペクトルは周期が長くなると大きくなる。

2. 建築物の固有周期は次式で求める。

$$T = 2\pi \sqrt{\frac{m}{K}} \qquad m：質量 \qquad K：水平剛性（バネ係数）$$

よって、水平剛性が大きいものほど短くなる。

3. 建築物は階数分の固有周期があり一次固有周期が最も長い。

4. 内部減衰は振動する構造物自体の要因による減衰で、一般的な値は鉄筋コンクリート造で3%前後、鉄骨造で2%前後、鉄筋コンクリート造建築物のほうが大きい。

正解1

R05	R04	R03	R02	R01	H30	H29

問題03 [IV 7] 建築基準法における建築物に作用する地震力に関する次の記述のうち、**最も不適当な**ものはどれか。

1. 建築物の地上部分における各層の地震層せん断力係数 C_i は、最下層における値が最も小さくなる。

2. 建築物の地上部分の必要保有水平耐力を計算する場合、標準せん断力係数 C_0 は 1.0 以上とする。

3. 振動特性係数 R_t は、建築物の設計用一次固有周期 T が長くなるほど大きくなる。

4. 地震層せん断力係数 C_i の建築物の高さ方向の分布を表す係数 A_i を算出する場合、建築物の設計用一次固有周期 T は、振動特性係数 R_t を算出する場合の T の値と同じとする。

[解説] 1. 地上部分における各層の地震時層せん断力係数 C_i は、$C_i = Z \cdot R_t \cdot A_i \cdot C_0$ により求められる。ここで、A_i は建築物の高さ方向の分布を表す係数で、最下階では $A_i = 1.0$。上階となるほど大きい値となる。したがって、最下階の C_i が最も小さくなる。

2. （令88条3項）必要保有水平耐力 $Qun = Ds \cdot Fes \cdot Qud$ より求める。地震時層せん断力 $Qud = Z \cdot R_t \cdot A_i \cdot C_0 \cdot W_i$ で求め、標準せん断力係数 C_0 は大地震を想定して、$C_0 \geqq 1.0$ 以上として計算する。

3. 振動特性係数 R_t は、建築物の振動性状により求められる地震時層せん断力係数の低減係数。建築物の設計用一時固有周期 T が長いほど小さくなる。よって高層建築物ほど固有周期 T は長くなり、R_t は小さくなる。

4. 適当。

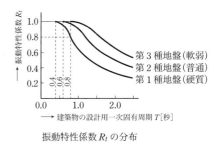

振動特性係数 R_t の分布

正解 3

R05	R04	R03	R02	R01	H30	H29

問題 04 Ⅳ 7 　建築基準法における建築物に作用する地震力に関する次の記述のうち、**最も不適当な**ものはどれか。

1. 地震地域係数 Z が 1.0、振動特性係数 R_t が 0.9、標準せん断力係数 C_o が 0.2 のとき、建築物の地上部分の最下層における地震層せん断力係数 C_i は 0.18 とすることができる。

2. 鉄骨造又は木造の建築物の地震力を算定する場合に用いる設計用一次固有周期 T（単位 秒）は、建築物の高さ（単位 メートル）に 0.03 を乗じて算出することができる。

3. 地震層せん断力係数 C_i の建築物の高さ方向の分布を表す係数 A_i は、建築物の上階になるほど大きくなる。

4. 建築物の地上部分におけるある層に作用する地震層せん断力は、その層の固定荷重と積載荷重との和に、その層の地震層せん断力係数 C_i を乗じて算出する。

[解説] 1. 　一般階については、地震層せん断力係数 C_i は 0.2 以上と定められているが、地下部分については、振動特性が異なるため設問の値で良い。

2. 建築物の設計用一次固有周期 T の計算は、$T＝h(0.02＋0.01\,\alpha)$ により求める。α は当該建築物のうち柱及びはりの人部分が木造または鉄骨造である階（地階を除く。）の高さの合計の h に対する比につき、$\alpha＝1$ となり、$T＝0.03h$ となる。

3. A_i は、建築物の上階になるほど大きくなり、建築物の設計用一次固有周期 T が長くなるほど大きくなる。地上部分の最下階では、$A_i＝1.0$ である。

4. 建築物の地上部分におけるある層に作用する地震層せん断力は、その層より上層の固定荷重と積載荷重との和に、その層の地震層せん断力係数 C_i を乗じて算出する。

正解 4

問題05 $\boxed{\text{IV 7}}$ 建築基準法における地震層せん断力係数 C_i の計算に用いる振動特性係数 R_t は、建築物の設計用一次固有周期 T と地盤の種別に応じて定められている。それらの関係を示す図として、**適当な**ものは、次のうちどれか。

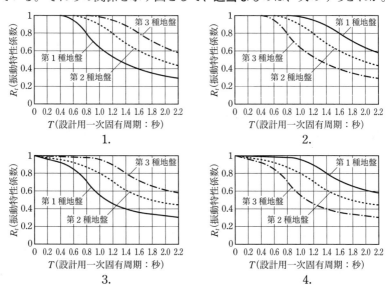

解説 振動特性係数 R_t は、建築物の弾性域における固有周期及び地盤の振動特性による地震力の低減係数である。R_t の値は建築物の設計用一次固有周期 T が 0.4 以下の場合は地盤に関係なく $R_t = 1$ となるが、T が 0.4 を超えると、T が大きく（長く）なるに従って R_t は小さくなる。また、T が同じであれば、地盤の種類により R_t は変わり、第 3 種地盤（軟弱）＞第 2 種地盤（普通）＞第 1 種地盤（硬質）の順となる。一般に、建築物の高さが同じであれば、鉄筋コンクリート造より鉄骨造のほうが T は大きい（長い）。

$\boxed{\text{正解 1}}$

学科Ⅳ

13 木構造

R05	R04	R03	R02	R01	H30	H29

問題 01 Ⅳ 9　木造軸組工法による地上 2 階建ての既存建築物の耐震性を向上させる方法として、一般に、**最も効果の低い**ものは、次のうちどれか。

1.　既存の布基礎が無筋コンクリート造であったので、布基礎の外部側面に接着系のあと施工アンカーによる差し筋を行い、新たに鉄筋コンクリート造の基礎を増し打ちした。
2.　鉄筋コンクリート造のべた基礎を有する 1 階の床組において、床下地材に挽板(ひき)が用いられていたので、これを構造用合板に張り替えた。
3.　1 階と 2 階の耐力壁線の位置がずれていたので、2 階の床組の床下地材として新たに構造用合板を梁及び桁に直張りした。
4.　大きな吹抜けが設けられていたので、その部分を、構造用合板を張り付けたキャットウォークや火打梁を用いて補強した。

解説 1.　(令 137 条の 2 第二号ロ)無筋コンクリート造の布基礎は耐震性が乏しい。設問の補強方法は、構造耐力規定に準ずる基準によって安全性を確かめる構造方法として位置付けられている。
　　2.　床組は堅固な水平面を構成して建築物全体を強くしているが、1 階床下地材に水平力を負担させることはないので、挽板から構造用合板に変更しても耐震性を向上させる効果は低い。
　　3.　1 階と 2 階の耐力壁線の位置がずれていると 2 階にかかる水平力が 1 階の耐力壁に伝わりにくい。設問のように床組の水平剛性を高めて耐震性を向上させる。
　　4.　大きい吹き抜けを設けると床の水平剛性が小さくなる。水平剛性を高めるため設問のような補強が有効である。　　　　　　　　　　　**正解 2**

R05	R04	R03	R02	R01	H30	H29

問題 02 Ⅳ 10　木造軸組工法による地上 2 階建ての建築物において、建築基準法に基づく「木造建築物の軸組の設置の基準」(いわゆる四分割法)に関する次の記述のうち、**最も不適当な**ものはどれか。

1.　各側端部分の必要壁量を算定する場合の建築物の階数は、それぞれの側端部分の階数によらず、建築物全体の階数とする。

2. 張り間方向の存在壁量の算定には、桁行方向の耐力壁を考慮しない。

3. 各側端部分のそれぞれについて、壁量充足率が全て1を超える場合は、壁率比がいずれも 0.5 以上であることを確かめなくてもよい。

4. 各階について、張り間方向及び桁行方向の偏心率が 0.3 以下であることを確認した場合は、「木造建築物の軸組の設置の基準」によらなくてもよい。

[解説] 1. （H12 国交告 1452 号）側端部分の階数については、建築物全体の階数ではなく、当該部分ごとに取り扱う。

　2. 存在壁量の計算は階ごと、梁間方向、桁行方向、別々に算定する。

　3. 適当。壁量充足率は各側端部分のそれぞれについて、存在壁量を必要壁量で除した数値。壁量充足率が1を超える建物は壁量が多い建物と考えられる。

　4. 各階について、張り間方向と桁行方向の偏心率が 0.3 以下の建築物は、耐力壁がバランス良く配置された建物と考えられる。「木造建築物の軸組の設置基準」によらなくてもよい。　　　　　　　　　　　　　　　　　　　　　　　　　　正解 1

R05	R04	R03	R02	R01	H30	H29

【問題 03】 [IV 9] 木造軸組工法による地上 2 階建ての建築物に関する次の記述のうち、**最も不適当な**ものはどれか。

1. 地震時等におけるねじれによる被害を防ぐために、壁率比が 0.5 以上となるように壁や筋かいを配置した。

2. 建築物の出隅にある通し柱と胴差との仕口部分を、かど金物を用いて接合した。

3. 隅柱を通し柱としなかったので、1 階と 2 階の管柱相互を通し柱と同等以上の耐力を有するように、金物により補強した。

4. 筋かいが間柱と交差する部分は、間柱を欠き取り、筋かいは欠込みをせずに通すようにした。

[解説] 1. （平 12 建告 1352 号）適当。壁率比は壁量充足率の小さい方を壁量充足率の大きい方で除して求める。各階の梁間方向、桁行方向共に 0.5 以上であることを確かめる。ただし、側端部分の壁量充足率がいずれも1を超える場合は壁率比が 0.5 以上にならなくても良い。

　2. （令 47 条）建築物の出隅にある通し柱との仕口部分は、かたぎ大入れ短ほぞ差しとし、かね折り金物を用いた方法等で接合する。

　3. （令 43 条）適当。

　4. （令 45 条）筋かいには欠込みをしてはならない。やむをえない場合は必要な補強を行う。　　　　　　　　　　　　　　　　　　　　　　　　　　　　正解 2

R05	R04	R03	R02	R01	H30	H29

問題04 Ⅳ 10　木造軸組工法による地上2階建ての建築物の壁量の計算に関する次の記述のうち、**最も不適当な**ものはどれか。

1.　壁量充足率は、各側端部分のそれぞれについて、存在壁量を必要壁量で除して求める。

2.　筋かいを入れた壁倍率1.5の軸組の片面に、壁倍率3.7の仕様で構造用合板を釘打ち張りした耐力壁は、壁倍率5.2として存在壁量を算定する。

3.　平面が長方形の建築物において、張り間方向と桁行方向ともに必要壁量が地震力により決定される場合、張り間方向と桁行方向の同一階の必要壁量は同じ値である。

4.　風圧力に対する必要壁量を求める場合、見付面積に乗ずる数値は、1階部分と2階部分で同じ値を用いる。

　解説　1.　（平12建告1452号）適当。

　　2.　（木造軸組工法住宅の許容応力度設計）筋かいと構造用合板を併用した耐力壁の壁倍率は、それぞれの倍率の和とすることができるが、上限値は5.0。

　　3.　（令46条4項）必要壁量は、床面積に定められた数値を乗じて求めるので、同一階の張り間方向と桁行方向必要壁量は同じとなる。

　　4.　（令46条4項）適当。　　　　　　　　　　　　　　　　　　　　正解 2

R05	R04	R03	R02	R01	H30	H29

問題05 Ⅳ 9　図のような平面の木造軸組工法による平家建ての建築物において、建築基準法における「木造建築物の軸組の設置の基準」（いわゆる四分割法）に関する次の記述のうち、**最も不適当な**ものはどれか。ただし、図中の太線は耐力壁を示し、その軸組の倍率（壁倍率）は全て1とする。なお、この建築物の単位床面積当たりに必要な壁量は15 cm/m² とする。

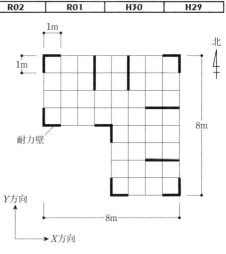

1.　「X方向の北側の側端部分」及び「Y方向の東側の側端部分」の必要壁量は、いずれも2.4 m である。

2.　「X方向の南側の側端部分」及び「Y方向の西側の側端部分」の必要壁量は、

いずれも 1.2 m である。

3. X 方向の壁率比は、0.5 である。

4. Y 方向の壁率比は、0.5 である。

[解説] 1. 側端部分の面積 $2\,\text{m} \times 8\,\text{m} = 16\,\text{m}^2$

必要壁量 $= 16\,\text{m}^2 \times 15\,\text{cm/m}^2 = 2{,}400\,\text{cm} = 2.4\,\text{m}$　　OK

2. 側端部分の面積 $2\,\text{m} \times 4\,\text{m} = 8\,\text{m}^2$

必要壁量 $= 8\,\text{m}^2 \times 15\,\text{cm/m}^2 = 1{,}200\,\text{cm} = 1.2\,\text{m}$　　OK

3. X 方向

上側存在壁量 $= 2\,\text{m} \times 1\,倍 = 2\,\text{m}$

下側存在壁量 $= 4\,\text{m} \times 1\,倍 = 4\,\text{m}$

上側壁量充足率 $= \dfrac{2}{2.4} \fallingdotseq 0.83$

下側壁量充足率 $= \dfrac{4}{1.2} \fallingdotseq 3.33$

∴ X 方向の壁率比 $= \dfrac{0.83}{3.33} \fallingdotseq 0.25$

4. Y 方向

左側存在壁量 $= 2\,\text{m} \times 1\,倍 = 2\,\text{m}$

右側存在壁量 $= 2\,\text{m} \times 1\,倍 = 2\,\text{m}$

左側壁量充足率 $= \dfrac{2}{1.2} \fallingdotseq 1.67$

右側壁量充足率 $= \dfrac{2}{2.4} \fallingdotseq 0.83$

∴ Y 方向の壁率比 $= \dfrac{0.83}{1.67} \fallingdotseq 0.5$　　OK

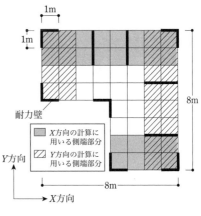

正解 3

R05	R04	R03	R02	R01	H30	H29

問題 06 Ⅳ 10　木造軸組工法による建築物の設計に関する次の記述のうち、**最も不適当な**ものはどれか。

1. 片面に同じ構造用合板を 2 枚重ねて釘打ちした耐力壁の倍率を、その構造用合板を 1 枚で用いたときの耐力壁の倍率の 2 倍とした。

2. 軸組に方づえを設けて水平力に抵抗させることとしたので、柱が先行破壊しないことを確認した。

3. 圧縮力と引張力の両方を負担する筋かいとして、厚さ 3 cm、幅 9 cm の木材を使用した。

4. 地上 3 階建ての建築物において、構造耐力上主要な 1 階の柱の小径は、13.5 cm を下回らないようにした。

[解説] 1. 軸組の両面に同じ構造用合板を 1 枚ずつくぎ打ちした場合、耐力壁の倍率を 2 倍にできるが、片側に 2 枚重ねてくぎ打ちした場合は 2 倍とすることはできない。

2. 軸組に方づえを設けて水平力に抵抗させた場合、柱の方づえ取付け部に大きな曲

げモーメントが生じることがあるので、柱が先行破壊しないことを確認しなければ
ならない。

3. （建基令45条）引張りを負担する筋かいは厚さ1.5cm以上、幅9cm以上、圧縮
力を負担する筋かいは厚さ3cm以上、幅9cm以上の木材を使用するよう定められ
ている。

4. （建基令43条）地階を除く階数が2を超える建築物の1階の構造耐力上主要な部
分である柱の梁間方向及びけた行方向の小径は、13.5cmを下回ってはならない（特
例あり）。

正解 1

R05	R04	R03	R02	R01	H30	H29

問題 07 IV 9　木造軸組工法による地上2階建ての建築物において、建築基準
法に基づく「木造建築物の軸組の設置の基準」（いわゆる四分割法）に関する次
の記述のうち、**最も不適当な**ものはどれか。

1. 各階について、張り間方向及び桁行方向の偏心率が0.3以下であることを
確認した場合は、「木造建築物の軸組の設置の基準」によらなくてもよい。

2. 図－1に示す平面形状の場合、張り間方向及び桁行方向それぞれの計算に
用いる側端部分は、建築物の両側（最外縁）より1/4の部分（■）である。

3. 図－2のような建築物の1階側端部分のうちAの部分は、平家建てとして
必要壁量を算定する。

4. 各側端部分の壁量充足率が全て1を超えていても、壁率比は0.5以上でな
ければならない。

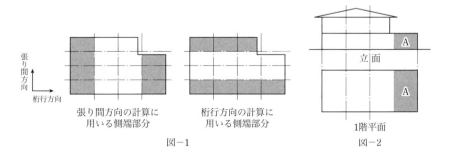

張り間方向の計算に用いる側端部分　　桁行方向の計算に用いる側端部分
図－1

立面　1階平面
図－2

解説（H12建告第1352号による）

1. 適当。
2. 建築物の階数に関係なく、建築物の最外端より1/4の部分。
3. 必要壁量は建築物全体の階数ではなく当該部分ごとに計算する。
4. 壁量充足率（各側端部分のそれぞれについて、存在壁量を必要壁量で除した数値）
がすべく1を超えていれば、壁率比（各階、張り間及び桁行方向双方ごとに、壁量

充足率の小さいほうを大きいほうで除した数値）は 0.5 以上でなくてもよい。 正解 4

R05	R04	R03	R02	R01	H30	H29

問題 08 IV 10　木造軸組工法による地上 2 階建ての既存建築物の耐震性を向上させる方法として、一般に、**最も効果の低い**ものは、次のうちどれか。

1.　既存の布基礎が無筋コンクリート造であったので、布基礎の外部側面に接着系のあと施工アンカーによる差し筋を行い、新たに鉄筋コンクリート造の基礎を増し打ちした。

2.　基礎に不同沈下がみられたので、1 階の床組に火打ち材を入れ、1 階の床組の水平剛性を高めた。

3.　1 階と 2 階の耐力壁の位置がずれて設置されていたので、2 階の床組の下地の構造用合板を梁及び桁に直張りして、2 階の床組の水平剛性を高めた。

4.　屋根葺き材が日本瓦であったので、住宅屋根用化粧スレートに葺き替えて、屋根を計量化した。

〔解説〕　1.　無筋コンクリート造の布基礎は耐震性が乏しいので、設問の補強方法は効果が期待できる。

　　2.　1 階の床組に火打ち材を入れると、1 階の水平剛性を高めることにはなるが基礎の不同沈下を止める効果は期待できない。

　　3.　2 階の床組は水平力を 1 階の柱や耐力壁に伝える役割がある。1 階と 2 階の耐力壁の位置がずれて設置されている場合などでは、2 階床組の水平剛性を高めて耐震性を向上させる必要がある。

　　4.　地震力は建築物の重量に係数を乗じて求められる。よって屋根葺き材を日本瓦から住宅屋根用化粧用スレートに変更すると、屋根荷重が軽くなり耐震性が向上する。

正解 2

R05	R04	R03	R02	R01	H30	H29

問題 09 IV 9　木造軸組工法による地上 2 階建ての建築物の壁量の計算に関する次の記述のうち、**最も不適当な**ものはどれか。

1.　平面が長方形の建築物において、必要壁量が地震力により決定される場合、張り間方向と桁行方向の必要壁量は異なる値となる。

2.　風圧力に対する 2 階の必要壁量は、2 階床面からの高さ 1.35 m を超える部分の見付面積に所定の数値を乗じて得た数値となる。

3.　壁倍率 2 の耐力壁の長さの合計が 9 m の場合の存在壁量と、壁倍率 3 の耐力壁の長さの合計が 6 m の場合の存在壁量は同じ値となる。

4.　壁倍率 1.5 の筋かいを入れた軸組の片面に、壁倍率 2.5 の構造用合板を所定

の方法で打ち付けた耐力壁の壁倍率は 4 となる。

[解説] 1. 平面が長方形であっても、必要壁量が地震力によって決定される場合の必要壁量は、政令で定められた数値に床面積を乗じて求めるので、張り間方向と桁行方向では同じ値となる。

2. （令 46 条 4）適当。

3. 存在壁量は、壁倍率と耐力壁の長さの合計で計算するので同じとなる。

4. 筋かいと構造用面材（構造用合板）を併用した耐力壁の壁倍率は、それぞれの倍率の和とすることができる。ただし、5.0 を超えることはできない。 正解 1

R05	R04	R03	R02	R01	H30	H29

問題 10 IV 10 木造軸組工法による地上 2 階建ての建築物に関する次の記述のうち、**最も不適当な**ものはどれか。

1. 構造耐力上主要な柱について、やむを得ず柱の所要断面積の 1/3 を切り欠きしたので、切り欠きした部分が負担していた力を伝達できるように金物で補強した。

2. 圧縮力と引張力の両方を負担する筋かいとして、厚さ 1.5 cm、幅 9 cm の木材を使用した。

3. 国土交通大臣が定める基準に従った構造計算によって構造耐力上安全であることを確かめたので、小屋組の振れ止めを省略した。

4. 構造耐力上主要な柱の小径を、横架材の相互間の垂直距離に対する割合によらず、国土交通大臣が定める基準に従った構造計算によって決定した。

[解説] 1. （令 45 条 4）適当。

2. （令 45 条）引張力を負担する筋かいは、厚さ 1.5 cm 以上、幅 9 cm 以上の木材を、圧縮力を負担する筋かいは、厚さ 3cm 以上、幅 9 cm 以上の木材を使用するよう定められている。

3. （令 46 条 3）適当。

4. （令 43 条）適当。 正解 2

R05	R04	R03	R02	R01	H30	H29

問題 11 IV 9 木造軸組工法による地上 2 階建ての建築物に関する次の記述のうち、**最も不適当な**ものはどれか。

1. 風による水平力に対して必要な各階の耐力壁の量を、建築物の各階の床面積に所定の数値を乗じて得られた量以上とした。

2. 地盤が著しく軟弱な区域として指定されている区域内の建築物ではなかったので、標準せん断力係数 C_0 を 0.2 として、地震力を算定した。

3. 軸組の両面に同じ構造用合板を1枚ずつ釘打ちした耐力壁の倍率を、軸組の片面に同じ構造用合板を1枚釘打ちした耐力壁の倍率の2倍とした。

4. 引張力のみを負担する筋かいとして、厚さ1.5cmで幅9cmの木材を使用した。

[解説] 1. （令46条）風圧力による必要な耐力壁の量は、その階の見付面積（その階より上の階がある場合においては、当該上の階を含む。）からその階の床面からの高さ1.35m以下の部分の見付面積を減じたものに、所定の数値を乗じて得られた量以上とする。

2. （令88条）特定行政庁が指定する区域内においては、標準せん断力係数 C_0 を0.3以上としなければならない。

3. （令46条）適当。ただし、片面に2枚重ねて釘打ちした場合は2倍とすることはできない。

4. （令45条）引張りを負担する筋かいの厚さは、1.5cm以上、幅9cm以上の木材を、圧縮力を負担する筋かいは、厚さ3cm以上、幅9cm以上の木材を使用するよう定められている。

[正解 1]

R05	R04	R03	R02	R01	H30	H29

問題 12 [IV 10] 図のような平面形状の木造軸組工法による地上2階建ての建築物（屋根は日本瓦葺きとし、1階と2階の平面形状は同じであり、平家部分はないものとする。）の1階において、建築基準法における「木造建築物の軸組の設置の基準」（いわゆる四分割法）によるX方向及びY方向の壁率比の組合せとして、**最も適当な**ものは、次のうちどれか。ただし、図中の太線は耐力壁を示し、その軸組の倍率（壁倍率）は全て2とする。なお、壁率比は次の式による。

$$壁率比 = \frac{壁量充足率の小さい方}{壁量充足率の大きい方}$$

ここで、$$壁量充足率 = \frac{存在壁量}{必要壁量}$$

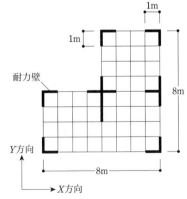

耐力壁

Y方向

X方向

	壁率比	
	X方向	Y方向
1.	0.5	1.0
2.	0.8	1.0
3.	1.0	0.5
4.	1.0	0.8

[解説] X方向

上側存在壁量＝2m×2倍＝4m　　　下側存在壁量＝2m×2倍＝4m

上側必要壁量＝(2m×4m)×α m/m² ＝8α m

下側必要壁量＝(2m×8m)×α m/m² ＝16α m

上側壁量充足率＝$\dfrac{4}{8\alpha}$＝0.5/α　　　下側壁量充足率＝$\dfrac{4}{16\alpha}$＝0.25/α

∴ X方向の壁率比＝$\dfrac{0.25/\alpha}{0.5/\alpha}$＝0.5

Y方向

左側存在壁量＝2m×2倍＝4m

右側存在壁量＝4m×2倍＝8m

左側必要壁量

　＝(4m×2m)×α m/m² ＝8α m

右側必要壁量

　＝(8m×2m)×α m/m² ＝16α m

左側壁量充足率＝$\dfrac{4}{8\alpha}$＝0.5/α

右側壁量充足率＝$\dfrac{8}{16\alpha}$＝0.5/α

∴ Y方向の壁率比＝$\dfrac{0.5/\alpha}{0.5/\alpha}$＝1.0

＊αは令46条4項の表2に定められた数値

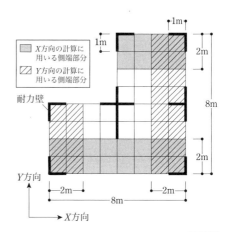

正解 1

R05	R04	R03	R02	R01	H30	H29

問題13 **Ⅳ 9**　木造軸組工法による地上2階建ての建築物に関する次の記述のうち、**最も不適当な**ものはどれか。

1.　平面が長方形の建築物において、必要壁量が風圧力により決定されたので、張り間方向と桁行方向の壁量が、それぞれの方向の必要壁量以上となるように設計した。

2.　圧縮力と引張力の両方を負担する筋かいとして、厚さ3cm、幅9cmの木材を使用した。

3.　9cm角の木材の筋かいを入れた軸組の倍率（壁倍率）を3とし、9cm角の木材の筋かいをたすき掛けに入れた軸組の倍率（壁倍率）を6とした。

4.　筋かいが間柱と交差する部分は、間柱の断面を欠き取り、筋かいは欠込みをせずに通すようにした。

[解説]　1.　必要壁量が風圧力により決定される場合、風を受ける面の見付面積に基づ

いて算定するため、張り間方向と桁行方向の必要壁量は異なる。

2. （令45条）引張りを負担する筋かいは厚さ1.5cm以上、幅9cm以上、圧縮力を負担する筋かいは厚さ3cm以上、幅9cm以上の木材を使用するよう定められている。

3. （令46条）たすき掛けに入れた軸組の倍率は5と規定されている。

4. （令45条）筋かいには欠込みをしてはならない。やむをえない場合は必要な補強を行う。 正解3

R05	R04	R03	R02	R01	H30	H29

問題14 **IV 10** 図のような平面の木造軸組工法による平家建ての建築物において、建築基準法における「木造建築物の軸組の設置の基準」（いわゆる四分割法）に関する次の記述のうち、**最も不適当な**ものはどれか。ただし、図中の太線は耐力壁を示し、その軸組の倍率（壁倍率）は全て1とする。なお、この建築物の単位床面積当たりに必要な壁量は15cm/m²とする。

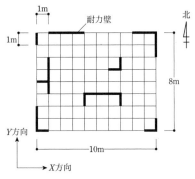

1. X方向の北側の側端部分の必要壁量は、3mである。

2. X方向の北側の側端部分の存在壁量は、5mである。

3. X方向の北側の側端部分の壁量充足率は、1を超えている。

4. X方向の壁率比は、0.5を超えている。

解説 1. 必要壁量＝北側の側端部分の面積×15cm/m²

$$= \frac{10m \times 8m}{4} \times 15 = 300cm = 3m$$

2. 存在壁量＝耐力壁長さ×壁倍率

$$= (1m \times 5) \times 1 = 5m$$

3. 壁量充足率＝$\frac{存在壁量}{必要壁量} = \frac{5m}{3m} = 1.67 > 1.0$

4. 南側の側端部分の必要壁量＝北側と同じ 3m

南側の側端部分の存在壁量＝$(1m \times 2) \times 1 = 2m$

南側の壁量充足率＝$\frac{存在壁量}{必要壁量} = \frac{2m}{3m} = 0.67$

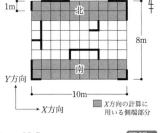

壁率比＝$\frac{小さい方の充足率}{大きい方の充足率} = \frac{0.67}{1.67} = 0.40 < 0.5$ N.G. 正解4

14 鉄筋コンクリート構造

R05	R04	R03	R02	R01	H30	H29

問題01 Ⅳ 11 地上4階建て、階高4m、スパン6mの普通コンクリートを使用した鉄筋コンクリート造の建築物における部材寸法の設定に関する次の記述のうち、**最も不適当な**ものはどれか。ただし、特別な調査・研究によらないものとする。

1. 耐力壁の厚さを、階高の$\frac{1}{30}$以上などを満たすように、150mmとした。

2. 正方形断面柱の一辺の長さを、階高の$\frac{1}{10}$以上などを満たすように、600mmとした。

3. 短辺4mの長方形床スラブの厚さを、スラブ短辺方向の内法長さの$\frac{1}{40}$以上などを満たすように、150mmとした。

4. バルコニーに用いるはね出し長さ2mの片持ちスラブの支持端の厚さを、はね出し長さの$\frac{1}{15}$以上などを満たすように、150mmとした。

解説 （「RC造配筋指針・同解説」）より。

1. 適当。耐力壁の厚さは壁の内法高さの$\frac{1}{30}$以上。かつ120mm以上。

2. 柱の最小径とその主要支点間の距離の比は、普通コンクリートを使用する場合は$\frac{1}{15}$以上にしなければならない。階高が4mなので600mmでOK。

3. 床スラブの厚さは、80mm以上、かつ、短辺有効スパンの$\frac{1}{40}$の以上としなければならない。$\frac{4000mm}{40} = 100mm < 150mm$　OK

4. 片持スラブの支持端の厚さは、はね出し長さの$\frac{1}{10}$以上としなければならない。$\frac{2000mm}{10} = 200mm > 150mm$　NG

正解 4

R05	R04	R03	R02	R01	H30	H29

問題02 Ⅳ 12 鉄筋コンクリート構造の鉄筋の定着に関する次の記述のうち、**最も不適当な**ものはどれか。

1. 梁主筋の柱への必要定着長さは、柱のコンクリートの設計基準強度が高いほど短くなる。

2. 引張鉄筋の必要定着長さは、フックの折曲げ角度を90度とする場合に比

べて、180 度とする場合のほうが短い。
3. 　引張鉄筋の必要定着長さは、横補強筋で拘束されていない部分に定着する場合に比べて、横補強筋で拘束されたコア内に定着する場合のほうが短い。
4. 　最上階以外の梁で、上端筋と下端筋を柱内で連続させて U 字形の折曲げ定着とする場合、その定着長さの取り方は折曲げ角度 90 度のフックを準用してもよい。

[解説]　（「RC 造配筋指針・同解説」「RC 造計算基準・同解説」）より。
1. 　コンクリート設計基準強度が高いほど鉄筋を拘束する力が大きくなるので、柱主筋の柱への必要定着長さは短くなる。
2. 　引張鉄筋の必要定着長さはフックの折曲げ角度に関係なく同じ。フックの余長は折曲げ角度が 90 度で $8d$、135 度で $6d$、180 度で $4d$ 以上、折曲げ角度が小さいほど長くなる。
3. 　横補強筋は、帯筋・あばら筋・スパイラル筋など、部材に対して直角の力（せん断力）に効かせる鉄筋の総称。コア内で定着する場合のほうが短い。
4. 　定着長さ L_{2h} の取り方は図の通り。折曲げ角度 90 度のフックを準用してもよい。

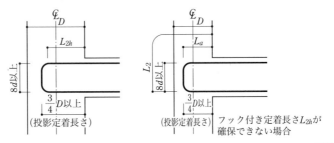

R05	R04	R03	R02	R01	H30	H29

[問題 03] [IV 13]　鉄筋コンクリート構造の許容応力度計算に関する次の記述のうち、**最も不適当な**ものはどれか。
1. 　梁の短期許容せん断力の計算において、有効せいに対するせん断スパンの比による割増しを考慮した。
2. 　梁の許容曲げモーメントの計算において、引張鉄筋比が釣合い鉄筋比以下であったので、α_t（引張鉄筋の断面積）× f_t（引張鉄筋の許容引張応力度）× j（梁の応力中心間距離）により算定した。
3. 　耐力壁の長期許容せん断力の計算において、壁の横筋による効果を考慮した。
4. 　柱の許容曲げモーメントは、「圧縮縁がコンクリートの許容圧縮応力度に

達したとき」、「圧縮側鉄筋が許容圧縮応力度に達したとき」及び「引張鉄筋が許容引張応力度に達したとき」に対して算定したそれぞれの曲げモーメントのうち、最小となるものとした。

解説 (「RC造計算基準」) より。

1. 適当。梁の短期許容せん断力は次の式で求める。

$$Q_{As} = bj \left\{ \frac{2}{3} \alpha fs + 0.5_w f_t (P_w - 0.002) \right\} \qquad \alpha = \frac{4}{\dfrac{M}{Qd} + 1} \qquad かつ \quad 1 \leqq \alpha \leqq 2$$

α：梁のせん断スパン比 $\dfrac{M}{Qd}$ による割増係数 $\quad d$：梁の有効せい

2. 引張り鉄筋比： $\dfrac{引張鉄筋断面積}{梁の有効断面積}$ 釣合い鉄筋比：圧縮側のコンクリートと引張側の鉄筋が同時に許容応力度に達する場合の引張鉄筋比。

梁の許容曲げモーメントは $M = \alpha_t \times f_t \times j$ で求められる。

3. 耐力壁の長期許容せん断力 Q_{AL} は、$Q_{AL} = tl f_s$ で求める。

$t =$ 壁厚 $\qquad l$：柱（または梁）を含む壁部材の全せい

f_s：コンクリートの長期許容せん断応力度

壁の横筋は関係しない。

4. 適当。 正解 3

R05	R04	R03	R02	R01	H30	H29

問題 04 **Ⅳ 14** 鉄筋コンクリート構造の保有水平耐力計算における部材の靱性に関する次の記述のうち、**最も不適当な**ものはどれか。

1. 両端部が曲げ降伏する梁では、断面が同じ場合、一般に、内法スパン長さが小さいほど、靱性は低下する。

2. 太径の異形鉄筋を主筋に用いる柱では、曲げ降伏する場合、一般に、引張り鉄筋比が大きいほど、靱性は向上する。

3. 軸方向応力度が小さい柱では、断面が同じ場合、一般に、曲げ降伏する時点の平均せん断応力度が小さいほど、靱性は向上する。

4. 壁式構造の耐力壁では、曲げ降伏する時点の平均せん断応力度が同じ場合、一般に、壁板両端に柱があるラーメン構造の耐力壁に比べて、靱性は低下する。

解説 (H19 国交告 594 号、「建築物の構造関係技術基準解説書」) より。

1. 内法スパン長さが小さいほどせん断耐力は向上するが、靱性は低下する。

2. 一般に、引張り鉄筋比が大きい（引張鉄筋が多い）と曲げ耐力は大きくなるが、脆性的な破壊形式である付着割裂破壊が生じやすくなり、靱性は低下する。

3. 平均せん断応力度が小さいほど変形能力が向上し、靱性は向上する。

4. 耐力壁周囲の柱及び梁は耐力壁を拘束する効果があるので、壁式構造の耐力壁は

壁板両端に柱があるラーメン構造の耐力壁に比べて、靱性は低下する。　

問題 05 Ⅳ 11　図に示す鉄筋コンクリート構造の配筋に関する次の記述のうち、**最も不適当な**ものはどれか。ただし、図に記載のない鉄筋は適切に配筋されているものとする。

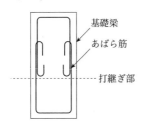

基礎梁
あばら筋
打継ぎ部

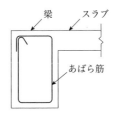

梁　スラブ
あばら筋

1.　断面内に打継ぎ部を設ける必要がある基礎梁において、必要な定着長さを確保したうえで、基礎梁の側面にあばら筋のフック付き重ね継手を設けた。

2.　片側にスラブが取り付いた梁のあばら筋において、必要な余長を確保したうえで、あばら筋の末端の一端を 90 度フックとした。

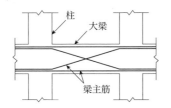

柱
大梁
梁主筋

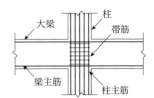

大梁　柱
帯筋
梁主筋
柱主筋

3.　スパンが短い大梁の主筋の配筋において、梁断面の四隅以外の主筋を部材の全長にわたって対角線上に配置した。

4.　柱梁接合部において、せん断補強筋比が 0.3% 相当となるように帯筋を配筋した。

[解説]（RC 造配筋指針・同解説）

1. 180 度フック付きとしたあばら筋の重ね継手とするか、溶接または機械継手とする。

2. あばら筋末端部は 135 度フック、6d 以上の余長を設ける（図 1 配筋例）。ただしスラブが取り付く場合、取り付く側のみ 90 度フックが許される。図 2 は片側スラブ付きの配筋図例。

3. せん断破壊や付着割裂破壊が生じやすいので、設問のように主筋を対角線上に配置するのがよい。

4. 梁柱接合部における帯筋は、直径 9 mm 以上の丸鋼または D10 以上の異形鉄筋を用いる。せん断補強筋比 p_w は 0.2 ％以上で帯筋間隔は 150 mm 以下とし、かつ、隣接する柱の帯筋間隔の 1.5 倍以下とする。

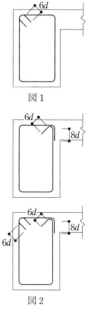

図 1

図 2

正解 2

R05	R04	R03	R02	R01	H30	H29

【問題 06】Ⅳ 12　鉄筋コンクリート構造に関する次の記述のうち、**最も不適当な**ものはどれか。

1. 曲げ降伏する梁部材の靱性を高めるために、梁せい及び引張側の鉄筋量を変えることなく、梁幅を大きくした。

2. 梁部材のクリープによるたわみを減らすために、引張側の鉄筋量を変えることなく、圧縮側の鉄筋量を減らした。

3. 耐力壁は、一般に、付着割裂破壊が発生しにくいことから、付着割裂破壊の検討を省略した。

4. 下階の柱抜けによりフィーレンディール梁構が形成されるので、剛床仮定を設けず、上下弦材となる梁では軸方向力を考慮した断面算定を行った。

[解説]（構造関係技術基準解説書）

1. 曲げ降伏する梁部材の靱性を高めるには、曲げ破壊を先行させる。そのためにはせん断耐力を大きくし、梁のせん断破壊が生じないようにする。梁せい及び引張側の鉄筋量を増やすと曲げ耐力が大きくなるので変えないで、梁幅を大きくすることによりせん断耐力を大きくする。

2. 鉄筋はほとんどクリープ変形しない。圧縮側の鉄筋量を減らすことにより鉄筋の圧縮力の負担量が減り、コンクリートの圧縮力の負担が大きくなるので、結果的にはクリープ変位は大きくなる。クリープによるたわみを減らすためには圧縮側の鉄筋量を減らしてはいけない。

3. 耐力壁においては、付着割裂破壊が生じにくいので検討は要求されていない。

4. フィーレンディール架構はトラス架構から斜材を取り除き、剛接合された四角形を単位とした構造骨組（梯子を横にしたイメージ）。下階の柱抜けにより架構の中央がたわむことで上弦材には圧縮力、下弦材には引張力が生じる。断面算定においてはこれらの軸方向力を考慮して行う。

正解 2

R05	R04	R03	R02	R01	H30	H29

問題 07 IV 13 鉄筋コンクリート構造の許容応力度計算に関する次の記述のうち、**最も不適当な**ものはどれか。

1. 建築物の外壁から突出する部分の長さが2m以下の片持ちのバルコニーについては、鉛直方向の振動の励起が生じにくいものとして、鉛直震度による突出部分に作用する応力の割増しを行わなかった。

2. 梁の引張鉄筋比が釣合い鉄筋比以下であったので、短期許容曲げモーメントを大きくするために、引張鉄筋をSD345から同一径のSD390に変更した。

3. 梁の上端筋のコンクリートに対する許容付着応力度は、下端筋よりも大きい値を用いた。

4. 耐力壁の短期許容せん断力を、「壁板の許容せん断力」と「側柱の許容せん断力」の和とした。

解説（RC造計算基準）

1. 外壁から2mを超えなければ、鉛直震度による突出部分に作用する応力の割増しを行う必要はない。

2. 梁の引張鉄筋比が釣合い鉄筋比以下の場合、短期許容曲げモーメントMは

$$M = a_t \cdot f_t \cdot j$$

　　　a_t：引張鉄筋の断面積　　f_t：鉄筋の許容引張応力度　　j：応力中心距離

で算定することができる。

よって、許容曲げ応力度の大きいSD390に変更すると短期許容曲げモーメントMは大きくなる。

3. 上端筋は鉄筋下面のコンクリートが沈下し、空隙が生じて付着が悪くなるため、下端筋より許容付着応力度は小さい値を用いる。

4. 適当。

正解 3

R05	R04	R03	R02	R01	H30	H29

問題 08 IV 14 鉄筋コンクリート構造の保有水平耐力計算に関する次の記述の

うち、**最も不適当な**ものはどれか。

1. 引張側にスラブが取り付く大梁の曲げ終局モーメントは、一般に、スラブの有効幅内のスラブ筋量が多いほど大きくなる。

2. 大梁のせん断終局耐力は、一般に、有効せいに対するせん断スパンの比が小さいほど大きくなる。

3. 柱のせん断終局耐力は、一般に、軸方向圧縮応力度が小さいほど大きくなる。

4. 柱梁接合部のせん断終局耐力は、一般に、取り付く大梁の幅が大きいほど大きくなる。

[解説]（H19 国交告 594 号、構造関係技術基準解説書）

1. 大梁の曲げ終局モーメントは次式で求める。

$$M_u = 0.9a_t\sigma_y d$$

　　a_t：引張鉄筋断面積　　　σ_y：引張鉄筋の材料強度　　　d：梁の有効せい

引張鉄筋断面積には床スラブ筋の断面も含まれるので、スラブ有効幅内のスラブ筋量が多いほど大きくなる。

2. せん断スパン比は曲げモーメント M をせん断力 Q、有効せい d で除した値。せん断スパン比が小さいほど梁の終局耐力は大きくなる。

3. 柱のせん断終局耐力 Q_c は次式で求める。

$$Q_c = Q_b + 0.1\sigma_0 \cdot b \cdot j$$

　　Q_b：当該柱を梁とみなして計算した場合における部材のせん断力

　　σ_0：平均軸応力度（$0.4F_c$ を超える場合は $0.4F_c$）

　　b：柱の幅　　　j：応力中心距離

よって、軸方向圧縮応力度が大きくなれば大きくなる。

4. 梁柱接合のせん断終局強度 V_{ju} は下式で求める。

$$V_{ju} = \kappa \cdot \Phi \cdot F_j \cdot b_j \cdot D_j$$

　　κ：形状による係数　　　Φ：直交梁の有無による補正係数

　　F_j：接合部のせん断強度の基準値（コンクリートの圧縮強度による）

　　b_j：接合部の有効幅（柱幅、梁幅による）　　　D_j：柱の有効せい

よって、取り付く大梁の幅を大きくするかコンクリートの圧縮強度を大きくすると終局強度は大きくなる。　　　　　　　　　　　　　　　　　　　　　正解 3

R05	R04	R03	R02	R01	H30	H29

問題 09 Ⅳ 11　鉄筋コンクリート構造に関する次の記述のうち、**最も不適当な**ものはどれか。

1. 柱部材は、同じ断面の場合、一般に、内法高さが小さいほど、せん断耐力が大きくなり、靭性は低下する。

2. コンクリートは圧縮力に強く引張力に弱いので、一般に、同じ断面の柱の場合、大きな軸方向圧縮力を受けるもののほうが靱性は高い。

3. 耐力壁の壁筋の間隔を小さくすると、一般に、耐力壁のひび割れの進展を抑制できる。

4. 柱梁接合部のせん断終局耐力は、一般に、柱梁接合部のコンクリートの圧縮強度が大きくなると増大する。

[解説] 1. 腰壁付きの柱などでは、内法高さが小さくなるので、柱との間にスリットを設け、内法高さを大きくすることにより、靱性を向上させる。

2. （RC構造計算基準）コンクリートは圧縮に強いが、柱は大きな軸方向圧縮力を受けると地震時の粘り強さが減少し、塑性変形性能が低下する。

3. 耐力壁のひび割れの進展を抑制するためには、縦横の壁筋の間隔を密にする必要がある。建基令78条の2で最低基準が定められている。

4. （RC造計算基準）コンクリートの圧縮強度を大きくすることにより、せん断耐力が大きくなり、結果的に終局せん断耐力も増す。

正解 2

R05	R04	R03	R02	R01	H30	H29

問題 10 Ⅳ 12 図に示す鉄筋コンクリート構造の配筋に関する次の記述のうち、**最も不適当な**ものはどれか。ただし、図に記載のない鉄筋は適切に配筋されているものとする。

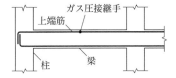

1. 梁上端筋の配筋において、ガス圧接継手をスパンの中央部に設けた。

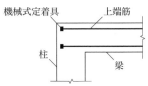

2. 最上階の外柱梁接合部（L形接合部）の配筋において、梁上端筋を機械式定着具で定着した。

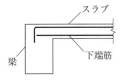

3. スラブの配筋において、スラブの下端筋を梁内に直線定着した。

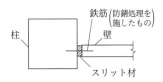

4. 柱と壁の間に設けた完全スリットにおいて、面外変形を抑えるための鉄筋を設けた。

[解説]（RC 造配筋指針・同解説）

1. 鉄筋の継手は、原則として応力の小さいところで、常時コンクリートに圧縮力が生じている部分に設ける。また、1か所に集中することなく相互にずらす。図1はガス圧接継手位置の好ましい範囲を示す。

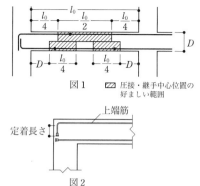

図1　⬛ 圧接・継手中心位置の好ましい範囲

2. 最上階のL形接合部、梁上端筋に機械式定着具を使用する場合は図のように90°折曲げ、必要な定着長さを確保する（図2）。

図2

3. スラブ下端筋は梁内に $10d$ かつ 150 mm 以上直線定着する。

4. スリットを設けた壁は4周の3辺をスリットとする片持ち梁となることが多い。地震時等における面外変形を抑えるために設問のような配筋を設ける。　　正解 2

R05	R04	R03	R02	R01	H30	H29

問題11 Ⅳ 13　鉄筋コンクリート構造の許容応力度計算に関する次の記述のうち、**最も不適当な**ものはどれか。

1. 片側スラブ付き梁部材の曲げ剛性の算定において、スラブの効果を無視して計算を行った。

2. 柱の長期許容曲げモーメントの算定において、コンクリートの引張力の負担を無視して計算を行った。

3. 梁の短期許容せん断力の算定において、主筋のせん断力の負担を無視して計算を行った。

4. 柱の短期許容せん断力の算定において、軸圧縮応力度の効果を無視して計算を行った。

[解説]（RC 造計算基準）

1. 片側スラブ付き梁部材は梁が床スラブと一体になって曲げに抵抗する。梁は単独の長方形梁よりも応力度も変形も小さい。曲げ剛性の算定においては、スラブの効果を考慮して計算を行う。なお板部（スラブ）の協力幅(B)の求め方が定められている。

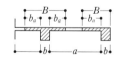

T 形断面部材の板部の有効幅

2. 柱の長期許容曲げモーメントの算定においては、圧縮側応力は鉄筋とコンクリートの応力の合力を用いて、引張側応力はコンクリートの強度を無視して引張側鉄筋のみを用いて算定する。

3. 4. 損傷制御のための梁の短期許容せん断力 Q_{AS} は下記にて求める。

$$Q_{AS} = bj\left\{\frac{2}{3}\,\alpha f_s + 0.5\,_wf_t\,(P_w - 0.002)\right\}$$

b：梁、柱の幅　　j：梁、柱の応力中心距離（7/8)d　　d：梁、柱の有効せい

α：梁、柱のせん断スパン比　　f_s：コンクリートの短期許容せん断応力度

$_wf_t$：せん断補強筋の短期許容引張応力度　　P_w：梁のせん断補強筋比

よって、主筋のせん断耐力の負担は考慮してない。また、軸圧縮応力度の効果も考慮していない。　　　　　　　　　　　　　　　　　　　　　　　　　正解 1

R05	R04	R03	R02	R01	H30	H29

問題 12 IV 14　鉄筋コンクリート構造の保有水平耐力計算に関する次の記述のうち、**最も不適当な**ものはどれか。

1. 増分解析に用いる外力分布は、地震層せん断力係数の建築物の高さ方向の分布を表す係数 A_i に基づいて設定した。

2. 全体崩壊形を形成する架構では、構造特性係数 D_s は崩壊形を形成した時点の応力等に基づいて算定した。

3. せん断破壊する耐力壁を有する階では、耐力壁のせん断破壊が生じた時点の層せん断力を当該階の保有水平耐力とした。

4. 付着割裂破壊する柱については、急激な耐力低下のおそれがないので、部材種別を FA として構造特性係数 D_s を算定した。

解説　1.　（構造関係技術基準解説書）各階に想定する外力分布は、地震力の作用を近似した水平方向の外力分布に基づくものとし、原則として A_i 分布に基づく外力分布とする。

　2.　（構造関係技術基準解説書）建築物全体が不安定になるのに十分な塑性ヒンジが生じているため、D_s は崩壊形を形成した時点の応力等に基づいて算定してよい。

　3.　（構造関係技術基準解説書）原則として、耐力壁のせん断破壊が生じた時点の層せん断力を当該階の保有水平耐力とする。

　4.　（S55 建告 1792 号）せん断破壊、付着割裂破壊及び圧縮破壊その他の構造耐力上支障のある急激な耐力の低下のおそれがある破壊を生じる場合は FD で算定する。

正解 4

R05	R04	R03	R02	R01	H30	H29

問題 13 IV 11　鉄筋コンクリート構造における付着、継手及び定着に関する次の記述のうち、**最も不適当な**ものはどれか。

1. 柱の付着割裂破壊を防止するために、柱の断面の隅角部の主筋には太径の鉄筋を用いることとした。

2. 鉄筋の継手については、継手位置の存在応力にかかわらず、母材の強度を伝達できる継手とした。

3. 柱に定着する梁の引張鉄筋の定着長さにおいて、SD295A の鉄筋を同一径の SD390 の鉄筋に変更したので、定着長さを長くした。

4. 独立柱の帯筋の端部（隅角部）に 135 度のフックを設け、定着させた。

[解説] 1. 付着割裂破壊は、鉄筋に大きな力が作用することでコンクリートの間で滑りが生じ、かぶり厚さが剥がれ落ちる破壊である。隅角部に太径の鉄筋を用いると、鉄筋に大きな力が作用するため付着割裂破壊が生じやすい。隅角部には細い鉄筋を数多く配筋するとよい。

2. 鉄筋の接手は、応力の小さい箇所に設けるのが原則である。ただし、継手は、母材の強度を伝達できるような継手としなければならない。

3. 柱に定着する梁の引張鉄筋の定着長さは、鉄筋径および鉄筋強度に比例し、コンクリート強度に反比例する。したがって、SD295A から SD390 に変更すると、鉄筋強度が大きくなるので、定着長さは長くする必要がある。

4. （RC 造計算基準）帯筋の端部には、135 度以上のフックが必要である。副帯筋の端部も同じであるがコアー内に折り曲げる一端は 90° フックとすることができる。端部を相互に溶接する場合等はこの限りではない。　　　　　正解 1

R05	R04	R03	R02	R01	H30	H29

問題 14 [IV 12]　鉄筋コンクリート造の建築物において、「躯体に発生したコンクリートのひび割れの状況を示す図」と「その説明」として、**最も不適当な**ものは、次のうちどれか。

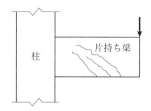

1. 矢印方向に荷重を受けた場合の、「片持ち梁のせん断ひび割れ」

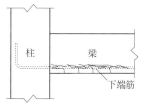

2. 下端筋に沿って付着割裂した場合の、「梁のひび割れ」

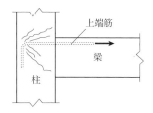

3. 柱梁接合部分に定着された梁上端筋が矢印方向に引張力を受けた場合の、「柱梁接合部及び柱のひび割れ」

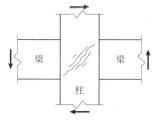

4. 矢印方向に荷重を受けた場合の、「柱梁接合部のひび割れ」

[解説] 1. 片持ち梁のせん断ひび割れは、梁全体に材軸に対して 45° の右上がりのひび割れが発生する。

2. 太径の異形鉄筋を用いた場合、鉄筋に大きな応力が作用しコンクリートの間にすべりが生じ（付着割裂）設問のようなひび割れが生じる。

3. 鉄筋の引張に抵抗しようとするコンクリートのせん断ひび割れ。

4. 梁柱接合部のせん断ひび割れ。

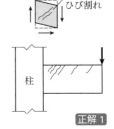

正解 1

R05	R04	R03	R02	R01	H30	H29

問題 15 IV 13）鉄筋コンクリート構造の許容応力度計算に関する次の記述のうち、**最も不適当な**ものはどれか。

1. 柱の長期許容せん断力の計算においては、帯筋の効果を考慮しなかった。

2. 梁の短期許容せん断力の計算においては、有効せいに対するせん断スパンの比による割増しを考慮した。

3. 柱の許容曲げモーメントは、「圧縮縁がコンクリートの許容圧縮応力度に達したとき」、「圧縮側鉄筋が許容圧縮応力度に達したとき」及び「引張鉄筋が許容引張応力度に達したとき」に対して算定したそれぞれの曲げモーメントのうち、最大となるものとした。

4. 太径の異形鉄筋を梁の主筋に使用したので、鉄筋のコンクリートに対する許容付着応力度を、かぶり厚さと鉄筋径の比に応じて低減した。

[解説]（RC 造配筋指針・RC 造計算基準）

1. 柱部材の長期許容せん断力は、$Q_{AL} = bj\alpha fs$ 帯筋の効果はないものとして求めている。

2. 適当。梁の短期許容せん断力は次の式で求める。

$$Q_{As} = bj\left\{\frac{2}{3}\alpha fs + 0.5_{w}f_t\left(P_w - 0.002\right)\right\} \qquad \alpha = \frac{4}{\frac{M}{Qd}+1} \quad かつ \quad 1 \leqq \alpha \leqq 2$$

α：梁のせん断スパン比 $\frac{M}{Qd}$ による割増係数　　d：梁の有効せい

3. 柱の許容曲げモーメントは、設問で算定したそれぞれのうち、最小となるものとする。

4. 太径の異形鉄筋を梁の主筋に使用すると大地震時に付着割裂破壊を生じやすいので、かぶり厚さと鉄筋径の比に応じて、鉄筋コンクリートに対する許容付着応力度を低減する。

正解 3

R05	R04	R03	R02	R01	H30	H29

問題 16 IV 14）鉄筋コンクリート構造に関する次の記述のうち、**最も不適当な**

ものはどれか。

1. 柱は、作用する軸方向圧縮力が大きいほど、一般に、塑性変形性能が低下する。
2. 梁は、貫通孔を設けることにより、一般に、せん断耐力が小さくなる。
3. 柱梁接合部は、取り付く梁の主筋量が多くなるほど、一般に、せん断耐力が大きくなる。
4. 耐力壁は、壁板の周辺に側柱を設けることにより、一般に、塑性変形性能が向上する。

[解説] 1. コンクリートは引張力に弱く圧縮力に強いが、大きな軸方向圧縮力を受ける柱ほど地震時の粘り強さが減少し、塑性変形性能が低下する。

2. 適当。梁に設ける貫通孔の径は梁成の1/3以下とし、その位置は地震時応力が大きくなる材端部は避け、材中央に設けるほうが梁靭性の低下は少ない。

3. （RC造計算基準）柱梁接合部の安全性確保のためのせん断耐力は下式で求める。

$Q_{Aj} = \kappa_A (fs - 0.5) bjD$

κ_A：柱梁接合部の形状による係数

fs：コンクリートの短期許容せん断応力度

bj：梁柱接合部の有効幅（梁幅等で求める）　　D：柱せい

よって、柱梁接合部の形状、コンクリート強度、梁柱接合部の有効幅、柱せいが大きくなればせん断耐力は大きくなる。鉄筋量は関係しない。

4. 耐力壁周囲の柱および梁は、耐力壁を拘束する効果があるので、一般に塑性変形性能が向上する。　　　　正解 3

R05	R04	R03	R02	R01	H30	H29

【問題17】 [IV 11] 鉄筋コンクリート構造の設計に関する次の記述のうち、**最も不適当な**ものはどれか。

1. 耐力壁は、一般に、付着割裂破壊が発生しにくいことから、付着割裂破壊の検討を省略した。
2. 柱の付着割裂破壊を防止するために、柱の引張鉄筋比を大きくした。
3. 柱のせん断圧縮破壊を防止するために、コンクリートの設計基準強度を高くすることにより、コンクリートの圧縮強度に対する柱の軸方向応力度の比を小さくした。
4. 柱梁接合部内に、帯筋比が0.3％以上となるように帯筋を配筋した。

[解説] 1. （技術基準解説書）梁、柱においては付着割裂破壊の検討を行うことが要求されているが、耐力壁においては付着割裂破壊が生じにくいので検討は要求されてない。

2. 付着割裂破壊は鉄筋に大きな力が作用するとコンクリートの間で滑りが生じ、かぶり厚さが剥がれ落ちる破壊で、柱の引張鉄筋比を大きくすれば柱断面に多くの鉄筋を配置することになるのでさらに応力が集中し、付着割裂破壊の防止にはならない。

3. コンクリートの設計強度 F_c を高くすると、「柱の軸方向応力度 σ_c/コンクリートの圧縮強度 F_c」が小さくなり、許容の軸方向力に対して軸方向圧縮力が減るので、柱のせん断圧縮破壊を防止することになる。

4. （RC 造計算基準）柱梁接合部内の帯筋比は $P_w = 0.2\%$ 以上、帯筋間隔は 150 mm 以下かつ隣接する柱の帯筋間隔の 1.5 倍以下と定められている。　　　正解 2

R05	R04	R03	R02	R01	H30	H29

問題 18 Ⅳ 12　鉄筋コンクリート構造の梁に関する次の記述のうち、**最も不適当な**ものはどれか。

1. 最小あばら筋比は、曲げひび割れの発生に伴う急激な剛性の低下を防ぐために規定されている。

2. あばら筋の長期許容応力度は、SD295A から SD345 に変更しても、大きくはならない。

3. 主筋のコンクリートに対する許容付着応力度は、下端筋より上端筋のほうが小さい。

4. 圧縮側の主筋は、長期荷重によるクリープたわみを抑制する効果がある。

解説 （RC 造計算基準による）

1. 最小あばら筋比 P_w は、梁に作用するせん断力に抵抗する役割として規定されている。P_w は 0.2% 以上。

2. SD295A、SD345 の長期許容応力度（せん断補強）は 195 N/mm² と同じ値であるので変更しても、あばら筋の長期許容応力度は大きくならない。

3. コンクリートの沈下現象により、鉄筋下の部分の付着が悪く、鉄筋の下のコンクリートの打ち込み深さの小さい下端筋より、上端筋のほうが許容付着応力度は小さい。上端筋とは曲げ材にあって、その鉄筋の下に 300 mm 以上のコンクリートが打ち込まれる場合の水平鉄筋をいう。

4. 鉄筋はクリープ変形を起こさないので、圧縮側の鉄筋量を増やすことによりクリープによるたわみを減らすことができる。　　　正解 1

R05	R04	R03	R02	R01	H30	H29

問題 19 Ⅳ 13　鉄筋コンクリート構造の配筋に関する次の記述のうち、**最も不適当な**ものはどれか。ただし、図に記載のない鉄筋は適切に配筋されているものとする。

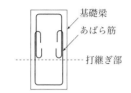

図-1　基礎梁の断面図

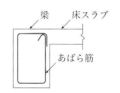

図-2　片側床スラブ付き梁の断面図

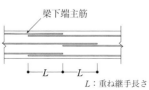

図-3　梁下端主筋の配筋図（平面図）

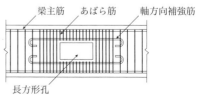

図-4　長方形孔を有する梁の配筋図（側面図）

1. 断面内に打継ぎ部を有する基礎梁において、必要な定着長さが確保されていたので、図－1に示すように、基礎梁の側面にあばら筋の重ね継手を設けた。

2. 片側に床スラブが取り付いた梁のあばら筋において、必要な余長が確保されていたので、図－2に示すように、あばら筋の末端の一端を90度フックとした。

3. 梁下端主筋において、必要な重ね継手長さを確保したうえで、応力集中を避けるために、図－3に示すように、継手位置をずらして配筋した。

4. 長方形孔を有する梁において、あばら筋に加え、図－4に示すように、軸方向補強筋を長方形孔の上下に配筋した。

[解説]（RC造配筋指針・RC造計算基準による）

1. 図－1のように180度フック付きとしたあばら筋の重ね継手とするか、溶接または機械式継手とする。

2. 片側に床スラブが取り付いた梁のあばら筋（一般的に梁の上側）は、8d以上の余長を確保し90度フックとしてよい。

3. 設問のように継手端部をずらさず配筋すると、梁に大きな応力が働いた時、図aのようにひび割れが生じる。継手位置は原則として図b、cのようにずらして配筋する。

4. 長方形孔を有する梁においては、長方形孔上下の弦材に軸方向補強筋とあばら筋を配筋する。軸方向補強筋の定着形式は180度フック付きでなくても可。

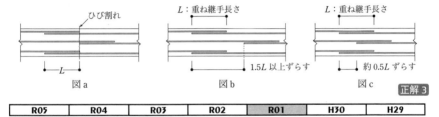

ひび割れ	L：重ね継手長さ	L：重ね継手長さ

図a　　　　　　　　図b　　　　　　　　図c　　　　正解3

問題 20 IV 14　鉄筋コンクリート構造の柱梁接合部に関する次の記述のうち、**最も不適当な**ものはどれか。

1.　外柱の柱梁接合部においては、一般に、靭性を確保するために、梁の下端筋は上向きに折り曲げて定着させる。

2.　柱梁接合部の設計用せん断力は、取り付く梁が曲げ降伏する場合、曲げ降伏する梁の引張鉄筋量を増やすと大きくなる。

3.　柱梁接合部の許容せん断力は、柱梁接合部の帯筋量を増やすと大きくなる。

4.　柱梁接合部の許容せん断力は、コンクリートの設計基準強度を高くすると大きくなる。

[解説]　1. 柱・梁接合部内の応力伝達を考えた場合、下端筋を上向きに定着させると靭性確保に有利である。上端筋は下向きに定着させる。

2.　曲げ降伏する梁の引張鉄筋量を増やすと降伏モーメントが大きくなる。梁端部のせん断力は梁両端の降伏モーメントの和を梁の内法寸法で割って求めるので、柱梁接合部の設計用せん断力は大きくなる。

3.　（RC造計算基準）柱梁接合部の安全性確保のためのせん断耐力は下式で求める。

$$Q_{Aj} = \kappa_A \, (fs - 0.5) \, bjD$$

　　κ_A：柱梁接合部の形状による係数　　fs：コンクリートの短期許容せん断応力度

　　bj：柱梁接合部の有効幅（梁幅等で求める）　　D：柱せい

　　よって、柱梁接合部の形状、コンクリート強度、柱梁接合部の有効幅、柱せいが大きくなればせん断耐力は大きくなる。鉄筋量は関係しない。

4.　設問3の解説より、コンクリートの設計基準強度を高くすると、短期許容せん断応力度も大きくなるので柱梁接合部の許容せん断力も大きくなる。　　正解3

問題 21 IV 11　鉄筋コンクリート構造に関する次の記述のうち、**最も不適当な**ものはどれか。

1.　地震時に水平力を受けるラーメン架構の柱の曲げひび割れは、一般に、柱頭及び柱脚に発生しやすい。

2. 柱の軸方向の圧縮耐力は、一般に、帯筋によるコンクリートの拘束の度合いが大きいほど大きくなり、最大耐力以降の耐力低下の度合いも緩やかになる。

3. 柱は、一般に、同じ断面の場合、内法高さが小さいほど、せん断耐力が大きくなることから、塑性変形能力は向上する。

4. 柱梁接合部のせん断耐力は、一般に、柱に取り付く梁の幅を大きくすると大きくなる。

[解説] 1. 地震時の水平力による曲げ応力の大きい柱頭及び柱脚に発生しやすい。

2. 帯筋によるコンクリートの拘束の度合いを大きくすることにより、主筋の座屈防止となり、柱の強度・靭性が増すので、耐力低下の度合いも緩やかになる。

3. 柱は同じ断面で内法高さが小さいとせん断耐力が大きくなるが、塑性変形能力（粘り強さ）は低下す

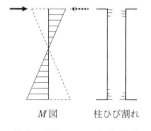

M図　　柱ひび割れ

る。腰壁付きの柱などでは、内法高さが小さくなるので柱との間にスリットを設け、内法高さを大きくすることにより塑性変形能力を向上させる。

4. （RC造計算基準）柱梁接合部の安全性確保のためのせん断耐力は、下式で求める。

$$Q_{Aj} = \kappa_A \, (f_s - 0.5) \, b_j D$$

κ_A：柱梁接合部の形状による係数

f_s ： コンクリートの短期許容せん断応力度

b_j ： 梁柱接合部の有効幅（梁幅等で求める）

D ： 柱せい

よって、柱梁接合部の形状、コンクリート強度、梁柱接合部の有効幅、柱せいが大きくなればせん断耐力は大きくなる。鉄筋量は関係しない。 　正解 3

R05	R04	R03	R02	R01	H30	H29

問題22 Ⅳ 12　鉄筋コンクリート構造の鉄筋の定着に関する次の記述のうち、**最も不適当な**ものはどれか。

1. 梁主筋の柱への必要定着長さは、柱のコンクリートの設計基準強度が高いほど長くなる。

2. 折曲げ定着筋の標準フックの必要余長は、折曲げ角度が小さいほど長くなる。

3. 引張鉄筋の必要定着長さは、横補強筋で拘束されたコア内に定着する場合より、横補強筋で拘束されていない部分に定着する場合のほうが長くなる。

4. 純ラーメン架構の柱梁接合部内に通し配筋定着する梁については、地震時に梁端に曲げヒンジを想定する場合、梁主筋の引張強度が高いほど、定着性

能を確保するために必要となる柱せいは大きくなる。

[解説] 1. （RC造計算基準）異形鉄筋による引張鉄筋の必要定着長さ l_{ab} は次式より算定する。

$$l_{ab} = \alpha \frac{S\sigma_t d_b}{10 f_b}$$

f_b ：付着割裂の基準となる強度（コンクリートの設計基準強度、鉄筋の位置により算定）

σ_t ：仕口面における鉄筋の応力度

d_b ：異形鉄筋の呼び名に用いた数値（mm）

α ：横補強筋で拘束されたコア内に定着する場合は1.0、それ以外の場合は1.25

S ：必要定着長さの修正係数

よって、f_b が大きくなると梁主筋の柱への必要定着長さは短くなる。また鉄筋の強度が大きくなるほど長くなる。

2. （RC造配筋指針）折曲げ定着筋の標準フックの必要余長は、折曲げ角度が90°で $8d$、135°で $6d$、180°で $4d$ 以上、折曲げ角度が小さいほど長くなる。

3. 設問1の解説より、α は補強筋で拘束されてない部分に定着する場合の方が長くなる。

4. （RC造計算基準）純ラーメン部分の柱梁接合部内を通じて配される梁及び柱主筋の径は、下記の式を満たすことを原則とする。

$$\frac{d_b}{D} \leq 3.6 \frac{1.5 + 0.1F_c}{f_t} \quad \rightarrow \quad \frac{f_t}{D} \leq 3.6 \frac{1.5 + 0.1F_c}{d_b}$$

D ：当該鉄筋が通し配筋される部材の全せい（mm）

F_c ：コンクリートの設計基準強度（N/mm²）

f_t ：当該鉄筋の短期許容引張応力度（N/mm²）

d_b ：異形鉄筋の呼び名に用いた数値（mm）

よって、梁主筋の引張強度が高いほど、定着性能を確保するために必要とする柱せいは大きくなる。

正解 1

R05	R04	R03	R02	R01	H30	H29

【問題23】[IV 13] 鉄筋コンクリート構造の許容応力度計算に関する次の記述のうち、**最も不適当な**ものはどれか。

1. 開口を有する耐力壁において、許容せん断力だけではなく、せん断剛性についても、開口の大きさに応じた低減率を考慮して構造計算を行った。

2. 両側スラブ付き梁部材の曲げ剛性として、スラブの協力幅を考慮したT形断面部材の値を用いた。

3. 柱の断面算定において、コンクリートに対する鉄筋のヤング係数比 n は、コンクリートの設計基準強度が高くなるほど大きな値とした。

4. 純ラーメン架構の梁端部の断面算定において、水平荷重による設計用曲げモーメントとして、フェイスモーメント（柱面位置での曲げモーメント）を用いた。

[解説] 1. 開口を有する耐力壁においては、開口の大きさに応じた開口周比、耐力壁せん断耐力の低減率、耐力壁せん断剛性低下率を求め、構造計算を行う。

2. 設問の通り。

3. （RC造計算基準）コンクリートに対する鉄筋のヤング係数比 n は、コンクリートの設計基準強度が高くなるほど小さくなる。

4. 正しい。長期荷重による断面算定においては、接点位置の曲げモーメントの値を用いる。　　　正解 3

R05	R04	R03	R02	R01	H30	H29

【問題24】[IV 14] 鉄筋コンクリート構造の保有水平耐力計算に関する次の記述のうち、**最も不適当な**ものはどれか。

1. 柱の塑性変形能力を確保するため、引張鉄筋比 p_t を大きくした。

2. 梁の塑性変形能力を確保するため、崩壊形に達したときの梁の断面に生じる平均せん断応力度を小さくした。

3. 耐力壁の塑性変形能力を確保するため、崩壊形に達したときの耐力壁の断面に生じる平均せん断応力度を小さくした。

4. ラーメン架構と耐力壁を併用した建築物の構造特性係数 D_s を小さくするため、保有水平耐力に対する耐力壁の水平耐力の和の比率 β_u を小さくした。

[解説] 1. 引張鉄筋比は柱断面積に対する引張鉄筋断面積の比で、大きくすると柱の強度は大きくなるが、塑性変形能力は大きくならない。塑性変形能力を大きくするためには、帯筋比 P_w を大きくする。

2. 崩壊形に達したときの梁の断面に生じる平均せん断応力度を小さくすると、構造特性係数 D_s も小さくなり、梁の塑性変形能力の確保につながる。

3. 耐力壁の場合も設問2と同じである。

4. （昭55建告1792号第1. 第4）β_u は、耐力壁（筋かいを含む）の水平耐力の和を保有水平耐力の数値で除した数値を表し、β_u が小さいほど D_s は小さくなる。　　　正解 1

R05	R04	R03	R02	R01	H30	H29

【問題25】[IV 11] 鉄筋コンクリート造の建築物において、「躯体に発生したコンクリートのひび割れの状況を示す図」と「その原因の説明」として、**最も不適当な**ものは、次のうちどれか。

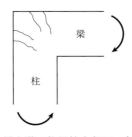

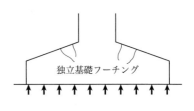

1. 最上階の柱梁接合部が、矢印の方向に曲げモーメントを受けた場合のひび割れ

2. 独立基礎フーチングのはね出し部分が、矢印の方向に地盤からの接地圧を受けた場合のひび割れ

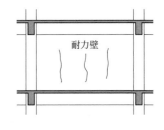

3. 周辺が梁で固定されたスラブが、鉛直荷重を受けた場合のスラブ上面のひび割れ

4. 耐力壁に、乾燥収縮が生じた場合のひび割れ

[解説] 原則的に、ひび割れはコンクリートに引張力が生じる部分に、引張方向と直交する方向に発生する。

1. 梁上端主筋の柱への定着部、柱外側主筋の定着部に生じる曲げせん断ひび割れ。

2. 上向きの接地圧が作用する片持ち梁として考える。
下側に引張力が生じるので、図のように下側にひび割れが発生する。

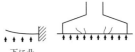

下に凸

3. スラブの曲げモーメントは、端部は上側が、中央は下側が引張となる。端部は上面に、中央は下面にひび割れが発生する。

4. 耐力壁の水平方向の乾燥収縮により、設問のようなひび割れが発生する。 正解 2

R05	R04	R03	R02	R01	H30	H29

問題 26 IV 12 鉄筋コンクリート構造に関する次の記述のうち、**最も不適当な**ものはどれか。

1. 梁のせん断強度を大きくするために、あばら筋量を増やした。

2. 曲げ降伏する梁の靱性を高めるために、コンクリートの設計基準強度に対するせん断応力度の比を大きくした。

3. 柱のせん断強度を大きくするために、設計基準強度がより高いコンクリートを採用した。

4. 曲げ降伏する両側柱付き耐力壁の靱性を高めるために、側柱の帯筋量を増やした。

[解説] 1. 梁の許容せん断力は、コンクリートの許容せん断力とあばら筋の負担するせん断力の和によって求まる。あばら筋によるせん断力を増やすためには、あばら筋比 $P_w = a_w/bx$ を増やす。P_w を増やすためには、a_w（1組のあばら筋断面積）を増やすか、あばら筋間隔 x を小さくすればよい。つまりあばら筋量を増やせば梁のせん断強度が大きくなる。

2. $\dfrac{梁のせん断応力度 \tau}{コンクリートの圧縮強度 F_C}$ の比を小さくすると、せん断破壊の危険性が減るので、大梁の靱性を高めることができる。

3. コンクリートの設計基準強度を大きくすると、許容せん断応力度も大きくなるのでせん断強度も大きくなる。

4. 側柱の帯筋量を増やすことは柱の圧縮破壊を防止することになり、耐力壁の靱性を高めることになる。

正解 2

R05	R04	R03	R02	R01	H30	H29

【問題 27】[IV 13] 鉄筋コンクリート構造の柱及び梁における付着に関する次の記述のうち、**最も不適当な**ものはどれか。

1. 主筋間のあきが大きくなると、付着割裂強度は小さくなる。

2. 細径の主筋を用いる場合よりも、太径の主筋を用いる場合のほうが、断面の隅角部に付着割裂破壊を生じやすい。

3. 付着割裂破壊に対する安全性の検討を行う場合、帯筋、あばら筋及び中子筋の効果を考慮して、付着割裂強度を算定してもよい。

4. 部材端部にせん断ひび割れが生じる部材では、主筋の引張応力度を一定とみなす範囲を除いたうえで、設計用付着応力度を算定する。

[解説] 1. 付着割裂破壊は、鉄筋に大きな力が作用することで滑りが生じ、かぶり厚さが剥がれ落ちる破壊で、鉄筋に対するコンクリート断面の幅が小さい部分に生じる。主筋間のあきが大きくなると付着割裂強度は大きくなる。

2. 隅角部に太径の鉄筋を用いると、鉄筋に大きな力が作用するため付着割裂破壊が生じやすい。細径の鉄筋を数多く配筋するほうがよい。

3. 付着割裂強度は、帯筋、あばら筋、中子筋によって主筋がどのように拘束されて

いるかにより異なる。中子筋を入れ、主筋を拘束すると付着割裂強度は大きくなる。
4.　設問の通り。　　　　　　　　　　　　　　　　　　　　　　　正解 1

R05	R04	R03	R02	R01	H30	H29

問題 28 IV 14　鉄筋コンクリート構造の許容応力度計算に関する次の記述のうち、**最も不適当な**ものはどれか。

1.　柱の長期許容曲げモーメントの算定において、コンクリートには引張応力度の負担は期待せず、主筋と圧縮コンクリートを考慮して計算を行った。

2.　梁の長期許容曲げモーメントを大きくするために、引張鉄筋を SD345 から同一径の SD390 に変更した。

3.　柱及び梁の短期許容せん断力の算定において、主筋はせん断力を負担しないものとして計算を行った。

4.　開口を設けた耐力壁において、壁縦筋や壁横筋の寄与分を考慮して、設計用せん断力に対して必要となる開口補強筋量を算定した。

解説　1.　圧縮側応力は圧縮鉄筋と圧縮側コンクリートの応力の合力を用いて、引張側応力は引張側コンクリートの強度を無視して引張鉄筋のみを用いて、柱の許容曲げモーメントを算出する。

　2.　梁の許容曲げモーメントは、「圧縮縁がコンクリートの許容圧縮応力度に達したとき」及び「引張鉄筋が許容引張応力度に達したとき」に対して算定した曲げモーメントのうち、小さいほうの値をとる。同一径の SD345、SD390 の長期引張許容応力度は同じなので、SD390 に変更しても梁の許容曲げモーメントは変わらない。

　3.　柱及び梁の長期、短期許容せん断力の算定においては、主筋はせん断力を負担しないものとする。

　4.　耐力壁の開口周辺補強筋は、D13 以上かつ壁筋と同径以上の異形鉄筋を用いる。

正解 2

15 鉄骨構造

R05	R04	R03	R02	R01	H30	H29

問題01 Ⅳ15 　鉄骨構造に関する次の記述のうち、**最も不適当な**ものはどれか。

1.　H形鋼梁の許容曲げ応力度を、鋼材の基準強度、断面寸法、曲げモーメントの分布及び圧縮フランジの支点間距離を用いて計算した。

2.　多数回の繰返し応力を受ける梁フランジ継手の基準疲労強さを高めるため、梁フランジの継手を高力ボルト摩擦接合から完全溶込み溶接に変更した。

3.　柱の継手に作用する応力をなるべく低減し、かつ、現場での施工性を考慮し、床面から高さ1mの位置に継手を設けた。

4.　軸方向力と曲げモーメントが作用する露出型柱脚の設計においては、ベースプレートの大きさを断面寸法とする鉄筋コンクリート柱と仮定し、引張側アンカーボルトを鉄筋とみなして許容応力度設計を行った。

　[解説]　1.　H形鋼材の許容曲げ応力度は、横座屈が生じると許容引張応力度より小さくなる。よって、横座屈に関係する鋼材の基準強度、断面寸法、曲げモーメントの分布及び圧縮フランジの支点間距離を用いて許容曲げ応力度を計算する必要がある。

　　2.　高力ボルト摩擦接合部の基準疲労強さは140N/mm²、完全溶込み（突合せ）溶接継手の基準疲労強さは125N/mm²（平行方向）、高力ボルト摩擦接合部の基準疲労強さの方が大きいので変更しても基準疲労強さを高められない。

　　3.　力学的には応力の小さい位置に継手を設けるのがベター。

　　4.　（「S造計算基準」）適当。　　　　　　　　　　　　　　[正解 2]

R05	R04	R03	R02	R01	H30	H29

問題02 Ⅳ16 　鉄骨構造の接合部に関する次の記述のうち、**最も不適当な**ものはどれか。

1.　部分溶込み溶接は、片面溶接でルート部に曲げ又は荷重の偏心によって生じる付加曲げによる引張応力が作用する場合には、用いることができない。

2.　突合せ溶接部において、母材の種類に応じた適切な溶接材料を用いる場合、溶接部の許容応力度は母材と同じ値を採用することができる。

3.　高力ボルト摩擦接合と溶接接合とを併用する接合部の許容耐力の算定にお

いて、高力ボルトの締付けを溶接より先に行う場合には、それぞれの許容耐力を加算することができる。

4. 高力ボルト M22 を用いた摩擦接合は、支圧ではなく接合される部材間の摩擦力で応力を伝達する機構であるので、施工性を考慮し、一般に、ボルト孔の径を 25 mm とすることができる。

解説 （「鋼構造計算基準」）より。

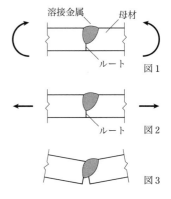

溶接金属　母材
ルート　図1
ルート　図2
図3

1. 部分溶込み溶接は、継目の全断面にわたって溶け込みを持たない溶接。片面溶接でルート部に曲げ（図1）、又は荷重の偏心によって生じる付加曲げによる引張応力が作用する場合（図2）には部分溶込み溶接は用いることができない。図3は図1、図2のような応力が働いた場合、溶接されていないルート部分が開いた例。

2. （令92条）適当。

3. 適当。溶接が先の場合は溶接接合の耐力のみとなる。

4. 高力ボルトの孔径は、ボルト公称軸径 27 mm 未満では、2 mm 以下。よって、ボルト孔の径は 22 ＋ 2 ＝ 24 mm 以下。ボルト孔の径を 25 mm とすることはできない。　　**正解 4**

R05	R04	R03	R02	R01	H30	H29

問題 03 **IV 17**　鉄骨構造の設計に関する次の記述のうち、**最も不適当な**ものはどれか。

1. 鋼材断面の幅厚比の規定は、局部座屈防止のために設けられたものであり、鋼材の降伏点に影響される。

2. 角形鋼管を用いた柱は、横座屈を生じるおそれがないので、材長にかかわらず、許容曲げ応力度を許容引張応力度と同じ値とすることができる。

3. H 形鋼（炭素鋼）の幅厚比の上限値は、骨組の塑性変形能力を確保するために定められたものであり、フランジに比べてウェブのほうが大きい。

4. 大スパンの梁部材に降伏点の高い鋼材を用いることは、鉛直荷重による梁の弾性たわみを小さくする効果がある。

解説 1. 適当。幅厚比を小さくすると局部座屈が生じにくくなる。

2. 角形鋼管や箱形断面柱、弱軸回りに曲げを受ける H 形鋼などは横座屈が生じないので材長にかかわらず許容曲げ応力度を許容引張応力度と同じ値にすることができる。

3. （S55 建告 1792 号 3）設問の通り。

4. 鋼材のヤング係数は強度にかかわらず一定であるため、降伏点の高い鋼材を用いても鉛直荷重による梁の弾性たわみを小さくすることはできない。　正解 4

R05	R04	R03	R02	R01	H30	H29

問題 04 IV 18　図－1〜図－3は、鉄骨造のX形筋かい構面及びラーメン構面における、水平方向の荷重－変形関係を示した模式図である。これに関するイ〜ニの記述の組合せのうち、**最も適当な**ものは、次のうちどれか。ただし、水平荷重を Q、水平変形を δ とし、強度 Q_a はいずれも同じ値とする。また、部材の接合部は十分な剛性・強度を有するものとし、破線は、変形が増加したときの実線の履歴ループに続くループを示す。

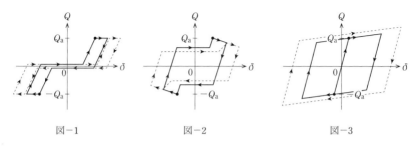

図－1　　　　　図－2　　　　　図－3

（出典：一般財団法人建築行政情報センター・一般財団法人日本建築防災協会編集「2020 年版　建築物の構造関係技術基準解説書」令和 2 年 10 月 26 日発行、363 頁、図 6.3-4（一部改変））

イ．図－1は細長比の小さい筋かい構面、図－2は細長比の大きい筋かい構面、図－3はラーメン構面の荷重－変形関係をそれぞれ示している。

ロ．図－1は細長比の大きい筋かい構面、図－2は細長比の小さい筋かい構面、図－3はラーメン構面の荷重－変形関係をそれぞれ示している。

ハ．筋かいは、一般に、引張側において降伏耐力を発揮する。

ニ．細長比の大きい筋かいは、一般に、引張・圧縮の両側において降伏耐力を発揮する。

1．イとハ　　　2．イとニ　　　3．ロとハ　　　4．ロとニ

解説　（「構造関係技術基準解説書」）より。

イ．ロ．模式図で囲まれた部分の面積が地震時のエネルギーを吸収する能力を意味する。鉄骨造のX形筋かいは水平荷重を受けると、片方は引張力を、もう一方は圧縮力を受ける。引張応力を受ける筋かいは座屈しないので細長比は関係しないが、圧縮力を受ける部材は細長比が大きいと座屈しやすく、小さい部材は座屈しにく

い。つまり細長比の小さい筋かいは大きい筋かいよりエネルギー吸収する能力は大きい。図－1は細長比の大きい筋かい構面を、図－2は細長比の小さい構面を表す。図－3はラーメン構面で復元力が安定しておりエネルギー吸収量も多い。

ハ. 部材の接合部は十分な剛性・強度を有するので、引張側において降伏耐力を発揮する。

ニ. 細長比の大きい筋かいは、圧縮力を受けると座屈しやすい。よって一般に圧縮において降伏耐力は発揮できない。

3. ロとハ が適当。 正解 3

R05	R04	R03	R02	R01	H30	H29

問題 05 **IV 15** 鉄骨構造の設計に関する次の記述のうち、**最も不適当な**ものはどれか。

1. 鉄骨梁のせいがスパンの $\frac{1}{15}$ 以下であったので、固定荷重及び積載荷重によるたわみの最大値を有効長さで除した値が所定の数値以下であることを確認することにより、建築物の使用上の支障が起こらないことを確かめた。

2. 埋込み型柱脚において、鉄骨の曲げモーメントとせん断力は、コンクリートに埋め込まれた部分の上部と下部の支圧により、基礎に伝達する設計とした。

3. 冷間成形角形鋼管柱を用いた建築物の「ルート1－1」の計算において、標準せん断力係数 C_0 を 0.3 以上とするとともに、柱の設計用応力を割増して検討した。

4. 地震時に梁端部が塑性化する H 形鋼梁について、一次設計時に許容曲げ応力度を圧縮フランジの支点間距離を用いて算定したことにより、十分な塑性変形能力が確保されているものと判断した。

解説 1. （H12 建告 1459 号）鉄骨梁のせいがスパンの $\frac{1}{15}$ 以下の場合、変形または振動により建築物の使用上の支障が起こらないことを下式により確認する必要がある。

固定荷重及び積載荷重（長期間荷重）によるたわみ × 変形増大係数

÷ 部材の有効長さ $\leq \frac{1}{250}$

鉄骨造の変形増大係数＝1（デッキプレート版にあっては、1.5）

2. （構造関係技術基準解説書）適当。軸力は通常の工法では、ベースプレートから直接下部構造へ伝わると考えてよい。

3. （H19 国交告 593 号）適当。

4. 梁端部が塑性化する H 形鋼梁については、塑性変形が生じるまで横座屈しないようにしなければならない。よって、横補剛の検討が必要である。 正解 4

R05	R04	R03	R02	R01	H30	H29

問題06 Ⅳ 16） 鉄骨構造の設計に関する次の記述のうち、**最も不適当な**ものはどれか。

1. 柱の限界細長比は、基準強度 F が大きいほど小さくなる。
2. 振動障害の検討に用いる、床の鉛直方向の固有振動数は、梁の水平軸まわりの断面二次モーメントを小さくするほど高くなる。
3. 圧縮材の許容圧縮応力度は、鋼材及び部材の座屈長さが同じ場合、座屈軸まわりの断面二次半径が小さいほど小さくなる。
4. 弱軸まわりに曲げを受ける H 形鋼の許容曲げ応力度は、幅厚比の制限に従う場合、許容引張応力度と同じ値とすることができる。

［解説］ 1. 柱の限界細長比は $\Lambda = \sqrt{\dfrac{\pi^2 E}{0.6\,F}}$ で求められ、基準強度 F が大きくなるほど小さくなる。

2. 梁の水平軸まわりの断面二次モーメントを小さくすると、床の剛性は小さくなるので、床の鉛直方向の固有振動数は低くなる。床の鉛直方向の固有振動数が低い場合（10 kH 以下）には鉛直方向の振動による居住障害が生じないように床の剛性を高めるなどの検討が必要となる。

3. 鋼材及び部材の座屈長さが同じ場合、圧縮材の許容圧縮応力度 f_c は、細長比 $\lambda\,(=\dfrac{l_k}{i})$ が大きくなるほど小さくなる。すなわち、断面二次半径 i が小さくなるほど細長比 λ が大きくなり、許容圧縮応力度 f_c は小さくなる。

4. 横座屈のおそれがないので H 形鋼の許容曲げ応力度は、許容引張応力度と同じ値とすることができる。　　　　　　　　　　　　　　　　　**正解 2**

R05	R04	R03	R02	R01	H30	H29

問題07 Ⅳ 17） 鉄骨構造の設計に関する次の記述のうち、**最も不適当な**ものはどれか。

1. H 形鋼を用いた梁の全長にわたって均等間隔で横補剛を設ける場合、梁のせい、断面積及びウェブ厚さが同一であれば、フランジ幅が大きい梁ほど必要な横補剛の箇所数は多くなる。
2. 工場や体育館等の軽量な建築物の柱継手・柱脚の断面算定においては、暴風時の応力の組合せとして、積載荷重を無視した場合についても検討する。
3. 一般に、細長比の大きな筋かいは強度抵抗型であり、細長比の小さな筋かいはエネルギー吸収型であるといえるが、これらの中間領域にある筋かいは不安定な挙動を示すことが多い。
4. 冷間成形角形鋼管柱に筋かいを取り付ける場合、鋼管柱に局部的な変形が生じないように補強を行う必要がある。

[解説] 1. 横補剛の箇所数 n は、梁の弱軸周りの細長比 λ_y が次式を満足するよう必要な数の横補剛を均等に配置する。$\Lambda_y \leqq 170 + 20n$（400N 級炭素鋼の梁の場合）$\Lambda_y$ は梁の弱軸に関する細長比 $\left(\dfrac{梁の長さ}{梁の弱軸周りの断面二次半径} \right)$。フランジ幅が大きくなると断面二次半径が大きくなるので細長比は小さくなり、横補剛の箇所数は少なくなる。

2. 暴風時、浮き上りの応力が発生する場合もあるので、柱継手、柱脚の断面算定については、積載荷重を無視した場合についても検討する。

3. 細長比が小さい筋かいは、細長比が中程度の筋かいに比べて変形能力が高い。地震時、引張りのみに抵抗するものとして設計しても、圧縮力が生じた時に座屈せず水平に抵抗し、建物にねじれを発生させるなどの挙動を示すことがある。

4. （H19 国交告 594 号）適当。　　　　　　　　　　　　　　正解 1

R05	R04	R03	R02	R01	H30	H29

問題 08 Ⅳ 18　鉄骨構造の接合部に関する次の記述のうち、**最も不適当なもの**はどれか。

1. 溶接するに当たっては、溶接部の強度を低下させないために、入熱量及びパス間温度が規定値より小さくなるように管理する。

2. 柱梁接合部の梁端部フランジの溶接接合においては、梁ウェブにスカラップを設けないノンスカラップ工法を用いることにより、塑性変形能力の向上が期待できる。

3. 高力ボルト摩擦接合部にせん断力と引張力が同時に作用する場合、引張応力度に応じて高力ボルト摩擦接合部の許容せん断耐力を低減する。

4. 山形鋼を用いた筋かい材を、ガセットプレートの片側に高力ボルト摩擦接合により接合する場合、降伏引張耐力の算定において筋かい材の有効断面積は、筋かい材全断面積からボルト孔による欠損分を除いた値とする。

[解説] 1. 溶接による入熱・パス間温度が規定値より高くなると強度や靭性が低下する。

2. スカラップとは、柱梁接合部の溶接接合において、H 形梁ウェブに溶接線が交差するのを避けるための扇形の切り欠きをいう。断面欠損するため耐力低下や応力集中の原因となる。ノンスカラップ工法を用いることにより前述の欠点がなくなり塑性変形能力の向上が期待できる。

3. ボルトに引張力が生じると、摩擦力が低減するため、せん断力も減少する。そのため許容せん断力を低減する必要がある。

4. ガセットプレートの片側に高力ボルト摩擦接合により接合する場合の山形鋼有効断面積は、突出脚の $\dfrac{1}{2}$ の断面積を減じた断面となる。　　　　正解 4

R05	R04	R03	R02	R01	H30	H29

問題09 [IV 15]　鉄骨構造に関する次の記述のうち、**最も不適当な**ものはどれか。

1.　横移動が拘束されていないラーメン架構において、柱材の座屈長さは、梁の剛性を高めても節点間距離より小さくすることはできない。

2.　柱及び梁に使用する鋼材の幅厚比の上限値は、建築構造用圧延鋼材SN400Bに比べてSN490Bのほうが大きい。

3.　ラーメン架構の靱性を高めるため、塑性化が想定される部位に降伏比が小さい材料を採用した。

4.　梁の横座屈を防止するための横補剛材を梁の全長にわたって均等間隔に設けることができなかったので、梁の端部に近い部分を主として横補剛する方法を採用した。

〔解説〕（鋼構造設計基準）

1.　横移動が拘束されていないラーメン架構の柱材の座屈長さは、梁の剛性が大きいほど小さくなるが接点間距離より長くなる。

2.　幅厚比の上限値は、部材の基準強度が大きいほど厳しく（小さく）定められている。部材SN400Bに比べてSN490Bは基準強度が大きいのでSN490Bのほうが小さくなる。

3.　降伏比＝降伏点／引張強さ、で求める。降伏比が小さい鋼材は降伏してから引張強さまでの余裕があり、塑性変形性能が向上し架構の靱性を高められる。

4.　横補鋼の設け方には、梁の全長にわたって均等間隔に設ける方法と、梁端部に近い部分に設ける方法がある。　　　　　　　　　　　正解 2

R05	R04	R03	R02	R01	H30	H29

問題10 [IV 16]　鉄骨構造の接合部に関する次の記述のうち、**最も不適当な**ものはどれか。

1.　高力ボルト摩擦接合において、肌すきが1mmを超えるものについては、母材や添え板と同様の表面処理を施したフィラープレートを挿入し、高力ボルトを締め付けた。

2.　高力ボルト摩擦接合の二面せん断の短期許容せん断応力度を、高力ボルトの基準張力 T_0（単位 N/mm²）に対し、$0.9T_0$ とした。

3.　基準強度が同じ溶接部について、完全溶込み溶接とすみ肉溶接におけるそれぞれののど断面に対する許容せん断応力度を、同じ値とした。

4.　角形鋼管柱とH形鋼梁の柱梁仕口部において、梁のフランジ、ウェブとも完全溶込み溶接としたので、梁端接合部の最大曲げ耐力にはスカラップによる断面欠損の有無を考慮しないこととした。

[解説] 1. （JASS6.6.3.a）肌すきが 1 mm を超えるものについてはフィラープレートを
挿入する。材質は母材の材質にかかわらず SN400A でよい。なお、両面とも摩擦面
としての処理をする。

2. （建基令 92 条 2）二面せん断の短期許容応力度＝ 1.5 ×長期許容応力度＝ 1.5 ×
$0.6T_0 = 0.9T_0$

3. （建基令 92 条）完全溶込み溶接（突合わせ溶接）とすみ肉溶接のせん断許容応力
度は $\dfrac{F}{1.5\sqrt{3}}$ で同じである。圧縮、引張、曲げについては完全溶込み溶接の方が大
きい。

継目の形式	長期に生ずる力に対する許容応力度 （単位　N/mm²）				短期に生ずる力に対する許容応力度 （単位　N/mm²）			
	圧縮	引張	曲げ	せん断	圧縮	引張	曲げ	せん断
突合せ	$\dfrac{F}{1.5}$			$\dfrac{F}{1.5\sqrt{3}}$	長期に生ずる力に対する圧縮、引張、曲げ又はせん断の許容応力度のそれぞれの数値の 1.5 倍とする。			
突合せ以外のもの	$\dfrac{F}{1.5\sqrt{3}}$			$\dfrac{F}{1.5\sqrt{3}}$				

この表において、F は、溶接される鋼材の種類及び品質に応じて国土交通大臣が定める溶接部の基準強度（単位　N/mm²）を示すものとする。

4. スカラップは、柱と梁のフランジ、ウェブの溶接時に溶接線が交差するのを避ける
ためウェブに扇形に切り欠く。ウェブの断面欠損が生じるので接合部耐力を検討す
る必要がある。

正解 4

R05	R04	R03	R02	R01	H30	H29

問題 11 [IV 17]　鉄骨構造の設計に関する次の記述のうち、**最も不適当な**ものは
どれか。

1. ベースプレートの四周にアンカーボルトを用いた露出型柱脚としたので、
柱脚には曲げモーメントは生じないものとし、軸方向力及びせん断力に対し
て柱脚を設計した。

2. H 形鋼梁の横座屈を抑制するため、圧縮側のフランジの横変位を拘束でき
るように横補剛材を取り付けた。

3. 曲げ剛性に余裕のあるラーメン架構の梁において、梁せいを小さくするた
めに、建築構造用圧延鋼材 SN400B の代わりに SN490B を用いた。

4. 小梁として、冷間成形角形鋼管を使用したので、横座屈が生じないものと
して曲げモーメントに対する断面検定を行った。

[解説] 1. （構造関係技術基準解説書）露出柱脚の場合、柱脚に固定度があり完全なピ
ン接合とならないことから曲げモーメントが生じる。よって、曲げモーメントに対

しても検討する必要がある。

2. H 形鋼の梁の横座屈を抑制するためには、圧縮側フランジの横変位を拘束できるように小梁などの横補剛材を取り付ける必要がある。

3. 鉄骨造の梁の設計は、応力度とたわみにより設計する。曲げ剛性に余裕があることは、たわみに対して余裕があることである。梁せいを小さくするためには、強度の大きい SN490B 材を使用すれば良い。

4. 角形鋼管や箱形断面の部材は横座屈を生じない。　正解 1

R05	R04	R03	R02	R01	H30	H29

【問題 12】（IV 18）　鉄骨構造の耐震計算に関する次の記述のうち、**最も不適当な**ものはどれか。

1. 「ルート 1-1」で計算する場合、層間変形角、剛性率、偏心率について確認する必要はない。

2. 「ルート 1-2」で計算する場合、梁は、保有耐力横補剛を行う必要はない。

3. 「ルート 2」で計算する場合、地階を除き水平力を負担する筋かいの水平力分担率に応じて、地震時の応力を割り増して許容応力度計算を行う必要がある。

4. 「ルート 3」で計算する場合、構造特性係数 D_s の算定において、柱梁接合部パネルの耐力を考慮する必要はない。

【解説】　1.　適当。「ルート 1」では $C_0 \geqq 0.3$ としての許容応力度計算、筋かい端部・接合部の破断防止、冷間成形角形鋼管柱の応力割増しの計算をする必要がある。

2.　（S55 建告 1791 号）保有耐力横補剛は、梁材の両端が全塑性状態に至った後十分な回転能力を発揮するまで材に横座屈を生じさせない横補剛。「ルート 1－2」「ルート 2」で行う必要がある。

3.　筋かいの水平力分担率が 5/7 以上の場合は 1.5 倍に割増し、5/7 未満の場合は 1 ＋ 0.7 β（β＝筋かいの水平力分担率）による倍率で割増して設計する。

4.　（S55 建告 1791 号）鉄骨構造は、パネル部が早期に降伏しても剛性低下が少なく柱および梁が降伏後に最大耐力に到達する。よってパネルの耐力を考慮せず D_s が算定されている。　正解 2

R05	R04	R03	R02	R01	H30	H29

【問題 13】（IV 15）　鉄骨構造に関する次の記述のうち、**最も不適当な**ものはどれか。

1. 横移動が拘束されていないラーメン架構において、柱材の座屈長さは、梁の剛性を高めても節点間距離より小さくすることはできない。

2. 有効細長比 λ が小さい筋かい（λ ＝ 20 程度）は、中程度の筋かい（λ ＝ 80 程度）に比べて塑性変形性能が低い。

3. 柱材を建築構造用圧延鋼材 SN400B から同一断面の SN490B に変更しても、細長比が SN400B の限界細長比以上であれば、許容圧縮応力度は変わらない。

4. 梁の塑性変形性能は、使用する鋼材の降伏比が小さいほど、向上する。

解説 1. 横移動が拘束されていないラーメン架構の柱材の座屈長さは、柱脚の形式によって異なるが、梁の剛性を高めても接点間距離より長くなる。

2. 有効細長比 λ が小さい部材は、大きい部材に比べて許容圧縮応力度が大きく、塑性変形性能も大きい。

3. 圧縮材の許容圧縮応力度は、限界細長比 Λ 以上の範囲では座屈によって決まるため、鋼材の曲げ剛性 EI によって決まる。したがって、鋼材の許容応力度 f_t には関係しない。

4. （鋼構造設計基準）降伏比 $= \dfrac{降伏点}{引張強さ}$ で求める。降伏比が小さい鋼材は降伏してから引張強さまでの余裕があり、塑性変形性能は向上する。　　　正解 2

R05	R04	R03	R02	R01	H30	H29

問題 14 IV 16　鉄骨構造において使用する高力ボルトに関する次の記述のうち、**最も不適当な**ものはどれか。

1. 山形鋼を用いた筋かいを、材軸方向に配置された一列の高力ボルトによりガセットプレートに接合する場合、筋かい材の有効断面積は、一般に、高力ボルトの本数が多くなるほど大きくなる。

2. 高力ボルト摩擦接合部において、一般に、すべり耐力以下の繰り返し応力であれば、ボルト張力の低下や摩擦面の状態の変化を考慮する必要はない。

3. 高力ボルト摩擦接合は、すべりが生じるまでは、高力ボルトにせん断力は生じない。

4. 高力ボルト摩擦接合のすべりに対する許容耐力の算定において、二面摩擦接合のすべり係数は、一面摩擦接合の 2 倍となる。

解説 1. 高力ボルトの本数が 2 本、3 本、4 本と多くなると、山形鋼の突出脚 h の無効部分の断面長さ h_0 が 0.7h、0.5h、0.33h と小さくなるので、高力ボルトの本数が大きくなるほど筋かい材の山形鋼の有効断面積は大きくなる。

2. （鋼構造接合部設計指針）適当。

3. 高力ボルト摩擦接合は、高力ボルトで接合部材を強い力で締め付けることにより部材間の摩擦力により力を伝達する。よって、部材間にすべりが生じるまでは、高力ボルトにはせん断力は生じない。

4. すべり係数は摩擦面の数によって変わらない（0.45、溶融亜鉛めっきは 0.40）。ただし、二面摩擦の許容耐力は、一面摩擦許容耐力の 2 倍となる。　　　正解 4

R05	R04	R03	R02	R01	H30	H29

問題15 Ⅳ 17 鉄骨構造に関する次の記述のうち、**最も不適当なものはどれか。**

1. 引張力を負担する筋かいを保有耐力接合とするためには、筋かい軸部の降伏耐力より、筋かい端部及び接合部の破断耐力を大きくする必要がある。

2. H形鋼等の開断面の梁が曲げを受けたとき、ねじれを伴って圧縮側のフランジが面外にはらみ出して座屈する現象を横座屈という。

3. ラーメン架構の柱及び梁に、建築構造用圧延鋼材 SN400B を用いる代わりに同一断面の SN490B を用いることで、弾性変形を小さくすることができる。

4. H形鋼の梁の設計において、板要素の幅厚比を小さくすると、局部座屈が生じにくくなる。

[解説] 1. 引張力を負担する筋かい軸部が塑性変形し、地震時エネルギーを吸収できるようにするには、筋かい軸部が降伏点に達するまで筋かい端部及び接合部が破断しないことが必要である。

2. 適当。

3. （鋼構造設計基準）鋼材のヤング係数は、強度に関係なく一定であるため、強度の大きい部材に変えても同一断面の材を用いる限り弾性変形は変わらない。

4. 幅厚比の規定は鋼材の局部座屈防止のため設けられ、鋼材の種類、部位ごとに最大値が定められている。H型鋼のフランジでは、フランジ幅 / 板厚 で求める。よって、幅厚比を小さくすると、局部座屈が生じにくくなる。　　　　　正解 3

R05	R04	R03	R02	R01	H30	H29

問題16 Ⅳ 18 鉄骨構造の耐震計算に関する次の記述のうち、**最も不適当なも**のはどれか。

1. 「ルート1－1」で計算する場合であっても、特定天井がある場合は、特定天井に関する技術基準に適合することを確かめる必要がある。

2. 「ルート1－2」で、厚さ6mm以上の冷間成形角形鋼管を用いた柱を設計する場合、地震時応力の割増し係数は、建築構造用冷間ロール成形角形鋼管 BCR より、建築構造用冷間プレス成形角形鋼管 BCP のはうが大きい。

3. 「ルート2」で計算する場合、地上部分の塔状比が4を超えないことを確かめる必要がある。

4. 「ルート3」で、建築構造用冷間プレス成形角形鋼管 BCP の柱が局部崩壊メカニズムと判定された場合、柱の耐力を低減して算定した保有水平耐力が、必要保有水平耐力以上であることを確認する必要がある。

[解説] 1. ルートに関係なく、特定天井がある場合は、特定天井に関する技術基準に

適合することを確かめる必要がある。

2. 地震時応力の割増し係数は、柱梁の接合形式によって異なるが、内ダイアフラム形式の場合、ロール形成角型鋼管 BCR（1.2 倍）よりプレス形成角型鋼管 BCP（1.1倍）のほうが小さい。

3. 適当。「ルート 2」で計算する場合、偏心率 ≦ 0.15、剛性率 ≧ 0.6、塔状比 ≦ 4 の確認が必要となる。

4. 耐震計算ルート 3 では、保有水平耐力 Qu ≧ 必要保有水平耐力 Qun を確認することが必要である。このとき、BCP 柱に対して、局部崩壊メカニズムと判定された場合、柱の耐力を低減して算定した保有水平耐力 Qu が必要保有水平耐力 Qun 以上であることを確認する必要がある。　　　　　　　　　　　　　　　　　正解 2

| R05 | R04 | R03 | R02 | R01 | H30 | H29 |

問題 17 IV 15　鉄骨構造の設計に関する次の記述のうち、**最も不適当な**ものはどれか。

1. 床面の水平せん断力を伝達するために、小梁と水平ブレースによりトラス構造を形成する場合、小梁は軸方向力も受ける部材として検討する必要がある。

2. 角形鋼管を用いて柱を設計する場合、横座屈を生じるおそれがないので、許容曲げ応力度を許容引張応力度と同じ値とすることができる。

3. H 形鋼を用いた梁に均等間隔で横補剛材を設置して保有耐力横補剛とする場合において、梁を建築構造用圧延鋼材 SN400B から同一断面の建築構造用圧延鋼材 SN490B に変更することにより、横補剛の数を減らすことができる。

4. 圧縮材の中間支点の横補剛材は、許容応力度設計による場合、圧縮材に作用する圧縮力の 2% 以上の集中力が加わるものとして設計する。

　解説　1.　小梁も軸方向力を受けるので検討する必要がある。

　2.　説問の通り。

　3.　横補剛材を均等な間隔で設置して保有耐力横補剛とする場合、梁の H 形鋼材の強度が大きいほど横補剛箇所数は多くなる。よって、SN400B から SN490B に変更することにより、横補剛の数を減らすことはできない。

　4.　（鋼構造設計基準）設問の通り。　　　　　　　　　　　　　　　　　正解 3

| R05 | R04 | R03 | R02 | R01 | H30 | H29 |

問題 18 IV 16　鉄骨構造の設計に関する次の記述のうち、**最も不適当な**ものはどれか。

1. 柱の許容圧縮応力度の算定に用いる限界細長比は、基準強度 F 値が大きいほど大きくなる。

2.　骨組の塑性変形能力を確保するために定められている柱及び梁の幅厚比の上限値は、基準強度 F 値が大きいほど小さくなる。

3.　骨組の塑性変形能力を確保するために定められている H 形鋼（炭素鋼）の梁の幅厚比の上限値は、フランジよりウェブのほうが大きい。

4.　大地震時に、筋かい（炭素鋼）に必要な塑性変形能力を発揮させるために、筋かい端部及び接合部の破断耐力は、筋かい軸部の降伏耐力の 1.2 倍以上とする。

解説　1.　（鋼構造設計基準）限界細長比は $\varLambda = \sqrt{\dfrac{\pi^2 E}{0.6F}}$ で求められる。よって、限界細長比は基準強度 F 値が大きいほど小さくなる。

2.　（S55 建告 1792 号第 3）設問の通り。

3.　（S55 建告 1792 号第 3）設問の通り。

4.　（H19 国交告 593 号第 1）

$A_j \cdot \sigma_u \geqq 1.2 A_g \cdot F$（ステンレス鋼　1.2 → 1.5）

A_j：接合部の有効断面積（mm²）　　σ_u：接合部の材料の破断応力度（N/mm²）

A_g：筋かい材の全断面積（mm²）　　F：筋かい材の基準強度（N/mm²）

ステンレス鋼の鋼材について計算を行う場合は、1.5 倍以上とする。　　正解 1

R05	R04	R03	R02	R01	H30	H29

問題 19 Ⅳ 17　鉄骨構造の接合部に関する次の記述のうち、**最も不適当なもの**はどれか。

1.　梁フランジを通しダイアフラムに突合せ溶接する場合、梁フランジは、通しダイアフラムを構成する鋼板の厚みの内部で溶接しなければならない。

2.　強度の異なる鋼材を突合せ溶接する場合、強度の高いほうの鋼材に対応した溶接材料、溶接条件とすることにより、溶接部の許容応力度は、強度の高いほうの鋼材と同じ許容応力度とすることができる。

3.　高力ボルト摩擦接合において、肌すきが 1 mm 以内であれば、フィラープレートを挿入せず、そのまま高力ボルトを締め付けてもよい。

4.　高力ボルトの最小縁端距離は、一般に、「手動ガス切断縁の場合」より「自動ガス切断縁の場合」のほうが小さい値である。

解説　1.　（H12 建告 1464 号）適当。通しダイアフラムに H 形鋼梁のフランジをくい違いなく突合せ溶接しなければならない。梁フランジがダイアフラム内部で溶接できるようダイヤフラムの鋼板の厚みを梁フランジの厚みより厚くする。

2.　（H12 建告 1464 号第 2）強度の異なる鋼材を突き合わせ溶接する場合、溶接の許容応力度は、母材の許容応力度のうち小さいほうの値となる。

3.　（JASS6）肌すき量が 1 mm 以下であれば処理不要。1 mm を超える場合はフィラー

プレートを入れる。

4. （鋼構造設計基準）適当。22 mm の高力ボルトで、手動ガス切断縁の場合 38 mm、自動ガス切断縁の場合 28 mm の最小縁端距離が必要。　　　　　　　　　　正解 2

R05	R04	R03	R02	R01	H30	H29

問題20 Ⅳ 18　柱材に板厚 6 mm 以上の建築構造用冷間ロール成形角形鋼管（BCR）を用い、通しダイアフラム形式とした建築物の耐震計算に関する次の記述のうち、**最も不適当な**ものはどれか。

1. 「ルート 1 － 1」において、標準せん断力係数 C_0 を 0.2 として地震力の算定を行った。

2. 「ルート 1 － 2」において、標準せん断力係数 C_0 を 0.3 として地震力の算定を行い、柱に生じる力を割増したので、層間変形角及び剛性率の検討を省略した。

3. 「ルート 2」において、最上階の柱頭部及び 1 階の柱脚部を除く全ての接合部については、柱の曲げ耐力の和が、柱に取り付く梁の曲げ耐力の和の 1.5 倍以上となるように設計した。

4. 「ルート 3」において、局部崩壊メカニズムとなったので、柱の耐力を低減して算定した保有水平耐力が、必要保有水平耐力以上であることを確認した。

解説　1. 「ルート 1 － 1」の計算においては、標準せん断力係数 C_0 を 0.3 以上として地震力の算定を行なう。

2. 適当。偏心率 ≦ 15/100 の確認が必要。

3. 適当。

4. 適当。　　　　　　　　　　正解 1

R05	R04	R03	R02	R01	H30	H29

問題21 Ⅳ 15　鉄骨構造の溶接接合に関する次の記述のうち、**最も不適当なも**のはどれか。

1. 溶接金属の機械的性質は溶接施工条件の影響を受けることから、溶接に当たっては、溶接部の強度を低下させないために、パス間温度が規定値より小さくなるように管理する。

2. 溶接継目ののど断面に対する長期許容せん断応力度は、溶接継目の形式が「完全溶込み溶接の場合」と「隅肉溶接の場合」とで同じである。

3. 柱梁接合部の梁端部フランジの溶接接合においては、梁ウェブにスカラップを設けないノンスカラップ工法を用いることにより、塑性変形能力の向上が期待できる。

4. 組立溶接において、ショートビード（ビードの長さが短い溶接）は、冷却時間が短いことから、塑性変形能力が低下する危険性や低温割れが生じる危険性が小さくなる。

[解説] 1. 溶接金属は、溶接による入熱・パス間温度（次のパスが始められる前のパスの最低温度）が高くなると強度や靱性が低下する。多パス溶接においては、パス間温度は各パスごとに温度が蓄積、仕上げ時が最高温度となる。パス間温度が規定値より大きくならないように管理する。

2. （令92条）長期許容せん断応力度は同じである。$f_s = \dfrac{F}{1.5\sqrt{3}}$

3. スカラップとは、溶接線が交差するのを避けるための扇形の切り欠きをいう。柱梁接合部の溶接接合においては、ウェブに設けることが多いが、断面欠損するため耐力低下や応力集中の原因となる。ノンスカラップ工法を用いることにより、前述の欠点が払拭され塑性変形能力の向上が期待できる。

4. ショートビードは、溶接入熱が小さいため冷却時間が短いことから、塑性変形能力が低下する危険性や低温割れが生じる危険性が大きい。　正解 4

R05	R04	R03	R02	R01	H30	H29

問題22 IV 16　鉄骨構造に関する次の記述のうち、**最も不適当な**ものはどれか。

1. 骨組の塑性変形能力を確保するために定められているH形鋼の柱及び梁の幅厚比の上限値は、フランジよりウェブのほうが大きい。

2. 柱及び梁に使用する鋼材の幅厚比の上限値は、建築構造用圧延鋼材SN400Bより建築構造用圧延鋼材SN490Bのほうが大きい。

3. 梁の横座屈を防止するための横補剛材は、強度だけではなく、十分な剛性を有する必要がある。

4. 梁の横座屈を防止するための横補剛には、「梁全長にわたって均等間隔で横補剛する方法」、「主として梁端部に近い部分を横補剛する方法」等がある。

[解説] 1. 幅厚比は板幅と板厚の比。値が大きいほど局部座屈が生じやすく塑性変形能力は小さくなる。H形鋼の柱及び梁は、フランジのほうがウエブより大きな応力が生じるため、幅厚比の上限値が小さく定められている。

2. 幅厚比の上限値は材料の基準強度が大きいほど小さく定められている。よってSN400Bより基準強度が大きいSN490Bのほうが小さい。

3. 梁の横座屈を防止するための横補剛材は、大梁のはらみ出しを抑える効果もあり、強度とともに十分な剛性を必要とする。

4. 横補剛には設問で明記された方法がある。後者では端部から中央に進むにつれ間隔は広くなる。　正解 2

問題 23 IV 17　鉄骨構造において使用する高力ボルトに関する次の記述のうち、**最も不適当な**ものはどれか。

1.　高力ボルト摩擦接合は、接合される部材間の摩擦力で応力を伝達する機構であり、部材とボルト軸部との間の支圧による応力の伝達を期待するものではない。

2.　せん断力と引張力とを同時に受ける高力ボルトの許容せん断応力度は、引張応力度の大きさに応じて低減する。

3.　高力ボルト摩擦接合と溶接接合とを併用する接合部においては、溶接を行った後に高力ボルトを締め付けた場合、両接合の許容力を加算することができる。

4.　F10T の高力ボルト摩擦接合において、2 面摩擦の許容せん断応力度は、1 面摩擦の場合の 2 倍である。

解説　1.　設問の通り。
　2.　令 2 条の 2 に規定されている、せん断力と引張力を同時に受ける高力ボルトの許容せん断応力度の計算方法により計算し、低減する。
　3.　溶接を行った後に高力ボルトを締めつけた場合、溶接を行った時の溶接熱により鋼材が変形し、高力ボルトの締め付けに支障が生じることなどがあるので、両接合の許容力を加算することはできない。高力ボルトを先に施工した場合には、両方の耐力を加算することができる。
　4.　令 92 条 2 より、2 面摩擦の許容せん断応力度は $0.6T_o$、1 面摩擦の許容せん断応力度は $0.3T_o$（長期に生じる力に対する許容せん断応力度 T_o は基準張力）。よって 2 倍である。

正解 3

問題 24 IV 18　鉄骨構造の耐震計算に関する次の記述のうち、**最も不適当な**ものはどれか。

1.　「ルート 1 － 1」で計算する場合、標準せん断力係数 C_o を 0.3 以上として許容応力度計算をすることから、水平力を負担する筋かいの端部及び接合部を保有耐力接合とする必要はない。

2.　「ルート 2」で計算する場合、水平力を負担する筋かいの水平力分担率に応じて、地震時の応力を割り増して許容応力度計算をする必要がある。

3.　「ルート 3」で計算する場合、筋かいの有効細長比や柱及び梁の幅厚比等を考慮して構造特性係数 D_s を算出する。

4.　冷間成形角形鋼管柱に筋かいを取り付ける場合、鋼管に局部的な変形が生

じないように補強を行う必要がある。

[解説] 1. 「ルート1－1」の計算において、標準せん断力係数 C_0 を0.3以上として地震力の算定を行うとともに、水平力を負担する筋かい端部及び接合部を保有耐力接合としなければならない。

2. 水平力を負担する筋かいの水平力分担率は筋かいが多いほど、変形能力が乏しくなるので、地震時の応力を割り増して許容応力度を計算する必要がある。すべて水平力を筋かいに負担させる場合は1.5倍割り増して計算する。

3. （S55建告1792号第1・3）設問の通り。

4. 筋かい材のガセットプレートなどが柱に取り付く部分では、筋かい材の力によって、角形鋼管柱に大きな面外曲げ変形が生じ、柱材、筋かい材としての耐力が十分発揮されない場合があるので、鋼管に局部的な変形が生じないように補強を行う必要がある。

正解 1

R05	R04	R03	R02	R01	H30	H29

問題25 Ⅳ15　鉄骨構造に関する次の記述のうち、**最も不適当な**ものはどれか。

1. 引張力を負担する筋かいを保有耐力接合とするために、筋かい端部及び接合部の破断耐力より、筋かいの軸部の降伏耐力のほうが大きくなるように設計した。

2. 溝形鋼を用いた筋かいの設計において、接合部のボルト本数に応じた突出脚の無効長さを考慮して、部材の断面積を低減した。

3. 横移動が拘束された両端ピン接合の柱材において、節点間距離を柱材の座屈長さとした。

4. 平面計画上、梁の横座屈を防止するための横補剛を梁の全長にわたって均等間隔に設けることができなかったので、梁の端部に近い部分を主として横補剛する方法を採用した。

[解説] 1. 保有耐力接合とする場合は、筋かい軸部の降伏耐力より接合部の破壊耐力が大きくなるように設計する。

2. 山形鋼や溝形鋼を筋かい材として用いた場合は、高力ボルト孔の欠損断面、突出脚の無効断面積を差し引いて有効断面積を求める。

3. 横移動が拘束された両端ピン接合の場合の座屈長さは $l_k = 1.0 \times$ 接点間距離となる。

4. 横補剛は、梁の横座屈を防止するための部材で、全長にわたって均等間隔に設ける方法と、端部からの間隔を求める方向がある。後者では端部から中央に進むにつれ間隔は大きくなる。

正解 1

R05	R04	R03	R02	R01	H30	H29

問題26 Ⅳ16　鉄骨構造の柱脚の設計に関する次の記述のうち、**最も不適当な**

ものはどれか。

1. 露出形式柱脚に使用する「伸び能力のあるアンカーボルト」には、「建築構造用転造ねじアンカーボルト」等があり、軸部の全断面が十分に塑性変形するまでねじ部が破断しない性能がある。
2. 一般的な根巻形式柱脚における鉄骨柱の曲げモーメントは、根巻鉄筋コンクリート頂部で最大となり、ベースプレートに向かって小さくなるので、根巻鉄筋コンクリートより上部の鉄骨柱に作用するせん断力よりも、根巻鉄筋コンクリート部に作用するせん断力のほうが大きくなる。
3. 根巻形式柱脚において、柱脚の応力を基礎に伝達するための剛性と耐力を確保するために、根巻鉄筋コンクリートの高さが鉄骨柱せいの 2.5 倍以上となるように設計する。
4. 埋込形式柱脚において、鉄骨柱の剛性は、一般に、基礎コンクリート上端の位置で固定されたものとして算定する。

> [解説] 1. 建築構造用転造ねじアンカーボルトは、ねじ山と谷の部分を切り込んで加工せず、塑性加工によって加工されているので、軸部の全断面が十分に塑性変形するまでねじ部が破断しない。
> 2. 根巻形式柱脚におけるせん断力は設問の通りである。
> 3. （H12 建告 1456 号）根巻鉄筋コンクリートの高さは柱幅の 2.5 倍以上。頂部のせん断補強筋（帯筋）は密に配筋する。
> 4. （鋼構造基準等より）鉄骨柱の剛性位置は、基礎梁上端より柱せいの 1.5 倍下がった位置を剛接点とする。　　　　　　　　　　　　　　　　　　　正解 4

R05	R04	R03	R02	R01	H30	H29

問題 27 IV 17　鋼材ダンパーを用いた制振構造を採用した鉄骨造の建築物に関する次の記述のうち、**最も不適当な**ものはどれか。

1. 地震時に主架構を無損傷とする目的で、柱梁部材には建築構造用圧延鋼材 SN490 に比べて、基準強度 F が大きい建築構造用高性能鋼材 SA440 を用いた。
2. 地震エネルギーを効率的に吸収させるために、鋼材ダンパーには建築構造用圧延鋼材 SN400 と比べて、伸び能力の優れた建築構造用低降伏点鋼材 LY225 を用いた。
3. 制振効果を高めるために、鋼材ダンパーの主架構への取付け部の剛性を小さくした。
4. せん断パネルタイプの鋼材ダンパーについて、地震等による繰返し変形下の疲労に対して累積損傷度による検討を行った。

[解説] 1.　建築構造用高性能鋼材 SA440 は、特殊な熱処理により SN490 に比べて高強度を確保しつつ降伏比を同じ程度にし、塑性変形能力を向上させた鋼材。地震時に主架構を無損傷とする目的に適う。

2.　建築構造用低降伏点鋼材 LY225 は従来の軟鋼に比べて強度が低く、延性が極めて高い鋼材。塑性域でのエネルギー吸収能力が大きい部材。鋼材ダンパー等に適する。

3.　制振効果を高めるためには、鋼材ダンパーの主架構への取付け部の剛性は大きくする必要がる。

4.　地震時に損傷しないよう繰返し変形下の疲労に対して検討する必要がある。**正解 3**

R05	R04	R03	R02	R01	H30	H29

問題28 Ⅳ 18　冷間成形角形鋼管柱を用いた鉄骨造の建築物に関する次の記述のうち、**最も不適当な**ものはどれか。

1.　プレス成形角形鋼管の角部は、成形前の素材と比べて、強度及び変形性能が高くなる。

2.　柱と梁との仕口部の接合形式には、一般に、通しダイアフラム形式、内ダイアフラム形式及び外ダイアフラム形式がある。

3.　柱の継手は、一般に、現場溶接となり、継手位置は曲げ応力が小さくなる位置とすることが望ましい。

4.　「耐震計算ルート 1 − 1」の場合は、標準せん断力係数 C_0 を 0.3 以上とするとともに、柱の設計用応力を割増して、許容応力度を検討しなければならない。

[解説] 1.　プレス成形角形鋼管は常温で鋼板を曲げ加工して製造するため、角部は内部ひずみを抱えるため性能が若干落ちる。柱に使用する場合は地震力を割増して設計する。

2.　柱と梁との仕口部の接合形式は下図の通りである。

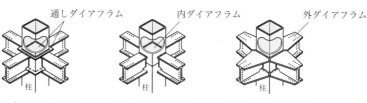

通しダイアフラム形式　　　内ダイアフラム形式　　　外ダイアフラム形式

3.　柱継手はなるべく応力の小さい位置に設ける。一般に階高の中央付近に設けるのが構造的に有利である。

4.　「耐震計算ルート 1 − 1」の構造計算が求められる建築物は、高さ 13 m 以下、軒の高さ 9 m 以下、階数 3 以下、スパン 6 m 以下、延べ面積 500 m² である。設問の通り、許容応力度を検討しなければならない。　　**正解 1**

R05	R04	R03	R02	R01	H30	H29

問題 01 **Ⅳ 22** プレストレストコンクリート構造に関する次の記述のうち、**最も不適当な**ものはどれか。

1. 保有水平耐力計算におけるプレストレストコンクリート柱の部材種別判定において、軸方向力に PC 鋼材の有効プレストレス力を考慮しない。

2. プレストレストコンクリート部材に導入されたプレストレス力は、PC 鋼材のリラクセーション等により、時間の経過とともに減少する。

3. プレストレストコンクリート部材の PC 鋼材の曲げ半径が小さく、角度変化が大きい箇所においては、内側のコンクリートの局部圧縮応力について検討する。

4. 建築物の使用上の支障が起こらないことを確かめるためにプレストレストコンクリート部材の長期たわみを算定する場合には、部材の曲げ耐力に対する PC 鋼材の寄与を考慮して変形増大係数を低減することができる。

解説 (「プレストレストコンクリート設計施工基準」)より。

1. プレストレストコンクリート柱の部材種別判定方法には、柱断面に生ずる軸方向力 σ_0 をコンクリートの設計基準強度 F_c で除した値により判定する方法がある。この場合は PC 鋼材の有効プレストレス力も軸力として考慮する。

2. 適当。PC 鋼材のリラクセーションとは、鋼材に導入した引張応力が時間の経過とともに減少する現象。

3. PC 鋼材にストレスをかけると、PC 鋼材の曲げ半径が小さく、角度変化が大きい箇所においては、内側のコンクリート局部に長期圧縮応力が生ずるので検討を要する。

4. (H12 建告 1459 号) 変形増大係数は長期間の荷重により変形が増大すること（クリープ）を想定し、たわみ量を割り増す調整係数。プレストレストコンクリートは PC 鋼材にクリープが生じないので変形増大係数が低減されている。なお、固定荷重及び積載荷重によって梁又は床版に生じるたわみの最大値に乗じ、当該部材の有効長さで除して得た値が $\frac{1}{250}$ 以下であることを確認する。 **正解 1**

R05	R04	R03	R02	R01	H30	H29

問題 02 **Ⅳ 22** プレストレストコンクリート構造に関する次の記述のうち、**最も不適当な**ものはどれか。

1. プレストレストコンクリート構造は、一般に、鉄筋コンクリート構造と比べて長スパンに適しており、ひび割れが発生する可動性が低いことから、鋼材の防食性は高い。
2. 建築物の安全限界時の各部材の減衰特性を表す数値は、一般に、プレストレストコンクリート造の部材のほうが、鉄筋コンクリート造の部材と比べて小さい。
3. プレキャストプレストレストコンクリート造の梁をPC鋼材の緊張により柱と圧着接合する場合において、圧着部のせん断耐力は、一般に、PC鋼材の有効プレストレス力に摩擦係数を乗じることにより求められる。
4. ポストテンション方式によるプレストレストコンクリート造の床版において、一般に、防錆材により被覆された緊張材を使用する場合であっても、緊張材が配置されたシース内にグラウト材を注入しなければならない。

解説 （プレストレストコンクリート設計施工基準）
1. プレストレストコンクリート構造は、コンクリート部材断面の引張応力が生じる部分にPC鋼材により圧縮力を導入する構造である。プレストレス量により梁のたわみが調整できるので、大スパンの構造が可能となる。また引張応力が生じる部分に圧縮力を導入するため、ひび割れの発生が少なく鋼材の防食性も高くなる。
2. 一般に地震時、プレストレストコンクリート造の部材より鉄筋コンクリート造の部材が塑性化しやすい。塑性化しやすい部材ほど減衰特性を表す数値は大きくなる。よって塑性化がしにくいプレストレストコンクリート造の部材のほうが、減衰特性を表す数値は小さい。
3. 適当。
4. （S58建告1320号3）あらかじめ有効な防錆材で被覆された緊張材を使用する場合、緊結材が配置されたシース内にグラウトを注入しなくてもよい。　正解 4

R05	R04	R03	R02	R01	H30	H29

問題03 Ⅳ22 プレストレストコンクリート構造に関する次の記述のうち、**最も不適当な**ものはどれか。

1. 不静定架構の梁にプレストレス力を導入する場合、曲げ変形と同時に軸方向変形を考慮した不静定二次応力を計算しなければならない。
2. フルプレストレッシングの設計（Ⅰ種）は、長期設計荷重時に断面に生じるコンクリートの引張応力を長期許容引張応力度以下に制限するものである。
3. プレキャストプレストレストコンクリート造の梁を、PC鋼材の緊張により柱と圧着接合する場合、目地モルタルの脱落を防止するために、スターラップ状の曲げ拘束筋やワイヤーメッシュ等による補強を行うことが必要である。
4. プレストレストコンクリート合成梁では、引張応力が生じるプレキャスト

プレストレストコンクリート部分と、残りの現場打ち鉄筋コンクリート部分とが一体で挙動できるように、両者を結合する鉄筋を設ける必要がある。

[解説] 1. 梁にプレストレス力を導入すると、梁の材長は短縮されるので梁短縮によって生じる不静定二次応力を計算しなければならない。

2. プレストレストコンクリート構造はプレストレス力により長期設計荷重時に梁に生ずる引張縁の状態によって、Ⅰ種、Ⅱ種、Ⅲ種に分類される。

Ⅰ種：梁にかかる荷重とプレストレスによる合成応力が引張応力にならないようにプレストレスを与える。

Ⅱ種：引張側の合成応力が許容引張応力度以下になるようプレストレスを与える。

Ⅲ種：ひび割れは許容するが、ひび割れ幅をある制限以下に抑える。

よって不適当（Ⅱ種の記述である）。

3. 梁と柱を圧着することにより、梁のせん断力は摩擦抵抗機構のみで伝達されるので目地モルタルの脱落防止等に注意を行う必要がある。

4. プレストレストコンクリート合成梁は引張応力が生じる部分をプレキャストコンクリート梁とし、圧縮応力の生じる部分は現場打ちコンクリートを打設して合成された梁。両者が一体で挙動できるように、両者を結合する鉄筋を設ける必要がある。

正解 2

R05	R04	R03	R02	R01	H30	H29

[問題 04] [Ⅳ 22] プレストレストコンクリート構造の設計に関する次の記述のうち、**最も不適当な**ものはどれか。

1. プレキャスト部材を継ぎ合わせて、プレストレスにより圧着接合する場合、圧着部の継目に生じるせん断力は、摩擦抵抗機構のみで伝達するように設計する。

2. ポストテンション材の緊張材定着部では、コンクリートの支圧破壊を避けるために、耐圧板とコンクリート端面との接触面積が広くなるように設計する。

3. ポストテンション方式によるプレストレストコンクリート構造の床版において、防錆材により被覆された緊張材を使用する場合、緊張材が配置されたシース内にグラウト材を注入しなくてもよい。

4. プレストレストコンクリート部材に導入されたプレストレス力は、緊張材のリラクセーション等により、時間の経過とともに増大する。

[解説] 1. 適当。

2. 適当。

3. （S58 建告 1320 号第 3）適当。

4. リラクセーションとは、PC 鋼材（緊張材）に導入した引張応力が時間の経過とともに減少する現象で、プレストレスコンクリート部材に導入されたプレストレス力は時間経過とともに減少する。

正解 4

17 各種構造総合

RO5	R04	R03	R02	R01	H30	H29

問題 01 IV 23　合成構造及び混合構造に関する次の記述のうち、**最も不適当な**ものはどれか。

1.　鉄筋コンクリートスラブとこれを支持する鉄骨梁とを接合する合成梁を完全合成梁とする場合には、合成梁断面が全塑性モーメントを発揮するのに必要な本数以上の頭付きスタッドを設ける。

2.　鉄骨鉄筋コンクリート構造において、地震時に引張軸力の生じる1階の鉄骨柱脚は、原則として、埋込み形式とする。

3.　鉄筋コンクリート柱・鉄骨梁の混合構造における柱梁接合部の設計では、柱梁接合部のせん断破壊や、接合部に連なる柱頭・柱脚の支圧破壊等が生じないことを確認する。

4.　外周部の骨組を鉄骨造とし、コア部分の壁を鉄筋コンクリート造とした混合構造形式は、一般に、外周部の骨組は主に水平力を負担する主要な構造要素とし、コア部分の壁は主に鉛直荷重を負担する構造形式である。

　[解説]　1.　完全合成梁とする場合は、合成梁断面が全塑性モーメントを発揮するのに必要な本数以上の頭付きスタッドを設ける。設問の通り。

　2.　（「SRC造設計基準」）耐力壁側柱や立面的に細長い建築物の隅柱及び側柱の柱脚は原則として埋め込み形式とする。

　3.　混合構造は部材に生じる応力をいかに異なる部材に伝達するか、また接合に連なる部材が支圧破壊等を生じさせないか確認することが必要である。

　4.　外周部の骨組は主に鉛直荷重を負担、コア部分の壁は主に水平力を負担する構造形式である。外周部の骨組の断面を小さくすることができるので大スパン化が可能となる。　　　　　正解 4

RO5	R04	R03	R02	R01	H30	H29

問題 02 IV 23　各種建築構造に関する次の記述のうち、**最も不適当なもの**はどれか。

1.　鉄骨鉄筋コンクリート造の柱の短期荷重時のせん断力に対する検討におい

て、「鉄骨部分の許容せん断力」と「鉄筋コンクリート部分の許容せん断力」の和が、設計用せん断力を下回らないものとする。

2. 鉄骨鉄筋コンクリート造の柱梁接合部において、梁の鉄骨ウェブに帯筋を貫通させて配筋してよい。

3. 壁式鉄筋コンクリート構造は、鉄筋コンクリートラーメン構造とは異なり、一般に、耐震強度は大きい反面、優れた靱性は期待できない。

4. 壁式鉄筋コンクリート造の建築物では、階高が規定値を超える場合、「層間変形角が制限値以下であること」及び「保有水平耐力が必要保有水平耐力以上であること」を確認する必要がある。

> 解説 1. （WRC造設計基準）鉄骨鉄筋コンクリート造の柱の短期荷重時のせん断力に対する検討は、鉄骨部分の許容せん断力と鉄筋コンクリート部分の許容せん断力がそれぞれの設計用せん断力を下回らないようにする。
>
> 2. （WRC造設計基準）断面欠損によって断面性能が不足しないことを確認すれば、梁の鉄骨ウェブに帯筋を貫通させて配筋できる。
>
> 3. 壁式鉄筋コンクリート構造は、水平力に対して耐力壁で抵抗する強度抵抗型の構造で、地震に対して強い構造体であるが、粘りが小さく塑性変形能力が小さい。
>
> 4. （平13国交告1026号）階高が規定を超えた場合、層間変形角が $\frac{1}{2000}$ 以下で、必要保有水平耐力以上であることを確認する必要がある。　　正解 1

R05	R04	R03	R02	R01	H30	H29

問題 03 IV 23　各種建築構造に関する次の記述のうち、**最も不適当な**ものはどれか。

1. 壁式鉄筋コンクリート構造の建築物では、使用するコンクリートの設計基準強度を高くすると、一般に、必要壁量を小さくすることができる。

2. 壁式鉄筋コンクリート構造と壁式プレキャスト鉄筋コンクリート構造は、一つの建築物の同じ階に混用することができる。

3. 鉄骨鉄筋コンクリート造の埋込み型柱脚の曲げ終局耐力は、柱脚の鉄骨断面の曲げ終局耐力と、柱脚の埋め込み部分の支圧力による曲げ終局耐力の累加により求めることができる。

4. 鉄骨鉄筋コンクリート造の柱では、格子形の非充腹形鉄骨を用いた場合に比べて、フルウェブの充腹形鉄骨を用いた場合のほうが、靱性の向上が期待できる。

> 解説 1. （H13国交告1026号）コンクリートの設計基準強度が 18 N/mm² を超える場合、5 cm/m² を限度として壁量を小さくすることができる。

2.　（WRC造設計基準）条件を満たせば併用することができる。

3.　（SRC計算基準）埋込み型柱脚の曲げ終局耐力は、柱脚の鉄骨断面の曲げ終局耐力と、柱脚の埋め込み部分の支圧力による曲げ終局耐力の小さい方と、鉄筋コンクリート部分の終局曲げ耐力の累加により求める。

4.　（SRC計算基準）地震時、格子形の非充復形鉄骨を用いた場合、鉄骨とコンクリートの付着に破壊が生じるため、充復形鉄骨を用いたほうが靭性の向上が期待できる。鉄骨ウェブ形式による靭性は、充複型（フルウェブ）＞ラチス型＞格子型の順となる。
正解 3

R05	R04	R03	R02	R01	H30	H29

問題 04 Ⅳ22　「壁式鉄筋コンクリート造」及び「壁式ラーメン鉄筋コンクリート造」の建築物に関する次の記述のうち、**最も不適当な**ものはどれか。

1.　壁式鉄筋コンクリート造の建築物では、壁梁の幅を、壁梁に接している耐力壁の厚さと同じにすることができる。

2.　壁式鉄筋コンクリート造の建築物では、直交壁の取り付いた耐力壁の曲げ剛性を評価する場合、直交壁の効果を考慮することができる。

3.　壁式鉄筋コンクリート構造は、一般に、壁式ラーメン鉄筋コンクリート構造に比べて、軒の高さの高い建築物に適用することができる。

4.　壁式ラーメン鉄筋コンクリート造の建築物では、張り間方向の外壁となる構面には最下階から最上階まで連続する連層耐力壁を設置する必要がある。

解説　1.　（壁式鉄筋コンクリート造設計基準）壁梁の幅はこれに接する耐力壁の厚さ以上とし、梁せいは原則として450mm以上とする。

2.　適当。耐力壁は、L型、T型になるように配置し、直交する壁のない独立耐力壁を設けないようにする。

3.　（H13国交告1025、1026号）壁式鉄筋コンクリート構造の場合、地上階数は5階以下とし、軒の高さは20m以下。壁式ラーメン鉄筋コンクリート構造の場合、地階を除く階数が15以下、軒の高さは45m以下と定められている。

4.　適当。壁式ラーメン鉄筋コンクリート構造は、張り間方向を最下層から最上階まで連続した耐力壁を持つ連層耐力壁で構成し、けた行方向を扁平な断面形状の壁柱と梁からなる壁式ラーメン構造で構成された構造である。
正解 3

R05	R04	R03	R02	R01	H30	H29

問題 05 Ⅳ23　各種建築構造に関する次の記述のうち、**最も不適当な**ものはどれか。

1.　プレストレストコンクリート構造におけるポストテンション方式は、PC鋼材の周りに直接コンクリートを打設し、コンクリートが所定の強度に達し

た後に PC 鋼材の緊張を行って、PC 鋼材とコンクリートとの付着力により、コンクリートにプレストレスを導入するものである。

2.　プレキャストプレストレストコンクリート造の床版では、周囲の梁との接合部を、長期及び短期に生じる応力を相互に伝達できるように設計する。

3.　鉄骨鉄筋コンクリート構造の架構応力の計算では、鋼材の影響が小さい場合には、全断面についてコンクリートのヤング係数を用いて部材剛性を評価することができる。

4.　コンクリート充填鋼管（CFT）造の柱では、梁から伝達されるせん断力の一部を充填コンクリートに負担させる場合、鋼管と充填コンクリートとの間で応力伝達ができるように設計する。

> 解説　1.　ポストテンション方式は、ストレスを導入したい位置にシース管を設置しておき、コンクリートを打設。コンクリートが所定の強度に達した後にシース管内の PC 鋼材に引張力を導入し、金具で固定。コンクリートに圧縮力を導入し、シース管内にセメントペーストを詰めて完成させる。
>
> 2.　（S58 建告 1320 号第 9）適当。
>
> 3.　（SRC 計算基準）鋼材の影響が小さい場合には、コンクリートの全断面についてコンクリートのヤング係数を用い部材剛性を評価することができる。
>
> 4.　柱梁接合部では特に鋼管とコンクリートの間で応力伝達ができるよう設計する。

正解 1

R05	R04	R03	R02	R01	H30	H29

問題 06 Ⅳ 23　各種建築構造に関する次の記述のうち、**最も不適当な**ものはどれか。

1.　H 形断面の鉄骨梁と鉄筋コンクリートスラブを頭付きスタッドを介して緊結した合成梁では、一般に、上下フランジのいずれも、局部座屈の検討を省略することができる。

2.　H 形断面の鉄骨梁と鉄筋コンクリートスラブを接合する頭付きスタッドの設計に用いる水平せん断力は、曲げ終局時に合成梁の各断面に作用する圧縮力及び引張力の関係から計算できる。

3.　地震時の軸力変動により引張力が生じる鉄骨鉄筋コンクリート造の最下階の鉄骨柱脚は、原則として、埋込み形式とする。

4.　鉄骨鉄筋コンクリート造の柱のせん断終局耐力は、鉄骨部分と鉄筋コンクリート部分において、それぞれの「曲げで決まる耐力」と「せん断で決まる耐力」のいずれか小さいほうの耐力を求め、それらの耐力の和とすることが

できる。

[解説] 1.　局部座屈は圧縮力を受けるフランジやウェブで発生する。鉄筋コンクリートスラブに頭付きスタットを介して緊結した上部フランジは、局部座屈が防止できるが、下部フランジは局部座屈の防止ができない。よって上下フランジのいずれも局部座屈を検討する必要がある。

2.　適当。

3.　適当。

4.　（SRC 計算基準）設問の通り。　　　　　　　　　　　正解 1

R05	R04	R03	R02	R01	H30	H29

【問題 07】Ⅳ 22）　壁式鉄筋コンクリート造の建築物の設計に関する次の記述のうち、**最も不適当な**ものはどれか。

1.　耐力壁の面外座屈に対する安全性を確保するために、鉛直支点間距離に対する耐力壁の厚さの比の最小値が規定されている。

2.　使用するコンクリートの設計基準強度を高くすると、一般に、必要壁量を小さくすることができる。

3.　階高が 3.5 m を超える場合は、保有水平耐力計算によって安全性を確かめる必要がある。

4.　耐力壁の長さの算定において、住宅用の換気扇程度の大きさの開口は、補強をしなくても、開口がないものとみなすことができる。

[解説] 1.　（学会基準）耐力壁の面外座屈に対する安全性を確保するために、耐力壁の最小厚さ、鉛直支点間距離に対する耐力壁の厚さの比の最小値が規定されている。

2.　（H13 国交告 1026 号）コンクリートの設計基準強度が 18 N/mm² を超える場合、5 cm/m² を限度として壁量を小さくすることができる。

3.　（H13 国交告 1026 号）階高が 3.5 m を超える場合は、層間変形角が 1/200 以内あること及び保有水平耐力が必要保有水平耐力以上であることを確かめる必要がある。

4.　住宅用の換気扇程度の大きさの開口は、剛性・耐力の低減を行わない小開口の範囲となり、開口がないものとみなすことができるが、開口部の周囲は適切な補強を必要とする。　　　　　　　　　　　正解 4

R05	R04	R03	R02	R01	H30	H29

【問題 08】Ⅳ 23）　建築構造に関する次の記述のうち、**最も不適当な**ものはどれか。

1.　プレストレスト鉄筋コンクリート構造は、PC 鋼材によってコンクリートにプレストレスを導入することにより、曲げひび割れの発生を許容しない構造である。

2.　制振構造に用いられる制振部材のうち、鋼材ダンパーは、金属素材の塑性変形能力を利用したものである。

3.　免震建築物の性能は、一般に、アイソレータとダンパーとの組合せによって決定され、ダンパーのエネルギー吸収量が少ないと免震層の応答変位が過大となることがある。

4.　鉄筋コンクリート造の柱及び梁の主筋の継手に機械式継手を用いる場合、鉄筋径より継手部の外径のほうが大きくなるため、継手部に配置するせん断補強筋の外面から必要かぶり厚さを確保しなければならない。

[解説]　1.　プレストレスを導入するレベルにより、Ⅰ種、Ⅱ種、Ⅲ種に分類されるが、Ⅲ種はひび割れを容認するが、ひび割れ幅をある制限値以下に抑えることとなっている。

　　2.　鋼材ダンパーは、普通鋼と比べて強度が低く、延性が極めて高い、低降伏点鋼材の塑性変形能力を利用したものである。

　　3.　設問の通り、ダンパーのエネルギー吸収量が少ないと免震層の応答変位が過大となることがある。

　　4.　継手部に配置するせん断補強筋の外面からの必要かぶり厚さを確保するため、継手部分のせん断補強筋の径を、一般部の径に対してワンランク落とし本数増で確保し、かぶり厚さの不足分を加える方法などがある。　　[正解 1]

R05	R04	R03	R02	R01	H30	H29

【問題 09】[Ⅳ 22]　建築構造に関する次の記述のうち、**最も不適当な**ものはどれか。

1.　プレストレストコンクリート構造におけるプレテンション方式は、PC 鋼材を緊張した状態でその周りに直接コンクリートを打設し、コンクリートが所定の強度に達した後に緊張端の張力を解放して、PC 鋼材とコンクリートとの付着によりプレストレスを導入するものである。

2.　制振構造には、特定の層を柔らかく設計して、その層にダンパーを設置し、建築物に入力された地震エネルギーを効果的に吸収させる方法もある。

3.　免震構造は、規模や用途にかかわらず、戸建て住宅や超高層建築物等、幅広く適用することが可能である。

4.　壁式鉄筋コンクリート構造は、一般に、軒高が 20 m の地上 6 階建ての建築物においても採用することができる。

[解説]　1.　プレテンション方式は、PC 鋼材とコンクリートとの付着によりプレストレスを導入するので、高強度のコンクリートを使用する。

　　2.　柔らかく設計された層は、地震時に水平の揺れ幅が大きくなるので、仕上材、配

管類、エレベータ等が破損しないよう有効にダンパーを設置し、地震時エネルギーが効果的に吸収されるように設計する。

3.　技術開発によって性能向上、小型化等により幅広く適用が可能となった。

4.　（H13 国交告 1026 号）壁式鉄筋コンクリート構造は、軒高 20 m 以下、地上部分が 5 階建て以下、原則として各階の階高 3.5 m 以下と定められている。　正解 4

R05	R04	R03	R02	R01	H30	H29

問題 10 IV 23　合成構造及び混合構造に関する次の記述のうち、**最も不適当な**ものはどれか。

1.　鉄骨梁と鉄筋コンクリートスラブとを頭付きスタッドを介して緊結した合成梁の曲げ剛性の算定に用いる床スラブの有効幅は、鉄筋コンクリート梁の曲げ剛性の算定に用いる床スラブの有効幅と同じとしてもよい。

2.　デッキ合成スラブは、鋼製デッキプレートとその上に打設されるコンクリートとが一体となる構造で、面内せん断力の伝達も期待することができる。

3.　コンクリート充填鋼管（CFT）構造の柱は、同一断面で同一板厚の鋼管構造の柱に比べて、水平力に対する塑性変形性能は高いが耐火性能は同等である。

4.　鉄筋コンクリート構造のコア壁を耐震要素とし、外周部を鉄骨構造の骨組とした架構形式は、大スパン化による空間の有効利用に適している。

解説　1.　合成梁としての条件を満たしている床スラブ有効幅は、鉄筋コンクリート梁の曲げ剛性の算定に用いる床スラブの有効幅と同じである。

2.　打設されるコンクリート厚さ、溶接金網、鉄筋により異なるが、面内せん断力の伝達も期待することができる。

3.　コンクリート充填鋼管の柱は、鋼管構造に比べて耐火性能は優れている。内部にコンクリートが充填されているため、一定の条件下で無耐火被覆工法の採用や、耐火被覆の軽減が可能となる。

4.　設問の架構形式は地震力を鉄筋コンクリート構造のコア壁で支えるため、鉄骨構造の骨組にかかる応力が低減され、大スパン化にも有効である。　正解 3

R05	R04	R03	R02	R01	H30	H29

問題01 Ⅳ 19 　土質及び地盤に関する次の記述のうち、**最も不適当な**ものはどれか。

1. 砂質土の内部摩擦角は、一般に、N値が大きくなるほど小さくなる。

2. 土の含水比は、一般に、細粒分含有率が大きくなるほど大きくなる。

3. 地震動が作用している軟弱な地盤においては、地盤のせん断ひずみが大きくなるほど、地盤の減衰定数は増大し、せん断剛性は減少する。

4. 液状化のおそれのある地層が基礎底面以深に存在している場合は、液状化の度合い、液状化のおそれのある地層の厚さ及びその上部の地層構成等を考慮して、沈下等の影響について検討する。

[解説] 1. 砂質土は内部摩擦角が大きいほど崩れにくく支持力は大きい。すなわち N値が大きくなるほど内部摩擦角は大きくなる。

2. 土は土粒子、水、空気からなっており、含水比は水の $\dfrac{水の重量}{土粒子の重量}$ の質量で求める。含水比は土粒子の粒径が小さいほど大きい値を示す。細粒分含有率は土の中に含まれる細粒分（0.075 mm 未満の粒径の土。粘土、シルトなど）の割合。粘土、シルトが多いと細粒分含有率が大きくなり、含水比は大きくなる。

3. 地盤のせん断ひずみ（ずれ）が大きくなると、地盤は耐力を失いやわらかくなり、せん断剛性は減少する。

4. 適当。その層を掘削し、砕石などの材料に置き換えることも考えられる。　正解 1

R05	R04	R03	R02	R01	H30	H29

問題02 Ⅳ 19 　地盤及び基礎に関する次の記述のうち、**最も不適当な**ものはどれか。

1. 直接基礎の基礎スラブの部材応力算定用の接地圧については、一般に、基礎スラブの自重を考慮しなくてよい。

2. 受働土圧は、地下外壁や擁壁が地震を押す方向に変位するときに、最終的に一定値に落ち着いた状態で発揮される土圧である。

3. 地震時に液状化のおそれがある砂質地盤の許容応力度は、建築基準法施行

令に規定された表の数値を用いてよい。

4.　同一砂質地盤において、直接基礎の底面に単位面積当たり同じ荷重が作用する場合、一般に、基礎底面の幅が大きいほど、即時沈下量は大きくなる。

[解説]　1.　基礎スラブ部材応力算定用の接地圧については、地盤の地反力と基礎スラブの自重及びその上部の埋戻し土の重量とが打消しあうので、基礎スラブ自重を考慮しなくてよい。ただし、基礎底面積の検討を行うための接地圧では、上部構造からの荷重、基礎スラブの自重及びその上部の埋戻し土の重量を含めた重量を用いて設計する。

2.　適当。

3.　建築基準法施行令に規定された表の数値は地震時に液状化のおそれのないものに限られているので用いることはできない。標準貫入試験等の地盤調査結果に基づき求める。

4.　同一砂質地盤において、直接基礎の底面に単位面積当たりの荷重が作用する場合、基礎底面が大きいほど、圧縮される地盤の範囲が大きく（深く）なるので即時沈下量は大きくなる。

正解 3

R05	R04	R03	R02	R01	H30	H29

問題03 Ⅳ20　土質及び地盤調査に関する次の記述のうち、**最も不適当な**ものはどれか。

1.　杭の支持力等を検討するために、杭先端の支持力度を考慮して杭先端から下方に必要な深さまでボーリング調査を行った。

2.　直接基礎が想定される地盤で、支持層の下部に位置する砂質土層の沈下量や沈下速度等を推定するために、圧密試験を行った。

3.　地震時の杭の水平抵抗を検討するために、地震の変形係数は、ボーリング孔の孔壁を用いた孔内水平載荷試験によって推定した。

4.　土の液状化判定のための粒度試験には、標準貫入試験用サンプラーより採取した乱した試料を用いた。

[解説]　（基礎構造設計指針）

1.　適当。

2.　圧密試験は、粘性土地盤に適した試験で、砂質土層の沈下量や沈下速度等を推定するのには適しない。

3.　孔内水平載荷試験はボーリング孔に試験器具を挿入し、孔壁の水平変位等を測定し、地盤の変形係数を求める。

4.　「乱した試料」は圧密試験等には用いることはできないが、土の液状化判定のための粒度試験の試料として用いることができる。

正解 2

問題 04 (IV 19)　土質及び地盤に関する次の記述のうち、**最も不適当な**ものはどれか。

1.　土の含水比（土粒子の質量に対する土中の水の質量比）は、一般に、砂質土に比べて粘性土のほうが大きい。

2.　飽和土は、土粒子の間隙部分が全て水で満たされている状態にある。

3.　粘性土地盤において、粘土の粒径は、シルトの粒径に比べて大きい。

4.　地盤の許容支持力度は、標準貫入試験による N 値が同じ場合、一般に、砂質土地盤に比べて粘性土地盤のほうが大きい。

[解説]　1.　土は土粒子、水、空気からなっており、含水比は土粒子の粒径が小さいほど大きい値を示す。砂質土に比べて粘性土は粒径が小さいので大きい値を示す。

2.　適当。飽和土層は地震時の液状化に関係する。

3.　土粒子の粒径は、粘土（5 μm以下）＜シルト（5 ～ 75 μm）＜砂（75 μm～ 2mm）＜れき（粒径 2mm 以上）。粘土の粒径は、シルトの粒径に比べて小さい。

4.　N 値が 10 程度では、砂質土地盤ではゆるい状態、粘性土地盤では固い状態を示している。よって地盤の許容支持力度は、砂質土地盤に比べて粘性土地盤のほうが大きい。

正解 3

問題 05 (IV 20)　地盤の沈下に関する次の記述のうち、**最も不適当な**ものはどれか。

1.　地震時に地盤が液状化して沈下する原因は、主に砂粒子の間隙水圧の上昇等により、水が砂混じりで地上に噴出するためである。

2.　地盤の変形特性は非線形性状を示すが、通常の設計においては、地盤を等価な弾性体とみなし、即時沈下の計算を行ってもよい。

3.　粘性土を支持層とする場合は、即時沈下だけではなく、圧密沈下も考慮する必要がある。

4.　圧密沈下は、有効応力の増加に伴って、主に土粒子が変形することにより生じる。

[解説]　1.　適当。

2.　（基礎構造設計指針）地盤に生じたひずみや応力によって地盤の変形特性が変化するため、通常の設計においては弾性体とみなして行ってもよい。

3.　粘性土は粒径が砂質土と比べて小さく、粘り気のある透水性の小さい土なので圧密沈下がゆっくり進む。

4. 圧密沈下は、粘性土地盤が長時間かかって圧密され、間隙水が徐々に絞り出されて間隙が減少することによって生じる現象である。土粒子自体が変形するのではない。 正解 4

R05	R04	R03	R02	R01	H30	H29

問題 06 Ⅳ 19 土質及び地盤に関する次の記述のうち、**最も不適当な**ものはどれか。

1. 砂のせん断力に対する抵抗力の大きさは、標準貫入試験で得られる N 値と相関関係にある。
2. 粘土の変形特性は、一般に、粘土中に含まれる水分量と関係がある。
3. 締固め工法による地盤改良は、一般に、液状化対策としての効果はない。
4. 地盤の極限鉛直支持力は、一般に、土のせん断破壊が生じることにより決定される。

[解説] 1. （基礎構造設計指針）適当。砂質土は N 値が大きいほど内部摩擦角が大きくなり、せん断力に対する抵抗力、支持力が大きくなる。
　2. 粘土中に含まれる水分量により、粘土は、液状、塑性状、半固体状、固体に変化する。
　3. （建築物の構造関係技術基準解説書）液状化対策となりうる地盤改良には、締固め工法、深層混合処理工法、ドレーン工法、注入工法などがある。
　4. （基礎構造設計指針）適当。極限鉛直支持力は、地盤の粘着力・地盤の自重・根入れ効果による支持力の和に基礎底面積を乗じて求められ、土のせん断破壊が生じることにより決定される。 正解 3

R05	R04	R03	R02	R01	H30	H29

問題 07 Ⅳ 19 土質及び地盤に関する次の記述のうち、**最も不適当な**ものはどれか。

1. 液状化の判定を行う必要がある土層は、一般に、地表面から 20 m 程度以浅の沖積層の飽和砂質土層である。
2. 地下水には自由水、被圧水及び宙水があり、地下工事中に発生することがある根切り底面の盤ぶくれは、被圧水が原因である。
3. 一軸圧縮試験は、粘性土の強度や変形係数を調べる簡便な方法で、実用性も高い。
4. 砂質土地盤の支持力式に用いる内部摩擦角 ϕ は、砂質土が密実になるほど小さくなる。

[解説] 1. （基礎構造設計指針）適当。考慮すべき土の種類は、細粒分含有率が 35%

以下の土とする。

2. 被圧水は上下を不透水層にはさまれ、圧力を受けている地下水。不透水層を打抜いて井戸を掘った場合、被圧力が大きい場合には地下水は自噴することがある。根切りで不透水層の上の土砂を掘削することにより、不透水層の重量より被圧水が大きくなると、掘削面が押し上げられる（盤ぶくれ）。

3. 適当。

4. 内部摩擦角 ϕ は、砂質土が密実になるほど大きくなる。　　　　　　正解 4

R05	R04	R03	R02	R01	H30	H29

問題 08 IV 19　土質及び地盤に関する次の記述のうち、**最も不適当な**ものはどれか。

1. 粘性土地盤において、土粒子の粒径は、粘土よりシルトのほうが大きい。

2. 土の含水比（土粒子の質量に対する土中の水の質量の比）は、一般に、粘性土より砂質土のほうが大きい。

3. 標準貫入試験の N 値が 10 程度の地盤の場合、許容応力度は、一般に、砂質土地盤より粘性土地盤のほうが大きい。

4. 砂質土地盤の許容応力度の算定に用いる支持力係数は、一般に、内部摩擦角が大きくなるほど大きくなる。

解説　1.　土粒子の粒径は、粘土（5 µm 以下）＜ シルト（5 ～ 75 µm）＜ 砂（75 µm ～ 2 mm）＜ れき（粒径 2mm 以上）。粘土よりシルトのほうが大きい。

2.　土の含水比は、粒径が小さいほど大きい値を示す。粘性土より粒径が大きい砂質土が、含水比は小さい。

3.　一般に標準貫入試験の N 値が同じでも、砂質土地盤より性粘土地盤のほうが、許容応力度は大きい。

4.　砂質土地盤の許容応力度の算定に用いる支持力係数 N_c、$N\gamma$、N_p は、H13 国交告 1113 号第 2 に定められており、いずれも内部摩擦角が大きくなるほど、大きく定められている。　　　　　　正解 2

R05	R04	R03	R02	R01	H30	H29

問題 09 IV 20　図に示す土質柱状図の地盤において、地階を有しない地上 3 階建ての鉄骨造の事務所を計画する場合、基礎の設計に関する次の記述のうち、**最も不適当な**ものはどれか。

1. 表土下部の細砂層を支持地盤とした直接基礎（べた基礎）とする場合は、細砂層の許容応力度及び即時沈下量の検討に加えて、粘性土層の許容応力度及び圧密沈下量の検討も行う。

2. 粘性土層まで貫入させた摩擦杭と、直接基礎（べた基礎）からなるパイル

ド・ラフト基礎とする場合は、摩擦杭の効果により基礎の沈下を抑えられることから、沈下量の検討を省略できる。

3. 砂礫層を支持地盤とした杭基礎とする場合は、粘性土層における負の摩擦力の検討を行う。

4. 砂礫層を支持地盤とした杭基礎とする場合、細砂層が地震時に液状化するおそれがあると判定されたときは、液状化層の水平地盤反力係数を低減して杭の設計を行う。

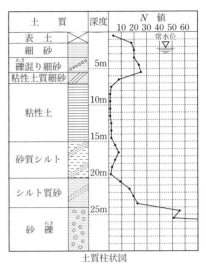

土質柱状図

解説 1. 支持地盤の細砂層は地盤沈下や液状化が考えられる。細砂層に直接基礎を設ける場合は、地盤許容応力度及び即時沈下量を検討し、さらに支持地盤の下部の粘性土質地盤についても長期荷重による許容応力度及び圧密沈下量の検討も必要である。

2. （建築基礎構造設計指針）パイルド・ラフト基礎は、直接基礎の支持能力を生かしつつ基礎沈下量を要求性能内に低減するために摩擦杭を併用する基礎形式である。基礎設計の要求性能に対応する検討項目には沈下量の検討が明記されており、沈下量の検討は省略することはできない。

3. 粘性土層が沈下することが考えられるので、杭の設計においては粘性土層における負の摩擦力の検討を行う必要がある。

パイルド・ラフト基礎

4. 設問の通り、液状化層の水平地盤反力係数を低減して杭の設計を行う。 **正解 2**

R05	R04	R03	R02	R01	H30	H29

問題10 **IV 21** 地盤及び基礎に関する次の記述のうち、**最も不適当な**ものはどれか。

1. 直接基礎の地盤の許容応力度の算定において、根入れ深さ D_f を評価する場合、隣接する建築物の影響を考慮する必要がある。

2. 杭の長さが長い場合、杭頭の固定度が大きくなるほど、杭頭の曲げモーメントは小さくなる。

3. 支持層が傾斜している地盤に杭基礎を採用する場合、長い杭と短い杭を混用すると、各杭の負担水平荷重の差異やねじれが生じやすい。

4. 地盤沈下のおそれのある敷地において、支持杭を採用する場合には、負の摩擦力による杭の支持力、杭の沈下量等を検討しなければならない。

解説 1. 直接基礎の地盤の許容応力度は、根入れ深さ D_f が深くなるほど大きくなる。ただし、敷地境界付近では、隣地の掘削等で周辺地盤の支えを失って、地盤の許容応力度が低下するおそれがある。

2. 杭頭の固定度が大きくなるほど水平剛性が大きくなり、杭頭曲げモーメントは大きくなる。

3. 設問の通り。長い杭と短い杭を混用すると、各杭の負担水平荷重の差異やねじれが生じやすい。

4. 地盤沈下のおそれがある敷地で支持杭を用いる場合には、建築物の荷重に負の摩擦力を加えて、杭の支持力、沈下量等を検討する必要がある。　　　　　正解 2

R05	R04	R03	R02	R01	H30	H29

問題 01 Ⅳ20 杭基礎等に関する次の記述のうち、**最も不適当な**ものはどれか。

1. 重要な建築物等の基礎の設計においては、法令上の要求のほかに大地震後の継続使用性等を目標とする場合、液状化などの地盤変動の可能性を考慮して、必要に応じ、終局時の状況を想定した検討を行う。

2. 杭1本当たりの鉛直荷重が等しい場合、杭の沈下量の大小関係は、一般に、「単杭」＜「群杭」である。

3. 杭先端の地盤の許容応力度の大小関係は、一般に、「打込み杭」＜「セメントミルク工法による埋込み杭」＜「アースドリル工法等による場所打ちコンクリート杭」である。

4. 砂質地盤における杭の極限周面抵抗力度の大小関係は、一般に、「打込み杭」＜「場所打ちコンクリート杭」である。

[解説] （「建築基礎構造設計指針」）より。

1. 適当。

2. 郡杭は杭に働く荷重の沈下に影響する地盤の範囲が広く深部まで広がるため、杭1本あたりの鉛直荷重が等しい場合、杭の沈下量は「単杭」＜「群杭」 となる。

3. 杭先端の地盤の許容応力度の大小関係は、一般に、「打込み杭」＞「セメントミルク工法による埋め込み杭」＞「アースドリル工法等による現場打ちコンクリート杭」である。

4. 一般に杭の極限周面抵抗力度は杭の周面摩擦力に関係する。打込み杭より現場打コンクリート杭は周面摩擦力が大きいので、極限周面抵抗力度も大きくなる。 正解 3

R05	R04	R03	R02	R01	H30	H29

問題 02 Ⅳ21 杭基礎に関する次の記述のうち、**最も不適当な**ものはどれか。

1. 砂質地盤における杭の極限周面摩擦力度は、杭周固定液を使用した埋込み杭より場所打ちコンクリート杭のほうが大きい。

2. 杭の引抜き方向の許容支持力の計算において、長期及び短期ともに、杭の有効自重（自重から浮力を減じた値）を考慮することができる。

3. 軟弱地盤における杭基礎の設計では、上部構造や基礎構造に作用する慣性力に対して検討しているので、地盤の水平変位により生じる応力を考慮しなくてもよい。

4. 同一地盤に埋設される長い杭において、杭に作用する水平力、杭の種類及び杭径が同じ場合、杭頭の固定度が高いほど、杭頭の曲げモーメントは大きくなる。

[解説] （基礎構造設計指針）
1. 砂質地盤における杭の極限周面摩擦応力度は、杭表面の平滑度により、場所打ちコンクリート杭 ＞ 埋込み杭 ＞ 打込み杭 の順になる。
2. 杭の引抜き方向の許容支持力の計算では、杭の自重と杭周面の摩擦抵抗力を考慮することができる。地下水位以下の部分においては、杭の浮力分を考慮して（減じて）求める。
3. 軟弱地盤や液状化地盤等における杭基礎の設計では、応答変位法が適している。応答変位法は地震時における杭頭慣性力に対して検討するだけでなく、地盤の水平変位に生じる応力に対する検討も必要である。
4. 杭頭の固定度が高いほど、杭頭の回転拘束が強くなり、水平剛性が大きくなるので杭頭の曲げモーメントは大きくなる。　　　　　　　　　　　　[正解 3]

R05	R04	R03	R02	R01	H30	H29

[問題 03 (Ⅳ 20)** 基礎の設計のための地盤調査に関する次の記述のうち、**最も不適当な**ものはどれか。

1. 基礎を支持する砂礫層直下の粘性土層の圧密沈下の特性を把握するために、粘性土の乱さない試料をサンプリングして、一軸圧縮試験を実施した。
2. 事前調査の結果、地層の構成が推定できなかったので、予備調査を実施した後に、本調査のボーリングの位置及び数量を決定した。
3. 液状化のおそれがある埋立て土層があったので、地下水位調査と粒度試験を実施した。
4. 高層建築物の耐震設計上必要となる地盤特性を調査するために、PS 検層を実施した。

[解説] 1. 一軸圧縮試験は、供試体に側圧を受けない状態で圧縮する試験で、粘性土の強度や変形係数を調べることができる。粘性土層の圧密沈下の特性を把握することは、乱さない資料をサンプリングしても不可能である。
2. （建築基礎構造設計指針）適当。
3. 液状化は、地下水位面が地表面に近く、粒径が比較的均一な砂質地盤等で生じやすい。よって地下水位調査や粒度試験は有効である。

4. PS検層は地表や地中で発生させたP波（縦波）、S波（横波）をボーリング孔内に設けたセンサーで測定する。波の伝わる速度などにより地盤特性を調べる資料とする。 正解1

R05	R04	R03	R02	R01	H30	H29

問題04 Ⅳ21　基礎の設計に関する次の記述のうち、**最も不適当な**ものはどれか。

1. 直接基礎として支持力はあるが、基礎の沈下が過大となるおそれがある地盤に建つ建築物において、基礎の平均沈下量及び不同沈下量を低減するために、パイルド・ラフト基礎を採用した。

2. 地震時に液状化のおそれのある地盤であったので、杭の水平抵抗を検討する際に、水平地盤反力係数（単位 kN/m³）の値を低減した。

3. 一つの建築物において、高層部には杭基礎、低層部には直接基礎を採用したので、鉛直荷重時の不同沈下の検討のみを行い、基礎及び上部構造に障害が生じないことを確認した。

4. 地盤沈下が生じている埋立て地盤において、杭に負の摩擦力が生じるおそれがあったので、杭の表面に潤滑材を塗布することで対応した。

[解説] 1. （基礎構造設計指針）適当。パイルド・ラフト基礎は、直接基礎として十分支持力はあるが沈下が過大となる心配がある箇所に、直接基礎と杭基礎を併用した基礎。

2. （基礎構造設計指針）水平地盤反力係数は、地盤を水平方向に単位量変形させたときの単位面積当たりの水平力をいう。したがって、液状化のおそれのある地盤では、水平地盤反力係数を低減する。

3. 一つの建築物において、異種構造の基礎を採用することはできるだけ避けるべきであるが、やむをえない場合は、鉛直荷重時の不同沈下のみならず、それぞれの基礎の鉛直・水平方向の支持特性と変形特性等について検討する必要がある。

4. 負の摩擦力は、周囲の地盤が沈下することにより杭周面に下向きに作用する摩擦力で、杭の表面に潤滑材を塗布することにより、負の摩擦力を低減することができる。 正解3

R05	R04	R03	R02	R01	H30	H29

問題05 Ⅳ20　図のような杭基礎の設計に関する次の記述のうち、**最も不適当**なものはどれか。

1. 上部地盤が砂質土で地震時に液状化するおそれがある場合、各杭の水平抵抗力が低下しないよう地盤改良等の対策を行う。

513

2. 上部地盤が粘性土で将来にわたって地盤
沈下するおそれがある場合、各杭が地盤か
ら突出する影響を考慮して杭の水平抵抗の
検討を行う。

3. 各杭の径が同じ場合、地震時に各杭が負
担する水平力は杭長に応じて異なるものと
して、杭の設計を行う。

4. 各杭の長さが異なるので、地震時の杭の
水平抵抗の検討のために、支持層の近傍で
孔内水平載荷試験を行う。

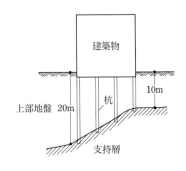

[解説] 1. 地震時に地盤が液状化すると、液状化層の水平地盤反力係数は急激に低下
し、動的変位が増大する。各杭の水平耐力が低下しないよう地盤改良等の対策が必
要である。
2. （建築基礎構造設計指針）適当。
3. 杭長が異なると剛性も変わるので、各杭が負担する水平力を考慮して杭の設計を
行う。
4. 孔内水載荷試験は、杭周囲の地盤の水平方向の強さを調べる試験で、杭頭から約
5m の深さまたは最大杭径の5倍の深さまでで行う。　　　　　　　　　　　正解 4

R05	R04	R03	R02	R01	H30	H29

【問題 06】Ⅳ 21　直接基礎及び杭基盤の設計に関する次の記述のうち、**最も不適
当な**ものはどれか。

1. 直接基礎の即時沈下の計算において、粘性土地盤及び砂質土地盤ともにヤ
ング率及びポアソン比を適切に設定した弾性体と仮定してもよい。

2. 杭の引抜き抵抗力の計算において、長期及び短期ともに杭の有効自重（自
重から浮力を減じた値）を引抜き抵抗力として考慮することができる。

3. 杭基礎を有する建築物において、杭に作用する水平力は、建築物の地上部
分の高さ及び基礎スラブの根入れ深さに応じて、一定の範囲で低減すること
ができる。

4. 杭の水平抵抗の検討に用いる水平方向地盤反力係数 K_h（kN/m³）は、一様
な地盤においては杭径が大きくなるほど大きくなる。

[解説] 1. （基礎構造設計指針）適当。直接基礎の即時沈下量は次式で求められる。
即時沈下量（m）　$S_E = I_s \dfrac{1 - \nu_S^2}{E_S} qB$
I_s：基礎底面の形状と剛性によって決まる係数（沈下係数）

B：基礎の短辺長さ（円形の場合は直径（m）　q：基礎に作用する荷重度（kN/m²）

E_s：地盤のヤング率（kN/m²）　　ν_s：地盤のポアソン比

2. 適当。（基礎構造設計指針による。）

3. 適当。根入れ部分の負担率αは次式で計算し、残りの割合を杭が負担する。

$$\alpha = 1 - 0.2 \frac{\sqrt{H}}{\sqrt{D_f}} \leq 0.7$$

H：地上部分の高さ（m）　　D_f：基礎の根入れ深さ（m）

4. 水平地盤反力係数は、地盤を水平方向に単位量変形させたときの単位面積当たりの水平力をいう。したがって、杭径が大きくなると杭が地盤に与える影響範囲が大きくなり土全体の変形が大きくなる。よって水平地盤反力係数は小さくなる。

正解 4

R05	R04	R03	R02	R01	H30	H29

問題07 Ⅳ 19　基礎の設計を行うための地盤調査に関する次の記述のうち、**最も不適当な**ものはどれか。

1. 地震時の杭の水平抵抗を検討するための孔内水平載荷試験は、杭頭から約5mの深さ又は最大杭径の約5倍の深さまでで実施する。

2. 平板載荷試験により「地盤の支持力特性」の調査ができる範囲は、載荷板幅の1.5〜2.0倍程度の深さまでである。

3. 常時微動測定の結果は、地盤の卓越周期の推定や、建築物の地震力の設定に必要な地盤種別の判定に利用される。

4. 粘性土の内部摩擦角は、一軸圧縮試験により求めることができる。

解説　1.　孔内水平載荷試験は、ボーリングで掘った孔内で側圧に圧力をかけて変形を測定することで地盤の変形係数等を求め、地震時の杭の水平抵抗を検討する試験である。地盤工学会の仕様により測定される。

2.　平板載荷試験は、比較的均質な地層で、載荷板幅の1.5〜2.0倍程度の地盤支持力を調べる。実際の建物では深い地盤の影響を受けるので、試験結果の解釈には注意が必要である。

3.　周期が0.1〜数秒程度の微動を高感度の地震計で測定することにより、地盤の固有周期、増幅特性、地盤種別等の工学的特性を調べ、地震力の設定等に利用する。

4.　粘性土の内部摩擦角は、直接せん断試験や三軸圧縮試験によって求める。　正解 4

R05	R04	R03	R02	R01	H30	H29

問題08 Ⅳ 20　杭基礎に関する次の記述のうち、**最も不適当な**ものはどれか。

1. 鉛直荷重が作用する杭の抵抗要素には、先端抵抗と周面摩擦抵抗があり、杭頭に作用する上部構造物の荷重による杭の沈下の発生とともに先端抵抗が

先行して発揮され、杭の沈下が増加すると周面摩擦抵抗が発揮される。

2.　地震時に液状化のおそれのある地盤において、杭の水平抵抗を検討する場合には、水平地盤反力係数（単位 kN/m³）の値を低減しなければならない。

3.　地下水位の高い敷地に計画する低層建築物に地下室を設ける場合には、浮力が作用するので、杭の引抜き抵抗力の検討が必要となる。

4.　杭先端の地盤の許容応力度を計算で求める場合に用いる N 値は、杭先端付近の N 値の平均値とし、その値が 60 を超えるときは 60 とする。

解説　1.　周面摩擦抵抗が発揮された後、先端抵抗が発揮される。

　　2.　水平地盤反力係数は地盤の水平方向の硬さを示す係数で、地震時に液状化のおそれのある地盤においては、液状化の程度に応じて低減する必要がある。

　　3.　軽い建築物、地下室の階高が高い建築物では特に検討を要する。

　　4.　H13 国交告 1113 号で定められている。　　　　　　　　　正解 1

R05	R04	R03	R02	R01	H30	H29

問題 01 Ⅳ 21 鉄筋コンクリート造の擁壁の設計に関する次の記述のうち、**最も不適当な**ものはどれか。

1. L型擁壁における底版の直上にある土の重量は、一般に、擁壁の転倒に対する抵抗要素として考慮できない。
2. 擁壁に常時作用する土圧は、一般に、受働土圧に比べて主働土圧のほうが小さい。
3. 擁壁に常時作用する土圧は、一般に、背面土の内部摩擦角が大きくなるほど小さくなる。
4. 擁壁の滑動抵抗を大きくするために、擁壁底版の底面に突起を設けることは有効である。

解説 （「建築基礎構造設計指針」）より。

1. 擁壁の転倒はO点を転倒の回転中心とし、土圧によって生ずる転倒モーメントが、L型底板の直上にある土の重量及び自重によって生ずる安全モーメントより大きい場合に生じる。直上にある土の重量は擁壁の転倒に対する抵抗要素として考慮できる。

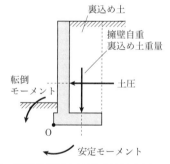

2. 擁壁に常時作用する土圧の大小関係は、
   　受動土圧 ＞ 静止土圧 ＞ 主働土圧
3. 一般に、背面土の内部摩擦角が大きくなるほど、擁壁を押す力は弱くなるので、擁壁に作用する土圧は小さくなる。
4. 適当。軟弱地盤での突起はあまり滑動抵抗効果を期待できない。

正解 1

R05	R04	R03	R02	R01	H30	H29

問題 02 Ⅳ 21 擁壁及び地下外壁の設計に関する次の記述のうち、**最も不適当**なものはどれか。

1. 擁壁の滑動に対する検討において、フーチング底面と支持地盤との間の摩擦係数を、土質にかかわらず一定とした。

2. 擁壁背面側の地表面に、等分布荷重が加わることとしたので、鉛直応力の増加分に土圧係数を乗じた値を、主働土圧に加えた。

3. 常時作用する荷重として、地下外壁に作用する水圧を、地下水位からの三角形分布として求めた。

4. 地下外壁の断面設計に用いる静止土圧係数を、土質試験により信頼性の高い結果が得られなかったので、土質にかかわらず 0.5 とした。

[解説] （基礎構造設計指針）

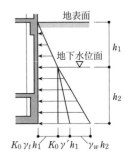

地表面

地下水位面 h_1

h_2

$K_0\gamma_t h_1$　$K_0\gamma' h_1$　$\gamma_w h_2$

1. 摩擦係数は土質によって異なる。シルトや粘土を含まない粗粒粘土 0.55、シルトを含む粗粒土 0.45、シルトまたは粘土 0.35。

2. 鉛直応力の増加分 w に土圧係数 K_0 を乗じた値を主働土圧に加える。

3. （建築物荷重指針）地下壁に水圧が作用する場合は、地下水位からの三角形分布荷重を想定して設計を行う（右図）。

4. 静止土圧係数は土の締り具合と堆積の過程により異なるが、信頼性の高い結果が得られない場合は 0.5 程度とするのが良い。

K_0 ：静止土圧係数
γ_t ：土の湿潤単位体積重量
γ' ：土の水中単位体積重量
γ_w ：水の単位体積重量

正解 1

R05	R04	R03	R02	R01	H30	H29

問題 03 IV 21　図に示す鉄筋コンクリート造の擁壁の設計に関する次の記述のうち、**最も不適当な**ものはどれか。

1. 地表面に作用する上載荷重は、擁壁背面側に作用する土圧として考慮しない。

2. 擁壁底版の直上の土の重量は、擁壁の転倒に対する抵抗要素として考慮する。

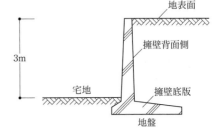

3m

地表面

擁壁背面側

宅地

擁壁底版

地盤

3. 擁壁底版とその直下の地盤との間に生じる滑動抵抗力を、擁壁背面側に作用する土圧等の水平成分の 1.5 倍以上となるように設計すれば、使用限界状態での擁壁の変形等の検討は省略できる。

4. 擁壁の滑動抵抗を大きくするために、擁壁底版の底面に突起を設けることもある。

[解説] 1.　（基礎構造設計指針）地表面に作用する上載荷重により、擁壁の任意の深さ

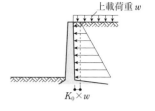

上載荷重 w

$K_0 \times w$

の土圧が増加する。地表面に等分布荷重が作用する場合では、上載荷重 w に静止土圧係数 K_0 を乗じた土圧が増加すると考え、地表面荷重がない場合の土圧に荷重を加え設計を行う。

2. 擁壁底板の直上の土の重量、擁壁自重は、擁壁の転倒に対して抵抗する要素となる。

3. 正しい。

4. 擁壁の滑動抵抗を大きくするためには、擁壁底版の底面に下方に向かった突起を設けるか杭を使用する。軟弱地盤での突起はあまり滑動抵抗効果が期待できない。

正解 1

R05	R04	R03	R02	R01	H30	H29

問題 01 Ⅳ24 耐震構造、制振構造及び免震構造に関する次の記述のうち、**最も不適当な**ものはどれか。

1. 構造特性係数 D_s は、建築物の振動に関する減衰性及び各階の靭性に応じて、建築物に求められる必要保有水平耐力を低減する係数である。

2. 制振構造に用いられる鋼材ダンパーは、ダンパーが弾性範囲に留まる地震動レベルにおいてもエネルギー吸収能力を発揮する。

3. 制振構造において、ダンパーの接合部及び周辺部材が変形する場合や、ダンパーの取りつく柱の軸変形により架構全体が曲げ変形する場合には、ダンパーの効率が低下する。

4. 免震構造に用いられる積層ゴムアイソレータは、座屈が生じない範囲では、ある変形までは水平変位に比例してせん断力が大きくなり、水平剛性はほぼ一定であるが、さらに変形が進むと徐々に水平剛性が大きくなり、最終的にゴム層の破断に至る。

解説 （「免震構造設計指針」）より。

1. 適当。鉄骨造・鉄骨鉄筋コンクリート造である階は 0.25 ～ 0.5 以上、鉄筋コンクリート造である階 0.3 ～ 0.55 以上。

2. 制振構造に用いられる鋼材ダンパーは、ダンパー等が変形することによりエネルギーが吸収される。よってダンパーが弾性範囲に留まる地震動レベルにおいてはエネルギー吸収能力を発揮できない。

3. 制振構造はダンパー等が変形することによりエネルギーが吸収される。よって、ダンパーの接合部及び周辺部材が変形する場合や、ダンパーの取りつく柱の軸変形により架構全体が曲げ変形する場合には、ダンパーの効率が低下する。

4. 適当。

正解 2

R05	R04	R03	R02	R01	H30	H29

問題 02 Ⅳ24 免震構造、制振構造及び耐震改修に関する次の記述のうち、**最も不適当な**ものはどれか。

1. 免震構造において、積層ゴムアイソレータの座屈応力度は一次形状係数 S_1

（ゴム1層の側面積に対するゴムの受圧面積の比）が大きいほど大きくなる。

2. 制振構造による耐震改修は、制振装置を既存建築物に設置し、建築物の固有周期を長くすることにより、建築物に作用する地震力を低減し、耐震性の向上を図るものである。

3. 制振ダンパーによるエネルギー吸収機構を適用した建築物のモデル化においては、制振ダンパーの取付け部周辺の変形を適切に評価しなければならない。

4. 耐震改修には強度補強、靱性補強、損傷集中の回避等のほかに、減築等により建築物に作用する地震力を低減する方法がある。

〔解説〕 1. （免振構造設計指針）積層ゴムアイソレータの座屈応力度 σ_{cr} は次式で求める。

$$\sigma_{cr} = G \cdot S_1 \cdot S_2$$

G：ゴムのせん断弾性率　　S_1：1次形状係数　　S_2：2次形状係数

よって1次形状係数 S_1 が大きくなれば大きくなる。

2. 制振構造による耐震改修は、制振装置（制振ダンパー等）を設置することにより地振時のエネルギーを吸収させて地震力を低減し、耐震性の向上を図る。

3. 制振ダンパーによるエネルギー吸収機構を十分働かせるためには、取付け部分周辺の変形に注意する必要がある。

4. 建物の重量を減らすこと（減築）によって地震力を低減。主に建築上部の除去などの方法がある。　　　　正解 2

R05	R04	**R03**	R02	R01	H30	H29

【問題 03】 IV 24　耐震構造、免震構造及び制振構造に関する次の記述のうち、**最も不適当な**ものはどれか。

1. 建築物の耐震性は、一般に、強度と靱性によって評価され、靱性が低い場合には、強度を十分に大きくする必要がある。

2. 免震構造に用いられる、積層ゴムアイソレータの2次形状係数 S_2（全ゴム層厚に対するゴム直径の比）は、主に座屈荷重や水平剛性に関係する。

3. 免震構造用の積層ゴムにおいて、積層ゴムを構成するゴム1層の厚みを大きくすることは、一般に鉛直支持能力を向上させる効果がある。

4. 制振構造に用いられる鋼材ダンパー等の履歴減衰型の制振部材は、鋼材等の履歴エネルギー吸収能力を利用するものであり、大地震時には層間変形が小さい段階から当該部材を塑性化させることが有効である。

〔解説〕 1. 靱性とは粘り強さのことである。靱性が低い場合には強度を大きくする必

要がある。

2. 2次形状係数 S_2 が小さくなると水平剛性が小さくなり固有周期が長くなる。また圧縮応力度が大きくなり座屈しやすくなる。S_2 が 5 程度であれば座屈が生じにくい。

3. （免震構造設計指針）免震構造用の積層ゴムは薄い鋼板と薄いゴムシートを交互に積層して作成されている。1 層の厚みを大きくすると鉛直荷重が加わった時に層は沈み、ゴムが横にはらみだし鉛直支持能力は小さくなる。

4. 大地震時には、層間変形が小さい段階から鋼材ダンパー等の制振部材を塑性化することにより、本体架構の損傷発生リスクを低減することが有効である。　正解 3

R05	R04	R03	R02	R01	H30	H29

問題 04 IV 25　免震構造に関する次の記述のうち、**最も不適当な**ものはどれか。

1. 免震構造において、上部構造の地震時応答せん断力を小さくするには、一般に、ダンパーの減衰量をできるだけ大きくすることが有効である。

2. 免震構造において、上部構造の層せん断力係数は、一般に、A_i 分布と異なる分布となる。

3. 免震構造に用いられるオイルダンパーは、免震層平面の外周部に設置すると、免震層のねじれ変形を抑制する効果がある。

4. 免震構造に用いられるすべり支承には、減衰機能はあるが、復元機能はない。

[解説]　1. ダンパーの減衰量を大きくすると応答加速度が大きくなり、上部構造の地震時応答せん断力は大きくなる。

2. 一般の構造物は固有周期と階の位置に対応し、地震時せん断力係数を補正する係数を求めるが、免振構造においては、上部構造は免振層を第 1 層として A_i 分布で増幅するとして、地震時せん断力係数を求めるので異なる分布となる。

3. オイルダンパーは、免振層の剛心と上部建物の重心が一致するよう配置するので、免振層のねじれ変形を抑制する効果がある。さらに平面の外周部に設置するとさらに効果は増す。

4. すべり支承は、柱の直下に設置された板（すべり材）とその上に敷かれた鋼板の組み合わせで、地震の揺れが直接建物に伝わらないように働く。減衰機能はあるが復元機能はない。　正解 1

R05	R04	R03	R02	R01	H30	H29

問題 05 IV 24　免震構造に関する次の記述のうち、**最も不適当な**ものはどれか。

1. 免震構造は、一般に、上部構造の水平剛性が大きくなると、上部構造の床応答加速度も大きくなる。

2. 免震構造は、一般に、上部構造の質量及び剛性の偏在等によるねじれ変形

が抑制される。

3. 免震構造に用いられる粘性ダンパーは、速度に応じた減衰力を発揮し、免震層の過大な変形を抑制する働きがある。

4. 免震構造に用いられる積層ゴムアイソレーターの水平剛性は、面圧（支持軸力を積層ゴムの水平断面積で除した値）の大きさによって変化する。

[解説] 1. 上部構造の水平剛性が大きくなると、建物の固有周期が短くなるので上部構造の床応答速度も小さくなる。

2. 免震構造では、上部構造の重心と免震層の剛心を一致させることにより、ねじれ変形を抑制することができる。

3. 免震構造には、ゴムと鋼板が交互に積層された積層ゴムアイソレータ等が使われることが多い。積層ゴムアイソレータの鉛直剛性は大きいが、水平剛性が小さい。そのため水平剛性が大きい粘性ダンパーを併用し、過大な変形を抑制する。

4. 一般的に面圧が大きくなると水平剛性は低下する傾向を示す。　[正解 1]

R05	R04	R03	R02	R01	H30	H29

【問題06】Ⅳ 25　制振構造に関する次の記述のうち、**最も不適当な**ものはどれか。

1. 制振構造に設置するダンパーは、建築物全体の耐力分布や振動性状を踏まえて、適切に配置する。

2. 制振構造に用いられるオイルダンパーは、建築物の動きが比較的小さな段階から制振効果を発揮する。

3. 制振構造に用いられる履歴型ダンパーの耐力は、地震後の建築物の残留変形を抑制するために、柱と梁からなる主架構の耐力よりも大きくする。

4. 鋼材や鉛等の金属製の履歴型ダンパーは、金属が塑性化する際のエネルギー吸収能力を利用するものであり、安定した復元力特性と十分な疲労強度が必要である。

[解説] 1. 適当。

2. 適当。オイルダンパーはオイルの入ったシリンダー内をピストンが行き来する際の抵抗を利用する。

3. 履歴型ダンパーは、塑性変形に伴うエネルギー吸収を利用するダンパーであるから履歴型ダンパーの耐力は柱と梁からなる主架構の耐力よりも小さくする。

4. 適当。　[正解 3]

R05	R04	R03	R02	R01	H30	H29

【問題07】Ⅳ 26　免震構造に関する次の記述のうち、**最も不適当な**ものはどれか。

1. 積層ゴムアイソレータを用いた免震構造は、一般に、水平地震動に対する

免震効果はあるが、上下地震動に対する免震効果は期待できない。

2. 長期荷重を受ける積層ゴムアイソレータの設計に用いる面圧は、支持軸力を積層ゴムの断面積で除した値とする。

3. 転倒モーメントによりアイソレータに大きな引張軸力が生じる場合は、天然ゴム系の積層ゴムアイソレータを採用する。

4. 天然ゴム系の積層ゴムアイソレータを用いた免震構造においては、アイソレータのみでは減衰能力が不足するので、オイルダンパーや鋼材ダンパー等を組み込む必要がある。

> 解説 1. 積層ゴムアイソレータは、ゴムと鋼板を交互に積層した免震構造用部材で、建物の最下部に設置し、地震時に水平方向に柔らかく変形することで地震力の建物への伝達を軽減する役割を担う。上下運動に対する免震効果は期待できない。
>
> 2. 積層ゴムアイソレータは建物の最下部に設置されるので、アイソレータに生ずる面圧は支持軸力を積層ゴムの断面積で除した値となる。
>
> 3. 天然ゴム系の積層ゴムアイソレータは、高耐力性を有する天然ゴムを使用した部材であるが、引張軸力に対応した部材ではない。
>
> 4. アイソレータは、大地震の揺れを素早く収束させることができないので、地震エネルギーを吸収する減衰機能をもつダンパー等を併用することが多い。 　正解 3

R05	R04	R03	R02	R01	H30	H29

問題 01 Ⅳ 25　建築物の耐震設計に関する次の記述のうち、**最も不適当なもの**はどれか。

1.　建築物の地下部分の各部分に作用する地震力は、一般に、当該部分の固定荷重と積載荷重の和に所定の水平震度を乗じて計算する。

2.　地震層せん断力係数の算定に用いる地震地域係数 Z は、許容応力度設計用地震力と必要保有水平耐力の算定において、一般に、同じ値を用いる。

3.　1 階が鉄骨鉄筋コンクリート造で 2 階以上が鉄骨造の建築物の構造計算において、2 階以上の部分の必要保有水平耐力は、一般に、鉄骨造の構造特性係数 D_s を用いて計算する。

4.　限界耐力計算において、塑性化の程度が大きいほど、一般に、安全限界時の各部材の減衰特性を表す数値を小さくすることができる。

　[解説]　1.　（令 88 条）適当。建築物の地下部分の各部分に作用する地震力は、当該部分の重量 W（固定荷重と積載荷重の和）に水平震度 k を乗じて計算する。よって、地下部分の地震力＝ $k \cdot W$ である。

　2.　（令 88 条の 3）適当。

　3.　構造特性係数 D_s は、建築物の振動に関する減衰性及び各階の靭性に応じて建築物に求められる必要保有水平耐力を低減する係数であり、計算を行う階の架構の形式及び架構の性能により求める。よって、2 階以上の鉄骨造部分は鉄骨造の構造特性係数 D_s を用いて計算すればよい。

　4.　限界耐力計算は、各階に作用する地震力を計算するにあたり、建築物の変形量を考慮する。塑性化の程度が大きいほど塑性変形によるエネルギー消費が大きく建築物の振動の減衰性は大きくなる。　　　正解 4

R05	R04	R03	R02	R01	H30	H29

問題 02 Ⅳ 25　建築物の耐震設計に関する次の記述のうち、**最も不適当なもの**はどれか。

1.　地震層せん断力係数の建築物の高さ方向の分布を表す係数 A_i は、一般に、建築物の上階になるほど、また、建築物の設計用一次固有周期 T が長くなる

ほど、大きくなる。

2. 鉄骨造の建築物において、張り間方向を純ラーメン構造、桁行方向をブレース構造とする場合、方向別に異なる耐震計算ルートを適用してよい。

3. 保有水平耐力計算における必要保有水平耐力の算定では、形状特性を表す係数 F_{es} は、各階の剛性率及び偏心率のうち、それぞれの最大値を用いて、全階共通の一つの値として算出する。

4. 限界耐力計算により建築物の構造計算を行う場合、耐久性等関係規定以外の構造強度に関する仕様規定は適用しなくてよい。

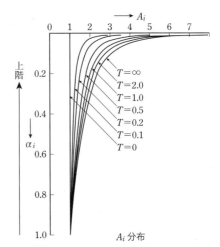

A_i 分布

解説 1. （構造関係技術基準解説書）A_i は建築物の上階になるほど、T が長くなるほど大きくなる。α_i は最上部から i 階までの重量の和を地上部の全重量で除した値。1 階が 1.0 となり、上階になるに従い小さくなる。

2. 鉄骨造の建築物においては、梁間方向、けた行方向の方向別に耐震計算ルートを採用してもよい。しかし、階ごとに異なる耐震計算ルートを採用することはできない。

3. （令82条の3）必要保有水平耐力は、

$$Q_{un} = D_s \cdot F_{es} \cdot Q_{ud}$$

より求める。このとき形状特性係数 F_{es} は、各階の偏心率が所定の数値を上回ったときは 1.0 ～ 2.0 の範囲で、剛性率が所定の数値を下回ったときは、1.0 ～ 1.5 の範囲でそれぞれ割増しを行う。各階でそれぞれ別に算出する。

4. （令36条2項二号）適当。

正解 3

R05	R04	R03	R02	R01	H30	H29

問題 03 Ⅳ 25 既存鉄筋コンクリート造建築物の耐震診断・改修に関する次の記述のうち、**最も不適当な**ものはどれか。

1. 垂れ壁や腰壁が付いた柱は、大地震時に垂れ壁や腰壁が付かない柱より先に破壊するおそれがある。

2. 耐震改修において、柱の耐力の向上を図る方法の一つに、「そで壁付き柱の柱とそで壁との間に耐震スリットを設ける方法」がある。

3. 耐震改修において、耐力の向上を図る方法の一つに、「枠付き鉄骨ブレースを増設する方法」がある。

4. 耐震改修において、柱の変形能力の向上を図る方法の一つに、「炭素繊維巻き付け補強」がある。

解説 （既存 RC 造の耐震改修設計指針）
1. 垂れ壁や腰壁の付いた柱は、付かない柱より剛性が大きくなり地震時応力分担も大きく、また短柱となるので脆性的な破壊が生じやすくなる。
2. 耐震スリットを設けると柱の変形能力は高まるが、柱の剛性が小さくなるので柱の耐力の向上にはならない。建物全体の耐力は小さくなる。
3. 枠付き鉄骨ブレースを増設する方法の外、コンクリート壁の増設などがある。
4. エポキシ樹脂を用いて炭素繊維シートを既存柱の外周に巻き付けることにより、柱のせん断耐力を増大させ変形能力の向上を図る。 正解 2

R05	R04	R03	R02	R01	H30	H29

問題 04 IV 24 建築物の耐震設計に関する次の記述のうち、**最も不適当なもの**はどれか。
1. 鉄筋コンクリート造建築物の設計用一次固有周期 T を、略算法でなく固有値解析等の精算によって求める場合には、建築物の振動特性はコンクリートにひび割れのない初期剛性を用い、かつ、基礎や基礎杭の変形はないものと仮定する。
2. 構造特性係数 D_s は、一般に、架構の減衰が小さいほど小さくすることができる。
3. 各階の保有水平耐力計算において、剛性率が 0.6 を下回る場合、又は、偏心率が 0.15 を上回る場合には、必要保有水平耐力の値を割増しする。
4. 限界耐力計算において、塑性化の程度が大きいほど、一般に、安全限界時の各部材の減衰特性を表す係数を大きくすることができる。

解説 1. （S55 建告 1793 号第 3）設問の通り。
2. 構造特性係数 D_s は、地震時に建築物の振動による減衰性、靭性を評価し必要保有水平耐力を低減する係数。架構が靭性に富むほど、減衰性が大きくなり、地震時エネルギーの吸収も大きくなる。よって架構の減衰が小さいほど D_s は大きくなる。
3. 必要保有水平耐力は下記によって求める。
$Qun = Ds \cdot Fes \cdot Qud$
Ds：構造特性係数　　Fes：形状係数　　Qud：大地震を想定した場合の地震時層せん断力 Fes は、偏心率> 0.15、剛性率< 0.6 の場合に応じたそれぞれの割増し係数を乗じて求める。
4. 限界耐力計算は、各階に作用する地震力を計算するにあたり、建築物の変形量を考慮する。塑性化の程度が大きいほど、塑性変形によるエネルギー消費が大きく建

築物の振動の減衰性は大きくなる。 正解 2

| R05 | R04 | R03 | R02 | R01 | H30 | H29 |

問題 05 Ⅳ 26 建築物の耐震設計に関する次の記述のうち、**最も不適当なもの**はどれか。

1. 純ラーメン構造の場合、地震時の柱の軸方向力の変動は、一般に、中柱より外柱のほうが大きい。

2. 鉄筋コンクリート造の腰壁付き梁の剛性は、腰壁と柱との間に完全スリットを設けた場合であっても、腰壁の影響を考慮する必要がある。

3. 構造特性係数 D_s は、一般に、架構が靱性に富むほど小さくすることができる。

4. 連層の耐力壁に接続する梁（境界梁）の曲げ耐力及びせん断耐力を大きくすると、一般に、地震力に対する耐力壁の負担せん断力が小さくなる。

  解説 1. 純ラーメン構造において、地震時の柱の軸方向力は、外柱は上階からの軸方向力の加算によるが、中柱は左右の梁のせん断力の差を軸方向力として上階からの加算となるので、その変動は中柱より外柱のほうが大きくなる。

  2. （構造関係技術基準）壁が取り付く柱は剛性評価等の影響を考慮する必要がある。

  3. 構造特性係数 D_s は、架構が靱性に富むほど、減衰性が大きくなり、地震時エネルギーの吸収も大きくなるので、D_s は小さくなる。

  4. 境界梁の曲げ耐力及びせん断耐力を大きくすると、曲げ変形が小さくなるため、耐力壁の剛性も大きくなり、耐力壁の負担せん断力も大きくなる。 正解 4

| R05 | R04 | R03 | R02 | R01 | H30 | H29 |

問題 06 Ⅳ 25 建築物の耐震設計に関する次の記述のうち、**最も不適当なもの**はどれか。

1. 鉄骨造の建築物において、張り間方向を純ラーメン架構、桁行方向をブレース架構とする場合、方向別に異なる耐震計算ルートを採用してもよい。

2. 鉄筋コンクリート構造において、部材のせん断耐力を計算する場合のせん断補強筋の材料強度は、JIS 規格品の鉄筋であっても、せん断破壊に対する余裕度を確保するために基準強度の割増しはしない。

3. 保有水平耐力は、建築物の一部又は全体が地震力の作用によって崩壊形を形成するときの、各階の柱、耐力壁及び筋かいが負担する水平せん断力の和としてもよい。

4. 各階の保有水平耐力の計算による安全性の確認において、ある階の偏心率が所定の数値を上回る場合、全ての階について必要保有水平耐力の割増しを

しなければならない。

〔解説〕 1. （法20条）鉄骨造の建築物において、方向別に異なる耐震計算ルートを採用しても良い。ただし、階ごとに異なるルートは適用できない。

2. 保有水平耐力計算では、JIS規格品の鉄筋を使用すれば、基準強度を1.1倍以下の数値とすることができるが（H12建告2464号第3号第一）、せん断破壊に対する余裕を確保するためには、割増しはしなくてもよい。

3. 設問の通り、各階の柱、耐力壁及び筋かいが負担する水平せん断力の和としてよい。

4. ある階の偏心率が所定の数値を上回る場合は、その階について必要保有耐力の割増しを行えばよい。　　　　　　　　　　　　　　　　　　　正解 4

R05	R04	R03	R02	R01	H30	H29

【問題07】Ⅳ 24　鉄筋コンクリート造の建築物の構造設計に関する次の記述のうち、**最も不適当な**ものはどれか。

1. 圧密沈下のおそれのある地盤において、直接基礎を採用した建築物の設計に当たり、不同沈下による建築物の損傷を生じにくくするために、基礎形式を独立基礎からべた基礎に変更した。

2. 平面形状が細長い建築物の応力解析において、短辺方向に地震力を受ける場合には、床を剛と仮定しなかった。

3. 床組の振動による使用上の支障がないことを、梁及び床スラブの断面の各部の応力を検討することにより確認した。

4. 片持スラブの設計において、長期荷重に加えて地震時の上下振動を考慮して配筋を決定した。

〔解説〕 1. 不同沈下による建築物の損傷を生じにくくするため、独立基礎で大きい地中梁を設ける方法もあるが、べた基礎のほうが有効である。

2. 平面形状が細長い建築物で耐震壁を両妻面のみに設けることができない場合などでは、短辺方向に地震力を受けたときに、床スラブに大きな水平応力が生じ、剛床の仮定が成り立たなくなり、端部耐震壁と中央の柱の水平変位も変わる。耐震壁を外側にしか配置できない場合や吹き抜け等がある場合には、床を剛と仮定しないで応力解析を行う場合がある。

3. 床スラブの鉛直方向のたわみを小さくすると、床振動による障害を抑制する効果がある。したがって、各部の応力を検討するのではなく、たわみを検討する。

4. 長期荷重時には、片持ちスラブの曲げモーメントはスラブの上側に生じるが、地震時には上下振動により下側にも曲げモーメントが生じるので、上側に加え、下側の配筋も検討する必要がある。　　　　　　　　　　　　　　　　正解 3

R05	R04	R03	R02	R01	H30	H29

問題01 Ⅳ26 エキスパンションジョイント等によって構造的に分離した建築物の構造計画に関する次の記述のうち、**最も不適当な**ものはどれか。

1. 地下部分も含めて別棟とするに当たって、許容応力度計算で用いる中地震時程度の荷重により生じる変形に対して、建築物の衝突による損傷が生じないことを確かめた。

2. 鉄筋コンクリート造で、地下部分も含めて別棟とするに当たって、保有水平耐力計算で用いる大地震時程度の荷重に対しては、簡便的に、それぞれのエキスパンションジョイントがある部分の高さを H とし、当該高さにおける間隔が $\dfrac{H}{50}$ 以上であることを確かめた。

3. 地下部分が一体で地上部分を別棟とするに当たって、一次設計については、地下部分を検討する際には、地上部分の「耐震計算ルート1」や「耐震計算ルート2」で必要となる割り増し規定を適用しなかった。

4. 地下部分（1階の床・梁を含む。）が一体で地上部分を別棟とするに当たって、1階床スラブを一体の剛床と仮定したので、1階床スラブでの局部的な地震力の伝わり方の検討は省略した。

[解説]（「建築物の構造関係技術基準解説書」）より。

1. 許容応力度計算レベル（中地震時程度）の荷重・水平力の変形に対しては、令88条1項に規定する地震力が作用する場合の建築物の各部分の層間変位を計算し、建築物の衝突による損傷が生じないことを確かめる。

2. 鉄筋コンクリート造で、保有水平耐力計算レベル（大地震程度）の荷重・水平力に対しては、それぞれのエキスパンションジョイントがある部分の高さ H と当該高さにおける間隔が $\dfrac{1}{100}H$ 以上あることを確かめる。

3. 一次設計については、割増し規定を適用しなくてよい。

4. 地上部分より伝達されるせん断力に対し、1階床スラブや梁に生ずる引張力や圧縮力に対して強度が十分か、境界部分となる1階床スラブに生ずるせん断力について検討する必要がある。

正解4

R05	**R04**	R03	R02	R01	H30	H29

問題 02 Ⅳ 26　建築物の構造計画に関する次の記述のうち、**最も不適当なもの**はどれか。

1. 鉄骨造の多層骨組の建築物において、床を鉄筋コンクリートスラブとした場合には、一般に、各骨組に水平力を伝達するために、床スラブとこれを支持する鉄骨梁をシアコネクター等で緊結する必要がある。
2. 細長い連層耐力壁に接続する梁（境界梁）は、耐力壁の回転による基礎の浮き上がりを抑える効果がある。
3. 平面的に構造種別が異なる建築物は、構造種別ごとにエキスパンションジョイントにより分離して個々に設計することが原則であるが、力の伝達等を十分に考慮し、一体として設計することもできる。
4. 構造特性係数 D_s は、一般に、架構が靱性に富むほど大きくすることができる。

　[解説]　1.　床が剛床と仮定できるように、また骨組とスラブが一体となるよう鉄骨梁をシアコネクターで緊結必要がある。
　2.　連層耐力壁に接続する境界梁は、連層耐力壁を梁間方向の中央部に設けることにより、耐力壁の回転による基礎の浮き上りを抑える効果がある。
　3.　適当。
　4.　構造特性係数 D_s は架構が靱性に富むほど減衰性が大きくなり、地震時エネルギーの吸収も大きくなるので、D_s は小さくなる。　正解 4

R05	R04	**R03**	R02	R01	H30	H29

問題 03 Ⅳ 26　建築物の構造計画に関する次の記述のうち、**最も不適当なもの**はどれか。

1. 建築物の平面形状が細長く、耐力壁が短辺方向の両妻面のみに配置され、剛床と仮定できない場合、両妻面の耐力壁の負担せん断力は、剛床と仮定した場合より大きくなる。
2. 地震時水平力を受けて骨組の水平変形が大きくなると、$P-\varDelta$ 効果による付加的な応力及び水平変形が発生する。
3. 大きいスパンの建築物において、柱を鉄筋コンクリート造、梁を鉄骨造とする場合、異種構造の部材間における応力の伝達を考慮して設計する必要がある。
4. 1階にピロティ階を有する鉄筋コンクリート造建築物において、ピロティ階の独立柱の曲げ降伏による層崩壊を想定する場合、当該階については、地

震入力エネルギーの集中を考慮した十分な保有水平耐力を確保する必要がある。

> [解説] 1. 床が剛床と仮定できないと地震時水平力は短辺方向の両妻面の耐力壁に伝わらず、地震時水平力の一部をラーメン架構が負担することになる。よって両妻面の耐力壁の負担率が小さくなり、両妻面の耐力壁の負担せん断力は剛床と仮定した場合より小さくなる。
>
> 2. 鉛直荷重Pが作用している図1の柱に地震時水平力を受けると、柱頭に水平変位Δが生じ、柱脚に$P \cdot \Delta$の曲げモーメントが発生する(図2)。このような現象を$P-\Delta$効果という。
>
> 3. 適当。
>
> 4. (建築物の構造関係技術基準解説書)ピロティ階とは、耐力壁、そで壁、腰壁、たれ壁、方立て等の量が上階と比較して急激に少なくなっている階。十分な保有水平耐力を確保する必要がある。

図1　　図2

正解 1

R05	R04	R03	R02	R01	H30	H29

[問題 04] Ⅳ 26　建築物の構造設計及び耐震補強に関する次の記述のうち、**最も不適当な**ものはどれか。

1. プレストレストコンクリート構造において、クリープ等によるプレストレスの減少率は、一般に、プレテンション方式に比べて、ポストテンション方式のほうが小さい。

2. コンクリート充填鋼管(CFT)造の柱は、コンクリートが充填されていない同じ断面の中空鋼管の柱に比べて、剛性は高いが水平力に対する塑性変形性能は低い。

3. 鉄骨構造において、露出柱脚の最大せん断耐力は、「摩擦により抵抗するせん断耐力」と「アンカーボルトのせん断耐力」のいずれか大きいほうとする。

4. 鉄筋コンクリート造の既存建築物の耐震改修において、柱への炭素繊維巻き付け補強は、柱の曲げ耐力を大きくする効果は期待できない。

> [解説] 1. 適当。時間の経過とともに、コンクリートのクリープ現象やPC鋼材のリラクセーションにより、プレストレスは減少する。
>
> 2. コンクリート充填鋼管造の柱は、中空鋼管柱に比べて、剛性が高く水平力に対する塑性変形性能も高く、軸力比制限や鋼管の幅厚比制限を緩和することができる。
>
> 3. (建築物の限界状態設計指針)適当。摩擦係数は0.5。
>
> 4. 柱への炭素繊維巻き付け補強は、せん断耐力を増大させ、靭性の向上を図ることを求めた補強方法である。

正解 2

R05	R04	R03	R02	R01	H30	H29

問題 05 IV 24　建築物の構造計画及び構造設計に関する次の記述のうち、**最も不適当な**ものはどれか。

1.　鉄筋コンクリート造の建築物の腰壁と柱との間に完全スリットを設けることにより、柱の剛性評価において腰壁部分の影響を無視することができる。

2.　高強度コンクリートや高強度鉄筋の実用化等により、高さ 100 m を超える鉄筋コンクリート造の建築物が建設されている。

3.　鉄筋コンクリート造の多層多スパンラーメン架構の建築物の 1 スパンに連層耐力壁を設ける場合、連層耐力壁の浮上りに対する抵抗力を高めるためには、架構内の中央部分に設けるより、最外端部に設けるほうが有効である。

4.　片流れ屋根の屋根葺き材の構造設計において、風による吹上げ力は、屋根面の中央に位置する部位より、縁に位置する部位のほうを大きくする。

　[解説]　1.　設問通り、腰壁と柱との間に完全スリットを設ければ腰壁部分の影響を無視することができる。

　2.　鉄筋コンクリート造は鉄骨造に比べて剛性が大きいので揺れが少なく居住性に優れる。建設コストが低い等のメリットがあり超高層集合住宅に適した構造である。ただし、工期が鉄骨造に比べて長い。

　3.　柱の鉛直荷重は、架構内の中央部より最外端部の方が小さいので、連層耐力壁の浮上りに対する抵抗力を高めるためには、中央部に連層耐力壁を設けるほうが有効である。

　4.　片流れ屋根の縁に位置する部位には屋根面に生じる風圧力に加え、裏面から吹き上げる風圧力が作用する。屋根面の中央に位置する部位より風による吹き上げ力を大きくする。

　　　　　　　　　　　　　　　　　　　　　　　　　　　　　　　　　　[正解 3]

R05	R04	R03	R02	R01	H30	H29

問題 06 IV 26　建築物の構造設計に関する次の記述のうち、**最も不適当な**ものはどれか。

1.　制振構造において、ダンパーのエネルギー吸収効率は、一般に、主架構とダンパーとの接合の構造形式を間柱型とするより、ブレース型とするほうがよい。

2.　免震構造において、積層ゴムアイソレータの 2 次形状係数 S_2（全ゴム層厚に対するゴム直径の比）は、主に座屈荷重や水平剛性に関係する。

3.　プレストレストコンクリート造の梁は、一般に、鉄筋コンクリート造の梁に比べて、地震後の残留変形が大きい。

4.　コンクリート充填鋼管（CFT）構造の柱は、鉄骨構造の柱に比べて塑性変形能力が優れているため、軸力比制限や鋼管の幅厚比制限を緩和することが

できる。

[解説] 1. 設問の通り。ただしブレース型とすると部屋の空間を仕切ることになる。

2. 積層ゴムアイソレータは、ゴムと鋼板を交互に積層した免震構造用部材。2次形状係数 S_2 は座屈荷重や水平剛性に関係する。S_2 が5程度であれば座屈が起こりにくい。

3. プレストレストコンクリート造の梁は、復元性が高く、地震時にひびわれが生じても地震後はひび割れが閉じ、たわみも回復する。鉄筋コンクリート造の梁に比べて、残留変形が小さい。

4. （コンクリート充填鋼管（CFT）造技術基準）コンクリート充填鋼管構造の柱は、鋼管が充填コンクリートを拘束することでコンクリートの耐力が大きくなり、充填コンクリートが鋼管の局部座屈を抑制するため、鉄骨構造の柱に比べて塑性変形能力が増し、軸力比制限や鋼管の幅厚比制限を緩和することができる。　　　[正解 3]

R05	R04	R03	R02	R01	H30	H29

問題 07 [IV 25]　建築物の構造設計に関する次の記述のうち、**最も不適当な**ものはどれか。

1. 鉄骨構造の筋かい付き骨組の保有水平耐力計算において、X形筋かいの耐力は、引張側筋かいの耐力と圧縮側筋かいの座屈後安定耐力とを合算して求めることができる。

2. 鉄骨構造の筋かいに山形鋼を用いる場合、小規模な建築物を除き、山形鋼を2本使用し、ガセットプレートの両側に取り付け、偏心を小さくする。

3. 鉄骨鉄筋コンクリート構造の柱脚を非埋込形式とする場合、柱脚の曲げ終局強度は、アンカーボルトの曲げ終局強度、ベースプレート直下のコンクリートの曲げ終局強度及びベースプレート周囲の鉄筋コンクリートの曲げ終局強度を累加して求める。

4. 鉄骨部材の許容圧縮応力度は、材種及び座屈長さが同じ場合、座屈軸周りの断面二次半径が小さくなるほど大きくなる。

[解説] 1. 筋かい付き骨組の保有水平耐力計算においては、圧縮側筋かいの座屈後安定耐力を求め、引張側筋かいの耐力を加えて採用することができる。

2. ガセットプレートの片側に山形鋼の筋かいを取り付けると偏心が生じる。小規模な建築物では偏心による影響は小さいが、大規模な建築物等では断面も大きくなり、偏心も大きくなるので、山形鋼を2本使用して両側に取り付け、偏心を小さくする。

3. 非埋込形式の柱脚では、それぞれの曲げ終局強度を累計して求めることができる。

4. 許容圧縮応力度は有効細長比 λ の値により求められ、λ が大きくなると許容圧縮応力度は小さくなる。有効細長比は、$\lambda = \dfrac{\text{座屈長さ } l_k}{\text{断面二次半径 } i}$ で求められ、i が小さくなると λ は大きくなり、許容圧縮応力度は小さくなる。　　　[正解 4]

24 木材・木質系材料

R05	R04	R03	R02	R01	H30	H29

問題 01 Ⅳ 27　木材の破壊の性状として、一般に、脆性的な性状を**示さない**ものは、次のうちどれか。

1.　木材の繊維に直交方向の圧縮によるめり込み
2.　木材の繊維に直交方向の引張による割り裂き
3.　木材の繊維に平行方向の圧縮による全体座屈
4.　木材の繊維に平行方向の引張による破断

解説　脆性破壊は力を加えると部材があまり変形しないうちに壊れてしまう破壊。せんべいがポキッと割れるイメージ。木材は、曲げ、圧縮、引張り、せん断、割裂きは、いずれも脆性破壊となる。ただ繊維に直交方向の圧縮によるめり込み（例：柱が土台にめり込む）、繊維方向に傾斜した方向の圧縮によるめり込み（例：圧縮力を受けた筋かいが柱にめり込む）は靭性な性状を示す。　　　　　正解 1

R05	R04	R03	R02	R01	H30	H29

問題 02 Ⅳ 27　木材に関する次の記述のうち、**最も不適当な**ものはどれか。

1.　木材の弾性係数は、一般に、含水率が繊維飽和点から気乾状態に達するまでは、含水率が小さくなるに従って小さくなる。
2.　積雪時の許容応力度計算をする場合、木材の繊維方向の短期許容応力度は、通常の短期許容応力度を所定の割合で減じた数値とする。
3.　木材の熱伝導率は、普通コンクリートに比べて小さい。
4.　木材の腐朽は、木材腐朽菌の繁殖条件である酸素・温度・水分・栄養源のうち、いずれか一つでも欠くことによって防止することができる。

解説　1.　木材の弾性係数は、含水率が小さくなるに従って大きくなる。強度も同様である。
2.　（令 62 条の 8）積雪時の木造の繊維方向の許容応力度は、通常の値に長期許容応力度では 1.3 倍、短期許容応力度に 0.8 を乗じた数値とする。
3.　木造の熱伝導率は、内部に空隙を多く含むため、普通コンクリート、鋼材などに比べて小さい。

4. 設問の通り。 正解 1

| R05 | R04 | R03 | R02 | R01 | H30 | H29 |

問題 03 IV 27 木材及び木質系材料に関する次の記述のうち、**最も不適当なも**のはどれか。

1. 製材の日本農林規格において、目視等級区分構造用製材は、構造用製材のうち、節、丸身等の材の欠点を目視により測定し、等級区分したものである。

2. 針葉樹は、通直な長大材が得やすく、加工が容易であることから、柱・梁等の構造材をはじめ様々な用途に用いられる。

3. 木材の基準強度は、一般に、せん断に対する基準強度 (F_s) に比べて曲げに対する基準強度 (F_b) のほうが大きい。

4. 木材の曲げ強度は、樹種が同一の場合、一般に、気乾比重が大きいものほど小さい。

[解説] 1. 適当。日本農林規格では構造用製材を目視等級区分と機械等級区分で品質を区分し、主として曲げ・引張り荷重を受ける「甲種構造材」と、主として圧縮荷重を受ける「乙種構造材」を1級から3級まで区分している。

2. 針葉樹の松、杉、檜などは設問の通り柱・梁等の構造材をはじめ様々な用途に用いられる。

3. 木造の繊維方向の基準強度は、曲げ (F_b) ＞圧縮 (F_c) ＞引張 (F_t) ＞せん断 (F_s) の順である。

4. 木材の強度は、気乾比重が大きいものほど大きい。気乾比重の大きい樫やこくたんなどは気乾比重の小さい杉や米杉などより大きい。 正解 4

| R05 | R04 | R03 | R02 | R01 | H30 | H29 |

問題 04 IV 27 木材に関する次の記述のうち、**最も不適当なものはどれか。**

1. 木材のクリープによる変形は、一般に、気乾状態に比べて、湿潤状態のほうが大きい。

2. 木材は樹種により腐朽菌に対する抵抗性が異なるので、腐朽しやすい土台などには、ひば、ひのきなどの耐朽性のある樹種を使用することが望ましい。

3. 木材の含水率は、水分を含まない木材実質の質量に対する木材に含まれる水の質量の百分率として定義される。

4. 木材の繊維方向の基準材料強度は、一般に、圧縮に比べて、引張のほうが大きい。

[解説] 1. 適当。木材のクリープによる変形は、持続的な応力が作用すると、時間の経過とともにたわみが徐々に増加する現象。

2. 設問の通り。

3. 設問の通り。一般に含水率が大きくなるほど腐朽しやすくなる。

4. 木造の繊維方向の基準材料強度は、曲げ＞圧縮＞引張＞せん断　の順である。よって圧縮に比べて引張の方が小さい。　　　　　　　　　　　　正解 4

R05	R04	R03	R02	R01	H30	H29

【問題 05】Ⅳ 27　木材に関する次の記述のうち、**最も不適当な**ものはどれか。

1. 木表は、一般に、木裏に比べて乾燥収縮率が大きいので、木表側に凹に反る性質がある。

2. 木材の強度は、一般に、同じ乾燥状態であれば密度が大きいものほど高い。

3. 含水率が繊維飽和点以下の木材の乾燥収縮率は、一般に、「年輪の接線方向」より「年輪の半径方向」のほうが大きい。

4. 構造用材料の弾性係数は、一般に、気乾状態から含水率が繊維飽和点に達するまでは、含水率が大きくなるにしたがって小さくなる。

〔解説〕1.　木裏に比べて樹液を多く含む木表側は凹に反る。したがって、敷居や鴨居の溝は凹に反る木表側に掘る。

2.　設問の通り。同一木材では乾燥させて軽くなったもののほうが強度は大きい。

3.　木材の含水率が繊維飽和点以下の場合、乾燥収縮率は、繊維方向＜半径方向＜年輪の接線方向、の順になる。

4.　設問の通り。構造用材料の弾性係数は、強度と同様、含水率が大きくなるにしたがって小さくなる。　　　　　　　　　　正解 3

R05	R04	R03	R02	R01	H30	H29

【問題 06】Ⅳ 27　木材の防腐に関する次の記述のうち、**最も不適当な**ものはどれか。

1. 木材の腐朽は、木材腐朽菌の繁殖条件である酸素・温度・水分・栄養源のうち、いずれか一つでも欠くことによって防止することができる。

2. 木材は、一般に、含水率が 25 ～ 35％を境にして腐朽しやすくなるため、構造用製材（未仕上げ材）の含水率は、25％以下とされている。

3. 心材は、辺材に比べて耐腐朽性に優れていることから、腐朽しやすい箇所には、心材が多く含まれる木材を使用する。

4. 防腐剤を加圧注入した防腐処理材は、継手や仕口の加工が行われた部分について、その加工面の防腐処理を再度行わずに使用することができる。

〔解説〕1.　設問の通り。

2.　製材の JAS 規格では、構造用製材（未仕上げ材）の含水率を 25％以下と定められ

ている。

3. 腐朽しやすい柱、梁等には心材が多く含まれる木材を使用する。

4. 防腐剤を加圧注入した防腐処理材は、仕口や継手の加工が行われた部分については、再度、加工面の処理を行わなければならない。 　正解 4

R05	R04	R03	R02	R01	H30	H29

【問題 07】 Ⅳ 27　木材及び木質系材料に関する次の記述のうち、**最も不適当なも**のはどれか。

1. 木材の曲げ強度は、一般に、気乾比重が大きいものほど大きい。

2. 木材の木裏は、一般に、木表に比べて乾燥収縮が大きいので、木裏側が凹に反る性質がある。

3. LVL は、日本農林規格（JAS）において「単板積層材」と呼ばれ、主として各層の繊維方向が互いにほぼ平行となるように積層接着されたもので、柱、梁等の線材に使用される。

4. CLT は、日本農林規格（JAS）において「直交集成板」と呼ばれ、各層の繊維方向が互いにほぼ直角となるように積層接着されたもので、床版、壁等の面材に使用される。

[解説] 1.　木材の曲げ強度は、気乾比重が大きいものほど大きい。気乾比重の小さい杉や米杉などは強度が小さく、樫や黒たんなどは大きい。ただし、同一木材では乾燥させて軽くなったもののほうが強度は大きい。

2.　木材の木裏は、木表に比べて乾燥収縮が小さいため、木裏側が凸に反る。鴨居、敷居ともに木表が内側になるよう使用する。

3.　単板積層材は、乾燥単板を使うことで含水率が均一化され、同時に節などの欠点となる部分も分散されるため、寸法が安定し精度に優れた製品ができる。製品強度のバラツキも少ない。含水率は、JAS により 14％以下と規定されている。

4.　直交集成板には、設問のような特性がある。 　正解 2

25 コンクリート

R05	R04	R03	R02	R01	H30	H29

問題01 Ⅳ28 コンクリートに関する次の記述のうち、**最も不適当な**ものはどれか。

1. 軽量コンクリート1種のせん断弾性係数は、一般に、ヤング係数が大きいほど大きい。

2. 常温における軽量コンクリート1種の線膨張係数は、一般の鋼材とほぼ等しく、鋼材と同じ値を用いることが多い。

3. 軽量コンクリート1種のヤング係数は、一般に、同じ設計基準強度の普通コンクリートのヤング係数に比べて小さい。

4. 軽量コンクリート1種の許容せん断応力度は、一般に、同じ設計基準強度の普通コンクリートの許容せん断応力度と等しい。

〔解説〕 1. コンクリートのせん断弾性係数 G は $G = \dfrac{E}{2(1+\nu)}$ で求められる。

E：コンクリートのヤング係数　ν：ポアソン比（$= 0.2$）

よって、ヤング係数が大きいほど G は大きくなる。

2. 一般の鋼材の線膨張係数は $1 \times 10^{-5}/℃$、普通コンクリート・軽量コンクリート両者とも $1 \times 10^{-5}/℃$

3. コンクリートのヤング係数 E は、$E = 3.35 \times 10^4 \times \left(\dfrac{E}{24}\right)^2 \times \left(\dfrac{F_c}{60}\right)^{\frac{1}{3}}$

γ：コンクリートの気乾単位体積重量（kN/mm^3）。F_c：圧縮強度（kN/mm^2）

気乾単位体積重量 γ の小さい軽量コンクリート方が E は小さくなる。

4. 軽量コンクリート1種の許容せん断応力度は、普通コンクリートの許容せん断応力度の 0.9 倍。よって小さい。

正解 4

R05	R04	R03	R02	R01	H30	H29

問題02 Ⅳ28 コンクリートに関する次の記述のうち、**最も不適当な**ものはどれか。

1. コンクリートの引張強度は、一般に、圧縮強度が大きいほど大きい。

2. コンクリートの中性化速度は、一般に、圧縮強度が大きいほど遅い。

3. 乾燥収縮によるコンクリートのひび割れは、一般に、単位水量が大きいほ

ど発生しやすい。

4. 水和熱及び乾燥収縮によるコンクリートのひび割れは、一般に、単位セメント量が小さいほど発生しやすい。

[解説] 1. コンクリートの引張強度は、圧縮強度の約 $\frac{1}{10}$。圧縮強度が大きくなれば引張強度も大きくなる。

2. コンクリートの中性化は、時間の経過とともに空気中の炭酸ガスによってアルカリ性が徐々に失われていく現象で、その速度は圧縮強度が大きいほど遅い。

3. モルタルやコンクリートは水分の蒸発によって乾燥すれば収縮する。単位水量が大きいほど乾燥収縮が発生しやすい。

4. 単位セメント（結合材）量が多いほど、セメントの水和作用による熱が多く発生するので、コンクリートのひび割れが発生しやすくなる。　　　[正解 4]

R05	R04	R03	R02	R01	H30	H29

問題 03 [IV 28]　コンクリートに関する次の記述のうち、**最も不適当な**ものはどれか。

1. コンクリートの硬化初期の期間中に、コンクリートの温度が想定していた温度より著しく低いと、一般に、強度発現が遅延する。

2. コンクリートの圧縮強度試験において、一般に、コンクリート供試体の形状が相似の場合、供試体寸法が小さいほど、圧縮強度は大きくなる。

3. コンクリートの圧縮強度試験用供試体を用いた圧縮強度試験において、荷重速度が速いほど大きい強度を示す。

4. コンクリートのヤング係数は、一般に、応力ひずみ曲線上における圧縮強度時の点と原点を結ぶ直線の勾配で表される。

[解説] 1. コンクリートの強度発現はセメントの水和反応の進行により始まり、水和反応の増進は温度に比例する。よって、想定していた温度より低いと強度発現が遅延する。

2. 一般に、供試体の寸法が小さいものほど欠陥が排除されるので圧縮強度は大きくなる。

3. 試験体に荷重を加えると一瞬に破壊せずゆっくり破壊が進む。この破壊速度より荷重速度が速いほど大きな強度を示す。JIS で荷重速度が定められている。

4. コンクリートの応力度とひずみ度曲線は応力度の小さい間は直線に近いが応力度が大きくなってくるとひずみ度の増加率が大きくなり曲線を描く。よって、ヤング係数 E は、応力ひずみ曲線における圧縮強度時の $1/3 \sim 1/4$ の点と原点とを結ぶ直線の勾配で表す。　　　[正解 4]

R05	R04	R03	R02	R01	H30	H29

問題 04 [IV 28]　コンクリートの一般的な性質に関する次の記述のうち、**最も不**

適当なものはどれか。

1. 水中で養生したコンクリートの圧縮強度は、同一温度の大気中で養生した ものよりも大きくなる。

2. 一軸圧縮を受けるコンクリート円柱試験体の圧縮強度時ひずみは、圧縮強 度が大きいほど大きくなる。

3. コンクリートのスランプは、コンクリートの単位水量が小さいほど大きくなる。

4. コンクリートのヤング係数は、コンクリートの気乾単位体積重量が大きい ほど大きくなる。

[解説] 1. コンクリートは、水分の供給が継続すると強度は増進する。よって、水中 で養生したものは、同一温度の大気中で養生したものに比べて強度が大きくなる。

2. 設問の通り。

3. 一般的にコンクリート中の水を多くするとスランプ値が大きくなる。

4. コンクリートのヤング係数 E は、$E = 3.35 \times 10^4 \times \left(\dfrac{\gamma}{24}\right)^2 \times \left(\dfrac{F_c}{60}\right)^{\frac{1}{3}}$ で求める。よ って、コンクリートの気乾単位体積重量 γ および圧縮強度 F_c が高いほど大きい。 正解 3

R05	R04	R03	R02	R01	H30	H29

[問題 05] [IV 28] コンクリートの一般的な性質に関する次の記述のうち、**最も不 適当な**ものはどれか。

1. コンクリートの圧縮強度は、水セメント比が小さいほど高い。

2. コンクリートの中性化速度は、水セメント比が小さいほど速い。

3. コンクリートのヤング係数は、コンクリートの圧縮強度が高いほど大きい。

4. 水和熱によるコンクリートのひび割れは、単位セメント量が少ないコンク リートほど発生しにくい。

[解説] 1. コンクリートの圧縮強度は水セメント（結合材）比が小さいほど、硬練り で水分が少ないほど高い。

2. コンクリートの中性化速度は、水セメント（結合材）比が大きいほど水分が多く なるので、時間の経過とともに空気中の炭酸ガスによってアルカリ性が失われてい く速度も速くなる。

3. コンクリートのヤング係数 E は、$E = 3.35 \times 10^4 \times \left(\dfrac{\gamma}{24}\right)^2 \times \left(\dfrac{F_c}{60}\right)^{\frac{1}{3}}$ で求める。よ って、コンクリートの気乾単位体積重量 γ および圧縮強度 F_c が高いほど大きい。

4. 水和熱によるコンクリートのひび割れは、単位セメント（結合材）量が多いと水 和作用による熱が発生して要因となる。よって、単位セメント（結合材）量が少な いコンクリートほどひび割れが発生しにくい。 正解 2

問題 06 IV 28　コンクリートに関する次の記述のうち、**最も不適当な**ものはどれか。

1.　乾燥収縮によるひび割れは、水セメント比が同じ場合、単位セメント量が多いコンクリートほど発生しにくい。

2.　AE剤を用いたコンクリートは、AE剤により連行された空気がコンクリート中で独立した無数の気泡となることから、凍結融解作用に対する抵抗性が増す。

3.　コンクリートの圧縮強度は、一般に、コンクリート供試体の形状が相似の場合、供試体寸法が小さいほど大きくなる。

4.　コンクリートの引張強度は、一般に、コンクリートの圧縮強度が大きいほど大きくなる。

〔解説〕　1.　単位セメント（結合材）量が多いと、乾燥収縮時にひび割れが発生しやすい。

2.　AE剤は孤立した無数の気泡を発するため、ワーカビリティーが良好となり、耐久性も向上し、凍結融解作用に対する抵抗性も増す。

3.　コンクリートの圧縮強度は、供試体寸法が小さいほど大きくなる。また、荷重速度が速いほど大きい強度を示す。

4.　コンクリートの引張強度は、圧縮強度の約1/10。圧縮強度が大きくなれば引張強度も大きくなる。　正解 1

問題 07 IV 28　コンクリートに関する次の記述のうち、**最も不適当な**ものはどれか。

1.　コンクリートの初期の圧縮強度の発現は、一般に、セメントの粒子が細かいものほど早くなる。

2.　コンクリートの圧縮強度は、一般に、材齢が同じ場合、大気中で養生した供試体よりも、大気と同一温度の水中で養生した供試体のほうが大きくなる。

3.　コンクリートのせん断弾性係数は、一般に、ヤング係数の0.4倍程度である。

4.　局部圧縮を受けるコンクリートの支圧強度は、一般に、全面圧縮を受けるコンクリートの圧縮強度よりも小さい。

〔解説〕　1.　セメントの粒子が細かいものほど、新しいものほど、また温度が高いほど水和作用が早くなるので、コンクリートの初期の圧縮強度の発現も早くなる。

2.　コンクリートは、水分の供給が継続すると強度は増進する。よって、水中養生したものは、同一温度の大気中で養生（空中養生）したものに比べて強度が大きくなる。

3.　コンクリートのせん断弾性係数は $G = 1.1 \sim 1.2 \times 10^4\,\mathrm{N/mm^2}$、ヤング係数 $E = 2.8 \times 10^4\,\mathrm{N/mm^2}$ なので $0.42 \sim 0.44$ 倍程度。

4.　局部圧縮を受けるコンクリートの支圧強度は、周囲のコンクリートによる拘束作用があり、全面圧縮を受けるときの強度よりも大きい。　正解 4

26 金属材料

〔学科Ⅳ〕

R05	R04	R03	R02	R01	H30	H29

問題 01 Ⅳ 29 鋼材に関する次の記述のうち、**最も不適当な**ものはどれか。

1. 建築構造用圧延鋼材（SN 材）B 種及び C 種は、降伏比だけでなく降伏点のレンジ（上限値から下限値までの幅）が規定されており、これらの鋼材を用いることにより、設計するうえで想定した降伏メカニズムを実現する確度を高めることができる。

2. 建築構造用ステンレス鋼材 SUS304A は、降伏点が明確ではないので、0.1%オフセット耐力をもとに基準強度が定められている。

3. 同じ鋼塊から圧延された鋼材の降伏点は、一般に、「板厚の薄いもの」に比べて「板厚の厚いもの」のほうが高くなる。

4. 降伏点 325 N/mm²、引張強さ 490 N/mm² である鋼材の降伏比は、66%である。

> **〔解説〕** 1. 適当。SN 材 B 種は一般の柱、梁材に使用される。SN 材 C 種は板厚方向に大きな引張力を受けるダイヤフラム等に使用される。
>
> 2. 一般に、降伏点が明確でない材料は 0.2%オフセット耐力をもとに基準強度を定めているが、建築構造用ステンレス鋼材は、0.1%オフセット耐力で基準強度を定めている。
>
> 3. 板厚が薄いものほど圧延され、組織が密になるため、「板厚の薄いもの」に比べて「板厚の厚いもの」のほうが鋼材の降伏点は低くなる。
>
> 4. 降伏比は、$\dfrac{降伏点}{引張強さ}$ で求まる。よって $\dfrac{325}{490} = 0.66$、66%。 **正解 3**

R05	**R04**	R03	R02	R01	H30	H29

問題 02 Ⅳ 29 鋼材に関する次の記述のうち、**最も不適当な**ものはどれか。

1. 炭素鋼は、硫黄の含有量が少ないほど、シャルピー吸収エネルギー及び板厚方向の絞り値が大きくなる。

2. 鋼材は、板厚に対し極端に小さな曲げ半径で冷間曲げ加工を行うと、加工前に比べて強度が上昇し、変形性能が低下する。

3. 角形鋼管柱の通しダイアフラム等に用いられている、建築構造用圧延鋼材（SN 材）C 種には、板厚方向の絞り値の制限がない。

4. 建築構造用圧延鋼材 SN400A は、降伏点の下限のみが規定された鋼材であり、降伏後の十分な変形性能が保証された鋼材ではないので、一般に、弾性

範囲で使用する部位に用いる。

[解説] 1.　炭素鋼に含まれる化学成分における S（硫黄）は、鋼材や接合部に靱性低下などの悪影響を与える。硫黄の含有量が少ないほど、シャルピー吸収エネルギーおよび板厚方向の絞り値は大きくなる。

2.　鋼材の小さい半径での曲げ加工は、架工硬化（ひずみ硬化）現象により強度が上昇するが、変形性能が低下する。

3.　SN 材 C 種は、降伏点の下限値、上限値、板厚方向の絞り値（25％以上）など厳しい制限が定められている。板厚方向に大きな引張力を受けるダイヤフラム等に使用される。

4.　SN 材 A 種は、溶接性及び塑性変形能力を期待しない小梁や間柱に使用される。

正解 3

R05	R04	R03	R02	R01	H30	H29

問題 03（IV 29）　鋼材に関する次の記述のうち、**最も不適当な**ものはどれか。

1.　構造用鋼材では、一般に、炭素量が増加すると、鋼材の強度や硬度が増加するが、靱性や溶接性は低下する。

2.　熱間圧延鋼材の強度は、圧延方向（L 方向）や圧延方向に直角な方向（C 方向）に比べて、板厚方向（Z 方向）は小さい傾向がある。

3.　建築構造用圧延鋼材 SN490B は、降伏点又は耐力の下限値を $490\,N/mm^2$ とすることのほか、降伏比の上限値や引張強さの下限値等が規定されている。

4.　建築構造用 TMCP 鋼は、一般に、化学成分の調整と熱加工制御法により製造され、板厚が 40 mm を超え 100 mm 以下の材であっても、40 mm 以下の材と同じ基準強度が保証されている。

[解説] 1.　炭素量が増加すると降伏点が高くなり、強度や硬度が増加するが靱性や溶接性は低下する。

2.　熱間圧延鋼材の強度は、不純物が内部にあると圧延時に不純物が内部で層状に押し伸ばされる。そのため圧延方向や圧延に直角方向に比べて、板厚方向が小さい傾向がある。通しダイアフラムのように板厚方向に引張力を受ける部材には板厚方向に強い N490C など C 種を使用する。

3.　SN490B は、降伏点又は耐力の下限値を $325\,N/mm^2$（$t = 40\,mm$ 以下）とすることのほか、降伏比上限値や引張強さの下限値 $490\,N/mm^2$ 等が規定されている。

4.　TMCP 鋼は他の建築構造用鋼材に比べ炭素量が低減されていて溶接性が優れた鋼材。板厚に関係なく同じ基準強度が保証されている。

正解 3

R05	R04	R03	R02	R01	H30	H29

問題 04（IV 29）　鋼材等に関する次の記述のうち、**最も不適当な**ものはどれか。

1. シャルピー衝撃試験の吸収エネルギーの大きい鋼材を使用することは、溶接部の脆性破壊を防ぐために有利である。
2. 建築構造用圧延鋼材 SN490B の引張強さの下限値は、490 N/mm² である。
3. アルミニウム合金の線膨張係数は、炭素鋼の約 1/2 倍である。
4. ステンレス鋼は、炭素鋼に比べて、耐食性、耐火性に優れている。

[解説] 1. シャルピー値が大きい鋼材ほど靱性に富むため、値が大きい鋼材を使用することは、溶接部の脆性破壊を防ぐために有利である。
2. SN490B 材は強度の高い鋼材。引張強さの下限値、上限値が定められている（490 ～ 610 N/mm²）。
3. アルミニウム合金の線膨張係数は、炭素鋼の約 2 倍。
4. 設問の通り。 [正解 3]

R05	R04	R03	R02	R01	H30	H29

問題 05 Ⅳ 29　鋼材に関する次の記述のうち、**最も不適当な**ものはどれか。

1. 建築構造用圧延鋼材（SN 材）は、板厚が 40 mm を超えても、40 mm 以下の材と同じ基準強度が保証されている。
2. 建築構造用圧延鋼材（SN 材）C 種は、B 種の規定に加えて板厚方向の絞り値の下限が定められており、溶接加工時を含め板厚方向に大きな引張力が作用する角形鋼管柱の通しダイアフラム等に用いられている。
3. 板厚が一定以上の建築構造用冷間ロール成形角形鋼管 BCR295 については、降伏比の上限値が定められている。
4. 建築構造用ステンレス鋼材 SUS304A は、降伏点が明確ではないので、0.1％オフセット耐力をもとに基準強度が定められている。

[解説] 1. 板厚が 40mm を超えると基準強度は小さくなる。SN400A の降伏点または耐力は $t = 40$ mm 以下で 235 N/mm²、40 mm を超えると 215 N/mm² となる。
2. 設問の通り。B 種はほぼ SS 材と同等以上で柱、梁に採用される。
3. 設問の通り。BCR295 材の降伏比は、板厚が $12 \leq t \leq 16$ では上限値が 90％以下と定められている。
4. 一般に、降伏点が明確でない材料は 0.2％オフセット耐力を基に基準強度を定めているが、建築構造用ステンレス鋼材 SUS304A は、0.1％オフセット耐力で基準強度を定めている。 [正解 1]

R05	R04	R03	R02	R01	H30	H29

問題 06 Ⅳ 29　鋼材に関する次の記述のうち、**最も不適当な**ものはどれか。

1. 鋼材は、一般に、炭素含有量が多くなるほど、破断に至るまでの伸びが小

さくなる。

2. 建築構造用低降伏点鋼材 LY225 は、一般構造用圧延鋼材 SS400 に比べて降伏点が低く、延性が高いことから、履歴型制振ダンパーの材料に用いられている。

3. 降伏点 350 N/mm²、引張強さ 490 N/mm² である鋼材の降伏比は、1.4 である。

4. 建築構造用圧延鋼材 SN490B（板厚 12 mm 以上）は、「降伏点又は耐力」の上限値及び下限値が規定されている。

[解説] 1. 鋼材は、炭素含有量が多くなるほど降伏点が高くなり、引張強さは強くなるが破断に至るまでの伸びが小さくなる。

2. 建築構造用低降伏点鋼材 LY225 は、普通鋼材と比べて降伏点が低く、延性が極めて高いため、ダンパー用鋼材として用いられる。

3. 降伏比は、降伏点／引張強さで求まる。350／490＝0.71 となり、間違いである。降伏比が小さい鋼材は、大きい鋼材に比べて塑性変形能力が大きい。

4. SN490B 材は比較的高さのある建物の梁や柱に使用する強度の高い鋼材。$t = 12$ 以上では、降伏点が 325 ～ 445 N/mm²、引張強さは 490 ～ 610 N/mm² と上限値および下限値が規定されている。　　　　　正解 3

R05	R04	R03	R02	R01	H30	H29

問題 07 Ⅳ 29　金属材料に関する次の記述のうち、**最も不適当な**ものはどれか。

1. 板厚 40 mm 以下の建築構造用圧延鋼材 SN400B において、基準強度 F 及び短期許容引張応力度は、235 N/mm² である。

2. 熱間圧延鋼材の強度は、圧延方向に比べて、板厚方向のほうが小さい傾向がある。

3. シャルピー衝撃試験の吸収エネルギーが小さい鋼材を使用することは、溶接部の脆性的破壊の防止に有効である。

4. アルミニウムの線膨張係数は、鉄の約 2 倍である。

[解説] 1. 建築構造用圧延鋼材 SN400B は一般構造部材または部位に使用される。基準強度 F 及び短期許容引張応力度は 235 N/mm²、引張強さの下限値は 400 N/mm²。

2. 熱間圧延鋼材は熱間圧延によって製造するため、不純物等が層状に押し延ばされ、不純物等が混入した弱い層ができることがある。そのため、強度は圧延方向に比べて板厚方向のほうが小さい傾向がある。板厚方向に大きい引張応力が作用する部位（通しダイアフラム等）では、性能が保障されている C 種の SN 材を使用する。

3. シャルピー値が大きい鋼材ほど靭性に富むため、溶接部の脆性的破壊の防止に有効である。

4. アルミニウムの線膨張係数は鉄の約 2 倍、ヤング係数は約 1/3 である。　　正解 3

27 融合問題

R05	R04	R03	R02	R01	H30	H29

問題01 IV 30 特定天井に関する次の記述のうち、**最も不適当な**ものはどれか。

1. 「建築物における天井脱落対策に係る技術基準（国土交通省）」において、特定天井は、稀に生じる地震動の発生時（中地震時）において、天井の損傷を防止することにより、中地震時を超える一定の地震時においても天井の脱落の低減を図ることを目標としている。

2. 既存建築物の増改築においては、特定天井の落下防止措置として、ネットやワイヤーにより一時的に天井の脱落を防ぐ方法は認められていないので、新築時と同様の技術基準に適合させる必要がある。

3. 免震構造の採用により、地震時の加速度が十分に抑えられている場合においても、特定天井についての構造耐力上の安全性の検証は行う必要がある。

4. 特定天井のうち、天井と周囲の壁等との間に隙間を設けない構造方法であっても、地震時における天井材の脱落に対する安全性の検証を行う必要がある。

解説 （令39条、H25国交告771号）より。

1. 適当。

2. （令137条の2、H17国交告556号）既存建築物の増改築における特定天井の落下防止措置としては、新築時と同様の技術基準に適用させるか、落下防止措置（ネット、ワイヤー又はロープその他の天井材）の落下による衝撃が作用しても脱落及び破断を生じないような措置を講じなければならない。

3. 告示で定められた基準に従い構造上の安全性を検証する。

4. 適当。天井と周囲の壁等との間に隙間を設けない場合は、地震時に天井面に加わる外力を、天井面構成部材及び周囲の壁等を介して構造躯体に伝達することにより、構造耐力上の安全性を確保できるか検証を行う。　　　　　**正解 2**

R05	R04	R03	R02	R01	H30	H29

問題02 IV 30 建築物等の構造計画及び構造設計に関する次の記述のうち、**最も不適当な**ものはどれか。

1. 鉄筋コンクリート造の腰壁と柱の間に完全スリットを設けた場合には、梁

剛性の算定に当たっては、腰壁部分が梁剛性に与える影響を考慮しなくてよい。

2. 木質構造の採用や、ハーフ PC 床版利用による型枠用合板の使用量低減等、地球環境との共生に寄与した設計が求められている。

3. 高さ 1.2 m を超える補強コンクリートブロック造の塀は、原則として、所定の数値以下の間隔で控壁を設けるとともに、必要な根入れ深さ等を確保した基礎としなければならない。

4. 特定天井の構造方法には、壁等と天井面との間に隙間を設ける方法と設けない方法がある。

[解説] 1. 腰壁と柱の間に完全スリットを設けると構造的な階高、梁断面も変わるので、梁剛性に与える影響を十分考慮する必要がある。

2. ハーフ PC 床版は床スラブの下端筋を配筋した薄肉の床版を工場で作成し、現場の梁に架け渡し、上端筋を配置してコンクリートを打ち込み一体化することでスラブを形成する。型枠用合板の使用量低減等につながる。

3. （令 62 条の 8）控壁の突出長さは高さの $\frac{1}{5}$ 以上、間隔は 3.4 m 以下に設ける。根入れ深さは 30 cm 以上とする。

4. （H25 国交告 771 号）隙間を設ける場合は、床・屋根と天井の間に斜め部材等を設置することにより地震力等による天井の振れを抑制し、天井材の損傷ひいては脱落防止を図る。隙間を設けない場合は、天井の地震力を周囲の壁等で負担することにより損傷や脱落を防止する。　　　　　　　　　　　　　　　　正解 1

R05	R04	R03	R02	R01	H30	H29

[問題 03 IV 30] 非構造部材等の設計用地震力に関する次の記述のうち、**最も不適当な**ものはどれか。

1. 補強コンクリートブロック造の塀の構造設計に用いる地震力は、地表面から突出する構造物となる煙突に準じたものとする。

2. 建築物の屋上から突出する水槽等の耐震設計において、転倒等に対して危害を防止するための有効な措置が講じられている場合は、地震力を一定の範囲で減じることができる。

3. 高層建築物に設置する設備機器の耐震設計において、設計用水平震度は、一般に、中間階に比べて上層階のほうを大きくする。

4. 一端固定状態のエスカレーターにおける固定部分の設計用地震力の算定において、設計用鉛直標準震度は、一般に、全ての階で同じ数値とする。

[解説] 1. （H12 建告 1355 号）設問の構造設計の場合は、風圧力、地震力ともに、地

表面から突出する構造物となる煙突の規定に準じたものとする。

2. （H12 建告 1389 号）1/2 を超えない範囲で減じることができる。

3. （建築設備耐震設計・施工指針）設備機器に作用する地震力の設計用水平震度（K_H）は、設計用標準震度（K_0）に地域係数（Z）を乗じて求める。設計用標準震度（K_0）は、（上層階、屋上及び塔屋）＞（中間層）＞（地階および 1 階）。よって設計用水平震度は中間層に比べて上層階のほうが大きい。

4. （H25 国交告 1046 号）設計用鉛直標準震度は、エスカレーターの固定部分が、地階及び 1 階は 0.2、中間階は 0.3、上層階及び屋上は 0.5 と階によって異なる。なお、上層階とは地階を除く階数が、2 ～ 6 階建ての建築物では最上階、7 ～ 9 階建ての建築物では上層の 2 層、10 ～ 12 階建ての建築物では上層の 3 層、13 階建て以上の建築物では上層の 4 層とする。中間層は地階および 1 階、上層階を除く階。 正解 4

R05	R04	R03	R02	R01	H30	H29

問題 04 IV 30 特定天井に関する次の記述のうち、**最も不適当な**ものはどれか。

1. 高さが 6 m を超え、水平投影面積が 200 m² を超え、かつ単位面積質量が 2 kg/m² を超える天井は、天井の支持方式にかかわらず、特定天井に該当する。

2. 天井脱落対策に係る技術基準では、稀に生じる地震動（中地震時）において天井が損傷しないことを検証することとしている。

3. 既存建築物においては、落下防止措置としてネットやワイヤーにより一時的に天井の脱落を防ぐ方法も許容される。

4. 免震建築物においても、特定天井については、天井脱落対策に係る技術基準が定められている。

解説 （H25 国交告 711 号）

1. 特定天井は設問の条件の他に、人が日常利用する場所に設置されている吊り天井の場合と規定されている。よって、支持方式が吊り天井以外であれば該当しない。

2. 天井面と壁等の間に一定のクリアランスを設ける等により、天井材が損傷、脱落しないことを検証する。

3. 既存建築物においては、新築時と同様の技術基準に適合させるか、設問のように落下防止措置を行ってもよい。

4. （H12 建告 2009 号）設問の通り。 正解 1

R05	R04	R03	R02	R01	H30	H29

問題 05 IV 30 建築物の構造計画及び構造設計に関する次の記述のうち、**最も不適当な**ものはどれか。

1. 建築物の機能性、安全性、耐久性等の設計グレードを高く設定して、高品質を求めるのは必ずしもよい設計とはいえない。

2.　建築物に作用する荷重及び外力には性質が異なるいろいろな種類があり、取扱いが難しいので、法規及び基規準は、荷重及び外力の数値を扱いやすいように便宜的に提示している。

3.　建築物の高さ方向の剛性や耐力の分布が不連続になる場合には、剛性率に基づき安易に保有水平耐力を割り増すのではなく、地震時の振動性状や崩壊過程を十分に考慮して計画を進める必要がある。

4.　構造物のモデル化において、実構造物により近い複雑な解析モデルを採用することは、計算精度が向上するので、解析結果の検証を省略できるという利点がある。

[解説]　1.　設計グレードを高く設定して、高品質を求めることは建築物の機能性、安全性、耐久性等を高めることになるが、工事費もかさみ、ややもすると機能、生活空間にも影響を与えることにもなる。
　2.　適当。
　3.　適当。
　4.　実構造物により近い複雑な解析モデルを採用しても完璧にはならない。解析結果の検証を重ねる必要がある。　　　　　正解 4

R05	R04	R03	R02	R01	H30	H29

【問題 06】[IV 30]　建築物の構造計画及び構造設計に関する次の記述のうち、**最も不適当な**ものはどれか。

1.　建築物の耐震性を向上させる手段として、構造体の強度を大きくする方法、構造体の塑性変形能力を高める方法、建築物の上部構造を軽量化する方法等がある。

2.　特定天井のうち、天井と周囲の壁等との間に隙間を設けない構造方法では、天井と壁等とが一体となって動くので、地震時における天井材の脱落に対する安全性の検討を省略することができる。

3.　銑鉄の製造時に副生する高炉スラグを利用した高炉セメントを構造体コンクリートに用いることは、環境に配慮した建築物を実現することにつながる。

4.　鉄筋コンクリート造の建築物の耐久性を向上させる手段として、コンクリートの設計基準強度を高く設定する方法、鉄筋に対するコンクリートのかぶり厚さを大きく設定する方法等がある。

[解説]　1.　建築物の耐震性を向上させる手段として、設問のような方法がある。
　2.　（H25 国交告 711 号）天井と周囲の壁等との間に隙間を設けない構造方法では、天井の地震力を周囲の壁等で負担することにより損傷や脱落を防止するもので、天井材の落下に対する安全性の検討とともに、壁等が構造上支障のある変形及び損傷

が生じないよう確かめることが必要である。

3. 高炉スラグの微粉末をセメントと混合すると、普通ポルトランドセメントの性能をもつ高炉セメントとなる。高炉セメントは化学的な耐久性も高く、リサイクル材として環境に配慮した建築物を実現することにつながる。

4. コンクリート設計基準強度を高く設定することにより、建築物の性能を高め耐久性を向上させる。鉄筋は錆の原因となる酸化を防ぐため、アルカリ性のコンクリートの中に一定の距離を保って配置されている。築年数が経つとコンクリートの中性化が進み、鉄筋が錆びやすくなる。かぶり厚さを大きくすることにより、鉄筋の酸化を遅らすことができ耐久性を向上させる。　　　　　正解 2

R05	R04	R03	R02	R01	H30	H29

問題 07 Ⅳ 30　建築物の構造設計に関する次の記述のうち、**最も不適当なもの**はどれか。

1. 耐震性能の要求レベルを高くするために、建築主と協議のうえ、「住宅の品質確保の促進等に関する法律」に基づく「日本住宅性能表示基準」に規定される「耐震等級」を、等級 3 から等級 1 に変更した。

2. 角形鋼管柱の許容曲げ応力度を、許容引張応力度と同じ値とした。

3. 柱及び梁は、国土交通大臣が定めた構造方法によるプレキャスト鉄筋コンクリート造とし、直接土に接しない部分の鉄筋に対する最小かぶり厚さを 2 cm とした。

4. 杭を鋼管杭とするに当たり、地盤が強い酸性ではなかったので、その鋼管の腐食代として厚さ 1 mm を見込んだ。

[解説]　1.　「耐震等級」には等級 1、等級 2、等級 3 があり、数字が大きいほど大きい耐震性が高い。等級 2 は等級 1 の 1.25 倍、等級 3 は等級 1 の 1.5 倍耐震性能を有する。

2.　角形鋼管を柱に用いる場合、横座屈が生じるおそれがないので、許容曲げ応力度 f_b と同じ値とすることができる。ただし許容引張応力度 f_t 以上とすることはできない。

3.　プレキャスト鉄筋コンクリート造の柱・梁部材は、国土交通大臣が定めた構造方法による場合、鉄筋に対するコンクリートのかぶり厚さは 3 cm 未満とすることができる。

4.　通常の環境では鋼管の腐食代は、1 mm 程度とする。　　　　　正解 1

一級建築士試験
平成 29 年度～令和 5 年度

学科 V

R05	R04	R03	R02	R01	H30	H29

問題01 **V 1** 　建築主との監理業務委託契約において監理者が行う監理業務に関する次の記述のうち、「建築士事務所の開設者がその業務に関して請求することのできる報酬の基準（平成 31 年国土交通省告示第 98 号）」に照らして、**最も不適当な**ものはどれか。

1. 　建築基準法等の法令に基づく関係機関の検査に必要な書類を工事施工者の協力を得てとりまとめるとともに、当該検査に立会い、その指摘事項等について、工事施工者等が作成し、提出する検査記録等に基づき建築主に報告する。

2. 　工事と設計図書との照合及び確認の結果、工事が設計図書のとおりに実施されていないと認めるときは、直ちに、工事施工者に対して、その旨を指摘し、当該工事を設計図書のとおりに実施するよう求め、工事施工者がこれに従わないときは、その旨を建築主事に報告する。

3. 　工事施工者の行う工事が設計図書の内容に適合しない疑いがあり、かつ、破壊検査が必要と認められる相当の理由がある場合にあっては、工事請負契約の定めにより、その理由を工事施工者に通知のうえ、必要な範囲で破壊して検査する。

4. 　工事施工者から提出される工事期間中の工事費支払いの請求について、工事請負契約に適合しているかどうかを技術的に審査し、建築主に報告する。

解説 2. 工事施工者が是正の指示に従わないとき、監理者はその旨を建築主に報告する。　　　　　　　　　　　　　　　　　　　　　　　　　　　　　 **正解 2**

2 施工計画・施工管理

R05	R04	R03	R02	R01	H30	H29

問題01 **Ⅴ 1** 鉄筋コンクリート造建築物の施工計画に関する次の記述のうち、**最も不適当な**ものはどれか。

1. ネットワーク工程表において、トータルフロートが最小のパスをクリティカルパスといい、これを重点管理することが、工程管理上、重要である。

2. 工事施工者は、工事の着手に先立ち、総合仮設を含めた工事の全般的な進め方や、主要工事の施工方法、品質目標と管理方針、重要管理事項等の大要を定めた、総合施工計画書を作成する。

3. 総合図は、一般に、意匠、構造、設備などの分野別に作成された設計図書に基づき相互に関連する工事内容を一枚の図面に表したもので、コンクリート躯体図の作成後に工事施工者が作成する。

4. 概成工期は、建築物等の使用を想定して総合試運転調整を行ううえで、関連工事を含めた各工事が支障のない状態にまで完了しているべき期限である。

[解説] 1. クリティカルパスとは、工事開始から終了までのすべての経路のなかで、一番日数がかかる経路のことで、この経路上の工事の遅れは工事全体の遅れに繋がる。一方、トータルフロートとは、ある一つの作業内で生じる最大の余裕日数で、これが最小となる（余裕がない）パスがクリティカルパスである。

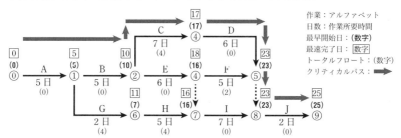

2. （JASS1.4.5.a. 解説）総合施工計画書とは、工事の着手に先立ち、仮設計画を含めた工事の全般的な進め方や、主要工事の施工方法、品質目標と管理方針、重要管理事項等の大要を定めた総合的な計画書のことで、工事を着工する時点において、速やかに監理者に提出する。

3. 総合図は、施工図が作成される前に受注者によって制作される。

4. （「建築工事監理指針」1.2.1.(d)）   正解 3

R05	R04	R03	R02	R01	H30	H29

問題02 V 1   一般的な設計図書に基づく施工計画に関する次の記述のうち、**最も不適当な**ものはどれか。

1. 監理者は、工事施工者から提出を受けた「品質計画、施工の具体的な計画並びに一工程の施工の確認内容及びその確認を行う段階を定めた施工計画書」のうち、品質計画に係る部分について、承認した。

2. 監理者は、一工程の施工の着手前に、総合施工計画書に基づいて工事施工者が作成する工種別施工計画書のうち、工事の品質に影響を及ぼさない工種を省略することについて、承認した。

3. 設計図書に選ぶべき専門工事業者の候補が記載されていなかったので、設計図書に示された工事の内容・品質を達成し得ると考えられる専門工事業者を、事前に工事施工者と協議したうえで、監理者の責任において選定した。

4. 近隣の安全に対して行う仮設計画で、契約書や設計図書に特別の定めがないものについては、工事施工者の責任において決定した。

[解説] 1.　品質計画にかかる部分については設計図書に指定のない仮設物等も含めて、監理者の承諾を受ける。

2.　工種別施工計画書を工事の施工に先立ち作成し、監理者に提出する。ただし、あらかじめ監理者の承諾を得た場合は、この限りでない。

3.　設計図書に選ぶべき専門工事業者の記載がない場合は、設計図書に示された工事の内容・品質を達成し得る専門業者を事前に監理者と協議し、施工者の責任で選定する。

4.　仮設計画は設計図書に特別の定めがない場合、施工者の責任において計画する。ただし、必要のある場合は、監理者と協議のうえで決定する。   正解 3

R05	R04	R03	R02	R01	H30	H29

問題03 V 1   監理者が行う一般的な監理業務に関する次の記述のうち、「建築士事務所の開設者がその業務に関して請求することのできる報酬の基準（平成31年国土交通省告示第98号）」の「工事監理に関する標準業務及びその他の標準業務」の内容に照らして、**最も不適当な**ものはどれか。

1. 監理者は、設計図書の内容を把握し、設計図書に明らかな矛盾、誤謬、脱漏、不適切な納まり等を発見した場合には、工事施工者に確認したうえで、設計者に報告する。

2. 監理者は、設計図書の定めにより、工事施工者が提案又は提出する工事材料、設備機器等（当該工事材料、設備機器等に係る製造者及び専門工事業者を含む。）及びそれらの見本が設計図書の内容に適合しているかについて検討し、建築主に報告する。

3. 監理者は、設計図書の定めにより、工事施工者が作成し、提出する施工計画（工事施工体制に関する記載を含む。）について、工事請負契約に定められた工期及び設計図書に定められた品質が確保できないおそれがあるかについて検討し、確保できないおそれがあると判断するときは、その旨を建築主に報告する。

4. 監理者は、工事請負契約に定められた指示、検査、試験、立会い、確認、審査、承認、助言、協議等（設計図書に定めるものを除く。）を行い、また工事施工者がこれを求めたときは、速やかにこれに応じる。

〔解説〕 1.（工事監理に関する標準業務及びその他の標準業務 ― 工事監理に関する標準業務(2).(ⅰ)）設問の場合は建築主に報告し、必要に応じて建築主を通じて設計者に確認する。 正解 1

R05	R04	R03	R02	R01	H30	H29

【問題 04】 V 1 民間工事における一般的な施工計画に関する次の記述のうち、**最も不適当な**ものはどれか。

1. 工種別の施工計画書は、どの工事においても共通的に利用できるように作成されたものではなく、対象となる個別の工事の条件や特徴等を踏まえて具体的に検討したうえで作成されたものであり、監理者は工種別の施工計画書の提出を受ける。

2. 施工計画書の一部である品質計画は、工事において使用予定の材料、仕上げの程度、性能、精度等の施工の目標、品質管理及び管理の体制について具体的に記載したものであり、当該工事に相応して妥当である場合は、監理者は品質計画を承認する必要がある。

3. 工事の総合的な計画をまとめて作成する総合施工計画書は、総合仮設を含めた工事の全般的な進め方や、主要工事の施工方法、品質目標と管理方針等の大要を定めたものであり、監理者は総合施工計画書の提出を受ける。

4. 工事請負契約書の規定に基づく施工条件の変更等により、実施工程表を変更する必要が生じた場合は、施工に支障がないように、監理者は変更部分の工事と並行して変更された実施工程表を承認する必要がある。

〔解説〕 4.（公共建築協会「公共建築工事標準仕様書」1.2.1）受注者は、施工条件の変

更等により、実施工程表を変更する必要が生じた場合には、施工等に支障が生じないよう実施工程表を遅滞なく変更し、当該部分の施工に先立ち、監督職員の承認を受ける。また、変更部分の工事と並行して変更された実施工程表を監督職員に報告するとともに、施工等に支障が生じないように適切な措置を講ずる。　　正解 4

R05	R04	R03	R02	R01	H30	H29

問題 05 V 1 　監理者が行う一般的な監理業務に関する次の記述のうち、**最も不適当な**ものはどれか。

1. 工事監理の着手に先立って工事監理体制その他の工事監理方針について建築主に説明し、その説明後、工事監理方法に変更の必要が生じた場合には、工事施工者に承認を受けたことをもって、工事監理方法を変更する。

2. 工事施工者から工事に関する質疑書が提出された場合には、設計図書に定められた品質（形状、寸法、仕上り、機能、性能等を含む。）確保の観点から技術的に検討し、必要に応じて建築主を通じて設計者に確認のうえ、回答を工事施工者に通知する。

3. 工事施工者の行う工事が設計図書の内容に適合しない疑いがあり、かつ、破壊検査が必要と認められる相当の理由がある場合にあっては、工事請負契約の定めにより、その理由を工事施工者に通知のうえ、必要な範囲で破壊して検査する。

4. 工事施工者から提出される工事費の最終支払いの請求について、工事請負契約に適合しているかどうかを技術的に審査し、建築主に報告する。

[解説] 1. （四会連合協定「建築設計・監理等業務委託契約 業務委託書」Ⅱ 4A101.1)) 依頼主（建築主）に承認を得て、工事監理方法を変更する。　　正解 1

R05	R04	R03	R02	R01	H30	H29

問題 06 V 1 　監理者が行う一般的な監理業務に関する次の記述のうち、**最も不適当な**ものはどれか。

1. 監理者は、監理業務の着手に先立って、監理体制・監理業務内容・監理業務の進め方等の監理方針を策定し、建築主、工事施工者等に対してその監理方針を説明する。

2. 監理者は、工事施工者から提出される請負代金内訳書に記載されている項目・数量・単価等の適否について、合理的な方法により検討を行い、その結果を建築主に報告する。

3. 監理者は、工事請負契約の定めにより工事施工者から提出される工程表について、工事請負契約に定められた工期又は設計図書等に定められた品質が

確保できないおそれがあると判断した場合には、速やかにその旨を工事施工者に報告する。

4. 監理者は、工事監理に当たり、設計図書等に定めのある方法による確認のほか、目視による確認、抽出による確認、工事施工者から提出される品質管理記録の確認等、確認対象工事に応じた合理的方法により確認を行う。

[解説] 3. （H21 国交告 15 号 . 別添一 . 2. 二 . (2)）監理者は、工事施工者から提出された工程表について、工事請負契約に定められた工期又は設計図書等に定められた品質が確保できないおそれがあると判断した場合は、速やかにその旨を建築主に報告する。　[正解 3]

R05	R04	R03	R02	R01	H30	H29

問題 07 V 3　建設工事における技術者の配置、施工管理等に関する次の記述のうち、**最も不適当な**ものはどれか。

1. 元請として建築一式工事を施工する特定建設業者は、当該工事に含まれる請負代金の額が 500 万円の屋根工事を自ら施工する場合には、当該屋根工事について所定の要件に該当する専門技術者を工事現場に置かなくてはならない。

2. 解体工事業の業種区分の見直しにおいて、平成 28 年 5 月 31 日以前にとび・土工工事業の許可を受けて工作物等の解体工事を営んでいた建設業者は、平成 28 年 6 月 1 日から 3 年間は経過措置として、解体工事業の許可を受けることなく引き続き解体工事を施工することができる。

3. 地方公共団体から直接建設工事を請け負った建設業者は、特定建設業又は一般建設業の許可にかかわらず、下請契約を締結する全ての工事において、施工体制台帳を作成し、建設工事の目的物を引き渡すまで工事現場ごとに備え置かなければならない。

4. 元請として診療所併用住宅の建築一式工事を施工する特定建設業者は、診療所部分に相当する請負金額が 7,000 万円以上の場合、原則として、当該工事には専任の監理技術者を置かなくてよい。

[解説] 4. （建設業令 27 条 1 項）診療所等の公共性のある重要な建築物で建築一式工事の請負代金が 7,000 万円以上の場合は、専任の監理技術者を配置しなければならない。　[正解 4]

RO5	RO4	RO3	RO2	RO1	H30	H29

問題 01 Ⅴ2　工事現場の管理等に関する次の記述のうち、**最も不適当なもの**はどれか。

1. 建築工事の監理技術者は、自ら施工する工事と、これに密接に関連する別途発注された第三者の施工する他の工事との調整を自らの責任において行わなければならない。

2. 施工計画書の一部である品質計画は、工事において使用予定の材料、仕上げの程度、性能、精度等の施工の目標、品質管理及び管理の体制について具体的に記載したものであり、一般に、監理者が当該工事に相応して妥当であることを確認する。

3. 設計図書において監理者の検査を受けて使用すべきと指定された工事材料のうち、その検査で不合格となったものは、監理者の指示がなくても、工事施工者が速やかに工事現場外に搬出する。

4. 民間の建築一式工事を直接請け負った特定建設業者は、その工事を施工するために締結した下請代金額の総額が 7,000 万円以上になる場合には、全ての下請負業者を含む施工体制台帳を作成し、建設工事の目的物を引き渡すまで工事現場ごとに備え置かなければならない。

解説　1.（民間（七会）連合協定「工事請負契約約款」3 条）調整は発注者が行う。
2.（「公共建築工事標準仕様書」1.1.2.(サ)、1.2.2.(3)）
3.（「公共工事標準請負契約約款」13 条 5 項）受注者は、前項の規定（工事材料を監督員の承諾を受けないで工事現場外に搬出してはならない。）にかかわらず、検査の結果不合格と決定された工事材料については、当該決定を受けた日から〇日以内に工事現場外に搬出しなければならない。
4.（建設業法 24 条の八第 1 項、入札契約適正化法 15 条）　　　**正解 1**

RO5	RO4	RO3	RO2	RO1	H30	H29

問題 02 Ⅴ2　工事現場の管理等に関する次の記述のうち、**最も不適当なもの**はどれか。

1.　鉄筋コンクリート造建築物の墨出しにおいて、2階より上階については、一般に、建築物の四隅の床に小さな穴を開けておき、下げ振り等により下階から上階に基準墨を上げる。

2.　遣方の検査において、当該工事の監理者は、墨出しの順序と同じ順序で確認するなど、できる限り工事施工者が行った方法と同じ方法で確認する。

3.　施工条件の設計図書等との不一致、工事内容の変更等により、実施工程表を変更する必要が生じた場合には、工事施工者は、施工等に支障がないように実施工程表を直ちに変更し、変更した部分の施工に先立ち、当該工事の発注者及び監理者に提出する。

4.　建築物の解体において、石綿の除去作業に用いられ、廃棄されたプラスチックシートや防塵マスクは、特別管理産業廃棄物に該当する。

[解説]　1.　(「建築工事監理指針」2.2.3.(c))
　2.　(「建築工事監理指針」2.2.3.(b)) 遣方の検査は、墨出しの順序を変えるなど、受注者等が行った方法とできるだけ異なった方法でチェックする。
　3.　(「公共建築工事標準仕様書」1.2.1.(4))
　4.　(廃棄物の処理及び清掃に関する法律施行令2条の4、1項5号ト)　　正解 2

R05	R04	R03	R02	R01	H30	H29

問題03 V2) ＊　工事現場の管理等に関する次の記述のうち、**最も不適当なもの**はどれか。

1.　設計図書間に相違がある場合の適用の優先順位として最も高いものは、一般に、質問回答書である。

2.　公共工事において、特別な要因により工期内に主要な工事材料の日本国内における価格に著しい変動が生じ、請負代金額が不適当となったときは、発注者又は受注者は、請負代金額の変更を請求することができる。

3.　発注者から事務所の建築一式工事（請負代金額が8,000万円以上）を請け負った元請業者が当該工事を施工するために置く監理技術者については、当該工事現場に専任の監理技術者補佐を置いた場合であっても、当該工事現場のほかの工事現場の監理技術者を兼務することはできない。

4.　産業廃棄物の処理を委託する場合、元請業者は、原則として、廃棄物の量にかかわらず、廃棄物の種類ごと、車両ごとのマニフェストにより、廃棄物が適正に運搬されたこと、処分されたこと及び最終処分されたことを確認する。

[解説]　1.　優先順位の高いものから、質問回答書　→　現場説明書　→　特記仕様書

→　別冊の図面　→　標準仕様書、となる。

3.　請負代金の額が 4,000 万円以上（建築一式工事の場合 8,000 万円以上）の場合、
　　監理技術者は専任とすることが必要。ただし、「専任技術者の専任緩和」により以下
　　の一定の要件を満たした場合に限り、兼務が可能。

　　1）監理技術者補佐として、政令で定める者（一級技士補など）を専任で配置する。

　　2）兼務できる現場は、2 現場まで。

　　3）監理技術者としての責務を果たす。　　　　　　　　　　　　　　　正解 3

R05	R04	R03	R02	R01	H30	H29

問題 04 V 2　工事現場の管理等に関する次の記述のうち、**最も不適当なもの**
はどれか。

1.　騒音規制法に定める指定地域内で行われる特定建設作業に伴って発生する
　　騒音が、当該作業の場所の敷地の境界線において、85 dB 以下となるように管
　　理した。

2.　鉄筋コンクリート造の外壁へのタイル割りについては、外周の躯体寸法、
　　外壁開口寸法等にかかわるため、コンクリートの躯体図の作成に先立ち行っ
　　た。

3.　工事現場に専任の監理技術者を配置すべき工事であったが、監理技術者が
　　技術研鑽のための研修への参加により短期間、当該工事現場を離れること
　　となったので、発注者の了解のもと、必要な資格を有する代理の技術者を配置
　　した。

4.　建築物内部の枠組足場の組立及び解体作業において、1 段目の枠組足場上
　　の作業であったので、満 16 歳の者を従事させた。

[解説]　4.　（労働基準法 62 条）事業者は、満 18 歳未満の者を、足場の組立、解体又は
　　変更の業務（地上又は床上における補助業務を除く）に就かせてはならない。　正解 4

R05	R04	R03	R02	R01	H30	H29

問題 05 V 2　工事現場の管理に関する次の記述のうち、**最も不適当なものは**
どれか。

1.　高さが 5 m の鉄筋コンクリート造の既存建築物の解体作業において、「コン
　　クリート造の工作物の解体等作業主任者」を選任した。

2.　既存建築物の解体工事において、石綿を重量で 0.1 % を超えて含有する建
　　材を除去するに当たり、「石綿作業主任者」を選任した。

3.　山留めの高さが 5 m である山留め支保工の切ばりの取付けにおいて、「地山
　　の掘削作業主任者」を選任した。

4. 高さが5mの枠組足場の解体作業において、「足場の組立て等作業主任者」を選任した。

[解説] 3.（労安則16条及び別表1）山留めの高さが5mである山留め支保工の切ばりの取付けには、「地山の掘削及び山止め支保工作業主任者」を選任する。　[正解 3]

R05	R04	R03	R02	R01	H30	H29

問題06 V 2　工事施工者が行う工事現場の管理に関する次の記述のうち、**最も不適当な**ものはどれか。

1. 現場代理人は、現場に常駐し、現場の運営、取締りを行う者であり、受注者の代理としての権限の他、一般に、請負代金額の変更、請負代金の請求及び受領の権限が与えられている。
2. 発注者から直接建築一式工事を請け負った特定建設業者は、当該工事を施工するために締結した下請契約の請負代金の額が6,000万円以上になる場合には、監理技術者を置かなければならない。
3. 建築物の解体工事の事前調査においてPCBを含有する蛍光灯安定器が発見された場合、その安定器は、建築物の所有者の責任において保管・処分するため、当該所有者に引き渡すこととなっている。
4. 建設工事に係る資材の再資源化等に関する法律において、特定建設資材には、「コンクリート」、「コンクリート及び鉄から成る建設資材」、「木材」及び「アスファルト・コンクリート」が該当する。

[解説] 1.（民間（旧四会）連合協定「建築工事契約約款」10条(3)）請負代金の額や工期の変更の変更等についての権限は与えられていない。　[正解 1]

R05	R04	R03	R02	R01	H30	H29

問題01 V 3 　品質管理における確認・検査の方法等に関する次の記述のうち、**最も不適当な**ものはどれか。

1. コンクリート工事における調合管理強度の判定は、3回の試験で行い、1回の試験における圧縮強度の平均値が調合管理強度の85%以上、かつ、3回の試験における圧縮強度の総平均値が調合管理強度以上であったので、合格とした。

2. 外壁乾式工法による張り石工事において、石材の形状と寸法については、形状が矩形であること、その幅及び高さが1,200mm以下、かつ、1枚の面積が0.8m²以下であることを確認した。

3. セメントモルタルによる外壁タイル後張り工法における引張接着試験については、引張接着強度の全ての結果が0.4N/mm²以上、かつ、コンクリート下地の接着界面における破壊率が50%以下であったので、合格とした。

4. 内装工事に使用するせっこうボードのせっこう系直張り用接着材による直張り工法において、通気性のある壁紙を使用するので、せっこうボード張付け後5日間放置してから仕上げが行われることを確認した。

解説 1. （JIS A 5308）a）1回の試験結果は、購入者が指定した呼び強度の強度値の85%以上でなければならない。b）3回の試験結果の平均値は、購入者が指定した呼び強度の強度値以上でなければならない、と定められている。また、呼び強度≧調合監理強度以上なので、調合監理強度よりも大きければ問題はない。

2. 乾式工法に用いる石材の厚さは、最低30mmとする。石材の寸法は、幅及び高さ1,200mm以下、かつ、面積0.8m²以下とする。

3. （JASS19.3.4.3.c.(1).4)）引張接着強度の全て測定結果が0.4N/mm²以上、かつ、コンクリート下地の接着界面における破壊率が50%以下の場合を合格とする。

4. 「公共建築工事標準仕様書」19.7.3.(5).(カ) せっこうボード張り付け後、仕上げ材に通気性のある布系壁紙等を使用する場合は7日、通気性のない塗装やビニルクロスを使用する場合は20日以上、養生期間をとる必要がある。 　　正解 4

R05	R04	R03	R02	R01	H30	H29

問題02 V3　材料管理、品質管理等に関する次の記述のうち、**最も不適当な**ものはどれか。

1.　工事用材料について、設計図書に製品名及び製造所が3種類指定されていたので、その中から工事施工者が選定した。

2.　工事施工者は、設計図書においてJIS又はJASの指定のある材料について、それぞれのマーク表示のあるものを使用することとしたので、当該工事の監理者への「設計図書に定める品質及び性能を有することの証明となる資料」の提出を省略した。

3.　工事現場における錆止め塗料塗りにおいて、塗装面の単位面積当たりの塗付け量の確認については、膜厚測定が困難であるので、使用量から推定することにした。

4.　有機系接着剤によるタイル後張り工法において、屋内の吹抜け部分の壁面に張り付けたタイルについては、接着剤の硬化前に全面にわたり打診による確認を行った。

> **解説**　1.（「建築工事監理指針」1.4.4.(a). 解説）工事用材料のうち、品質、性能でなく製品名及び製造所があらかじめ設計図書で指定されている場合で、選択可能な数社が指定されている材料の選定については、受注者（工事施工者）等が行う。
> 2.（「公共建築工事標準仕様書」1.4.2.(2)）
> 3.（JASS18.2.4.a.(5)）塗装膜厚の管理は、専用測定器または塗り付け量による。
> 4.（JASS19.4.4.3.b.(1)）施工後2週間以上経過した時点で、全面にわたりタイル用テストハンマーを用いて打音検査を行う。　正解4

R05	R04	R03	R02	R01	H30	H29

問題03 V3　材料管理及び品質管理に関する次の記述のうち、**最も不適当な**ものはどれか。

1.　工事現場に仮置きする既製コンクリート杭については、仮置きするための場所が狭かったので、所定の措置を講じたうえで、同径のものを平置きで2段まで積み重ねる計画とした。

2.　コンクリート工事において、計画供用期間の級が「標準」のコンクリートの練混ぜ水として、レディーミクストコンクリート工場で発生するコンクリートの洗浄排水を処理して得られる回収水で、JISに適合することが確認されたものを用いた。

3.　シーリング工事で用いるバックアップ材は、合成樹脂製でシーリング材に

変色等の悪影響を及ぼさず、かつ、シーリング材との接着性がよいものを用いた。

4. 木工事に用いる造作材の工事現場搬入時の含水率は、特記がなかったので、15%以下であることを確認した。

> [解説] 1. 既製コンクリート杭は、角材を支持点として1段に並べ、やむを得ず2段以上に積む場合には、同径のものを並べるなど有害な応力が生じないよう仮置きする。
>
> 2. 計画供用期間の級が「標準」のコンクリートにスラッジ水を使用する場合、スラッジ水に含まれる固形分率が単位セメント量の3%以下なら使用可能。
>
> 3. シーリング工事で用いるバックアップ材は、シーリング材と接着しないこと。
>
> 4. 含水率は、A種で15%以下、B種で18%以下、特記がなければA種とする。
>
> 正解 3

R05	R04	R03	R02	R01	H30	H29

問題 04 **V3** 材料管理、品質管理等に関する次の記述のうち、**最も不適当な**ものはどれか。

1. 既製コンクリート杭の荷降ろしに当たっては、杭の両端から杭の長さの1/5の位置付近の2点で支持しながら、杭に衝撃を与えないように行った。

2. JISに適合する異形鉄筋の種類の確認において、SD295Aについては圧延マークによる表示がないことを、SD345については圧延マークによる表示が「突起の数1個（・）」であることを、目視により行った。

3. 外壁工事に使用する押出成形セメント板の保管については、積置き場所を平坦で乾燥した屋内とし、台木を配置したうえで、積置き高さを最大で1.2mとした。

4. 塗料については、使用直前に撹拌したところ、撹拌しても再分散しない沈殿物、皮ばり、凝集等の現象が生じていたので、こしわけによりこれらを取り除いて使用した。

> [解説] 3. （JASS27.6.5.5.(3)）設問の保管については、平坦で乾燥した場所とし、台木を配置する。積み置き高さは1m以内とする。
>
> 正解 3

R05	R04	R03	R02	R01	H30	H29

問題 05 **V3** 材料管理及び品質管理に関する記述において、監理者が一般に行うものとして、**最も不適当な**ものは、次のうちどれか。

1. 工事現場に搬入した材料の検査において、立会い検査に合格した材料と同じ種別の材料については、以後の検査を、必要な証明書類により確認するこ

ととし、状況に応じて、抽出による立会い検査とした。

2. 設計図書において JIS 又は JAS によると指定された材料で、かつ、JIS 又は JAS のマーク表示があるものが使用されていたので、設計図書に定める品質及び性能を有することの証明となる書類等の確認を省略した。

3. 鉄筋工事に用いる鉄筋については、有害な曲がりや損傷のあるものは使用せず、設計図書に従い、寸法及び形状に合わせて常温で加工し、組立てを行っていることを確認した。

4. セメントミルク工法による既製コンクリート杭工事において、「アースオーガーの掘削深さ」、「アースオーガーの駆動用電動機の電流値又は積分電流値」等から行う支持地盤の確認については、施工する本杭のうち、工事施工者が過半の杭について行っていることを確認した。

[解説] 4. （H28 国交告 468 号 2 条三項、JASS4.2.7.d. 解説、（一社）全国建設業連合会編「既製コンクリート杭施工指針」4.6）セメントミルク工法による、既製コンクリートぐいの支持層への到達の確認は、「アースオーガーの駆動用電動機の電流値又は積分電流値」「オーガーヘッドの先端に付着した掘削土と土質標本との照合」等により判断する。監理技術者は、基礎ぐい工事の施工前に、くいのうち、元請建設業者が立ち会って支持層への到達を確認するくい、及びその他の方法により確認するくいを定める。また、元請技術者は、杭工事管理者がくい毎に作成したくい施工報告の速やかな提出を受け、内容の確認を行う。　　　　　正解 4

R05	R04	R03	R02	R01	H30	H29

問題06 V 3 　材料管理及び品質管理に関する次の記述のうち、**最も不適当な**ものはどれか。

1. 鉄骨工事において、鉄骨溶接構造の 400N 及び 490N 級炭素鋼で板厚が 60mm であったので、認定グレード M の鉄骨製作工場が選定されていることを確認した。

2. 鉄筋工事において、鉄筋の表面に発生した錆のうち、浮いていない赤錆程度のものについては、コンクリートとの付着を阻害することがないので、除去しなかった。

3. 防水工事において、アスファルトルーフィングの保管については、雨露や湿気の影響を受けにくい屋内の乾燥した場所に、たて積みとした。

4. 鉄骨工事における吹付けロックウールの耐火被覆の施工において、吹付け厚さの確認に用いる確認ピンについては、施工後もそのまま存置した。

[解説] 1. （公共建築協会「建築工事監理指針」7.1.3.(b)表 7.1.2）400N および 490N 級

炭素鋼で板厚が 60 mm の場合の鉄骨製作工場の認定グレードは、H または S である。

正解 1

R05	R04	R03	R02	R01	H30	H29

問題 07 V 2 材料管理、品質管理等に関する次の記述のうち、**最も不適当な**ものはどれか。

1. 呼び径 150 mm 以下の硬質ポリ塩化ビニル管の屋外での保管については、ビニル管の反りや変形防止のため、通気性のよいシートで覆い直射日光を避けた平坦な場所に、角材の上に井げた積みで、その高さが 1.5 m 以下であることを確認した。

2. 調合管理強度 36 N/mm²、スランプ 21 cm の高性能 AE 減水剤を使用した JIS 規格品のコンクリートについては、スランプの変動幅が大きくなるため、スランプの許容差が ± 2.5 cm であることを確認した。

3. 外壁工事に用いる押出成形セメント板の保管については、屋内の平坦で乾燥した場所に、台木の上に積置きで、その高さが 1.0m 以下であることを確認した。

4. 外壁工事に用いる GRC（ガラス繊維補強セメント）パネルについては、特記がなかったので、パネルの辺長の寸法許容差が ± 3 mm であることを確認した。

解説 2. （JIS A5308.4.1.b. 表 2）調合管理強度 36 N/mm²、スランプ 21 cm の高性能 AE 減水剤を使用した JIS 規格のコンクリートの、スランプの許容差は、± 2 cm とする。

正解 2

◀学科Ⅴ▶
5　各種届出

R05	R04	R03	R02	R01	H30	H29

問題01 V 4　建築工事の届出等に関する次の記述のうち、**最も不適当なもの**はどれか。

1.　共同住宅の新築工事を共同連帯して請け負ったので、共同企業体を構成する事業者が、「共同企業体代表者届」を、その工事の開始の日の14日前までに都道府県労働局長あてに提出した。

2.　店舗の建替え工事期間中に必要となる仮設店舗の新築に当たり、建築基準法の一部の規定の緩和を受けるために、建築主が、「許可申請書（仮設建築物等）」を、建築主事あてに提出した。

3.　プレキャスト部材の運搬に当たり、道路法により通行の制限を受ける車両を通行させるために、「特殊車両通行許可申請書」を、道路管理者あてに提出した。

4.　石綿含有吹付け材や石綿含有保温材が使用されている建築物の解体工事を施工するに当たり、その工事を施工する事業者が、「建設工事計画届」を、石綿含有吹付け材や石綿含有保温材を除去する作業の開始の14日前までに労働基準監督署長あてに提出した。

[解説]　1.（労安則1条1項二号）当該届出に係る仕事の開始の日の14日前までに、届書を、当該仕事が行われる場所を管轄する都道府県労働局長に提出しなければならない。

2.（建基法85条6項）特定行政庁に許可申請書を提出する。

3.（車両制限令12条）制限を超える車両をやむを得ず通行させようとするときには、道路管理者に通行の認定を受ける必要がある。

4.（労安法88条）建築物に吹き付けられている石綿、石綿等が使用されている保温材等の除去等の工事については、14日前までに、労働安全衛生規則様式第21号による届書（建設工事計画届）に、添付書類を添えて所轄労働基準監督署長に届け出る必要がある。　**正解2**

R05	R04	R03	R02	R01	H30	H29

問題02 V 4　鉄筋コンクリート造の共同住宅（床面積の合計が1,500㎡）の

新築工事の届出等に関する次の記述のうち、**最も不適当な**ものはどれか。

1. この敷地に設ける駐車場の出入りのために歩道の切下げを行う必要があったので、当該工事の建築主が、歩道の工事の設計及び実施計画について承認を受けるための申請書を、建築主事あてに提出した。

2. この工事の確認申請と同時に、当該工事の建築主が、建築工事届を、建築主事を経由して都道府県知事あてに提出した。

3. この工事が「建築工事に係る資材の再資源化等に関する法律」の対象建築工事であることから、当該工事の発注者が、工事に着手する日の7日前までに、分別解体等の計画等を添えた届出書を、都道府県知事あてに提出した。

4. この工事が完了した日から4日以内に到達するように、当該工事の建築主が、完了検査申請書を、建築主事あてに提出した。

解説 1. 道路工事施工承認申請書を道路管理者宛に提出する。
 2. （建基法15条）建築主が建築物を建築しようとする場合、建築主は建築主事を経由してその旨を都道府県知事に届け出なければならない。
 3. （建設工事に係る資材の再資源化等に関する法律10条1項）
 4. （建基法6条1項、同7条2項）　　　　　　　　　　　　　正解 1

R05	R04	R03	R02	R01	H30	H29

問題 03 V4　建築工事等の届出等に関する次の記述のうち、**最も不適当な**ものはどれか。

1. 指定確認検査機関による確認を受けた建築物について、特定行政庁が指定した特定工程に係る工事を終えた日から4日以内に到達するように、「中間検査申請書」を建築主事あてに提出した。

2. 騒音規制法による指定地域内において、特定建設作業を伴う建設工事を施工するに当たって、当該特定建設作業の開始の日の7日前までに、「特定建設作業実施届出書」を市町村長あてに届け出た。

3. 特定元方事業者の労働者及び関係請負人の労働者の作業が同一場所において行われる建築工事の着手に当たって、当該作業の開始後、速やかに「特定元方事業者の事業開始報告」を労働基準監督署長あてに行った。

4. 道路に外部足場を設置するに当たって、継続して道路の一部を使用する必要があったので、「道路使用許可申請書」を道路管理者あてに提出した。

解説 1. （建基法7条の3第2項）
 2. （騒音規制法14条、振動規制法14条）
 3. 作業場所を管轄する労働基準監督署長あてに提出する。

4. 道路使用許可申請は警察署に、道路占有許可申請は道路管理者（国、都道府県、市区町村）に提出する。　　正解 4

R05	R04	R03	R02	R01	H30	H29

問題 04 V 4　建築工事等の届出等に関する次の記述のうち、**最も不適当なも**のはどれか。

1. 10階建ての病院(5階以上の階における病院部分の床面積の合計が1,500 m² を超えるもの) において、避難施設に関する工事中に当該病院を使用する計画であったので、その工事に先立ち建築主が特定行政庁あてに 「安全上の措置等に関する計画届」 を提出した。

2. 電波法に基づく伝搬障害防止区域内における高さ 35 m の建築物の新築工事において、当該工事の着手前に、建築主が総務大臣あてに 「高層建築物予定工事届」 を提出した。

3. 高さ 35 m の建築物の新築工事において、当該工事の開始の日の 14 日前までに、事業者が労働基準監督署長あてに 「建設工事計画届」 を提出した。

4. 既存建築物を除却し、引き続き同じ敷地に床面積の合計が 200 m² の建築物を新築する工事に先立ち、当該既存建築物の床面積の合計が 100 m² であったので、当該工事の施工者が特定行政庁あてに 「建築物除却届」 を提出した。

解説　2.　伝搬障害防止区域内に高層建築物等（地上 31 メートルを超える建築物等）を建築しようとする場合、建築主が工事着工前に高層建築物等の施工地又は所在地を管轄する総合通信局に届け出なければならない。

　3.　（労安法 88 条四項、労安則 90 条、同 91 条の 2）高さ 31 m を超える建築物の建設において、当該工事の開始 14 日前までに事業者が所轄労働基準監督署長あてに「建設工事計画届」を提出しなければならない。

　4.　取り壊し後に新築工事等があり、建築確認申請が必要な場合には 「建築工事届」 を添付して提出する。建築工事届には除却建物記入欄があるので、建築物除却届の提出は不要。　　正解 4

R05	R04	R03	R02	R01	H30	H29

問題 05 V 4　建築工事等の届出等に関する組合せとして、**最も不適当なもの**は、次のうちどれか。

	届　出　等	届出者等	時　　期	届出先等
1.	大気汚染防止法に基づく「特定粉じん排出等作業実施届出書」	特定工事の発注者	作業開始の日の 14 日前まで	労働基準監督署長
2.	労働安全衛生法に基づく「共同企業体代表者届」	事業者	工事開始の日の 14 日前まで	都道府県労働局長

3.	建築基準法に基づく「建築工事届」	建築主	確認申請時又は計画通知時	都道府県知事
4.	建築士法に基づく「工事監理報告書」	建築士	工事監理終了後、直ちに	建築主

解説 1. （大気汚染防止法 18 条の 15 第 1 項）特定粉じん排出等作業実施届出書は、特定工事の発注者が、作業開始の日の 14 日前までに都道府県知事に提出しなければならない。 正解 1

R05	R04	R03	R02	R01	H30	H29

問題 06 V 4 建築工事等に関する届出に関する組合せとして、**最も適当なもの**は、次のうちどれか。

	届出	届出者	届出時期	届出先
1.	労働安全衛生法に基づく「クレーン設置届」	事業者	工事の開始の日の 10 日前まで	労働基準監督署長
2.	建設工事に係る資材の再資源化等に関する法律に基づく対象建設工事の「届出書」	発注者又は自主施工者	工事に着手する日の 7 日前まで	都道府県知事
3.	騒音規制法に基づく「特定建設作業実施届出書」	工事施工者	作業の開始の日の 7 日前まで	労働基準監督署長
4.	消防法に基づく「消防用設備等設置届出書」	特定防火対象物の関係者	工事が完了した日から 10 日以内	消防長又は消防署長

解説 2. （「建築工事に係る資材の再資源化等に関する法律」11 条）正しい。 正解 2

R05	R04	R03	R02	R01	H30	H29

問題 07 V 4 建築工事に関する届出等に関する組合せとして、**最も不適当な**ものは、次のうちどれか。

	届出等	届出者等	届出先等
1.	「土壌汚染対策法」に基づく「一定の規模以上の土地の形質の変更届出書」	土地の形質の変更をしようとする者	都道府県知事
2.	「廃棄物の処理及び清掃に関する法律」に基づく「産業廃棄物管理票交付等状況報告書」	産業廃棄物管理票を交付した排出事業者	都道府県知事
3.	「建築基準法」に基づく工事中における「安全上の措置等に関する計画届」	建築主	都道府県知事
4.	「建築物における衛生的環境の確保に関する法律」に基づく「特定建築物についての届出」	特定建築物の所有者等	都道府県知事

解説 3. （建基法 90 条の 3）安全上の措置等に関する計画届の提出先は、特定行政庁である。 正解 3

6 敷地・地盤調査

R05	R04	R03	R02	R01	H30	H29

問題 01 V 5 地盤調査に関する次の記述のうち、**最も不適当な**ものはどれか。

1. ボーリングにおいて、地表面付近の孔壁が崩壊するおそれがあったので、ドライブパイプを $0.5 \sim 1.5\,\mathrm{m}$ 程度打ち込み、孔壁を保護した。

2. ボーリングにおいて、孔内に地下水が認められたので、長時間放置し、水位が安定した後に、孔内水位を測定した。

3. 標準貫入試験の本打ちにおいて、打撃回数が 50 回、累計貫入量が $30\,\mathrm{cm}$ であったので、N 値を 30 とした。

4. 標準貫入試験の結果から得られた N 値により、砂質地盤の相対密度や内部摩擦角を推定した。

解説 1. 孔口はケーシングパイプまたはドライブパイプで保護するものとする。

2. 地下水の位置を知る手がかりとして、長時間放置して地下水位の大まかな位置を想定する。

3. 一般の場合、N 値の上限は 50 であることから、$N = 50$ とする。

4. 標準貫入試験から求められた N 値から砂質土の場合、内部摩擦角や相対密度を推定する。 <u>正解 3</u>

R05	R04	R03	R02	R01	H30	H29

問題 02 V 5 地盤調査等に関する次の記述のうち、**最も不適当な**ものはどれか。

1. 事前に地層構成が想定できない地盤のボーリング調査において、地震応答解析の必要がない直接基礎の建築物であったので、その調査深さを建築物の幅の 2 倍とした。

2. ボーリング孔を利用した弾性波速度検層（PS 検層）により、地盤内を伝搬する弾性波（P 波・S 波）の速度を測定し、その速度値から地盤の硬軟を判定した。

3. ボーリング調査において、ボーリング孔内に地下水が認められたので、孔内をなるべく長時間放置し、水位が安定してから地下水位を測定した。

4. 粘性土地盤において、ボーリング調査の標準貫入試験の結果から得られた N 値により、内部摩擦角や相対密度を推定した。

解説 4.（「建築基礎設計のための地盤調査計画指針」付録 I.3）粘性土地盤では、N 値から強度特性を推定することは避けるべきである。 <u>正解 4</u>

7 仮設工事

R05	R04	R03	R02	R01	H30	H29

問題01 V 5　仮設工事に関する次の記述のうち、**最も不適当な**ものはどれか。

1. 高さが20mの枠組足場における壁つなぎの間隔については、風荷重を考慮する必要がなかったので、水平方向9m、垂直方向8mとした。
2. 鋼製巻尺については、工事着手前にJIS規格品の1級の鋼製巻尺を2本用意してテープ合わせを行い、そのうち1本を基準巻尺として保管し、もう1本の鋼製巻尺を工事に使用した。
3. 建築物の高さと位置の基準となるベンチマークについては、敷地内の移動のおそれのない位置に新設したコンクリート杭に加えて、工事の影響を受けない既存の工作物や道路もベンチマークとし、相互に確認できるようにした。
4. 建築工事を行う部分から水平距離5m以内の範囲にある歩道に対する危害防止のための防護棚（朝顔）については、1段目を地上から5mの高さに設け、はね出し長さを足場から水平距離2mとした。

[解説]
1. （労安則570条1項五号(イ)）高さが5m以上の枠組足場にあっては、水平方向8m、垂直方向9m以下に壁つなぎを設けること。
2. （JASS2.3.6.a）工事に着手するときに、基準となる鋼製巻尺を1本定め、その鋼製巻尺と同傾向の誤差を有する鋼製巻尺を使用して工事を進める。これをテープ合わせと読んでいる。
3. （JASS2.3.4.b）ベンチマークは、建物の高さ及び位置の基準となるものであり、敷地付近の移動のおそれのない箇所に設置し管理者の検査を受ける。ベンチマークは2箇所以上設け、相互にチェックを行うとともに、工事中も設置に利用した基準点からのチェックを行い十分に養生を行う。
4. （「建設工事公衆災害防止対策要綱（建築工事編）」4章第28）施工者は、建築工事を行う部分から水平距離5m以内の範囲に一般の交通その他の用に供せられている場所がある場合には、防護棚を設けなければならない。最下段の防護棚は、建築工事を行う部分の下10m以内の位置に設けるが、外部足場の外側より水平距離で2m以上の出のある歩道防護構台を設けた場合は、最下段の防護棚は省略することができる。**正解 1**

R05	R04	R03	R02	R01	H30	H29

問題02 V 5　仮設工事に関する次の記述のうち、**最も不適当な**ものはどれか。

1. 建築物の改修工事のための枠組足場を設置する計画において、高さ12mの枠組足場の組立てから解体までの期間が49日であったので、その計画を労働基準監督署長に届け出なかった。

2. 工事用の資材を上階に運搬するために鉄筋コンクリートの床スラブに設ける仮設用の開口については、補強や復旧等を含む計画書を作成し、監理者の承認を受けた。

3. ベンチマークから引き出した「各階の通り心と高さの基準になる基準墨」について、監理者の検査を受けた。

4. 移動式クレーンによる荷の吊り上げ作業において、送電電圧6,600Vの絶縁防護のない配電線からの最小離隔距離(安全距離)については、1.0mを確保した。

[解説] 1. 高さが10m以上の構造足場にあっては、組立開始日から解体完了日までの期間が60日未満のものは届け出を必要としない。

2. 工事用資材を搬出入するための仮設用の開口を設ける場合、構造的な補強方法、仕上げ材の養生方法、工事完了後の復旧方法等について「仮設工事計画書」を作成し、監理者の承認を受ける。

4. (基発759号)高圧(600V超～7,000V以下)の場合、1.2m以上確保しなければならない。 正解 4

R05	R04	R03	R02	R01	H30	H29

問題 03 V 5 地盤調査及び仮設工事に関する次の記述のうち、**最も不適当な**ものはどれか。

1. 地盤の平板載荷試験において、試験地盤面については、直径30cmの円形の載荷板の中心から1.2mの範囲を水平に整地した。

2. 建築物の高さと位置の基準となるベンチマークについては、工事中に移動のおそれのない位置に設けたコンクリート杭及び前面道路の2箇所に設け、相互に確認できる位置とした。

3. 風荷重を受けるシート類を設けない枠組足場の構面からの墜落防止措置として、交差筋かい及び高さ10cmの幅木を設けた。

4. 工事を行う部分と隣家との水平距離が5mであったので、落下物による危害を防止するため、地上からの高さが5mの位置に防護柵(朝顔)の1段目を設けた。

[解説] 1. 試験地盤面は、載荷板の中心から載荷板直径の3倍以上の範囲を水平に整地する。正しい。

2. ベンチマークは、工事中に移動のおそれのない箇所に2箇所以上設け、相互に確認できる位置にあることを確認する。また、監理者の検査を受け、木杭などで囲み、誤って移動しないよう保護する。

3. （労安則 563 条）交差筋かいと高さ 15 cm 以上 40 cm 以下の桟もしくは高さ 15 cm 以上の幅木またはこれらと同等以上の機能がある設備または、手すり枠を設けなければならない。 正解 3

R05	R04	R03	R02	R01	H30	H29

問題 04 V5 仮設工事等に関する次の記述のうち、**最も不適当な**ものはどれか。

1. 切ばり上部に設けた作業用通路に設ける手摺については、高さを 75cm とし、高さ 30 cm の中桟が設けられていることを確認した。

2. 建築物の内部に工事用機械を仮設置する計画であったので、当該建築物の構造的な補強方法や工事用機械の搬出後の復旧方法等を含む仮設工事計画書を作成させた。

3. 単管足場の壁つなぎの設置間隔を、垂直方向 5.0 m、水平方向 5.4 m とし、地上第一の壁つなぎが地上より 4.5 m の位置に設けられていることを確認した。

4. 特定建設作業に該当する杭打ち作業により発生する著しい振動について、近隣に影響を及ぼす振動の規制基準の管理のための測定場所を、特定建設作業場所の敷地境界線とした。

解説 1. （JASS2.4.3 (3)(i)③）手摺の高さは 95 cm 以上とする。 正解 1

R05	R04	R03	R02	R01	H30	H29

問題 05 V5 地盤調査及び仮設工事に関する次の記述のうち、**最も不適当な**ものはどれか。

1. 根切り底以深の地盤が粘性土層と砂質土層との互層となっていたので、砂質土層において揚水試験を行い、被圧地下水位、透水係数等を求めて、根切り工事の地下水処理工法を検討した。

2. 地盤の変形や強さ等の支持力特性を直接把握するため、根切り工事後に平板載荷試験を実施した。

3. 枠組足場において、高さ 2m 以上に設ける作業床の設置に当たり、墜落防止措置のため、床材と建地（支柱）との隙間を 12cm 未満とした。

4. 吊り足場（ゴンドラの吊り足場を除く。）における作業床の最大積載荷重を定めるに当たり、吊りワイヤロープの安全係数を 5 とした。

解説 4. （労安則 562 条 2 項）作業床の最大積載荷重は、吊り足場（ゴンドラの吊り足場を除く）にあっては、吊りワイヤロープ及び吊り鋼線の安全係数が 10 以上、吊り鎖及び吊りフックの安全係数が 5 以上、また、吊り鋼帯並びに吊り足場の下部及び上部の支点の安全係数が鋼材にあっては 2.5 以上、木材にあっては 5 以上となるように定める。 正解 4

R05	R04	R03	R02	R01	H30	H29

問題01 V 6　土工事及び山留め工事に関する次の記述のうち、**最も不適当な**ものはどれか。

1.　親杭横矢板壁は、砂礫地盤における施工が可能であるが、遮水性は期待できないので、地下水位の高い地盤では排水工法を併用する必要がある。

2.　逆打ち工法は、躯体強度が発現する前の地下躯体を支保工として利用するので、軟弱地盤における深い掘削には適さない。

3.　地盤アンカー工法は、不整形な掘削平面の場合や傾斜地等で偏土圧が作用する場合に有効であり、切梁がないので施工効率の向上が期待できる。

4.　軟弱な粘性土地盤の掘削工事において、ヒービングの発生が事前に予測された場合の対策として、剛性の高い山留め壁を良質な地盤まで根入れすることにより背面地盤の回り込みを抑える方法がある。

〔解説〕　1.　(「建築工事監理指針」3.3.1.(a).(2).(ⅱ).表3.3.2、表3.3.3)砂礫地盤には有利であるが、遮水性がないので、地下水位の高い地盤では地下水処理を併用する必要がある。

2.　(JASS3.3.6.6.解説表3.3)軟弱地盤での工事や大深度大規模工事で切梁工法では変形が大きくなる場合に有効である。

3.　(「建築工事監理指針」3.3.1.(a).(2).(ⅲ).②.1))切梁工法では、安全性に問題のあるような不整形な掘削平面の場合、敷地の高低差が大きくて偏土圧が作用する場合に有効であり、切梁がないため、大型機械を使用することができ、施工効率が上がる。

4.　ヒービングとは、粘性土地盤のような軟弱地盤において、土留め壁の背面の土が内側に回り込んで掘削地盤の底面が押し上げられる現象で、対策として①土留め壁の根入れを深くし、強度（剛性）を増す。②地盤を改良することにより地盤の強度を高める。③土留め壁の背面の地盤をすき取るなどして盤下げするなどがある。

正解 2

R05	R04	R03	R02	R01	H30	H29

問題02 V 6　土工事及び山留め工事に関する次の記述のうち、**最も不適当な**

ものはどれか。

1. 根切り工事において、工事施工者が施工に支障となる障害物を発見したので、撤去の方法、処分の方法、時期などについて、当該工事の監理者と協議した。

2. ディープウェル工法において、建築物の位置に設けられたディープウェルの揚水停止後の処置については、箱抜きした基礎スラブ内で井戸管を切断し、その内部を砕石で充填した後、その上に直接コンクリートを打設した。

3. 山留め工事において、山留め壁の変形、切ばりの蛇行を防止するため、「切ばり交差部の切ばり相互」及び「切ばりと切ばり支柱」をそれぞれ緊結した。

4. 山留め支保工の撤去作業において、腹起しと切ばりについては、切ばりジャッキの軸力を緩めてから撤去した。

> [解説] 1. （JASS3.1.10. 解説）障害物が確認された場合には、解体・撤去の方法・時期などについて十分検討し、工事監理者と協議のうえ処理する。
>
> 2. （JASS3.6.7.b. 解説）ディープウェル内部に採石などを充填し、井戸蓋を取り付け周辺基礎スラブの鉄筋と連結を取り配筋したあと、押えコンクリートを打設する。
>
> 3. （JASS3.3.6.3.c. 解説）山留め架構の構面内及び構面外座屈防止のため、「切ばり交差部における切ばり相互」および「切ばりと切ばり支柱」の緊結は非常に重要である。
>
> 4. （JASS3.3.6.7.a. 解説）切梁撤去前に、作用しているジャッキの軸力を必ず緩める。

正解 2

R05	R04	R03	R02	R01	H30	H29

問題 03 Ⅴ6 土工事及び山留め工事に関する次の記述のうち、**最も不適当な**ものはどれか。

1. ウェルポイント工法において、ウェルポイントに接続するライザーパイプについては、揚水能力を確保するために、スリット形ストレーナー管を用いた。

2. 軟弱地盤の掘削において、掘削位置の外周に余裕があったので、ヒービングを防止するために、山留め壁の背面側の地盤のすき取りを行った。

3. ディープウェルからの揚水を同一帯水層に復水するリチャージ工法を採用したので、その必要揚水量については、復水しないディープウェル工法を採用した場合より多く計画した。

4. 山留め工事において、切ばりが切ばり支柱の一部と平面的に重なってしまったので、切ばり支柱の一部を切り欠いて、補強を行ったうえで、切ばりを

通りよくまっすぐに設置した。

[解説] 1. ウェルポイント周辺で集水した水を地上まで吸い出すための導水管がライザーパイプであり、スリットは設けない（右図参照）。

2. ヒービングの原因である土留め背面の土の重量を軽減するため、地面のすき取りは防止に有効である。

3. リチャージ工法はディープウェル工法で渇水した地下水をディープウェルと同じ構造をした遠く離れた井戸にいれ、水を処理する工法のこと。

4. 切ばり支柱の配置は、切ばり交差部ごとに配置することを原則とする。切ばり支柱の平面および鉛直の施工精度が悪い場合は、切ばり支柱を切り欠き、支柱の補強を行う。

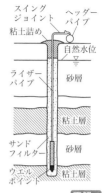

[正解 1]

R05	R04	R03	R02	R01	H30	H29

問題04 **V6** 大規模な土工事及び山留め工事に関する次の記述のうち、**最も不適当な**ものはどれか。

1. 掘削工事において、ボイリングの発生が予測されたので、地下水を遮断するために止水性のある山留め壁の根入れを難透水層まで延長した。

2. 掘削工事において、盤ぶくれの発生が予測されたので、地下水位を低下させるために掘削底面（難透水層）下の被圧帯水層にディープウェルを差し込んだ。

3. ソイルセメント壁の施工において、掘削対象土が撹拌(かくはん)不良となりやすいロームを含んでいる地層であったので、入念に原位置土とセメント系懸濁液との撹拌(かくはん)を行った。

4. 山留め支保工の架設において、切張りに設置する盤圧計については、その軸力を正しく計測するために、両側の腹起しから最も離れた位置として、切張り支点間の中央に設置した。

[解説] 1. 不透水層へ止水性のある山留め壁の根入れを長くして不透水層へ先端を挿入することで、上向きの水圧がかからなくなる。

2. 盤ぶくれの対策として、ディープウェルなどにより地下水位を低下させる対策法がある。地下水位の低下やそれに伴う地盤沈下に注意が必要。

3. （JASS3.2.6.3.b. 解説）最適な固化剤を選定するとともに入念に混合撹拌を行う。

4. 腹起しから盤圧計までの距離が長く、その間で荷重がつなぎ材や直角方向の切張りなどで吸収され、正確な荷重が計測できない。

学科 V

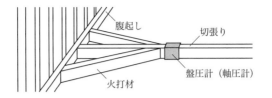

腹起し

切張り

盤圧計（軸圧計）

火打材

R05	R04	R03	R02	R01	H30	H29

問題05 V 6　土工事及び山留め工事に関する次の記述のうち、**最も不適当な**ものはどれか。

1.　ソイルセメント壁の心材としての形鋼に新品材を用いたので、心材の許容応力度については、短期許容応力度の値を採用した。

2.　総掘りにおける根切り底において、地盤の状態については土質試料等を参考に目視により確認し、レベルチェックについては4mごとに1点を目安として行った。

3.　埋戻しに当たり、埋戻し土が透水性の悪い山砂であったので、ローラー及びランマーによりまき出し厚さ50cmごとに締め固めた。

4.　地下水処理におけるディープウェルの運転の停止については、「地下水の上昇による構造体の浮上りがないこと」、「地下外壁が自然地下水位よりも高く構築されていること」等を確認したうえで行った。

解説　3.（公共建築協会「建築工事監理指針」3.2.3.(c).(4)）埋め戻しの締め固めは、原則として厚さ30cmごとに行う。　　　　正解3

R05	R04	R03	R02	R01	H30	H29

問題06 V 6　土工事及び山留め工事に関する次の記述のうち、**最も不適当な**ものはどれか。

1.　山留め壁・支保工の検討を行うに当たり、山留め壁外周上への掘削土の仮置きや大型の重機械を据え付ける作業がない範囲については、作業荷重及び資材仮置き時の積載荷重として考慮する上載荷重を10kN/m²とした。

2.　山留め支保工の地盤アンカー工法において、地盤アンカーの引抜き耐力が、全数について設計アンカー力の1.1倍以上であることを確認した。

3.　掘削工事において、盤ぶくれの発生が予測されたので、止水性のあるソイルセメント壁を、盤ぶくれの原因となる被圧滞水層の砂礫層に延長して根入れした。

4.　粘性土地盤に設置した山留め壁の撤去に当たり、地盤沈下を引き起こすお

それがあったので、鋼矢板を引き抜いた跡に直ちに砂を充塡した。

[解説] 3. （山留め工事施工指針 6.3.3.(1)）被圧滞水層以深の難透水層まで根入れする。

[正解 3]

R05	R04	R03	R02	R01	H30	H29

問題 07 [V 6]　土工事及び山留め工事に関する次の記述のうち、**最も不適当な**ものはどれか。

1.　砂質地盤の掘削工事において、ボイリングの発生する可能性が高いと判断したので、動水勾配を減らすため、止水性のある山留め壁の根入れ長を延長した。

2.　山留め工事における腹起しの継手は、火打材と切ばりとの間の曲げ応力の小さい位置とし、補強プレートとボルトとを使用して連結した。

3.　土工事における根切りについて、粘性土地盤の床付け面を乱してしまったので、掘削土を使用して直ちにローラーによる転圧や締固めを行った。

4.　山留め工事において、切ばりが切ばり支柱の一部と平面的に重なってしまったので、切ばり支柱の一部を切り欠いて補強を行ったうえで、切ばりを通りよくまっすぐに設置した。

[解説] 3. （JASS3.4.5.3.a. 解説）粘性土地盤の床付け面を乱した場合は、礫、砂質土等の良質土に置換するほか、セメント、石灰等による地盤改良を行う。礫、砂質土の場合は、転圧による締め固めを行う。

[正解 3]

R05	R04	R03	R02	R01	H30	H29

問題01 V 7 地業工事に関する次の記述のうち、**最も不適当な**ものはどれか。

1. セメント系固化材を用いた地盤改良を採用するに先立ち、現場の土壌と使用する予定のセメント系固化材とを用いて六価クロム溶出試験を実施して六価クロムの溶出量が土壌環境基準以下であることを確認した。

2. 直接基礎において、浅層地盤改良を実施した強固で良質な地盤を支持面とするので、砂利地業を行わず、地盤改良を実施した地盤の表層に直接、捨てコンクリートを打設する地肌地業を行った。

3. セメントミルク工法による既製コンクリート杭工事において、アースオーガーの支持地盤への到達については、オーガーの駆動用電動機の電流値の変化と土質柱状図・N値の変化を対比することに加えて、オーガーの先端に付着した排出土と土質標本との照合により確認した。

4. 場所打ちコンクリート杭工事の鉄筋かごの組立てについては、主筋が太径であったので、主筋と帯筋とを溶接するとともに、鉄線結束により結合した。

[解説] 1.（「建築工事監理指針」4.7.2.(b).(4)）セメント及びセメント系固化材を用いた地盤改良を採用する場合には、条件によっては六価クロムが土壌環境基準を超える濃度で溶出するおそれがあるため、国土交通省では、六価クロム溶出試験を実施して六価クロムの溶出量が土壌環境基準以下であることを確認するよう、設計図書で指定している。

2.（JASS4.4.4.1.b.(1).(ii)）地肌地業は、岩盤、硬質粘土層、浅層地盤改良が実施された地盤など、強固で良質な地盤をならして支持面とする地業で、表層を清掃してから捨てコンクリートを打設する。

3.（JASS4.2.4.1.c.(4)）施工時の支持層深度の確認方法には、以下の方法がある。
①オーガー駆動電流値の変化と土質柱状図・N値の変化を対比する。
②オーガーヘッドの先端に付着した掘削土を採取し、土質標本と照合する。

4.（JASS4.3.4.6.a.(2)）鉄筋かごは、設計図書に基づき、正しく加工・配置し、主筋と帯筋を原則として鉄線で結束して組み立てる。主筋と帯筋を溶接で結合すると、丸断面どうしの点溶接になるため、局部的に部材の靱性が損なわれたり極端な強度

低下を招く断面欠損を起こすおそれがある。 　　　　　　　　　　　正解 4

R05	R04	R03	R02	R01	H30	H29

問題 02 Ⅴ7　地業工事等に関する次の記述のうち、**最も不適当な**ものはどれか。

1. 直接基礎において、掘削作業をバックホウにより行ったが、支持層となる床付け面までの 30 〜 50 cm を残し、残りを手掘りとした。

2. セメントミルク工法による既製コンクリート杭工事において、地盤の状況、施工性、施工時に発生する騒音・振動などを確認するための試験杭については、特記がなかったので、最初に施工する本杭を兼ねることとした。

3. アースドリル工法による現場打ちコンクリート杭工事において、超音波孔壁測定器により、孔壁の崩壊の有無、水平方向の偏心及び支持層の土質を確認することとした。

4. アースドリル工法による現場打ちコンクリート杭工事において、杭頭の処理については、コンクリートの打込みから 14 日程度経過した後、杭体を傷めないように、可能な限り平坦に斫り取り、所定の高さにそろえた。

解説　1.（JASS3.4.5.3.a. 解説）機械式掘削では、通常床付け面上 30 〜 50 cm の土を残して残りを手掘りとするか、ショベルの刃を爪状のものから平状のものに替え、後退しながら正規の深さに掘削する方法を採用する。
　2.（「建築工事監理指針」4.2.4. 解説）セメントミルク工法、特定埋込杭工法、鋼杭工法及び場所打ち杭については、一般的には最初の 1 本目の本杭が試験杭とされる。
　3.（JASS4.3.4.1c.(5). 解説）支持層への到達確認は、掘削した土砂の土質柱状図および土質資料との対比、掘削速度や掘削抵抗を考慮して、総合的に行う。
　4.（「公共建築工事標準仕様書」4.5.7）杭頭は、コンクリートの打ち込みから、14 日程度経過した後、杭体を傷めないように平らにはつり取り、所定の高さにそろえる。

　　　　　　　　　　　　　　　　　　　　　　　　　　　　　　　　正解 3

R05	R04	R03	R02	R01	H30	H29

問題 03 Ⅴ7　杭地業工事に関する次の記述のうち、**最も不適当な**ものはどれか。

1. セメントミルク工法による既製コンクリート杭工事において、掘削時の支持層への到達確認については、掘削機の積分電流計の値から算出した N 値によることとした。

2. セメントミルク工法による既製コンクリート杭工事において、掘削時に支持層への到達確認の記録が取得できない杭については、施工前にあらかじめ定めた代替の手法による記録を到達確認の記録とした。

3. アースドリル工法による場所打ちコンクリート杭工事において、安定液は、ベントナイトを主体として、分散剤や変質防止剤等を加え、できる限り低粘性・低比重となるように配合した。

4. オールケーシング工法による場所打ちコンクリート杭工事において、トレミー管及びケーシングチューブの先端は、コンクリート中に2m以上入っていることを確認した。

> [解説] 1. オーガ駆動装置の掘削抵抗（電流値、積分電流値）の変化と施工状況（機械の振動、オーガ駆動装置の音）の変化をもとに、支持層到達を確認する。
> 3. （JASS4.3.4.1.c.(3).解説）
> 4. （公共建築工事標準仕様書（建築工事編）4.5.5.(3).(ク).(c)）　　　正解 1

R05	R04	R03	**R02**	R01	H30	H29

問題 04 V 7 　地業工事に関する次の記述のうち、**最も不適当な**ものはどれか。

1. 場所打ちコンクリート杭工事において、安定液中に打ち込む杭に使用するコンクリートの単位セメント量については、310kg/m³ とした。

2. 場所打ちコンクリート杭工事において、余盛り部分を所定の位置まではつり「処理を行う計画であったので、処理の時期をコンクリート打込み後14日経過した後とした。

3. セメントミルク工法による既製コンクリート杭工事において、根固め液及び杭周固定液に使用するセメントについては、地下水に硫酸塩を含む場所であったので、高炉セメントを使用した。

4. セメントミルク工法による既製コンクリート杭工事において、掘削後のアースオーガーの引き上げについては、掘削時と同様にアースオーガーを正回転させながら行った。

> [解説] 1. （JASS4.3.3.b.(5)）清水あるいは泥水（安定液）中で打ち込む場合は、330kg/m³ 以上、空気中で打ち込む場合は270kg/m³ 以上とする。
> 2. コンクリート打ち込みから14日程度経過した後、所定のコンクリート強度が得られてから行う。
> 3. 高炉セメントは、塩化物遮蔽性や化学抵抗性が大きく、塩害やアルカリ骨材反応等の化学的な耐久性に優れている。適当。
> 4. （公共工事標準仕様書4.3.4.(6).(オ)）引き抜き時にアースオーガーを逆回転してはならない。　　　正解 1

R05	R04	R03	R02	**R01**	H30	H29

問題 05 V 7 　地業工事に関する次の記述のうち、**最も不適当な**ものはどれか。

584

1. 液状化のおそれのある地盤の地盤改良工事については、地盤内に締め固められた砂杭が形成されるサンドコンパクションパイル工法を採用した。
2. 場所打ちコンクリート杭工事の鉄筋籠の組立てにおいて、補強リングについては、主筋に断面欠損を生じないように注意して、堅固に溶接した。
3. セメントミルク工法による既製コンクリート杭工事において、建込み後の杭については、保持治具を用いて杭心に合わせて保持し、3日間養生を行った。
4. プレストレストコンクリート杭工事の杭頭処理において、ダイヤモンドカッター方式で杭頭を切断するに当たり、補強する範囲を当該切断面から350mm程度とした。

> **解説** 3. （公共建築協会「公共建築工事標準仕様書」（建築工事編）4.3.4.(f).(5).(iii)）
> セメントミルク工法による既製コンクリート杭工事において、建込み後の杭については、保持治具で保持し、7日間程度養生を行う。　　　**正解 3**

R05	R04	R03	R02	R01	H30	H29

問題 06 V 7　地業工事に関する次の記述のうち、**最も不適当な**ものはどれか。

1. 場所打ちコンクリート杭工事において、特記がなかったので、本杭の施工における各種管理基準値を定めるための試験杭を、最初に施工する1本目の本杭と兼ねることとした。
2. セメントミルク工法による既製コンクリート杭工事において、支持層の出現深度の確認については、掘削機の電流計の値から換算した N 値によることとした。
3. アースドリル工法による場所打ちコンクリート杭工事において、支持層の確認については、ケリーバーの振れや掘削機の回転抵抗等を参考にしつつ、バケット内の土砂を近傍のボーリング調査における土質柱状図及び土質資料と比較して行った。
4. セメントミルク工法による既製コンクリート杭工事において、根固め液及び杭周固定液の管理試験に用いる供試体を作製するに当たり、根固め液についてはグラウトプラントで混練した液を、杭周固定液については杭挿入後の掘削孔からオーバーフローした液を、それぞれ採取した。

> **解説** 2. （公共建築協会「建築工事監理指針」4.3.4.(b).(2)）電流計による値と N 値の関係には定量的な関係はない。　　　**正解 2**

R05	R04	R03	R02	R01	H30	H29

問題 07 V 7　杭地業工事に関する次の記述のうち、**最も不適当な**ものはどれか。

1.　セメントミルク工法による既製コンクリート杭工事において、特記がなかったので、アースオーガーの支持地盤への掘削深さについては 1.5m 程度とし、杭の支持地盤への根入れ深さについては 0.5m 程度とした。

2.　打込み工法による既製コンクリート杭工事において、打込み完了後の杭頭の水平方向の施工精度の目安については、杭径の 1/4 以下、かつ、100mm 以下とした。

3.　場所打ちコンクリート杭工事において、鉄筋かごの主筋間隔が 10cm 以下になると、コンクリートの充填性が悪くなるので、主筋を 2 本重ねて配置し、適切な主筋間隔を確保した。

4.　アースドリル工法による場所打ちコンクリート杭工事において、孔壁の崩落防止に安定液を使用したので、杭に使用するコンクリートの単位セメント量を 340kg/m³ とした。

> 解説　1.　（公共建築協会「建築工事監理指針」3.4.3.4.(c).(2).(v)）アースオーガーの支持地盤への掘削深さは 1.5m 以上とし、杭の支持地盤への根入れ深さは 1m 以上とする。
>
> 正解 1

10 鉄筋工事

R05	R04	R03	R02	R01	H30	H29

問題 01 V 8 鉄筋工事に関する次の記述のうち、**最も不適当な**ものはどれか。

1. ガス圧接継手の外観検査において、圧接部における鉄筋中心軸の偏心量が鉄筋径の $\frac{1}{4}$ であったので、再加熱して修正した。

2. 梁の下端筋の配筋において、特記がなかったので、鋼製スペーサーを、端部は 0.5 m 程度の位置に、端部以外は 1.5 m 程度の間隔で配置した。

3. スパイラル筋の加工寸法については、特記がなかったので、外側寸法の許容差を ± 5 mm の範囲内とした。

4. 設計基準強度が階によって異なる普通コンクリートを用いた建築物の上部構造において、片持ちでない小梁の下端筋（SD345）の直線定着の長さについては、特記がなかったので、設計基準強度にかかわらず 20d（d は異形鉄筋の呼び名に用いた数値）とした。

> **解説** 1. （「建築工事監理指針」5.4.10.(1).(ⅲ)）圧接部における鉄筋中心軸の偏心量が鉄筋径の 1/5 を超えた場合には、圧接面に必要な加圧力が作用しなかった可能性があるので圧接部を切り取って再圧接する。
>
> 2. （JASS5.10.6. 表 10.3）
>
> 3. （JASS5.10.3.d.(1). 表 10.1）
>
> 4. （JASS5.10.8.c. 表 10.5.(a)）　　　　　　　　　　　　　　正解 1

R05	R04	R03	R02	R01	H30	H29

問題 02 V 8 鉄筋工事に関する「部位」に対する「形状及び寸法」として、**最も不適当な**ものは、次のうちどれか。ただし、コンクリートの設計基準強度は 24 N/mm² とする。また、設計図書には特記がないものとし、図に記載のない鉄筋は適切に配筋されているものとする。

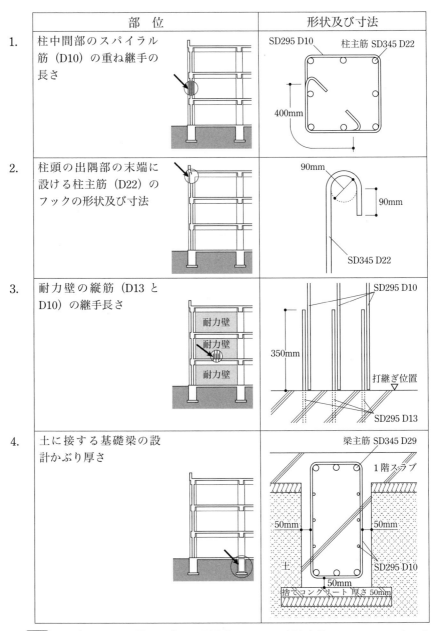

部 位	形状及び寸法
1. 柱中間部のスパイラル筋（D10）の重ね継手の長さ	SD295 D10 柱主筋 SD345 D22 400mm
2. 柱頭の出隅部の末端に設ける柱主筋（D22）のフックの形状及び寸法	90mm 90mm SD345 D22
3. 耐力壁の縦筋（D13とD10）の継手長さ	SD295 D10 350mm 打継ぎ位置 SD295 D13
4. 土に接する基礎梁の設計かぶり厚さ	梁主筋 SD345 D29 1階スラブ 50mm 50mm 土 SD295 D10 50mm 捨てコンクリート厚さ50mm

解説 1. （JASS5.10.9 図 10.11）50d 以上かつ 300 mm 以上より、50 × 10 mm（D10）＝ 500 mm　よって最低 500 mm 必要である。

2. （JASS5.10.3 表 10.2）鉄筋の折曲げ内法直径は、4d ＝ 4 × 22 mm ＝ 88 mm 以上、

588

余長＝ $4d = 4 \times 22 = 88\,\mathrm{mm}$ 以上。

3. （JASS5.10.9 表 10.7.(a)、[注](2)）細い方の鉄筋径の 35 倍で、$35d = 35 \times 10\,\mathrm{mm}$ ＝ 350 mm 以上の長さの重ね継手とする。

4. （JASS5.3.10 表 3.8）直接土に接する梁の最小かぶり厚さは 40 mm である。

正解 1

R05	R04	R03	R02	R01	H30	H29

問題 03 Ⅴ 8　図に示す鉄筋工事に関する寸法について、**最も不適当な**ものは、次のうちどれか。ただし、鉄筋は SD345、コンクリートの設計基準強度は 24 N/mm² とし、コンクリートの粗骨材の最大寸法は 20 mm とする。また、設計図書には特記がないものとし、図に記載のない鉄筋は適切に配筋されているものとする。

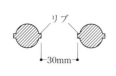

1. 鉄筋（D19）のあき

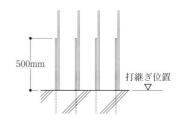

2. 地上の耐力壁の鉄筋（D13）の継手長さ

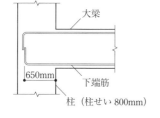

3. 大梁の下端筋（D32）の柱内折曲げ定着の投影定着長さ

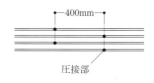

4. 鉄筋（D25）のガス圧接継手の位置

[解説]　1.　鉄筋のあき間隔は、粗骨材最大寸法の 1.25 倍以上すなわち 20 mm × 1.25 ＝ 25 以上、かつ隣り合う鉄筋の呼び径× 1.5 倍以上すなわち 19 mm × 1.5 ＝ 28.5 以上、よって 28.5 mm 以上あれば良い。

2.　重ね継手の長さは $F_c = 24 \sim 27\,\mathrm{N/mm^2}$、SD345 の場合、40d。13 × 40 ＝ 520mm

3.　設問の投影定着長さは $F_c = 24 \sim 27\,\mathrm{N/mm^2}$、SD345 の場合、鉄筋の呼び径の 20 倍以上すなわち 32mm × 20 ＝ 640、かつ柱径の 3/4 以上すなわち 800mm × 3/4 ＝ 600。よって、640 mm 以上あれば良い。

4. 圧接の場合の隣り合う継手位置は、400 mm 以上。 　　　　　　正解 2

| R05 | R04 | R03 | **R02** | R01 | H30 | H29 |

問題04 V 8　鉄筋工事におけるガス圧接継手の外観検査の検査項目とその外観形状について、鉄筋の継手の構造方法の規定に照らして、**最も不適当なもの**は、次のうちどれか。ただし、鉄筋の種類は SD345 とする。

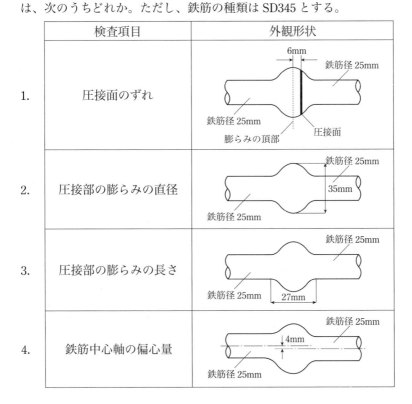

検査項目	外観形状
1. 圧接面のずれ	6mm / 鉄筋径25mm / 鉄筋径 25mm / 膨らみの頂部 / 圧接面
2. 圧接部の膨らみの直径	鉄筋径 25mm / 35mm / 鉄筋径 25mm
3. 圧接部の膨らみの長さ	鉄筋径 25mm / 鉄筋径 25mm / 27mm
4. 鉄筋中心軸の偏心量	鉄筋径 25mm / 4mm / 鉄筋径 25mm

[解説]　1.（公共工事標準仕様書 5.4.4.(ウ)）圧接面のずれは、鉄筋径の 1/4 以下であること。

2.（同 5.4.4.(ア)）鉄筋の膨らみの直径は、鉄筋径の 1.4 倍以上であること。

3.（同 5.4.4.(イ)）膨らみの長さは、鉄筋径の 1.1 倍以上とし、その形状がなだらかであること。

4.（同 5.4.4.(エ)）鉄筋中心軸の偏心量は、鉄筋径の 1/5 以下であること。　　正解 3

| R05 | R04 | R03 | R02 | **R01** | H30 | H29 |

問題05 V 8　図中のア～エについて、鉄筋工事における柱主筋、大梁主筋等の一般的な継手位置（範囲）として、**最も不適当なもの**は、次のうちどれか。

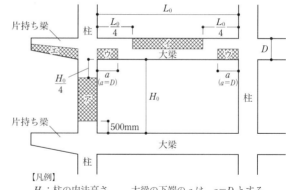

ただし、鉄筋の継手は、
ガス圧接継手とする。

1. ア
2. イ
3. ウ
4. エ

【凡例】
H_0：柱の内法高さ
D：大梁のせい
L_0：大梁の内法長さ

大梁の下端の a は、$a=D$ とする。
▨▨：主筋の継手位置を示す。

[解説]（JASS5.10.8.e 図 10.4）大梁の下端の鉄筋の継手位置は、大梁端部から大梁のせい（D）の距離をとり、そこから大梁の内法長さ（L_0）の1/4の範囲内とする（図参照）。

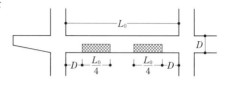

[正解 3]

R05	R04	R03	R02	R01	H30	H29

[問題 06] [V 8] * 鉄筋工事に関する次の記述のうち。**最も不適当な**ものはどれか。

1. スラブの配筋において、特記がなかったので、上端筋、下端筋それぞれにスペーサーを間隔0.9m程度、端部は0.1m以内に配置した。

2. 普通コンクリート（設計基準強度27N/mm²）の耐力壁の脚部におけるSD295Aの鉄筋の重ね継手については、特記がなかったので、フックなしとし、その重ね継手の長さを40dとした。

3. 機械式継手を用いる大梁の主筋の配筋において、隣り合う鉄筋の継手位置をずらして配筋するに当たり、カップラーの中心間で400mm以上、かつ、カップラー端部の間のあきが40mm以上となるように組み立てた。

4. D22の主筋のガス圧接継手の外観検査において、鉄筋中心軸の偏心量の合格基準値を5mmとした。

[解説] 4.（JASS5.10.10およびH12建告1463号）鉄筋中心軸の偏心量の合格基準値は $d/5$ 以内である。

[正解 4]

問題 07 V 8　鉄筋工事に関する次の記述のうち、**最も不適当な**ものはどれか。

1.　大梁の主筋の定着に当たり、所定のフックあり定着の長さを確保することができなかったので、大梁の主筋を柱仕口内に90度縦に折り曲げて定着することとし、柱仕口面から大梁の主筋の鉄筋外面までの投影定着長さを柱せいの1/2とした。

2.　溶接継手を用いる大梁の主筋は、隣り合う鉄筋の溶接継手の位置を400 mm以上離れるようにずらして配筋した。

3.　大梁の主筋のガス圧接継手の外観検査において、圧接部の膨らみの直径が母材の鉄筋径の1.4倍であったが、膨らみの長さが母材の鉄筋径の1.1倍未満であったので、再加熱し、圧力を加えて所定の膨らみの長さに修正した。

4.　大梁にU字形のあばら筋とともに用いるキャップタイについては、梁天端と段差のないスラブが取り付く側を90度フックとした。

　解説　1.　（JASS5.10.8.d. 表 10.6〔注〕(4)、JASS5.10.8.e. 図 10.4 解説）柱仕口面から大梁の主筋の鉄筋外面までの投影定着長さは、柱せいの3/4以上とする。　**正解 1**

11 型枠工事

R05	R04	R03	R02	R01	H30	H29

問題01 V 9　型枠工事に関する次の記述のうち、**最も不適当な**ものはどれか。

1.　床型枠用鋼製デッキプレート（フラットデッキ）には、施工荷重によるたわみを考慮して、一般に、10mm程度のキャンバー（むくり）がついていることから、短スパン部分に使用する場合には、スラブ厚が薄くならないようにする。

2.　コンクリート表面の硬化不良を起こしやすいせき板を現場で見分けるためには、せき板表面にセメントペーストを塗り付けて2～3日後に剥がして、その表面状態を確認する方法がある。

3.　高さが3.5mを超えるパイプサポートを支柱に用いる型枠支保工には、高さ3.5mごとに水平つなぎを二方向に設け、かつ、水平つなぎの変位を防止する措置を講じる。

4.　窓の下枠となる腰壁の型枠は、一般に、コンクリートが盛り上がることを防ぐために腰壁上端の端部にふたを設け、その端部以外の開口部から腰壁部分のコンクリートの充填具合を点検できるようにする。

解説　1.（「建築工事監理指針」6.8.3.(c).(1)）施工荷重によるたわみを考慮して、フラットデッキには10mm程度のキャンバー（むくり）が付いている。

2.（「建築工事監理指針」6.8.3.(k).(3).(iv)）硬化不良を起こしやすいせき板を現場で見分けるには、せき板表面にセメントペーストを塗りつけ2～3日後に剥がして、その表面状態を調べる。

3.（労安則242条1項七号ハ、六号イ）高さが3.5mを超えるときは、高さ2m以内ごとに水平つなぎを二方向に設け、かつ、水平つなぎの変位を防止すること。

4.（「建築工事監理指針」6.8.4.(b).(5).(iv)）窓及び階段は、コンクリートが盛り上がるのを防ぐために端部にふたをする。また、空気孔を設けてコンクリートの充填具合を点検する。　　　　正解 3

R05	R04	R03	R02	R01	H30	H29

問題02 V 9　型枠工事に関する次の記述のうち、**最も不適当な**ものはどれか。

1.　目違いや不陸等の極めて少ないコンクリート打放し仕上げに用いるせき板については、特記がなかったので、JASのコンクリート型枠用合板による表面加工品で、厚さが12mmのものが使用されていることを確認した。

2. 型枠支保工に用いる鋼材の許容曲げ応力及び許容圧縮応力の値については、当該鋼材の「降伏強さの値」又は「引張強さの値の $\frac{3}{4}$ の値」のうち、いずれか小さい値の $\frac{2}{3}$ の値以下とした。

3. 型枠の構造計算におけるコンクリート施工時の水平荷重については、鉛直方向の荷重に対する割合で定めることとし、地震力については検討しなかった。

4. 計画供用期間の級が「標準」の建築物において、せき板の取外し後に湿潤養生を行わない柱、梁側及び壁については、コンクリートの圧縮強度が 5 N/mm² に達したことを確認したので、湿潤養生期間の終了前にせき板を取り外した。

[解説] 1. （「公共建築工事標準仕様書」6.8.2.(1).(ア)、(2).(ア)、表 6.2.4）

2. （労安則 241 条 1 項 1 号）

3. （JASS5.9.7.c.(ⅰ).(ⅱ). 解説）型枠の状況に応じて鉛直荷重の 2.5%または 5%を水平荷重とする。また、自身による水平荷重は通常考慮する必要はない。

4. （JASS5.8.2.b）湿潤養生をしない場合は、圧縮強度を 10N/mm² 以上とする。 正解 4

R05	R04	R03	R02	R01	H30	H29

問題 03 V 9 型枠工事に関する次の記述のうち、**最も不適当な**ものはどれか。

1. 型枠支保工の構造計算において、通常のポンプ工法による打込み時の積載荷重については、打込み時の作業荷重とそれに伴う衝撃荷重を合わせたものとし、その値を 1.5 kN/m² とした。

2. 壁型枠に設ける配管用のスリーブのうち、開口補強が不要であり、かつ、当該スリーブの径が 200 mm 以下の部分については、特記がなかったので、紙チューブとした。

3. コンクリートの材齢 28 日以前に梁下の支保工の取り外しの可否を判断するに当たって、標準養生した供試体の圧縮強度が設計基準強度以上であることを確認した。

4. 計画供用期間の級が「標準」の柱及び壁のせき板の存置期間をコンクリートの材齢により決定するとした施工計画において、存置期間中の平均気温が 10℃ 以上 15℃ 未満と予想されたので、普通ポルトランドセメントを使用したコンクリートについては、せき板の存置期間を 6 日とした。

[解説] 1. （JASS5.9.7.a.b. 解説表 9.3）

2. （公共建築工事標準仕様書（建築工事編）6.8.2.(9).(イ)）

3. （JASS5.9.10.c）コンクリートの材齢 28 日以前に支保工を取り外す場合は、標準養生した供試体の圧縮強度からその材齢における標準養生した供試体の圧縮強度と構造体コンクリート強度との差を差し引いた値が設計基準強度以上であることを確認する。 正解 3

R05	R04	R03	R02	R01	H30	H29

問題 04 V 9　型枠工事に関する次の記述のうち、**最も不適当なもの**はどれか。

1.　型枠の構造計算を行うに当たり、コンクリートの打込み速さを 10 m/h 以下、コンクリートの打込み高さを 1.5 m 以下として計画したので、柱の側圧と壁の側圧とを同じ値とした。

2.　パイプサポートを支柱に用いる型枠支保工については、その高さが 3.5 m を超える計画としたので、高さ 2.0 m ごとに水平つなぎを二方向に設け、かつ、水平つなぎの変位を防止する措置を行った。

3.　パラペットのコンクリートとスラブとを一体に打ち込むに当たり、パラペットの型枠を浮かし型枠とする箇所については、コンクリートの打込み時に型枠が動かないように、外部足場に固定した。

4.　基礎のコンクリートに使用するセメントが普通ポルトランドセメントから高炉セメント B 種に変更となったので、コンクリートの材齢によるせき板の最小存置期間をポルトランドセメントの場合より長く設定した。

> **解説**　1.　(JASS5.9.7.d. 式 9.1) 柱の側圧と壁の側圧は、共に(フレッシュコンクリートの単位容積重量 kN/m²)×(フレッシュコンクリートのヘッド)。
> 2.　(労安則 242 条 1 項七号ハ、同六号イ) 設問の通り。
> 3.　(公共工事標準仕様書 6.8.3. (5)) 型枠は、足場、遣り方等の仮設物と連結させない。
> 4.　(JASS5.9.10.b. 表 9.1) 普通ポルトランドセメントより高炉セメント B 種の方がせき板の存置期間を定めるためのコンクリートの材齢は長い。　　正解 3

R05	R04	R03	R02	R01	H30	H29

問題 05 V 9　型枠工事に関する次の記述のうち、**最も不適当なもの**はどれか。

1.　型枠支保工の構造計算における水平荷重については、支柱に鋼管枠を使用するに当たり、支保工の上端に設計荷重(鉛直荷重)の 2.5/100 に相当する値が作用することとした。

2.　コンクリート打放し仕上げに使用するせき板に、「合板の日本農林規格」第5条「コンクリート型枠用合板の規格」による表面加工品を使用するに当たり、特記がなかったので、厚さが 9 mm のものを使用した。

3.　計画供用期間の級が「標準」の建築物において、せき板の取外し後に湿潤養生をしない計画となっていたので、構造体コンクリートの圧縮強度が 10 N/mm² 以上に達するまで、せき板を存置した。

4.　片持ちスラブを除くスラブ下の型枠支保工の取外しについては、コンクリートの圧縮強度によることとしたので、圧縮強度が 12 N/mm² 以上であること、かつ、施工中の荷重及び外力について、構造計算により安全であること

を確認したうえで行った。

R05	R04	R03	R02	R01	H30	H29

問題 06 V 9　型枠工事に関する次の記述のうち、**最も不適当な**ものはどれか。

1. コンクリート打放し仕上げ以外に使用するせき板については、特記がなかったので、「合板の日本農林規格」第 5 条「コンクリート型枠用合板の規格」による板面の品質が B－C のものが使用されていることを確認した。

2. 型枠の構造計算におけるコンクリートの施工時の水平荷重については、鉛直方向の荷重に対する割合で定めることとし、地震力については考慮しなかった。

3. 外壁の地中部分等の水密を要する部分の貫通孔に用いるスリーブについては、特記がなかったので、硬質ポリ塩化ビニル管が使用されていることを確認した。

4. 防水下地となるコンクリート面における型枠緊張材(丸セパ B 型)のコーン穴の処理については、水量の少ない硬練りモルタルでコンクリート面と同一になるように充填されていることを確認した。

R05	R04	R03	R02	R01	H30	H29

問題 07 V 9　型枠工事に関する次の記述のうち、**最も不適当な**ものはどれか。

1. 型枠の構造計算を行うに当たり、コンクリートの打込み速さを 10 m/h 以下、コンクリートの打込み高さを 1.5 m として予定していたので、柱の側圧と壁の側圧とを同じ値とした。

2. 型枠支保工の構造計算を行うに当たり、通常のポンプ工法による場合の打込み時の積載荷重として、1.5 kN/m² を採用することを確認した。

3. 梁下の支保工を材齢 28 日以前に取り外す必要があったので、標準養生した供試体の圧縮強度が、設計基準強度以上であることを確認した。

4. 資材の搬出入に伴い、やむを得ずスラブ支柱の盛替えを行う必要がある旨の報告を受けたので、その範囲と方法を定めた施工計画書を作成させ、承認した。

R05	R04	R03	R02	R01	H30	H29

問題01 V 10　計画供用期間の級が「標準」の建築物に使用するコンクリートの計画調合に関する次の記述のうち、**最も不適当な**ものはどれか。

1.　普通コンクリートの調合管理強度は、設計基準強度又は耐久設計基準強度のうち大きいほうの値に、構造体強度補正値を加えた値とした。

2.　普通ポルトランドセメントを用いた普通コンクリートの水セメント比の最大値については、65％とした。

3.　粒形が角張って実積率の小さい粗骨材を用いたので、標準的な実積率の粗骨材を用いた場合に比べて、所定のスランプを得るために単位水量を小さくした。

4.　普通コンクリートの単位セメント量の最小値については、270 kg/m³ とした。

　解説　1.　(「コンクリートの調合設計指針」3.2.3.3)
　　2.　(「建築工事監理指針」6.3.2.(2).(ⅱ).①)
　　3.　実積率の小さい粗骨材の使用は、コンクリートの流動性が低くなるため、同一スランプ量を得るための単位水量は大きくなる。これは砕石が砂利に比べて実積率が小さく、流動性が低いからである。
　　4.　(「建築工事監理指針」6.3.2.(2).(ⅳ))　　　　　　　　　　　　　　正解 3

R05	R04	R03	R02	R01	H30	H29

問題02 V 11　コンクリート工事に関する次の記述のうち、**最も不適当な**ものはどれか。

1.　コンクリートの圧送中にベント管内でコンクリートが閉塞したので、圧力を解除した後、そのベント管を速やかに取り外し、閉塞して品質が変化したコンクリートを廃棄した。

2.　梁及びスラブのコンクリートについては、壁及び柱のコンクリートの沈みが落ち着いた後に梁に打ち込み、その梁のコンクリートの沈みが落ち着いた後にスラブに打ち込んだ。

3.　コンクリート充塡鋼管造の柱（CFT柱）に使用する鋼管充塡コンクリート

において、フレッシュコンクリートのブリーディング量については、特記がなかったので、0.1 cm³/cm² 以下とした。

4. 普通コンクリートにおける構造体コンクリートの圧縮強度の検査で、受入検査と併用しない検査において、1回の試験における供試体については、任意の1台の運搬車から採取したコンクリート試料で作製した3個を使用した。

[解説] 1. (「建築工事監理指針」6.6.1.(4)) 圧送中に閉塞したコンクリートは、施工上または品質上の問題があるので廃棄する。

2. (「建築工事監理指針」6.6.4.(g).(4).(ⅲ).(5).(ⅰ)) 壁及び柱のコンクリートの沈みが落ち着いた後に梁を打ち込む。また、梁のコンクリートが落ち着いた後にスラブを打ち込む。設問の通り

3. (JASS5.18.3.e) フレッシュコンクリートのブリーディング量は、特記がない場合は 0.1cm³/cm² 以下とする。

4. (「建築工事監理指針」6.9.3.(b).(ⅱ)) 供試体は適切な間隔を開けて3台の運搬車を選び、各運搬車からコンクリート試料を採取し1個ずつ合計3個作成する。 **正解 4**

R05	R04	R03	R02	R01	H30	H29

問題03 V 10 　レディーミクストコンクリートの受入れ時の検査に関する次の記述のうち、**最も不適当な**ものはどれか。

1. コンクリートに含まれる塩化物量の検査において、塩化物イオン量として 0.30 kg/m³ であったので、合格とした。

2. 呼び強度 60、スランプフロー 50 cm と指定した高強度コンクリートにおいて、スランプフローが 60.0 cm であったので、合格とした。

3. 呼び強度 27、スランプ 21 cm と指定した高性能 AE 減水剤を用いた普通コンクリートにおいて、スランプが 23.0 cm であったので、合格とした。

4. スランプ及び空気量の検査において、スランプ及び空気量とも許容範囲を外れたため、同一運搬車から新しく試料を採取して再試験を行ったところ、1回でいずれも許容範囲内となったので、合格とした。

[解説] 1. (JIS A5308) コンクリートは、荷卸し地点で塩化物イオン(Cl-)量は 0.3 kg/m³ 以下とする。

2. (JASS5.17.11.b) スランプフローの許容値は、目標スランプフローが 50 cm 以下の時は、± 7.5 cm とする。したがって、57.5 cm までが合格となり、60 cm は不合格である。

3. (JASS5.11.5.a.(7). 解説表 11.6. [注] (1)) 呼び強度 27 N/mm² 以上で、高性能 AE 減水剤を使用する場合はスランプの許容差を± 2 cm とする。

4. (JIS A5308.11.1) スランプ及び空気量の両方が許容の範囲を外れた場合には、新

しく試料を採取して、1回に限りスランプ及び空気量試験を行ったとき、その結果がそれぞれ適合すれば、合格とすることができる。 正解 2

R05	R04	R03	R02	R01	H30	H29

問題 04 V 11 コンクリート工事に関する次の記述のうち、**最も不適当なもの**はどれか。

1. 調合管理強度が 27 N/mm² の普通コンクリートを使用した流動化コンクリートにおいて、ベースコンクリートのスランプを 15 cm、流動化コンクリートのスランプを 21 cm とした。

2. 寒中コンクリートにおいて、コンクリートの荷卸し時にコンクリート温度が 10℃ 以上 20℃ 未満となるように、練混ぜ水を 40℃ に加熱して使用した。

3. コンクリートポンプによるコンクリートの圧送において、打ち込むコンクリートの品質変化を防止するために、コンクリートの圧送前に富調合のモルタルを圧送した。

4. 床スラブ上面の均しについては、プラスチック収縮ひび割れの発生を防止するために、コンクリートの凝結完了後に、速やかにタンピングを行った。

[解説] 1. （JASS5.16.3. 表 16.1）スランプ値は普通コンクリートの場合、ベースコンクリートでは 15 cm 以下、流動化コンクリートでは 21 cm 以下とする。

2. （JASS5.12.6.b.(2)）加熱した材料を用いる場合、セメントを投入する直前のミキサ内の骨材および水の温度は、40℃ 以下とする。

3. （JASS5.7.4.e.(6)）コンクリートの圧送に先立ち、富調合のモルタルを圧送して配管内面の潤滑性を付与し、コンクリートの品質変化を防止する。先送りモルタルは、原則として型枠内に打ち込まない。

4. （JASS5.7.7.b）プラスチック収縮ひび割れなどによる不具合は、コンクリートの凝結が終了する前にタンピングなどにより処理する。 正解 4

R05	R04	R03	R02	R01	H30	H29

問題 05 V 10 表は、コンクリートの計画調合において使用する材料の絶対容積、質量等を記号で表したものである。この表の材料を使用したコンクリートに関する次の記述のうち、**最も不適当なもの**はどれか。ただし、細骨材及び粗骨材は、表面乾燥飽水状態とする。また、化学混和剤として AE 減水剤を使用するものとする。

単位水量	絶対容積（l/m³）			質量（kg/m³）			AE 減水剤の
(kg/m³)	セメント	細骨材	粗骨材	セメント	細骨材	粗骨材	添加率（%）
A	B	C	D	E	F	G	H

1. コンクリートの強度（N/mm²）は、$\dfrac{A}{E}$ に比例する。

2. AE 減水剤の使用量（kg/m³）は、$E \times \dfrac{H}{100}$ である。

3. 細骨材率（%）は、$\dfrac{C}{C+D} \times 100$ である。

4. フレッシュコンクリートの単位容積質量（kg/m³）は、$A + E + F + G$ である。

〔解説〕 1. コンクリート強度は、セメント水比 $\left(\dfrac{E}{A}\right)$ に比例し、水セメント比 $\left(\dfrac{A}{E}\right)$ に反比例する。

3. 骨材には空隙（骨材間の空間）が含まれるため、細骨材率は容積比であらわす。

正解 1

R05	R04	R03	R02	R01	H30	H29

【問題06】V 11 コンクリート工事に関する次の記述のうち、**最も不適当なもの**はどれか。

1. レディーミクストコンクリートの受入検査において、指定したスランプ 18 cm に対して、15.5 cm であったので許容した。

2. 鋼管充填コンクリートの落し込み工法において、できる限りコンクリートの分離が生じないように、打込み当初のコンクリートの自由落下高さを 1 m 以内とした。

3. 設計基準強度 60 N/mm² の高強度コンクリートの打込みにおいて、高性能 AE 減水剤を使用しているので、外気温にかかわらず、練混ぜから打込み終了までの時間の限度を 120 分とした。

4. コンクリートの締固めについては、公称棒径 45 mm のコンクリート用棒形振動機のほかに、型枠振動機及び木槌を併用したので、棒形振動機の挿入間隔を 80 cm 程度とした。

〔解説〕 1. （JASS5.11.5.a.（7）.解説表 11.6）スランプ 8 cm 以上 18 cm 以下の場合、許容差は± 2.5 cm で、15.5 〜 20.5 cm まで許容範囲内である。

2. （JASS5.18.7.b.（3）.解説図 18.7）　3. （JASS5.17.7a）

4. 公称棒径 45 mm のコンクリート用棒形振動機の挿入間隔は 60 cm 程度以下とする。

正解 4

R05	R04	R03	R02	R01	H30	H29

【問題07】V 10 レディーミクストコンクリートの受入れ時の検査について、表のA〜Cの圧縮強度試験の結果に対する調合管理強度の判定に関する次の記述のうち、**最も適当なもの**はどれか。ただし、コンクリートの調合管理強度は 30 N/mm² とし、1 回の試験には任意の 1 台の運搬車から採取したコンクリート試料で作製した 3 個の供試体を用いるものとする。

	1回目の平均値 (N/mm²)	2回目の平均値 (N/mm²)	3回目の平均値 (N/mm²)	総平均値 (N/mm²)
A	33.0	34.5	31.5	33.0
B	26.5	33.0	32.0	30.5
C	28.0	30.0	30.5	29.5

1. Aは「合格」、B及びCは「不合格」と判定する。
2. A及びBは「合格」、Cは「不合格」と判定する。
3. A及びCは「合格」、Bは「不合格」と判定する。
4. A、B及びCを「合格」と判定する。

解説 （JASS5.11.5.a.(9). 解説表 11.8）1回の強度試験の結果が、呼び強度の 85％以上であり、かつ、3回の強度試験の結果の平均が呼び強度以上であること。

従って、$30\,\text{N/mm}^2 \times 0.85 = 25.5\,\text{N/mm}^2$ かつ、平均が呼び強度（$30\,\text{N/mm}^2$）以上でなければならないので、A及びBは「合格」、Cは「不合格」と判定する。　　正解 2

R05	R04	R03	R02	R01	H30	H29

問題 08 Ⅴ 11　コンクリート工事に関する次の記述のうち、**最も不適当なもの**はどれか。

1. 高炉セメント B 種を使用したコンクリートの調合管理強度について、特記がなく、コンクリートの打込みから材齢 28 日までの期間の予想平均気温が $8 \sim 10℃$ であったので、構造体強度補正値を $3\,\text{N/mm}^2$ とした。
2. 高強度コンクリートの自己収縮を抑制するために、所要のワーカビリティーが得られる範囲で、高性能 AE 減水剤の使用量を増やして単位水量を小さくしたうえで、単位セメント量をできるだけ小さくした。
3. マスコンクリートの表面ひび割れの低減のため、表面を断熱養成マットで覆うことにより養生した。
4. 柱や壁の型枠へのコンクリートの打込みにおいて、コンクリートが分離しない範囲で、自由落下により打ち込んだ。

解説 1.（JASS5.5.3.b. 表 5.1）高炉セメント B 種を使用したコンクリートでは、予想平均気温が $0 \leqq \theta \leqq 13℃$ の場合の構造体強度補正値は、$6\,\text{N/mm}^2$ である。　　正解 1

R05	R04	R03	R02	R01	H30	H29

問題 09 Ⅴ 10　コンクリート工事に関する記述において、監理者が一般に行うものとして、**最も不適当なもの**は、次のうちどれか。

1. 単位水量が $180\,\text{kg/m}^3$ と指定されたコンクリートにおいて、打込み中に品質変化が見られたので、単位水量が $180\,\text{kg/m}^3$ であることを、レディーミクス

トコンクリート工場の製造管理記録により確認した。

2. 特記のないコンクリートの打継ぎにおいて、やむを得ず、梁に鉛直打継ぎ部を設けなければならなかったので、スパンの中央又は端から 1/4 の付近に打継ぎ部が設けられていることを確認した。

3. 普通コンクリートにおける構造体コンクリートの強度の検査において、1回の圧縮強度の試験に用いる供試体については、レディーミクストコンクリートの受入れ検査と併用しないこととなっていたので、工事現場において適切な間隔をあけた 3 台の運搬車から各 1 個ずつ、合計 3 個採取されていることを確認した。

4. 同一区画のコンクリート打込み時における打重ね時間の限度については、外気温が 25℃ を超えていたので、150 分を目安としていることを確認した。

[解説] 4. （JASS5.7.5.f）同一区画のコンクリート打込み時における打重ね時間の限度は、一般的に外気温が 25℃ 未満の場合は 150 分、25℃ 以上の場合は 120 分を目安とし、先に打ち込んだコンクリートの再振動可能時間内とする。　　　　[正解 4]

R05	R04	R03	R02	R01	H30	H29

[問題 10] [V 11] 図に示すコンクリート工事におけるフレッシュコンクリートの現場受入れ時の品質検査に関する次の記述のうち、**最も不適当な**ものはどれか。ただし、設計図書において、コンクリートは普通コンクリートとし、調合管理強度は 27 N/mm²、スランプは 18 cm と指定されているものとする。また、「寒中コンクリート」には該当しないものとする。

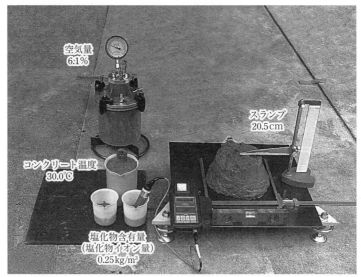

図　フレッシュコンクリートの現場受入れ時の品質検査状況

1. スランプ試験の結果は、合格であると判断した。
2. 空気量試験の結果は、合格であると判断した。
3. コンクリートの温度測定試験の結果は、合格であると判断した。
4. コンクリートの塩化物含有量試験の結果は、合格であると判断した。

[解説] 2.（JASS5.7.4.a. 解説表 7.2）普通コンクリートの品質変化の限度は、空気量の場合 1.0％以内。普通コンクリートの空気量は 4.5％（特記がない場合）。よって、限度は 4.5 ＋ 1.0 ＝ 5.5％となる。　　　[正解 2]

R05	R04	R03	R02	R01	H30	H29

問題 11 V 10　コンクリート工事に関する次の記述のうち、**最も不適当なもの**はどれか。

1. 普通ポルトランドセメントを使用したコンクリート（設計基準強度 36 N/mm²）の調合管理強度については、特記がなく、コンクリートの打込みから材齢 28 日までの期間の予想平均気温が 7℃ であったので、構造体強度補正値を 6 N/mm² とした。
2. 普通コンクリートにおける構造体コンクリートの圧縮強度の試験については、コンクリートの打込み日ごと、打込み工区ごと、かつ、150m³ 又はその端数ごとに 1 回行った。
3. 調合管理強度 27 N/mm²、スランプ 21 cm と指定された高性能 AE 減水剤を使用したコンクリートにおいて、現場受入れ時のスランプ試験の結果が 19.0 cm であったので、合格とした。
4. 構造体コンクリート強度の検査において、標準養生による 3 個の供試体の材齢 28 日における圧縮強度の平均値がコンクリートの設計基準強度以上であったので、合格とした。

[解説] 4.（JASS5.11.11.d. 表 11.9）標準養生による場合は、3 個の供試体の材齢 28 日における圧縮強度の平均値が調合管理強度以上であれば合格とする。　　[正解 4]

R05	R04	R03	R02	R01	H30	H29

問題 12 V 11）*　コンクリート工事に関する次の記述のうち、**最も不適当なも**のはどれか。

1. 暑中コンクリート工事の適用期間に関して特記がなく、コンクリートの打込み予定日の日平均気温の日別平滑値が 25℃ を超えていたので、暑中コンクリート工事として施工計画書を提出させた。
2. 柱、梁、スラブ及び壁に打ち込むコンクリートの粗骨材については、特記

がなかったので、最大寸法 25 mm の砕石が使用されることを確認した。

3. コンクリートの打継ぎ面のレイタンスについては、高圧水洗やワイヤーブラシ掛けにより除去し、健全なコンクリート面が露出していることを確認した。

4. 柱や壁の打込み後のコンクリートの養生において、透水性の小さいせき板で保護されている部分については、湿潤養生されているものとみなして、湿潤養生を省略した。

解説 2.（JASS5.4.3.b. 表 4.1）特記がない場合、粗骨材の最大寸法は 20 mm である。

正解 2

R05	R04	R03	R02	R01	H30	H29

問題 13 V 10 表は、コンクリートの計画調合において使用する材料の絶対容積及び質量を記号で表したものである。この表の材料を使用したコンクリートに関する次の記述のうち、**最も不適当な**ものはどれか。ただし、細骨材及び粗骨材は、表面乾燥飽水状態とする。

絶対容積 (l/m³)				質量 （kg/m³）			
水	セメント	細骨材	粗骨材	水	セメント	細骨材	粗骨材
A	B	C	D	E	F	G	H

1. 水セメント比（%）は、$\dfrac{E}{F} \times 100$ である。

2. 細骨材率（%）は、$\dfrac{G}{G+H} \times 100$ である。

3. 空気量（%）は、$\dfrac{1,000 - (A + B + C + D)}{1,000} \times 100$ である。

4. フレッシュコンクリートの単位容積質量（t/m³）は、$\dfrac{E + F + G + H}{1,000}$ である。

解説 2. 細骨材率は、$\dfrac{C}{C+D} \times 100$%

正解 2

R05	R04	R03	R02	R01	H30	H29

問題 14 V 11 コンクリート工事に関する次の記述のうち、**最も不適当な**ものはどれか。

1. コンクリートポンプによるコンクリートの圧送に当たり、コンクリートの圧送に先立って圧送する富調合モルタルについては、型枠内に打ち込まずに全て破棄した。

2. コンクリート棒形振動機によるコンクリートの締固めにおいては、打込み層ごとに行い、その下層に振動機の先端が入るようにほぼ垂直に挿入し、挿入間隔を 60 cm 以下としたうえで、コンクリートの上面にセメントペースト

が浮くまで加振した。

3. 床スラブのコンクリートの打込みをした翌日に、やむを得ず次工程の墨出しを行わなければならなかったので、適切な養生を行いコンクリートに振動や衝撃等の悪影響を与えない作業に限定して承認した。

4. 普通ポルトランドセメントを使用したコンクリートの養生において、外気温の低い時期であったので、コンクリートを寒気から保護し、コンクリートの温度が2℃を下まわらない期間を3日とした。

[解説] 4. （JASS5.8.3）外気温の低い時期においては、コンクリートを寒気から保護し、打ち込み後5日間以上コンクリートの温度を2℃以上に保つ。早強ポルトランドセメントを用いる場合は、この期間を3日間以上としてよい。　　　　正解 4

壁式プレキャスト 鉄筋コンクリート工事

R05	R04	R03	R02	R01	H30	H29

問題01 V 12 プレキャスト鉄筋コンクリート工事に関する次の記述のうち、**最も不適当な**ものはどれか。

1. プレキャストの耐力壁の水平及び鉛直接合部の防水については、適切な目地深さを確保するためにバックアップ材を装填し、建築用シーリング材により行った。

2. プレキャスト部材と現場打ちコンクリートの接合部については、豆板などの欠陥を防止するために、打込み箇所を清掃して異物を取り除き、散水してせき板やコンクリート面を湿潤状態にして、接合部1か所ごとに一度にコンクリートを打ち込んだ。

3. プレキャスト部材の柱脚部において、鉄筋のスリーブ継手のグラウト材の充填度については、注入口から注入したグラウト材が、すべての排出口からあふれ出たことを目視により確認した。

4. プレキャスト部材の製造において、脱型時に表面温度が高いプレキャスト部材については、表面部の温度が外気温と同程度になるまで適切な温度管理をした貯蔵場所で十分に乾燥させた。

〔解説〕 1.（JASS10.12.3.d）建築用シーリング材が本来の防水性能を発揮するには、接合部の所定の防水断面を確保する必要があり、バックアップ材やボンドブレーカーは目地深さが確保されるように充填する。

2.（JASS10.11.6.a、b）コンクリートの打ち込みに先立ち、打ち込み箇所を清掃して異物を取り除き、散水してせき板やコンクリート面を湿潤状態とする。接合部に用いる現場打ちコンクリートは、一度に打ち込まれるように計画する。

3.（JASS10.13.8.a.(2)）グラウト継手の場合は、継手からグラウト材がはみ出していること。

4.（JASS10.6.10.a）脱型後は、プレキャスト部材コンクリートが所定の強度に達するまで湿潤養生を行う。 正解 4

R05	R04	R03	R02	R01	H30	H29

問題02 V 12 プレキャスト鉄筋コンクリート工事に関する次の記述のうち、

最も不適当なものはどれか。

1. 高強度コンクリートを用いて部材厚の大きなプレキャスト部材を製造するに当たり、セメントの水和熱により中心部と表面部の温度差が大きくなることを考慮した加熱養生計画とした。

2. プレキャスト部材の製造工場における製品検査において、外壁のプレキャスト部材の屋外に面する部分に、外壁の性能上支障がない「幅 0.10 mm 以下のひび割れ」があったので、プレキャスト部材製造要領書に従って、初期補修用プレミックスポリマーセメントペーストによる補修を行ったうえで合格とした。

3. 工事現場における部材の受入検査において、特殊な形状や特に注意を要する部材については、専用の架台に仮置きして、製品検査済などの表示を確認したうえで、積込み時や運搬中に生じる可能性があるひび割れ、破損、変形などの状況を確認した。

4. プレキャストの柱部材と梁部材の組立て精度の検査については、当該階の全てのプレキャスト部材の仮固定完了後、接合作業前に行った。

[解説] 1.（JASS10.6.8.b.(3).解説）
2.（JASS10.6.11.b.解説）
3.（JASS10.8.1.解説）
4.（JASS10.13.7.表 13.10.［注］1)）検査は、組立作業中の仮固定完了後、次のプレキャスト部材が組み立てられる前とする。　　　　　　　　　　**正解 4**

R05	R04	**R03**	R02	R01	H30	H29

[問題 03 V 12] プレキャスト鉄筋コンクリート工事に関する次の記述のうち、**最も不適当な**ものはどれか。

1. プレキャスト部材の製造については、部材の大型化や輸送費の低減を図るために、工事現場に仮設の製造設備や品質管理体制を整え、第三者機関の認定を取得した仮設工場で行う計画とした。

2. プレキャスト部材に用いるコンクリートの空気量は、特記がなく、凍結融解作用を受けるおそれもなかったので、目標値を 4.5% とした。

3. 計画供用期間の級が「標準」の建築物において、耐久性上有効な仕上げを施すプレキャスト部材の屋外側の設計かぶり厚さは、特記がなかったので、柱・梁・耐力壁については 35 mm、床スラブ・屋根スラブについては 25 mm とした。

4. 工事現場において、プレキャスト部材のエンクローズ溶接継手については、

溶接後の鉄筋の残留応力が過大とならないように、同一接合部の鉄筋の溶接作業を連続して行った。

[解説] 1. （JASS10.6.1.a、b）

2. 凍結融解作用を受けるおそれのない場合は、3%以下の範囲で空気量の目標値を定め、工事管理者の承認を受ける。

3. （JASS10.3.2.9.a. 表 3.3）耐久性上有効な仕上げを施すプレキャスト部材の屋外側の設計かぶり厚さは、特記がない場合、柱・梁・耐力壁については最小30mm、床スラブ・屋根スラブについては最小20mmとすることができる。

4. （JASS10.10.2.2.b.(2)）

正解 2

R05	R04	R03	R02	R01	H30	H29

問題 04 V 12　プレキャスト鉄筋コンクリート工事に関する次の記述のうち、**最も不適当な**ものはどれか。

1. 製造工場におけるプレキャスト部材コンクリートの脱型時の圧縮強度については、プレキャスト部材と同一養生を行った供試体の圧縮強度試験の結果により確認した。

2. プレキャスト梁部材の長さについては、特記がなかったので、許容差を±10mmとして製品の寸法精度の管理を行った。

3. エンクローズ溶接継手によるプレキャスト部材相互の接合において、溶接作業については、建築物の外周部から中央部へ順次行った。

4. 液状シールによるプレキャスト屋根部材の接合部の防水において、液状シールの塗布幅については、目地幅端部より両端とも60mm以上とした。

[解説] 1. （JASS10.13.5.e. 表 13.5）同一養生した供試体の圧縮強度をもとに脱型時の所要強度以上であることを確認する。

3. （JASS10.10.2.2.b.(2)）設問の作業は、溶接接合するプレキャスト部材の拘束を軽減する対策を講じる必要がある。建物全体としては、中央から外側へ進めるとよい。

4. （JASS10.12.3.f）液状シール材の塗布幅は、目地幅端部より両端ともに60mm以上の範囲とし、塗り厚みは、防水用グラスシートを含め10mm以上を確保する。

正解 3

R05	R04	R03	R02	R01	H30	H29

問題 05 V 12　プレキャスト鉄筋コンクリート工事に関する次の記述のうち、**最も不適当な**ものはどれか。

1. プレキャスト部材の組立精度の検査においては、特記がなかったので、柱・壁の垂直部材と梁・床の水平部材とも、組立て作業中の仮固定完了後、次の

プレキャスト部材が組み立てられる前に、全数について、それぞれ±5mmを判定基準として行った。

2. 工事現場において、バルコニー付きの床のプレキャスト部材を平置きで仮置きするので、ひび割れや変形等が生じないように、台木の位置を、組立て後にプレキャスト部材が支持される位置からできるだけ離した。

3. プレキャスト部材の製造工場における製品検査において、外壁のプレキャスト部材の屋外に面する部分に、幅0.10mm以下のひび割れがあったが、外壁の性能上支障がないと判断し、プレキャスト部材製造要領書に従って、初期補修用プレミックスポリマーセメントペーストによる補修を行ったうえで合格とした。

4. プレキャスト部材の製造に当たり、脱型時に表面温度が高いプレキャスト部材においては、表面部の温度が外気温と同程度となるまで水密シートによる養生を行った。

[解説] 2. （JASS10.8.2）床部材を平置きで仮置きする場合の台木の位置は、組床部材を置いたときに最も曲げ応力がかからない位置とす

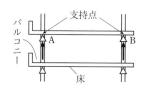

る。バルコニー付き床部材を平置きで仮置きする場合の台木の位置は、最も曲げ応力が掛からない壁に支持される位置とするのがよい。　　　　　[正解 2]

R05	R04	R03	R02	R01	H30	H29

[問題06] V 12　プレキャスト鉄筋コンクリート工事に関する次の記述のうち、**最も不適当な**ものはどれか。

1. 計画供用期間の級が「標準」の建築物において、プレキャスト部材の屋外側の鉄筋に対するコンクリートの設計かぶり厚さは、特記がなかったので、柱・梁・耐力壁については45mm、床スラブ・屋根スラブについては35mmとした。

2. プレキャスト部材の現場受入れ時の検査において、製造工場における製品検査に合格した部材であっても、運搬中に起こり得るひび割れ、破損、変形や先付金物の状態等を確認した。

3. プレキャスト部材を現場打ちコンクリートに接合する部分については、現場打ちコンクリート部分の精度に影響されるため、「プレキャスト部材の位置の許容差」を、特記がなかったので、「現場打ちコンクリート部分の位置の許容差」と同じ値とした。

4. プレキャスト部材の組立精度の検査は、柱・壁の垂直部材と梁・床の水平部材とも、それぞれ±10mmを判定基準として行った。

[解説] 4. （JASS10.13.7）判定基準は±5mmである。 正解 4

R05	R04	R03	R02	R01	H30	H29

[問題 07] [V 12] プレキャスト鉄筋コンクリート工事に関する次の記述のうち、**最も不適当な**ものはどれか。

1. プレキャスト部材の製造に当たり、コンクリートの加熱養生において、前養生時間を3時間とし、養生温度の上昇勾配を15℃/hとした。

2. プレキャスト部材の製造に当たり、板状のプレキャスト部材の脱型時所要強度については、脱型時にベッドを70〜80度に立て起こしてから吊り上げる計画としたので、コンクリートの圧縮強度を5N/mm²とした。

3. 工事現場において、プレキャスト部材のエンクローズ溶接継手については、溶接後の鉄筋の残留応力を小さくするため、同一接合部の溶接作業を連続して行った。

4. 工事現場において、プレキャスト部材と現場打ちコンクリートとの接合部については、コンクリートの打込みに先立ち、豆板等の欠陥を防止するため、散水してせき板及びプレキャスト部材の接合面を湿潤状態にした。

[解説] 2. （JASS10.3.2.4.e. 解説）脱型時にベッドを70〜80度まで立ておこして吊り上げる場合には、脱型時所要強度は8〜10N/mm²程度でよい。 正解 2

R05	R04	R03	R02	R01	H30	H29

問題01 V 13　鉄骨工事における溶接に関する次の記述のうち、**最も不適当な**ものはどれか。

1.　作業場所の気温が 2℃ であったので、溶接線より 100mm の範囲の母材部分を予熱して溶接を行った。

2.　隅肉溶接において、T 継手の密着不良部の隙間が 3.0mm であったので、隅肉溶接のサイズを隙間の大きさだけ大きくした。

3.　裏当て金を用いた柱梁接合部の裏当て金の組立溶接については、梁フランジ幅の両端から 5mm 以内の位置において行った。

4.　開先のある溶接の両端に設ける鋼製エンドタブについては、特記がなく、柱材に H 形断面柱が用いられている接合部であったので、切断しなかった。

　[解説]　1.　(「建築工事監理指針」7.6.8.(b)) 作業場所の気温が、- 5℃ 以上、5℃ 以下の場合は、溶接の前に溶接線の両側 100mm の範囲まで加熱を行う。

　　2.　(「建築工事監理指針」7.6.5.(a)、4.13.5(3).表 4.13.3) 隙間が 2mm を超え 3mm 以下の場合、隙間の寸法だけ隅肉溶接のサイズを増す。

　　3.　(JASS6.5.7.g.(1)) 裏当て金を用いた柱梁接合部の裏当て金の組立溶接は、梁フランジの両端から 5mm 以内及びフレット部の R 止まり、または隅肉溶接止端部から 5mm 以内の位置では行わない。

　　4.　(JASS6.5.7.f.(3)) エンドタブの切断の要否及び切断要領は、特記による。特記のない場合は切断しなくてよい。

　　　　　　　　　　　　　　　　　　　　　　　　　　　　　　　　　　　　　　正解 3

R05	R04	R03	R02	R01	H30	H29

問題02 V 14　鉄骨工事における精度の管理に関する「検査の対象」と「管理許容差」との組合せとして、鉄骨精度検査基準 ((一社) 日本建築学会「建築工事標準仕様書6　鉄骨工事　付則6」) に照らして、**最も不適当な**ものは、次のうちどれか。

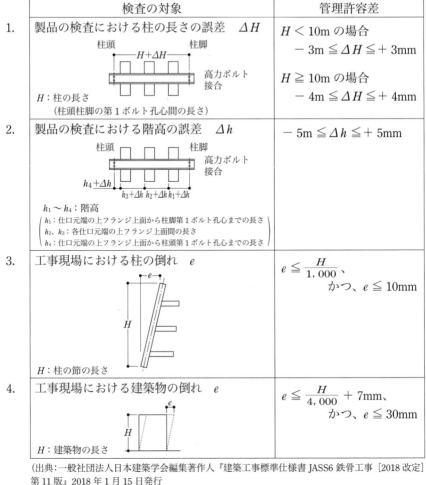

検査の対象	管理許容差
1. 製品の検査における柱の長さの誤差　ΔH 柱頭　　　　　　柱脚 $H+\Delta H$ 高力ボルト接合 H：柱の長さ （柱頭柱脚の第1ボルト孔心間の長さ）	$H < 10\text{m}$ の場合 　$-3\text{m} \leqq \Delta H \leqq +3\text{mm}$ $H \geqq 10\text{m}$ の場合 　$-4\text{m} \leqq \Delta H \leqq +4\text{mm}$
2. 製品の検査における階高の誤差　Δh 柱頭　　　　　　柱脚 高力ボルト接合 $h_4+\Delta h$ $h_3+\Delta h$　$h_2+\Delta h$　$h_1+\Delta h$ $h_1 \sim h_4$：階高 h_1：仕口元端の上フランジ上面から柱脚第1ボルト孔心までの長さ h_2, h_3：各仕口元端の上フランジ上面間の長さ h_4：仕口元端の上フランジ上面から柱頭第1ボルト孔心までの長さ	$-5\text{m} \leqq \Delta h \leqq +5\text{mm}$
3. 工事現場における柱の倒れ　e e H H：柱の節の長さ	$e \leqq \dfrac{H}{1,000}$、 　　　かつ、$e \leqq 10\text{mm}$
4. 工事現場における建築物の倒れ　e e H H：建築物の長さ	$e \leqq \dfrac{H}{4,000} + 7\text{mm}$、 　　　かつ、$e \leqq 30\text{mm}$

（出典：一般社団法人日本建築学会編集著作人『建築工事標準仕様書 JASS6 鉄骨工事［2018 改定］第 11 版』2018 年 1 月 15 日発行
肢 1.　91 頁 付則 6. 付表 4 ⑴ 柱の長さの図　　　肢 2.　91 頁 付則 6. 付表 4 ⑷ 階高の図
肢 3. 100 頁 付則 6. 付表 5 ⑺ 柱の倒れの図　　　肢 4. 98 頁 付則 6. 付表 5 ⑴ 建物の倒れの図）

解説　2.　（JASS6. 付則 6. 付表 4. ⑵階高）－3mm ≦ Δ h ≦＋3mm　　　正解 2

R05	R04	R03	R02	R01	H30	H29

問題 03 V 13　鉄骨工事に関する次の記述のうち、**最も不適当な**ものはどれか。

1.　国土交通大臣の認定による鉄骨製作工場のグレードは、製作した鉄骨により建築可能な建築物の規模や、使用する鋼材の種類・板厚、溶接作業の条件などに応じて定められており、性能評価の低い工場から順に、J、R、M、H、S の 5 つのグレードに区分される。

2. 板厚 10 mm 以下の鉄骨部材に行う高力ボルト用の孔あけ加工については、工事現場でドリルあけとすることができる。

3. 高力ボルトにおける摩擦面のすべり係数値を 0.45 以上確保するには、摩擦接合面全面の範囲のミルスケールを除去した後、一様に錆を発生させる方法がある。

4. トルシア形高力ボルトの締付け後の検査において、ボルトの余長については、ナット面から突き出た長さが、ねじ 1 山から 6 山までの範囲にあるものを合格とする。

[解説] 1. 国土交通省指定性能評価機関である日本鉄骨評価センターが、品質管理体制、製造設備と検査設備の管理体制、製作実績や品質管理状況などの審査を行い、高いグレードの順から S、H、M、R、J に区分して認定している。

2. (「建築工事監理指針」7.3.8) 高力ボルト用の孔あけ加工は、鉄骨製作工場で行い、ドリルあけとする。

3. (「公共建築工事標準仕様書」7.4.2.(1).(ア))

4. (「公共建築工事標準仕様書」7.4.8.(1).(d)) ボルトの余長は、ねじ 1 山から 6 山までの範囲であること。　　　　　　　　　　　　　　　　　　　　正解 2

R05	R04	R03	R02	R01	H30	H29

問題 04 V 14　鉄骨工事における溶接に関する次の記述のうち、**最も不適当な**ものはどれか。

1. 溶接接合において、厚さ 25 mm 以上の 400 N/mm² 級の軟鋼の組立溶接を被覆アーク溶接（手溶接）とするので、低水素系溶接棒を使用した。

2. 母材の溶接面について付着物の確認を行ったところ、固着したミルスケールがあったが、溶接に支障とならなかったので、除去しなかった。

3. 完全溶込み溶接とする板厚の異なる突合せ継手において、部材の板厚差による段違いが薄いほうの板厚の $\frac{1}{4}$ 以下、かつ、10 mm 以下であったので、薄いほうの部材から厚いほうの部材へ溶接表面が滑らかに移行するように溶接した。

4. 溶接部の補修において、表面割れについては、割れの位置を確認した後、割れと割れの両端からさらに 20 mm 程度広げた部分を除去し、舟底形に仕上げてから再溶接した。

[解説] 1. (JASS6.4.13.d.(3))

2. (「建築工事監理指針」7.6.6) 固着したミルスケールや防錆用塗布剤は、取り除かなくてもよい。

3. （JASS6.5.8.e.(3)）

4. （JASS6.5.13.b.(4)）割れの範囲を確認したうえで、その両端から 50 mm 以上はつりとって舟底形に仕上げ、補修溶接する。　　　　正解 4

R05	R04	R03	R02	R01	H30	H29

問題 05 V 13　鉄骨工事に関する次の記述のうち、**最も不適当なもの**はどれか。

1. トルシア形高力ボルトによる本接合において、一次締付後に、ボルト・ナット・座金及び母材にわたりマークを施し、専用のレンチを用いてピンテールが破断するまで締付けを行った。

2. サブマージアーク溶接による完全溶込み溶接において、あらかじめ行った溶接施工試験により十分な溶込みが得られることを確認できたので、監理者の承認を得て、裏はつりを省略した。

3. 受入検査における溶接部の外観検査は、特記がなかったので、表面欠陥及び精度に対する目視検査とし、基準を逸脱していると思われる箇所に対してのみ、適正な器具により測定した。

4. やむを得ず横向き姿勢で行う軸径 16 mm のスタッド溶接については、実際の施工条件に合わせた技量付加試験を実施できなかったので、スタッド溶接技能者の資格種別 A 級の資格を有する者が行った。

解説　1.　（JASS6.6.5.(3)、(4)）

2.　（JASS6.5.8.b）

3.　（JASS6.10.4.e.(2)）

4.　軸径 16 mm のスタッド溶接を横向き姿勢で行う場合は、資格種別 B 級の資格を有する者が行う。

正解 4

技術資格及び作業範囲

級	資格の種別	作業範囲
基本級 （下向）	A 級	スタッド軸径 22mm 以下の下向き溶接
専門級 （全姿勢）	B 級	スタッド軸径 16mm 以下の横向き溶接
		スタッド軸径 16mm 以下の上向き溶接
		スタッド軸径 22mm 以下の下向き溶接
専門級 （太径）	F 級	スタッド軸径 25mm 以下の下向き溶接

（出典：(一社) 日本建築学会『鉄骨工事技術指針・工事現場施工編』2018 年）

R05	R04	R03	R02	R01	H30	H29

問題 06 V 14　鉄骨工事に関する次の記述のうち、監理者の行為として、**最も不適当なもの**はどれか。

1. 鉄骨製作工場で行う監理者の検査については、塗装実施前に工事施工者が行う受入検査時に実際に使用する製品に対して直接行った。

2. 板厚が 13 mm の鉄骨の高力ボルト用の孔あけ加工において、特記のないものについては、せん断孔あけとし、グラインダーを使用して切断面のはりが除去されていることを確認した。

3. トルシア形高力ボルト接合の本締めにおいて、トルシア形高力ボルト専用の締付け機が使用できない箇所については、高力六角ボルトに交換して、ナット回転法により適切なボルト張力が導入されたことを確認した。

4. 材料の受入れに当たって、鋼材の種類、形状及び寸法については、規格品証明書の写しに所定の事項が明示され、押印された原本相当規格品証明書により確認した。

[解説] 2. （JASS6.4.9.(1)）高力ボルト用の孔あけ加工は、ドリル孔あけとする。ただし、特記がある場合または工事監理者の承認を受けた場合は、レーザー孔あけとすることができる。

3. （JASS6.6.4.a.(4).ⅱ)）

4. （JASS6.3.5.(2)） 　　　　　　　　　　　　　　　　　正解 2

R05	R04	R03	R02	R01	H30	H29

問題07 V 13 鉄骨工事に関する次の記述のうち、監理者が行った行為として、**最も不適当なものはどれか。**

1. スタッド溶接完了後、1ロットにつき1本を抜き取って行った打撃曲げ試験の結果が不合格となったロットにおいて、当該ロットからさらに2本のスタッドを試験し2本とも合格したものについては、当該ロットが合格となっていることを確認した。

2. 工作図において、鉄筋貫通孔の孔径についての特記がなかったので、異形鉄筋 D25 の孔径の最大値が 38 mm となっていることを確認した。

3. トルシア形高力ボルトの締付け後の検査において、ナット回転量が群の平均値から算出した許容範囲から過小と判定されたものについては、その範囲に入るように追締めが行われていることを確認した。

4. ロックウール吹付け工法による耐火被覆において、柱の耐火材の吹付け厚さについては、厚さ確認ピンが柱の1面に各1箇所以上差し込まれていることを確認した。

[解説] 1. （JASS6.10.4.g.(3).ⅰ).ⅲ)）スタッド打撃曲げ試験は、100本または主要部材1本または1台に溶接した本数のいずれか少ない方を1ロットとし、1ロットにつき1本行う。不合格となった場合は、同一ロットからさらに2本のスタッドを検査し、2本とも適合の場合はそのロットを合格とする。

2. （JASS6.4.9(7).表 4.3）

丸鋼		鉄筋径＋10mm							
異形鉄筋	呼び名	D10	D13	D16	D19	D22	D25	D29	D32
	孔 径	21	24	28	31	35	38	43	46

3. （JASS6.6.6.c）設問のトルシア形高力ボルトは、追締めをせず、新しいものと取り替える。
4. （建設省住指発208号）吹付け厚さの確認は、柱1面に各1本、梁は6mにつき3本と規定している。 正解 3

R05	R04	R03	R02	R01	H30	H29

問題 08 V 14 鉄骨工事に関する次の記述のうち、**最も不適当な**ものはどれか。

1. 受入検査において、完全溶込み溶接部の超音波深傷検査については、特記がなかったので、抜取検査により実施した。
2. 鉄骨の建方精度の管理において、特記がなかったので、柱の各節の倒れの管理許容差を、節の高さの1/700以下、かつ、20mm以下とした。
3. 建方作業において、溶接継手におけるエレクションピースに使用する仮ボルトは、高力ボルトを使用して全数締め付けた。
4. 溶接作業において、作業場所の気温が−2℃であったので、溶接線より両側約100mmの範囲の母材部分を加熱して溶接した。

解説 2. （JASS6. 付則6. 付表5.(7)）柱の各節の倒れの管理許容差は、節の高さの1/1,000以下、かつ、10mm以下とする。 正解 2

R05	R04	R03	R02	R01	H30	H29

問題 09 V 13 鉄骨工事に関する次の記述のうち、**最も不適当な**ものはどれか。

1. 溶接部の清掃において、母材の溶接面について付着物の確認を行ったところ、固着したミルスケールがあったが、溶接に支障とならなかったので、除去しなかった。
2. 工事現場において、H形鋼の梁と柱との接合に当たり、梁ウェブを高力ボルト接合とし梁フランジを溶接接合とする混用継手で、梁せいや梁フランジ厚が大きくなく、溶接部に割れ等の欠陥が生じるおそれがないと判断し、高力ボルトを締め付けた後に溶接を行った。
3. 溶融亜鉛めっきを施した鉄骨の接合部の摩擦面については、すべり係数が0.40以上確保することができるように、特記がなかったので、りん酸塩処理を行った。
4. 鉄骨の製作精度の管理において、特記がなったので、鉄骨精度検査基準（(一社)日本建築学会「建築工事標準仕様書 鉄骨工事 付則6」）に従い、柱の長さについては、10m未満であったので、柱の長さの管理許容差を±5mmとした。

[解説] 4.（JASS6. 付則 6. 付表 4） 柱の長さが 10 m 未満の場合、柱の長さの管理許容差は ± 3 mm とする。 正解 4

R05	R04	R03	R02	R01	H30	H29

問題 10 V 14 鉄骨工事に関する記述において、監理者が一般に行うものとして、**最も不適当な**ものは、次のうちどれか。

1. 高力ボルト接合の摩擦面については、ショットブラストにより表面粗度を 50 μm Rz 以上確保できていたので、摩擦面に赤錆を発錆させないことを承認した。

2. 組立溶接において、鋼材の板厚が 6 mm を超えていたので、ショートビードとならないように、組立溶接の最小溶接長さが 30 mm を基準としていることを確認した。

3. 特記により、高力ボルト孔の孔あけ加工をレーザ孔あけとしたので、溶損部を含む孔径の精度を ± 0.5 mm としていることを確認した。

4. ねじの呼び M22 のトルシア形高力ボルトにおいて、ボルトの長さについては締付け長さに 35 mm を加えたものを標準長さとし、標準長さに最も近い寸法のボルトが使用されていることを確認した。

[解説] 2.（JASS6.4.13.d.(4)）鋼材の板厚が 6 mm を超える場合の組立溶接最小溶接長さは、40 mm を基準とする。 正解 2

R05	R04	R03	R02	R01	H30	H29

問題 11 V 13 鉄骨工事に関する次の記述のうち、**最も不適当な**ものはどれか。

1. 高力ボルト接合における摩擦面は、すべり係数値が 0.45 以上確保できるように、ミルスケールを添え板全面の範囲について除去したのち、一様に錆を発生させることとした。

2. I 形鋼のフランジ部分における高力ボルト接合において、ボルト頭部又はナットと接合部材の面が 1/20 以上傾斜していたので、勾配座金を使用した。

3. 溶接接合において、引張強さ 490 N/mm² 以上の高張力鋼及び厚さ 25 mm 以上の鋼材の組立溶接を被覆アーク溶接（手溶接）とするので、低水素系溶接棒を使用した。

4. スタッド溶接において、スタッドの仕上り精度については、仕上り高さを指定された寸法の ± 5 mm、スタッドの傾きを 15 度以内として管理した。

[解説] 4.（公共建築協会「公共建築工事標準仕様書」7.7.3）スタッドの仕上り精度は、仕上り高さは指定された寸法の ± 2 mm 以内、傾きは 5 度以内で管理する。 正解 4

問題12 V 14 　鉄骨工事に関する次の記述のうち、**最も不適当な**ものはどれか。

1. 　保有水平耐力計算を行わない鉄骨造において、柱脚を基礎に緊結するに当たり、露出形式柱脚としたので、鉄骨柱のベースプレートの厚さをアンカーボルトの径の 1.3 倍以上とした。

2. 　鉄骨造の柱脚部を基礎に緊結するために設置するアンカーボルトについては、特記がなかったので、二重ナット締めを行ってもボルトのねじが 3 山以上突出する高さで設置した。

3. 　完全溶込み溶接部の内部欠陥の検査については、浸透探傷試験により行った。

4. 　溶融亜鉛めっき高力ボルト接合において、ナット回転法で行ったので、締付け完了後、ナットの回転量が不足しているものについては、所定の回転量まで追締めを行った。

[解説] 3.　（公共建築協会「建築工事監理指針」7.6.11.(b)）一般に超音波探傷試験で行う。
　　　　　　　　　　　　　　　　　　　　　　　　　　　　　　　　正解 3

問題13 V 14 　鉄骨工事に関する次の記述のうち、**最も不適当な**ものはどれか。

1. 　工事現場における鉄骨の錆止め塗装において、鋼材表面の温度が 50℃ 以上となり、塗膜に泡を生ずるおそれがあったので、塗装作業を中止した。

2. 　鉄骨の建方に先立って行うあと詰め中心塗り工法におけるベースモルタルの施工において、モルタル中心塗り部分のモルタルの塗厚さを 60 mm とし、養生期間を 2 日とした。

3. 　ロックウール吹付け工法による耐火被覆の施工において、柱の耐火材の吹付け厚さについては確認ピンを使用し、柱の 1 面に各 1 箇所以上を差し込んで確認した。

4. 　鉄骨の建方精度の管理において、建築物の倒れの管理許容差を、特記がなかったので、鉄骨精度検査基準（（一社）日本建築学会「建築工事標準仕様書 鉄骨工事 付則 6」）に従い、建築物の高さの 1/4,000 に 7 mm を加えた値以下、かつ、30 mm 以下とした。

[解説] 2.　（JASS6.12.3.h.(3)および i.(2)）モルタル中心塗り部分のモルタルの塗厚さは30 mm 以上 50 mm 以下とし、養生期間は 3 日以上とする。
　　　　　　　　　　　　　　　　　　　　　　　　　　　　　　　　正解 2

15 高力ボルト接合

R05	R04	R03	R02	R01	H30	H29

問題01 V 13　鉄骨工事に関する次の記述のうち、**最も不適当な**ものはどれか。

1.　溶接作業において、作業場所の気温が0℃であったので、溶接線の両側約100 mmの範囲の母材部分を加熱（ウォームアップ）して溶接した。

2.　完全溶込み溶接とする板厚の異なる突合せ継手において、部材の板厚差による段違いが薄いほうの板厚の1/4以下、かつ、10 mm以下であったので、薄いほうの部材から厚いほうの部材へ溶接表面が滑らかに移行するように溶接した。

3.　高力ボルト接合において、接合部に生じた肌すきが2 mmであったので、フィラープレートを挿入しないこととした。

4.　トルシア形高力ボルトの締付けの確認において、ナット回転量に著しいばらつきが認められるボルト群に対して、その群の全てのボルトのナット回転量を測定して平均回転角度を算出し、平均回転角度±30度の範囲であったものを合格とした。

解説 3.　（JASS6.6.3.a.(2).表6.5）肌すき量1 mmを超えるものにはフィラープレートを入れる。　　　　　　　　　　　　　　　　　　　　**正解3**

16 木工事

| **R05** | **R04** | **R03** | **R02** | **R01** | **H30** | **H29** |

問題 01 Ⅴ15 木造軸組工法における木工事に関する次の記述のうち、**最も不適当な**ものはどれか。

1. 梁などの横架材については、木材の背を上端にして使用した。

2. 防腐剤が加圧注入されている防腐処理材を用いた土台を、工事現場でやむを得ず加工した面については、再度、防腐処理をして使用した。

3. 土台の継手は、柱及び床下換気口の位置を避け、土台の継手付近に設けるアンカーボルトは、その継手の上木端部付近となるように設置した。

4. 大壁造の壁倍率3.7の構造用合板を用いた耐力壁については、CN50釘で外周部を150mm間隔で打ち留めた。

[解説] 1. 梁などの横架材は、たわまないように背を上向きに使う。

 2. （「木造住宅工事仕様書（フラット35）」4.3.3）防腐・防蟻処理土台は、すでに防腐・防蟻剤を注入してあるので、土台の木口、ほぞ及びほぞ穴等、加工部分以外は塗る必要はない。

 3. （JASS11.2.3.f. 表2.1 土台－継手）継手は、柱や間柱の直下及び床下換気口の位置は避けて継ぐ。また、継手の押さえ勝手の上木部分は、アンカーボルトで締め付ける。

 4. （「木造住宅工事仕様書（フラット35）」5.3.1.1.）CN50釘で外周部75mm間隔以下、その他の部分150mm間隔以下で打ち留める。 [正解 4]

| **R05** | **R04** | **R03** | **R02** | **R01** | **H30** | **H29** |

問題 02 Ⅴ15 木造2階建て住宅の建築工事に関する次の記述のうち、**最も不適当な**ものはどれか。

1. 敷居及び鴨居については、木表に建具用の溝を掘ったものを使用した。

2. 枠組壁工法において、アンカーボルトの埋込み位置については、住宅の隅角部付近、土台の継手位置付近とし、その他の部分は間隔2.0m以内とした。

3. 軸組工法において、2階床組の補強に用いる木製の火打梁については、断面寸法を45mm×90mmとし、横架材との仕口を六角ボルト締めとした。

4. 軸組工法において、大引きと土台との仕口については、大入れ蟻掛けとし、

N75 釘 2 本を斜め打ちとした。

[解説]　1.　（JASS11.9.3. 表 1））敷居・鴨居の溝じゃくりを行う場合は、木表に溝をつくる。

2.　（H13 国交告 1540 号第 3.2. イ）アンカーボルトは、その間隔を 2 m 以下として、かつ、隅角部及び土台の継手の部分に配置すること。

3.　（H12 建告 1654 号 .1 － 1.(3). ニ .③.(15)）断面の短辺が 90 mm 以上の製材またはこれと同等の耐力を有する材とする。

4.　（「フラット 35 対応木造住宅工事仕様書」5.8.1.3. イ）土台との取合いは、大入れ蟻掛け、腰掛けまたは乗せ掛けとし、いずれも N75 釘 2 本斜め打ちとする。[正解 3]

R05	R04	R03	R02	R01	H30	H29

【問題 03】 V 15　木造軸組工法の住宅の建築工事に関する次の記述のうち、監理者の行為として、**最も不適当な**ものはどれか。

1.　柱脚部において、短期許容耐力 20 kN のホールダウン金物（引寄せ金物）をホールダウン専用アンカーボルトで緊結する箇所については、アンカーボルトのコンクリートへの埋込み長さが 360 mm 以上であることを確認した。

2.　出隅にある通し柱と胴差との仕口については、大入れ蟻掛けとし、かね折り金物を当て、六角ボルト締め、スクリュー釘打ちされていることを確認した。

3.　垂木の軒桁への留付けは、ひねり金物を当て、釘打ちされていることを確認した。

4.　2 階床梁の継手を追掛け大栓継ぎとする箇所については、上木先端部が柱心より 150 mm 内外となるように下木が持ち出されていることを確認した。

[解説]　1.　（フラット 35）引張耐力が 25 kN 以下の場合、「アンカーボルトの埋め込み長さ 360 mm 以上」「25kN を超え 35.5 kN 以下の場合の埋め込み長さは 510 mm 以上（M16 の場合）」となる。

2.　（国交告 1654 号）設問では、通し柱と胴差を大入れ蟻掛けとしているが、かたぎ大入れ短ほぞ差しとし、羽子板ボルト、かね折り金物を当て六角ボルト締め、スクリュー釘打ちまたは、同等以上の仕口とする。

4.　（JASS11.2.3. 表 2.1（210 － 3））[正解 2]

R05	R04	R03	R02	R01	H30	H29

【問題 04】 V 15　木工事に関する次の記述のうち、**最も不適当な**ものはどれか。

1.　鉄筋コンクリート造の建築物の内部工事において、間仕切軸組として使用する木材の樹種については、特記がなかったので、杉とした。

2.　鉄筋コンクリート造の建築物の内部工事において、造作材に使用する木材の含水率については、特記がなかったので、工事現場搬入時に高周波水分計

により測定した含水率が15%以下であることを確認した。
3. 木造軸組工法において、筋かいが間柱と取り合う部分については、間柱を筋かいの厚さだけ欠き取って筋かいを通した。
4. 木造軸組工法において、基礎と土台とを緊結するアンカーボルトについては、耐力壁の両端の柱の下部付近及び土台継手の下木の端部付近に設置した。

[解説] 1. （公共工事標準仕様書 12.4.1.(1)）特記がなければ、杉又は松とする。
2. （公共工事標準仕様書 12.2.1.(イ).(a).(b)）電気抵抗式水分計又は高周波水分計とし、特記がなければ A 種とし、15%以下とする。
3. （JASS11.2.3（筋かいとの取合い））間柱を筋かいの厚さだけ欠き取って筋かいを通し、これを釘打ちで接合するのが原則である。
4. （JASS11.2.3（土台の取付け））設問のアンカーボルトは、土台継手や柱の位置を避ける。また、継手付近の場合は、押さえ勝手に上木を締め付ける。　　　正解 4

R05	R04	R03	R02	R01	H30	H29

問題 05 V 15　木工事に関する記述において、監理者が一般に行うものとして、**最も不適当な**ものは、次のうちどれか。
1. 最下階の床が木造の床組の建築物において、床下をコンクリートで覆わなかったので、ねこ土台を用い、外周部の土台の全周にわたって、1 m 当たり有効面積 75 cm² 以上の換気孔が設けられていることを確認した。
2. 鉄筋コンクリート造の建築物において、建具枠や間仕切壁下地を留め付けるための「木れんが」については、樹種がヒノキで、「木れんが用接着剤」によりコンクリート面に張り付けられていることを確認した。
3. 軸組工法による木造の建築物における構造用合板等の面材を併用しない耐力壁において、壁倍率 2.0 に適合させるために 30 mm × 90 mm の木材を片筋かいとし、その端部がプレート BP-2 により緊結されていることを確認した。
4. 鉄筋コンクリート造の建築物の内部仕上げの下地を木工事とするに当たり、床組の土台の取付けに使用するアンカーボルトは、位置や埋込み深さが不正確とならないことを重視して、「あと施工アンカー」が適切に使用されていることを確認した。

[解説] 3. （建基令 46 条）軸組工法で、構造用合板等の面材を併用しない耐力壁において、壁倍率 2.0 に適合させるためには 45 mm × 90 mm の木材の片筋かいが必要である。　　　正解 3

R05	R04	R03	R02	R01	H30	H29

問題 06 V 15　木工事に関する次の記述のうち、**最も不適当な**ものはどれか。

1. 造作材に使用する JIS による「N くぎ」の代用品として、「FN くぎ」を使用した。

2. 現場における木材の含水率の測定に当たり、測定箇所については、1 本の製材の異なる 2 面について、両小口から 300 mm 以上離れた 2 箇所及び中央部 1 箇所とし、計 6 箇所とした。

3. 構造用合板による大壁造の耐力壁において、山形プレートを用いて土台と柱とを接合する箇所については、山形プレート部分の構造用合板を切り欠き、その近傍の釘打ちについては増し打ちを行った。

4. 軸組構法（壁構造系）において、基礎と土台とを緊結するアンカーボルトの埋込み位置の許容誤差を、± 5 mm とした。

[解説] 1. （公共建築協会「建築工事監理指針」12.2.2.(a).(i)）FN くぎは梱包用で細いため、N くぎの代用品には適さない。　正解 1

R05	R04	R03	R02	R01	H30	H29

問題 07 V 15　木造軸組工法による木工事に関する次の記述のうち、**最も不適当なもの**はどれか。

1. 桁に使用する木材については、継伸しの都合上、やむを得ず短材を使用する必要があったので、その長さを 2 m 内外とし、継手部分は短ざく金物で補強した。

2. 建方精度の許容値は、特記がなかったので、垂直の誤差の範囲を 1/1,000 以下、水平の誤差の範囲を 1/500 以下とした。

3. ボルト径が 16 mm の孔あけ加工は、特記がなかったので、ボルトが木部のボルト孔に密着するように、ボルト孔の径をボルト径に 2.0 mm を加えた大きさとした。

4. 地表面から高さ 1 m 以下の外周壁内及び水まわり部分に接する壁内における柱、間柱、筋かい、構造用面材及び胴縁類には、特記がなかったので、JIS規格品の表面処理用木材保存剤を塗布した。

[解説] 2. （公共建築協会「公共建築木造工事標準仕様書」5.5.6.(a)）建方精度の許容値は、垂直、水平ともに誤差の範囲を 1/1,000 以下とする。　正解 2

防水・屋根工事

R05	R04	R03	R02	R01	H30	H29

問題01 V 16 防水工事に関する次の記述のうち、**最も不適当な**ものはどれか。

1. トーチ工法による改質アスファルトシート防水工事において、立上り部の防水層の末端部については、各層の改質アスファルトシートを所定の位置で各層の端部をそろえ、押え金物で固定した上に、シール材を充填した。

2. アスファルト防水工事において、保護層に設ける成形伸縮目地材については、キャップ幅が 25 mm、本体幅が 20 mm、保護コンクリートの上面から下面にまで達するよう高さの調節が可能なもので、キャップ側面に付着層を備えたものとした。

3. ウレタンゴム系塗膜防水工事において、防水層の下地については、入隅を丸面に仕上げ、出隅を通りよく直角に仕上げた。

4. シーリング工事において、プライマーの塗布及び充填時に被着体が、5℃以下になるおそれがあったので、仮囲い、シート覆い等による保温などの必要な措置を講じて施工した。

解説 1. （JASS8.1.6.5.a. 表 1.6.2 [注]⑷）立上がり部分の改質アスファルトシートの張付けは、シートの天端を同じ位置に揃えて張り付けた後、防水層の末端部を押さえ金物で固定し、シール材を用いて処理する。

2. （公共建築工事標準仕様書 9.2.2 ⑾⑺）目地は 25mm、本体は目地幅の 80％以上、保護コンクリートの上面から下面にまで達するよう高さの調整が可能なもので、キャップ側面に付着層又はアンカー部を備えた製品とする。

3. （「公共建築工事標準仕様書」9.5.4.⑴.⑺）出隅は通りよく 45°の面取りとし、入隅は通りよく直角とする。

4. （「公共建築工事標準仕様書」9.7.4.⑴.⑷）プライマーの塗布及び充填時に被着体が 5℃ 以下又は 50℃ 以上になるおそれのある場合、作業を中止する。ただし、仮囲い、シート覆い等による保温又は遮熱を行うなどの必要な措置を講ずる場合は、この限りでない。

正解 3

R05	R04	R03	R02	R01	H30	H29

問題02 V 16 防水工事に関する次の記述のうち、**最も不適当な**ものはどれか。

1. シート防水工事の接着工法において、一般平場部の合成高分子系ルーフィングシートについては、引張力を与えながら下地に接着させた。

2. 屋根保護防水絶縁工法によるアスファルト防水工事において、一般平場部に砂付あなあきルーフィングを使用する工法としたので、立上り部については砂付あなあきルーフィングを省略した。

3. ウレタンゴム系塗膜防水工事において、防水材の塗布による防水層の施工については、立上り部、平場部の順に行った。

4. シーリング工事において、外部に面するシーリング材の施工に先立ち行う接着性試験については、特記がなかったので、簡易接着性試験とした。

> [解説] 1. （「公共建築工事標準仕様書」9.4.4.(6).(ア)）ルーフィングシートに引張りを与えないよう、また、しわを生じないように張り付け、ローラー等で転圧して接着させる。
> 2. （「公共建築工事標準仕様書」9.2.3.(ウ). 表 9.2.5.（注）1）
> 3. （JASS8.1.5.5.c.(7).1).解説）防水層の施工は、通常立上り、平場部の順に施工する。
> 4. （「公共建築工事標準仕様書」9.7.5.(2)）接着性試験は、簡易接着性試験または引張接着性試験とし、適用は特記による。特記がなければ、簡易接着性試験とする。**正解 1**

R05	R04	R03	R02	R01	H30	H29

問題 03 V16　防水工事に関する次の記述のうち、監理者の行為として、**最も不適当な**ものはどれか。

1. ウレタンゴム系塗膜防水工事において、補強布の重ね幅については 50 mm 以上、防水材の塗継ぎの重ね幅については 100 mm 以上となっていることを確認した。

2. 屋根露出防水密着工法による改質アスファルトシート防水工事において、プレキャストコンクリート部材の接合部の目地については、改質アスファルトシートの張付けに先立ち、増張り用シートを両側に 50 mm 程度ずつ張り掛けた絶縁増張りが行われていることを確認した。

3. 屋根保護防水密着断熱工法によるアスファルト防水工事に用いる断熱材は、押出法ポリスチレンフォーム断熱材 3 種 bA（スキン層付き）が使用されていることを確認した。

4. 屋根保護防水絶縁工法によるアスファルト防水工事において、平場部の立上り際の 500 mm 程度の部分については、立上り部の 1 層目のアスファルトルーフィング類がアスファルトを用いた密着張りとなっていることを確認した。

> [解説] 1. （「公共建築工事標準仕様書」9.5.4.(4).(ウ)）

625

2. （「公共建築工事標準仕様書」9.3.4.(3).(イ).(a)）両側のプレキャスト鉄筋コンクリート部材に100mm程度張り掛けることのできる幅の増張り用シートを用いて、絶縁増張する。

3. （JASS8.1.6.5.b.(5).(ⅱ)）

4. （「公共建築工事標準仕様書」9.2.4.(4).(イ).(e)）　　　正解 2

R05	R04	R03	**R02**	R01	H30	H29

問題04 V 16　防水工事に関する次の記述のうち、監理者が行った行為として、**最も不適当な**ものはどれか。

1. 屋内防水密着工法によるアスファルト防水工事において、平場の鉄筋コンクリートの打継ぎ部については、幅50mm程度の絶縁用テープを張り付けた後、幅300mm程度のストレッチルーフィングの増張りが行われていることを確認した。

2. 接着工法による合成高分子系シート防水工事において、加硫ゴム系シートの接合幅（重ね幅）については、平場部、立上り面ともに100mmとなっていることを確認した。

3. 陸屋根のステンレスシート防水工事において、部分吊子とした吊子の固定間隔（はぜ方向）については、一般部600mm、端部450mm、隅各部300mmとなっていることを確認した。

4. シーリング工事において、ノンワーキングジョイントの鉄筋コンクリート造の外壁の収縮目地については、三面接着となっていることを確認した。

解説　2.　（「公共建築工事標準仕様書」9.4.4.(6).(エ).(a)）立上りと平場の重ね幅は、150mm以上とする。　　　正解 2

R05	R04	R03	R02	**R01**	H30	H29

問題05 V 16　防水工事等に関する次の記述のうち、**最も不適当な**ものはどれか。

1. 合成高分子系シート防水工事において、防水層の下地の入隅については直角とし、出隅については45度の面取りとした。

2. アスファルト防水工事において、アスファルトプライマーを刷毛でむらなく均一となるよう塗布し、30〜60分程度の経過後、一層目のアスファルトルーフィングを張り付けた。

3. 共同住宅において、現場打ち鉄筋コンクリートのバルコニーを塗膜防水としたので、防水層の塗膜防水材をウレタンゴム系とし、その仕上げを軽歩行用仕上塗料とした。

4. 屋上緑化システム工事において、防水層に植物の根が直接触れないように

するために、耐根層を防水層直上部に設けた。

[解説] 2.（JASS8.1.6.5.c.(1).(iii).解説）アスファルトプライマーは8時間程度で乾燥するが、ルーフィング類の張付けは、原則としてアスファルトプライマーを塗布した翌日とし、十分に乾燥させるのが望ましい。 **正解 2**

R05	R04	R03	R02	R01	H30	H29

問題06 V 16　防水工事に関する次の記述のうち、**最も不適当な**ものはどれか。

1.　アスファルト防水工事において、コンクリート下地の乾燥状態については、高周波水分計で測定するとともに、コンクリート打込み後の経過日数により判断した。

2.　アスファルト防水工事において、平場部の防水層の保護コンクリートに設ける伸縮調整目地の割付けについては、パラペット等の立上り部の仕上り面から600mm程度とし、中間部は縦横の間隔を5m程度とした。

3.　シーリング工事において、外部に面するシーリング材の施工に先立ち行う接着性試験については、特記がなかったので、簡易接着性試験とした。

4.　シーリング工事において、2成分形シーリング材については、1組の作業班が1日に行った施工箇所を1ロットとして、ロットごとにサンプルを別に作製し硬化の過程や硬化状態を確認した。

[解説] 2.（「公共建築工事標準仕様書」9.2.5.(6).(ア)）中間部の伸縮調整目地の間隔は3m程度とする。 **正解 2**

R05	R04	R03	R02	R01	H30	H29

問題07 V 16　防水工事に関する次の記述のうち、**最も不適当な**ものはどれか。

1.　シーリング工事において、鉄筋コンクリート造の建築物の外壁に設けるひび割れ誘発目地については、目地底にボンドブレーカーを使用せずに、シーリング材を充填する三面接着とした。

2.　屋根保護防水絶縁工法によるアスファルト防水工事において、砂付あなあきルーフィングを一般平場部に使用したが、立上り部については省略した。

3.　屋根保護防水密着工法によるアスファルト防水工事において、防水層の下地の立上り部の出隅部は面取りとし、入隅部は直角の納まりとした。

4.　アスファルト防水工事において、工期短縮を図るため、プレキャスト化した「塔屋の壁基壇部」と「現場打ちコンクリートのスラブ」とを一体化して防水層の下地とした。

[解説] 3.（JASS8.1.2.2.c.(6)）防水層の下地の立ち上がり部分の出隅部並びに入隅部の納まりは、共に面幅3cmの面取りとする。 **正解 3**

18 左官工事・タイル工事

R05	R04	R03	R02	R01	H30	H29

問題 01 V 17　左官工事、タイル工事及び張り石工事に関する次の記述のうち、**最も不適当な**ものはどれか。

1. 鉄筋コンクリート造の建築物において、冬期に施工するアルミニウム合金製建具の枠まわりの充填モルタルには、初期凍害を防止するために、塩化カルシウム系の凍結防止剤を添加した。

2. コンクリート壁下地に施すモルタル塗りにおいて、下塗りについては、先に塗布した吸水調整材が乾燥した後に行った。

3. タイル後張り工法の密着張りにおいて、壁のタイルの張付けについては、上部から下部へと行い、一段置きに数段張り付けた後に、それらの間を埋めるようにタイルを張り付けた。

4. 外壁乾式工法による張り石工事において、一次ファスナーの取付け位置に合わせて、下地となるコンクリート躯体面に、あと施工アンカーを取り付けた。

　[解説]　1.（「公共建築工事標準仕様書」15.3.3. 表 15.3.3）塩化物を主成分とする防水剤又は凍結防止剤は用いない。

　2.（「公共建築工事標準仕様書」15.3.5.(1).(ア).(b)）下地の塗りつけは、吸水調整剤材の乾燥後、塗残しのないよう全面に行う。

　3.（「建築工事監理指針」11.2.7.(d).(2).(v)）タイル張付けは、上部より下部へと張り進めるが、まず一段置きに水糸に合わせて張り、そのあと間を埋めるようにして張る。

　4.（「建築工事監理指針」10.5.3.(e).(1)）一次ファスナーをあと施工アンカーに固定する。　　　　　　　　　　　　　　　　　　　　　　　　　　　　　　正解 1

R05	R04	R03	R02	R01	H30	H29

問題 02 V 17　左官工事、タイル工事及び石工事に関する次の記述のうち、**最も不適当な**ものはどれか。

1. せっこうプラスター塗りにおいて、塗り作業中及び作業後半日から１日は通風をなくし、凝結が十分に進行した後は適切な通風を与えた。

2. コンクリート壁面へのモルタル塗りにおいて、下塗りの調合については容積比でセメント１に対し砂2.5とし、中塗り及び上塗りの調合については容

積比でセメント1に対し砂3とした。

3. 有機系接着剤によるタイル後張り工法において、屋外に使用する接着剤は、練り混ぜ不良に起因する事故を防止するため、JIS規格品の二液反応硬化形の変成シリコーン樹脂系のものとした。

4. 石工事における床用敷きモルタルの調合については、容積比でセメント1に対し砂4とした。

〔解説〕 1. （JASS15.6.2.f. 解説）塗り作業中および作業後半日から1日は通風をなくし、塗り層中の水分を確保してプラスターの凝結を十分進行させる。

2. （JASS15.5.2.b.（1）.（ⅰ）. 表 5.2.2）

3. （「公共建築工事標準仕様書」11.3.3.（2））屋外に使用する有機系接着剤は、JISに基づく一液性反応硬化形の編成シリコーン樹脂系またはウレタン樹脂系とする。

4. （「公共建築工事標準仕様書」10.2.3.（イ）. 表 10.2.5） 正解 3

R05	R04	R03	R02	R01	H30	H29

【問題03】V 17 左官工事、タイル工事及び石工事に関する次の記述のうち、**最も不適当な**ものはどれか。

1. 床コンクリート直均し仕上げにおいて、ビニル床シートの下地となる床コンクリートの仕上りの平坦さの標準値については、特記がなかったので、1mにつき10mm以下とした。

2. セメントモルタルによるタイル後張り工法において、床タイル張り面の伸縮調整目地の位置については、特記がなかったので、縦・横ともに4m以内ごとに設けた。

3. セメントモルタルによるタイル後張り工法において、外壁タイルの引張接着強度を確認する試験体の個数については、100㎡ごと及びその端数につき1個以上とし、かつ、全体で3個以上とした。

4. 内壁空積工法による石工事において、幅木の裏には、全面に裏込めモルタルを充填した。

〔解説〕 1. （「公共建築工事標準仕様書」（建築工事編）15.4.2.（ウ）、6.2.5.（2）.（イ）. 表 6.2.5）3mにつき7mm以下とする。

2. （「公共建築工事標準仕様書」11.1.3.（1）表 11.1.1）

3. （「公共建築工事標準仕様書」11.1.7.（3）.（b）.②）

4. （JASS9.8.4.e） 正解 1

R05	R04	R03	R02	R01	H30	H29

【問題04】V 17 左官工事、タイル工事及び石工事に関する次の記述のうち、**最も不適当な**ものはどれか。

1. 鉄筋コンクリート造の外壁へのモルタル塗りにおいて、下塗りとしてポリマーセメントを調合したモルタルを塗り付ける際の1回の塗厚については、7mmとなるようにした。

2. セメントモルタルによるタイル後張り工法における密着張りにおいて、張付けモルタルの1回の塗付け面積の限度については、2m²/人以下とし、かつ、60分以内に張り終える面積とした。

3. モルタル下地への有機系接着剤によるタイル後張り工法において、外壁のタイル張りの施工の前に下地面の清掃を行い、下地面を十分に乾燥させた。

4. 外壁乾式工法による鉛直面への石工事において、上下の石材間の目地幅の調整に使用したスペーサーを撤去した後に、シーリング材を充填した。

解説 1. (JASS15.5.2.c.(2)) 1回の塗厚は6mmを標準とし、9mmを限界とする。

2. (「公共建築工事標準仕様書」11.2.7.(3).(イ).(a)) 張付けモルタルの1回の塗付け面積の限度は、張付けモルタルに触れると手に付く状態のままタイル張りが完了できることとし、2m²/人以内、かつ、20分以内に張り終える面積とする。

4. (「建築工事監理指針」10.5.3.(f).(1)) 設問の石工事においては、スペーサーを撤去しないと上部石材の荷重がファスナーでなく下部石材に伝達されてしまうので、撤去する必要がある。 <u>正解 2</u>

R05	R04	R03	R02	R01	H30	H29

問題05 Ⅴ17 石張り工事、タイル工事及び左官工事に関する記述において、監理者が一般に行うものとして、**最も不適当な**ものは、次のうちどれか。

1. 石張り工事における外壁乾式工法において、止水のために石材間の目地をシーリング材で充填するに当たり、特記がなかったので、シーリング材の目地寸法が幅、深さともに5mm以上となっていることを確認した。

2. 床を石張りとする部分の面積が広く、特記がなかったので、床面積30m²程度ごと及び石材と他の仕上材とが取り合う箇所に、伸縮調整目地が設けられていることを確認した。

3. セメントモルタルによる陶磁器質タイル張り工事における壁タイルの密着張りにおいて、タイル剥離防止のため、タイルの化粧目地の深さが、タイルの厚さの1/2以下となっていることを確認した。

4. コンクリート外壁面へのタイル張りの下地モルタル塗りにおいて、タイルの伸縮調整目地に合わせて、幅10mm以上の伸縮調整目地が発泡合成樹脂板で設けられていることを確認した。

解説 1. (公共建築協会「建築工事監理指針」10.5.3.(f).(1)) 石張り工事の外壁乾式工法で、止水のために石材間の目地をシーリング材で充填する場合は、シーリング材の目地寸法は幅、深さともに8mm以上を原則とする。 <u>正解 1</u>

R05	R04	R03	R02	R01	H30	H29

問題06 V 17　左官工事、石張り工事及びタイル工事に関する次の記述のうち、**最も不適当な**ものはどれか。

1.　型枠に塗装合板を用いたコンクリート壁下地へのモルタル塗りについては、下地とモルタルとの有効な付着性能を得るために、下地に高圧水洗処理を施すとともに、ポリマーセメントペーストを塗布し、乾燥しないうちに下塗りを行った。

2.　ビニル床シートを用いた床仕上げ工事における下地については、床コンクリートの直均し仕上げとするに当たり、コンクリートの仕上りの平坦さの標準値を、特記がなかったので、3mにつき7mm以下とした。

3.　石張り工事における内壁空積工法において、下地ごしらえを「あと施工アンカー・横筋流し工法」で行うに当たり、あと施工アンカーに、おねじ形の締込み式アンカーを使用した。

4.　セメントモルタルによる陶磁器質タイル張り工事において、屋内の吹抜け部分の壁タイル張り仕上げ面については、モルタルが硬化した後、工事施工者の自主検査で、打診用ハンマーにより全面の1/2程度について打診を行っていることを確認した。

[解説]　4.　（公共建築協会「公共建築工事標準仕様書」11.1.4.(a).(i)）工事終了後の自主検査は、打診用ハンマーにより全面にわたり確認する。　**正解4**

R05	R04	R03	R02	R01	H30	H29

問題07 V 17　左官工事、石張り工事及びタイル工事に関する次の記述のうち、**最も不適当な**ものはどれか。

1.　コンクリート壁下地へのモルタル塗りにおいて、下塗りは、吸水調整材の乾燥後に行った。

2.　コンクリート床の石張り工事において、敷モルタルは、容積比でセメント1に対し砂4に少量の水を加え、手で握って形が崩れない程度の硬練りモルタルとした。

3.　接着剤による陶磁器質タイル後張り工法において、屋外に使用する有機系接着剤は、JIS規格品の一液反応硬化形の変成シリコーン樹脂系のものとした。

4.　セメントモルタルによるタイル後張り工法において、床タイル張り面の伸縮調整目地の位置については、特記がなかったので、縦・横ともに5mごとに設けた。

[解説]　4.　（「公共建築工事標準仕様書」11.1.3.(1).表11.1.1）伸縮調整目地の位置は、縦目地は3m内外、横目地は4m内外ごととする。　**正解4**

631

R05	R04	R03	R02	R01	H30	H29

問題01 Ⅴ 18　金属工事及びガラス工事に関する次の記述のうち、**最も不適当**なものはどれか。

1.　鉄筋コンクリート造の建築物において、アルミニウム製笠木の取付けに用いる固定金具については、防水層が施工されたパラペット天端に、あと施工アンカーにより堅固に取り付けた。

2.　軽量鉄骨天井下地において、天井裏に通るダクトにより天井用のつりボルトの適切な間隔を確保できない箇所については、ダクトフランジに天井用のつりボルトを取り付けた。

3.　熱線反射ガラスの清掃は、ガラス表面の反射膜を傷つけないように、軟らかいゴムを用いて水洗いとした。

4.　ガラス工事において、グレイジングチャンネル構法によるガラスの取付けには、セッティングブロックを使用しなかった。

解説　1.　（「建築工事監理指針」14.7.3.(c).(1).(ⅱ)）固定金具は、パラペット天端にあと施工アンカーにより所定の位置に堅固に取り付ける。

2.　（「建築工事監理指針」14.4.4.(j)）ダクトの振動による悪影響があるため、必ずダクトと軽量鉄骨天井下地は切り離して施工を行う。

3.　（JASS17.1.6.3.b.2)）ガラス表面の反射膜を傷つけないように、軟らかいゴム、スポンジあるいはガーゼなどを用いて水洗いを行う。

4.　（「建築工事監理指針」16.14.4.(b).(2).(ⅰ)）グレイジングチャンネルを使用する場合、セッティングブロックは使用しない。　　　　正解 2

R05	R04	R03	R02	R01	H30	H29

問題02 Ⅴ 18　金属工事及びガラス工事に関する次の記述のうち、**最も不適当**なものはどれか。

1.　軽量鉄骨壁下地において、床ランナー下端から上部ランナー上端までの高さが 2,700 mm の壁下地に設ける振れ止めについては、床ランナー下端から 1,200 mm の位置に設け、床ランナー下端から 2,400 mm の位置は省略した。

2.　軽量鉄骨天井下地において、野縁については、野縁受から 180 mm はね出した。

3. ガラス工事において、アルミニウム製の引違い戸の単板ガラスのはめ込みには、グレイジングチャンネルを使用した。

4. ガラス工事において、ガラスが破損すると破片が落下する危険性が高いトップライトには、合わせガラスを使用した。

[解説] 1. （「公共建築工事標準仕様書」14.5.4.(3)）振れ止めは、床面ランナー下端から約1.2mごとに設ける。ただし、上部ランナー上端から400mm以内に振れ止めが位置する場合は、その振れ止めを省略することができる。

2. （「公共建築工事標準仕様書」14.4.3.(1)）野縁受は端から150mm以内とする。

3. （JASS17.2.6.3.b. 解説）グレイジングチャンネルは、引違い戸などのガラスのはめ込みに適している。

4. （JASS17.1.3.1.(3). 解説表 1.3.3）合わせガラスは、ガラスが強い衝撃を受けて破損しても膜によって破片の飛散が防止されるので、きわめて安全性の高いガラスである。 正解 2

R05	R04	R03	R02	R01	H30	H29

[問題03] V 18 金属工事及びガラス工事に関する次の記述のうち、**最も不適当**なものはどれか。

1. 軽量鉄骨壁下地において、スタッドの間隔については、特記がなかったので、ボード2枚張りとする箇所を450mm程度、ボード1枚張りとする箇所を300mm程度とした。

2. 軽量鉄骨天井下地において、野縁及び野縁受は、特記がなかったので、屋内を25形、屋外を19形とした。

3. 外部に面する網入り板ガラスの「下辺小口」及び「縦小口下端から1/4の高さまでの部分」には、ガラス用防錆塗料を用いて防錆処置を行った。

4. ガラスブロック積み工法において、伸縮調整目地については、特記がなかったので、6m以内ごとに幅20mm程度のものを設けた。

[解説] 1. （「公共建築工事標準仕様書」（建築工事編）14.5.3.(2)）設問のスタッドの間隔は、下地張りのある場合は450mm程度とし、仕上げ材を直貼りする場合もしくは塗装下地の類を直接貼り付ける場合は300mm程度とする。

2. （同 14.4.2.(2)）特記がなければ、屋内は19形、屋外は25形とする。

3. （同 16.14.4.(1).(ウ)）

4. （同 16.14.5.(2).(ウ).(b)）設問の工法においては、6m以下ごとに幅10～25mmの伸縮調整目地を設ける。 正解 2

R05	R04	R03	R02	R01	H30	H29

[問題04] V 18 ガラス工事及び金属工事に関する次の記述のうち、**最も不適当**

なものはどれか。

1. ガラス工事において、グレイジングチャンネル構法によりサッシにガラスをはめ込んだので、セッティングブロックを使用しなかった。

2. 化粧せっこうボード張りの軽量鉄骨天井下地において、吊りボルトの間隔については900mm程度とし、天井の周辺部の吊りボルトについては端から200mmの位置に配置した。

3. 軽量鉄骨壁下地のスペーサーについては、スタッドの両端及び振れ止めの位置を押さえ、間隔600mm程度に取り付けた。

4. 鋼製の手摺の取付けに当たって、手摺の支柱については、コンクリート及びモルタルの中に入る部分であっても、錆止めの処置を行った。

[解説] 2. （「公共建築工事標準仕様書」14.4.3）野縁受、吊りボルト及びインサートの間隔は、900mm程度とし、周辺部は端から150mm以内とする。） 正解 2

R05	R04	R03	R02	R01	H30	H29

問題 05 V 18　金属工事及びガラス工事に関する記述において、監理者が一般に行うものとして、**最も不適当な**ものは、次のうちどれか。

1. 軽量鉄骨壁下地工事において、床ランナー下端から1.2mごとに設ける振れ止めを電気配管の敷設により切断せざるを得なかったので、切断する箇所を振れ止めと同材又は吊りボルト（外径9.0mm）で補強する計画であることを確認した。

2. 軽量鉄骨天井下地工事において、天井面に下がり壁による段違いがあったので、野縁受と同材又は山形鋼（L－30×30×3（mm））を補強材に用いて、3.6m程度の間隔で斜め補強されていることを確認した。

3. 屋外に設置する鋼製の手摺において、温度差40℃の場合の部材伸縮の目安を1m当たり0.5mmとして、伸縮調整部が5〜10mごとに設けられていることを確認した。

4. 屋外に面する建具に合わせガラスを使用するに当たり、建具のガラス溝内に雨水が浸入した場合に雨水を排水するため、建具下枠のガラス溝に設ける水抜き孔の直径が6mm以上となっていることを確認した。

[解説] 2. （JASS26.4.1.2.d.(3).(iii)）天井面に下がり壁による段違いがある部分の斜め補強材は、2.7m程度の間隔で設置する。 正解 2

R05	R04	R03	R02	R01	H30	H29

問題 06 V 18　金属工事及びガラス工事に関する次の記述のうち、**最も不適当**

なものはどれか。

1. 軽量鉄骨天井下地工事において、JISによる建築用鋼製下地材を使用したので、高速カッターで切断した面には、亜鉛の犠牲防食作用が期待できることから、錆止め塗料塗りを省略した。

2. ガラス工事におけるガラスブロック積み工法において、伸縮調整目地については、特記がなかったので、5mごとに幅15mmとした。

3. 軽量鉄骨壁下地工事において、振れ止めについては、JISによる建築用鋼製下地材を使用し、床ランナーから上部ランナーまでの高さが3,000mmであったので、床ランナー下端から1,500mmの位置に1段目の振れ止めを設けた。

4. はめ込み構法によるガラス工事において、サッシ枠が地震による面内変形を受けた場合におけるガラスの割れの防止のため、サッシ枠四周のエッジクリアランス（はめ込み溝底とガラスエッジとの間の寸法）を確認した。

[解説] 3. （JASS26.5.1.3.d.(3).(i).(ホ)）振れ止めは、床ランナー下端から1,200mm程度のところに取り付ける。　　[正解 3]

R05	R04	R03	R02	R01	H30	H29

[問題07] V 18　金属工事及びガラス工事に関する次の記述のうち、**最も不適当**なものはどれか。ただし、建築物の天井は、特定天井又はシステム天井に該当しない吊り天井とする。

1. 軽量鉄骨天井下地において、天井のふところが1.5mであったので、吊りボルトの水平補強及び斜め補強に当たり、[－19×10×1.2（mm）の鋼材を使用した。

2. 軽量鉄骨天井下地において、野縁を野縁受に留め付ける留付けクリップのつめの向きについては、野縁受の溝に確実に折り曲げられるように、向きを揃えて留め付けた。

3. 設計図書において、強化ガラスの指定があったが、自然破損の危険性があるので、設計者、建築主、監理者、工事施工者等で協議して合わせガラス仕様に変更した。

4. アルミニウム製建具へのフロート板ガラスによる複層ガラス（6mm＋A6＋6mm）のはめ込みに当たり、不定形シーリング材構法における複層ガラスの掛り代を、特記がなかったので、15mm以上確保した。

[解説] 2. （JASS26.4.1.2.d.(3).(iv).(ロ)）クリップのつめは、交互に向きを変えて留めつける。　　[正解 2]

R05	R04	R03	R02	R01	H30	H29

問題01 Ⅴ19 　内外装工事に関する次の記述のうち、**最も不適当な**ものはどれか。

1. ALC パネル下地に施すモルタル塗りにおいて、ALC パネルの表面強度が低いことを考慮して、保水剤を添加した富調合の現場調合モルタルを使用した。

2. 仕様ルートにより検証した特定天井の天井面構成部材等については、自重を天井材に負担させる照明設備等を含めて 20 kg/m² 以下であることを確認した。

3. メタルカーテンウォール工事において、ファスナーの面外方向の位置決めについては、各階に出された基準地墨により個々に部材を取り付けると、墨の誤差などのために上下階のくい違いが生じるおそれがあるので、ピアノ線を用いて水平及び垂直方向に連続した基準を設定し、ファスナーを取り付けた。

4. 夏期に施工するコンクリート下地への塗装工事において、塗装を行う前の素地については、コンクリートの材齢が 21 日経過し、十分に乾燥していることを確認した。

解説 1. ALC パネル下地用に調合された既調合モルタルを使用する。

2. （H25 国交告 771 号第三の一）天井面構成部材等の単位面積質量は、20kg 以下とすること。

3. （JASS14.6.3.1）カーテンウォール部材を精度良く取り付けるために、ピアノ線などを使用して水平及び垂直方向に連続した基準を設定し、取り付けの基準とすることが多い。

4. 塗装工事（素地調整）が可能になる材齢はコンクリートの場合では少なくとも 21 〜 28 日必要。　　　　　　　　　　　　　　　　　　　　　　　　　正解 1

R05	R04	R03	R02	R01	H30	H29

問題02 Ⅴ21 　断熱工事に関する次の記述のうち、**最も不適当な**ものはどれか。

1. 鉄筋コンクリート造の建築物における断熱材打込み工法において、工事現

場に搬入した発泡プラスチック断熱材を、やむを得ず屋外に保管することにしたので、断熱材に黒色のシートを掛けて、かつ、そのシートと断熱材との間に隙間が生じないようにした。

2. 鉄筋コンクリート造の建築物における断熱材打込み工法において、型枠取り外し後にフェノールフォーム断熱材が欠落している部分については、仕上げに支障がない部分であったので、断熱材が欠落している部分のコンクリートの上から、同じ断熱材により隙間なく補修した。

3. 戸建木造住宅における断熱工事において、天井の小屋裏側に設ける無機繊維系断熱材の施工状況については、天井下地の施工が完了するまでの間に、断熱材相互に隙間がないこと、防湿層が断熱層の室内側に設けられていること等を目視により確認した。

4. 戸建木造住宅における充填断熱工法（フェルト状断熱材を用いたはめ込み工法）において、防湿層として別に施工するポリエチレンフィルムの継目については、柱等の木下地のある部分に設け、その重ね幅を 30 mm 以上とした。

[解説] 1. （「建築工事監理指針」19.9.2.(3).(ⅱ)）シート等の覆いを掛けて屋外に保管するときは、内部に溜まる熱により断熱材が変形することがあるので薄い色の覆いとするか、覆いと断熱材の間に隙間を設け通気できるようにする。

2. （JASS24.6.8.g.(1)）断熱材の欠落がある箇所は、他の部分と連続した断熱層が形成されるよう、使用した断熱材または簡易発泡硬質ウレタンフォームなどの充填性のある断熱材により適切に補修する。

3. （JASS24.5.6.b.(1).①）断熱層の室内側に、必ず防湿層を設ける。

4. （JASS24.5.3.c.(1).②）防湿層は、幅広の長尺シートを用い、継ぎ目は木下地の上で重ね合わせることを原則とし、その重ね幅は 30mm 以上とする。 正解 1

R05	R04	R03	R02	R01	H30	H29

問題 03 V 19 内外装工事に関する次の記述のうち、**最も不適当な**ものはどれか。

1. せっこうボード張りにおいて、突付け工法に用いるせっこうボードのエッジの種類については、ベベルエッジとした。

2. ビニル床シート張りにおいて、張付け後に湿気の影響を受けやすい箇所については、エポキシ樹脂系接着剤を使用した。

3. スウェイ方式のメタルカーテンウォール工事において、層間変位を吸収するためのスライドホール部については、手締め程度のボルト締めとし、緩止めを施した。

4. PCカーテンウォール工事において、カーテンウォール部材で層間変位に追従できるように、スパンドレルパネル方式を採用した。

> [解説] 1. （JASS26.5.2.4.d.(5).(i).解説）突付け工法に用いるせっこうボードのエッジの形状にはスクエアエッジ、テーパーエッジ、ベベルエッジがある。
>
> 2. （「公共建築工事標準仕様書」19.2.2.(6).表19.2.1）湿気の影響を受けやすい箇所に使用する接着剤は、エポキシ樹脂系またはウレタン樹脂系とする。
>
> 3. （「建築工事監理指針」17.2.5.(b).(4)）変位追従のためのスライドホール部は、滑動する必要があり、滑動を阻止するような強固なボルト締めや溶接等を行ってはならない。一般には手締め（当たり締め）程度とし、緩止めを施す。
>
> 4. （JASS14.2.5.2.a.(3).解説表2.5.1）スパンドレルパネル部材は層間変位に対する追従性はない。　　　　　　　　　　　　　　　　　　　　　　正解 4

R05	R04	R03	R02	R01	H30	H29

問題 04 V 19　内外装工事に関する次の記述のうち、**最も不適当な**ものはどれか。

1. タイルカーペット全面接着工法における接着剤については、粘着はく離（ピールアップ）形とした。

2. 断熱材現場発泡工法における断熱材の吹付け厚さを確認する確認ピンの本数は、スラブ下面及び壁面については $5m^2$ につき1箇所以上、柱及び梁については1面につき各1箇所以上とし、確認ピンはそのまま存置した。

3. 複層仕上塗材仕上げにおいて、主材の塗付けについては、仕上げの形状が凹凸状の部分を吹付けとし、仕上げの形状がゆず肌状の部分をローラー塗りとした。

4. 外壁に使用する押出成形セメント板（ECP）のパネル相互の目地幅については、特記がなかったので、長辺及び短辺ともに10mmとした。

> [解説] 1. （「公共建築工事標準仕様書」（建築工事編）119.3.3.(1).表19.3.2）
>
> 2. （同 19.9.3.(2)）
>
> 3. （同 15.6.2.(1).表15.6.1）
>
> 4. （同 8.5.3.(6)）長辺の目地幅は8mm以上、短辺の目地幅は15mm以上とする。　　　　　　　　　　　　　　　　　　　　　　　　正解 4

R05	R04	R03	R02	R01	H30	H29

問題 05 V 19　内外装工事に関する次の記述のうち、**最も不適当な**ものはどれか。

1. ビニル床シート張りにおける床シートの目地処理については、特記がなかったので、熱溶接工法とし、ビニル床シート張付け後、接着剤が硬化した状

態を見計らって行った。

2. 縦壁ロッキング構法によるALCパネル工事において、外壁の縦壁と連続するパラペット部分については、その外壁のALCパネルの厚さの6倍の長さをはね出して使用した。

3. 吹付け硬質ウレタンフォームによる断熱材現場発泡工法において、吹付け厚さの許容誤差については、±10mmとした。

4. カーテンウォール工事において、プレキャストコンクリートカーテンウォール部材の取付け位置における目地の幅の寸法許容差については、特記がなかったので、±5mmとした。

[解説] 3. （「建築工事管理指針」19.9.3.(e).(iii).③）吹付け硬質ウレタンフォームによる断熱材現場発泡工法は、総厚さが30mm以上の場合には多層吹きとし、各層の厚さは各30mm以下とする。ただし、1日の総吹付け厚さは80mmを超えないものとする。なお、吹付け厚さの許容誤差は、±0から＋10mmとする。　正解 3

R05	R04	R03	R02	R01	H30	H29

問題06 V 19　内外装工事に関する記述において、監理者が一般に行うものとして、**最も不適当な**ものは、次のうちどれか。

1. コンクリート下地への塗装工事において、素地調整を行うことができる乾燥期間を、冬期であったので、コンクリートの材齢が14日確保されていることを確認した。

2. 下地面がコンクリートとなる「せっこうボードのせっこう系直張り用接着材による直張り工法」において、張付け時の室温が5℃以下となる寒冷期に、やむを得ず施工しなければならなかったので、採暖等の養生を行い、室温10℃以上に保たれていることを確認した。

3. 押出成形セメント板を用いる外壁工事において、横張り工法により取り付けたフラットパネル（働き幅600mm、厚さ60mmの標準パネル）については、構造体に固定した下地鋼材に取り付け、パネル枚数3枚以下ごとに自重受け金物で受けていることを確認した。

4. 外壁のセメントモルタルによる陶磁器質タイル（セラミックタイル）後張りにおける引張接着強度検査については、引張接着強度が0.4N/mm²以上で、かつ、コンクリート下地の接着界面における破壊率が50%以下のものを合格とした。

[解説] 1. （公共建築協会「建築工事監理指針」18.2.5.(b)）コンクリート下地の素地調整を行うために必要な乾燥期間は、冬期の場合、コンクリートの材齢が28日以上を目安とする。　正解 1

問題07 V 19　内外装工事に関する次の記述のうち、**最も不適当な**ものはどれか。

1.　ビニル床シートを用いた床仕上げ工事において、下地が床コンクリート直均し仕上げであったので、ビニル床シートの張付けを、コンクリートの打込みから21日後に行うことを確認した。

2.　仕様ルートにより検証した特定天井については、天井面構成部材と壁及び柱との隙間を6cm以上設けていることを確認した。

3.　外壁乾式工法による石張り工事の施工図等において、石材の形状と寸法については、特記がなかったので、形状が正方形に近い矩形で、1枚の面積が0.8m²以下、有効厚さが30mm以上70mm以下であることを確認した。

4.　カーテンウォール工事において、躯体付け金物の取付け位置の寸法許容差については、特記がなかったので、鉛直方向を±10mm、水平方向を±25mmとした。

> **[解説]**　1.　（公共建築協会「公共建築工事標準仕様書」19.2.3.(b)）下地が床コンクリート直均し仕上げの場合、ビニル床シートの張付けはコンクリート打込みから28日以後とする。　**正解 1**

問題08 V 19　内外装工事に関する次の記述のうち、**最も不適当な**ものはどれか。

1.　カーペットのグリッパー工法において、上敷きの敷詰めは、隙間及び不陸をなくすように伸長用工具により幅500mmにつき200N程度の張力をかけて伸長し、グリッパーに固定した。

2.　木造軸組構法の壁の充填断熱工法（はめ込み工法）における防湿層の設置については、ポリエチレンフィルムの防湿層の継目を柱等の木下地部分に設け、その重ね幅を30mm以上とした。

3.　プレキャストコンクリートカーテンウォールの開口部にY型構造ガスケットの使用に当たり、コンクリート端面からY型ガスケットをプレキャスト版にはめ込むための溝の中心までの寸法を、60mm以上とした。

4.　システム天井において、天井パネルにロックウール化粧吸音板を使用したので、吸音板の軟化を防止するため、工事中の室内湿度が80%を超えないようにした。

> **[解説]**　1.　（公共建築協会「公共建築工事標準仕様書」19.3.4.(c).(5)）伸長工具により幅300mmにつき200N程度の張力をかけて伸長し、グリッパーに固定する。**正解 1**

R05	R04	R03	R02	R01	H30	H29

問題 01 V 20 設備工事に関する次の記述のうち、**最も不適当な**ものはどれか。

1. 給排水衛生設備工事において、給水管の埋戻しに当たり、土被り 150 mm 程度の深さに埋設表示用アルミテープを埋設した。

2. 給排水衛生設備工事において、壁付けの衛生器具については、樹脂製プラグを用いてコンクリート壁に取り付けた。

3. 電気設備工事において、軽量鉄骨壁下地内の低圧の配線に用いる合成樹脂製可とう電線管については、CD 管を使用した。

4. 電気設備工事における二重床内配線については、ケーブルをころがし配線とし、配線経路を二重床の割付方向に平行になるようにした。

解説 1. （「公共建築工事標準仕様書（機械設備工事編）」第 1 編一般共通事項 2.7.1. ⑼）管を埋め戻す場合は、土被り 150mm 程度の深さに埋設表示用アルミテープ又はポリエチレンテープ等を埋設する。

2. （「公共建築工事標準仕様書（機械設備工事編）」第 5 編給排水衛生設備工事 2.1.1. ⑴.⑺）壁付け器具をコンクリート壁等に取付ける場合は、エキスパンションボルト又は樹脂製プラグを使用する。

3. （「公共建築工事標準仕様書（電気設備工事編）」第 2 編電力設備工事 2.3.2.⑴）CD 管は、コンクリート埋込部分のみに使用する。

4. （「公共建築工事標準仕様書（電気設備工事編）」第 2 編電力設備工事 2.10.4.7）二重床内配線は、ころがし配線とする。 　正解 3

R05	R04	R03	R02	R01	H30	H29

問題 02 V 20 設備工事に関する次の記述のうち、**最も不適当な**ものはどれか。

1. 現場における給水管の水圧試験については、保持時間が 60 分であることを確認した。

2. 一般配管用ステンレス鋼鋼管を用いた冷温水用の立て管については、最下階の床で固定し、各階に 1 か所ずつ管の収縮を妨げないように形鋼振れ止め支持を設けた。

3. 電気設備工事における二重天井内のケーブル配線については、ケーブルに

よる荷重が過度とならないことを確認したうえで、ケーブルの支持間隔が2
m以下になるように、天井吊ボルト及び天井下地材にバンド等を用いて固定した。

4. 雷保護設備における板状接地極については、地表面下1.5mの深さに埋設
し、ガス管から0.75m離隔した。

R05	R04	R03	R02	R01	H30	H29

問題03 V 20　設備工事に関する次の記述のうち、**最も不適当な**ものはどれか。

1. 鉄筋コンクリートの躯体に埋設する合成樹脂製可とう電線管（PF管）につ
いて、壁付きでない梁の横断配管は、多数の管をまとめて横断させないよう
にするとともに、柱際から梁せい寸法以内の範囲での横断を避けた。

2. 蒸気給気管の配管については、先上り管勾配を1/250、先下り管勾配を1/
80とした。

3. 電気設備工事において、鋼製ケーブルラックの水平支持間隔を2m以内と
し、直線部と直線部以外との接続部では、接続部に近い箇所及びケーブルラ
ック端部に近い箇所で支持した。

4. 屋外で雨水排水横主管と汚水排水横主管とを接続するに当たり、接続する
部分に設ける排水ますのほかに、雨水排水横主管にトラップますを設けた。

R05	R04	R03	R02	R01	H30	H29

問題04 V 20　鉄筋コンクリート造の建築物の設備工事に関する次の記述のう
ち、監理者が行った行為として、**最も不適当な**ものはどれか。

1. 雑用水管については、誤接続がないことを確認するために、衛生器具等の
取付け完了後、系統ごとに着色水を用いた通水試験が行われたことを確認した。

2. 機械室が屋上階にある乗用エレベーターの地震感知器については、P波感知
器が機械室に、S波感知器が昇降路底部に、設置されていることを確認した。

3. 電池内蔵形の非常用の照明装置における照度測定については、外光の影響

を受けない状況下において、内蔵電池への切替え後に行われたことを確認した。

4. 接地工事において、接地極の埋設については掘削部埋戻し前に、接地線の構造体への接続についてはコンクリート打設前に、立会い確認を行った。

[解説] 2.（「公共建築工事標準仕様書」（機械設備工事編）2.2.6.3.(イ)）P波感知器は、原則として昇降路底部に、S波感知器は、機械室に取り付けるものとする。　**正解 2**

R05	R04	R03	R02	R01	H30	H29

問題05 V 21　設備工事に関する次の記述のうち、**最も不適当な**ものはどれか。

1. 機械設備工事におけるスリーブについては、保温材の厚さを含んだ管の外径よりも 40 mm 大きい径のものとした。

2. 鉄筋コンクリートの躯体に埋設する合成樹脂製可とう電線管については、PF 管を使用した。

3. 建築物内部の同一のコンクリートピット内に高圧ケーブルと低圧ケーブルとを配線するに当たり、それらの間に耐火性のある堅牢な隔壁を設けたので、高圧ケーブルと低圧ケーブルとの間の離隔距離については、特に配慮しなかった。

4. 呼び径 80 の一般配管用ステンレス鋼鋼管を用いた給水管の横走り配管については、吊り金物による支持間隔を 3.0 m とした。

[解説] 4.（「公共建築工事標準仕様書」（機械設備工事編）2.6.3. 表 2.2.20）呼び径 80 のステンレス鋼管を用いた給水管の横走り配管では、吊り金物による支持間隔は 2.0 m 以下とすしなければならない。　**正解 4**

R05	R04	R03	R02	R01	H30	H29

問題06 V 20　設備工事に関する記述において、監理者が一般に行うものとして、**最も不適当な**ものは、次のうちどれか。

1. 昇降機設備工事において、乗用エレベーターの昇降路内に、エレベーターに必要な配管設備を設けることとなっていたので、その配管設備が地震時においてエレベーターの籠又は釣合おもりに触れるおそれのないことを確認した。

2. 非常用の証明装置の電気配線は、他の電気回路（電源又は誘導灯に接続する部分を除く。）に接続されず、かつ、非常用の照明装置の電気配線の途中に一般の者が、容易に電源を遮断することのできる開閉器が設けられていないことを確認した。

3. 配管の埋設工事において、給水管と排水管とを平行して埋設する部分については、給水管を排水管の上方に埋設し、両配管の水平実間隔が 300 mm 程度確保されていることを確認した。

4. 共同住宅の居室に設ける自然換気設備の給気口については、居室の天井の

高さの1/2以下の高さの位置に設けられ、常時外気に開放されている構造となっていることを確認した。

[解説] 3. （HASS010）給水管と排水管とを平行して埋設する部分については、給水管を排水管の上方に埋設し、両配管の水平実間隔は 500 mm 程度確保する。 [正解 3]

R05	R04	R03	R02	R01	H30	H29

問題 07 V 20 設備工事に関する次の記述のうち、**最も不適当な**ものはどれか。

1. コンクリート埋込みとなる分電盤の外箱は、型枠に取り付けた。

2. 雷保護設備における引下げ導線については、保護レベルに応じた平均間隔以内として、建築物の外周に沿ってできるだけ等間隔に、かつ、建築物の突角部の近くになるように配置した。

3. 屋内の横走り排水管の勾配の最小値については、呼び径 65 以下を 1/50、呼び径 125 を 1/200 とした。

4. 外壁に設ける換気用ダクトの換気口については、屋外避難階段から 2 m 以上離して設けた。

[解説] 3. （SHASE-S 206 9.2.4.2. 表 9・2）呼び径 125 の屋内横走り排水管の最小勾配は 1/150 である。 [正解 3]

R05	R04	R03	R02	R01	H30	H29

問題 08 V 20 設備工事に関する次の記述のうち、**最も不適当な**ものはどれか。

1. 空気調和設備工事に用いるロックウール保温材のうち、ロックウールフェルトについては、特記がなかったので、フェルトの密度が 20 kg/m³ のものを使用した。

2. 合成樹脂製可とう電線管をコンクリートスラブに埋設するので、電線管をスラブ配筋の上端筋と下端筋との間に配管し、コンクリートの打込み時に管が移動しないように専用支持具等を使用して、曲り部分については 0.5 m 以下の間隔で下端筋に結束した。

3. 防火区画の壁を貫通する配電管は、呼び径 82 mm（外径 89 mm）の硬質塩化ビニル電線管とし、当該配電管と防火区画との隙間をモルタルで充塡した。

4. エスカレーターの上下乗り場及び踏段で行う検査において、踏段相互間及びスカートガードと踏段との隙間については、エスカレーターの全長にわたって接触することなく 5 mm 以下であることを確認した。

[解説] 1. （公共建築協会「公共建築工事標準仕様書」（機械設備編）3.1.2.(a). 表 2.3.1）ロックウールフェルトは、密度が 40 kg/m³ のものを使用する。 [正解 1]

R05	R04	R03	R02	R01	H30	H29

問題01 V22 鉄筋コンクリート造の建築物の耐震改修工事に関する次の記述のうち、**最も不適当な**ものはどれか。

1. 既存の柱と壁との接合部に耐震スリットを新設する工事において、既存の外壁に幅30mmのスリットを設け、耐火性能を有したスリット材を挿入したうえで、屋外側及び屋内側の2か所をシーリング材により止水処理した。

2. あと施工アンカー工事において、接着系アンカーの埋込み時に接着剤がコンクリート表面まであふれ出てこなかったので、直ちにアンカー筋を引き抜き、カプセルを追加して接着剤があふれ出るようにアンカー筋を埋め込んだ。

3. あと施工アンカー工事において、騒音、振動対策が必要とされたことから、穿孔機械にハンマードリルを採用した。

4. 現場打ち鉄筋コンクリート壁の増設工事において、既存梁下端と増設壁上端との取合い部分に注入するグラウト材については、空気抜きを既存梁下端に設け、その位置より10cm程度高い位置に設けた空気抜きの管の先端からグラウト材がオーバーフローすることにより注入状況を確認した。

解説 1.（「建築工事監理指針」8.25.1.(b)）既存の鉄筋コンクリート壁をコンクリートカッター等で30〜40mmの隙間を設け、隙間内にロックウールなどの充填材を挿入した上で止水処理する。止水処理はシーリング材により行い、外部及び内部側の2箇所をシールする。

　2.（「建築改修工事監理指針」8.12.2.③）接着系アンカーの接着剤は確実に充填するため、孔から接着剤があふれ出ることを確認する。

　3.（「あと施工アンカー・連続繊維補強設計・施工指針」3.1.4）施工条件で課題となるものに騒音、振動がある。穿孔機械の中では、ダイヤモンドコアドリルが騒音、振動への対策として優れている。

　4.（「建築工事監理指針」8.21.8.(c).(2)）オーバーフロー管の流出先の高さは、必ずコンクリートの圧入高さより高くする。壁の場合、既存梁の下端の高さより5〜10cm程度高くする。 **正解 3**

問題02 V 23　各種改修工事に関する次の記述のうち、**最も不適当なもの**はどれか。

1.　既存保護層を撤去せずに改修用ドレンを設けない防水改修工事において、既存ルーフドレンの周囲については、ルーフドレン端部から300mm程度の範囲の既存保護コンクリートを四角形に撤去し、既存アスファルト防水層の上に防水層を新設した。

2.　既存保護層を撤去し、既存アスファルト防水層を残して行う防水改修工事において、新設する防水層の下地となる既存アスファルト防水層の処理については、既存防水層の損傷箇所、継目等の剥離箇所、浮き部分等を、切開し、バーナーで熱した後、溶融アスファルトを充填し、張り合わせた。

3.　既存のコンクリート打放し仕上げ外壁を厚付け仕上塗材仕上げとする外壁改修工事において、コンクリート面の下地調整については、目違いをサンダー掛けで取り除く程度で十分であったので、下地調整塗材の塗付けを省略した。

4.　既存の下地モルタルを撤去せずにタイルの部分的な張替えを行う外壁改修工事において、1か所当たりの張替え面積が0.25m²以下の箇所については、張替え下地面とタイル裏面の両面にポリマーセメントモルタルを塗り付け、タイルを張り付けた後、タイルの目地詰めまで24時間以上の養生を行った。

[解説]　1.（「公共建築改修工事標準仕様書」3.2.3.(ﾈ)）平場の既存保護層等を残し、改修用ドレンを設けない場合は、ルーフドレン端部から500mm程度まで保護コンクリート等の既存保護層を四角形に撤去する。

　　　　2.（「公共建築改修工事標準仕様書」3.2.6.(3).(ｱ).(b)）既存防水層の損傷箇所、継目等の剥離箇所、浮き部分等は、切開し、バーナーで熱した後、溶融アスファルトを充填し、張り合わせる。

　　　　3.（「公共建築改修工事標準仕様書」4.5.4.(5).(ｴ)）厚付け仕上塗材仕上げ等の場合は下地調整工程を省略する。

　　　　4.（「公共建築改修工事標準仕様書」4.4.7.(3).(ｳ)(ｴ)）張替え下地面とタイル裏面の両面にポリマーセメントモルタルを塗り付け、タイルを張り付ける。タイル目地詰めは、タイル張り完了後、24時間以上の養生を行った後に行う。 　正解 1

問題03 V 22　鉄筋コンクリート造建築物の耐震改修工事に使用する「あと施工アンカー」に関する次の記述のうち、**最も不適当なもの**はどれか。

1.　接着系アンカーの施工において、特記がなかったので、アンカー筋に打撃

や衝撃を与えず、かつ、回転しないように、マーキング位置まで埋め込むことにより固着させた。

2.　金属系アンカーの施工において、締付け方式のアンカーの固着状況については、特記がなかったので、締付け作業後、目視検査及び打音試験により全数確認した。

3.　金属系アンカーの施工後の現場非破壊試験において、引張試験を行うための確認試験荷重については、特記がなかったので、計算で得られた、「アンカーの鋼材による引張荷重」又は「コンクリート破壊による引張荷重」の小さいほうの $\frac{2}{3}$ 程度の値とした。

4.　接着系アンカーの施工後の確認試験において、引張試験に不合格となったロットについては、特記がなかったので、当該ロットの残り全てのアンカーに対して、試験を行った。

> [解説]　1.　（「公共建築改修工事標準仕様書」8.12.5.(2).(エ)）接着系アンカーの施工は、アンカー筋に回転・打撃を与えながら、マーキング位置まで埋め込む。
>
> 2.　（「公共建築改修工事標準仕様書」8.12.5.(1).(エ)）締付け作業後、目視及び打音試験により全数固着状況を確認する。
>
> 3.　（「建築改修工事監理指針」8.12.5.(2)）
>
> 4.　（「公共建築改修工事標準仕様書」8.12.7.(オ).(b)）不合格ロットの残り全てのあと施工アンカーに対して引張試験を行う。　　正解 1

R05	R04	R03	R02	R01	H30	H29

問題 04　V 23　鉄筋コンクリート造建築物の外壁改修工事に関する次の記述のうち、**最も不適当な**ものはどれか。

1.　手動式エポキシ樹脂注入工法によるコンクリート打放し仕上げの外壁のひび割れ部の改修工事において、鉛直方向のひび割れ部へのエポキシ樹脂の注入については、ひび割れ部の上部の注入口から下部へ順次行った。

2.　自動式低圧エポキシ樹脂注入工法によるコンクリート打放し仕上げ外壁のひび割れ部の改修工事において、エポキシ樹脂の注入完了後は注入器具を取り付けたまま硬化養生を行い、エポキシ樹脂の硬化を見計らって仮止めシール材及び注入器具を撤去した。

3.　塗り仕上げ外壁の改修工事において、既存塗膜を除去する必要がなかったので、下地のひび割れ部の補修後に塗膜表面の粉化物や付着物を除去する水洗い工法を採用し、上塗りのみを塗り替えた。

4.　塗り仕上げ外壁の改修工事において、劣化の著しい塗膜や下地コンクリー

トの脆弱<ruby>部分<rt>ぜい</rt></ruby>を除去する必要があったので、高圧水洗工法を採用した。

[解説] 1. （「公共建築改修工事標準仕様書」4.2.5.(4).(オ)）鉛直方向のひび割れは、下部の注入口から上部へ順次注入する。

2. （「公共建築改修工事標準仕様書」4.2.5.(3).(ケ).(コ)）注入完了後は、注入器具を取り付けたまま硬化養生をし、エポキシ樹脂注入材の硬化を見計らい、仮止めシール材及び注入器具を適切な方法で撤去し、清掃を行う。

3. （「建築改修工事監理指針」4.6.3. 表 4.6.1）水洗い工法は、既存塗膜を除去する必要がなく塗膜表面の粉化物や付着物等を除去・清掃する場合に適している。上塗りのみの塗り替え等に適している。

4. （「建築改修工事監理指針」4.6.3. 表 4.6.1）高圧水洗工法は、劣化の著しい既存塗膜の除去や素地の脆弱部分の除去に適している。　　　　　　正解 1

R05	R04	R03	R02	R01	H30	H29

問題05 V 22　耐震改修工事に関する次の記述のうち、**最も不適当な**ものはどれか。

1. 既存柱と壁との接合部に耐震スリットを新設する工事において、既存の壁の切断に用いる機器を固定する「あと施工アンカー」については、柱や梁への打込みを避け、垂れ壁や腰壁に打ち込んだ。

2. あと施工アンカー施工後の確認試験については、特記がなかったので、引張試験機による引張試験とし、1日に施工された「あと施工アンカー」の径及び仕様ごとにロットを構成した。

3. 鉄筋コンクリートの増打ち耐震壁の増設工事において、増設壁の鉄筋の既存柱への定着は、既存柱を<ruby>斫<rt>はつ</rt></ruby>って露出させた柱主筋に、増設壁の鉄筋端部を135度に折り曲げたフックをかけた。

4. 金属系アンカーの「あと施工アンカー工事」において、特記がなかったので、打込み方式のアンカーは所定の位置まで打ち込むことにより固着させ、締付け方式のアンカーはナット回転法で締め付けることにより固着させた。

[解説] 1. （「公共建築改修工事標準仕様書」（建築工事編）8.12.4.(1)）あと施工アンカーを設置するための穿孔は、既存骨組みに有害な影響を与えないようにする（垂れ壁や腰壁などは、骨組みに入らない）。

2. （同 8.12.7、8.12.7.(ア)）

4. （同 8.12.5.(1).(ウ)）締め付け方式のアンカーは、所定の締め付けトルク値まで締め付ける。　　　　　　正解 4

R05	R04	R03	R02	R01	H30	H29

問題06 V 23　各種改修工事に関する次の記述のうち、**最も不適当な**ものはどれか。

1.　防水改修工事において、既存保護コンクリートの撤去は、躯体や仕上げ材に損傷を与えないように、質量10kgのハンドブレーカーを使用した。

2.　防水改修工事におけるルーフドレン回りの処理に当たって、防水層及び保護層の撤去端部は、既存の防水層や保護層を含め、ポリマーセメントモルタルで、1/2程度の勾配に仕上げた。

3.　かぶせ工法によるアルミニウム製建具の改修工事において、既存枠への新規建具の取付けについては小ねじ留めとし、留め付けについては、端部を100mm、中間部の間隔を500mmとした。

4.　内装改修工事において、特定天井の天井下地に該当しない軽量鉄骨天井下地（吊りボルト受け等の間隔が900mm程度以下かつ天井面構成部材等の単位面積当たりの質量が20kg/m²以内）を新設するに当たって、再利用する既存の埋込みインサートについては、特記がなかったので、工事の当該階の3箇所に対してそれぞれ400Nの荷重による吊りボルトの引抜き試験を行った。

〔解説〕　1.　（「公共建築改修工事標準仕様書」（建築工事編）3.2.3.(ア),(ウ)）質量15kg以上のハンドブレーカー等を使用する場合は、監督職員と協議する。

　2.　（同 3.2.5.(2)）

　3.　（同 5.2.5.(2).(ア).(c)）設問の工事の中間の留め付け間隔は400mm以下とする。

正解3

R05	R04	R03	R02	R01	H30	H29

問題07 V 22　鉄筋コンクリート造の建築物の耐震改修工事に関する次の記述のうち、**最も不適当な**ものはどれか。

1.　鋼板巻き工法による柱補強工事において、鋼板の形状を角形としたので、コーナー部分の曲げ加工の内法半径については、鋼板の板厚の2.5倍とした。

2.　枠付き鉄骨ブレースの設置工事において、既存の柱や梁に施す目荒しについては、電動ピックを用いて、平均深さで2〜5mm程度の凹面を、その合計の面積が打継ぎ面の20%程度の面積となるように全体にわたって付けた。

3.　耐震壁を増設する工事において、コンクリートの打込みを圧入工法で行うに当たり、型枠上部に設けたオーバーフロー管の流出先の高さについては、既存梁の下端から10cm高い位置とした。

4.　既存壁の開口部を閉塞して耐震壁とする工事において、開口部周囲のはつ

り出した壁筋と新設の壁筋との継手については、無理に台直しを行わず、0.2L（L：重ね継手の長さ）以下、かつ、150mm以下の隙間を開けた「あき重ね継手」とした。

解説　1.（「建築改修工事監理指針」8.23.6.(2).(ⅰ)）角部には半径が板厚の3倍以上のアールを設けなければならない。

2.（同 8.21.3.(b)）設問の荒目については、電動ピック等を用いて、平均深さで2〜5mm（最大で5〜7mm）程度の凹面を、合計が打継ぎ面の15〜30%程度の面積となるように全体にわたってつける。適当。

3.（同 8.21.9.(a).(3)）空気抜きを梁下にも受け、先端はその位置より5〜10cm程度高くする。　正解 1

R05	R04	R03	R02	R01	H30	H29

問題 08 V 23　鉄筋コンクリート造の建築物の各種改修工事に関する次の記述のうち、**最も不適当な**ものはどれか。

1.　既存保護層を撤去し、既存アスファルト防水層を残して行う防水改修工事において、既存アスファルト防水層の継目等の剥離箇所及び浮き部分については、切開し、バーナーで熱した後、溶融アスファルトを充填し、張り合わせた。

2.　防水改修工事において、防水層撤去後の新設防水層の下地となる既存コンクリート面の欠損部については、ポリマーセメントモルタルにより平滑に補修した。

3.　タイル張り仕上げ外壁で、構造体コンクリートと下地モルタルとの間に浮きが発生している箇所を、アンカーピンニング部分エポキシ樹脂注入工法により固定する工事において、アンカーピン固定部の穿孔については、タイルの目地部分に構造体コンクリート中に30mmの深さに達するまで行った。

4.　コンクリート打放し仕上げ外壁の改修工事において、ひび割れ幅が0.2mmから1.0mmの間に分布していたので、ひび割れ部改修工法としてシール工法を採用した。

解説　4.（「建築改修工事監理指針」4.3.2. 表 4.3.1）ひび割れ幅が0.2mm未満の場合はシール工法を、0.2mm以上1.0mm以下の場合は樹脂注入工法を用いる。　正解 4

R05	R04	R03	R02	R01	H30	H29

問題 09 V 22　鉄筋コンクリート造の既存建築物の耐震改修工事に関する次の記述のうち、**最も不適当な**ものはどれか。

1. 現場打ち鉄筋コンクリート壁の増設工事において、壁厚が厚い複配筋の既存開口壁を鉄筋コンクリートにより閉塞するに当たり、開口周囲に埋め込む「あと施工アンカー」の埋込み長さについては、特記がなかったので、10da（da：アンカー筋径）とした。

2. 枠付き鉄骨ブレースの設置工事において、鉄骨枠と既存躯体との間にグラウト材（無収縮モルタル）を圧入したところ、圧入したグラウト材と既存躯体との間に3mmの隙間ができてしまったので、その隙間にエポキシ系樹脂を圧入した。

3. 鋼板巻き工法による柱補強工事において、二分割した鋼板を現場で一体化するに当たり、鋼板の厚さが6mmであったので、突合せ溶接とした。

4. 溶接金網巻き工法による柱補強工事において、溶接金網の継手を重ね継手とするに当たり、溶接金網の縦筋の間隔が100mmであったので、その継手長さを200mmとした。

[解説] 1. （建築保全センター「公共建築改修工事標準仕様書」8.21.1.(a)）現場打ち鉄筋コンクリート壁の増設工事で、開口周囲に埋め込む「あと施工アンカー」の埋込み長さは、原則として11da（da：アンカー筋径）とする。 正解 1

R05	R04	R03	R02	R01	H30	H29

問題10 V23 各種改修工事に関する次の記述のうち、**最も不適当な**ものはどれか。

1. 既存のアスファルト防水の改修工事において、既存防水層を非撤去とすることとしたので、立上り部及びルーフドレン回りの防水層についても非撤去とした。

2. 既存のウレタンゴム系塗膜防水を撤去せず、新規にウレタンゴム系塗膜防水を施す改修工事において、既存防水層の膨れ部分については、カッターナイフで切除し、ポリマーセメントモルタルで平坦に仕上げた。

3. 既存のモルタル塗り仕上げ外壁の仕上塗材の改修工事において、既存塗膜の劣化部の除去を高圧水洗工法で行うに当たり、その処理範囲については、特記がなかったので、既存仕上げ面全体とした。

4. コンクリート打放し仕上げ外壁の改修工事において、鉄筋が露出していない比較的浅い欠損部であったので、ポリマーセメントモルタル充填工法を採用して補修した。

[解説] 1. （建築保全センター「公共建築改修工事標準仕様書」3.2.1.(3)）既存防水層を非撤去とした場合でも、立上り・ルーフドレン回りの防水層の撤去および処理は

できる。
正解 1

R05	R04	R03	R02	R01	**H30**	H29

問題11 V22 鉄筋コンクリート造の耐震改修工事に関する次の記述のうち、**最も不適当な**ものはどれか。

1. 既存コンクリートの圧縮強度試験について、コアを壁厚の小さい部位から採取することになり、コア供試体の高さ (h) と直径 (d) との比 $\left(\frac{h}{d}\right)$ が1.5となったので、$\frac{h}{d}$ の数値に応じた補正係数を乗じて、直径の2倍の高さをもつ供試体の強度に換算した。

2. 鉄骨枠付きブレースのスタッド溶接完了後の外観試験において、溶接後の仕上り高さと傾きの試験については、スタッドの種類及びスタッド溶接される部材が異なるごと、かつ、100本ごと及びその端数を試験ロットとし、各ロットの1本以上について抜取試験を行った。

3. 既存鉄筋コンクリート造建築物の耐震補強のための鉄骨枠付きブレースの設置工事において、鉄骨枠内に使用するグラウト材の品質管理における圧縮強度試験については、供試体の材齢を3日及び28日として管理を行った。

4. 鉄筋コンクリート造の新設耐震壁の増設工事において、本体打込み式の改良型の金属系アンカーを使用するに当たり、ドリルで穿孔する穿孔深さについては、有効埋込み深さと同じ深さとした。

　[解説] 4. （建築保全センター「建築改修工事監理指針」8.2.4.(b).(7)）ドリルで穿孔する穿孔深さは、埋込み長さ＋アンカー本体の外径とする。
正解 4

R05	R04	R03	R02	R01	**H30**	H29

問題12 V23 各種改修工事に関する次の記述のうち、**最も不適当な**ものはどれか。

1. 防水改修工事において、既存保護コンクリートの撤去に用いるハンドブレーカーは、躯体や仕上げ材に損傷を与えないように、質量15kg未満のものとした。

2. アスベスト含有建材の除去工事においては、除去したアスベスト含有吹付け材等の飛散防止のため、除去作業場所にて、所定のプラスチック製の袋の中に入れ、袋の中の空気を十分に抜く際に、この材等が湿潤化していることを確認した。

3. コンクリート打放し仕上げ外壁のひび割れ部の改修工事において、自動式低圧エポキシ樹脂注入工法で行うに当たり、エポキシ樹脂注入材の注入完了

後、注入材が硬化する前に速やかに注入器具を撤去した。

4.　アルミニウム製建具のかぶせ工法による改修工事において、新規建具と鉄筋コンクリート造の躯体との取合い部に用いるシーリング材については、目地深さが所定の寸法であり、新規建具と躯体間の挙動が少ないことが確認できたので、ボンドブレーカーを省略し三面接着とした。

〔解説〕　3.　（建築保全センター「公共建築改修工事標準仕様書」4.3.4.(c).(9)）自動式低圧エポキシ樹脂注入工法では、注入器具を取り付けたまま硬化養生する。　正解 3

R05	R04	R03	R02	R01	H30	**H29**

問題 13 V 22　耐震改修工事に関する次の記述のうち、**最も不適当な**ものはどれか。

1.　鉄筋コンクリート造の増打ち耐震壁の増設工事において、打継ぎ面となる既存構造体コンクリートの表面については、特記がなかったので、目荒しとしてコンクリートを 30 mm 程度斫（はつ）り、既存構造体の鉄筋を露出させた。

2.　鉄筋コンクリート造の耐力壁の新設工事において、新規に打ち込むコンクリートについては、壁頭部にグラウト材を注入することとしたので、梁下 200 mm 程度の位置でコンクリートを打ち止めた。

3.　金属系あと施工アンカーの穿孔作業において、穿孔した傾斜角が施工面への垂線に対して 5 度以内であったので合格とした。

4.　金属系あと施工アンカーの施工後の現場非破壊試験において、引張試験を行うための確認試験荷重は、特記がなかったので、計算で得られた、「アンカーの鋼材による引張荷重」又は「コンクリート破壊による引張荷重」の小さいほうの 2/3 程度の値とした。

〔解説〕　1.　（建築保全センター「建築改修工事監理指針」8.21.3.(b)）目荒らしは、平均深さ 2～5 mm（最大で 5～7 mm）程度の凹面を付けるもので、増打ち壁増設の場合は、その凹面の合計が打継ぎ面の 10～15％程度の面積を目安として行う。　正解 1

R05	R04	R03	R02	R01	H30	**H29**

問題 14 V 23　各種改修工事に関する次の記述のうち、**最も不適当な**ものはどれか。

1.　かぶせ工法により既存建具を新規建具とする改修において、既存建具の方立・無目・障子等を撤去したうえで、外周枠を残し、その上から新規金属製建具を取り付けた。

2. 塗膜はく離剤工法における既存の防水形複層塗材の塗り仕上げ外壁の改修において、特記がなかったので、試験施工を行ったうえで、既存の弾性を有する有機系塗膜を全面除去した。

3. タイル張り仕上げ外壁の改修において、モザイクタイルの広範囲にわたる浮きの改修については、注入口付アンカーピンニングエポキシ樹脂注入タイル固定工法を採用した。

4. シーリング再充填工法による防水改修において、既存シーリング材の除去については、目地被着体に沿ってカッターにより切込みを入れ、既存シーリング材をできる限り除去した後に、サンダー掛け等により清掃を行った。

解説 3. （建築保全センター「建築改修工事監理指針」4.5.4）注入口付アンカーピンニングエポキシ樹脂注入固定工法は、タイルの中心に穿孔するので、小口タイル以上の大きなタイルの浮き補修に適した工法で、モザイクタイルの浮きの改修には適さない。

正解 3

学科Ⅴ
23 各種工事用語・総合

R05	R04	R03	R02	R01	H30	H29

問題01 Ⅴ24　建築工事に関する用語とその説明の組合せとして、**最も不適当**なものは、次のうちどれか。

1.　ミルシート ――――――製鋼所で発行する、鋼材の化学成分、機械的性質などの試験結果が記されており、その材料がJIS等に適合していることを保証する規格品証明書

2.　ブリーディング ―――――フレッシュコンクリート及びフレッシュモルタルにおいて、固体材料の沈降又は分離によって、練混ぜ水の一部が遊離して上昇する現象

3.　チョーキング ―――――塗膜が熱、紫外線、風雨などによって劣化し、塗膜の表面から粉化していく現象

4.　ボイリング ――――――掘削底面下方に被圧地下水を有する帯水層がある場合に、彼圧地下水の圧力により掘削底面が持ち上がる現象

[解説]　4.　設問の解説は、盤ぶくれである。ボイリングは砂質土の根切り底などにおいて、上向きの水圧により水とともに砂が吹き上がる現象。

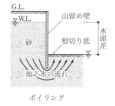

ボイリング

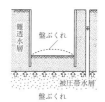

盤ぶくれ

正解 4

R05	R04	R03	R02	R01	H30	H29

問題02 Ⅴ21　5階建ての建築物における各部工事に関する次の記述のうち、**最も不適当な**ものはどれか。

1.　呼び径150の耐火二層管の横走り配管工事において、吊り金物による吊り間隔を1.5m以下とした。

2.　とい工事において、硬質ポリ塩化ビニル管を用いた屋外の「たてどい」の

とい受け金物については、特記がなかったので、3m間隔となるように取り付けた。

3. 軽量鉄骨壁下地において、コンクリートスラブへのランナーの取付けについては、打込みピンによる固定とし、その間隔については、900mm程度とした。

4. 横引き配管等の耐震対策において、最上階のケーブルラックについては、耐震クラスSに対応する必要があったので、6m以内の間隔でS_A種の耐震支持を行った。

〔解説〕 1.（「公共建築工事標準仕様書」（機械設備工事編）2.6.3. 表2.2.20）
　2.（「公共建築工事標準仕様書」13.5.2.(2). 表13.5.2）間隔は2m程度とする。
　3.（JASS26.5.1.3.d.(3).(ⅰ).(イ)）ランナーは端部を押さえ、間隔900mm程度に打ち込みピン等で床に固定する。
　4.（「公共建築工事標準仕様書」（機械設備工事編）2.3.1.(c).(シ). 表4.2.1）　正解 2

R05	R04	R03	R02	R01	H30	H29

問題03 V 24 ＊　建築工事に関する用語とその説明との組合せとして、**最も不適当な**ものは、次のうちどれか。

1. ECP ──────── 石灰質原料及びけい酸質原料を主原料とし、オートクレーブ養生した軽量気泡コンクリートに鉄筋などの補強材を埋め込んだパネル

2. DPG構法 ──────── 一般に、ガラスにあけた点支持用孔に点支持金物を取り付け、支持構造と連結することにより、大きなガラス面を構成する構法

3. エントレインドア──── AE剤又は空気連行作用がある混和剤を用いてコンクリート中に連行させた独立した微細な空気泡

4. 逆打ち工法 ──────── 一般に、建築物の1階の床・梁などを先行施工し、これらを支保工として、下部の根切りを進め、順次地下階の躯体の施工と根切りを繰り返し、地下工事を進める工法

〔解説〕 1. 設問はALC（軽量気泡コンクリート）パネルの説明文である。　正解 1

R05	R04	R03	R02	R01	H30	H29

問題04 V 21　各部工事に関する次の記述のうち、**最も不適当な**ものはどれか。

1. 銅板葺屋根に取り付ける軒樋については、耐候性を考慮して、銅との電位

差が大きい溶融亜鉛めっき銅板製のものとした。

2.　防火区画の壁を貫通するダクトにおいて、防火区画に近接して防火ダンパーを設けるに当たり、当該防火ダンパーと当該防火区画との間のダクトは、厚さ 1.6 mm の鉄板で造られたものとした。

3.　金属板による折板葺において、タイトフレームと受け梁との接合については、風による繰返し荷重による緩みを防止するため、ボルト接合とせずにすみ肉溶接とした。

4.　軽量鉄骨間仕切壁内に配管する合成樹脂製可とう電線管（PF管）については、バインド線を用いて支持し、その支持間隔を 1.5 m 以下とした。

[解説]　1.　（JASS12.14.3.a.(2).(ⅱ)）銅板葺屋根に取り付ける軒樋は、電食が起こらない銅板製とする。

2.　（国交告 1376 号）当該防火設備と当該防火区画との間の風道は、厚さ 1.5 mm 以上の鉄板でつくり、又は鉄網モルタル塗その他の不燃材料で被覆しなければならない。

3.　（JASS12.11.5.b）

4.　（「公共建築工事標準仕様書」（電気設備工事編）2.3.3.(5)）　　　正解 1

R05	R04	R03	R02	R01	H30	H29

[問題 05] [V 24]　建築工事に関する用語とその説明との組合せとして、**最も不適当な**ものは、次のうちどれか。

1.　CLT ————切削機械により切削した単板を、主としてその繊維方向を互いにほぼ平行にして積層接着した木質材料

2.　粉体塗装 ——アルミニウム建材等に使用される塗装方法で、溶剤などの溶媒を含まず、VOC（揮発性有機化合物）の低減が図れる粉体塗料を用いて塗膜を形成させる塗装方法

3.　ミルシート ——製鋼所で発行する鋼材の化学成分、機械的性質などが記されている試験成績書で、その材料が JIS 等に適合していることを保証する規格品証明書

4.　溶接ゲージ——隅肉溶接ののど厚、脚長やビード幅、アンダーカット深度等を測定する器具

[解説]　1.　CLT は Cross Laminated Timber の略で、ひき板を並べた後、繊維方向が直交する様に積層接着した木質系木材。厚みのある大きな板で、建築構造材や土木用、家具用などに用いられる。　　　正解 1

問題06 V 21 　各種工事に関する記述において、監理者が一般に行うものとして、**最も不適当なもの**は、次のうちどれか。

1. 施工中における建具の鍵については、コンストラクションキーシステムを用いたので、施工完了後に、シリンダーは取り替えずに工事用の鍵から本設用の鍵に切り替え、不用となった工事用の鍵が回収されていることを確認した。

2. 屋上緑化システムを採用した屋根に設けるルーフドレンについては、その口径が目詰まりを考慮して余裕のある管径になっていることを確認したうえで、1排水面積に対して2箇所以上設置されていることを確認した。

3. 軽量鉄骨天井下地工事において、照明器具の設置に当たり、野縁及び野縁受をやむを得ず切断しなければならなかったので、溶断することを承認した。

4. 内装工事において、タイルカーペットをフリーアクセスフロア（高さ調整式）に敷設するに当たり、フリーアクセスフロアの床パネルの段違いや隙間が0.5mm以下に調整されていることを確認した。

[解説] 3. （公共建築協会「建築工事監理指針」14.4.1.(f)）軽量鉄骨天井下地工事における野縁及び野縁受の切断には、防錆上の観点から溶断を用いない。　　　正解 3

問題07 V 21 　各種工事に関する次の記述のうち、**最も不適当なもの**はどれか。

1. アースドリル工法による場所打ちコンクリート杭工事において、鉄筋かごの建込みの際の孔壁の欠損によるスライムや建込み期間中に生じたスライムの処理を行う二次スライム処理については、コンクリートの打込み直前に、水中ポンプ方式により行った。

2. 屋根工事において、銅板葺きの留付けに用いる釘や金物については、ステンレス製のものを使用した。

3. 塗装工事において、屋外に露出する亜鉛めっき鋼面への錆止め塗料塗りについては、特記がなったので、一液形変性エポキシ樹脂さび止めペイントを使用した。

4. 外壁乾式工法による石張り工事において、目地に用いるシーリング材については、特記がなかったので、シリコーン系シーリング材を使用した。

[解説] 4. （公共建築協会「公共建築工事標準仕様書」10.2.3.(d)）目地に用いるシーリング材は、ポリサルファイド系を使用する。　　　正解 4

| R05 | R04 | R03 | R02 | R01 | H30 | H29 |

問題08 V 21　各種工事に関する次の記述のうち、**最も不適当な**ものはどれか。

1.　鋼板製屋根用折板を使用した屋根工事において、折板のけらば包みを1.8m の間隔で端部用タイトフレームに取り付けた。

2.　鉄筋コンクリート造の建築物の屋根スラブに縦形ルーフドレンを取り付けるに当たり、梁との干渉がないことを確認のうえ、ルーフドレンの径が150 mm であったので、あご付きパラペットのあごの垂直面からルーフドレンの中心までの距離が400 mm 確保されていることを確認した。

3.　屋上のパラペットにおいて、オープン形式のアルミニウム製笠木の取付けに当たり、笠木部の固定金具の取付け完了後、コーナー部分の笠木を先に取り付け、直線部分の笠木については、両端から定尺部材を取り付け、中央部に調整部材を取り付けた。

4.　建具工事において、防火扉の危害防止装置の検査については、扉の閉鎖時間をストップウォッチにより測定し、扉の質量により運動エネルギーを確認するとともに、プッシュプルゲージにより閉鎖力を測定した。

[解説]　1.　（公共建築協会「建築工事監理指針」13.3.3.(e).(1).(i)）折板のけらば包みは、1.2 m 以下の間隔で端部用タイトフレームに取り付ける。　　[正解 1]

| R05 | R04 | R03 | R02 | R01 | H30 | H29 |

問題09 V 24　鉄骨工事における V 形開先の突合せ継手において、図に示す記号部とその名称の組合せとして、**正しい**ものは、次のうちどれか。

	A	B	C	D
1.	ベベル角度	開先角度	ルート深さ	ギャップ
2.	ベベル角度	開先角度	ルート面	ルート間隔
3.	開先角度	ベベル角度	ルート面	ルート間隔
4.	開先角度	ベベル角度	ルート深さ	ギャップ

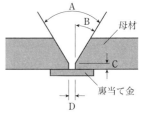

[解説]　3.　（JASS6. 付則 6. 付表 1）A は開先角度、B はベベル角度、C はルート面、D はルート間隔。　　[正解 3]

問題01 |V 24| 建築工事に関する用語とその説明の組合せとして、**最も不適当**なものは、次のうちどれか。

1. 歩掛り ——————— 建築の各部分工事の原価計算における原単位的な概念で、部分工事量の1単位当たりの標準労働量、標準資材量等のこと

2. クリープ現象 ——————— 材料や部材に一定の荷重が持続することによって時間とともにひずみが増大する現象

3. スライディングフォーム工法—— 構造物を解体しないで、機械又は人力によって水平移動させ、あらかじめ造られた基礎の上に移す工法

4. リフトアップ工法 ——————— 地上等の低所であらかじめ組み立てた大スパン構造の屋根架構等をジャッキ又は吊上げ装置を用いて所定の位置まで上昇させ設置する工法

解説 3. スライディングフォーム工法は、打継目なしのコンクリート壁面をつくるため、上方へのスライドが可能な型枠工法。給水塔、煙突など下部から上部まで水平断面が同じ筒状構造物で、かつ床のない建物に適する。内外両面の型枠全体を徐々に引き上げながらコンクリートを連続的に打設する。

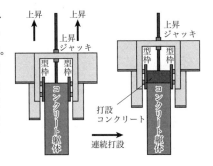

正解 3

R05	R04	R03	R02	R01	H30	H29

問題02 V24　建築工事に関する用語・試験機器とその説明との組合せとして、**最も不適当な**ものは、次のうちどれか。

	用語・試験機器	用語・試験機器の説明
1.	腹起し	山留め壁に作用する側圧を切ばり又は地盤アンカーに伝えるための水平部材
2.	スランプフロー	スランプコーンを引き上げた後の試料の広がりを直径で表したフレッシュコンクリートの流動性を示す指標
3.	エンドタブ	鋼材の溶接において、アークの始端部や終端部が欠陥となりやすいため、溶接ビードの始点と終点に取り付ける補助板
4.	タッピングマシン	子供の飛び跳ねや走り回り等の比較的重く柔らかい衝撃が加わったときの床衝撃音の遮断性能を調査するための床衝撃音発生器

解説　4.　（JIS A 1418 − 1）軽量かつ硬い衝撃源で、靴履きでの歩行などが発生する音源を想定したものとして、中・高域の遮音性能に関する床の表面仕上げ材の性能の検査に使用される。　　　　**正解 4**

R05	R04	R03	R02	R01	H30	H29

問題03 V24　建築工事に関する用語とその説明との組合せとして、**最も不適当な**ものは、次のうちどれか。

	用語（工種）	用語の説明
1.	セトリング（木工事）	丸太組構法において、丸太組用木材の重みや乾燥収縮により、水平に積んだ丸太組用木材が沈下をおこし、壁の高さが低くなる現象
2.	リバウンド（土工事）	軟弱な粘性土を掘削した場合に、山留め背面の地盤の回り込みにより掘削底面が膨れ上がる現象
3.	ラミネーション（鉄骨工事）	鋼材の製造において、種々の酸化物、けい酸塩、硫化物の非金属介在物や気泡等が圧延によって圧延方向に延ばされ層状に分布することによってできる内部の層状欠陥
4.	強化ガラス（ガラス工事）	フロート板ガラスを強化炉で約650℃まで加熱した後、ガラスの両表面に空気を吹き付け急冷してガラス表面付近に強い圧縮応力層を形成し、耐風圧強度を約3倍に高めたガラス

解説　2.　土工事のリバウンドとは、根切り工事の掘削排土などによる地中応力の減少により、掘削底部が浮き上がる現象。　　　　**正解 2**

25 工事契約・請負契約

R05	R04	R03	R02	R01	H30	H29

問題01 Ⅴ25　建築物の工事請負契約又は監理業務委託契約に関する次の記述のうち、民間（七会）連合協定「工事請負契約約款」（令和5年（2023年）1月改正）又は四会連合協定「建築設計・監理等業務委託契約約款」（令和2年（2020年）4月改正）に照らして、**最も不適当な**ものはどれか。

1. 工事請負契約において、発注者は、監理者の意見に基づいて、受注者の現場代理人、主任技術者、監理技術者、監理技術者補佐、専門技術者及び従業員並びに下請負者及びその作業員のうちに、工事の施工又は管理について著しく適当でないと認められる者があるときは、受注者に対して、その理由を明示した書面をもって、必要な措置をとることを求めることができる。

2. 工事請負契約において、発注者は、引き渡された契約の目的物に契約不適合があるときは、監理者に対し、書面をもって、目的物の修補又は代替物の引渡しによる履行の追完を請求することができる。

3. 監理業務委託契約において、委託者は、受託者に債務の不履行があった場合（委託者の責めに帰すべき事由によるときを除く。）には、原則として、受託者に書面をもって、委託者が相当の期間を定めてその履行の催告をし、その期間内に履行がないときは、この契約の全部又は一部を解除することができる。

4. 監理業務委託契約において、委託者及び受託者は、受託者が監理業務を行うに当たり協議をもって決定した事項については、原則として、速やかに書面を作成し、記名・押印する。

　解説　2.　受注者に対し、書面をもって、目的物の修補又は代替物の引渡しによる履行の追完を請求することができる。監理者に対しは誤り。　　**正解 2**

R05	R04	R03	R02	R01	H30	H29

問題02 Ⅴ25　建築物の監理業務委託契約（工事監理を含む。）に関する次の記述のうち、四会連合協定「建築設計・監理等業務委託契約約款」（令和2年4月改正）に照らして、**最も不適当な**ものはどれか。

1. 委託者は、受託者から監理業務方針の説明を受けた日から7日以内に、受託者に対して、その修正につき協議を請求することができる。
2. 受託者は、あらかじめ委託者の承諾を得た場合であっても、監理業務の全部を一括して他の建築士事務所の開設者に委託してはならない。
3. 受託者は、委託者の債務の不履行により損害が生じたときは、その債務の不履行が監理業務委託契約及び取引上の社会通念に照らして委託者の責めに帰することができない事由によるものであっても、その債務の不履行の効果がこの契約に定められている場合を除き、委託者に対し、その損害の賠償を請求することができる。
4. 受託者は、監理業務の段階において、理由の如何を問わず、工事請負契約が解除されたときは、委託者に催告をすることなく、直ちに、委託者に書面をもって通知して監理業務委託契約の全部を解除することができる。

[解説] 3. （四会連合協定「建築設計・監理等業務委託契約約款」22条）その債務の不履行がこの契約及び取引上の社会通念に照らして委託者の責めに帰することができない事由によるものであるときは、損害賠償請求を行うことはできない。 正解 3

R05	R04	R03	R02	R01	H30	H29

[問題 03] V 25 　建築物の工事請負契約に関する次の記述のうち、民間（七会）連合協定「工事請負契約約款」に照らして、**最も不適当な**ものはどれか。

1. 天災により生じた損害について、発注者及び受注者が協議して重大なものと認め、かつ、受注者が善良な管理者として注意をしたと認められるものは、発注者及び受注者がこれを負担する。
2. 受注者は、工事の施工中、この工事の出来形部分と工事現場に搬入した、工事材料、建築設備の機器等に火災保険又は建設工事保険を付し、その証券の写しを発注者に提出する。
3. 発注者は、工期の変更をするときは、変更後の工期をこの工事を施工するために通常必要と認められる期間に比べて著しく短い期間としてはならない。
4. 発注者が工事を著しく減少したため、請負代金額が2/3以上減少したとき、受注者は書面をもって発注者に通知して直ちに契約を解除することができる。

[解説] 1. （民間（七会）連合協定「工事請負契約約款」21条(2)）設問の損害については、発注者がこれを負担する。
2. （同22条(1)）
3. （同28条(3)）
4. （同32条の3.(1).b)） 正解 1

問題 04 V 25 *　建築物の工事請負契約又は監理業務委託契約に関する次の記述のうち、民間（七会）連合協定「工事請負契約約款」（令和4年4月改正）又は四会連合協定「建築設計・監理等業務委託契約約款」（平成27年2月改正）に照らして、**最も不適当な**ものはどれか。

1.　工事請負契約において、受注者は、この契約を締結した後すみやかに請負代金内訳書及び工程表を監理者に提出し、工程表については監理者の承認を受ける。

2.　工事請負契約において、受注者が定める現場代理人は、当該工事現場における施工の技術上の管理をつかさどる監理技術者と兼務することができる。

3.　監理業務委託契約において、受託者は、委託者の承諾を得て監理業務の一部について、他の建築士事務所の開設者に委託した場合、委託者に対し、当該他の建築士事務所の開設者の受託に基づく行為全てについて責任を負う。

4.　監理業務委託契約において、監理業務を原設計者と異なる建築士に委託したとき、委託者は、監理業務の段階において、設計成果物について変更の必要が生じた場合、原則として、設計変更業務を原設計者に別途委託しなければならない。

　解説　1.　受注者は、工事請負契約を締結したのち速やかに請負代金内訳書及び工程表を発注者に、それぞれの写しを監理者に提出し、請負代金内訳書については、監理者の確認を受ける。

　2.　（「工事請負契約約款」10条(5)）

　4.　（「建築設計・監理等業務委託契約約款」16条3項及び4項）　　　正解 1

問題 05 V 25 *　建築物の工事請負契約又は監理業務委託契約に関する次の記述のうち、民間（七会）連合協定「工事請負契約約款」又は四会連合協定「建築設計・監理等業務委託契約約款」に照らして、**最も不適当な**ものはどれか。

1.　工事請負契約において、工事中に本契約の目的物の一部を発注者が使用する場合につき、法令に基づいて必要となる手続きは、発注者から手続きを委託された場合は監理者が行い、受注者は、これに協力するとともに手続きに要する費用を負担する。

2.　工事請負契約において、発注者は、監理者の意見に基づいて、受注者の現場代理人、監理技術者又は主任技術者、専門技術者及び従業員並びに下請負者及びその作業員のうちに、工事の施工又は管理について著しく適当でない

と認められる者があるときは、受注者に対して、その理由を明示した書面を
もって、必要な措置をとることを求めることができる。

3.　監理業務委託契約において、受託者は、本契約に定めがある場合、又は委
託者の請求があるときは、監理業務の進捗状況について、委託者に説明・報
告しなければならない。

4.　監理業務委託契約において、建築設計・監理等業務委託契約約款の規定に
より履行期間又は業務委託書の内容が変更された場合において、委託者は、
必要があると認めるときは、受託者に対して、監理業務方針の再説明を請求
することができる。

[解説]　1.　（民間（七会）連合協定「工事請負契約約款」24条⑷）工事中に本契約の
目的物の一部を発注者が使用する場合、法令に基づいて必要となる手続きに要する
費用は、発注者が負担する。　　　　　　　　　　　　　　　　　　　[正解 1]

R05	R04	R03	R02	R01	H30	H29

[問題06] [V 25] *　建築物の監理業務委託契約又は工事請負契約に関する次の記
述のうち、四会連合協定「建築設計・監理等業務委託契約約款」又は民間（七
会）連合協定「工事請負契約約款」に照らして、**最も不適当な**ものはどれか。

1.　監理業務委託契約において、委託者受託者双方の責めに帰すことができな
い事由により受託者が監理業務を行うことができなくなった場合、受託者は、
委託者に対し、既に遂行した業務の割合に応じて業務報酬を請求することが
できる。

2.　監理業務委託契約において、受託者は、委託者の契約の違反により、受託
者に相当な損害が生じたときは、委託者がその責めに帰すことができない事
由によることを証明した場合であっても、契約の違反についての別段の定め
を規定した場合を除き、委託者に対し、その賠償を請求することができる。

3.　工事請負契約において、受注者は、工事用図書又は監理者の指示によって
施工することが適当でないと認めたときは、直ちに書面をもって発注者又は
監理者に通知する。

4.　工事請負契約において、施工について、工事用図書のとおりに実施されて
いない部分があると認められるときは、原則として、監理者の指示によって、
受注者は、その費用を負担して速やかにこれを修補又は改造し、このための
工期の延長を求めることはできない。

[解説]　2.　（四会連合協定「建築設計・監理等委託契約約款」22条）受託者は、委託
者がその契約に違反した場合において、その効果が当該契約に定められているもの

のほか、受託者に損害が生じたときは、委託者に対し、その賠償を請求することができる。ただし、委託者がその責めに帰することができない事由によることが証明したときは、この限りではない。 正解 2

R05	R04	R03	R02	R01	H30	H29

問題07 V 25 * 建築物の監理業務委託契約又は工事請負契約に関する次の記述のうち、四会連合協定「建築設計・監理等業務委託契約約款」又は民間（七会）連合協定「工事請負契約約款」に照らして、**最も不適当な**ものはどれか。

1. 監理業務委託契約において、委託者及び受託者は、受託者が監理業務を行うに当たり協議をもって決定した事項については、原則として速やかに、書面を作成し、記名・押印する。

2. 監理業務委託契約において、監理業務を原設計者と異なる建築士に委託したとき、委託者は、監理業務の段階において、設計成果物について変更の必要が生じた場合、原則として、設計変更業務を原設計者に別途委託しなければならない。

3. 工事請負契約において、受注者は、設計図書等に発注者又は監理者の立会いのうえ施工することを定めた工事を施工するときは、事前に発注者又は監理者に通知する。

4. 工事請負契約において、受注者は、工事を完了したときは、設計図書等のとおりに実施されていることを確認して、監理者に検査を求め、監理者は、速やかにこれに応じて検査を行う。

解説 4. （民間（七会）連合協定「工事請負契約約款」23条(1)）受注者は、工事を完了したときは、設計図書等のとおりに実施されていることを確認して、発注者に対し、監理者立会いのもとに行う検査を求める。 正解 4

【出題キーワード索引】

■ あ行

安全性　Ⅰ-62
一般構造（建築基準法）　Ⅲ-240
請負契約　Ⅴ-662
応力度　Ⅳ-396
音響　Ⅱ-151

■ か行

開口部　Ⅰ-57
改修工事　Ⅴ-645
階数（建築基準法）　Ⅲ-221
外力　Ⅳ-433
各種工事用語　Ⅴ-655
各種構造総合　Ⅳ-497
各種届出　Ⅴ-569
荷重　Ⅳ-433
仮設工事　Ⅴ-574
型枠工事　Ⅴ-593
学校　Ⅰ-37
壁式プレキャスト鉄筋コンクリート
　工事　Ⅴ-606
ガラス工事　Ⅴ-632
換気　Ⅱ-130
換気設備　Ⅱ-169
環境　Ⅰ　70
環境工学の用語と単位　Ⅱ-122

監理業務委託契約　Ⅴ-554
関連法規総合　Ⅲ-385
基礎　Ⅳ-511
基礎工事　Ⅴ-582
給排水設備　Ⅱ-182
金属工事　Ⅴ-632
金属材料　Ⅳ-543
空調設備　Ⅱ-169
計画各論総合　Ⅰ-73
景観法　Ⅲ-355
形態　Ⅰ-70
結露　Ⅱ-134
建築基準法総合問題　Ⅲ-324
建築協定（建築基準法）　Ⅲ-321
建築史　Ⅰ-92
建築士の業務　Ⅰ-101
建築士法　Ⅲ-336
建築積算　Ⅰ-110
建築設計の手法　Ⅰ-16
建築設備（建築基準法）　Ⅲ-269
建築設備総合　Ⅱ-206
建築手続（建築基準法）　Ⅲ-227
建築物の保存・再生　Ⅰ-99
現場管理　Ⅴ-560
建ぺい率（建築基準法）　Ⅲ-302
公共建築　Ⅰ-44
工事契約　Ⅴ-662

構造強度（建築基準法）　Ⅲ-275

構造計画　Ⅳ-530

構造計算（建築基準法）　Ⅲ-283

構造設計　Ⅳ-530

高力ボルト接合　Ⅴ-619

高齢者施設　Ⅰ-40

固有周期　Ⅳ-421

コンクリート　Ⅳ-539

コンクリート工事　Ⅴ-597

静定構造物　Ⅳ-398

静定トラス　Ⅳ-403

施工管理　Ⅴ-555

施工機器　Ⅴ-660

施工計画　Ⅴ-555

施工法　Ⅴ-660

設計・工事監理の契約　Ⅰ-101

設備工事　Ⅴ-641

全塑性モーメント　Ⅳ-423

■ さ行

採光　Ⅱ-141

材料管理　Ⅴ-564

左官工事　Ⅴ-628

座屈　Ⅳ-418

色彩　Ⅱ-160

敷地調査　Ⅴ-573

地震力　Ⅳ-439

室内気候　Ⅱ-127

地盤　Ⅳ-504

地盤調査　Ⅴ-573

事務所　Ⅰ-30

集合住宅　Ⅰ-25

住宅　Ⅰ-20

準防火地域（建築基準法）　Ⅲ-316

商業建築　Ⅰ-34

消防法　Ⅲ-361

照明　Ⅱ-147

照明設備　Ⅱ-198

振動　Ⅳ-421

寸法　Ⅰ-52

制振構造　Ⅳ-520

■ た行

耐火（建築基準法）　Ⅲ-246

耐震改修促進法　Ⅲ-373

耐震計画　Ⅳ-525

耐震設計　Ⅳ-525

タイル工事　Ⅴ-628

高さ（建築基準法）　Ⅲ-221

高さ制限（建築基準法）　Ⅲ-309

断面の性質　Ⅳ-396

地下外壁　Ⅳ-517

地業　Ⅴ-582

地区計画（建築基準法）　Ⅲ-321

鉄筋工事　Ⅴ-587

鉄筋コンクリート構造　Ⅳ-453

鉄骨工事　Ⅴ-611

鉄骨構造　Ⅳ-475

電気設備　Ⅱ-191

転倒　Ⅳ-432

伝熱　Ⅱ-134

道路（建築基準法）　Ⅲ-292

土工事　Ⅴ-577

都市計画法　Ⅲ-355

都市計画論　Ⅰ-80

土質　Ⅳ-504

■な行

内外装工事　Ⅴ-636

内装制限（建築基準法）　Ⅲ-264

日射　Ⅱ-141

日照　Ⅱ-141

■は行

配置　Ⅰ-70

バリアフリー　Ⅰ-62

バリアフリー法　Ⅲ-367

搬送設備　Ⅱ-205

避難規定（建築基準法）　Ⅲ-253

病院　Ⅰ-40

品確法　Ⅲ-373

品質管理　Ⅴ-564

部材の変形　Ⅳ-407

不静定構造物　Ⅳ-414

プレストレストコンクリート　Ⅳ-494

壁面線（建築基準法）　Ⅲ-292

防火　Ⅱ-164

防火（建築基準法）　Ⅲ-246

防火地域（建築基準法）　Ⅲ-316

崩壊荷重　Ⅳ-427

崩壊メカニズム　Ⅳ-427

防災　Ⅱ-164

防災設備　Ⅱ-200

防水工事　Ⅴ-624

■ま行

まちづくり　Ⅰ-86

窓　Ⅰ-57

マネジメント　Ⅰ-114

免震構造　Ⅳ-520

面積　Ⅰ-52

面積（建築基準法）　Ⅲ-221

木工事　Ⅴ-620

木構造　Ⅳ-443

木材　Ⅳ-535

木質系材料　Ⅳ-535

■や行

屋根工事　Ⅴ-624

山留め工事　Ⅴ-577

用語の定義（建築基準法）　Ⅲ-216

容積率（建築基準法）　Ⅲ-302

用途制限（建築基準法）　Ⅲ-297

擁壁　Ⅳ-517

■ら行

冷暖房設備　Ⅱ-169

＜一般社団法人 全日本建築士会＞
良質な建築士の育成、建築文化の発展を
目的とする国土交通省所管の社団法人

＜建築資格試験研究会＞

● 担当メンバー

大西正宜（おおにし まさのり）　　＜計画、環境・設備、法規＞
1981 年大阪大学工学部建築工学科卒業

上原孝夫（うえはら たかお）　　＜構造＞
1964 年横浜国立大学工教建築科卒業

前田幸夫（まえだ ゆきお）　　＜施工 H29 〜 30、R1 ＞
1972 年日本工業大学建築学科卒業

景山公三（かげやま こうぞう）　　＜施工 R2 〜 5 ＞
1984 年近畿大学大学院修了

一級建築士試験

出題キーワード別問題集 2024 年度版

2024 年 1 月 1 日　2024 年度版第 1 刷発行

監修者	一般社団法人 全日本建築士会
編　者	建築資格試験研究会

発行者	井口夏実
発行所	株式会社 学芸出版社
	京都市下京区木津屋橋通西洞院東入
	TEL.075（343）0811　　〒 600-8216
	http://www.gakugei-pub.jp/
	info@gakugei-pub.jp

編集担当	越智和子・真下享子
装　丁	KOTO DESIGN Inc. 山本剛史
印刷・製本	亜細亜印刷

Ⓒ建築資格試験研究会 2024　　ISBN978-4-7615-0353-6
Printed in Japan

一級建築士受験　合格者たちの勉強法

教育的ウラ指導 著

四六判・192 頁・本体 1800 円＋税

一級建築士試験に効率的に合格できる人、猛勉強しても不合格を繰り返す人。その違いは勉強法にある。本書は、1000 人を超す合格者へのヒアリング、500 点を超す合格図面をもとに、具体例を示しながら、上手な勉強法とは何かを明らかにする。全ての受験生が勉強を本格的に始める前に知っておくべき合格・不合格の実態。

一級建築士試験　環境工学のツボ

大西正宜 著

A5 判・160 頁・本体 1900 円＋税

新学科（環境設備）開設で、環境工学、建築設備の分野は問題数が増えた。ことにグラフの読み取りや計算問題の多い「環境工学」の分野は苦手意識の強い受験生が多いが、足キリを考えるともはや避けては通れない。本書は過去問を分析し、暗記すべき要点、問題の解法を徹底的に解説。環境工学の制覇を指南する初めてのテキスト。

一級建築士試験　構造力学のツボ

植村典人 著

A5 判・168 頁・本体 1800 円＋税

一級建築士試験・学科IV（構造）において構造力学は合否の鍵を握る分野であり、避けて通ることはできない。一方、同じ型の問題が繰り返し出題されており、要点さえ理解すれば確実に得点できる。本書は単元別に出題頻度を分析し、暗記すべき要点を整理し、過去問の解法を徹底解説。ツボを押えた学習で全問正解を目指せ！

一級建築士試験　構造設計のツボ

植村典人 著

A5 判・168 頁・本体 1900 円＋税

一級建築士試験・学科IV（構造）において構造設計は合否の鍵を握る分野であり、避けて通ることはできない。一方、同じ型の問題が繰り返し出題されており、要点さえ理解すれば確実に得点できる。本書は単元別に出題頻度を分析し、暗記すべき要点を整理し、過去問の解法を徹底解説。ツボを押えた学習で合格へ一直線！

一級建築士試験　建築構造のツボ 特訓ドリル

植村典人 著

B5 判・176 頁・本体 2800 円＋税

一級建築士試験・学科IV（構造分野）対策の定番書『構造力学のツボ』『構造設計のツボ』に「特訓ドリル」が登場！実際の試験問題と同じ 30 のテーマで精選した問題＆充実した解法＋「ツボ」解説で理解をさらに深めよう。知識のおさらい／受験直前の総仕上げはこれ一冊で万全。「ツボ」を押さえた学習で苦手分野を得意分野に！

一級建築士合格戦略 法規のウラ指導 2024 年版

教育的ウラ指導 編著

A5 判・544 頁・本体 3200 円＋税

建築法規の大人気受験書、最新 2024 年版！学習効率を高める 1 問 1 答形式と図解による計算問題のほか、条文解説もさらに充実。項目別に原文を示しながら約 500 問を徹底解説。独学合格者たちのノウハウで「体系的な理解」をサポートする。出題者の意図を読み取って法規を完全攻略。本番で点数を稼ごう！